汽车维修资料集

QICHE WEIXIU ZILIAOJI

（2019—2020年款）

瑞佩尔 主编

 化学工业出版社

·北京·

内 容 简 介

本书涉及的品牌和车型有大众、别克、雪佛兰、凯迪拉克、丰田、本田、日产、福特、吉利、比亚迪、哈弗、魏 VV7、长城风骏 7EV、欧拉、长安、荣威、传祺 GM6、吉普大指挥官、猎豹 CS10、奇瑞、红旗、奔腾、雷诺 e 诺、富康 ES500、风行 T5/T5L。

编选资料主要包括了以下几方面的内容：一是发动机、变速器、高压部件等重要总成的技术参数，机械部件检修数据；二是发动机正时维修资料（如正时检查与校对，正时链或正时带的拆装方法，发动机正时标记位置等信息）；三是发动机电脑、自动变速器电脑、其他底盘控制系统与车身控制系统电脑、高压部件低压连接器等的端子分布与定义；四是发动机、变速器总成及高压部件分解图与电器元件分布图；五是部分控制系统的标准数据流参数、电路检测数据、故障代码释义与电路原理图等信息；六是部分车型的保养维护类信息如熔丝与继电器、车轮定位、油液规格与用量、电器初始化编程等数据。

本书全部数据来自汽车厂商及维修一线，真实准确，车型众多，内容全面，可以多方面满足产品研发、教学参考和维修查阅的资料需求。本书既可作为汽车领域技术人员的工具书，也可用作汽车专业教学与职业培训的辅助性资料。

图书在版编目（CIP）数据

汽车维修资料集. 2019-2020 年款/瑞佩尔主编. —北京：化学工业出版社，2020.11
ISBN 978-7-122-37694-7

Ⅰ.①汽… Ⅱ.①瑞… Ⅲ.①汽车-车辆修理 Ⅳ.①U472.4

中国版本图书馆 CIP 数据核字（2020）第 168740 号

责任编辑：周　红　　　　　　　　　文字编辑：张燕文
责任校对：王素芹　　　　　　　　　装帧设计：王晓宇

出版发行：化学工业出版社（北京市东城区青年湖南街 13 号　邮政编码 100011）
印　　刷：三河市航远印刷有限公司
装　　订：三河市宇新装订厂
787mm×1092mm　1/16　印张 35¾　字数 951 千字　2021 年 1 月北京第 1 版第 1 次印刷

购书咨询：010-64518888　　　　　　售后服务：010-64518899
网　　址：http://www.cip.com.cn

凡购买本书，如有缺损质量问题，本社销售中心负责调换。

定　价：198.00 元　　　　　　　　　　　　　　　　　　版权所有　违者必究

前言

随着消费水平的提高，汽车产品在人们的生活中渐已普及。随着新品牌的诞生和新车型的推出，品牌竞争也日趋白热化。汽车售后市场的维修、改装服务及配套产品的研发在面对如此多的新车型，处理各种技术问题时对资料查询的要求也越来越高。为全面解决新车型资料难寻的问题，我们以近两年来上市的主流品牌的主打车型为资料编选对象，收集整理并编写了《汽车维修资料集》。本书收录的车型品牌主要是中、低端车型。后续根据市场的反响，我们或将推出高端车型的资料集，如奥迪、奔驰、宝马、路虎、捷豹、保时捷、林肯、雷克萨斯、讴歌、英菲尼迪等。

本书涉及的品牌和车型主要有：大众（探歌、探岳、途昂 X、途铠、途岳、全新一代帕萨特、朗逸 PLUS、POLOPLUS）；别克（全新一代君越、昂科旗、昂科拉 GX、威朗、英朗、阅朗）；雪佛兰（创界、创酷、迈锐宝 XL、科鲁泽）；凯迪拉克（XT4、XT5、XT6、CT5、CT6）；丰田（雷凌燃油与双擎混动版、卡罗拉燃油与双擎混动版、亚洲龙燃油与双擎混动版）；本田（雅阁、雅阁锐混动、凌派、冠道、奥德赛）；日产（全新天籁、经典轩逸、逍客、途乐）；福特（福克斯、新蒙迪欧、金牛座、锐界、领界、撼路者领界 EV、野马、猛禽 F150）；吉利（缤越燃油与轻混版、缤越 PHEV、帝豪 GL、帝豪 GL PHEV、帝豪 GS、嘉际轻混版、嘉际 PHEV、星越、全新远景、远景 S1）；比亚迪（秦 PRO 燃油超能版、S2EV、宋 MAX、宋 MAX DM）；哈弗（H6、M6、F7、F7X）；魏 VV7；长城风骏 7EV；欧拉（IQ、R1）；长安（CS15、CS35、CS55、CS75、CS75 PLUS、CS85 COUPE、CS95、睿骋 CC、逸动 DT、CS15 EV400）；荣威（i6、RX3、RX5）；传祺 GM6；吉普大指挥官；猎豹 CS10；奇瑞（星途 TX/TXL、艾瑞泽 GX、捷途 X9）；红旗（HS5、HS7、H5、H7、E-HS3）；奔腾（X40、T77、B30 EV400、X40 EV400）；雷诺 e 诺；富康 ES500；风行 T5/T5L。

编选资料主要包括了以下几方面的内容：一是发动机、变速器、高压部件等重要总成的技术参数，机械部件检修数据；二是发动机正时维修资料（如正时检查与校对，正时链或正时带的拆装方法，发动机正时标记位置等信息）；三是发动机电脑、自动变速器电脑、其他底盘控制系统与车身控制系统电脑、高压部件低压连接器等的端子分布与定义；四是发动机、变速器总成及高压部件分解图与电器元件分布图；五是部分控制系统的标准数据流参数、电路检测数据、故障代码释义与电路原理图等信息；六是部分车型的保养维护类信息如熔丝与继电器、车轮定位、油液规格与用量、电器初始化编程等数据。

由于品牌车型众多，限于篇幅，故在编选资料时难免有遗漏的情况，欢迎读者朋友在阅读后多提宝贵意见，指出本书的不足，以及说明在实际维修工作中最为需求的资料类型，与接触最多的维修车型种类。大家的建议可以发到邮箱 www@ruipeier.com。

本书由瑞佩尔主编，参加编写的人员还有朱其谦、杨刚伟、吴龙、张祖良、汤耀宗、赵炎、陈金国、刘艳春、徐红玮、张志华、冯宇、赵太贵、宋兆杰、陈学清、邱晓龙、朱如盛、周金洪、刘滨、陈棋、孙丽佳、周方、彭斌、王坤、章军旗、满亚林、彭启凤、李丽娟、徐银泉。在编写过程中，参考了相关汽车厂商的文献资料，在此谨向这些资料的原创者表示衷心的感谢！

囿于编者水平及成书之匆促，书中不妥之处在所难免，还望广大读者及业内专家多多指正。

编　者

目录

第1章 大众汽车 ... 001

1.1 一汽大众探歌（2019~2020年款） ... 001
- 1.1.1 车型配载国六发动机技术参数 ... 001
- 1.1.2 大众 1.4T DJR 发动机正时维修 ... 001
- 1.1.3 大众 1.4T DJS 发动机正时维修 ... 001

1.2 一汽大众探岳（2019年款） ... 001
- 1.2.1 车型配载国六发动机技术参数 ... 001
- 1.2.2 大众 2.0T DKV 发动机正时维修 ... 001
- 1.2.3 大众 2.0T DKX 发动机正时维修 ... 010
- 1.2.4 车轮定位数据 ... 010

1.3 上汽大众途昂X（2019年款） ... 011
- 1.3.1 车型配载国六发动机技术参数 ... 011
- 1.3.2 大众 2.0T DKV 发动机正时维修 ... 011
- 1.3.3 大众 2.0T DKX 发动机正时维修 ... 011
- 1.3.4 大众 2.5T DPK 发动机正时维修 ... 011

1.4 上汽大众途铠（2019年款） ... 016
- 1.4.1 配载国六发动机技术参数 ... 016
- 1.4.2 大众 1.4T DJS 发动机正时维修 ... 017
- 1.4.3 大众 1.5L DMB 发动机正时维修 ... 017
- 1.4.4 车轮定位数据 ... 021

1.5 上汽大众途岳（2019~2020年款） ... 021
- 1.5.1 车型配载国六发动机技术参数 ... 021
- 1.5.2 大众 1.4T DJS 发动机正时维修 ... 021
- 1.5.3 大众 2.0T DKV 发动机正时维修 ... 021

1.6 上汽大众全新一代帕萨特（2019年款） ... 022
- 1.6.1 车型配载国五、国六发动机技术参数 ... 022
- 1.6.2 大众 2.0T DKX 发动机正时维修 ... 022
- 1.6.3 大众 2.0T DKV 发动机正时维修 ... 022
- 1.6.4 大众 2.0T DPL 发动机正时维修 ... 022
- 1.6.5 大众 2.0T DBF 发动机正时维修 ... 022
- 1.6.6 大众 1.4T DJS 发动机正时维修 ... 022

1.7 上汽大众朗逸PLUS（2019年款） ... 022
- 1.7.1 车型配载国六发动机技术参数 ... 022
- 1.7.2 大众 1.4T CSS 发动机正时维修 ... 023
- 1.7.3 大众 1.5L DLF 发动机正时维修 ... 025
- 1.7.4 大众 1.2T DLS 发动机正时维修 ... 025
- 1.7.5 大众 1.4T DJS 发动机正时维修 ... 025
- 1.7.6 大众 1.5L DMB 发动机正时维修 ... 025

1.8 上汽大众POLO PLUS（2019年款） ... 025
- 1.8.1 车型配载国六发动机技术参数 ... 025
- 1.8.2 大众 1.5L DMB 发动机正时维修 ... 025
- 1.8.3 车轮定位数据 ... 025

第2章 通用别克-雪佛兰-凯迪拉克汽车 ... 026

2.1 别克全新一代君越（2019~2020年款） ... 026

2.1.1 通用 2.0T LSY 发动机技术参数 ………………………… 026
2.1.2 通用 2.0T LSY 发动机正时维修 ………………………… 026
2.1.3 通用 2.0T LSY 发动机电脑端子定义 ………………………… 030
2.1.4 通用 9T45/9T50/9T60/9T65 变速器部件位置 ……………… 031
2.1.5 通用 9T45/9T50/9T60/9T65 变速器电磁阀信息 …………… 031
2.2 别克昂科旗（2020 年款） ……… 034
　2.2.1 通用 2.0T LSY 发动机技术参数 ………………………… 034
　2.2.2 通用 2.0T LSY 发动机正时维修 ………………………… 035
　2.2.3 熔丝与继电器信息 …………… 035
　2.2.4 保养用油液规格与用量 ……… 038
　2.2.5 车轮定位数据 ………………… 038
　2.2.6 电动车窗编程设置 …………… 038
2.3 别克昂科拉 GX（2020 年款） … 039
　2.3.1 通用 1.3T L3Z 发动机技术参数 ………………………… 039
　2.3.2 通用 1.3T L3Z 发动机正时维修 ………………………… 040
　2.3.3 通用 1.3T L3Z 发动机电脑端子定义 ………………………… 045
2.4 别克威朗（2019～2020 年款） … 045
　2.4.1 通用 1.3T L3Z 发动机技术参数 ………………………… 045
　2.4.2 通用 1.3T L3Z 发动机正时维修 ………………………… 045
　2.4.3 通用 1.3T L3Z 发动机电脑端子定义 ………………………… 045
　2.4.4 通用 1.0T LIV 发动机正时维修 ………………………… 046
2.5 别克英朗（2019 年款） ………… 046
　2.5.1 通用 1.3T LIY 发动机技术参数 ………………………… 046
　2.5.2 通用 1.3T LIY 发动机正时维修 ………………………… 048
　2.5.3 通用 1.0T LIW 发动机技术参数 ………………………… 049
　2.5.4 通用 1.3T LIY/1.0T LIW 发动机电脑端子定义 …………… 049
　2.5.5 通用 6DCT150 变速器技术参数 ………………………… 050
　2.5.6 通用 6DCT150 变速器部件位置 …………………………… 050
2.6 别克阅朗（2019 年款） ………… 050
　2.6.1 通用 1.3T LIY 发动机技术参数 ………………………… 050
　2.6.2 通用 1.3T LIY 发动机正时维修 ………………………… 050
　2.6.3 通用 1.3T LIY 发动机电脑端子定义 ………………………… 051
　2.6.4 通用 1.0T LJI 发动机技术参数 ………………………… 051
　2.6.5 通用 1.0T LJI 发动机电脑端子定义 ………………………… 052
　2.6.6 通用 6DCT150 双离合变速器技术参数 ………………… 052
　2.6.7 通用 6DCT150 双离合变速器部件位置 ………………… 054
2.7 雪佛兰创界（2019 年款） ……… 055
　2.7.1 通用 1.3T L3Z 发动机技术参数 ………………………… 055
　2.7.2 通用 1.3T L3Z 发动机正时维修 ………………………… 055
　2.7.3 通用 1.3T L3Z 发动机电脑端子定义 ………………………… 055
2.8 雪佛兰创酷（2019 年款） ……… 055
　2.8.1 通用 1.3T L3Z 发动机技术参数 ………………………… 055
　2.8.2 通用 1.3T L3Z 发动机正时维修 ………………………… 055
　2.8.3 通用 1.3T L3Z 发动机电脑端子定义 ………………………… 055
　2.8.4 通用 1.0T LIV 发动机正时维修 ………………………… 055
2.9 雪佛兰迈锐宝 XL（2019 年款） … 055
　2.9.1 通用 2.0T LSY 发动机技术参数 ………………………… 055
　2.9.2 通用 2.0T LSY 发动机正时维修 ………………………… 055
　2.9.3 通用 2.0T LSY 发动机电脑端子定义 ………………………… 055
　2.9.4 通用 1.3T L3Z 发动机技术参数 ………………………… 055
　2.9.5 通用 1.3T L3Z 发动机正时维修 ………………………… 056
　2.9.6 通用 1.3T L3Z 发动机电脑端子定义 ………………………… 056
　2.9.7 通用 9T45/9T50/9T60/9T65 变速器部件位置 ……………… 056
　2.9.8 通用 9T45/9T50/9T60/9T65 变速器电磁阀信息 …………… 056

2.9.9 通用 VT40 无级变速器技术
参数 ………………………………… 056
2.9.10 通用 VT40 无级变速器部件
位置 ………………………………… 056
2.10 雪佛兰科鲁泽（2020 年款）…………… 058
2.10.1 通用 1.3T LIY 发动机技术
参数 ………………………………… 058
2.10.2 通用 1.3T LIY 发动机正时
维修 ………………………………… 058
2.10.3 通用 1.3T LIY/1.0T LIW
发动机电脑端子定义 ………… 058
2.10.4 通用 1.0T LIW 发动机技术
参数 ………………………………… 058
2.10.5 熔丝与继电器信息 ……………… 060
2.10.6 保养用油液规格与用量 ……… 062
2.10.7 车轮定位数据 …………………… 062
2.11 凯迪拉克 XT4（2019 年款）…………… 062
2.11.1 通用 2.0T LSY 发动机技术
参数 ………………………………… 062
2.11.2 通用 2.0T LSY 发动机正时
维修 ………………………………… 062
2.11.3 通用 9T45/9T50/9T60/9T65
变速器部件位置 ………………… 062
2.11.4 通用 9T45/9T50/9T60/9T65
变速器电磁阀信息 …………… 062
2.12 凯迪拉克 XT5（2019～2020
年款）………………………………………… 063
2.12.1 通用 2.0T LSY 发动机技术
参数 ………………………………… 063
2.12.2 通用 2.0T LSY 发动机正时
维修 ………………………………… 063
2.12.3 通用 9T45/9T50/9T60/9T65
变速器部件位置 ………………… 063
2.12.4 通用 9T45/9T50/9T60/9T65
变速器电磁阀信息 …………… 063

2.12.5 熔丝与继电器信息 ……………… 063
2.12.6 保养用油液规格与用量 ……… 065
2.12.7 车轮定位数据 …………………… 065
2.13 凯迪拉克 XT6（2020 年款）…………… 065
2.13.1 通用 2.0T LSY 发动机技术
参数 ………………………………… 065
2.13.2 通用 2.0T LSY 发动机正时
维修 ………………………………… 066
2.13.3 通用 2.0T LSY 发动机电脑端子
定义 ………………………………… 066
2.14 凯迪拉克 CT5（2020 年款）…………… 066
2.14.1 通用 2.0T LSY 发动机技术
参数 ………………………………… 066
2.14.2 通用 2.0T LSY 发动机正时
维修 ………………………………… 066
2.14.3 通用 2.0T LSY 发动机电脑
端子定义 ………………………… 066
2.15 凯迪拉克 CT6（2019～2020
年款）………………………………………… 066
2.15.1 通用 2.0T LSY 发动机技术
参数 ………………………………… 066
2.15.2 通用 2.0T LSY 发动机正时
维修 ………………………………… 066
2.15.3 通用 2.0T LSY 发动机电脑
端子定义 ………………………… 066
2.15.4 通用 3.0T LGW 发动机技术
参数 ………………………………… 066
2.15.5 通用 3.0T LGW 发动机正时
维修 ………………………………… 069
2.15.6 通用 10L80/10L90 自动变速器
技术参数 ………………………… 072
2.15.7 通用 10L80/10L90 自动变速器
部件位置 ………………………… 073
2.15.8 通用 10L80/10L90 自动变速器
电磁阀信息 ……………………… 074

第3章 丰田汽车 ……………………………………………………………………………… 076

3.1 雷凌燃油与双擎混动版（2019
年款）………………………………………… 076
3.1.1 丰田 1.8L 8ZR-FXE 发动机电脑
端子定义 ………………………… 076
3.1.2 丰田 1.2T 8NR-FTS/9NR-FTS
发动机电脑端子定义 ………… 077
3.1.3 丰田 K313 无级变速器电脑端子
定义 ………………………………… 079
3.1.4 混合动力控制系统电脑端子
定义 ………………………………… 079

3.1.5 电机控制系统 ECU 端子定义 …… 080
3.2 卡罗拉燃油与双擎混动版（2019
年款）………………………………………… 081
3.2.1 丰田 1.8L 8ZR-FXE 发动机电脑
端子定义 ………………………… 081
3.2.2 丰田 1.2T 8NR-FTS/9NR-FTS
发动机电脑端子定义 ………… 081
3.2.3 丰田 K313 无级变速器电脑端子
定义 ………………………………… 081
3.2.4 混合动力控制系统电脑端子

　　　　　定义 …………………………………… 081
　　3.2.5 电机控制系统 ECU 端子定义 …… 081
3.3 亚洲龙燃油与双擎混动版（2019
　　年款）…………………………………… 081
　　3.3.1 丰田 2.5L A25A-FKS 发动机电脑
　　　　　端子定义 …………………………… 081
　　3.3.2 丰田 2.5L A25B-FXS 发动机电脑

　　　　　端子定义 …………………………… 083
　　3.3.3 丰田 2.5L A25A-FKS 发动机正时
　　　　　维修 ………………………………… 085
　　3.3.4 混合动力控制系统电脑端子
　　　　　定义 ………………………………… 090
　　3.3.5 蓄电池传感器端子定义 …………… 091

第4章　本田汽车 …………………………………………………………………………… 092

4.1 雅阁（2019～2020 年款）………………… 092
　　4.1.1 本田 1.5T L15BN 发动机技术
　　　　　参数 ………………………………… 092
　　4.1.2 本田 1.5T L15BN 发动机正时
　　　　　维修 ………………………………… 094
　　4.1.3 本田 1.5T L15BN 发动机电脑
　　　　　端子定义 …………………………… 095
　　4.1.4 CVT 变速器技术参数 …………… 098
　　4.1.5 CVT 变速器电脑端子定义 ……… 098
　　4.1.6 发动机舱电控系统部件位置 …… 099
　　4.1.7 悬架系统技术参数 ……………… 099
　　4.1.8 空调系统技术参数 ……………… 101
4.2 雅阁锐混动（2019～2020 年款）………… 102
　　4.2.1 本田 2.0L LFB11 混动发动机
　　　　　技术参数 …………………………… 102
　　4.2.2 本田 2.0L LFB11 混动发动机
　　　　　正时维修 …………………………… 103
　　4.2.3 本田 2.0L LFB11 混动发动机
　　　　　电脑端子定义 ……………………… 105
　　4.2.4 电子动力系统部件位置 ………… 108
　　4.2.5 混动系统电机控制器端子定义 … 109
　　4.2.6 电池管理器端子定义 …………… 109
　　4.2.7 变速器换挡控制模块与驻车控制
　　　　　模块端子定义 ……………………… 112
4.3 凌派（2019 年款）………………………… 113
　　4.3.1 本田 1.0T P10A3 发动机技术

　　　　　参数 ………………………………… 113
　　4.3.2 本田 1.0T P10A3 发动机正时
　　　　　维修 ………………………………… 115
　　4.3.3 本田 1.0T P10A3 发动机电脑
　　　　　端子定义 …………………………… 116
　　4.3.4 发动机舱电控系统部件位置 …… 119
　　4.3.5 CVT 变速器技术参数 …………… 120
　　4.3.6 CVT 变速器电脑端子定义 ……… 121
4.4 冠道（2019～2020 年款）………………… 122
　　4.4.1 本田 2.0T K20C3 发动机技术
　　　　　参数 ………………………………… 122
　　4.4.2 本田 2.0T K20C3 发动机正时
　　　　　维修 ………………………………… 124
　　4.4.3 本田 2.0T K20C3 发动机电脑
　　　　　端子定义 …………………………… 127
　　4.4.4 发动机舱电控系统部件位置 …… 130
　　4.4.5 九挡自动变速器技术参数 ……… 131
　　4.4.6 九挡自动变速器与换挡器电脑
　　　　　端子定义 …………………………… 132
4.5 奥德赛（2019～2020 年款）……………… 133
　　4.5.1 本田 2.4L K24W5 发动机技术
　　　　　参数 ………………………………… 133
　　4.5.2 本田 2.4L K24W5 发动机正时
　　　　　维修 ………………………………… 135
　　4.5.3 本田 2.4L K24W5 发动机电脑
　　　　　端子定义 …………………………… 137

第5章　日产汽车 …………………………………………………………………………… 141

5.1 全新天籁（2019 年款）…………………… 141
　　5.1.1 日产 2.0T KR20DDET 发动机
　　　　　正时维修 …………………………… 141
　　5.1.2 日产 2.0T KR20DDET 发动机
　　　　　电脑端子定义 ……………………… 142
　　5.1.3 日产 2.0L MR20DD 发动机正时
　　　　　维修 ………………………………… 145
　　5.1.4 日产 2.0L MR20DD 发动机电脑
　　　　　端子定义 …………………………… 148
　　5.1.5 音响系统音响单元与放大器端子

　　　　　定义 ………………………………… 149
　　5.1.6 车轮定位数据 …………………… 150
5.2 经典轩逸（2019 年款）…………………… 151
　　5.2.1 日产 1.6L HR16DE 发动机正时
　　　　　维修 ………………………………… 151
　　5.2.2 日产 1.6L HR16DE 发动机电脑
　　　　　端子定义 …………………………… 157
　　5.2.3 日产 1.8L MRA8DE 发动机正时
　　　　　维修 ………………………………… 158
　　5.2.4 日产 1.8L MRA8DE 发动机电脑

　　　　端子定义 …………………… 165
5.2.5　CVT变速器电脑端子定义 ……… 166
5.2.6　音响系统音响单元与放大器端子
　　　　定义 ……………………………… 166
5.2.7　保养用油液规格与用量 ………… 167
5.3　逍客（2019年款） ……………………… 168
5.3.1　日产2.0L MR20DD发动机正时
　　　　维修 ……………………………… 168
5.3.2　日产2.0L MR20DD发动机电脑
　　　　端子定义 ………………………… 168
5.3.3　CVT变速器电脑端子定义 ……… 168
5.3.4　导航系统AV控制单元与全景控制

5.4　途乐（2019年款） ……………………… 170
5.4.1　日产2.0L MR20DD发动机正时
　　　　维修 ……………………………… 170
5.4.2　日产2.0L MR20DD发动机电脑
　　　　端子定义 ………………………… 171
5.4.3　日产2.5L QR25DE发动机正时
　　　　维修 ……………………………… 171
5.4.4　日产2.5L QR25DE发动机电脑
　　　　端子定义 ………………………… 177
5.4.5　保养用油液规格与用量 ………… 178

第6章　福特汽车 …………………………………………………………………………… 179

6.1　长安福特福克斯（2020年款） ………… 179
6.1.1　福特1.5L CAF384Q16（国六）
　　　　发动机技术参数 ………………… 179
6.1.2　福特1.5L CAF384Q16（国六）
　　　　发动机正时维修 ………………… 180
6.1.3　福特1.5L CAF384Q16（国六）
　　　　发动机部件位置 ………………… 181
6.1.4　福特1.5L CAF384Q15（国五）
　　　　发动机维修资料 ………………… 182
6.1.5　福特1.5T GTDIQ75发动机技术
　　　　参数 ……………………………… 182
6.1.6　福特1.5T GTDIQ75发动机正时
　　　　维修 ……………………………… 182
6.1.7　福特1.5T GTDIQ75发动机部件
　　　　位置 ……………………………… 184
6.1.8　福特1.5T CAF384WQ06发动机
　　　　维修资料 ………………………… 185
6.1.9　福特8F24八挡自动变速器部件
　　　　分解 ……………………………… 185
6.1.10　电动车窗初始化方法 …………… 187
6.1.11　电动天窗初始化方法 …………… 188
6.2　长安福特新蒙迪欧（2019年款） ……… 188
6.2.1　福特1.5T CAF479WQ4发动机
　　　　技术参数 ………………………… 188
6.2.2　福特1.5T CAF479WQ4发动机
　　　　部件分解 ………………………… 190
6.2.3　福特1.5T CAF479WQ4发动机
　　　　正时维修 ………………………… 192
6.2.4　福特1.5T CAF479WQ4发动机
　　　　电控系统部件位置 ……………… 194
6.2.5　福特2.0T CAF488WQ6发动机
　　　　技术参数 ………………………… 195
6.2.6　福特2.0T CAF488WQ6发动机

　　　　部件分解 ………………………… 196
6.2.7　福特2.0T CAF488WQ6发动机
　　　　正时维修 ………………………… 196
6.2.8　福特2.0T CAF488WQ6发动机
　　　　电控系统部件位置 ……………… 196
6.2.9　福特6F35六挡自动变速器部件
　　　　位置与部件分解 ………………… 199
6.2.10　电动天窗初始化方法 …………… 202
6.2.11　车轮定位数据 …………………… 202
6.3　长安福特金牛座（2019～2020
　　年款） …………………………………… 202
6.3.1　福特2.0T CAF488WQA6发动机
　　　　技术参数 ………………………… 202
6.3.2　福特2.0T CAF488WQA6发动机
　　　　部件分解 ………………………… 204
6.3.3　福特2.0T CAF488WQA6发动机
　　　　正时维修 ………………………… 205
6.3.4　福特2.0T CAF488WQA6发动机
　　　　电控系统部件位置 ……………… 207
6.3.5　福特8F35八挡自动变速器部件位置
　　　　与部件分解 ……………………… 208
6.3.6　车轮定位数据 ………………… 212
6.4　长安福特锐界（2019～2020年款） … 212
6.4.1　福特2.0T CAF488WQB6发动机
　　　　技术参数 ………………………… 212
6.4.2　福特2.0T CAF488WQB6发动机
　　　　部件分解 ………………………… 212
6.4.3　福特2.0T CAF488WQB6发动机
　　　　正时维修 ………………………… 212
6.4.4　福特2.0T CAF488WQB6发动机
　　　　电控系统部件位置 ……………… 212
6.4.5　福特2.7T GTDIQ8发动机技术
　　　　参数 ……………………………… 212

6.4.6 福特2.7T GTDIQ8发动机部件分解 …… 214
6.4.7 福特2.7T GTDIQ8发动机正时维修 …… 216
6.4.8 福特2.7T GTDIQ8发动机电控系统部件位置 …… 219
6.4.9 福特8F35八挡自动变速器部件位置与部件分解 …… 220
6.4.10 车轮定位数据 …… 221
6.5 江铃福特领界（2019~2020年款）… 221
6.5.1 福特1.5T JX4G15C6L发动机技术参数 …… 221
6.5.2 福特1.5T JX4G15C6L发动机部件分解 …… 222
6.5.3 电子驻车制动维护模式激活和解除 …… 224
6.5.4 车轮定位数据 …… 224
6.6 江铃福特撼路者（2019年款） …… 224
6.6.1 福特2.0T ECOBOOST4G205L发动机技术参数 …… 224
6.6.2 福特2.0T ECOBOOST4G205L发动机正时维修 …… 226
6.6.3 福特6R80六挡自动变速器技术参数 …… 226
6.6.4 福特6R80六挡自动变速器部件位置与部件分解 …… 227
6.7 江铃福特领界EV（2019年款）…… 232
6.7.1 电池管理器端子定义 …… 232
6.7.2 车载充电机与直流转换器端子定义 …… 232
6.7.3 电机控制器与驱动电机端子定义 …… 233

6.7.4 减速器部件分解 …… 233
6.7.5 整车控制器端子定义 …… 234
6.7.6 TBOX通信模块端子定义 …… 235
6.8 进口福特野马（2019年款）…… 235
6.8.1 福特2.3T H型发动机技术参数 …… 235
6.8.2 福特2.3T H型发动机部件分解 …… 237
6.8.3 福特2.3T H型发动机正时维修 …… 239
6.8.4 福特2.3T H型发动机电控系统部件位置 …… 241
6.8.5 福特5.0T F型发动机技术参数 …… 243
6.8.6 福特5.0T F型发动机部件分解 …… 244
6.8.7 福特5.0T F型发动机正时维修 …… 246
6.8.8 福特5.0T F型发动机电控系统部件位置 …… 247
6.8.9 福特10R80十挡自动变速器部件位置与部件分解 …… 249
6.9 进口福特猛禽F150（2020年款）…… 253
6.9.1 福特3.5T G型发动机技术参数 …… 253
6.9.2 福特3.5T G型发动机部件分解 …… 255
6.9.3 福特3.5T G型发动机正时维修 …… 259
6.9.4 福特10R80十挡自动变速器部件位置与部件分解 …… 259

第7章 吉利汽车 …… 260

7.1 缤越燃油与轻混版（2019年款） …… 260
7.1.1 吉利JLB-4G14TB发动机技术参数 …… 260
7.1.2 吉利JLB-4G14TB发动机正时维修 …… 261
7.1.3 吉利JLH-3G15TD发动机技术参数 …… 263
7.1.4 吉利JLH-3G15TD发动机正时维修 …… 264
7.1.5 吉利JLH-3G15TD发动机电脑端子定义 …… 267
7.1.6 吉利BSG电机系统 …… 268
7.1.7 7DCT变速器数据流 …… 272

7.1.8 7DCT变速器电脑端子定义 …… 272
7.1.9 7DCT变速器挡位自学习方法 …… 273
7.1.10 保养用油液规格与用量 …… 274
7.1.11 车轮定位数据 …… 274
7.2 缤越PHEV（2019年款）…… 275
7.2.1 吉利JLH-3G15TD发动机技术参数 …… 275
7.2.2 吉利JLH-3G15TD发动机电脑端子定义 …… 275
7.2.3 吉利JLH-3G15TD发动机数据流 …… 276
7.2.4 高压电池系统技术参数与端子定义 …… 279

- 7.2.5 电机控制系统技术参数与端子定义 ······ 279
- 7.2.6 高压冷却系统技术参数与部件分解 ······ 280
- 7.2.7 车载充电机技术参数与端子定义 ······ 281
- 7.2.8 7DCTH 变速器技术参数 ······ 282
- 7.2.9 7DCTH 变速器部件位置与端子定义 ······ 282
- 7.2.10 整车控制器端子定义 ······ 284
- 7.2.11 保养用油液规格与用量 ······ 284
- 7.3 帝豪 GL（2019 年款） ······ 285
  - 7.3.1 吉利 JLB-4G14TB 国六发动机技术参数 ······ 285
  - 7.3.2 吉利 JLB-4G14TB 国六发动机正时维修 ······ 285
  - 7.3.3 吉利 JLB-4G14TB 国六发动机电脑端子定义 ······ 288
  - 7.3.4 吉利 JLH-3G15TD 发动机技术参数 ······ 289
  - 7.3.5 吉利 JLH-3G15TD 发动机正时维修 ······ 289
  - 7.3.6 吉利 JLH-3G15TD 发动机电脑端子定义 ······ 289
  - 7.3.7 吉利 JLH-3G15TD 发动机数据流 ······ 291
  - 7.3.8 CVT25 变速器技术参数 ······ 292
  - 7.3.9 CVT25 变速器部件分解与端子定义 ······ 292
  - 7.3.10 CVT25 变速器挡位自学习方法 ······ 295
  - 7.3.11 保养用油液规格与用量 ······ 295
- 7.4 帝豪 GL PHEV（2019 年款） ······ 296
  - 7.4.1 吉利 JLH-3G15TD 发动机技术参数 ······ 296
  - 7.4.2 吉利 JLH-3G15TD 发动机正时维修 ······ 296
  - 7.4.3 吉利 JLH-3G15TD 发动机电脑端子定义 ······ 296
  - 7.4.4 高压电池总成技术参数与端子定义 ······ 296
  - 7.4.5 车载充电机技术参数与端子定义 ······ 298
  - 7.4.6 电机控制系统技术参数与端子定义 ······ 298
  - 7.4.7 高压冷却系统技术参数与部件分解 ······ 298
  - 7.4.8 7DCTH 变速器技术参数、部件位置与端子定义 ······ 299
  - 7.4.9 整车控制器端子定义 ······ 299
  - 7.4.10 电动空调系统技术参数 ······ 302
  - 7.4.11 电动空调系统部件位置 ······ 303
  - 7.4.12 电动空调系统原理与端子定义 ······ 304
  - 7.4.13 保养用油液规格与用量 ······ 305
- 7.5 帝豪 GS（2019 年款） ······ 306
  - 7.5.1 吉利 JLC-4G18 发动机技术参数 ······ 306
  - 7.5.2 吉利 JLC-4G18 发动机正时维修 ······ 307
  - 7.5.3 吉利 JLC-4G18 发动机电脑端子定义 ······ 307
  - 7.5.4 吉利 JLB-4G14TB 国六发动机技术参数 ······ 309
  - 7.5.5 吉利 JLB-4G14TB 国六发动机正时维修 ······ 309
  - 7.5.6 吉利 JLB-4G14TB 国六发动机电脑端子定义 ······ 309
  - 7.5.7 吉利 JLH-3G15TD 发动机技术参数 ······ 309
  - 7.5.8 吉利 JLH-3G15TD 发动机正时维修 ······ 309
  - 7.5.9 吉利 JLH-3G15TD 发动机电脑端子定义 ······ 309
  - 7.5.10 吉利 JLH-3G15TD 发动机数据流 ······ 309
  - 7.5.11 吉利 BSG 电机系统 ······ 309
  - 7.5.12 7DCT 变速器技术参数与部件位置 ······ 309
  - 7.5.13 CVT25 变速器技术参数 ······ 310
  - 7.5.14 保养用油液规格与用量 ······ 310
- 7.6 嘉际轻混版（2019 年款） ······ 310
  - 7.6.1 吉利 JLH-3G15TD 发动机技术参数 ······ 310
  - 7.6.2 吉利 JLH-3G15TD 发动机正时维修 ······ 311
  - 7.6.3 吉利 JLH-3G15TD 发动机电脑端子定义 ······ 311
  - 7.6.4 吉利 BSG 电机系统 ······ 311
  - 7.6.5 7DCT 变速器技术参数 ······ 311
  - 7.6.6 保养用油液规格与用量 ······ 311
- 7.7 嘉际 PHEV（2019 年款） ······ 312
  - 7.7.1 吉利 JLH-3G15TD 发动机技术参数 ······ 312
  - 7.7.2 吉利 JLH-3G15TD 发动机正时维修 ······ 312

7.7.3　吉利JLH-3G15TD发动机电脑端子定义 … 312
7.7.4　吉利JLH-3G15TD发动机数据流 … 313
7.7.5　高压电池系统技术参数与端子定义 … 313
7.7.6　车载充电机技术参数与端子定义 … 314
7.7.7　电机控制器技术参数与端子定义 … 314
7.7.8　高压冷却系统技术参数与部件分解 … 314
7.7.9　7DCTH变速器技术参数与端子定义 … 314
7.7.10　整车控制器端子定义 … 314
7.7.11　保养用油液规格与用量 … 316
7.8　星越（2019年款） … 317
7.8.1　吉利JLH-3G15TD发动机技术参数 … 317
7.8.2　吉利JLH-3G15TD发动机正时维修 … 317
7.8.3　吉利JLH-3G15TD发动机电脑端子定义 … 317
7.8.4　吉利JLH-3G15TD发动机数据流 … 317
7.8.5　吉利BSG电机系统 … 317
7.8.6　吉利JLH-4G20TDB发动机技术参数 … 317
7.8.7　吉利JLH-4G20TDB发动机正时维修 … 319
7.8.8　吉利JLH-4G20TDB发动机电脑端子定义 … 321
7.8.9　7DCT变速器技术参数 … 322
7.8.10　8AT变速器紧固件力矩与部件分解 … 322
7.8.11　保养用油液规格与用量 … 323
7.9　全新远景（2019年款） … 324
7.9.1　吉利JLγ-4G15国六发动机技术参数 … 324
7.9.2　吉利JLγ-4G15国六发动机正时维修 … 325
7.9.3　吉利JLγ-4G15国六发动机电脑端子定义 … 328
7.9.4　吉利JLγ-4G15发动机数据流 … 329
7.10　远景S1（2019年款） … 332
7.10.1　吉利JLB-4G14TB国六发动机技术参数 … 332
7.10.2　吉利JLB-4G14TB国六发动机正时维修 … 332
7.10.3　吉利JLB-4B14TB国六发动机电脑端子定义 … 332
7.10.4　吉利JLγ-4G15国六发动机技术参数 … 332
7.10.5　吉利JLγ-4G15国六发动机正时维修 … 332
7.10.6　吉利JLγ-4G15国六发动机电脑端子定义 … 332
7.10.7　吉利JLγ-4G15国六发动机数据流 … 332
7.10.8　CVT25变速器技术参数、部件分解与端子定义 … 332

第8章　比亚迪汽车 … 333

8.1　秦PRO燃油超能版（2019年款） … 333
8.1.1　ESP9制动控制系统电脑端子定义 … 333
8.1.2　电子驻车系统电脑端子定义 … 333
8.1.3　熔丝与继电器信息 … 333
8.1.4　保养用油液规格与用量 … 336
8.2　S2 EV（2019年款） … 337
8.2.1　高压系统部件位置 … 337
8.2.2　高压电池包端子定义 … 337
8.2.3　电池管理器端子定义 … 338
8.2.4　充配电三合一总成端子定义 … 339
8.2.5　电驱动三合一总成端子定义 … 340
8.2.6　整车控制器端子定义 … 340
8.3　宋MAX（2019年款） … 342
8.3.1　比亚迪1.5T BYD476ZQA发动机技术参数 … 342
8.3.2　比亚迪1.5T BYD476ZQA发动机正时维修 … 342
8.3.3　比亚迪1.5T BYD476ZQA发动机电脑端子定义 … 344
8.3.4　电动后背门控制器端子定义 … 345
8.3.5　电动后背门自学习方法 … 346
8.3.6　自动空调系统控制器端子定义 … 346
8.4　宋MAX DM（2019年款） … 346
8.4.1　BSG电机控制器端子定义 … 346
8.4.2　BYDT65变速器技术参数 … 347
8.4.3　车载充电机端子定义 … 347
8.4.4　车载充电机电路 … 348

8.4.5 电机控制器端子定义 …… 348
8.4.6 整车控制器端子定义 …… 349
8.4.7 EPS 系统电路 …… 350
8.4.8 电子驻车器端子定义 …… 350
8.4.9 自动空调系统控制器端子定义 … 352

第9章 长城-哈弗-WEY-欧拉汽车 …… 353

9.1 哈弗 H6（2019 年款）…… 353
- 9.1.1 长城 GW4B15 发动机技术参数 …… 353
- 9.1.2 长城 GW4B15 发动机正时维修 …… 353
- 9.1.3 长城 GW4B15 发动机电脑端子定义 …… 355
- 9.1.4 长城 GW4B15A 发动机技术参数 …… 355
- 9.1.5 长城 GW4B15A 发动机正时维修 …… 355
- 9.1.6 长城 GW4B15A 发动机电脑端子定义 …… 355
- 9.1.7 长城 GW4C20NT 发动机技术参数 …… 355
- 9.1.8 长城 GW4C20NT 发动机正时维修 …… 356
- 9.1.9 长城 GW4C20NT 发动机电脑端子定义 …… 356
- 9.1.10 长城 GW4C20B 发动机技术参数 …… 356
- 9.1.11 长城 GW4C20B 发动机正时维修 …… 356
- 9.1.12 长城 GW4C20B 发动机电脑端子定义 …… 356
- 9.1.13 长城 GW7DCT1-A02 变速器电脑与总成端子定义 …… 356
- 9.1.14 车身稳定系统模块端子定义 …… 356
- 9.1.15 车身控制系统模块端子定义 …… 357
- 9.1.16 全景影像控制器端子定义 …… 358
- 9.1.17 多媒体播放器（带 GPS＋Telematics）端子定义 …… 359
- 9.1.18 车轮定位数据 …… 359

9.2 哈弗 M6（2019 年款）…… 360
- 9.2.1 长城 1.5T GW4G15B 发动机技术参数 …… 360
- 9.2.2 长城 1.5T GW4G15B 发动机正时维修 …… 360
- 9.2.3 长城 1.5T GW4G15B 发动机电脑端子定义 …… 362
- 9.2.4 长城 1.5T GW4G15F 发动机技术参数 …… 363
- 9.2.5 长城 1.5T GW4G15F 发动机正时维修 …… 363
- 9.2.6 长城 1.5T GW4G15F 发动机电脑端子定义 …… 363
- 9.2.7 长城 GW7DCT1-A02 变速器电脑与总成端子定义 …… 364
- 9.2.8 车身稳定系统模块端子定义 …… 366
- 9.2.9 PEPS 控制器端子定义 …… 368
- 9.2.10 车轮定位数据 …… 368

9.3 哈弗 F7（2020 年款）…… 368
- 9.3.1 长城 1.5T GW4B15A 发动机技术参数 …… 368
- 9.3.2 长城 1.5T GW4B15A 发动机正时维修 …… 369
- 9.3.3 长城 1.5T GW4B15A 发动机电脑端子定义 …… 371
- 9.3.4 长城 2.0T GW4C20B 发动机技术参数 …… 372
- 9.3.5 长城 2.0T GW4C20B 发动机正时维修 …… 372
- 9.3.6 长城 2.0T GW4C20B 发动机电脑端子定义 …… 376
- 9.3.7 长城 GW7DCT1-A02 变速器电脑端子定义 …… 377
- 9.3.8 ESP 液压控制单元端子定义 …… 379

9.4 哈弗 F7X（2019 年款）…… 379
- 9.4.1 长城 1.5T GW4B15 发动机技术参数 …… 379
- 9.4.2 长城 1.5T GW4B15 发动机正时维修 …… 380
- 9.4.3 长城 1.5T GW4B15 发动机电脑端子定义 …… 380
- 9.4.4 长城 1.5T GW4B15 发动机 CVVL 电脑端子定义 …… 381
- 9.4.5 长城 1.5T GW4B15A 发动机技术参数 …… 382
- 9.4.6 长城 1.5T GW4B15A 发动机正时维修 …… 382
- 9.4.7 长城 1.5T GW4B15A 发动机电脑端子定义 …… 382
- 9.4.8 长城 1.5T GW4B15A 发动机 CVVL 电脑端子定义 …… 382

9.4.9　长城 2.0T GW4C20NT 发动机
　　　 技术参数 ·················· 382
9.4.10　长城 2.0T GW4C20NT 发动机
　　　　正时维修 ················· 382
9.4.11　长城 2.0T GW4C20NT 发动机
　　　　电脑端子定义 ············· 385
9.4.12　长城 2.0T GW4C20B 发动机
　　　　技术参数 ················· 386
9.4.13　长城 2.0T GW4C20B 发动机
　　　　正时维修 ················· 386
9.4.14　长城 2.0T GW4C20B 发动机
　　　　电脑端子定义 ············· 386
9.4.15　长城 GW7DCT 变速器电脑与总成
　　　　端子定义 ················· 386
9.4.16　空调控制器端子定义 ········ 387
9.4.17　PEPS 控制器端子定义 ······· 387
9.5　魏 VV7（2019 年款） ··············· 388
9.5.1　长城 2.0T GW4C20A 发动机技术
　　　 参数 ······················ 388
9.5.2　长城 2.0T GW4C20A 发动机正时
　　　 维修 ······················ 388
9.5.3　长城 2.0T GW4C20A 发动机电脑
　　　 端子定义 ·················· 388
9.5.4　长城 GW7DCT1-A02 变速器总成
　　　 端子定义 ·················· 390
9.5.5　空调控制器端子定义 ········· 390
9.5.6　多媒体播放器与功率放大器端子
　　　 定义 ······················ 391
9.6　长城风骏 7EV（2020 年款） ········ 393
9.6.1　高压电池包技术参数 ········· 393
9.6.2　高压电池包端子定义 ········· 393
9.6.3　电池管理系统主控制模块端子
　　　 定义 ······················ 394
9.6.4　车载充电机技术参数 ········· 394
9.6.5　车载充电机端子定义 ········· 395
9.6.6　电机控制器与驱动电机端子
　　　 定义 ······················ 395
9.6.7　整车控制器端子定义 ········· 396
9.7　欧拉 IQ（2019 年款） ·············· 397
9.7.1　电池管理系统主控制模块端子
　　　 定义 ······················ 397
9.7.2　车载充电机端子定义 ········· 397
9.7.3　电机控制器端子定义 ········· 397
9.7.4　驱动电机总成技术参数 ······· 398
9.7.5　整车控制器端子定义 ········· 399
9.7.6　P 挡驻车控制器端子定义 ····· 399
9.7.7　空调控制器端子定义 ········· 400
9.7.8　电动天窗初始化方法 ········· 401
9.8　欧拉 R1（2019 年款） ·············· 401
9.8.1　高压电池包技术参数 ········· 401
9.8.2　高压电池包端子定义 ········· 402
9.8.3　车载充电机技术参数 ········· 403
9.8.4　车载充电机端子定义 ········· 403
9.8.5　驱动电机技术参数与端子定义 ··· 403
9.8.6　整车控制器端子定义 ········· 404
9.8.7　空调控制器端子定义 ········· 405
9.8.8　安全气囊电脑端子定义 ······· 405
9.8.9　多媒体播放器（带 GPS）端子
　　　 定义 ······················ 406

第 10 章　长安汽车 ·· 407

10.1　CS15（2019 年款） ················ 407
10.1.1　长安 1.5L JL473QF 发动机技术
　　　　参数 ······················ 407
10.1.2　长安 1.5L JL473QF 发动机正时
　　　　维修 ······················ 407
10.1.3　车轮定位数据 ·············· 409
10.1.4　保养用油液规格与用量 ······ 409
10.2　CS35（2019 年款） ················ 409
10.2.1　长安 1.6L JL478QEE 与 1.5T
　　　　4G15T 发动机技术参数 ····· 409
10.2.2　保养用油液规格与用量 ······ 410
10.2.3　车轮定位数据 ·············· 410
10.3　CS55（2019 年款） ················ 410
10.3.1　长安 1.5T JL476ZQCD 发动机
　　　　技术参数 ·················· 410
10.3.2　长安六挡自动变速器电脑端子
　　　　定义 ······················ 410
10.3.3　空调控制器端子定义 ········ 411
10.3.4　自动泊车控制器端子定义 ···· 411
10.3.5　全景影像控制器端子定义 ···· 412
10.4　CS75（2019～2020 年款） ·········· 412
10.4.1　长安 1.5T JL476ZQCF 发动机
　　　　技术参数 ·················· 412
10.4.2　长安 1.5T JL476ZQCF 发动机
　　　　电脑端子定义 ·············· 413
10.4.3　车轮定位数据 ·············· 413
10.4.4　保养用油液规格与用量 ······ 413
10.5　CS75 PLUS（2020 年款） ·········· 413
10.5.1　长安 2.0T JL486ZQ4 发动机
　　　　技术参数 ·················· 413

- 10.5.2 长安 2.0T JL486ZQ4 发动机电脑端子定义 …… 415
- 10.5.3 长安 2.0T JL486ZQ4 发动机数据流 …… 417
- 10.5.4 长安 1.5T JL476ZQCF 发动机技术参数 …… 418
- 10.5.5 长安 1.5T JL476ZQCF 发动机电脑端子定义 …… 418
- 10.5.6 长安八挡自动变速器电脑端子定义 …… 419
- 10.5.7 ABS/ESP 系统控制器端子定义 …… 419
- 10.5.8 整车控制器位置 …… 420
- 10.5.9 车轮定位数据 …… 421
- 10.6 CS85 COUPE（2019 年款）…… 421
  - 10.6.1 长安 2.0T JL486ZQ4 发动机技术参数 …… 421
  - 10.6.2 长安 2.0T JL486ZQ4 发动机电脑端子定义 …… 421
  - 10.6.3 长安 2.0T JL486ZQ4 发动机数据流 …… 421
  - 10.6.4 长安 1.5T JL476ZQCF 发动机技术参数 …… 421
  - 10.6.5 长安 1.5T JL476ZQCF 发动机电脑端子定义 …… 422
  - 10.6.6 长安七挡双离合变速器电脑端子定义 …… 424
  - 10.6.7 车轮定位数据 …… 424
- 10.7 CS95（2019 年款）…… 425
  - 10.7.1 长安 2.0T JL486ZQ4 发动机技术参数 …… 425
  - 10.7.2 长安 2.0T JL486ZQ4 发动机电脑端子定义 …… 425
  - 10.7.3 长安 2.0T JL486ZQ4 发动机数据流 …… 425
- 10.8 睿骋 CC（2019 年款）…… 425
  - 10.8.1 长安 1.5T JL476ZQCD 发动机技术参数 …… 425
  - 10.8.2 长安六挡自动变速器电脑端子定义 …… 426
  - 10.8.3 空调控制器端子定义 …… 427
  - 10.8.4 全景影像控制器端子定义 …… 428
  - 10.8.5 车轮定位数据 …… 429
- 10.9 逸动 DT（2019 年款）…… 429
  - 10.9.1 长安 1.6L JL478QEE 发动机技术参数 …… 429
  - 10.9.2 长安 1.6L JL478QEE 发动机电脑端子定义 …… 431
  - 10.9.3 长安 1.6L JL478QEE 发动机数据流 …… 432
  - 10.9.4 长安四挡自动变速器电脑端子定义 …… 433
  - 10.9.5 车轮定位数据 …… 434
- 10.10 CS15 EV400（2019 年款）…… 434
  - 10.10.1 高压电池包端子定义 …… 434
  - 10.10.2 电池管理系统主板端子定义 …… 435
  - 10.10.3 车载充电机端子定义 …… 436
  - 10.10.4 车载充电系统故障代码 …… 436
  - 10.10.5 电机控制器端子定义 …… 437
  - 10.10.6 电机控制系统故障代码与排除方法 …… 437
  - 10.10.7 变速器部件分解 …… 439
  - 10.10.8 整车控制器端子定义 …… 440
  - 10.10.9 电动空调控制器端子定义 …… 441
  - 10.10.10 车轮定位数据 …… 442

第 11 章　上汽荣威汽车 …… 443

- 11.1 i6（2019～2020 年款）…… 443
  - 11.1.1 荣威 1.6L 16S4C 发动机技术参数 …… 443
  - 11.1.2 荣威 1.6L 16S4C 发动机电脑端子定义 …… 445
  - 11.1.3 荣威 1.5T 15E4E 发动机技术参数 …… 446
  - 11.1.4 荣威 1.5T 15E4E 发动机电脑端子定义 …… 446
  - 11.1.5 七挡双离合变速器电脑端子定义 …… 446
- 11.2 RX3（2019～2020 年款）…… 447
  - 11.2.1 荣威 1.6L 16S4C 发动机技术参数 …… 447
  - 11.2.2 荣威 1.6L 16S4C 发动机电脑端子定义 …… 447
  - 11.2.3 荣威 1.3T LI6 发动机技术参数 …… 447
  - 11.2.4 荣威 1.3T LI6 发动机电脑端子定义 …… 449
  - 11.2.5 无级变速器电脑端子定义 …… 450
  - 11.2.6 无级变速器技术参数 …… 451
  - 11.2.7 车轮定位数据 …… 451
- 11.3 RX5（2019～2020 年款）…… 451
  - 11.3.1 荣威 1.5T 15E4E 发动机技术参数 …… 451

11.3.2 荣威 1.5T 15E4E 发动机电脑
端子定义 ·· 454
11.3.3 荣威 2.0T 20L4E 发动机技术
参数 ·· 457
11.3.4 荣威 2.0T 20L4E 发动机电脑
端子定义 ·· 459
11.3.5 车轮定位数据 ································· 460

第 12 章 广汽传祺-长丰-菲克汽车 ·· 461

12.1 传祺 GM6（2019 年款）············· 461
12.1.1 传祺 1.5T 4A15J1 发动机技术
参数 ·· 461
12.1.2 熔丝与继电器信息 ························· 461
12.1.3 保养用油液规格与用量 ················· 461
12.1.4 车轮定位数据 ································· 465
12.2 吉普大指挥官（2019 年款）······ 465
12.2.1 吉普 2.0T 发动机技术参数 ············ 465
12.2.2 吉普 2.0T 发动机正时维修 ············ 467
12.2.3 吉普 2.0T 发动机电脑端子
定义 ·· 471
12.2.4 天窗和遮阳板编程设置 ················· 472
12.2.5 全轮驱动型四轮定位数据 ············· 473
12.2.6 保养用油液规格与用量 ················· 473

12.3 猎豹 CS10（2019 年款）············· 473
12.3.1 猎豹 1.5T 4G15T 发动机技术
参数 ·· 473
12.3.2 猎豹 1.5T 4G15T 发动机正时
维修 ·· 475
12.3.3 猎豹 1.5T 4G15T 发动机电脑
端子定义 ·· 477
12.3.4 猎豹 2.0T 4G63T 发动机技术
参数 ·· 477
12.3.5 猎豹 2.0T 4G63T 发动机正时
维修 ·· 480
12.3.6 猎豹 2.0T 4G63T 发动机电脑
端子定义 ·· 483

第 13 章 奇瑞汽车 ·· 485

13.1 星途 TX/TXL（2019 年款）······· 485
13.1.1 奇瑞 1.6T SQRF4J16 发动机
技术参数 ·· 485
13.1.2 奇瑞 1.6T SQRF4J16 发动机
正时维修 ·· 485
13.1.3 奇瑞 1.6T SQRF4J16 发动机
电脑端子定义 ···································· 488
13.1.4 奇瑞 1.6T SQRF4J16 发动机
数据流 ·· 490
13.1.5 奇瑞 8 挡自动变速器电脑端子
定义 ·· 490
13.1.6 自动空调控制器端子定义 ············· 492
13.1.7 电动天窗电机初始化方法 ············· 493
13.1.8 车轮定位数据 ································· 493
13.2 艾瑞泽 GX（2019 年款）············ 493
13.2.1 奇瑞 1.5T SQRE4T15B 发动机
技术参数 ·· 493
13.2.2 奇瑞 1.5T SQRE4T15B 发动机
正时维修 ·· 495
13.2.3 奇瑞 1.5T SQRE4T15B 发动机
电脑端子定义 ···································· 495

13.2.4 奇瑞 1.5T SQRE4T15B 发动机
数据流 ·· 496
13.2.5 电子节气门自学习方法 ················· 497
13.2.6 音响系统端子定义 ························· 497
13.2.7 电动天窗初始化方法 ····················· 498
13.2.8 电动车窗防夹模块初始化
方法 ·· 499
13.3 捷途 X9（2019 年款）················· 499
13.3.1 奇瑞 1.5T SQRE4T15B 发动机
技术参数 ·· 499
13.3.2 奇瑞 1.5T SQRE4T15B 发动机
正时维修 ·· 499
13.3.3 奇瑞 1.5T SQRE4T15B 发动机
电脑端子定义 ···································· 502
13.3.4 奇瑞 1.5T SQRE4T15B 发动机
数据流 ·· 502
13.3.5 奇瑞 8AT 自动变速器技术
参数 ·· 502
13.3.6 奇瑞 8AT 自动变速器电脑
端子定义 ·· 502
13.3.7 自动变速器自学习方法 ················· 503

第 14 章 一汽红旗-奔腾汽车 ·· 504

14.1 红旗 HS5（2019 年款）··············· 504
14.1.1 红旗 2.0T CA4GC20TD-32 发动机
技术参数与正时机构部件
分解 ·· 504
14.1.2 六挡自动变速器电脑端子
定义 ·· 505

14.1.3 车轮定位数据……505
14.2 红旗 HS7（2019 年款）……506
 14.2.1 红旗 3.0T CA6GV30TD 发动机技术参数与正时机构部件分解……506
 14.2.2 八挡自动变速器电脑端子定义……506
 14.2.3 车轮定位数据……506
14.3 红旗 H5（2019 年款）……507
 14.3.1 红旗 1.8T CA4GC18TD-11 发动机电脑端子定义……507
 14.3.2 六挡自动变速器电脑端子定义……509
 14.3.3 车轮定位数据……510
14.4 红旗 H7（2019 年款）……510
 14.4.1 红旗 1.8T CA4GC18TD-12 发动机电脑端子定义……510
 14.4.2 红旗 2.0T CA4GC20TD-11 发动机电脑端子定义……510
14.5 红旗 E-HS3（2019 年款）……511
 14.5.1 高压电池系统部件位置与 ECU 端子定义……511
 14.5.2 电驱动系统总成技术参数……511
 14.5.3 电驱动系统逆变器端子定义……513
 14.5.4 整车控制器端子定义……513
 14.5.5 车轮定位数据……514
14.6 奔腾 X40（2019 年款）……515
 14.6.1 奔腾 1.6L CA4GB16 发动机技术参数……515
 14.6.2 奔腾 1.6L CA4GB16 发动机电脑端子定义与检测数据……517
 14.6.3 自动变速器电控部件位置……519
 14.6.4 自动变速器电脑端子定义与检测数据……520
 14.6.5 车辆稳定系统 ECU 端子定义……521
 14.6.6 驻车制动系统 ECU 端子定义与检测数据……521
14.7 奔腾 T77（2019 年款）……522
 14.7.1 奔腾 1.2T CA4GA12TD 发动机技术参数……522
 14.7.2 奔腾 1.2T CA4GA12TD 国五发动机电脑端子定义……523
 14.7.3 奔腾 1.2T CA4GA12TD 国六发动机电脑端子定义……525
 14.7.4 双离合自动变速器电脑端子定义……526
 14.7.5 PEPS 系统 ECU 端子定义……527
14.8 奔腾 B30 EV400（2019 年款）……528
 14.8.1 高压电池包技术参数……528
 14.8.2 电池管理器端子定义……528
 14.8.3 驱动电机技术参数……529
 14.8.4 电机控制器端子定义……529
 14.8.5 整车控制器端子定义……530
14.9 奔腾 X40 EV400（2019 年款）……531
 14.9.1 电池管理器端子定义……531
 14.9.2 车载充电机与直流转换器技术参数……531
 14.9.3 驱动电机技术参数……532
 14.9.4 电机控制器端子定义……532
 14.9.5 整车控制器端子定义……533

第15章 东风雷诺-富康-风行汽车……534

15.1 东风雷诺 e 诺（2019 年款）……534
 15.1.1 高压系统关键部件位置……534
 15.1.2 电驱系统技术参数……535
 15.1.3 高压电池系统技术参数……535
 15.1.4 高压电池控制系统电路……535
 15.1.5 直流转换器与车载充电机技术参数……535
 15.1.6 ABS 系统电路与端子定义……536
 15.1.7 电动空调系统部件技术参数……538
 15.1.8 保养用油液规格与用量……538
 15.1.9 车轮定位数据……539
15.2 东风富康 ES500（2019 年款）……539
 15.2.1 全车电控单元位置……539
 15.2.2 整车控制器端子定义……539
 15.2.3 车身控制器端子定义……540
 15.2.4 ABS 电脑端子定义……542
 15.2.5 EPS 控制单元端子定义……542
 15.2.6 MP3 与 MP5 主连接器端子定义……543
 15.2.7 熔丝与继电器信息……544
 15.2.8 保养用油液规格与用量……546
15.3 东风风行 T5/T5L（2019 年款）……546
 15.3.1 ABS 电脑端子定义……546
 15.3.2 前后泊车雷达模块端子定义……546
 15.3.3 PEPS 控制模块端子定义……547
 15.3.4 车身控制器端子定义……548
 15.3.5 熔丝与继电器信息……549
 15.3.6 车轮定位数据……551

附录 不同品牌汽车线束颜色的代码……552

第 1 章

大众汽车

1.1 一汽大众探歌（2019~2020 年款）

1.1.1 车型配载国六发动机技术参数

参考本书 1.4.1 小节。

1.1.2 大众 1.4T DJR 发动机正时维修

参考本书 1.4.2 和 1.7.2 小节。

1.1.3 大众 1.4T DJS 发动机正时维修

参考本书 1.4.2 和 1.7.2 小节。

1.2 一汽大众探岳（2019 年款）

1.2.1 车型配载国六发动机技术参数

相关内容参考本书 1.3.1 小节。

1.2.2 大众 2.0T DKV 发动机正时维修

1.2.2.1 发动机正时机构部件分解

发动机正时机构部件分解如图 1-1~图 1-7 所示。

正时链上盖板螺栓拧紧顺序及拧紧要求：将螺栓 1~6 按图 1-2 的顺序用手拧紧，拧紧力矩 9N·m。

正时链下盖板螺栓拧紧顺序及拧紧要求：将螺栓 1~15 以 8N·m 的力矩拧紧，将螺栓 1、2、4、5 以及 7~15 继续旋转 45°，将螺栓 3 和 6 继续旋转 45°。

注意在皮带盘安装完成后，方可对螺栓 3 和 6 继续旋转 45°。

曲轴链轮安装位置如图 1-5 所示。两个齿轮上的标记（箭头）必须对准。

轴承座螺栓拧紧顺序和拧紧力矩：如果有张紧套，将其与螺栓 1 一同拉入气缸盖中，按图 1-6 所示顺序分布拧紧螺栓，第一步拧紧螺栓 1，拧紧力矩 3N·m（安装张紧套），第二步拧紧螺栓 1~6，拧紧力矩 9N·m。

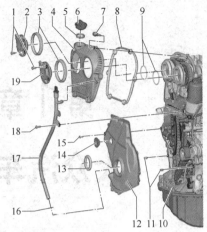

图1-1　发动机正时罩部件分解

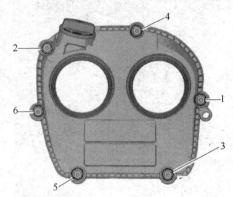

图1-2　正时链上盖板螺栓拧紧顺序
1～6—螺栓

1—螺栓，更换，拧紧力矩4N·m+继续旋转45°；2—排气门凸轮轴调节阀1-N318-；3—密封圈，在正时链上盖板拆下的情况下拆除该密封圈，若损坏则应及时更换；4—正时链上盖板；5—密封圈，若损坏则应及时更换；6—机油加注口盖；7—螺栓，拧紧顺序见图1-2；8—密封件，若损坏则应及时更换；9—O形圈，更换，安装前用机油浸润；10—发动机；11—定位销，用于正时链下盖板；12—正时链下盖板，每次拆卸，必须更换；13—密封圈，用于皮带盘，更换；14—密封塞，更换；15—螺栓，更换，拧紧顺序见图1-3；16—O形圈，更换，安装前用机油浸润；17—机油尺导管；18—螺栓，拧紧力矩9N·m；19—进气门凸轮轴调节阀1-N205-

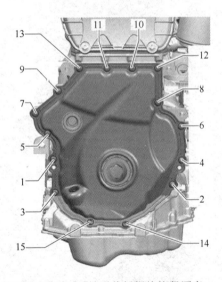

图1-3　正时链下盖板螺栓拧紧顺序
1～15—螺栓

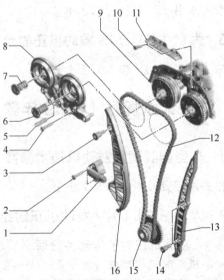

图1-4　凸轮轴正时链部件分解

1—链条张紧器，处于弹簧压力下，在拆卸前用锁止工具-CT80014-或锁止工具-CT40267-位；2—螺栓，更换，拧紧力矩4N·m+继续旋转90°；3—导向螺栓，拧紧力矩20N·m；4—螺栓，更换，拧紧顺序见图1-6；5—张紧套，与紧固螺栓一同拉入气缸中；6—控制阀，左旋螺纹，拧紧力矩35N·m，用正时调节装配工具-CT80028-进行拆卸；7—控制阀，左旋螺纹，拧紧力矩35N·m，用正时调节装配工具-CT80028-进行拆卸；8—轴承座；9—气缸盖罩；10—螺栓，拧紧力矩9N·m；11—凸轮轴正时链上导轨；12—凸轮轴正时链，拆卸前用彩色笔标记转动方向；13—凸轮轴正时链导轨；14—导向螺栓，拧紧力矩20N·m；15—曲轴链轮；16—凸轮轴正时链导轨

图 1-5 曲轴链轮安装位置

图 1-6 轴承座螺栓拧紧顺序
1~6—螺栓

轴承销安装位置如图 1-8 所示，更换 O 形圈 1，并用发动机机油润滑，轴承销的定位销（箭头）必须插入气缸体的孔中，安装前用机油润滑轴承销。

中间轴齿轮安装位置如图 1-9 所示。

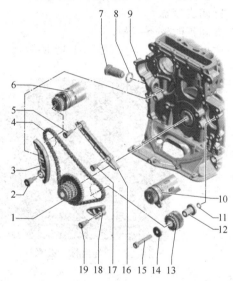

图 1-7 平衡轴正时链部件分解

1—曲轴链轮；2—导向螺栓，拧紧力矩 20N·m；3—导轨，用于平衡轴正时链；4—平衡轴正时链；5—导向螺栓，拧紧力矩 20N·m；6—排气凸轮轴侧的平衡轴，用机油润滑轴承，一旦拆卸须更换；7—链条张紧器，拧紧力矩 85N·m；8—O 形圈，更换，涂抹密封剂-D154103A1-；9—气缸体；10—进气凸轮轴侧的平衡轴，用机油润滑轴承，一旦拆卸须更换；11—O 形圈，用发动机机油润滑；12—轴承销，用发动机机油润滑；13—中间轴齿轮，一旦螺栓被拧松，须更换中间轴齿轮；14—垫片；15—螺栓，一旦螺栓被拧松，须更换中间轴齿轮；16—导轨，用于平衡轴正时链；17—导向螺栓，拧紧力矩 12N·m；18—导轨，用于平衡轴正时链；19—导向螺栓，拧紧力矩 20N·m

图 1-8 轴承销安装位置
1—O 形圈

图 1-9 中间轴齿轮安装位置
1—螺栓

注意中间轴齿轮必须更换，否则啮合齿间的间隙将无法达到要求，而有损坏发动机的危险。新的中间轴齿轮外部有涂层，当工作一段时间后涂层将会磨损，啮合齿侧的间隙将会自动达到要求。

进气凸轮轴侧的平衡轴上的标记必须位于新中间轴齿轮上的标记（箭头）之间。按照下列步骤拧紧新的固定螺栓 1：用扭力扳手预紧至 10N·m；旋转中间轴齿轮，中间轴齿轮不允许有间隙，否则须再次松开并重新拧紧；用扭力扳手拧紧至 25N·m；继续将螺栓旋转 90°。

1.2.2.2 发动机凸轮轴正时链拆装

① 排空发动机机油。

② 拆卸发动机支撑件。

③ 拆卸正时链上盖板。

④ 使用止动工具-T10355-或-CT10355-将皮带盘旋转到 1 缸上止点位置。凸轮轴链轮上的标记 1 必须与气缸盖上的标记 2 和 3 对齐。皮带盘上的切口必须对准正时链下盖板上的箭头标记（箭头）（大约 4 点方向），如图 1-10 所示。

⑤ 使用正时调节装配工具-CT80028-沿箭头方向拆下进/排气凸轮轴控制阀，如图 1-11 所示。注意控制阀是左旋螺纹。

⑥ 旋出轴承座的 6 个螺栓，取下轴承座。

⑦ 拆卸皮带盘。

⑧ 拆卸正时链下盖板。

⑨ 旋出螺栓（箭头），如图 1-12 所示。

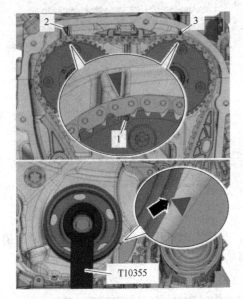

图 1-10　设置 1 缸上止点位置
1~3—标记

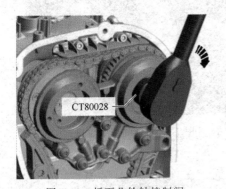

图 1-11　拆下凸轮轴控制阀

图 1-12　旋出标示处螺栓

⑩ 安装拉杆-T40243-或-CT40243-，拧紧螺栓（箭头）。按压链条张紧器卡簧 1 并保持，使其直径增大。缓慢沿箭头方向推动拉杆-T40243-或-CT 40243-，并保持该位置，如图 1-13 所示。

状态 1

⑪ 使用锁止工具-T40267-或-CT40267-锁定链条张紧器，如图 1-14 所示。

状态 2

⑫ 使用锁止工具-CT80014-锁定链条张紧器，如图 1-15 所示。拆下拉杆-T40243-或-CT40243-。

⑬ 将凸轮轴锁止工具-T40271/2-或-CT40271/2-用螺栓固定至气缸盖，并沿箭头 B 方向按压，使其上齿能够与进气凸轮轴链轮齿啮合，如图 1-16 所示。如有必要，可使用凸轮轴位置调整工具-CT40266 B-或-T40266 B-沿箭头 A 方向稍

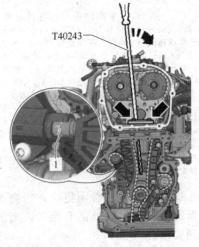

图 1-13　用专用工具设置张紧器于压缩位置
1—卡簧

微旋转进气凸轮轴。

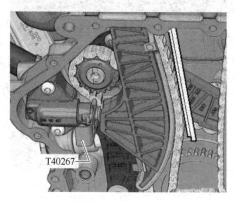

图 1-14　使用锁止工具卡住张紧器

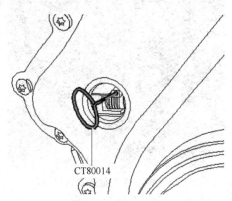

图 1-15　使用锁止工具锁定张紧器

⑭ 沿箭头 A 方向把持住排气凸轮轴，旋出导向螺栓 1，拆下凸轮轴正时链导轨 2。将凸轮轴锁止工具-T40271/1-或-CT 40271/1-用螺栓固定至气缸盖，并沿箭头 B 方向按压凸轮轴锁止工具-T40271/1-或-CT 40271/1-，使其上齿能够与排气凸轮轴链轮齿啮合（箭头 C），如图 1-17 所示。如有必要，可使用凸轮轴位置调整工具-CT40266 B-或-T40266 B-沿箭头 A 方向稍微旋转排气凸轮轴。

注意此时链轮之间的凸轮轴正时链处于松弛状态。

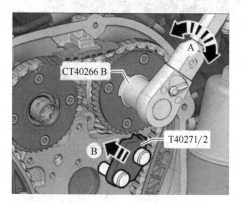

图 1-16　安装进气凸轮轴锁止工具

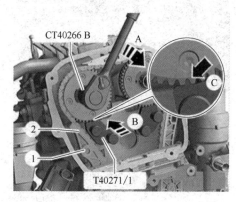

图 1-17　安装排气凸轮轴锁止工具
1—螺栓；2—导轨

⑮ 旋出上导轨 2 个螺栓，取下上导轨。
⑯ 旋出 2 个导向螺栓，拆下凸轮轴正时链导轨。
⑰ 按压机油泵链条张紧导轨上的张紧弹簧（箭头）。旋出导向螺栓 1，拆下机油泵链条张紧导轨 2，如图 1-18 所示。
⑱ 取下机油泵链条。
⑲ 拆下凸轮轴正时链。
⑳ 接下来是安装步骤，首先检查曲轴是否位于 1 缸上止点位置。检查有色链节是否与链轮上的标记对齐（箭头），如图 1-19 所示。

注意安装凸轮轴正时链时，其有色链节必须分别与凸轮轴链轮、曲轴齿轮标记对准（箭头），如图 1-20 所示。

㉑ 将正时链安装在进气凸轮轴上。
㉒ 将正时链安装在排气凸轮轴上。

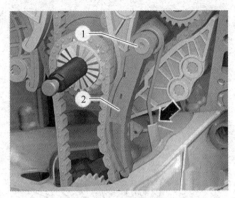

图 1-18 拆下机油泵链条张紧导轨
1—螺栓；2—导轨

图 1-19 正时链对齐标记位置（一）

㉓ 将正时链安装在曲轴上，并保持在该位置。

㉔ 安装凸轮轴正时链导轨 2，并拧紧导向螺栓 1，如图 1-21 所示。

图 1-20 正时链对齐标记位置（二）

图 1-21 安装正时链导轨
1—螺栓；2—导轨

㉕ 安装上导轨 1，并拧紧螺栓（箭头），如图 1-22 所示。

㉖ 使用凸轮轴位置调整工具-CT40266 B-或-T40266 B-缓慢地沿箭头 A 方向稍微转动排气凸轮轴，直至凸轮轴锁止工具-T40271/1-或-CT40271/1-可以沿箭头 B 方向移出。

安装凸轮轴正时链导轨 2，拧紧导向螺栓 3，如图 1-23 所示。安装凸轮轴正时链导轨前，必须检查有色链节是否仍与曲轴齿轮标记对准。

拆下排气凸轮轴锁止工具-T40271/1-或-CT40271/1-。

图 1-22 安装正时链上导轨
1—上导轨

㉗ 安装机油泵传动链条及其张紧导轨，拧紧

导向螺栓。将张紧弹簧嵌入上部油底壳的凹槽中。

㉘ 沿箭头 B 方向移出凸轮轴锁止工具-T40271/2-或-CT 40271/2-。如有必要，可使用凸轮轴位置调整工具-CT40266 B-或-T40266 B-沿箭头 A 方向稍微旋转进气凸轮轴。拆下凸轮轴锁止工具-T40271/2-或-CT 40271/2-。检查有色链节是否与凸轮轴链轮标记、平衡轴链轮标记、曲轴齿轮标记对齐（箭头），如图 1-24 所示。

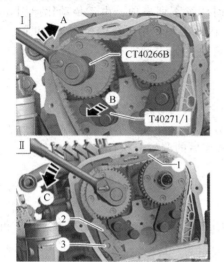

图 1-23　安装正时链导轨
1—上导轨；2—导轨；3—螺栓

图 1-24　检查凸轮轴正时链正时标记

㉙ 如图 1-25 所示，安装拉杆-T40243-或-CT40243-，并沿箭头方向按压。

状态 1

㉚ 拆下锁止工具-T40267 或-CT40267-。

状态 2

㉛ 拆下锁止工具-CT80014-。

㉜ 拆下拉杆-T40243-或-CT40243-，拧入并拧紧螺栓（箭头），如图 1-26 所示。

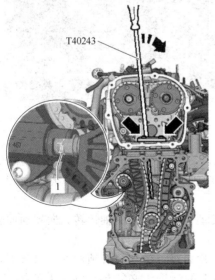

图 1-25　安装拉杆
1—卡簧

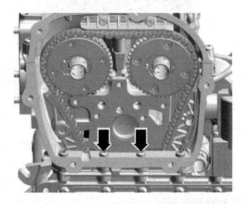

图 1-26　安装标示处螺栓

㉝ 小心地安装轴承座，确保轴承座安装后没有处于倾斜状态，用手拧紧螺栓，按要求拧紧轴承座的螺栓。

㉞ 安装控制阀。

㉟ 安装正时链下盖板。

㊱ 安装皮带盘。

㊲ 进一步的安装按与拆卸相反的顺序进行，同时注意下列事项：由于传动比原因，发动机转动后，有色链节不易与凸轮轴链轮标记对准，因此必须使用千分表检查气门正时。

㊳ 将发动机曲轴沿工作时的运转方向旋转 2 圈并检查气门正时。

㊴ 安装正时链上盖板。

㊵ 安装发动机支撑件。

㊶ 加注发动机机油。

㊷ 维修作业结束后，对发动机控制单元按如下方法进行自适应学习：控制单元列表→右击-发动机电控系统→引导型功能→维修链条传动机构后的调校→执行。

1.2.2.3 发动机正时检查

① 拆卸正时链上盖板。

② 拆卸发动机舱底部隔声板。

③ 用止动工具-T10355-或-CT10355-缓慢地转动皮带盘直至凸轮轴链轮上的标记 1 和 2 接近指向上方，如图 1-27 所示。

④ 拆卸 1 缸火花塞。

⑤ 尽可能地将千分表适配器-T10170A-或-T10170-拧入火花塞中，如图 1-28 所示。将延长件-T10170A/1-或-T10170/1-尽可能地插入千分表-V/35.1-，并使用自锁螺母（箭头）将其固定到位。

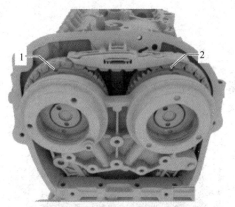

图 1-27 凸轮轴链轮标记向上
1,2—标记

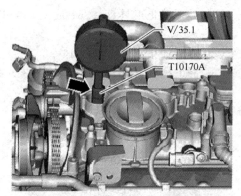

图 1-28 检测 1 缸上止点位置

⑥ 缓慢地按发动机工作时曲轴运转方向旋转曲轴，直至千分表-V/35.1-指针达到最大偏转位置。一旦指针达到最大偏转位置（若继续转动曲轴，千分表将以相反的方向回转），活塞则处于 1 缸上止点位置。

如果曲轴已被旋转至超过 1 缸上止点位置，应按发动机工作时的曲轴运转方向转动曲轴 2 圈，禁止按与其工作运转相反的方向回转曲轴。

此时曲轴皮带盘以及凸轮轴链轮应满足如下要求：皮带盘上的切口必须对准正时链下盖板上的箭头标记（箭头）(大约 4 点方向），凸轮轴链轮上的标记 1 必须与气缸盖上的标记 2 和 3 对齐，如图 1-29 所示。

1.2.2.4 发动机平衡轴正时链拆装

① 拆卸凸轮轴正时链。

前提条件：曲轴位于1缸上止点上，曲轴链轮上的V形缺口位于凸轮轴链轮之间的中心位置［垂直虚线（箭头）中心］，如图1-30所示。使用夹紧销-T10531/2-或-CT10531/2-锁定曲轴链轮。

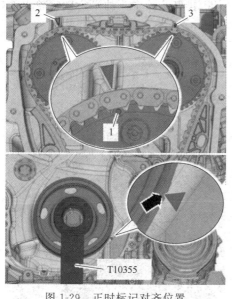

图1-29 正时标记对齐位置
1~3—标记

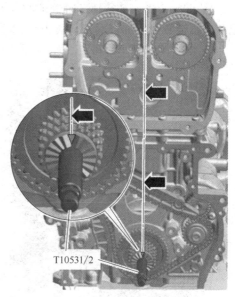

图1-30 曲轴位于1缸上止点位置

② 旋出螺栓4，取下链条张紧器。旋出链条张紧器3。旋出导向螺栓1和5，拆下导轨2和6，如图1-31所示。

③ 取下平衡轴正时链。

④ 安装按与拆卸相反的顺序进行，同时注意下列事项。

⑤ 安装平衡轴正时链时，如图1-32所示使平衡轴正时链上的有色链节分别对准进/排

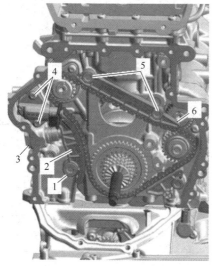

图1-31 拆下平衡轴链条导轨和张紧轨
1,4,5—螺栓；2,6—导轨；3—链条张紧器

图1-32 平衡轴正时链对齐标记

气凸轮轴侧的平衡轴链轮上的标记（箭头）。

⑥ 安装导轨，旋入导向螺栓。

⑦ 如图1-33所示，曲轴链轮上的标记必须与平衡轴正时链上的有色链节（箭头）对齐。安装导轨2，旋入导向螺栓1。

⑧ 拧紧链条张紧器。

⑨ 再次检查：平衡轴正时链上的有色链节必须与进/排气凸轮轴侧的平衡轴链轮上的标记和曲轴链轮上的标记对齐（箭头），如图1-34所示。

⑩ 安装凸轮轴正时链。

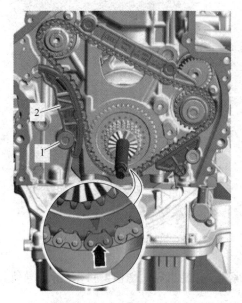

图1-33 曲轴链轮与平衡轴正时链的正时标记
1—螺栓；2—导轨

图1-34 检查平衡轴正时链安装标记

1.2.3 大众2.0T DKX发动机正时维修

与DKV发动机相同，参考本书1.2.2小节。

1.2.4 车轮定位数据

车轮定位数据见表1-1。

表1-1 车轮定位数据

	项 目	标准值（多连杆悬架）	标准值（扭力梁悬架）
前桥	前束（双轮）	10′±10′	
	车轮外倾角（不可调）	−16′±30′	
	左、右轮外倾角最大允差	30′	
	主销后倾角（不可调）	7°09′±30′	
	离地高度	(424±10)mm	
后桥	前束（双轮）	−10′±10′	10′±10′
	车轮外倾角	−1°20′±30′	
	左、右轮外倾角最大允差	30′	
	离地高度	(420±10)mm	

注：离地高度为车轮中心与翼子板下边缘之间的距离。

1.3 上汽大众途昂 X（2019 年款）

1.3.1 车型配载国六发动机技术参数

途昂 X 搭载国六发动机技术参数见表 1-2。

表 1-2 国六发动机技术参数

项 目	参 数		
型号	DKV	DKX	DPK
排量/L	1.984	1.984	2.492
功率/kW	137	162	220
转矩/N·m	320	350	500
缸径/mm	82.5	82.5	84
行程/mm	92.8	92.8	75
压缩比	11.56∶1	9.6∶1	9.6∶1
ROZ	95	95	95
喷射装置/点火装置	缸内直喷+进气歧管喷射	缸内直喷+进气歧管喷射	缸内直喷
点火顺序	1-3-4-2	1-3-4-2	1-5-3-6-2-4
爆震控制	是	是	是
增压	是	是	是
废气再循环	否	否	否
可变进气管	是	是	是
凸轮轴调节	是	是	是
二次空气	否	否	否
排放标准	国六	国六	国六

1.3.2 大众 2.0T DKV 发动机正时维修

参考本书 1.2.2 小节内容。

1.3.3 大众 2.0T DKX 发动机正时维修

参考本书 1.2.2 小节。

1.3.4 大众 2.5T DPK 发动机正时维修

1.3.4.1 发动机正时盖罩部件分解

发动机正时盖罩部件分解如图 1-35 所示。

正时链上盖板螺栓拧紧顺序及拧紧要求：将螺栓 1～6 以 8N·m 的力矩拧紧。

正时链下盖板螺栓拧紧顺序及拧紧要求：将螺栓 1 以 5N·m 的力矩拧紧，将螺栓 2 以 23N·m 的力矩拧紧，将螺栓 1 以 10N·m 的力矩拧紧。

注意更换螺栓 2。

1.3.4.2 发动机凸轮轴正时链拆装

① 拆卸变速器。
② 拆卸双质量飞轮。
③ 拆卸正时链上盖板。
④ 拆卸油底壳。
⑤ 拆卸正时链下盖板。

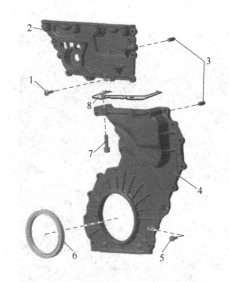

图 1-35 发动机正时盖罩部件分解
1—螺栓，拧紧顺序见图 1-36；2—正时链上盖板；3—定位销；4—正时链下盖板；5—螺栓，拧紧顺序见图 1-37；6—O 形圈，更换；7—螺栓，更换，拧紧顺序见图 1-37；8—气缸盖密封垫，更换

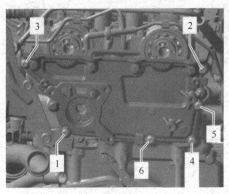

图 1-36 上部盖板螺栓拧紧顺序
1~6—螺栓

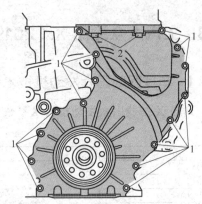

图 1-37 发动机下部正时盖螺栓拧紧顺序
1,2—螺栓

⑥ 使用定位扳手-CT10172-或-T10172-和连接工具-CT10172/1-或-T10172/1-沿发动机的运转方向（箭头 B）旋转皮带盘。使曲轴上的驱动链轮的磨平齿（箭头 A）与轴承盖和气缸体的接合缝对齐，如图 1-38 所示。使机油泵驱动链轮上的标记（箭头 B）与机油泵上的标记对齐，如图 1-39 所示。

注意每旋转曲轴 4 圈才能到达此位置。

⑦ 如图 1-40 所示，凸轮轴 1 缸凸轮 1 必须朝上相对。

⑧ 拆卸凸轮轴调节器。

⑨ 旋出螺栓 1 和 2，取下正时链导轨 3，如图 1-41 所示。

图 1-38 曲轴驱动链轮对齐标记

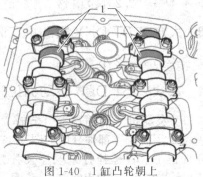

图 1-40 1 缸凸轮朝上
1—1 缸凸轮

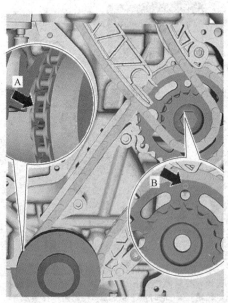

图 1-39 机油泵驱动链轮对齐标记

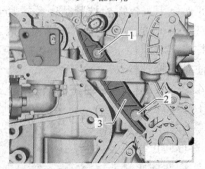

图 1-41 拆下正时链导轨
1,2—螺栓；3—导轨

⑩ 取下凸轮轴正时链。

⑪ 安装需要更换密封圈。更换以角度控制方式（例如30N·m＋继续旋转90°）拧紧的螺栓。更换涂有防松剂的螺栓。

安装按与拆卸相反的顺序进行，同时注意下列事项：

前提条件是曲轴位于1缸上止点的位置。高压泵传动链轮用锁止工具-CT10363-或-T10363-固定，如图1-42所示。凸轮轴已用凸轮轴锁止工具-CT80029-固定，如图1-43所示。

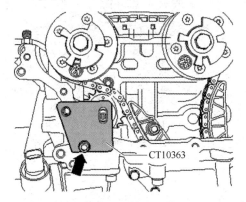

图1-42 安装高压泵传动链轮锁止工具

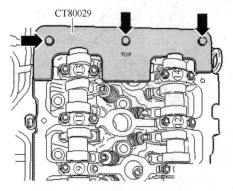

图1-43 安装凸轮轴锁止工具

⑫ 从上方装入正时链。安装导轨，并且只用手拧紧螺栓。

注意铜色的正时链链节是用来协助安装的。必须将3个相邻的铜色链节按以下要求安装在机油泵链轮上。

⑬ 将正时链安装到机油泵链轮上。机油泵链轮上的标记必须与中间的铜色链节1对齐，如图1-44所示。

⑭ 将正时链安装到高压泵传动链轮上。高压泵传动链轮上的标记必须与铜色链节对齐，如图1-45所示。

图1-44 对齐机油泵链轮标记

⑮ 拧紧导轨的螺栓。

⑯ 如图1-45所示，将进气凸轮轴调节器"24E"装入正时链中，使铜色链节与凸轮轴调节器上的标记对齐。用螺栓将进气凸轮轴调节器固定到进气凸轮轴上，并用手拧紧螺栓。

⑰ 将排气凸轮轴调节器"32A"装入正时链中，使铜色链节与凸轮轴调节器上的标记对齐。用螺栓将排气凸轮轴调节器固定到排气凸轮轴上，并用手拧紧螺栓。

⑱ 检查所有铜色链节相对调节标记的位置是否正确。

注意一旦旋转过曲轴后，铜色链节就不再与各标记对齐。

⑲ 安装凸轮轴正时链张紧器。拧紧力矩50N·m。

⑳ 拆下凸轮轴锁止工具-CT80029-，并将新的凸轮轴调节器的固定螺栓拧紧至规定要求。拧紧力矩60N·m＋继续旋转90°。

注意只可用扭力扳手（40～200N·m）-HAZET 6292-1CT-或-V.A.G 1332-和开口扳手-HAZET 6450d-32-或-V.A.G 1332/6-在凸轮轴处反向把持住，如图1-46所示。在松开或拧紧凸轮轴调节器的固定螺栓时，不要安装凸轮轴锁止工具-CT80029-。

㉑ 进一步的安装按与拆卸相反的顺序进行。

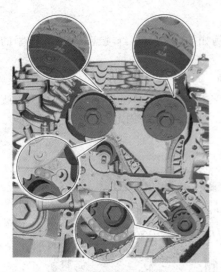

图1-45 对齐高压泵传动链轮与凸轮轴链轮标记

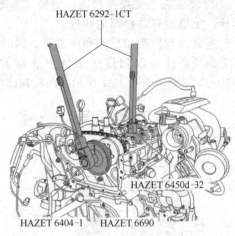

图1-46 安装凸轮轴调节器固定螺栓

1.3.4.3 发动机正时检查

① 拆卸发动机舱底部隔声板。

② 拆卸气缸盖罩。

③ 用定位扳手-CT10172-或-T10172-和连接工具-CT10172/1-或-T10172/1-沿箭头B方向旋转皮带盘,使皮带盘上的切口标记与密封法兰上的1缸上止点标记(箭头A)对齐,如图1-47所示。

如图1-48所示,凸轮轴1缸凸轮1必须朝上相对。

图1-47 对齐皮带盘上标记

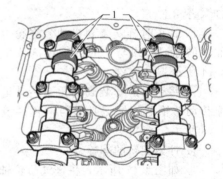

图1-48 凸轮轴1缸凸轮位置
1—1缸凸轮

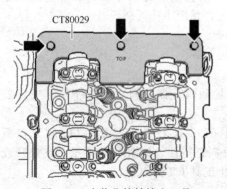

图1-49 安装凸轮轴锁止工具

④ 凸轮轴锁止工具-CT80029-上的"TOP"标记向上放置。如图1-49所示,将凸轮轴锁止工具-CT80029-插入两个凸轮轴的凹槽中,并用螺栓(箭头)固定。

注意由于凸轮轴调节器的功能,两个凸轮轴的凹槽可能不是完全水平。因此,在插入凸轮轴调整工具-CT80029-时,如有必要,使用扭力扳手(40~200N·m)-HAZET6292-1CT-或-V.A.G 1332-和开口扳手-HAZET 6450d-32-或-V.A.G 1332/6-稍微转动凸轮轴。

⑤ 如图 1-50 所示，此时进气凸轮轴调节器上的标记 1 与凸轮轴盖（大）上印有材料信息的长方形结构边缘 2 几乎对齐，允许略有错位。

⑥ 如图 1-51 所示，排气凸轮轴调节器上的标记 1 与凸轮轴盖（大）螺栓孔壁面边缘 2 几乎对齐，允许略有错位。进气凸轮轴调节器上的标记 24E 箭头正对的齿与排气凸轮轴调节器上的标记 32A 箭头正对的齿之间刚好有 16 个链节。

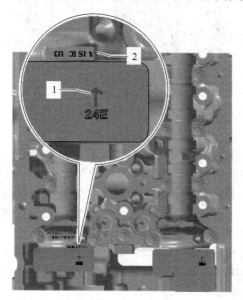 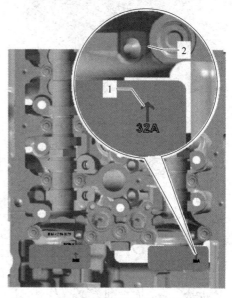

图 1-50　进气凸轮轴调节器标记对齐位置　　　　图 1-51　排气凸轮轴调节器标记对齐位置
1—标记；2—边缘　　　　　　　　　　　　　　　1—标记；2—边缘

1.3.4.4　发动机机油泵链条拆装

① 拆卸正时链下盖板。

② 旋出凸轮轴正时链张紧器。

③ 旋出螺栓，拆下链条张紧器支架。

④ 将凸轮轴正时链从驱动链轮上拆下，并将其放置一旁。

⑤ 在曲轴上的驱动链轮的磨平齿（箭头 A）与机油泵链条相对位置做出标记。在机油泵驱动链轮上的标记（箭头 B）与机油泵链条的相对位置做出标记（图 1-52），以便安装。

⑥ 使用定位扳手-CT10172-或-T10172-反向把持住减振盘/皮带轮。将链轮的螺栓松开约 1 整圈。

⑦ 如图 1-53 所示用 3mm 内六角扳手 1 锁定链条张紧导轨。

⑧ 旋出链条张紧导轨的螺栓（箭头）。

⑨ 标记链条运转方向。

⑩ 将机油泵链轮和机油泵链条一起取下。

⑪ 安装时先将曲轴置于 1 缸上止点的位置。曲轴上的驱动链轮的磨平齿（箭头）必须与轴承盖和气缸体的接合缝对齐，如图 1-54 所示。

现在旋转机油泵轴 1，使平面侧（箭头）与机油泵上的标记 2 对齐，如图 1-55 所示。对于

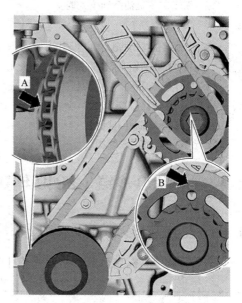

图 1-52　机油泵驱动链轮标记

图1-53 锁定链条张紧导轨
1—内六角扳手

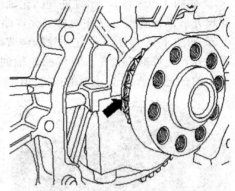

图1-54 曲轴驱动链轮标记位置

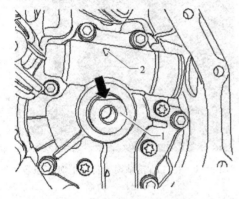

图1-55 机油泵轴位置调整
1—机油泵轴；2—标记

已经运转过的曲轴正时链，注意运转方向的标记。

⑫ 将机油泵链条放入导轨中，并装在曲轴上。

⑬ 将机油泵链条装入机油泵大链轮上，使带标记的孔（箭头 B）与机油泵上的标记对齐，如图1-52所示。

⑭ 将机油泵链轮安装到机油泵轴上，并用手拧紧新螺栓。如果不能安装机油泵正时链轮，稍微转动机油泵轴。

⑮ 安装机油泵链条的张紧导轨，并拧紧螺栓至规定要求。

⑯ 拆下内六角扳手。

⑰ 检查定位标记。

⑱ 曲轴上的驱动链轮的磨平齿（箭头 A）应与轴承盖和气缸体的接合缝对齐，如图1-54所示。机油泵驱动链轮上的标记（箭头 B）应与机油泵上的标记对齐，如图1-52所示。

⑲ 使用定位扳手-CT10172-或T10172-反向固定住皮带盘，并拧紧链轮的新螺栓（箭头）至规定要求。

⑳ 安装凸轮轴正时链。

㉑ 安装正时链下盖板。

1.4 上汽大众途铠（2019年款）

1.4.1 配载国六发动机技术参数

途铠搭载国六发动机技术参数见表1-3。

表1-3 国六发动机技术参数

项目	参数		项目	参数	
型号	DJS	DMB	型号	DJS	DMB
排量/L	1.395	1.498	压缩比	10.0：1	11.0：1
功率/kW	110	85	ROZ	92	92
转矩/(N·m)	250	150	喷射装置/点火装置	缸内直喷	进气歧管喷射
缸径/mm	74.5	74.5	点火顺序	1-3-4-2	1-3-4-2
行程/mm	80	85.9	爆震控制	是	是

续表

项　目	参　数		项　目	参　数	
增压	是	否	凸轮轴调节	是	是
废气再循环	否	否	二次空气	否	否
可变进气管	是	是	排放标准	国六	国六

1.4.2　大众1.4T DJS发动机正时维修

发动机正时机构部件分解如图1-56所示。

气缸体上止点锁定螺栓（箭头）只有一个安装位置，如图1-57所示，注意O形圈损坏时，应进行更换。锁定螺栓拧紧力矩30N·m。

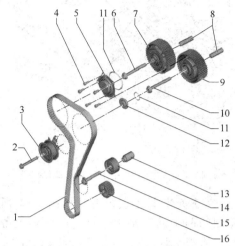

图1-56　发动机正时机构部件分解
1—正时齿形带，拆卸齿形带时，用粉笔或记号笔标出其运行方向，检查是否磨损；2—螺栓，拧紧力矩25N·m，使用扭力扳手（5～60N·m）-HAZET6290-1CT-或-V.A.G1331-和3mm特殊环形扳手-CT10500-或-T10500-拧紧时，拧紧力矩15N·m；3—张紧轮；4—螺栓，更换，拧紧力矩7N·m；5—密封盖；6—螺栓，更换，拧紧力矩50N·m＋继续旋转135°；7—排气凸轮轴齿形带带轮，带凸轮轴调节装置；8—导向套；9—进气凸轮轴齿形带带轮，带凸轮轴调节装置；10—螺栓，更换，拧紧力矩50N·m＋继续旋转135°；11—O形圈，更换；12—密封螺栓，拧紧力矩：20N·m；13—间距套；14—导向轮；15—螺栓，拧紧力矩40N·m；16—正时齿形带带轮，正时齿形带带轮和曲轴带轮之间表面上不允许有油脂

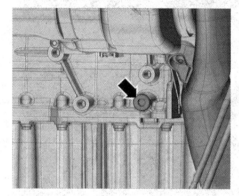

图1-57　上止点锁定螺栓安装位置

1.4.3　大众1.5L DMB发动机正时维修

1.4.3.1　发动机正时检查与调整

① 拆卸空气滤清器壳体。
② 脱开线束固定卡子。
③ 旋出螺栓，取下冷却液泵正时齿形带盖罩。
④ 旋出螺栓，拆下进气凸轮轴密封盖（适用于DMB/DLF/DNC发动机的车型）。
⑤ 排放冷却液。
⑥ 松开弹簧卡箍，拔下软管1和2。旋出螺栓A～D，将节温器盖罩3放置一旁，如图1-58所示。
⑦ 将1缸活塞调整至上止点位置（适用于DMB/DLF/DNC发动机的车型）。
⑧ 拆卸火花塞。
⑨ 将千分表适配器-T10170B-拧入火花塞中。
⑩ 将延长件-T10170B/1-尽可能地插入千分表-V/35.1-，并使用自锁螺母（箭头）将其固定到位，如图1-59所示。

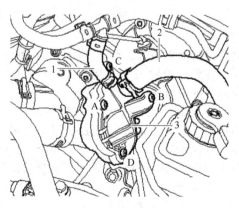

图1-58　取下节温器盖罩
1,2—软管；3—节温器盖罩；A～D—螺栓

⑪ 缓慢地按发动机工作时曲轴运转方向旋转曲轴，直至千分表-V/35.1-指针达到最大偏转位置。一旦指针达到最大偏转位置（若继续转动曲轴，千分表将以相反的方向回转），活塞则处于1缸上止点。

注意使用扳手-S3415-或-3415-和固定工具-CT80009-转动曲轴，如图1-60所示。

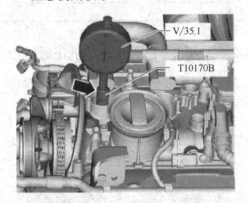

图1-59 安装千分表及适配器

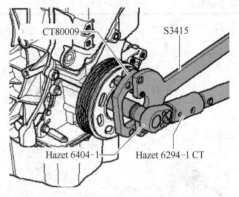

图1-60 使用专用工具转动曲轴

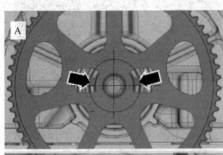

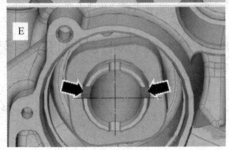

图1-61 将凸轮轴置于上止点
A—排气侧；E—进气侧

⑫ 将凸轮轴置于上止点位置，如图1-61所示，变速器侧的两个凸轮轴上，每个凸轮轴上各有两个不对称的槽（箭头）。在排气凸轮轴上，可以通过冷却液泵齿形带带轮上的孔看到凸轮轴上两个不对称的槽（箭头）。在进气凸轮轴上，凹槽（箭头）位于凸轮轴中部上方。

⑬ 如果凸轮轴位置不在描述位置时，继续转动曲轴，直至到达上止点位置。

⑭ 旋出气缸体上止点锁定螺栓。将定位销-T10340-或-CT10340-旋入至极限位置，并以30N·m的力矩拧紧，将曲轴沿发动机工作时的运转方向转至极限位置，此时定位销与曲轴臂充分接触。

注意此时定位销-T10340-或-CT10340-应可完全旋入缸体。

⑮ 将凸轮轴固定工具-T10477-或-CT10477-安装到凸轮轴上，如图1-62所示。不能使用其他工具敲击凸轮轴固定工具，以使其能安装到位。

注意凸轮轴固定工具-T10477-或-CT10477-必须能很容易地放入安装位置。

⑯ 如果凸轮轴固定工具-T10477-或-CT10477-不能很容易地放入安装位置，用手沿箭头方向按压正时齿形带。同时将凸轮轴固定工具-T10477-或-CT10477-插入凸轮轴内，直至止动位置。

⑰ 如果可以插入凸轮轴固定工具-T10477-或-CT10477-，则正时正常。

⑱ 结束工作前检查是否已经取下定位销-T10340-或-CT10340-和凸轮轴固定工具-T10477-

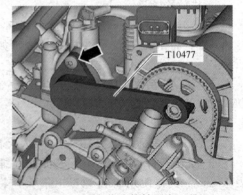

图1-62 安装凸轮轴固定工具

或-CT10477-。

⑲ 其余安装按与拆卸相反的顺序进行。

1.4.3.2 发动机正时机构部件拆装

① 拆卸空气滤清器壳体。

② 拆卸隔声板。

③ 拆卸下部正时齿形带护罩。

④ 从凸轮轴上取下正时齿形带。

注意颠倒已使用过的正时齿形带的运行方向，可能会造成损坏。在拆卸正时齿形带前，先用粉笔或记号笔标记运转方向，以便重新安装。

⑤ 使用30mm 特殊扳手-T10499 A-或-CT10499-固定偏心轮上的张紧轮2，松开螺栓1，如图1-63所示。

注意齿形带是用纤维制成的，在剧烈弯曲时会损坏。切勿以小于25mm 的半径弯折齿形带。

正时齿形带的弯曲半径如图1-64所示，正时齿形带2的弯曲半径 r 不得小于25mm（约为曲轴带轮1直径的一半）。

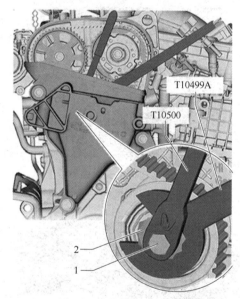

图1-63 松开张紧轮螺栓
1—螺栓；2—张紧轮

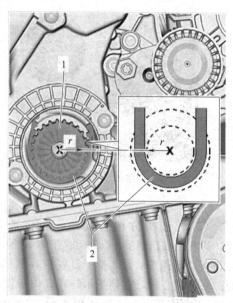

图1-64 正时齿形带弯曲半径
1—曲轴带轮；2—正时齿形带

注意正时齿形带与凸轮轴正时齿形带带轮、曲轴正时齿形带带轮、张紧轮和导向轮等的接触点必须无机油。

⑥ 取下正时齿形带。

⑦ 如图1-65所示沿箭头方向取下正时齿形带带轮1。

⑧ 安装需要更换采用角度控制方式拧紧的螺栓（如拧紧要求为30N·m＋继续旋转90°）。凸轮轴和1缸活塞位于上止点位置。注意凸轮轴固定工具-CT10477-此时安装在凸轮轴箱体上。禁止将凸轮轴固定工具-CT10477-作为固定支架使用。

在安装凸轮轴调节器前，注意将导向套插到凸

图1-65 取下正时齿形带带轮
1—带轮

轮轴中。

⑨ 更换凸轮轴带轮螺栓,并将其拧入,但不要拧得很紧。凸轮轴带轮必须还能在凸轮轴上转动,但不允许倾斜。检查张紧轮的凸耳(箭头)是否啮合在气缸盖的铸造孔上,如图1-66所示。

⑩ 将正时齿形带带轮装到曲轴上。必须保证曲轴带轮和正时齿形带的接触面无油脂。正时齿形带带轮铣切面(箭头)必须放在曲轴销铣切面上,如图1-67所示。

⑪ 安装齿形带时注意安装顺序,如果安装旧的正时齿形带,注意运行方向箭头。将正时齿形带1安装到导向轮3和曲轴带轮2上,如图1-68所示。

⑫ 向上拉齿形带,并置于导向轮1、张紧轮2、排气凸轮轴带轮3和进气凸轮轴带轮4上,如图1-69所示。

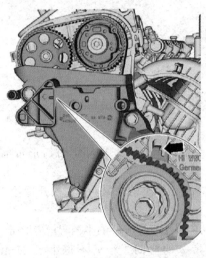

图1-66 张紧轮凸耳位置

图1-67 正时齿形带带轮安装位置

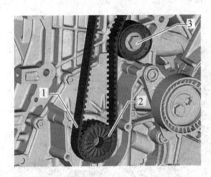

图1-68 安装齿形带到曲轴带轮上
1—正时齿形带;2—曲轴带轮;3—导向轮

⑬ 沿箭头方向转动30mm特殊扳手-T10499-或-CT10499-(即转动张紧轮偏心轮2),直到设置指示针3位于设置窗右侧10mm处。回转偏心轮,直到指示针正好位于设置窗口内。使用13mm特殊环形扳手-T10500-或-CT10500-将偏心轮保持在该位置,拧紧螺栓1至规定要求,如图1-70所示。

图1-69 安装齿形带至凸轮轴带轮上
1—导向轴;2—张紧轴;3,4—凸轮轴带轮

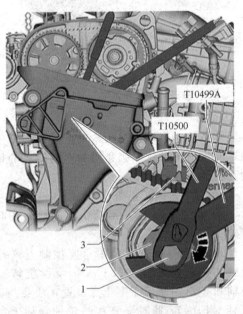

图1-70 设置张紧轮偏心轮位置
1—螺栓;2—偏心轮;3—指示针

注意发动机转动或运行后，指示针 3 位置和设置窗口之间的距离可能会出现细小差异，这对齿形带张紧并没有影响。

⑭ 按照要求分两步拧紧进气侧和排气侧凸轮轴调节器的螺栓至规定力矩。注意只有发动机配气相位检查正常时，才能用最终拧紧力矩拧紧紧固螺栓，即进一步按规定的角度拧紧。

⑮ 安装下部正时齿形带护罩。

⑯ 安装曲轴带轮。

⑰ 调整正时。

⑱ 其余安装按与拆卸相反的顺序进行。

1.4.4 车轮定位数据

车轮定位数据见表 1-4。

表 1-4 车轮定位数据

	项 目	标准值（标准底盘）		项 目	标准值（标准底盘）
前桥	前束（双轮）	$10'\pm10'$	后桥	前束（双轮）	$18'\pm10'$
	车轮外倾角（不可调）	$-42'\pm30'$		车轮外倾角	$-1°28'\pm20'$
	左、右轮外倾角最大允差	$30'$		左、右轮外倾角最大允差	$30'$
	主销后倾角（不可调）	$6°46'^{+10'}_{-30'}$			
	离地高度	(406.7 ± 10) mm		离地高度	(412 ± 10) mm

注：离地高度为车轮中心与翼子板下边缘之间的距离。

1.5 上汽大众途岳（2019~2020 年款）

1.5.1 车型配载国六发动机技术参数

途岳搭载国六发动机技术参数见表 1-5。

表 1-5 国六发动机技术参数

项 目	参 数		
型号	DJN	DJS	DKV
排量/L	1.197	1.395	1.984
功率/kW	85	110	137
转矩/N·m	200	250	320
缸径/mm	71.0	74.5	82.5
行程/mm	75.6	80	92.8
压缩比	10.5∶1	10.0∶1	11.65∶1
ROZ	92	92	95
喷射装置/点火装置	缸内直喷	缸内直喷	缸内直喷+进气歧管喷射
点火顺序	1-3-4-2	1-3-4-2	1-3-4-2
爆震控制	是	是	是
增压	是	是	是
废气再循环	否	否	否
可变进气管	是	是	是
凸轮轴调节	是	是	是
二次空气	否	否	否
排放标准	国六	国六	国六

1.5.2 大众 1.4T DJS 发动机正时维修

参考本书 1.4.2 和 1.7.2 小节。

1.5.3 大众 2.0T DKV 发动机正时维修

参考本书 1.2.2 小节。

1.6 上汽大众全新一代帕萨特（2019年款）

1.6.1 车型配载国五、国六发动机技术参数

帕萨特搭载国五、国六发动机技术参数见表1-6。

表1-6 国五、国六发动机技术参数

项目	参数			
型号	DJS	DBF	DKV/DPL	DKX
排量/L	1.395	1.984	1.984	1.984
功率/kW	110	137	137	162
转矩/N·m	250	320	320	350
缸径/mm	74.5	82.5	82.5	82.5
行程/mm	80	92.8	92.8	92.8
压缩比	10.0∶1	11.65∶1	11.65∶1	9.6∶1
ROZ	92	95	95	95
喷射装置/点火装置	缸内直喷	缸内直喷+进气歧管喷射	缸内直喷+进气歧管喷射	缸内直喷+进气歧管喷射
点火顺序	1-3-4-2	1-3-4-2	1-3-4-2	1-3-4-2
爆震控制	是	是	是	是
增压	是	是	是	是
废气再循环	否	否	否	否
可变进气管	是	是	是	是
凸轮轴调节	是	是	是	是
二次空气	否	否	否	否
排放标准	国六	国五	国六	国六

1.6.2 大众2.0T DKX发动机正时维修

与DKV发动机相同，参考本书1.2.2小节。

1.6.3 大众2.0T DKV发动机正时维修

参考本书1.2.2小节。

1.6.4 大众2.0T DPL发动机正时维修

与DKV发动机相同，参考本书1.2.2小节。

1.6.5 大众2.0T DBF发动机正时维修

与DKV发动机相同，参考本书1.2.2小节。

1.6.6 大众1.4T DJS发动机正时维修

参考本书1.4.2和1.7.2小节内容。

1.7 上汽大众朗逸PLUS（2019年款）

1.7.1 车型配载国六发动机技术参数

朗逸搭载国六发动机技术参数见表1-7。

表 1-7 国六发动机技术参数

项目	参数			
型号	DJS	DLS	DLF	DMB
排量/L	1.395	1.197	1.498	1.498
功率/kW	110	85	82	83
转矩/(N·m)	250	200	145	145
缸径/mm	74.5	71.0	74.5	74.5
行程/mm	80	75.6	85.9	85.9
压缩比	10.0:1	10.5:1	11.0:1	11.0:1
ROZ	92	92	92	92
喷射装置/点火装置	缸内直喷	缸内直喷	进气歧管喷射	进气歧管喷射
点火顺序	1-3-4-2	1-3-4-2	1-3-4-2	1-3-4-2
爆震控制	是	是	是	是
增压	是	是	否	否
废气再循环	否	否	否	否
可变进气管	是	是	是	否
凸轮轴调节	是	是	是	是
二次空气	否	否	否	否
排放标准	国六	国六	国六	国六

1.7.2 大众 1.4T CSS 发动机正时维修

1.7.2.1 发动机正时检查

① 将曲轴沿发动机工作时的运转方向转动 2 圈。
② 调整 1 缸活塞至上止点位置。
③ 安装凸轮轴固定工具 T10494 或 CT10494，如图 1-71 所示。

注意凸轮轴固定工具 T10494 或 CT10494 应能很容易地安装。不能使用其他工具敲击凸轮轴固定工具，以使其能安装到位。

如果凸轮轴固定工具不能很轻松地装入，用手按压齿形带。将凸轮轴固定工具 T10494 或 CT10494 插入凸轮轴至止动位置，用力拧紧螺栓。

如果凸轮轴固定工具 T10494 或 CT10494 无法安装，则正时不正确，需要重新调整正时。

1.7.2.2 发动机正时调整

① 调整 1 缸活塞至上止点位置。
② 更换凸轮轴齿形带带轮螺栓，并将其拧入，但不要拧得很紧。注意只要凸轮轴齿形带带轮能够绕螺栓自由旋转且转动过程中不会沿螺栓轴向来回运动即可。
③ 检查张紧轮的凸耳是否啮合在气缸盖的铸造孔上，如图 1-72 所示。

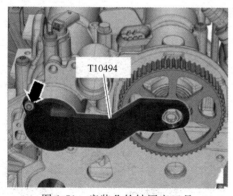

图 1-71 安装凸轮轴固定工具

图 1-72 检查张紧轮凸耳的位置

④ 将正时齿形带带轮装到曲轴上。必须保证曲轴带轮和正时齿形带的接触面无油脂。正时齿形带带轮铣切面（箭头）必须放在曲轴销铣切面上，如图 1-73 所示。

⑤ 首先将齿形带套在齿形带轮的下部。
⑥ 安装正时齿形带下部盖罩。
⑦ 安装曲轴带轮。
⑧ 安装齿形带时注意安装顺序：向上拉齿形带，并置于导向轮 1、张紧轮 2、排气凸轮轴带轮 3 和进气凸轮轴带轮 4 上，如图 1-74 所示。

图 1-73　正时齿形带带轮安装位置

图 1-74　安装齿形带到凸轮轴带轮上
1—导向轮；2—张紧轮；3,4—凸轮轴带轮

⑨ 沿箭头方向转动 30mm 特殊扳手 T10499 或 CT10499（即转动张紧轮偏心轮 2），直到设置指示针 3 位于设置窗右侧 10mm 处，如图 1-75 所示。
⑩ 回转偏心轮，直到指示针正好位于设置窗口内。
⑪ 使用 13mm 特殊环形扳手 T10500 或 CT10500 将偏心轮保持在该位置，拧紧螺栓 1 至规定要求。

注意发动机转动或运行后，指示针 3 位置和设置窗口之间的距离可能会出现细小差异，这对齿形带张紧并没有影响。

⑫ 使用带适配器 T10172/1 或 CT10172/1 的定位扳手 T10172 或 CT10172 和扭力扳手（40~200N·m）HAZET62921CT 或 V.A.G 1332 以 50N·m 的力矩拧紧螺栓 1。

⑬ 使用带适配器 T10172/2 或 CT10172/2 的定位扳手 T10172 或 CT10172 和扭力扳手（40~200N·m）HAZET62921CT 或 V.A.G 1332 以 50N·m 的力矩拧紧螺栓 2，如图 1-76 所示。

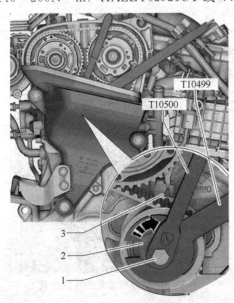

图 1-75　设置张紧轮偏心轮位置
1—螺栓；2—偏心轮；3—指示针

图 1-76　安装凸轮轴带轮螺栓
1,2—螺栓

⑭ 取出定位销 T10340 或 CT10340，如图 1-77 所示。

⑮ 旋出螺栓，取出凸轮轴固定工具 T10494 或 CT10494，如图 1-78 所示。

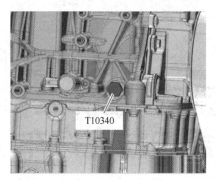

图 1-77　取出定位销

图 1-78　取出凸轮轴固定工具

1.7.3　大众 1.5L DLF 发动机正时维修

参考本书 1.4.3 小节。

1.7.4　大众 1.2T DLS 发动机正时维修

与 DJS 发动机相同，相关内容参考本书 1.4.2 和 1.7.2 小节。

1.7.5　大众 1.4T DJS 发动机正时维修

参考本书 1.4.2 和 1.7.2 小节。

1.7.6　大众 1.5L DMB 发动机正时维修

参考本书 1.4.3 小节。

1.8　上汽大众 POLO PLUS（2019 年款）

1.8.1　车型配载国六发动机技术参数

参考本书 1.7.1 小节。

1.8.2　大众 1.5L DMB 发动机正时维修

参考本书 1.4.3 小节。

1.8.3　车轮定位数据

车轮定位数据见表 1-8。

表 1-8　车轮定位数据

	项　目	标准值（标准底盘）		项　目	标准值（标准底盘）
前桥	前束（双轮）	10′±10′	后桥	前束（双轮）	20′±10′
	车轮外倾角（不可调）	−29′±30′		车轮外倾角	1°25′±20′
	左、右轮外倾角最大允差	30′		左、右轮外倾角最大允差	30′
	主销后倾角（不可调）	$7°12'^{+10'}_{-30'}$			
	离地高度	(384.3±10)mm		离地高度	(391.4±10)mm

注：离地高度为车轮中心与翼子板下边缘之间的距离。

第 2 章 通用别克-雪佛兰-凯迪拉克汽车

2.1 别克全新一代君越（2019~2020 年款）

2.1.1 通用 2.0T LSY 发动机技术参数

参考本书 2.2.1 小节。

2.1.2 通用 2.0T LSY 发动机正时维修

2.1.2.1 发动机正时机构部件分解

发动机正时机构部件分解如图 2-1、图 2-2 所示。

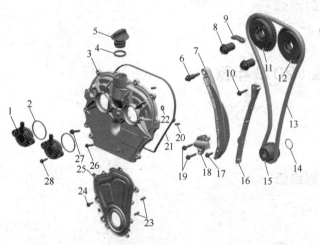

图 2-1 凸轮轴正时链部件分解
1—凸轮轴位置执行器电磁阀（2个）；2—凸轮轴位置执行器电磁阀密封件（2个）；3—正时链上前盖；4—机油加注口盖密封件；5—机油加注口盖；6—正时链张紧器蹄片螺栓；7—正时链张紧器蹄片；8—凸轮轴链轮螺栓（2个）；9—正时链上导板；10—正时链导板螺栓；11—排气凸轮轴链轮；12—进气凸轮轴链轮；13—正时链；14—曲轴前油封；15—曲轴链轮；16—正时链导板；17—正时链导板螺栓；18—正时链张紧器；19—正时链张紧器螺栓（2个）；20—正时链上盖定位销（2个）；21—正时链上前盖密封件；22—正时链上前盖密封件；23—发动机前盖定位销；24—发动机前盖螺栓（9个）；25—发动机前盖；26—正时链上盖螺栓（11个）；27—正时链上盖螺栓；28—凸轮轴位置执行器电磁阀螺栓（2个）

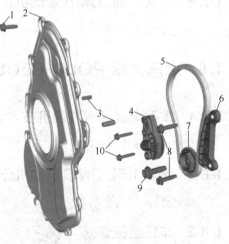

图 2-2 平衡轴正时链部件分解
1—曲轴后油封壳体螺栓（13个）；2—曲轴后油封壳体；3—曲轴后油封壳体定位销（2个）；4—平衡轴正时链张紧器；5—平衡轴正时链；6—平衡轴正时链导板；7—平衡轴链轮；8—平衡轴正时链导板螺栓（2个）；9—平衡轴链轮螺栓；10—平衡轴正时链张紧器螺栓（2个）

2.1.2.2 发动机正时链部件拆装

① 使用记号笔或类似工具,从螺栓中央向上标记两个执行器凸轮、正时链和凸轮轴壳体盖,如图2-3所示,以辅助安装。

② 拆下凸轮轴壳体孔塞1(2个),如图2-4所示。

图2-3 做正时标记
1—标记

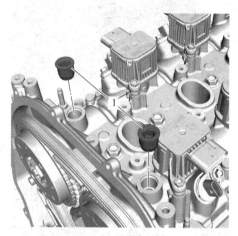

图2-4 拆卸孔塞
1—孔塞

③ 安装EN-52462-A凸轮轴工具1,如图2-5所示。

④ 如果发动机正时设置正确,EN-52462-A凸轮轴工具1的销将就位至凸轮轴壳体孔内,确保凸轮轴保持在正时位置。

⑤ EN-52462-A凸轮轴工具1将顶住凸轮轴外壳保持齐平。

⑥ 使用螺栓2锁止EN-52462-A凸轮轴工具1。

⑦ 如果EN-52462-A凸轮轴工具1不能固定在凸轮轴壳体孔内,来回转动发动机曲轴,直至EN-52462-A凸轮轴工具在凸轮轴壳体孔内完全正确就位。EN-52462-A凸轮轴工具1将顶住凸轮轴外壳保持齐平。

⑧ 使用螺栓2锁止EN-52462-A凸轮轴工具1,如图2-6所示。

图2-5 安装凸轮轴工具
1—工具

图2-6 锁止凸轮轴工具(一)
1—工具;2—螺栓

⑨ 按图2-7箭头方向转动杆,锁止EN-52462-A凸轮轴工具1。

⑩ 将EN-52461凸轮相位器扭矩反作用工具2安装至2个EN-52461-100适配器凸轮相位器扭矩反作用工具3。

⑪ 紧固EN-52461凸轮相位器扭矩反作用工具的2个螺栓1和4,如图2-8所示。

⑫ 将EN-52461凸轮相位器扭矩反作用工具5连同2个EN-52461-100适配器凸轮相位器扭矩反作用工具2和3安装至凸轮轴托架。

图 2-7　锁止凸轮轴工具（二）
1—工具

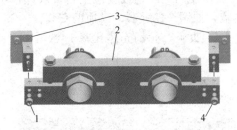

图 2-8　安装扭矩反作用工具（一）
1,4—螺栓；2,3—工具

⑬ 紧固 EN-52461-100 适配器凸轮相位器扭矩反作用工具的 2 个螺栓 1 和 4，如图 2-9 所示。

⑭ 将 EN-52461-1 固定工具 1 安装至凸轮轴链轮内的孔。

⑮ 检查并确认 EN-52461-1 固定工具 1 正确就位在凸轮轴链轮的孔内。

⑯ 为保持执行器的张力并松开正时链，逆时针转动排气侧执行器，然后以 6N·m 力矩紧固螺栓 3，使刚好能够将 EN-52461-1 固定工具固定到位。

⑰ 逆时针转动进气侧执行器，然后以 6N·m 力矩紧固螺栓 4，使刚好能够将 EN-52461-1 固定工具固定到位，如图 2-10 所示。

⑱ 拆下凸轮轴链轮螺栓 1 并报废（2 个），如图 2-11 所示。

图 2-9　安装扭矩反作用工具（二）
1,4—螺栓；2,3,5—工具

图 2-10　安装固定工具
1—固定工具；2—凸轮轴链轮螺栓；3,4—螺栓

图 2-11　拆下凸轮轴链轮螺栓
1—凸轮轴链轮螺栓；2—固定工具；3,4—螺栓

⑲ 松开螺栓 3、4，如图 2-10 所示。

⑳ 如图 2-12 所示，用手从 EN-52461 凸轮相位器扭矩反作用工具下方固定进气凸轮轴链轮 1 并拉出 EN-52461-1 固定工具，进气凸轮轴链轮将掉在手上。

㉑ 如图 2-13 所示，用手从 EN-52461 凸轮相位器扭矩反作用工具下方固定排气凸轮轴链轮 1 并拉出 EN-52461-1 固定工具，排气凸轮轴链轮将掉在手上。

㉒ 松开 EN-52461-100 适配器凸轮相位器扭矩反作用工具的 2 个螺栓 1、4。

㉓ 将 EN-52461 凸轮相位器扭矩反作用工具 5 连同 2 个 EN-52461-100 适配器凸轮相位

图 2-12　拆下进气凸轮轴链轮
1—进气凸轮轴链轮

图 2-13　拆下排气凸轮轴链轮
1—排气凸轮轴链轮

器扭矩反作用工具 2、3 从发动机上拆下，如图 2-14 所示。

㉔ 拆下正时链 1，如图 2-15 所示。

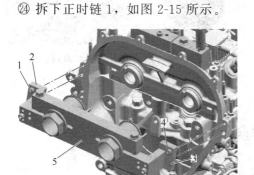

图 2-14　拆下扭矩反作用工具
1,4—螺栓；2,3,5—工具

图 2-15　拆下正时链
1—正时链；2—上导板

㉕ 拆下正时链上导板 2。
㉖ 拆下正时链导板螺栓 1（2 个）。
㉗ 拆下正时链导板 2，如图 2-16 所示。
㉘ 拆下正时链张紧器蹄片螺栓 1 并报废。
㉙ 拆下正时链张紧器蹄片 2，如图 2-17 所示。

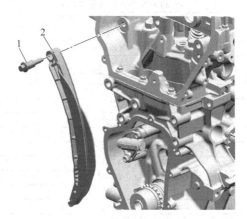

图 2-16　拆下正时链导板
1—螺栓；2—导板

图 2-17　拆下张紧器蹄片
1—螺栓；2—蹄片

㉚ 拆下正时链张紧器螺栓1（2个）。
㉛ 拆下正时链张紧器2，如图2-18所示。
㉜ 遵循正时链张紧器安装时的复位程序。
㉝ 拆下曲轴链轮2。
㉞ 如图2-19所示，拆下曲轴前油封1并报废。

图2-18　拆下正时链张紧器
1—螺栓；2—张紧器

图2-19　拆下曲轴前油封
1—前油封；2—曲轴链轮

安装按与拆卸相反的顺序进行。

2.1.3　通用2.0T LSY发动机电脑端子定义

发动机电脑端子定义见表2-1～表2-3。

表2-1　66针连接器端子定义

端子	定　义	端子	定　义
1	动力总成继电器线圈控制	33	加速踏板位置低电平参考电压1
2	起动机小齿轮电磁线圈继电器控制	34	凸轮轴排气凸角线位置信号1
3	起动机启用继电器控制	35	加速踏板位置低电平参考电压2
6	阶梯凸轮A控制	36	凸轮轴排气凸角线位置信号2
7	阶梯凸轮B控制	37	发动机舱盖状态A信号
8	凸轮轴步进A控制	39	加速踏板位置信号1
9	凸轮轴步进B控制	42	局域互联网串行数据总线24
10	凸轮轴步进D控制	45	高速GMLAN串行数据（－）7
11	凸轮轴步进C控制	46	高速GMLAN串行数据（＋）7
12	凸轮轴步进位置传感器1信号	47	质量空气流量传感器信号
13	凸轮轴步进位置传感器2信号	48	蓄电池正极电压
14	凸轮轴步进位置传感器2搭铁	49	加速踏板位置5V参考电压1
15	巡航/ETC/TCC制动信号	50	凸轮轴进气凸角线位置信号1
16	动力总成主继电器熔丝电源2	51	加速踏板位置5V参考电压2
17	燃油泵主继电器控制	52	凸轮轴进气凸角线位置信号2
18	空调压缩机离合器继电器控制	53	车外环境空气温度传感器信号
19	检查发动机指示灯控制	54	加热器芯出口温度信号
21	冷却风扇控制信号	55	空调制冷剂压力传感器信号
22	凸轮轴CAM Y搭铁	56	制动器位置传感器信号
23	凸轮轴CAM X搭铁	57	加速踏板位置信号2
24	凸轮轴CAM W信号	59	高速GMLAN串行数据（－）1
25	凸轮轴CAM X信号	60	高速GMLAN串行数据（＋）1
26	凸轮轴CAM Z信号	62	附件唤醒串行数据
27	凸轮轴CAM Z控制	63	高速GMLAN串行数据（－）3
28	凸轮轴CAM Z搭铁	64	高速GMLAN串行数据（＋）3
29	凸轮轴CAM W搭铁	65	信号搭铁
32	运行/启动点火1电压	66	动力总成主继电器熔丝电源3

表2-2 49针连接器端子定义

端子	定义	端子	定义
1	动力总成传感器总线启用	31	加热型氧传感器收集器信号
2	发动机控制传感器5V参考电压1	32	加热型氧传感器搭铁
5	蒸发吹洗泵压力信号	34	加热型氧传感器加热器低电平控制-缸组1传感器
9	动力总成主继电器熔丝电源5		
10	冷却液分流阀位置信号	36	发动机控制传感器5V参考电压2
12	发动机控制传感器低电平参考电压2	37	冷却液温度传感器2信号
16	机油压力传感器信号	38	加热器芯进口温度信号
19	燃油导轨压力传感器信号	40	发动机缸体冷却液温度信号
20	涡轮增压器排气泄压阀电机反馈信号	45	加热型氧传感器电流调节信号
22	发动机控制传感器低电平参考电压3	46	加热型氧传感器泵电流信号
23	机油温度传感器信号	47	局域互联网串行数据总线21
24	机油温度传感器信号	48	局域互联网串行数据总线22
25	节气门进气绝对压力传感器信号	49	信号搭铁

表2-3 73针连接器端子定义

端子	定义	端子	定义
2	涡轮增压旁通电磁阀控制-缸组1	40	排气凸轮轴位置传感器低电平参考电压1
3	充电指示灯控制	42	排气凸轮轴位置传感器1
4	曲轴位置传感器信号	43	曲轴60X传感器信号
6	曲轴60X传感器5V参考电压	44	点火控制4
7	节气门位置传感器5V参考电压	45	点火控制2
8	燃油管路压力传感器信号	46	点火控制低电平参考电压-缸组1
9	歧管绝对压力传感器信号	47	加热型氧传感器加热器低电平控制-缸组1传感器2
10	加热型氧传感器高电平信号-缸组1传感器2		
11	加热型氧传感器低电平信号-缸组1传感器2	48	节气门位置传感器(SENT1)信号
12	进气凸轮轴相位器电磁线圈1	49	直接喷油器(DFI)高压电源-气缸4
13	排气凸轮轴相位器电磁线圈1	50	直接喷油器(DFI)高压控制-气缸4
14	冷却液分流阀执行器控制低电平	51	直接喷油器(DFI)高压电源-气缸2
15	涡轮增压器排气泄压阀电机打开控制	52	直接喷油器(DFI)高压控制-气缸2
16	涡轮增压器排气泄压阀电机关闭控制	53	爆震传感器低电平参考电压1
21	发动机控制传感器低电平参考电压(1)	54	爆震传感器低电平参考电压2
22	曲轴60X传感器低电平参考电压	55	进气歧管绝对压力传感器5V参考电压
23	节气门位置传感器低电平参考电压	56	油泵电机控制
24	发动机进口冷却液温度信号	57	机油泵指令信号
25	发动机出口冷却液温度信号	59	进气凸轮轴位置传感器控制1
26	节气门前空气温度和压力(TMAP)温度信号	60	排气凸轮轴位置传感器控制1
27	发动机金属温度传感器信号	61	发电机磁场占空比信号
28	凸轮相位器W低电平参考电压	63	进气凸轮轴位置传感器1
29	凸轮相位器X低电平参考电压	64	点火控制1
30	节气门执行器控制开启	65	点火控制3
31	节气门执行器控制关闭	67	高压燃油泵执行器低电平控制
32	冷却液分流阀执行器控制高电平	68	高压燃油泵执行器高电平控制
33	爆震传感器信号1	69	直接喷油器(DFI)高压电源-气缸1
34	爆震传感器信号2	70	直接喷油器(DFI)高压控制-气缸1
35	歧管绝对压力传感器低电平参考电压	71	直接喷油器(DFI)高压电源-气缸3
36	蒸发排放炭罐吹洗电磁阀控制	72	直接喷油器(DFI)高压控制-气缸3
39	进气凸轮轴位置传感器低电平参考电压1	73	动力总成主继电器熔丝电源1

2.1.4 通用9T45/9T50/9T60/9T65变速器部件位置

变速器部件位置如图2-20所示。

变速器密封件位置如图2-21、图2-22所示。

变速器衬套、轴承与垫圈位置如图2-23所示。

2.1.5 通用9T45/9T50/9T60/9T65变速器电磁阀信息

变速器电磁阀位置如图2-24所示,电磁阀信息见表2-4。

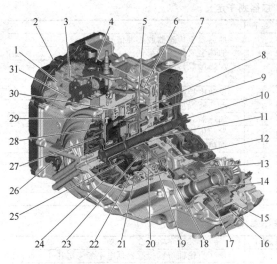
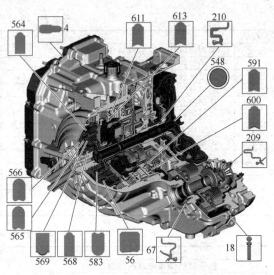

图 2-20　变速器部件位置
1—控制阀电磁阀体总成；2—控制阀体盖；3—控制阀体总成；4—手动换挡止动杆；5—驻车棘爪；6—驻车棘爪执行器；7—变矩器壳体；8—输出行星齿轮架分动箱主动齿轮轮毂总成；9—主动链轮；10—变矩器；11—传动杆；12—自动变速器油泵；13—前差速器齿圈；14—前差速器外壳太阳齿轮；15—前差速器外壳；16—前差速器外壳挡板；17—从动链轮；18—驻车齿轮；19—1-2-3-4-5-6 挡离合器；20—输出行星齿轮架总成；21—2-9 挡离合器；22—4 挡离合器；23—输入轴托架总成；24—自动变速器输入轴转速传感器磁阻轮；25—带内齿轮的超速挡和反作用行星齿轮架；26—自动变速器输入轴转速传感器；27—6-7-8-9 挡离合器；28—5-7 挡倒挡离合器；29—3-8 挡离合器；30—1 挡倒挡和 1-2-3-4-5-6 挡离合器活塞壳体；31—手动阀

图 2-21　变速器密封件位置（一）
4—控制阀体盖衬垫；18—变矩器壳体衬垫；56—3-5-倒挡和 4-5-6 挡离合器油封环；67—前轮驱动轴油封；209—前轮驱动轴油封；210—变矩器油封；548—涡轮轴密封件；564—3-5-倒挡离合器活塞挡板密封件；565—3-5-倒挡离合器活塞内密封件；566—3-5-倒挡离合器活塞内密封件；568—4-5-6 挡离合器活塞密封圈；569—4-5-6 挡离合器活塞挡板密封件；583—4-5-6 挡离合器活塞外部密封件；591—1-2-3-4-5-6 挡离合器内密封件；600—1-2-3-4-5-6 挡离合器活塞密封件；611—4 挡离合器活塞外密封件；613—4 挡离合器活塞内密封件

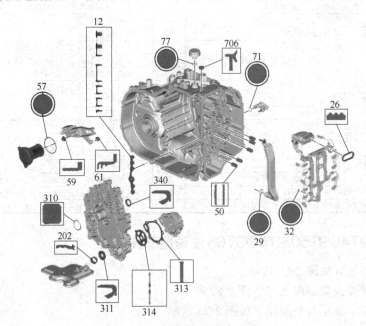

图 2-22　变速器密封件位置（二）
12—自动变速器油泵密封件；26—车身侧面线束开口密封件；29—油液输送管密封件；32—自动变速器线束密封件；50—1-2-3-4 低速挡与倒挡离合器油道密封件；57—自动变速器油滤清器盖密封件；59—传动机构润滑液密封件；61—传动机构润滑液密封件；71—自动变速器输入轴转速传感器密封件；77—变速器油液加注口盖密封件；202—自动变速器油滤清器密封件；310—变矩器油封环；311—自动变速器油泵轴密封件；313—自动变速器油泵衬垫；314—自动变速器油泵密封件；340—定子轴密封件；706—手动换挡轴密封件

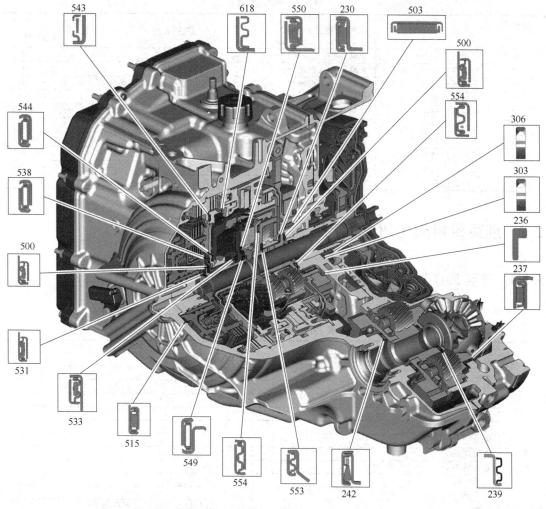

图 2-23 变速器衬套、轴承与垫圈位置

230—输出太阳齿轮止推轴承；236—传动链轮止推垫圈；237—前差速器外壳轴承；239—差速器外壳太阳齿轮止推轴承；242—从动链轮轴承；303—从动链轮止推垫圈；306—从动链轮止推垫圈；500—反作用太阳齿轮止推轴承；503—输出支架毂轴承；515—6-7-8-9挡和5-7挡倒挡离合器壳体止推轴承；531—反作用行星齿轮架毂轴承；533—反作用行星齿轮架太阳齿轮止推轴承；538—超速挡太阳齿轮止推轴承；543—4挡离合器止推轴承；544—超速挡太阳齿轮止推轴承；549—输入支架止推轴承；550—输入轴太阳齿轮止推轴承；553—输入轴太阳齿轮止推轴承；554—输出支架止推轴承；618—4挡齿轮轴承

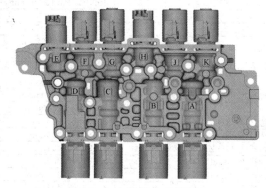

图 2-24 变速器电磁阀位置

表2-4 电磁阀信息

阀体孔位置	电磁阀名称	电磁阀类型	受控元件	20℃(68℉)时的电阻值
A	变速器控制电磁阀2	常低、变力、枢轴型	2-9挡离合器	5.0~5.4Ω
B	变速器控制电磁阀1	常高、变力、枢轴型	1-2-3-4-5-6挡离合器	5.0~5.4Ω
C	变速器控制电磁阀6	常高、变力、枢轴型	6-7-8-9挡离合器和可选单向离合器	5.0~5.4Ω
D	变速器控制电磁阀5	常低、变力、枢轴型	5-7挡倒挡离合器	5.0~5.4Ω
E	变速器控制电磁阀10	常闭、通/断式	主动油位控制	19.0~19.6Ω
F	变速器控制电磁阀7	变力、常高	管路压力	5.0~5.4Ω
G	变速器控制电磁阀8	变力、常低	变矩器离合器(TCC)	5.0~5.4Ω
H	变速器控制电磁阀9	常闭、通/断式	离合器选择阀	19.0~19.6Ω
J	变速器控制电磁阀4	变力、常低	4挡离合器	5.0~5.4Ω
K	变速器控制电磁阀3	变力、常低	3-8挡离合器	5.0~5.4Ω

2.2 别克昂科旗(2020年款)

2.2.1 通用2.0T LSY发动机技术参数

发动机技术参数见表2-5。

表2-5 发动机技术参数

项目		参数
基本数据	发动机类型	直列4缸
	排量	1998mL
	型号	2.0L LSY
	气门	16
	缸径	83mm
	行程	92.3mm
	压缩比	10:1
	最大功率	172kW(5000r/min时)
	最大转矩	350N·m(1500~4000r/min时)
	急速转速	650r/min
	无负载最高转速	6300r/min
	压缩	任一气缸的最低压缩压力不应低于0.1MPa(14.5psi)
	压力泄漏	<25%每个气缸
	火花塞间隙	0.70~0.80mm
	点火顺序	1-3-4-2
	喷射压力	35MPa
机油循环系统	发动机机油质量	Dexos 1第二代
	发动机机油黏度	0W-20
	发动机机油的处置	按照安全法规和国家规定处置发动机机油
	每1000km机油消耗	最大0.6L
	机油压力	199.95kPa(1500r/min,100℃时)
气缸体	气缸体高度	285.55mm
	曲轴主轴承孔直径	53.793~53.807mm
	缸径	82.992~83.008mm
	最大缸径失圆度	0.013mm
	缸体顶面平面度(超过25mm长度)	0.025mm
曲轴	曲轴主轴颈直径	48.992~49.008mm
	曲轴连杆轴颈直径(标准尺寸)	45.992~46.008mm
	曲轴止推轴承座宽度	23.674~23.726mm
	曲轴主轴承壳厚度(选择1)(ID W)	2.378~2.385mm
	曲轴主轴承壳厚度(选择1)(ID X)	2.386~2.393mm
	曲轴主轴承壳厚度(选择1)(ID Z)	2.394~2.401mm
	曲轴主轴承壳厚度(选择2~5)(ID W)	2.384~2.389mm
	曲轴主轴承壳厚度(选择2~5)(ID X)	2.390~2.395mm
	曲轴主轴承壳厚度(选择2~5)(ID Z)	2.396~2.401mm
	曲轴止推轴承厚度(标准尺寸)	2.475~2.525mm

续表

项目		参　数
曲轴	曲轴主轴承间隙	0.007～0.023mm
	曲轴轴向间隙	0.087～0.163mm
连杆	连杆长度	187.3mm
	曲轴轴承孔直径	48.992～49.008mm
	销孔直径	21.007～21.015mm
	连杆轴承壳厚度(标准尺寸)	1.483～1.488mm
	连杆轴承间隙	0.008～0.05mm
	连杆内的活塞销间隙	0.007～0.018mm
活塞	活塞销直径	20.097～21.000mm
	活塞销孔直径	21.005～21.010mm
	活塞裙直径	82.1～82.3mm
	上活塞压缩环活塞槽宽度	1.22～1.24mm
	下活塞压缩环活塞槽宽度	1.01～1.03mm
	活塞油环活塞槽宽度	1.52～1.54mm
	压缩高度	29.03～29.13mm
	活塞间隙	0.005～0.013mm
活塞环	上活塞压缩环厚度	1.17～1.19mm
	下活塞压缩环厚度	0.97～0.99mm
	活塞油环厚度	1.397～1.483mm
	上活塞压缩环间隙	0.22～0.32mm
	下活塞压缩环间隙	0.42～0.57mm
	活塞油环间隙	0.2～0.7mm
缸盖	平面度(缸盖顶面纵向)	0.05mm,如果顶平面超出规格,则更换缸盖
	平面度(缸盖顶面横向)	0.03mm,如果顶平面超出规格,则更换缸盖
	进气门座宽度	1.000～1.400mm
	排气门座宽度	1.550～1.950mm
	气门座锥角	90°±1°
	上气门座锥角的调节	50°±4°
	下气门座锥角的调节	130°±4°
	气门导管孔直径	6.00～6.02mm
	气门导管总成高度	10.75～11.25mm
	气门导管长度	38.25～38.75mm
气门系统	进气阀盘直径	33.97～34.13mm
	排气阀盘直径	27.87～28.13mm
	进气气门杆直径	6.4～6.8mm
	排气气门杆直径	6.69～7.19mm
	进气阀长度	108.2～108.4mm
	排气阀长度	100.89～101.15mm
	进气阀和排气阀弹簧长度(未压缩)	41.65～41.95mm
	进气阀弹簧长度(220N±13N)	34.2mm
	排气阀弹簧长度(220N±13N)	32.3mm
	进气阀弹簧长度[557N(参考)]	23.7mm
	排气阀弹簧长度[557N(参考)]	22.8mm

2.2.2　通用2.0T LSY发动机正时维修

参考本书2.1.2小节。

2.2.3　熔丝与继电器信息

① 发动机舱配电盒如图2-25所示,熔丝与继电器信息见表2-6。

② 仪表板配电盒如图 2-26 所示，熔丝信息见表 2-7。

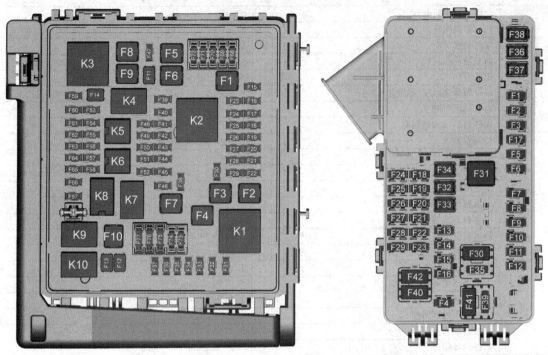

图 2-25　发动机舱配电盒　　　　图 2-26　仪表板配电盒

表 2-6　发动机舱熔丝与继电器信息

熔丝与继电器	用途	熔丝与继电器	用途
F1	防抱死制动系统	F47	日间行车灯（左侧）
F3	直流-直流转换器 1	F49	车内后视镜
F5	直流-直流转换器 2	F50	燃油系统控制模块/燃油箱区域模块运行/启动
F7	前鼓风机	F51	加热型转向盘
F8	起动机 3	F52	折叠座椅开关
F12	前刮水器	F55	空调离合器
F13	起动机 2	F57	发动机控制模块/点火
F15	后窗刮水器	F58	变速器控制模块/点火
F18	前照灯高度自动调节	F59	发动机控制模块蓄电池
F25	转向柱锁止装置	F61	氧传感器 1/主动闭合式进气格栅/空气流量传感器
F30	洗涤器泵	F62	发动机控制模块（奇数/偶数）
F32	左前照灯	F63	氧传感器 2
F34	喇叭	F65	发动机控制模块动力总成 1
F35	日间行车灯（右侧）	F66	发动机控制模块动力总成 2
F36	右前照灯	F67	发动机控制模块动力总成 3
F38	前照灯高度自动调节电机	K2	运行/启动
F39	变速器控制模块/电池 1	K3	起动机 3
F40	左后总线电气中心/直流-直流点火	K5	空调
F41	组合仪表	K7	发动机控制模块
F42	暖风、通风和空调系统/中央网关模块/运行/启动	K8	折叠座椅开关
F43	挡风玻璃报警显示	K10	起动机 2
F44	电子制动控制模块电子制动助力器/运行/启动		

表 2-7 仪表板熔丝信息

熔丝	用 途	熔丝	用 途
F1	车身控制模块 6	F23	车身控制模块 2
F2	诊断链路/中央网关模块	F24	USB
F3	电子转向柱锁止装置	F25	驻车辅助
F6	暖风、通风与空调/空气质量离子发生器	F26	通信集成模块
F7	车身控制模块 3	F28	暖风、通风与空调/信息通信系统显示
F9	右前加热型座椅	F29	收音机
F10	安全气囊/安全带	F30	转向盘调节控制装置
F12	放大器/噪声控制模块	F31	电子制动助力
F13	车身控制模块 7	F32	直流-交流转换器
F14	左前加热型座椅	F33	驾驶员电动座椅
F15	仪表板开关组	F34	乘客电动座椅
F16	天窗	F35	蓄电池仪表板电气中心(IEC)1 电源
F18	组合仪表/抬头显示器	F36	电子助力转向
F19	车身控制模块 1	F37	后排座椅娱乐系统/USB 充电/无线充电模块/辅助电源插座/点烟器
F20	后排座椅娱乐		
F21	车身控制模块 4	F38	车身控制模块 8
F22	信息娱乐系统 USB 数据/辅助音频	F42	附件电源插座/点烟器

③ 行李厢配电盒如图 2-27 所示,熔丝、断路器与继电器信息见表 2-8。

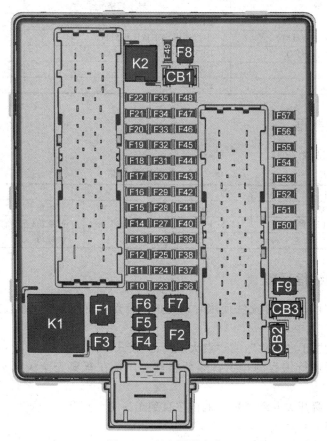

图 2-27 行李厢配电盒

表 2-8 行李厢熔丝、断路器与继电器信息

熔丝、断路器与继电器	用途	熔丝、断路器与继电器	用途
F4	后鼓风机	F38	车窗模块
F5	后轮驱动控制装置	F39	尾门
F7	右侧车窗	F40	前排座椅位置记忆模块
F8	后窗除雾器	F42	后排座椅位置记忆模块
F9	左侧车窗	F44	第三排座椅
F10	折叠座椅1	F45	举升门电机
F11	挂车倒挡	F46	后排加热型座椅
F19	通风座椅	F48	玻璃破碎传感器
F20	手套箱门	F52	后轮传动控制2
F25	左后座椅倾斜	F53	视频
F27	驾驶员腰部支撑	F54	外部物体计算/侧面盲区警告
F28	被动进入/被动启动	F55	防盗系统
F30	炭罐通风	F56	雨量传感器/后部车内灯
F32	加热型后视镜	F57	折叠座椅2
F34	举升门模块	CB3	后排辅助电源插座
F35	燃油系统控制模块/燃油箱区域模块	K1	折叠座椅1
F36	前乘员腰部支撑		

2.2.4 保养用油液规格与用量

油液规格与用量见表2-9。

表 2-9 油液规格与用量

油液	规格	用量
发动机机油(出厂)	DEXOS10W20	5.7L
发动机机油(更换机油滤清器时)	上汽通用汽车指定售后机油	5L(近似)
发动机冷却液(混合液)(出厂)	DEX-COOL/Caltex ELC	10.65L
自动变速器油(出厂)	DEXRON VI	8.3L/8.5L
制动液(出厂)	DOT 4	0.52L

2.2.5 车轮定位数据

车轮定位数据见表2-10。

表 2-10 车轮定位数据

项目		数值	项目		数值
前轮(出厂)	外倾角	$-0.6°±0.75°$	后轮(出厂)	外倾角	$-0.5°±0.5°$
	主销后倾角	$4.3°±0.75°$		前束角(左+右)	$0.2°±0.2°$
	前束角(左+右)	$0.2°±0.2°$		推进角	$0°±0.15°$

2.2.6 电动车窗编程设置

当电动车窗快速升降功能无法使用时,需重新编程以使其工作,编程方法如下。

① 关闭所有车门。
② 将点火开关置于"附件"或"点火/运行"模式。
③ 部分打开要进行编程的车窗,然后将其关闭,在车窗完全关闭后继续短暂地拉起开关。
④ 按下电动车窗开关并继续短暂地按住直到车窗完全打开。
⑤ 此时,车窗编程完成。
⑥ 对其他车窗重复以上步骤。

2.3 别克昂科拉 GX（2020 年款）

2.3.1 通用 1.3T L3Z 发动机技术参数

发动机技术参数见表 2-11。

表 2-11 发动机技术参数

项	目		参 数
基本数据	发动机类型		直列 3 缸
	排量		1350mL
	型号		1.3T L3Z
	缸径		79mm
	行程		91.2mm
	压缩比		10∶1
	点火顺序		1-2-3
	火花塞间隙		0.65～0.75mm
气缸体	气缸体高度		228mm
	气缸体顶面跳动量		0.025mm
	曲轴主轴承孔直径		56.028mm
	缸径		92.25mm
	缸径失圆度(最大值)		0.013mm
曲轴	连杆轴颈直径		43.992～44.008mm
	连杆轴颈圆度(最大值)		0.005mm
	连杆轴颈锥度(最大值)		0.008mm
	连杆轴颈宽度		21.72～21.88mm
	曲轴轴向间隙		0.084～0.316mm
	曲轴主轴承间隙		0.035～0.055mm
	曲轴主轴颈直径		43.992～44.008mm
	曲轴主轴颈圆度(最大值)		0.005mm
	曲轴主轴颈锥度(最大值)		0.008mm
	曲轴主轴颈止推面	跳动量	0.04mm
		垂直度	0.01mm
	曲轴主轴颈宽度(2、4 号)		21.7～21.9mm
	曲轴主轴颈宽度(3 号)		23.274～23.326mm
	曲轴导向轴承孔直径		20.97～21.00mm
	曲轴后法兰跳动量		0.025mm
	曲轴中间主跳动量		0.035mm
	曲轴止推面高度		65.5～66.5mm
连杆	连杆轴承间隙		0.028～0.062mm
	连杆孔径(轴承端)		47.186～47.202mm
	连杆孔径[活塞销端(生产)]		19.007～19.017mm
	连杆孔径[活塞销端(维修最大值)]		19.025mm
	连杆长度(中心至中心)		135.02～135.12mm
	连杆侧隙		0.095～0.355mm
	连杆宽度(轴承端)		21.57～21.58mm
	连杆宽度(活塞销端)		21.57～21.58mm
润滑系统	机油压力[压力传感器(1500r/min,20℃)]		125～185kPa
	机油压力[机油滤清器适配器(1500r/min,20℃)]		135～195kPa
活塞环	活塞环开口间隙	第一道压缩环(标称)	0.2～0.3mm
		第一道压缩环(最大值,孔内环)	0.325mm
		第二道压缩环(标称)	0.45～0.60mm
		第二道压缩环(最大值,孔内环)	0.475mm
		油环	0.15～0.55mm
	活塞环至环槽间隙	第一道压缩环	0.04～0.08mm
		第二道压缩环	0.03～0.07mm
		油环	0～0.33mm
	活塞环厚度	第一道压缩环	1.17～1.195mm
		第二道压缩环	0.97～0.995mm
		油环	1.34～1.50mm

续表

项 目		参 数
活塞	活塞直径(超过裙部涂层的测量值)	78.952～78.987mm
	活塞直径(维修最小值)	79.017mm
	活塞销孔直径	19.005～19.010mm
	活塞环槽宽度(第一道压缩环)	1.23～1.25mm
	活塞环槽宽度(第二道压缩环)	1.02～1.04mm
	活塞环槽宽度(油环)	1.51～1.53mm
	活塞至孔间隙(出厂件,裙部涂层的测量值)	0.005～0.055mm
	活塞至孔间隙(维修最大值)	0.070mm
活塞销	活塞销至连杆孔间隙(出厂件)	0.005～0.02mm
	活塞销至连杆孔间隙(维修最大值)	0.025mm
	活塞销至活塞销孔间隙(出厂件)	0.005～0.013mm
	活塞销至活塞销孔间隙(维修最大值)	0.02mm
	活塞销直径	18.997～19.00mm
	活塞销长度	47.0～47.2mm
缸盖	气门座锥角	90°±1°
	上气门座锥角的调节	50°±4°
	下气门座锥角的调节	130°±4°
气门系统	排气阀长度	103.18mm
	进气阀长度	112.04mm
	气门座锥角(座合面)	90°
	气门座圆度(最大值)	0.018mm
	气门座锥角(最大值)	0.08mm
	进气气门杆直径	5.955mm
	排气气门杆直径	5.965mm
	气门锥面宽度(排气)	不可研磨,更换气门
	气门锥面宽度(进气)	不可研磨,更换气门

2.3.2 通用1.3T L3Z发动机正时维修

2.3.2.1 发动机正时机构部件安装

发动机正时机构部件分解如图2-28所示。

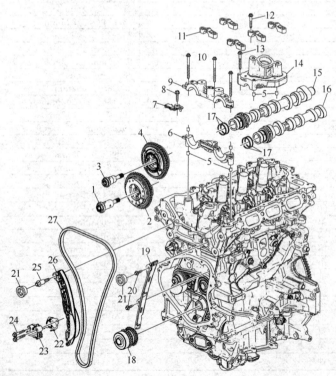

图2-28 发动机正时机构部件分解
1—凸轮轴位置执行器电磁阀(排气);2—凸轮轴位置执行器(排气);3—凸轮轴位置执行器电磁阀(进气);4—凸轮轴位置执行器(进气);5—凸轮轴轴承盖定位销(6个);6—凸轮轴轴承下前盖;7—正时链导板;8—正时链导板螺栓;9—凸轮轴轴承上前盖;10—凸轮轴轴承盖螺栓(3个);11—凸轮轴轴承盖(5个);12—凸轮轴轴承盖螺栓(10个);13—凸轮轴轴承盖螺栓(4个);14—凸轮轴轴承后盖;15—排气凸轮轴;16—进气凸轮轴;17—凸轮轴链轮油封环(4个);18—曲轴链轮;19—正时链导板;20—正时链导板螺栓(2个);21—发动机缸体冷却液孔塞;22—正时链张紧器衬垫;23—正时链张紧器;24—正时链张紧器螺栓(2个);25—正时链导板螺栓;26—正时链导板;27—正时链

凸轮轴正时链部件的安装步骤如下。

① 将扳手安装在进气凸轮轴 1 和排气凸轮轴 2 上并旋转，以安装 EN-52484 凸轮轴锁止工具 3 将凸轮轴固定在正时位置，如图 2-29 所示。

② 确保 EN-52476 飞轮固定工具安装至自动变速器挠性盘，如图 2-30 所示。

③ 正时销 2 必须在凸轮轴链轮的安装期间接合。

图 2-29　安装凸轮轴锁止工具
1, 2—凸轮轴；3—锁止工具

图 2-30　安装飞轮固定工具
1—飞轮；2—销

④ 安装排气凸轮轴位置执行器 2。

⑤ 在凸轮轴位置执行器电磁阀背面的垫圈部位涂抹发动机机油。

⑥ 安装排气凸轮轴位置执行器电磁阀螺栓 1 新件并用手拧紧，如图 2-31 所示。

⑦ 安装进气凸轮轴位置执行器 2。

⑧ 在凸轮轴位置执行器电磁阀背面的垫圈部位涂抹发动机机油。

⑨ 安装进气凸轮轴位置执行器电磁阀螺栓 1 新件并用手拧紧，如图 2-32 所示。

图 2-31　安装排气凸轮轴位置执行器电磁阀螺栓
1—螺栓；2—排气凸轮轴位置执行器

图 2-32　安装进气凸轮轴位置执行器电磁阀螺栓
1—螺栓；2—进气凸轮轴位置执行器

⑩ 如图 2-33 所示，安装正时链 1。

⑪ 安装 2 个 EN-52461-300 适配器凸轮相位器扭矩反作用工具 1，如图 2-34 所示。

图 2-33　安装正时链
1—正时链

图 2-34　安装扭矩反作用工具（一）
1—工具

⑫ 安装 EN-52461 凸轮相位器扭矩反作用工具 1 至 2 个 EN-52461-300 适配器凸轮相位器扭矩反作用工具 2，如图 2-35 所示。
⑬ 安装正时链导板 2。
⑭ 如图 2-36 所示，安装正时链导板螺栓 1 新件并紧固，拧紧力矩 15N·m。

图 2-35　安装扭矩反作用工具（二）
1，2—工具

图 2-36　安装正时链导板（一）
1—螺栓；2—导板

⑮ 安装正时链导板 1。
⑯ 如图 2-37 所示，安装正时链导板螺栓 1 并用手拧紧。
⑰ 确保正时链正确放置在所有链轮上。
⑱ 安装正时链张紧器衬垫 1，使用新衬垫。切勿重复使用旧衬垫。
⑲ 通过将柱塞扭转至壳体内，确保张紧器复位。
⑳ 安装正时链条张紧器 2 EN-955-10-A 锁销工具。
㉑ 如图 2-38 所示，安装正时链张紧器螺栓 3 并紧固，拧紧力矩 15N·m。

图 2-37　安装正时链导板（二）
1—导板；2—螺栓

图 2-38　安装正时链张紧器
1—衬垫；2—张紧器；3—螺栓

㉒ 安装 EN-52461-1 固定工具 1 至进气凸轮轴链轮的孔内。
㉓ 检查并确保 EN-52461-1 固定工具 1 正确就位于进气凸轮轴链轮的孔内。
㉔ 逆时针转动 EN-52461-1 固定工具 1。
㉕ 在将 EN-52461-1 固定工具固定至逆时针位置时以 6N·m 的力矩；紧固螺栓 3，使刚好能够将 EN-52461-1 固定工具固定到位。
㉖ 紧固进气凸轮轴位置执行器电磁阀螺栓 2：第一遍 30N·m；最后一遍 45°，使用 EN-45059 角度测量仪。
㉗ 安装 EN-52461-1 固定工具 1 至排气凸轮轴链轮的孔内。
㉘ 检查并确保 EN-52461-1 固定工具 1 正确就位于排气凸轮轴链轮的孔内。

㉙ 逆时针转动 EN-52461-1 固定工具。

㉚ 在将 EN-52461-1 固定工具固定至逆时针位置时以 6N·m 的力矩，紧固螺栓 4，使刚好能够将 EN-52461-1 固定工具固定到位。

㉛ 紧固排气凸轮轴位置执行器电磁阀螺栓 5：第一遍 30N·m；最后一遍 45°，使用 EN-45059 角度测量仪。如图 2-39 所示。

㉜ 松开螺栓（1、2），将 2 个 EN-52461-1 固定工具滑出凸轮链轮。

㉝ 松开 EN-52461 凸轮相位器扭矩反作用工具 2 个螺栓 3、4。

图 2-39 安装进、排气凸轮轴位置执行器电磁阀螺栓
1—固定工具；2,5—凸轮轴位置执行器电磁阀螺栓；3,4—螺栓

㉞ 如图 2-40 所示，拆下 EN-52461 凸轮相位器扭矩反作用工具。

㉟ 拆下 EN-52461-300 适配器凸轮相位器扭矩反作用工具 1。

㊱ 按图 2-41 箭头所示，将螺栓放回工具内。

图 2-40 拆下扭矩反作用工具
1~4—螺栓

图 2-41 拆下螺栓
1—工具

㊲ 如图 2-42 所示，将扳手安装在进气凸轮轴 1 和排气凸轮轴 2 上并旋转，以释放 EN-52484 凸轮轴锁止工具 3 上的压力，从而可将其拆下。

㊳ 如图 2-43 所示，紧固正时链导板螺栓 2，拧紧力矩 15N·m。

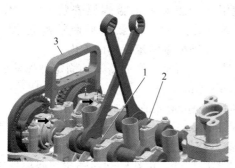

图 2-42 拆下凸轮轴锁止工具
1,2—凸轮轴；3—锁止工具

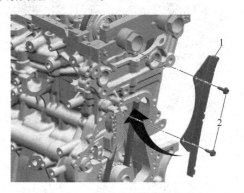

图 2-43 紧固正时链导板螺栓
1—导板；2—螺栓

㊴ 拆下 EN-955-10-A 锁销工具。

㊵ 如图 2-44 所示，安装并紧固凸轮轴壳体孔塞 1，拧紧力矩 20N・m。

2.3.2.2 发动机正时机构部件检查

如图 2-45 所示。

① 检查正时链导板 2、5、7 是否开裂或磨损。

② 如果正时链导板表面磨损深度超过 1.12mm（0.045in），则更换正时链导板。

③ 检查正时链张紧器 1 蹄片是否磨损。

④ 如果蹄片磨损深度超过 1.12mm（0.045in），则更换正时链张紧器。

⑤ 检查正时链 6 和执行器 3、4 是否磨损。

⑥ 检查凸轮轴执行器工作面是否有移动迹象。

⑦ 检查正时链是否有剥落或链节卡死。

⑧ 检查曲轴链轮 8 是否过度磨损。

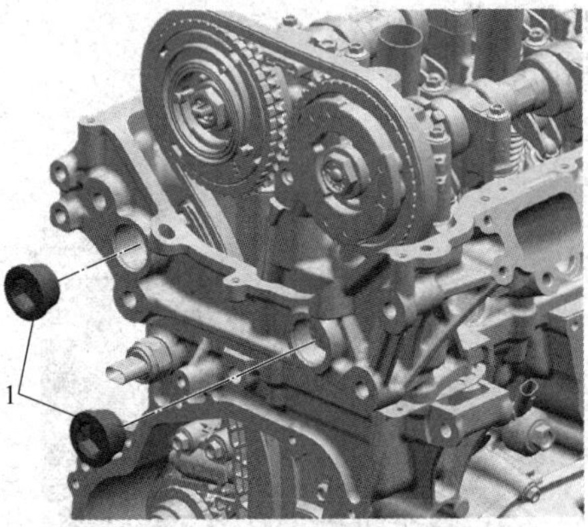

图 2-44 安装并紧固凸轮轴壳体孔塞
1—壳体孔塞

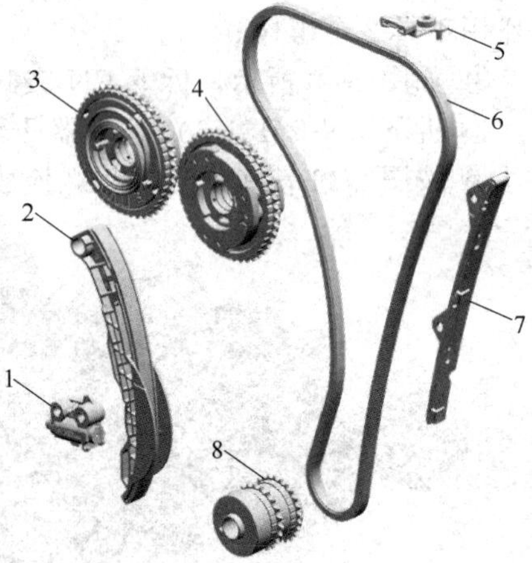

图 2-45 发动机正时机构部件
1—张紧器；2,5,7—导板；
3,4—执行器；6—正时链；8—链轮

2.3.2.3 平衡轴相对发动机的正时

① 确保 EN-52476 飞轮固定工具从自动变速器挠性盘上分离。

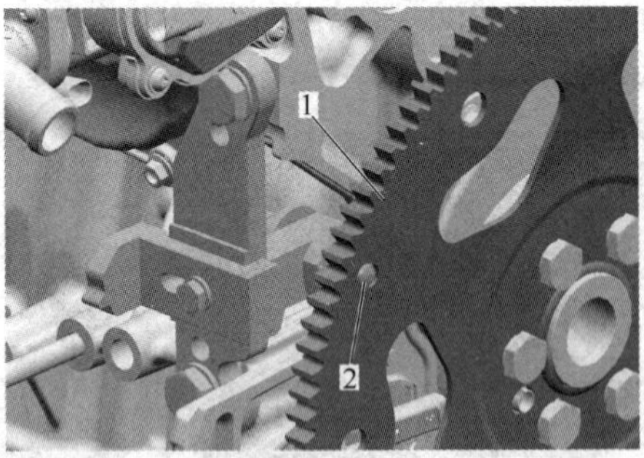

图 2-46 安装发动机飞轮固定工具
1—飞轮；2—销

② 将发动机转动至正时位置，将 EN-52476 飞轮固定工具上的销接合至自动变速器挠性盘上的正确位置，如图 2-46 所示。

③ 使用 2 个发动机前盖螺栓安装 EN-52487 平衡轴配重固定工具。注意将平衡轴配重装入 EN-52487 平衡轴配重固定工具的槽内。

④ 如图 2-47 所示，紧固平衡轴固定件螺栓 1，拧紧力矩 36N・m。

⑤ 拆下 EN-52487 平衡轴配重固定工具。

⑥ 确保 EN-52476 飞轮固定工具上的正时销从自动变速器挠性盘上分离。

⑦ 将 EN-52476 飞轮固定工具 1 接合回自动变速器挠性盘，以在转动曲轴扭转减振器螺栓 2 时固定自动变速器挠性盘，如图 2-48。

图 2-47 安装平衡轴配重固定工具
1—螺栓

图 2-48 装回飞轮固定工具
1—固定工具；2—螺栓

2.3.3 通用 1.3T L3Z 发动机电脑端子定义

参考本书 2.4.3 小节。

2.4 别克威朗（2019～2020 年款）

2.4.1 通用 1.3T L3Z 发动机技术参数

参考本书 2.3.1 小节。

2.4.2 通用 1.3T L3Z 发动机正时维修

参考本书 2.3.2 小节。

2.4.3 通用 1.3T L3Z 发动机电脑端子定义

发动机电脑端子定义见表 2-12～表 2-14。

表 2-12 66 针连接器端子定义

端子	定 义	端子	定 义
1	动力总成继电器线圈控制	47	质量空气流量传感器信号
2	起动机小齿轮电磁线圈继电器控制	48	蓄电池正极电压
3	起动机启用继电器控制	49	加速踏板位置 5V 参考电压 1
15	巡航/ETC/TCC 制动信号	51	加速踏板位置 5V 参考电压 2
16	动力总成主继电器熔丝电源 2	53	车外环境空气温度传感器信号
17	燃油泵主继电器控制	54	加热器芯出口温度信号
18	空调压缩机离合器继电器控制	55	空调制冷剂压力传感器信号
19	检查发动机指示灯控制	56	制动器位置传感器信号
21	冷却风扇控制信号	57	加速踏板位置信号 2
32	运行/启动点火 1 电压	59	高速 GMLAN 串行数据（—）1
33	加速踏板位置低电平参考电压 1	60	高速 GMLAN 串行数据（+）1
35	加速踏板位置低电平参考电压 2	62	附件唤醒串行数据
37	发动机舱盖状态 A 信号	63	高速 GMLAN 串行数据（—）3
39	加速踏板位置信号 1	64	高速 GMLAN 串行数据（+）3
42	局域互联网串行数据总线 32	65	信号搭铁
45	高速 GMLAN 串行数据（—）7	66	动力总成主继电器熔丝电源 3
46	高速 GMLAN 串行数据（+）7		

表 2-13 49 针连接器端子定义

端子	定 义	端子	定 义
1	动力总成传感器总线启用	5	蒸发吹洗泵压力信号
2	发动机控制传感器 5V 参考电压 1	9	动力总成主继电器熔丝电源 5

续表

端子	定 义	端子	定 义
10	冷却液分流阀位置信号	34	加热型氧传感器加热器低电平控制-缸组1传感器1
12	发动机控制传感器低电平参考电压2	36	发动机控制传感器5V参考电压2
16	机油压力传感器信号	37	冷却液温度传感器2信号
19	燃油导轨压力传感器信号	38	加热器芯进口温度信号
20	涡轮增压器排气泄压阀电机反馈信号	40	发动机缸体冷却液温度信号
22	发动机控制传感器低电平参考电压3	45	加热型氧传感器电流调节信号
23	机油温度传感器信号	46	加热型氧传感器泵电流信号
24	机油温度传感器信号	47	局域互联网串行数据总线21
25	节气门进气绝对压力传感器信号	48	局域互联网串行数据总线22
29	曲轴箱压差传感器信号	49	信号搭铁
31	加热型氧传感器收集器信号		
32	加热型氧传感器搭铁		

表2-14 73针连接器端子定义

端子	定 义	端子	定 义
2	涡轮增压旁通电磁阀控制-缸组1	39	进气凸轮轴位置传感器低电平参考电压1
3	充电指示灯控制	40	排气凸轮轴位置传感器低电平参考电压1
4	曲轴位置传感器信号	42	排气凸轮轴位置传感器1
6	曲轴60X传感器5V参考电压	43	曲轴60X传感器信号
7	节气门位置传感器5V参考电压	44	点火控制3
8	燃油管路压力传感器信号	46	点火控制低电平参考电压-缸组1
9	歧管绝对压力传感器信号	47	加热型氧传感器加热器低电平控制-缸组1传感器2
10	加热型氧传感器高电平信号-缸组1传感器2		
11	加热型氧传感器低电平信号-缸组1传感器2	48	节气门位置传感器(SENT1)信号
12	进气凸轮轴相位电磁线圈	49	直接喷油器(DFI)高压电源-气缸3
13	排气凸轮轴相位电磁线圈1	50	直接喷油器(DFI)高压控制-气缸3
14	冷却液分流阀执行器控制低电平	53	爆震传感器低电平参考电压1
15	涡轮增压器排气泄压阀电机打开控制	54	爆震传感器低电平参考电压2
16	涡轮增压器排气泄压阀电机关闭控制	55	进气歧管绝对压力传感器5V参考电压
21	发动机控制传感器低电平参考电压1	56	油泵电机控制
22	曲轴60X传感器低电平参考电压	57	机油泵指令信号
23	节气门位置传感器低电平参考电压	59	进气凸轮轴位置传感器控制1
24	发动机进口冷却液温度信号	60	排气凸轮轴位置传感器控制1
25	发动机出口冷却液温度信号	61	发电机磁场占空比信号
26	节气门前空气温度和压力(TMAP)温度信号	63	进气凸轮轴位置传感器1
28	凸轮相位器W低电平参考电压	64	点火控制1
29	凸轮相位器X低电平参考电压	65	点火控制2
30	节气门执行器控制开启	67	高压燃油泵执行器低电平控制
31	节气门执行器控制关闭	68	高压燃油泵执行器高电平控制
32	冷却液分流阀执行器控制高电平	69	直接喷油器(DFI)高压电源-气缸1
33	爆震传感器信号1	70	直接喷油器(DFI)高压控制-气缸1
34	爆震传感器信号2	71	直接喷油器(DFI)高压电源-气缸2
35	歧管绝对压力传感器低电平参考电压	72	直接喷油器(DFI)高压控制-气缸2
36	蒸发排放炭罐吹洗电磁阀控制	73	动力总成主继电器熔丝电源1

2.4.4 通用1.0T LIV发动机正时维修

与LIY发动机相同,参考本书2.5.2小节。

2.5 别克英朗(2019年款)

2.5.1 通用1.3T LIY发动机技术参数

发动机技术参数见表2-15。

表 2-15 发动机技术参数

项 目		参 数
基本数据	发动机类型	直列 3 缸
	型号	1.3T LIY
	气门	12
	排量	1.349mL
	缸径	80mm
	行程	89.4mm
	压缩比	10:1
	最大额定功率	120kW
	最大净功率	115kW
	最大净转矩	230 N·m
	最大额定功率所对应转速	5500r/min
	最大净功率所对应转速	5500r/min
	急速转速	830r/min
	点火顺序	1-2-3
	火花塞间隙	0.7～0.8mm
	发动机质量	86kg
气缸体	活塞顶面高度	2.043mm
	气缸孔直径(止推面)	79.992～80.008mm
	气缸孔直径(非止推面)	79.989～80.011mm
	气缸孔锥度	0.013mm
	气缸孔圆度	0.025mm
	曲轴主轴承孔直径	48.866～48.884mm
	两缸之间最大压力差	100kPa
	气缸体顶面平面度	0.1mm
	气缸体顶面平面度(100mm×100mm)	0.05mm
平衡轴	平衡轴轴向间隙	0.175～0.204mm
	平衡轴后轴承轴颈直径	25.015～25.028mm
	平衡轴前轴承轴颈直径	16.983～16.994mm
	平衡轴前轴承内径	16.993～17mm
	平衡轴前轴承外径	39.991～40mm
凸轮轴	凸轮轴轴向间隙	0.047～0.202mm
	凸轮轴轴颈间隙	0.050～0.086mm
	凸轮轴跳动量	0.025mm
	进气凸轮轴桃高	35.00～35.20mm
	排气凸轮轴桃高	34.45～34.65mm
	凸轮轴轴颈直径(1)	37mm
	凸轮轴轴颈直径(2、3)	23mm
曲轴	曲轴主轴承间隙	0.023～0.047mm
	曲轴轴向间隙(1～4)	0.081～0.311mm
	曲轴主轴颈直径	43.991～44.009mm
	曲轴连杆颈直径	43.991～44.009mm
	曲轴连杆轴颈圆度	0.005mm
	曲轴主轴承轴颈圆度	0.005mm
	曲轴主轴颈跳动量(相对前后主轴颈中心连线)	0.025mm
	曲轴止推轴承间隙	0.081～0.311mm
气缸盖	气缸盖下平面平面度	0.1mm
	气缸盖下平面平面度(100mm×100mm)	0.05mm
	进气门座宽度	1.36～1.56mm
	排气门座宽度	1.54～1.74mm
	气门挺柱孔径	12.009～12.029mm
	座合面气门座锥角	45°
	底切面气门座锥角	进气 30°;排气 25°
	进气门导管孔径	5～5.02mm
	排气门导管孔径	5～5.02mm
	气门座最大跳动量	0.08mm
连杆	连杆轴承至曲柄销间隙	0.025～0.059 mm
	连杆孔径(轴承端)	47.189～47.205mm
	连杆孔径(活塞销端,带衬套)	19.007～19.017mm
	连杆侧隙	0.09～0.35mm
	连杆最大弯曲直线度	0.017mm
	连杆最大扭曲直线度	0.04mm

续表

项 目		参 数
活塞环	活塞环开口间隙(第一道压缩环)	0.2~0.35mm
	活塞环开口间隙(第二道压缩环)	0.35~0.55mm
	活塞环开口间隙[油环(刮片)]	0.2~0.7mm
	活塞环至环槽的间隙[第一道压缩环(轴向)]	0.02~0.07mm
	活塞环至环槽的间隙[第二道压缩环(轴向)]	0.02~0.06mm
	活塞环至环槽的间隙[油环(轴向)]	0.03~0.16mm
	活塞环厚度(第一道压缩环)	1.17~1.19mm
	活塞环厚度(第二道压缩环)	0.97~0.99mm
活塞和活塞销	活塞销至连杆孔的间隙	0.007~0.022mm
	活塞销至活塞销孔的间隙	0.004~0.012mm
	活塞销直径	18.995~19.000mm
	活塞直径(向上11mm)	79.930~79.940mm
	活塞销孔直径	19.004~19.008mm
	活塞环槽宽度(油环)	2.01~2.03mm
	活塞活塞环槽宽度(第二道)	1.01~1.03mm
	活塞环槽宽度(顶部)	1.21~1.24mm
	活塞至气缸孔的间隙(不带聚合物)	0.052~0.078mm
气门系统	气门锥角	进气 22°;排气 23°
	气门锥面跳动量(最大值)	0.05mm
	气门杆直径(进气门)	4.972mm
	气门杆直径(排气门)	4.963mm
	气门杆至导管的间隙(进气门)	0.028mm
	气门杆至导管的间隙(排气门)	0.037mm
	气门头直径(进气门)	31.35mm
	气门头直径(排气门)	28.65mm
	气门弹簧安装高度(排气门)	33.8mm
	441.4N载荷下的排气门弹簧长度(打开)	24.3mn
	240N载荷下的排气门弹簧长度(关闭)	35.8mm
	气门弹簧安装高度(进气门)	33.8mm
	520N载荷下的进气门弹簧长度(打开)	24.3mm
	260N载荷下的进气门弹簧长度(关闭)	35.8mm
润滑系统	机油压力[最小值(急速时)]	65kPa

2.5.2 通用1.3T LIY发动机正时维修

发动机正时机构部件分解如图2-49所示,各部件安装注意事项如下文。

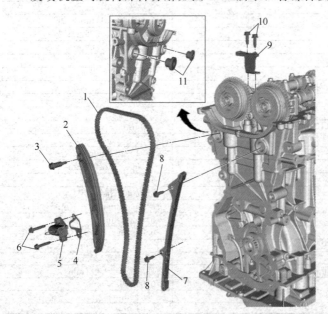

图 2-49 发动机正时机构部件分解
1—正时链;2—初级正时链导板;3—初级正时链导板螺栓;4—正时链张紧器衬垫;5—正时链张紧器;6—正时链张紧器螺栓;7—次级正时链导板;8—次级正时链导板螺栓;9—正时链上导板;10—正时链上导板螺栓;11—气缸盖堵塞

① 正时链：安装时注意确保正确的正时链节对准正时标记，确保执行器正时标记和曲轴链轮键槽处于12点位置。执行器正时链节具有相同颜色，曲轴链轮正时链节具有唯一颜色。将第一个正时链节对准进气执行器正时标记；将第二个正时链节对准排气执行器正时标记；将最后一个正时链节对准曲轴链轮正时标记。

② 初级正时链导板螺栓：拧紧力矩10N·m。

③ 正时链张紧器衬垫：安装新的衬垫。

④ 正时链张紧器：注意安装前，确保张紧器完全缩回。根据张紧器的型号，压下并锁止柱塞的程序不同。如果张紧器的前部有一个杆，则按下杆上的"down（向下）"以压下柱塞，将合适的工具插入张紧器体的孔中，使柱塞保持在缩进位置；如果张紧器有一个固定卡扣，则按下卡扣以压下柱塞，将合适的工具插入张紧器体的孔中，使柱塞保持在缩进位置。

⑤ 正时链张紧器螺栓（2个）：紧固力矩10N·m。

⑥ 次级正时链导板螺栓（2个）：紧固力矩10N·m。

⑦ 正时链上导板螺栓（2个）：紧固力矩10N·m。

⑧ 气缸盖堵塞（2个）：紧固力矩75N·m。

2.5.3 通用1.0T LIW发动机技术参数

参考本书2.10.4小节。

2.5.4 通用1.3T LIY/1.0T LIW发动机电脑端子定义

发动机电脑端子定义见表2-16、表2-17。

表2-16 95针连接器端子定义

端子	定 义	端子	定 义
1	发动机机油压力传感器2的5V参考电压	30	质量空气流量/进气温度传感器信号
2	质量空气流量/进气温度传感器低电平参考电压	31	蒸发排放压力传感器信号
3	5V参考电压	32	外部环境温度传感器信号
4	发动机控制传感器低电平参考信号	36	发动机冷却液温度传感器3信号
6	外部环境温度传感器低电平参考电压	37	发动机冷却液流量控制阀位置信号
7	发动机冷却液温度传感器低电平参考电压	38	进气温度传感器信号
8	发动机机油压力传感器低电平参考电压	40	节气门位置传感器信号1
9	蒸发性排气吹洗泵传感器低电平信号	42	节气门位置传感器信号2
10	质量空气流量/进气温度传感器低电平参考电压	43	变速器输出轴转速传感器低电平参考电压
11	质量空气流量/进气温度传感器供电电压	45	排气凸轮轴位置传感器X信号
13	点火控制3	46	爆震传感器信号1
14	点火控制1	47	爆震传感器低电平参考信号
15	点火控制2	53	空气流量传感器信号
16	蒸发排放压力传感器5V参考电压	54	涡轮增压器涡轮进气阀传感器高电平控制
17	排气凸轮轴位置传感器高电平信号	55	发电机磁场占空比信号
18	质量空气流量/进气温度传感器供电电压	57	曲轴60X位置传感器信号
19	低电平参考信号	81	废气流量控制阀执行器低电平信号
20	曲轴位置传感器低电平参考电压	82	废气流量控制阀执行器高电平信号
22	发动机冷却液温度传感器信号	86	节气门执行器控制关闭
23	发动机机油压力传感器2信号	87	发动机冷却流量控制阀控制打开
24	发动机舱盖打开开关信号	88	燃油喷射器2低电平控制
26	蒸发性排气吹洗泵压力信号	89	燃油喷射器4低电平控制
27	涡轮增压空气冷却器排气传感器信号	91	节气门执行器控制打开
28	歧管绝对压力传感器信号	92	发动机冷却液流量控制阀控制关闭
29	涡轮增压空气温度传感器信号	93	燃油喷射器6低电平控制

表 2-17　103 针连接器端子定义

端子	定 义	端子	定 义
1	起动机启用继电器控制	42	蒸发排放吹洗电磁阀低电平控制
2	高速冷却风扇继电器控制	46	运行/启动点火 1 电压
3	发动机故障指示灯控制	47	车身控制模块局域网互联网
4	起动机继电器线圈控制	48	加热型氧传感器泵电流信号
5	充电指示灯控制	49	加热型氧传感器搭铁
6	发动机控制继电器线圈控制	51	加速踏板传感器位置信号 2
7	蒸发排放通风电磁阀低电平控制	52	发动机冷却液温度传感器 2 高电平控制信号
8	加热型氧传感器高电平信号-缸组 1 传感器 2	53	变速器驻车/空挡信号
9	制动踏板位置传感器低电平参考电压	56	制动踏板踩下冗余信号
10	制动踏板位置传感器低电平参考电压	57	起动机电磁线圈启动点火电压
12	燃油油位传感器低电平参考电压	58	燃油喷射器 1 低电平控制
13	加速踏板位置传感器低电平参考电压 1	59	发动机机油压力控制电磁阀低电平控制
14	制动踏板位置传感器 5V 参考电压	60	燃油喷射器 3 低电平控制
15	加速踏板位置传感器 5V 参考电压 1	61	加热型氧传感器加热器低电平控制-缸组 1 传感器 2
16	加速踏板位置传感器 5V 参考电压 2		
17	制动踏板位置传感器 5V 参考电压	62	加热型氧传感器加热器低电平控制-缸组 1 传感器 1
18	制动踏板位置传感器 5V 参考电压		
19	空挡位置传感器 5V 参考电压	63	辅助熔丝蓄电池正极电压 1
21	燃油喷射器 5 低电平控制	64	高速 GMLAN 串行数据（一）1
22	自动变速器蓄能器电磁阀低电平参考电压	65	高速 GMLAN 串行数据（+）1
24	空调压缩机离合器继电器控制	66	加热型氧传感器电流调节信号
26	燃油泵主继电器控制	67	加热型氧传感器收集器信号
27	制动助力器真空传感器信号	68	高速 GMLAN 串行数据（一）3
28	加热型氧传感器低电平信号-缸组 1 传感器 2	69	高速 GMLAN 串行数据（+）3
29	加速踏板位置传感器低电平参考电压 2	72	蒸发性排气吹洗泵通信信号
31	加速踏板位置传感器信号 1	74	空挡位置传感器信号 1
32	空挡位置传感器信号	76	附件唤醒串行数据
34	空调制冷剂压力传感器信号	96	搭铁
37	主燃油油位传感器信号	97	搭铁
38	空挡位置传感器低电平控制	98	搭铁
39	低速冷却风扇继电器控制	99	搭铁
40	排气凸轮轴位置执行器电磁阀低电平控制	100	动力总成主继电器熔丝电源 1
41	进气凸轮轴位置执行器电磁阀低电平控制	102	动力总成主继电器熔丝电源 1

2.5.5　通用 6DCT150 变速器技术参数

参考本书 2.6.6 小节。

2.5.6　通用 6DCT150 变速器部件位置

参考本书 2.6.7 小节。

2.6　别克阅朗（2019 年款）

2.6.1　通用 1.3T LIY 发动机技术参数

参考本书 2.5.1 小节。

2.6.2　通用 1.3T LIY 发动机正时维修

参考本书 2.5.2 小节。

2.6.3 通用1.3T LIY发动机电脑端子定义

参考本书2.5.4小节。

2.6.4 通用1.0T LJI发动机技术参数

发动机技术参数见表2-18。

表2-18 发动机技术参数

	项 目	参 数
基本数据	发动机类型	直列3缸
	型号	1.0T LJI
	气门	12
	排量	999mL
	缸径	72.95～73.25mm
	行程	80.4mm
	压缩比	9.5：1
	最大额定功率	92kW
	最大额定功率对应最大转矩	170N·m
	急速转速	860r/min
	点火顺序	1-2-3
	火花塞间隙	0.7～0.8mm
	发动机质量	100kg
气缸体	活塞顶面高度	1.352mm
	气缸孔直径	72.615mm
	气缸孔锥度	0°
	气缸孔圆度	0.008mm
	曲轴主轴承孔直径	48.866～48.884mm
	气缸体顶面平面度	0.1mm
	气缸体顶面平面度(100mm×100mm)	0.05mm
凸轮轴	凸轮轴轴向间隙	0.047～0.227mm
	凸轮轴轴颈间隙	0.050～0.086mm
	进气凸轮轴桃高	35.351～35.551mm
	排气凸轮轴桃高	34.179～34.379mm
	凸轮轴跳动量	0.025mm
	凸轮轴轴颈直径(1)	36.935～36.950mm
	凸轮轴轴颈直径(2、3)	22.935～22.950mm
	凸轮轴止推宽度	28.87～29.27mm
曲轴	曲轴主轴承间隙	0.023～0.047mm
	曲轴轴向间隙(1～4)	0.081～0.311mm
	曲轴主轴颈直径	43.991～44.009mm
	曲轴连杆轴颈直径	41.991～42.009mm
	曲轴连杆轴颈圆度	0.005mm
	曲轴主轴承轴颈圆度	0.005mm
	曲轴主轴颈跳动量(相对前后主轴颈中心连线)	0.04mm
	曲轴止推轴承间隙	0.081～0.311mm
气缸盖	气缸盖下平面平面度	0.1mm
	气缸盖下平面平面度(100mm×100mm)	0.05mm
	进气门座宽度	1.26～1.66mm
	排气门座宽度	1.44～1.84mm
	气门挺柱孔径	12.019mm
	座合面气门座锥角	89°～91°
	底切面气门座锥角	129°～131°

续表

项　目		参　数
气缸盖	进气门导管孔径	5mm
	排气门导管孔径	5mm
	气门座最大跳动量	0.08mm
连杆	连杆轴承至曲柄销间隙	0.025～0.059mm
	连杆孔径(轴承端)	45.189～45.205mm
	连杆孔径(活塞销端,带衬套)	19.006～19.016mm
	连杆侧隙	0.09～0.35mm
	连杆最大弯曲直线度	0.017mm
	连杆最大扭曲直线度	0.04mm
活塞环	活塞环开口间隙(第一道压缩环)	0.15～0.3mm
	活塞环开口间隙(第二道压缩环)	0.3～0.45mm
	活塞环开口间隙[油环(刮片)]	0.2～0.7mm
	活塞环至环槽的间隙[第一道压缩环(轴向)]	0.025～0.075mm
	活塞环至环槽的间隙[第二道压缩环(轴向)]	0.02～0.06mm
	活塞环至环槽的间隙[油环(轴向)]	0.04～0.12mm
	活塞环厚度(第一道压缩环)	0.97～0.99mm
	活塞环厚度(第二道压缩环)	0.97～0.99mm
	活塞环厚度[油环(刮片)]	0.385～0.425mm
	活塞环厚度[油环(垫片)]	1.70～1.80mm
活塞和活塞销	活塞销至连杆孔的间隙	0.006～0.021mm
	活塞销至活塞销孔的间隙	0.005～0.015mm
	活塞销直径	18.995～19.000mm
	活塞直径(向上12mm)	72.543～72.557mm
	活塞销孔直径	19.005～19.010mm
	活塞环槽宽度(油环)	2.01～2.03mm
	活塞环槽宽度(第二道)	1.01～1.03mm
	活塞环槽宽度(顶部)	1.015～1.045mm
	活塞至气缸孔的间隙(不带聚合物)	0.05～0.08mm
气门系统	气门锥角	45.5°～46°
	气门锥面跳动量(最大值)	0.05mm
	气门杆直径(进气门)	4.965～4.975mm
	气门杆直径(排气门)	4.956～4.970mm
	气门杆至导管的间隙(进气门)	0.021～0.055mm
	气门杆至导管的间隙(排气门)	0.03～0.064mm
	气门头直径(进气门)	28.07～28.33mm
	气门头直径(排气门)	24.17～24.43mm
	气门弹簧安装高度	33.8～35.8mm
	421.4～461.4N载荷下的气门弹簧长度(打开)	24.3mm
	190～210N载荷下的气门弹簧长度(关闭)	35.8mm
冷却系统	节温器开启温度(热敏)	81～85℃
	节温器全开温度	97℃
润滑系统	机油压力[最小值(急速时)]	40kPa

注：如果下平面超出规格，则更换气缸盖，不要加工气缸盖。

2.6.5 通用1.0T LJI发动机电脑端子定义

发动机电脑端子分布如图2-50所示，端子定义见表2-19、表2-20。

2.6.6 通用6DCT150双离合变速器技术参数

变速器技术参数见表2-21。

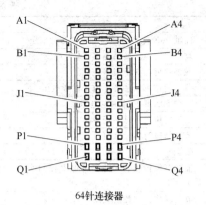
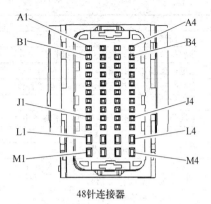

64针连接器　　　　　　　　　　　48针连接器

图 2-50　发动机电脑端子分布

表 2-19　64 针连接器端子定义

端子	定 义	端子	定 义
A1	高速 GMLAN 串行数据(＋)1	J3	燃油泵主继电器控制
A2	高速 GMLAN 串行数据(－)1	K3	空调压缩机离合器继电器控制
B4	起动机继电器线圈控制	K4	起动机启动继电器控制
C2	制动踏板位置传感器 5V 参考电压	L2	变速器驻车/空挡信号
C3	运行/启动点火 1 电压	L3	加热型氧传感器低电平信号-缸组 1 传感器 2
C4	高速冷却风扇继电器控制	L4	加速踏板位置传感器低电平参考电压 2
D2	辅助熔丝蓄电池正极电压	M1	制动助力器真空传感器信号
D3	加速踏板位置传感器 5V 参考电压	N1	发动机罩打开开关信号
D4	发动机故障指示灯控制	N2	变速器驻车/空挡信号
E1	发动机控制继电器线圈控制	N3	加速踏板位置传感器信号 1
E2	加热型氧传感器高电平信号-缸组 1 传感器 2	N4	主燃油油位传感器信号
E3	加速踏板位置传感器 5V 参考电压	O2	加速踏板位置传感器信号 2
E4	附件唤醒串行数据	O3	涡轮增压传感器 5V 参考电压
F1	起动机电磁线圈启动电压	O4	涡轮增压传感器温度信号
G1	加速踏板位置传感器低电平参考电压 1	P1	发动机控制继电器熔丝供电
G2	制动踏板踩下冗余信号	P2	涡轮增压器涡轮进气阀作动器电机高电平信号
G3	燃油喷射器 4 低电平控制	P3	制动踏板位置传感器低电平参考电压
G4	燃油喷射器 2 低电平控制	P4	搭铁
H2	空调制冷剂压力传感器信号	Q1	发动机控制继电器熔丝供电
H3	燃油喷射器 6 低电平控制	Q2	涡轮增压器涡轮进气阀作动器电机低电平信号
H4	低速冷却风扇继电器控制	Q3	加热型氧传感器加热器低电平控制-缸组 1 传感器 2
J1	制动踏板位置传感器信号		
J2	发动机机油压力传感器信号	Q4	搭铁

表 2-20　48 针连接器端子定义

端子	定 义	端子	定 义
A2	节气门位置传感器信号 1	D1	燃油喷射器 1 低电平控制
A3	爆震传感器低电平参考电压 1	D2	加热型氧传感器低电平信号-缸组 1 传感器 1
A4	发动机冷却液温度传感器信号	D3	充电指示灯控制
B1	发动机机油压力控制电磁阀低电平控制	D4	加热型氧传感器高电平信号-缸组 1 传感器 1
B3	爆震传感器信号 1	E1	排气凸轮轴位置执行器电磁阀低电平控制
B4	进气温度传感器信号	E2	点火控制 1
C2	涡轮增压器涡轮进气阀传感器高电平控制	E3	进气凸轮轴位置传感器 W 信号
C3	空气流量传感器信号	E4	排气凸轮轴位置传感器 X 信号
C4	歧管绝对压力传感器信号	F1	涡轮增压器旁通电磁阀低电平控制

续表

端子	定 义	端子	定 义
F2	点火控制 2	J3	曲轴 60X 位置传感器低电平参考电压
F3	蒸发排放吹洗电磁阀低电平控制	J4	歧管绝对压力传感器 5V 参考电压
F4	发电机磁场占空比信号	K1	燃油喷射器 5 低电平控制
G1	进气凸轮轴位置执行器电磁阀低电平控制	K2	节气门位置传感器低电平参考电压
G2	点火控制 3	K3	曲轴 60X 传感器供电电压
G3	进气凸轮轴位置传感器 W 低电平参考电压	K4	节气门位置传感器信号 2
G4	节气门位置传感器 5V 参考电压	L3	节气门执行器控制打开
H1	燃油喷射器 3 低电平控制	L4	搭铁
H2	冷却液温度传感器低电平参考电压	M1	加热型氧传感器加热器低电平控制-缸组 1 传感器 1
H3	曲轴 60X 位置传感器信号
H4	凸轮轴位置传感器控制	M3	节气门执行器控制关闭
J2	歧管绝对压力传感器低电平参考电压	M4	搭铁

表 2-21 变速器技术参数

项 目	参 数	项 目	参 数
变速器驱动	横置前驱	5 挡传动比	0.971
倒挡传动比	3.961	6 挡传动比	0.690
1 挡传动比	5.111	1-2-4 挡轴主减速比	3.278
2 挡传动比	3.636	3-5-6-倒挡轴主减速比	3.688
3 挡传动比	2.048	变速器油类型	Pentosin FFL-7-LV
4 挡传动比	1.552	变速器净重	约 58kg

2.6.7 通用 6DCT150 双离合变速器部件位置

变速器部件位置如图 2-51 所示。

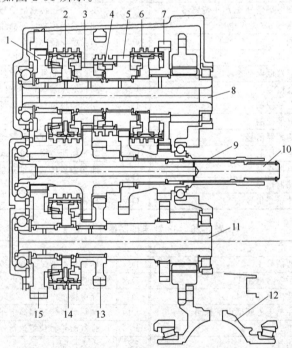

图 2-51 变速器部件位置
1—倒挡从动齿轮；2—同步器（S2）；3—6 挡从动齿轮；4—桥同步器（SC）；5—5 挡从动齿轮；
6—同步器（S3）；7—3 挡从动齿轮；8—输出轴 2；9—外输入轴；10—内输入轴；11—输出轴 1；
12—前差速器；13—4 挡从动齿轮；14—同步器（S1）；15—2 挡从动齿轮

2.7 雪佛兰创界（2019 年款）

2.7.1 通用 1.3T L3Z 发动机技术参数
参考本书 2.3.1 小节。

2.7.2 通用 1.3T L3Z 发动机正时维修
参考本书 2.3.2 小节。

2.7.3 通用 1.3T L3Z 发动机电脑端子定义
参考本书 2.4.3 小节。

2.8 雪佛兰创酷（2019 年款）

2.8.1 通用 1.3T L3Z 发动机技术参数
参考本书 2.3.1 小节。

2.8.2 通用 1.3T L3Z 发动机正时维修
参考本书 2.3.2 小节。

2.8.3 通用 1.3T L3Z 发动机电脑端子定义
参考本书 2.4.3 小节。

2.8.4 通用 1.0T LIV 发动机正时维修
与 LIY 发动机相同，参考本书 2.5.2 小节。

2.9 雪佛兰迈锐宝 XL（2019 年款）

2.9.1 通用 2.0T LSY 发动机技术参数
参考本书 2.2.1 小节。

2.9.2 通用 2.0T LSY 发动机正时维修
参考本书 2.1.2 小节。

2.9.3 通用 2.0T LSY 发动机电脑端子定义
参考本书 2.1.3 小节。

2.9.4 通用 1.3T L3Z 发动机技术参数
参考本书 2.3.1 小节。

2.9.5 通用1.3T L3Z发动机正时维修

参考本书2.3.2小节。

2.9.6 通用1.3T L3Z发动机电脑端子定义

参考本书2.4.3小节。

2.9.7 通用9T45/9T50/9T60/9T65变速器部件位置

参考本书2.1.4小节。

2.9.8 通用9T45/9T50/9T60/9T65变速器电磁阀信息

参考本书2.1.5小节。

2.9.9 通用VT40无级变速器技术参数

变速器技术参数见表2-22。

表2-22 变速器技术参数

项 目	参 数	项 目	参 数
变速器驱动	前轮驱动	变速驱动桥类型	无级V；横置T；电子控制E
倒挡传动比	1.763	挡位划分	P、R、N、D、L
前进挡传动比	2.645~0.378	壳体材料	压铸铝
总传动比	7.0	变速驱动桥湿质量	89kg
变矩器涡轮直径	220mm	最大挂车牵引能力	454kg
变速器油类型	HP CVTF	车辆最大总质量(GVW)	2100kg
变速驱动桥油液容量(不带冷却器)	8.2L		
变速驱动桥油液容量(带冷却器)	8.6L		

2.9.10 通用VT40无级变速器部件位置

变速器部件位置如图2-52所示。
变速器密封件位置如图2-53、图2-54所示。

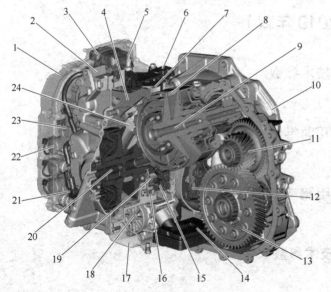

图2-52 变速器部件位置
1—控制阀体盖；2—自动变速器箱体盖；3—自动变速器线束；4—驻车棘爪；5—手动换挡止动杆轴；6—线束；7—自动变速器机油滤清器；8—可变传动链条；9—可变从动带轮；10—变矩器和差速器外壳；11—前差速器主动小齿轮；12—变矩器；13—前差速器齿轮；14—自动变速器机油滤清器；15—前进挡离合器；16—倒挡离合器；17—自动变速器；18—自动变速器油泵；19—倒挡支架；20—可变传动带轮；21—自动变速器中间轴转速传感器；22—控制电磁阀体；23—控制阀体；24—可变传动链条导板

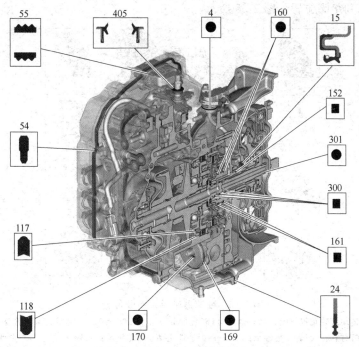

图 2-53 变速器密封件位置（一）

4—自动变速器线束连接器密封件；15—变矩器油封；24—变矩器壳体衬垫；54—控制阀体盖密封件；55—控制阀体盖线束连接器孔密封件；117—倒挡离合器活塞内密封件；118—倒挡离合器活塞外密封件；152—变矩器油封环；160—前进挡离合器壳体油封环；161—前进挡离合器壳体油封环；169—自动变速器油泵压盘密封件；170—自动变速器油泵压盘密封件；300—涡轮轴油封环；301—涡轮轴密封件；405—手动换挡轴密封件

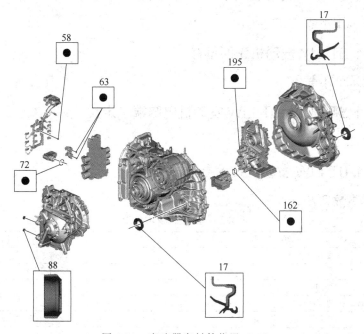

图 2-54 变速器密封件位置（二）

17—前轮驱动轴油封；58—自动变速器油温度传感器密封件；63—自动变速器油压力传感器密封件；72—自动变速器油位控制阀密封件；88—变速器油冷却器管接头密封件；162—自动变速器辅助油泵密封件；195—自动变速器油泵密封件

变速器轴承和垫圈位置如图 2-55 所示。

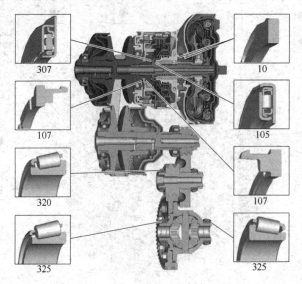

图 2-55　变速器轴承和垫圈位置

10—传动链轮止推垫圈；105—前进挡离合器壳体止推轴承；107—倒挡支架止推垫圈；307—倒挡太阳齿轮止推轴承；320—前差速器主动小齿轮轴承；325—前差速器外壳轴承

2.10　雪佛兰科鲁泽（2020 年款）

2.10.1　通用 1.3T LIY 发动机技术参数

参考本书 2.5.1 小节。

2.10.2　通用 1.3T LIY 发动机正时维修

参考本书 2.5.2 小节。

2.10.3　通用 1.3T LIY/1.0T LIW 发动机电脑端子定义

参考本书 2.5.4 小节。

2.10.4　通用 1.0T LIW 发动机技术参数

发动机技术参数见表 2-23。

表 2-23　发动机技术参数

项　目		参　数
基本数据	发动机类型	直列 3 缸
	型号	1.0T LIW
	气门	12
	排量	999mL
	缸径	72.95～73.25mm
	行程	80.4mm
	压缩比	10∶1
	最大额定功率	92kW
	最大额定功率对应最大转矩	170N·m

续表

项 目		参 数
基本数据	怠速转速	860r/min
	点火顺序	1-2-3
	火花塞间隙	0.7~0.8mm
	发动机质量	100kg
气缸体	活塞顶面高度	1.352mm
	气缸孔直径	72.615mm
	气缸孔锥度	0°
	气缸孔圆度	0.008mm
	曲轴主轴承孔直径	48.866~48.884mm
	气缸体顶面平面度	0.1mm
	气缸体顶面平面度(100mm×100mm)	0.05mm
凸轮轴	凸轮轴轴向间隙	0.047~0.227mm
	凸轮轴轴颈间隙	0.050~0.086mm
	进气凸轮轴桃高	35.351~35.551mm
	排气凸轮轴桃高	34.179~34.379mm
	凸轮轴跳动量	0.025mm
	凸轮轴轴颈直径(1)	36.935~36.950mm
	凸轮轴轴颈直径(2、3)	22.935~22.950mm
	凸轮轴止推宽度	28.87~29.27mm
曲轴	曲轴主轴承间隙	0.023~0.047mm
	曲轴轴向间隙(1~4)	0.081~0.311mm
	曲轴主轴颈直径	43.991~44.009mm
	曲轴连杆轴颈直径	41.991~42.009mm
	曲轴连杆轴颈圆度	0.005mm
	曲轴主轴承轴颈圆度	0.005mm
	曲轴主轴颈跳动量(相对前后主轴颈中心连线)	0.04mm
	曲轴止推轴承间隙	0.081~0.311mm
气缸盖	气缸盖下平面平面度	0.1mm
	气缸盖下平面平面度(100mm×100mm)	0.05mm
	进气门座宽度	1.26~1.66mm
	排气门座宽度	1.44~1.84mm
	气门挺柱孔径	12.019mm
	座合面气门座锥角	89°~91°
	底切面气门座锥角	129°~131°
	进气门导管孔径	5mm
	排气门导管孔径	5mm
	气门座最大跳动量	0.08mm
连杆	连杆轴承至曲柄销间隙	0.025~0.059mm
	连杆孔径(轴承端)	45.189~45.205mm
	连杆孔径(活塞销端,带衬套)	19.006~19.016mm
	连杆侧隙	0.09~0.35mm
	连杆最大弯曲直线度	0.017mm
	连杆最大扭曲直线度	0.04mm
活塞环	活塞环开口间隙(第一道压缩环)	0.15~0.3mm
	活塞环开口间隙(第二道压缩环)	0.3~0.45mm
	活塞环开口间隙[油环(刮片)]	0.2~0.7mm
	活塞环至环槽的间隙[第一道压缩环(轴向)]	0.025~0.075mm
	活塞环至环槽的间隙[第二道压缩环(轴向)]	0.02~0.06mm
	活塞环至环槽的间隙[油环(轴向)]	0.04~0.12mm
	活塞环厚度(第一道压缩环)	0.97~0.99mm

续表

项 目		参 数
活塞环	活塞环厚度(第二道压缩环)	0.97~0.99mm
	活塞环厚度[油环(刮片)]	0.385~0.425mm
	活塞环厚度[油环(垫片)]	1.70~1.80mm
活塞和活塞销	活塞销至连杆孔的间隙	0.006~0.021mm
	活塞销至活塞销孔的间隙	0.005~0.015mm
	活塞销直径	18.995~19.000mm
	活塞直径(向上12mm)	72.543~72.557mm
	活塞销孔直径	19.005~19.010mm
	活塞环槽宽度(油环)	2.01~2.03mm
	活塞环槽宽度(第二道)	1.01~1.03mm
	活塞环槽宽度(顶部)	1.015~1.045mm
	活塞至气缸孔的间隙(不带聚合物)	0.05~0.08mm
气门系统	气门锥角	45.5°~46°
	气门锥面跳动量(最大值)	0.05mm
	气门杆直径(进气门)	4.965~4.975mm
	气门杆直径(排气门)	4.956~4.970mm
	气门杆至导管的间隙(进气门)	0.021~0.055mm
	气门杆至导管的间隙(排气门)	0.03~0.064mm
	气门头直径(进气门)	28.07~28.33mm
	气门头直径(排气门)	24.17~24.43mm
	气门弹簧安装高度	33.8~35.8mm
	421.4~461.4N载荷下的气门弹簧长度(打开)	
	190~210N载荷下的气门弹簧长度(关闭)	
润滑系统	机油压力[最小值(急速时)]	40kPa

2.10.5 熔丝与继电器信息

① 发动机舱配电盒如图2-56所示，熔丝与继电器信息见表2-24、表2-25。

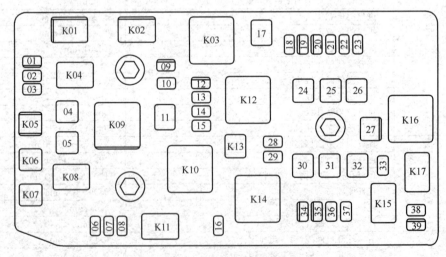

图2-56 发动机舱配电盒

表2-24 发动机舱熔丝信息

熔丝	用途	熔丝	用途
02(片式)	发动机控制模块	06(片式)	喇叭
03(片式)	空调压缩机离合器	07(片式)	右近光灯

续表

熔丝	用途	熔丝	用途
08(片式)	左近光灯	35(片式)	电流传感器
09(片式)	起动机2	36(片式)	防抱死制动系统阀
10(片式)	冷却风扇	37(片式)	车身控制模块
12(片式)	发动机控制	38(片式)	前雨刮
13(片式)	氧传感器	39(片式)	远光灯调节
14(片式)	喷油/点火	05(慢熔)	冷却风扇
15(片式)	点火电1	11(慢熔)	冷却风扇
18(片式)	行李厢灯	17(慢熔)	起动机1
19(片式)	车身控制模块	24(慢熔)	稳压电源(1.5 MT/1.0T MT)
21(片式)	点火开关电源	25(慢熔)	冷却风扇
22(片式)	天窗	26(慢熔)	乘客舱熔丝盒电源
23(片式)	车身控制模块	27(慢熔)	双离合变速器(1.0T DCT)
28(片式)	点火电2	30(慢熔)	乘客舱熔丝盒电源
29(片式)	燃油泵	31(慢熔)	鼓风机
34(片式)	电池管理系统/电机	32(慢熔)	防抱死制动系统电机

表 2-25 发动机舱继电器信息

继电器	用途
K02	起动机2
K03	起动机1
K05	空调压缩机离合器
K06	冷却风扇
K07	冷却风扇
K08	冷却风扇
K09	冷却风扇
K10	冷却风扇
K11	近光灯
K12	发动机控制模块
K13	燃油泵
K14	点火
K15	远光灯控制
K17	远光灯控制

② 仪表板配电盒如图 2-57 所示，熔丝、继电器和断路器信息见表 2-26。

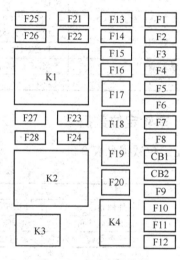

图 2-57 仪表板配电盒

表 2-26 仪表板熔丝、继电器和断路器信息

熔丝、继电器和断路器	用途	熔丝、继电器和断路器	用途
F1	车身控制模块	F14	直流稳压模块
F2	中控显示屏	F15	仪表面板
F3	收音机模块	F16	前照灯高度调节
F4	仪表面板	F17	电动座椅
F5	空调模块	F18	后风挡除霜
F6	清洗液控制	F19	电动车窗
F7	外后视镜加热	F20	电动车窗
F8	车身控制模块	F21	前雨刮控制
F9	安全诊断模块	F22	座椅加热
F10	诊断接口	F23	ACC唤醒供电
F11	外后视镜调节	F24	ACC唤醒供电
F12	倒车辅助	F25	空调控制
F13	电池管理系统/电动车直流转换器/电机	F26	前雨刮

熔丝、继电器和断路器	用途	熔丝、继电器和断路器	用途
F27	点烟器	K3	点烟器
F28	变速器控制模块	K4	后风挡除霜
K1	RUN模式	CB1	备用
K2	电动车窗	CB2	备用

2.10.6 保养用油液规格与用量

油液规格与用量见表2-27。

表2-27 油液规格与用量

油液	规格	用量		
		SGM7102LBA1	SGM7102LNA1	SGM7132LBA1
发动机机油(出厂)	0W20	4.4L		5.1L
发动机机油(更换机油滤清器时)	上汽通用汽车指定售后机油	约3.7L		约4.6L
发动机冷却液(混合液)(出厂)	DEX-COOL/Caltex ELC	7.0L		7.6L
自动变速器油(出厂)	PENTOSIN FFL-7	4.15L	—	
	DEXRON VI	—		8.2L
手动变速器油(出厂)	MTF GS 75W	—	1.7L	
制动液(出厂)	DOT 4	0.7L		

2.10.7 车轮定位数据

车轮定位数据见表2-28。

表2-28 车轮定位数据

项目		数值	项目		数值
前轮(出厂)	外倾角	−0.5°±0.75°	后轮(出厂)	外倾角	−1°±0.6°
	主销后倾角	4.3°±0.75°		前束角(左+右)	0.26°±0.2°
	前束角(左+右)	0.11°±0.15°		推进角	0°±0.2°

2.11 凯迪拉克XT4(2019年款)

2.11.1 通用2.0T LSY发动机技术参数

参考本书2.2.1小节。

2.11.2 通用2.0T LSY发动机正时维修

参考本书2.1.2小节。

2.11.3 通用9T45/9T50/9T60/9T65变速器部件位置

参考本书2.1.4小节。

2.11.4 通用9T45/9T50/9T60/9T65变速器电磁阀信息

参考本书2.1.5小节。

2.12 凯迪拉克 XT5（2019~2020 年款）

2.12.1 通用 2.0T LSY 发动机技术参数

参考本书 2.2.1 小节。

2.12.2 通用 2.0T LSY 发动机正时维修

参考本书 2.1.2 小节。

2.12.3 通用 9T45/9T50/9T60/9T65 变速器部件位置

参考本书 2.1.4 小节。

2.12.4 通用 9T45/9T50/9T60/9T65 变速器电磁阀信息

参考本书 2.1.5 小节。

2.12.5 熔丝与继电器信息

① 发动机舱配电盒如图 2-58 所示，熔丝与继电器信息见表 2-29。
② 仪表板配电盒如图 2-59 所示，熔丝信息见表 2-30。

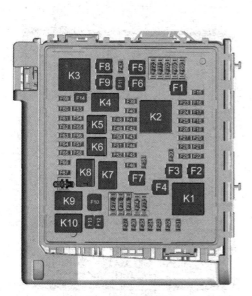

图 2-58 发动机舱配电盒

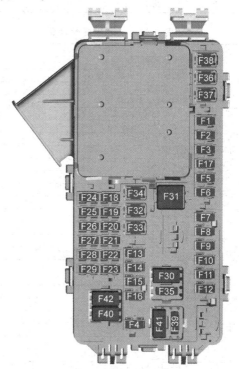

图 2-59 仪表板配电盒

表 2-29 发动机舱熔丝与继电器信息

熔丝与继电器	用途	熔丝与继电器	用途
F1	防抱死制动系统	F3	直流转换器 1
F2	起动机 1	F5	直流转换器 2

续表

熔丝与继电器	用途	熔丝与继电器	用途
F6	放大器	F44	电子制动控制模块/点火
F7	前鼓风机	F48	后窗刮水器2
F8	起动机小齿轮	F49	车内后视镜
F12	前窗刮水器	F50	燃油系统控制模块
F13	起动机电机	F51	加热型转向盘
F14	LED/前照灯高度自动调节	F52	空调离合器
F15	后窗刮水器	F54	发动机冷却液泵
F18	前照灯高度自动调节模块/自动前照灯	F57	发动机控制模块/点火
F22	电子制动控制模块	F58	变速器控制模块/点火
F23	驻车灯/挂车灯	F59	发动机控制模块电源
F24	挂车右侧制动灯/转向灯	F61	氧传感器1
F25	转向柱锁止装置	F62	点火线圈
F27	挂车左侧制动灯/转向灯	F63	氧传感器2
F30	洗涤器泵	F66	发动机控制模块1
F33	前雾灯	F67	发动机控制模块2
F34	喇叭	K1	起动机1
F36	左远光	K2	运行/启动
F37	右远光	K3	起动机小齿轮
F39	变速器控制模块电源1	K4	LED/前照灯高度自动调节
F40	左后总线电气中心/点火	K6	冷却液泵
F41	组合仪表	K7	发动机控制模块
F42	供暖、通风和空调	K8	空调
F43	抬头显示	K10	起动机电机

表 2-30 仪表板熔丝信息

熔丝	用途
F1	车身控制模块电源6
F2	诊断接口/中央网关模块
F3	电子转向柱锁止装置
F6	供暖、通风和空调
F7	车身控制模块电源3
F9	右前加热型座椅
F10	安全气囊模块
F12	放大器
F13	车身控制模块电源7
F14	左前加热型座椅
F15	仪表板开关组
F16	天窗
F17	车身控制模块电源1
F18	组合仪表/抬头显示
F21	车身控制模块电源4
F22	信息娱乐/USB数据/AUX组件
F23	车身控制模块电源2
F24	USB/无线充电
F25	泊车辅助/电子排挡
F26	安吉星
F27	视频
F28	供暖、通风和空调显示
F29	收音机
F30	转向盘调整控制装置电源
F31	电子制动控制模块电子制动助力器电源2
F33	驾驶员电动座椅
F34	前乘员电动座椅
F35	IEC电源1
F36	电动转向管柱调节
F37	辅助电源插座/无线充电/附件
F38	车身控制模块电源8
F42	辅助电源插座/点烟器

③ 行李厢配电盒如图2-60所示，熔丝与断路器信息见表2-31。

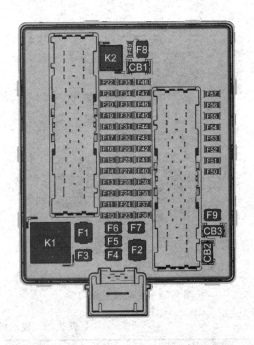

图 2-60 行李厢配电盒

表 2-31 行李厢熔丝与断路器信息

熔丝与断路器	用 途	熔丝与断路器	用 途
F2	挂车	F34	举升门电机
F3	驾驶员安全带电机	F35	燃油系统控制模块
F4	后鼓风机	F36	前乘员通风/腰部支撑
F5	后轮驱动控制装置	F38	车窗模块
F6	前乘员安全带电机	F39	尾门
F7	右侧车窗	F40	记忆座椅模块
F8	后窗除雾器	F41	自动占用传感器
F9	左侧车窗	F42	挂车 2
F11	挂车倒挡	F43	中控鼓风机
F18	挂车模块	F45	举升门电机
F19	前通风座椅	F46	后排加热型座椅
F21	挂车连接器	F48	玻璃破损传感器
F24	前乘员侧车窗开关	F52	主动式减振系统模块
F26	挂车制动器	F54	外部物体计算/侧盲区提醒
F27	驾驶员通风/腰部支撑	F56	雨量传感器
F28	无钥匙进入和启动	F57	顶置控制
F30	炭罐通风	CB3	后部辅助电源插座
F32	加热型后视镜		

2.12.6 保养用油液规格与用量

油液规格与用量见表 2-32。

表 2-32 油液规格与用量

油 液	规 格	用 量	
		SGM6480NBA1	SGM6480NBX1
发动机机油（出厂）	DEXOS1 0W20	5.7L	
发动机机油（更换机油滤清器时）	上汽通用汽车指定售后机油	约 5.0L	
发动机冷却液（混合液）（出厂）	DEX-COOL/Caltex ELC	8.25L	
自动变速器油（出厂）	DEXRON VI	9.8L	10L
制动液（出厂）	DOT 4	0.52L	

2.12.7 车轮定位数据

车轮定位数据见表 2-33。

表 2-33 车轮定位数据

项 目		数 值	
		SGM6480NBA1	SGM6480NBX1
前轮（出厂）	外倾角	$-0.7°\pm0.5°$	
	主销后倾角	$4.3°\pm0.5°$	
	前束角（左＋右）	$0.2°\pm0.2°$	
后轮（出厂）	外倾角	$-0.62°\pm0.5°$	
	前束角（左＋右）	$0.2°\pm0.2°$	
	推进角	$0°\pm0.15°$	

2.13 凯迪拉克 XT6（2020 年款）

2.13.1 通用 2.0T LSY 发动机技术参数

参考本书 2.2.1 小节。

2.13.2　通用 2.0T LSY 发动机正时维修

参考本书 2.1.2 小节。

2.13.3　通用 2.0T LSY 发动机电脑端子定义

参考本书 2.1.3 小节。

2.14　凯迪拉克 CT5（2020 年款）

2.14.1　通用 2.0T LSY 发动机技术参数

参考本书 2.2.1 小节。

2.14.2　通用 2.0T LSY 发动机正时维修

参考本书 2.1.2 小节。

2.14.3　通用 2.0T LSY 发动机电脑端子定义

参考本书 2.1.3 小节。

2.15　凯迪拉克 CT6（2019～2020 年款）

2.15.1　通用 2.0T LSY 发动机技术参数

参考本书 2.2.1 小节。

2.15.2　通用 2.0T LSY 发动机正时维修

参考本书 2.1.2 小节。

2.15.3　通用 2.0T LSY 发动机电脑端子定义

参考本书 2.1.3 小节。

2.15.4　通用 3.0T LGW 发动机技术参数

发动机技术参数见表 2-34。

表 2-34　发动机技术参数

项目		参数
基本数据	发动机类型	V-6
	型号	3.0T LGW
	排量	3.0L
	缸径	86mm
	行程	85.8mm
	压缩比	9.8∶1
	点火顺序	1-2-3-4-5-6
	火花塞间隙	0.90mm
气缸	曲轴主轴承孔直径	76.021～76.035mm
	气缸孔直径	85.992～86.008mm
	气缸孔圆度(出厂最大值)	0.026mm

续表

项 目			参 数
凸轮轴	凸轮轴轴承内径(前部1号)		31.000～31.020mm
	凸轮轴轴承内径(中间和后部2～4号)		24.000～24.020mm
	凸轮轴轴向间隙		0.055～0.465mm
	凸轮轴轴颈直径(前部1号)		30.936～30.960mm
	凸轮轴轴颈直径(中间和后部2～4号)		23.936～23.960mm
	凸轮轴轴颈圆度		0.006mm
	凸轮轴轴颈至孔间隙		0.040～0.084mm
	排气凸轮轴凸角升程(AFM)		40.557～40.707mm
	排气凸轮轴凸角升程(非AFM)		42.519～42.669mm
	进气凸轮轴凸角升程(AFM)		40.353～42.503mm
	进气凸轮轴凸角升程(非AFM)		42.317～42.467mm
	凸轮轴跳动量(前部和后部1号和4号)		0.025mm
	凸轮轴跳动量(中间2号和3号)		0.050mm
	排气门升程(AFM)		11.350mm
	排气门升程(非AFM)		11.222mm
	进气门升程(AFM)		11.000mm
	进气门升程(非AFM)		10.872mm
连杆	连杆轴承间隙		0.010～0.070mm
	连杆孔径(轴承端)		60.920～60.936mm
	连杆孔径[活塞销端(出厂件)]		23.007～23.017mm
	连杆孔径[活塞销端(维修最大值)]		23.021mm
	连杆长度(中心至中心)		148.8mm
	连杆侧隙		0.095～0.355mm
	连杆宽度(轴承端)	出厂件	21.775mm
		维修	21.725～21.825mm
	连杆宽度(活塞销端)	出厂件	21.775mm
		维修	21.725～21.825mm
曲轴	连杆轴颈直径		57.292～57.308mm
	连杆轴颈圆度		0.005mm
	连杆轴颈锥度		0.005mm
	连杆轴颈宽度	出厂件	23.000mm
		维修	22.920～23.080mm
	曲轴轴向间隙		0.100～0.330mm
	曲轴主轴承间隙		0.028～0.063mm
	曲轴主轴颈直径		70.992～71.008mm
	曲轴主轴颈圆度		0.005mm
	曲轴主轴颈锥度		0.005mm
	曲轴主轴颈止推面	跳动量	0.000～0.040mm
		垂直度	0.000～0.010mm
	曲轴主轴颈宽度(2号、4号)	出厂件	25.500mm
		维修	25.400～25.600mm
	曲轴主轴颈宽度(3号)	出厂件	25.900mm
		维修	25.875～25.925mm
	曲轴导向轴承孔直径		20.965～20.995mm
	曲轴后法兰跳动量		0.025mm
	曲轴磁阻环跳动量(最大值)		1.500mm
	曲轴跳动量		0.030mm
	曲轴止推轴承间隙		0.076～0.305mm
	曲轴止推面高度		99.500mm
	曲轴止推面跳动量		0.040mm

续表

项　目			参　数
气缸盖	气门导管孔(排气)		6.000～6.020mm
	气门导管孔(进气)		6.000～6.020mm
	气门导管安装高度		16.050～16.550mm
	气门座宽度(排气座合面)		1.550～1.950mm
	气门座宽度(排气铲削面)		0.780～0.980mm
	气门座宽度(进气座合面)		1.000～1.400mm
	气门座宽度(进气铲削面)		0.500～0.700mm
	气门挺柱孔直径		12.008～12.030mm
润滑系统	机油压力[最小值(急速时)]		69kPa
	机油压力～[最小值(2000r/min时)]		136kPa
	活塞冷却喷射阀开启压力		3.15～3.85kPa
活塞环	活塞环开口间隙	第一道压缩环(标称)	0.140～0.240mm
		第一道压缩环(最大值,孔内环)	0.290mm
		第二道压缩环(标称)	0.300～0.450mm
		第二道压缩环(最大值,孔内环)	0.490mm
		油环	0.150～0.350mm
	活塞环至环槽间隙	第一道压缩环	0.03～0.08mm
		第二道压缩环	0.020～0.060mm
		油环	0.06～0.19mm
	活塞环厚度	第一道压缩环	0.975～0.990mm
		第二道压缩环	1.170～1.195mm
		油环	1.360～1.480mm
活塞和活塞销	活塞	活塞直径(超过裙部涂层的测量值)	94.976～95.014mm
		活塞直径(维修最小极限值)	94.926mm
		活塞销孔直径	23.004～23.009mm
		活塞环槽宽度(第一道压缩环)	1.020～1.050mm
		活塞环槽宽度(第二道压缩环)	1.210～1.230mm
		活塞环槽宽度(油环)	2.010～2.030mm
		活塞至孔间隙(出厂件,裙部涂层的测量值)	0.022～0.032mm
		活塞至孔间隙(维修最大极限值)	0.050mm
	活塞销	活塞销至连杆孔间隙(出厂件)	0.007～0.020mm
		活塞销至连杆孔间隙(维修最大值)	0.030mm
		活塞销至活塞销孔间隙(出厂件)	0.004～0.012mm
		活塞销至活塞销孔间隙(维修最大值)	0.015mm
		活塞销直径	22.997～23.000mm
		活塞销长度	55.7～56.0mm
气门系统	气门	气门锥角(至燃烧面)	44°
		气门锥面跳动量	0.0500mm
		排气门锥面宽度	不可研磨,更换气门
		进气门锥面宽度	不可研磨,更换气门
		排气门头直径	31.37～31.63mm
		进气门头直径	39.27～39.53mm
		气门安装高度	35.23～36.69mm
		排气门长度	100.540
		进气门长度	106.321mm
		气门座锥角(座合面)	45°
		气门座锥角(铲削面)	30°
		气门座圆度(最大值)	0.008mm
		气门座锥角(最大值)	0.025mm
		排气门杆直径	5.945～5.965mm
		进气门杆直径	5.595～5.975mm
		排气门杆至导管间隙	0.035～0.075mm
		进气门杆至导管间隙	0.025～0.065mm

续表

项	目	参 数
气门系统	气门挺柱[固定式液压间隙调节器(SHLA)] 气门挺柱(液压挺柱)直径	11.989~12.000mm
	气门挺柱(液压挺柱)至挺柱孔间隙	0.008~0.041mm
	摇臂 气门摇臂比值	1.68:1
	气门摇臂滚柱直径	17.750~17.800mm
	气门弹簧 气门弹簧圈厚度	3.6mm
	气门弹簧直径(内侧顶部)	12.200~12.700mm
	气门弹簧直径(内侧底部)	17.950~18.450mm
	气门弹簧自由长度	44.34~47.34mm
	气门弹簧安装高度(关闭)	37.50mm
	气门弹簧安装高度(打开)	26.20mm
	气门弹簧载荷(关闭)	247~273N
	气门弹簧载荷(打开)	611~669N

2.15.5　通用 3.0T LGW 发动机正时维修

2.15.5.1　发动机正时标记位置

发动机正时标记位置如图 2-61~图 2-63 所示。

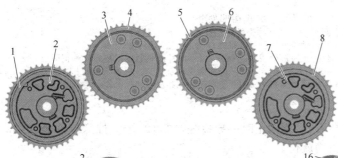

图 2-61　凸轮轴位置执行器正时标记位置
1—右侧(R)排气凸轮轴位置执行器正时标记(三角形);2—右侧排气凸轮轴位置执行器识别符;3—右侧进气凸轮轴位置执行器识别符;4—右侧进气凸轮轴位置执行器正时标记(圆形);5—左侧(L)进气凸轮轴位置执行器正时标记(圆形);6—左侧进气凸轮轴位置执行器识别符;7—左侧排气凸轮轴位置执行器识别符;8—左侧排气凸轮轴位置执行器正时标记(三角形)

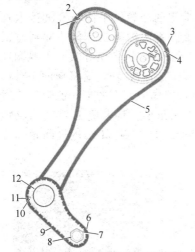

图 2-62　第一阶段正时标记位置
1—左侧(L)进气凸轮轴位置执行器正时标记(圆形);2—左侧进气正时链正时链节;3—左侧排气正时链正时链节;4—左侧(L)排气凸轮轴位置执行器正时标记(三角形);5—左侧正时链;6—机油泵正时链正时链节;7—机油泵正时链标记;8—机油泵链轮;9—机油泵正时链;10—正时链曲轴链轮标记;11—正时链曲轴链轮正时链节;12—曲轴链轮

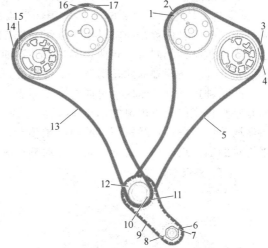

图 2-63　第二阶段正时标记位置
1—左侧进气凸轮轴位置执行器正时标记(圆形);2—左侧进气正时链正时链节;3—左侧排气正时链正时链节;4—左侧排气凸轮轴位置执行器正时标记(三角形);5—左侧正时链;6—机油泵正时链正时链节;7—机油泵正时链标记;8—机油泵链轮;9—机油泵正时链;10—正时链曲轴链轮正时链节;11—正时链曲轴链轮正时链节;12—曲轴链轮;13—右侧正时链;14—右侧排气正时链正时链节;15—右侧排气凸轮轴位置执行器正时标记(三角形);16—右侧进气凸轮轴位置执行器正时标记(圆形);17—右侧进气凸轮轴正时链正时链节

2.15.5.2 发动机正时机构部件安装

发动机正时机构部件分解如图 2-64 所示。

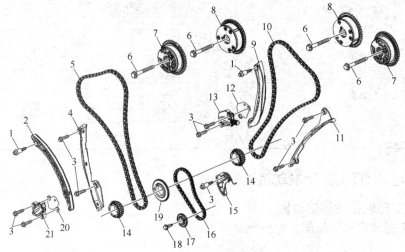

图 2-64 发动机正时机构部件分解

1—正时链导板螺栓；2—正时链导板（右侧）；3—正时链张紧器螺栓；4—正时链导板（右侧）；5—正时链（右侧）；6—凸轮轴位置执行器螺栓；7—凸轮轴位置执行器（排气）；8—凸轮轴位置执行器（进气）；9—正时链导板（左侧）；10—正时链（左侧）；11—正时链导板（左侧）；12—正时链张紧器衬垫；13—正时链张紧器（左侧）；14—正时链曲轴链轮；15—正时链张紧器；16—机油泵正时链；17—机油泵链轮；18—机油泵传动装置螺栓；19—曲轴链轮；20—正时链张紧器衬垫；21—正时链张紧器（右侧）

凸轮轴正时链部件安装步骤如下。

① 如图 2-65 所示安装左正时链导板 1，紧固正时链导板螺栓 2（2 个），拧紧力矩 25N·m。注意确认指定的进气和排气执行器正确就位。

② 安装左正时链，如图 2-66 所示。确保带激光蚀刻标记的凸轮轴平面与气缸盖垂直并且曲轴处于第一阶段位置。曲轴键槽将处于大约 11 点位置。将曲轴链轮 2 预装配到左正时链 1 上。固定正时链的同时，将曲轴链轮安装到曲轴上。将正时链引导至导板，不要搁置在塑料侧肋条上。在凸轮轴的六角形铸件上使用开口扳手，以转动凸轮轴，这将辅助正时标记的对准。凸轮轴执行器链轮区域可能有多个标志。找到执行器体表面上的 L。正确的正时标记可以是竖直位于链轮齿内侧并与 L 标识符对齐的圆形或三角形。将左侧 L 排气凸轮轴位置执行器链轮的三角形正时标记对准凸轮轴传动链正时链节。将左侧（L）进气凸轮轴位置执行器链轮的圆形正时标记对准凸轮轴传动链正时链节。

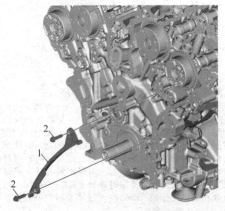

图 2-65 安装左正时链导板
1—导板；2—螺栓

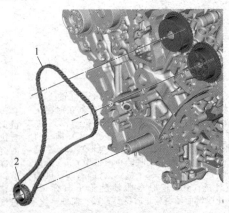

图 2-66 安装左正时链
1—正时链；2—链轮

③ 安装左正时链导板和正时链张紧器，如图 2-67 所示。安装左正时链导板 1，紧固正时链导板螺栓 2，拧紧力矩 25N·m。正时链张紧器柱塞受到较大张力，必须在拆卸或安装正时链张紧器时使用张紧器收紧销将其固定。

用拇指重置正时链张紧器柱塞，并用 EN-52234 或 1/8in（1in=25.4mm）钻头将其固定。将柱塞压进张紧器体，把 EN-52234 或 1/8in 钻头插入左正时链张紧器体侧面的检修孔中，使左正时链张紧器锁止。缓慢释放左正时链张紧器上的压力。左正时链张紧器应保持压缩状态。将链条张紧器安放到位，并将螺栓松弛地安装到气缸体上。紧固正时链张紧器螺栓 5，拧紧力矩 25N·m。

确保在左气缸盖的左正时链张紧器安装表面上，无任何可能对新的左正时链张紧器衬垫 3 的密封造成影响的毛刺或缺陷。

在释放传动链张紧器 4 前，确认正时标记处于正确位置。拔出合适的工具，松开正时链张紧器柱塞。参考图 2-62，确认左正时链正时标记是否对准。

④ 如图 2-68 所示，安装机油泵正时链 1；机油泵传动装置螺栓 2 要安装新螺栓，不可重复使用旧螺栓。按顺序紧固：第一遍拧紧力矩 15N·m；最后一遍继续旋转 110°。

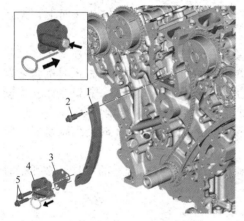

图 2-67 安装左正时链张紧装置
1—导板；2,5—螺栓；3—衬垫；4—张紧器

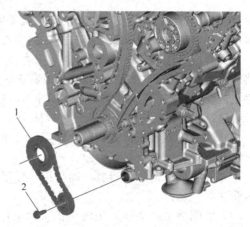

图 2-68 安装机油泵正时链
1—正时链；2—螺栓

⑤ 安装机油泵正时链张紧器，如图 2-69 所示。用手折叠机油泵正时链张紧器 1 并安装 EN-52234 或 1/8in 钻头将其固定到位。将张紧器安放到位，并将螺栓松弛地安装到气缸体上，用手紧固正时链张紧器螺栓 2。在释放张紧器前，确认正时标记处于正确位置。通过拔出合适的工具，松开张紧器。紧固正时链张紧器螺栓，拧紧力矩 25N·m。

⑥ 如图 2-70 所示安装右正时链导板 1，紧固正时链导板螺栓 2，拧紧力矩 25N·m，确认指定的进气和排气执行器正确就位。

⑦ 安装右正时链，如图 2-71 所示。确保带激光蚀刻标记的凸轮轴平面与气缸盖垂直并且曲轴处于第二阶段位置。曲轴键槽将处于大约 3 点位置。将曲轴链轮 2 预装配到右正时链 1 上。固定正时链的同时，将曲轴链轮安装到曲轴上。将正时链引导至导板，不要搁置在塑料侧肋条上。在凸轮轴的六角形铸件上使用开口扳手，以转动凸轮轴，这将辅助正时标记的对准。凸轮轴执行器链轮区域可能有多个标志。找到执行器体表面上的 R。正确的正时标记可以是竖直位于链轮齿内侧并与 R 标识符对齐的圆形或三角形。将右侧（R）排气凸轮轴位置执行器三角形正时标记对准凸轮轴传动链条正时链节。将右侧（R）进气凸轮轴位置执行器圆形正时标记对准凸轮轴传动链正时链节。

⑧ 安装右正时链导板和正时链张紧器，如图 2-72 所示。安装右正时链导板 1，紧固正

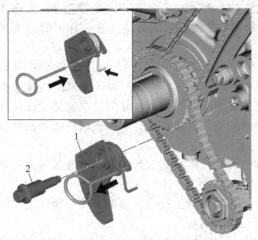

图 2-69　安装机油泵正时链张紧器
1—张紧器；2—螺栓

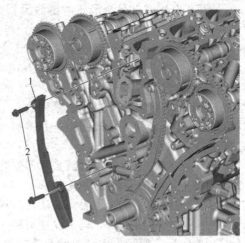

图 2-70　安装右正时链导板
1—导板；2—螺栓

时链导板螺栓 2，拧紧力矩 25N·m。确保在右气缸盖的右正时链张紧器安装表面上，无任何可能对新的右正时链张紧器衬垫 3 的密封造成影响的毛刺或缺陷。

用拇指重置正时链张紧器柱塞，并用 EN-52234 或 1/8in 钻头将其固定。将柱塞压进张紧器体，把 EN-52234 或 1/8in 钻头插入右正时链张紧器体侧面的检修孔中，使右正时链张紧器锁止。缓慢释放右正时链张紧器上的压力。右正时链张紧器应保持压缩状态。将链条张紧器安放到位，并将螺栓松弛地安装到气缸体上。紧固正时链张紧器螺栓 5，拧紧力矩 25N·m。

正时链张紧器柱塞受到较大张力，必须在拆卸或安装正时链张紧器 4 时使用张紧器收紧销将其固定。

在释放传动链张紧器前，确认正时标记处于正确位置。通过拔出合适的工具，松开正时链张紧器柱塞。

参考图 2-63，确认右正时链正时标记是否对准。

图 2-71　安装右正时链
1—正时链；2—链轮

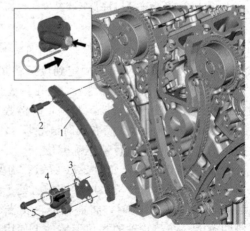

图 2-72　安装右正时链张紧器
1—导板；2,5—螺栓；3—衬垫；4—张紧器

2.15.6　通用 10L80/10L90 自动变速器技术参数

变速器技术参数见表 2-35。

表 2-35 变速器技术参数

项目	参数	项目	参数
变速器驱动	后轮驱动	9挡传动比	0.689
1挡传动比	4.696	10挡传动比	0.636
2挡传动比	2.985	倒挡	4.866
3挡传动比	2.156	变矩器涡轮直径	260mm
4挡传动比	1.779	变速器油类型	DEXRON® ULV
5挡传动比	1.526	挡位划分	P、R、N、D、M
6挡传动比	1.278	壳体材料	压铸铝
7挡传动比	1.000	变速器净重	约107.586kg
8挡传动比	0.854		

2.15.7 通用 10L80/10L90 自动变速器部件位置

变速器部件位置如图 2-73 所示。

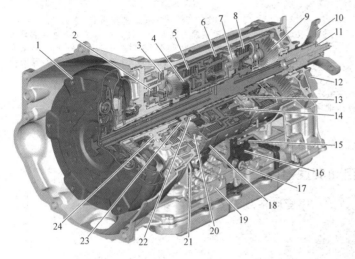

图 2-73 变速器部件位置
1—变矩器；2—1-2-8-9-10-倒挡离合器总成；3—1-2-3-4-5-6-倒挡离合器总成；4—输入轴托架总成；5—2-3-4-5-7-9-10挡离合器总成；6—4-5-6-7-8-9-10倒挡离合器总成；7—直接挡/超速挡行星齿轮架；8—1-3-5-6-7-8-9挡离合器总成；9—输出行星齿轮架总成；10—变速器传动轴法兰；11—变速器传动轴法兰螺母；12—自动变速器延伸壳体；13—直接挡/超速挡太阳齿轮；14—1-2-3-4-6-7-8-10-倒挡离合器总成；15—自动变速器中间转速传感器；16—自动变速器手动换挡轴位置开关；17—手动换挡轴；18—输出行星齿轮架内齿轮传输壳；19—控制阀体总成；20—反作用行星齿轮架；21—自动变速器涡轮转速传感器；22—输入太阳齿轮；23—反作用太阳齿轮；24—导轮轴支架

通用 10L80/10L90 自动变速器密封件位置如图 2-74~图 2-76 所示。

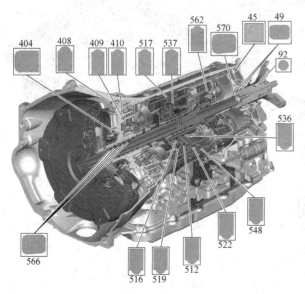

图 2-74 变速器密封件位置（一）
45—自动变速器加长件密封件；49—输出轴密封件；92—输出轴密封件（依车型而定）；404—变矩器油封；408—定子轴支架密封件；409—1-2-3-4-5-6-倒挡离合器活塞密封件（内）；410—1-2-3-4-5-6-倒挡离合器活塞密封件（外）；512—2-3-4-5-7-9-10挡离合器活塞密封件（外）；516—2-3-4-5-7-9-10挡离合器活塞密封件（内）；517—4-5-6-7-8-9-10-倒挡离合器活塞密封件（外）；519—2-3-4-5-7-9-10挡离合器活塞挡板密封件（外）；522—4-5-6-7-8-9-10-倒挡离合器活塞密封件（内）；536—1-2-3-4-6-7-8-10-倒挡离合器活塞密封件（内）；537—1-2-3-4-6-7-8-10-倒挡离合器活塞密封件（外）；548—4-5-6-7-8-9-10-倒挡离合器活塞挡板密封件（外）；562—1-3-5-6-7-8-9挡离合器活塞挡板密封件（外）；566—涡轮轴密封件；570—涡轮轴密封件

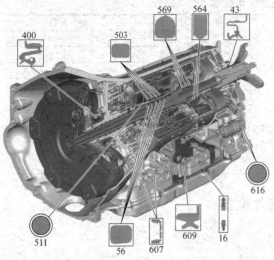
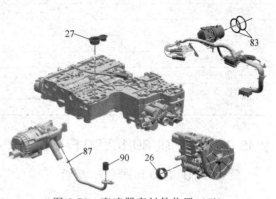

图 2-75 变速器密封件位置（二）

图 2-76 变速器密封件位置（三）

16—自动变速器储油盘衬垫；43—变速器传动轴法兰油封；56—变速器壳体垫圈；400—变矩器油封；503—直接挡/超速挡太阳齿轮轴密封件；511—2-3-4-5-7-9-10 挡离合器活塞挡板密封件（内）；564—1-3-5-6-7-8-9 挡离合器活塞挡板密封件；569—涡轮轴密封件；607—变速器油冷却器管接头密封件；609—手动换挡轴密封件；616—驻车棘爪执行器导管密封件

26—自动变速器油泵密封件；27—自动变速器油泵密封件；83—线束连接器密封件（O 形圈）；87—自动变速器辅助油泵出口管密封件；90—自动变速器辅助油泵密封件

通用 10L80/10L90 自动变速器轴承位置如图 2-77 所示。

2.15.8 通用 10L80/10L90 自动变速器电磁阀信息

变速器电磁阀位置如图 2-78 所示，电磁阀信息见表 2-36、表 2-37。

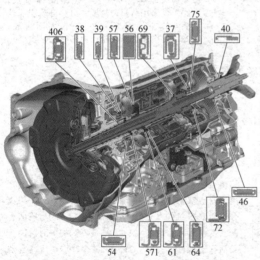
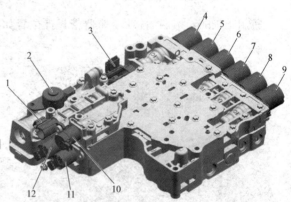

图 2-77 变速器轴承位置

图 2-78 变速器电磁阀位置
1~12—电磁阀

37—输出行星齿轮架止推轴承；38—输出行星齿轮架止推轴承；39—输出行星齿轮架止推轴承；40—输出轴轴承；46—输出轴轴承；54—反作用行星齿轮架毂轴承；56—反作用太阳齿轮止推轴承；57—反作用太阳齿轮止推轴承；61—输入太阳齿轮止推轴承；64—输入轴太阳齿轮止推轴承；69—直接挡/超速挡太阳齿轮止推轴承；72—输出行星齿轮架止推轴承；75—反作用内齿轮止推轴承；406—自动变速器油泵轴承；571—输出太阳齿轮止推轴承

表 2-36 变速器电磁阀信息（一）

编号	部件名称	变速器模块端子	功能	类型	20℃（68℉）时的电阻值
8	Q77A 变速器控制电磁阀 1	18	离合器控制 C1(C123456R)	线性,常低	5.0～5.4Ω
7	Q77B 变速器控制电磁阀 2	2	离合器控制 C2(C1289-10R)	线性,常低	5.0～5.4Ω
4	Q77C 变速器控制电磁阀 3	19	离合器控制 C3(C234579-10)	线性,常低	5.0～5.4Ω
9	Q77D 变速器控制电磁阀 4	3	离合器控制 C5(C1356789)	线性,常低	5.0～5.4Ω
6	Q77E 变速器控制电磁阀 5	20	离合器控制 C4(C234678)	线性,常低	5.0～5.4Ω
5	Q77F 变速器控制电磁阀 6	4	离合器控制 C6(C456789-10R)	线性,常低	5.0～5.4Ω
11	Q77G 变速器控制电磁阀 7	1	变矩器离合器	可变力、常低	5.0～5.4Ω
12	Q77H 变速器控制电磁阀 8	22	默认停用 当存在故障时,电磁阀需要达到 2 挡、7 挡和倒挡	打开/关闭	5.0～5.4Ω
10	Q77J 变速器控制电磁阀 9	17	管路压力	可变力、常高	5.0～5.4Ω
2	M123 变速器驻车阀锁定电磁阀执行器	21	驻车锁定电磁阀控制	—	15～25Ω

表 2-37 变速器电磁阀信息（二）

编号	部件名称	变速器模块端子	功能	参数（驻车挡内）	参数（驻车挡外）
1	B315A 变速器挡位控制阀 1 位置开关	62	电子变速器选挡压力开关信号	完成	未运行
3	B316 变速器驻车挡阀位置开关	61	电子变速器选挡移出驻车挡开关信号	0.78～0.82V	1.98～2.02V
		59	电子变速器选挡移出驻车挡开关 2 信号	0.78～0.82V	1.98～2.02V

第3章 丰田汽车

3.1 雷凌燃油与双擎混动版（2019年款）

3.1.1 丰田1.8L 8ZR-FXE发动机电脑端子定义

发动机电脑端子分布如图3-1所示，端子定义见表3-1。

图 3-1 发动机电脑端子分布

表 3-1 发动机电脑端子定义

端子	定义	端子	定义
A46-1(BATT)	辅助蓄电池	A46-46(MREL)	EFI-MAIN 继电器工作信号
A46-2(+B)	ECM 电源	A46-55(VCPP)*	炭罐压力传感器电源
A46-3(+B2)	ECM 电源	A46-54(EPPM)*	炭罐压力传感器电源
A46-6(IGSW)	点火开关信号	A46-58(CCV2)*	燃油蒸气防漏阀总成信号
A46-7(FANL)	冷却风扇电动机工作信号(低)	A46-59(FREL)	带电机的燃油加注口盖锁总成工作信号
A46-8(FANH)	冷却风扇电动机工作信号(高)		
A46-13(CANH)	CAN 通信信号	C77-26(E04)	搭铁
A46-24(LSTM)	组合仪表总成燃油加注口盖工作信号	C77-27(HA1A)	空燃比传感器加热器工作信号
		C77-28(ME01)	搭铁
A46-26(CANL)	CAN 通信信号	C77-29(+BM)	节气门执行器电源
A46-30(NEO)	曲轴转速信号	C77-30(M−)	节气门执行器工作信号(负极端子)
A46-32(EC)	搭铁	C77-31(CAN+)	CAN 通信信号
A46-38(MPMP)*	泄漏检测泵(炭罐泵模块)信号	C77-32(CAN−)	CAN 通信信号
A46-53(EMPM)*	泄漏检测泵(炭罐泵模块)信号	C77-33(PRG)	清污 VSV 工作信号
A46-39(VPMP)*	通风阀(炭罐泵模块)信号	C77-35(OC1+)	凸轮轴正时机油控制阀总成工作信号
A46-40(PPMP)*	炭罐压力传感器(炭罐泵模块)信号	C77-34(OC1−)	
		C77-56(HT1B)	加热型氧传感器加热器工作信号
A46-41(FC)	燃油泵控制信号	C77-57(E01)	搭铁
A46-42(FUEL)*	燃油加注口盖开启开关信号	C77-58(E02)	搭铁
A46-43(LIDO)*	燃油加注口盖门控开关信号	C77-59(E1)	搭铁

续表

端　子	定　义	端　子	定　义
C77-60(M+)	节气门执行器工作信号(正极端子)	C77-100(A1A+)	空燃比传感器信号
C77-68(WPI)	发动机水泵总成信号	C77-101(VTA2)	节气门位置传感器信号(传感器故障检测)
C77-69(WPO)	发动机水泵总成信号	C77-133(ETA)	
C77-70(G2O)	凸轮轴转速信号	C77-105(EGR4)	EGR 阀总成信号
C77-71(IGF1)	点火线圈总成信号(点火确认信号)	C77-106(EGR2)	EGR 阀总成信号
C77-72(IGT4)	4 号点火线圈总成信号(点火信号)	C77-107(EGR3)	EGR 阀总成信号
C77-73(IGT3)	3 号点火线圈总成信号(点火信号)	C77-108(GE01)	节气门执行器的屏蔽(搭铁)电路
C77-74(IGT2)	2 号点火线圈总成信号(点火信号)	C77-114(NE+)	曲轴位置传感器信号
C77-75(IGT1)	1 号点火线圈总成信号(点火信号)	C77-113(NE-)	曲轴位置传感器信号
C77-77(VCPM)	歧管绝对压力传感器电源	C77-116(VCV1)	凸轮轴位置传感器电源
C77-76(EPIM)	歧管绝对压力传感器信号地	C77-120(THW)	发动机冷却液温度传感器信号
C77-78(PIM)	歧管绝对压力传感器信号	C77-119(ETHW)	发动机冷却液温度传感器信号
C77-82(VV1+)	凸轮轴位置传感器信号	C77-122(KNK1)	爆震控制传感器信号
C77-115(VV1-)	凸轮轴位置传感器信号	C77-121(EKNK)	爆震控制传感器信号
C77-92(VPTK)*	燃油箱压力传感器电源(规定电压)	C77-132(A1A-)	空燃比传感器信号
C77-91(EPTK)*	燃油箱压力传感器电源(规定电压)	C77-134(VCTA)	节气门位置传感器电源(规定电压)
C77-93(PTNK)*	燃油箱压力传感器信号	C77-133(ETA)	节气门位置传感器电源(规定电压)
C77-95(#20)	2 号喷油器总成信号	C77-135(VTA1)	节气门位置传感器信号(发动机控制)
C77-96(#30)	3 号喷油器总成信号	C77-137(VG)	质量空气流量计分总成信号
C77-97(#40)	4 号喷油器总成信号	C77-104(E2G)	质量空气流量计分总成信号
C77-98(#10)	1 号喷油器总成信号	C77-138(THA)	进气温度传感器(质量空气流量计分总成)信号
C77-99(OX1B)	加热型氧传感器信号	C77-139(ETHA)	
C77-131(EX1B)	加热型氧传感器信号	C77-140(EGR1)	EGR 阀总成信号

注：* 表示国六车型。

3.1.2　丰田 1.2T 8NR-FTS/9NR-FTS 发动机电脑端子定义

发动机电脑端子分布如图 3-2 所示，端子定义见表 3-2。

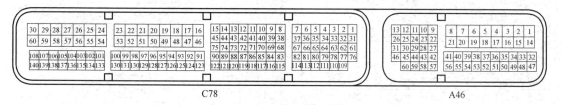

图 3-2　发动机电脑端子分布

表 3-2　发动机电脑端子定义

端　子	定　义	端　子	定　义
A46-1(BATT)	蓄电池	A46-14(EC)	搭铁
A46-2(+B)	ECM 电源	A46-20(MPMP)	泄漏检测泵(内置于炭罐泵模块)信号
A46-3(+B2)	ECM 电源		
A46-6(IGSW)	点火开关信号	A46-21(FPC)	燃油泵控制信号
A46-7(VPMP)	通风阀(内置于炭罐泵模块)信号	A46-24(IWPO)	电动水泵总成信号
A46-8(IREL)	IGN/INJ/D INJ 继电器工作信号	A46-26(CANL)	CAN 通信信号
A46-9(STP)	制动灯开关总成信号	A46-29(STA)	起动机总成信号
A46-10(ST1-)	制动灯开关总成信号(与 STP 端子相反)	A46-30(NEO)	将发动机转速信号发送至其他 ECU
		A46-35(VCPP)	炭罐压力传感器电源(规定电压)
A46-11(IWPI)	电动水泵总成信号	A46-34(EPPM)	炭罐压力传感器(内置于炭罐泵模块)信号
A46-13(CANH)	CAN 通信信号		

续表

端　　子	定　　义	端　　子	定　　义
A46-38(PPMP)	炭罐压力传感器(内置于炭罐泵模块)信号	C78-52(HA1B)	空燃比传感器(S2)加热器工作信号
A46-44(SPD)	来自组合仪表总成的车速信号	C78-53(E1)	搭铁
A46-46(MREL)	EFI-MAIN 继电器工作信号	C78-58(E1D2)	搭铁
A46-47(VPA)	加速踏板位置传感器信号(发动机控制)	C78-59(E1D1)	搭铁
		C78-60(+BD2)	电源(喷油器驱动器)
A46-48(EPA)	加速踏板位置传感器信号(发动机控制)	C78-67(ABV)	空气旁通阀总成工作信号
		C78-69(EOJV)	机油压力开关阀总成工作信号
A46-49(VCPA)	加速踏板位置传感器电源(VPA)	C78-70(PRG)	清污 VSV 工作信号
A46-50(VPA2)	加速踏板位置传感器信号	C78-76(NE+)	曲轴位置传感器信号
A46-51(EPA2)	加速踏板位置传感器信号	C78-109(NE-)	曲轴位置传感器信号
A46-52(VCP2)	加速踏板位置传感器电源(VPA2)	C78-81(EV1+)	凸轮轴位置传感器(排气凸轮轴)信号
A46-57(NSW)	驻车挡/空挡位置开关总成信号		
A46-58(KSW)	解锁警告开关信号*1 钥匙在车内信号*2	C78-112(EV1-)	凸轮轴位置传感器(排气凸轮轴)信号
A46-60(RFC)	冷却风扇控制信号	C78-82(VV1+)	凸轮轴位置传感器(进气凸轮轴)信号
C78-9(OC1+)	凸轮正时机油控制电磁阀总成(进气凸轮轴)工作信号	C78-114(VV1-)	凸轮轴位置传感器(进气凸轮轴)信号
C78-8(OC1-)	凸轮正时机油控制电磁阀总成(进气凸轮轴)工作信号	C78-88(VTA2)	节气门位置传感器信号(传感器故障检测)
C78-16(M+)	节气门执行器工作信号(正极端子)	C78-120(ETA)	节气门位置传感器信号(传感器故障检测)
C78-18(E04)	搭铁	C78-92(VG)	质量空气流量计分总成信号
C78-19(HA1A)	空燃比传感器(S1)加热器工作信号	C78-91(E2G)	质量空气流量计分总成信号
C78-21(#2D+)	2 号喷油器总成信号	C78-94(THA)	进气温度传感器(质量空气流量计分总成)信号
C78-20(#2D-)	2 号喷油器总成信号		
C78-22(#3D+)	3 号喷油器总成信号	C78-93(ETHA)	进气温度传感器(质量空气流量计分总成)信号
C78-23(#3D-)	3 号喷油器总成信号		
C78-25(#4D+)	4 号喷油器总成信号	C78-97(THEO)	发动机机油温度传感器信号
C78-24(#4D-)	4 号喷油器总成信号	C78-96(ETHE)	发动机机油温度传感器信号
C78-26(#1D+)	1 号喷油器总成信号	C78-98(PEO)	机油压力表传感器总成信号
C78-27(#1D-)	1 号喷油器总成信号	C78-129(EPEO)	机油压力表传感器总成信号
C78-28(FP1+)	燃油泵总成(高压侧)信号	C78-99(A1B+)	空燃比传感器(S2)信号
C78-29(FP1-)	燃油泵总成(高压侧)信号	C78-100(A1B-)	空燃比传感器(S2)信号
C78-30(+BD1)	电源(喷油器驱动器)	C78-101(IGF1)	点火线圈总成信号(点火确认信号)
C78-37(WGV+)	真空调节阀总成工作信号	C78-103(PR)	燃油压力传感器信号
C78-36(WGV-)	真空调节阀总成工作信号	C78-135(EPR)	燃油压力传感器信号
C78-38(OE1+)	凸轮正时机油控制电磁阀总成(排气凸轮轴)工作信号	C78-104(THW)	发动机冷却液温度传感器信号
C78-68(OE1-)		C78-105(ETHW)	发动机冷却液温度传感器信号
C78-39(IGT4)	4 号点火线圈总成信号	C78-106(PIM)	2 号涡轮增压压力传感器信号
C78-40(IGT3)	3 号点火线圈总成信号	C78-137(EPIM)	2 号涡轮增压压力传感器信号
C78-41(IGT2)	2 号点火线圈总成信号	C78-107(THIM)	进气温度传感器(2 号涡轮增压压力传感器)信号
C78-42(IGT1)	1 号点火线圈总成信号		
C78-46(M-)	节气门执行器工作信号(负极端子)	C78-108(PTA)	1 号涡轮增压压力传感器信号
		C78-139(EPTA)	1 号涡轮增压压力传感器信号
C78-47(GE01)	节气门执行器的屏蔽搭铁(接地)	C78-110(VCNE)	曲轴位置传感器电源(规定电压)
C78-48(+BM)	ECM 电源	C78-111(VCE1)	凸轮轴位置传感器(排气凸轮轴)电源(规定电压)
C78-49(ME01)	搭铁		
C78-50(E02)	搭铁	C78-113(VCV1)	凸轮轴位置传感器(进气凸轮轴)电源(规定电压)
C78-51(E01)	搭铁		

续表

端子	定义	端子	定义
C78-121(VCTA)	节气门位置传感器电源(规定电压)	C78-131(A1A+)	空燃比传感器(S1)信号
C78-122(VTA1)	节气门位置传感器信号(发动机控制)	C78-132(A1A−)	空燃比传感器(S1)信号
C78-120(ETA)	节气门位置传感器信号(发动机控制)	C78-136(VCPR)	燃油压力传感器电源(规定电压)
C78-124(KNK1)	爆震控制传感器信号	C78-138(VCPM)	2号涡轮增压压力传感器电源(规定电压)
C78-123(EKNK)	爆震控制传感器信号		
C78-130(VCPE)	机油压力表传感器总成电源(规定电压)	C78-140(VPTA)	1号涡轮增压压力传感器电源(规定电压)

注：*1 表示不带智能上车和启动系统；*2 表示带智能上车和启动系统。

3.1.3 丰田 K313 无级变速器电脑端子定义

该车无级变速器控制功能集成于发动机控制模块，端子分布如图 3-3 所示，相关端子定义见表 3-3。

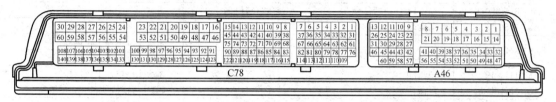

图 3-3 变速器电脑端子分布

表 3-3 变速器电脑端子定义

端子	定义	端子	定义
A46-1(BATT)	蓄电池	C78-34(D)	D 位置开关信号
A46-2(+B)	ECM 电源	C78-35(R)	R 位置开关信号
A46-3(+B2)	ECM 电源	C78-44(NIN+)	变速器转速传感器(NIN)信号
A46-9(STP)	制动灯开关总成信号	C78-43(NIN−)	变速器转速传感器(NIN)信号
A46-13(CANH)	CAN 通信信号	C78-45(SC)	换挡电磁阀 SC 信号
A46-26(CANL)	CAN 通信信号	C78-48(+BM)	ECM 电源
A46-29(STA)	起动机总成信号	C78-53(E1)	车身搭铁
A46-36(PWMS)	SPORT 开关(组合开关总成)信号	C78-65(P)	P 位置开关信号
A46-42(SFTU)	加挡开关信号	C78-66(N)	N 位置开关信号
A46-41(ECCS)*	加挡开关信号	C78-71(NTB)	变速器转速传感器(NT)电源
A46-43(SFTD)	减挡开关信号	C78-72(NTO)	变速器转速传感器(NT)信号
A46-41(ECCS)*	减挡开关信号	C78-73(NOTB)	变速器转速传感器(NOUT)电源
A46-44(SPD)	来自组合仪表总成的车速信号	C78-74(NOTO)	变速器转速传感器(NOUT)信号
A46-46(MREL)	EFI-MAIN 继电器工作信号	C78-75(SL)	换挡电磁阀 SL 信号
A46-57(NSW)	驻车挡/空挡位置开关总成信号	C78-76(NE+)	曲轴位置传感器信号
A46-59(S)	M 位置开关信号	C78-109(NE−)	曲轴位置传感器信号
C78-1(SLS+)	换挡电磁阀 SLS 信号	C78-86(PTO)	油压传感器信号
C78-31(SLS−)	换挡电磁阀 SLS 信号	C78-117(EPTO)	油压传感器信号
C78-3(SLU+)	换挡电磁阀 SLU 信号	C78-84(THO1)	CVT 油温度传感器信号
C78-2(SLU−)	换挡电磁阀 SLU 信号	C78-83(ETHO)	CVT 油温度传感器信号
C78-11(SLP+)	换挡电磁阀 SLP 信号	C78-110(VCNE)	曲轴位置传感器电源
C78-10(SLP−)	换挡电磁阀 SLP 信号	C78-118(VCPT)	油压传感器电源

注：* 表示带换挡拨板装置。

3.1.4 混合动力控制系统电脑端子定义

混合动力控制系统电脑端子分布如图 3-4 所示，端子定义见表 3-4。

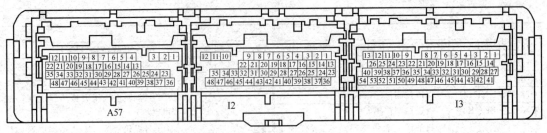

图 3-4 混合动力控制系统电脑端子分布

表 3-4 混合动力控制系统电脑端子定义

端子	定义	端子	定义
A57-2(R)	换挡杆位置信号	A57-47(GMTG)	发电机温度传感器信号
A57-3(DB1)	换挡杆位置信号	I2-5(ILK)	互锁开关信号
A57-4(HMCH)	通信信号	I2-7(CA3P)	CAN 通信信号
A57-5(MREL)	主继电器工作信号	I2-8(CA1L)	CAN 通信信号
A57-6(HSDN)	MG ECU 切断信号	I2-11(E02)	搭铁
A57-7(STP)	制动灯开关信号	I2-12(E01)	搭铁
A57-8(LIN3)	LIN 通信信号(空调逆变器、辅助蓄电池状态传感器)	I2-13(SMRG)	系统主继电器工作信号
		I2-15(SMRP)	系统主继电器工作信号
A57-11(+B1)	ECM 电源	I2-16(SMRB)	系统主继电器工作信号
A57-13(DRN5)	屏蔽搭铁	I2-20(CA3N)	CAN 通信信号
A57-14(HMCL)	通信信号	I2-21(CA1H)	CAN 通信信号
A57-15(DB2)	换挡杆位置信号	I2-25(PLKC)	换挡锁止解除请求信号
A57-16(PR)	换挡杆位置信号	I2-28(ST1−)*	制动灯开关信号
A57-18(PSFT)	换挡杆位置传感器电源	I2-29(ACCI)	ACC 继电器工作信号
A57-20(BL)	倒车灯继电器工作信号	I2-34(E12)	搭铁
A57-24(VCPA)	加速踏板位置传感器总成电源(VPA)	I2-35(IG2)	电源
		I2-38(SI0)	蓄电池冷却鼓风机工作信号
A57-26(VCP2)	加速踏板位置传感器总成电源(VPA2)	I2-41(BTH+)	自蓄电池电压传感器至混合动力车辆控制 ECU 的通信信号
A57-28(P)	换挡杆位置信号	I2-42(BTH−)	自蓄电池电压传感器至混合动力车辆控制 ECU 的通信信号
A57-29(N)	换挡杆位置信号		
A57-30(PNB)	换挡杆位置信号	I3-1(+B2)	ECM 电源
A57-33(NIWP)	逆变器水泵总成信号	I3-3(E1)	搭铁
A57-34(IWP)	逆变器水泵总成信号	I3-4(ST2)	起动机信号
A57-36(VPA)	加速踏板位置传感器总成(加速踏板位置检测)信号	I3-7(INDR)	换挡杆位置指示灯信号
		I3-8(INDD)	换挡杆位置指示灯信号
A57-37(EPA)	加速踏板位置传感器总成(加速踏板位置检测)信号	I3-19(INDP)	换挡杆位置指示灯信号
		I3-20(INDB)	换挡杆位置指示灯信号
A57-38(VPA2)	加速踏板位置传感器总成(加速踏板传感器故障检测)信号	I3-21(INDN)	换挡杆位置指示灯信号
		I3-27(BATT)	稳压电源
		I3-29(ABFS)	空气囊激活信号
A57-25(EPA2)	加速踏板位置传感器总成(加速踏板传感器故障检测)信号	I3-33(EVSW)	驱动模式开关(组合开关总成)信号
A57-40(TTA)	变速器油温传感器信号		
A57-39(ETTA)	变速器油温传感器信号	I3-37(PDRV)	行驶模式选择开关(组合开关总成)信号
A57-46(MMT)	电动机温度传感器信号		
A57-45(MMTG)	电动机温度传感器信号	I3-44(IGB)	电源
A57-48(GMT)	发电机温度传感器信号		

注:*表示带碰撞预测系统。

3.1.5 电机控制系统 ECU 端子定义

电机控制系统 ECU 端子分布如图 3-5 所示,端子定义见表 3-5。

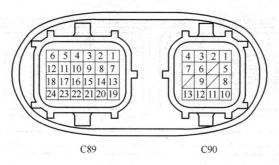

图 3-5　电机控制系统 ECU 端子分布

表 3-5　电机控制系统 ECU 端子定义

端　子	定　义	端　子	定　义
C89-1(CANH)	CAN 通信信号	C89-24(GND1)	接地
C89-5(+B2)	电动机发电机控制 ECU（MG ECU）电源	C90-1(MSN)	电动机解析器信号
		C90-2(MSNG)	电动机解析器信号
C89-6(+B)	电动机发电机控制 ECU（MG ECU）电源	C90-3(MCSG)	电动机解析器信号
		C90-4(MCS)	电动机解析器信号
C89-7(CANL)	CAN 通信信号	C90-5(MRF)	电动机解析器参考信号
C89-10(GI)	凸轮轴位置传感器信号	C90-6(MRFG)	电动机解析器参考信号
C89-12(IGCT)	电动机发电机控制 ECU（MG ECU）电源	C90-8(GRF)	发电机解析器参考信号
		C90-9(GRFG)	发电机解析器参考信号
C89-17(NE)	曲轴位置传感器信号	C90-10(GSN)	发电机解析器信号
C89-19(HMCL)	通信信号	C90-11(GSNG)	发电机解析器信号
C89-20(HMCH)	通信信号	C90-12(GCSG)	发电机解析器信号
C89-22(HSDN)	MG 切断信号	C90-13(GCS)	发电机解析器信号

3.2　卡罗拉燃油与双擎混动版（2019 年款）

3.2.1　丰田 1.8L 8ZR-FXE 发动机电脑端子定义

参考本书 3.1.1 小节。

3.2.2　丰田 1.2T 8NR-FTS/9NR-FTS 发动机电脑端子定义

参考本书 3.1.2 小节。

3.2.3　丰田 K313 无级变速器电脑端子定义

参考本书 3.1.3 小节。

3.2.4　混合动力控制系统电脑端子定义

参考本书 3.1.4 小节。

3.2.5　电机控制系统 ECU 端子定义

参考本书 3.1.5 小节。

3.3　亚洲龙燃油与双擎混动版（2019 年款）

3.3.1　丰田 2.5L A25A-FKS 发动机电脑端子定义

发动机电脑端子分布如图 3-6 所示，端子定义见表 3-6。

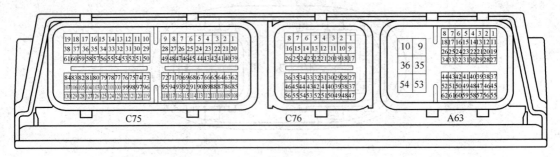

图 3-6 发动机电脑端子分布

表 3-6 发动机电脑端子定义

端子	定 义	端子	定 义
A63-1(BATT)	蓄电池	A63-58(VPA2)	加速踏板位置传感器信号
A63-2(IGSW)	点火开关信号	A63-59(EPA2)	加速踏板位置传感器信号
A63-3(VPMP)*	通风阀(内置于炭罐泵模块)信号	A63-60(VCP2)	加速踏板位置传感器电源(VPA2)
A63-5(MPMP)*	泄漏检测泵(炭罐泵模块)信号	C76-23(D)	D 挡位置开关信号
A63-6(FPC)	燃油泵控制信号	C76-24(N)	N 挡位置开关信号
A63-8(CANH)	CAN 通信信号	C76-25(R)	R 挡位置开关信号
A63-9(+B)	ECM 电源	C76-26(P)	P 挡位置开关信号
A63-10(E1)	搭铁	C75-1(M−)	节气门执行器工作信号(负极端子)
A63-12(PWMS)	驱动模式开关(运动模式)信号	C75-2(M+)	节气门执行器工作信号(正极端子)
A63-13(SPCN)	驱动模式开关(正常模式)信号	C75-3(EGA+)	EGR 阀总成工作信号
A63-14(S)	S 挡位置开关信号	C75-4(EGA−)	EGR 阀总成工作信号
A63-15(MREL)	1 号 EFI-MAIN 继电器工作信号	C75-5(EGB−)	EGR 阀总成工作信号
A63-16(NEO)	将发动机转速信号发送至其他 ECU	C75-6(EGB+)	EGR 阀总成工作信号
		C75-7(HTHM)	节温器加热器(带节温器的进水口分总成)工作信号
A63-18(CANL)	CAN 通信信号	C75-8(HA1B)	空燃比传感器(S2)加热器工作信号
A63-21(STP)	制动灯开关总成信号	C75-9(HA1A)	空燃比传感器(S1)加热器工作信号
A63-22(ST1−)	制动灯开关总成信号(与 STP 端子相反)	C75-10(#2D−)	直接喷射喷油器总成信号(2 号气缸)
		C75-11(#2D+)	直接喷射喷油器总成信号(2 号气缸)
A63-23(NSW)	驻车挡/空挡位置开关总成信号	C75-12(#3D+)	直接喷射喷油器总成信号(3 号气缸)
A63-30(STA)	起动机总成信号	C75-13(#3D−)	直接喷射喷油器总成信号(3 号气缸)
A63-34(IREL)	D INJ 继电器工作信号	C75-14(#4D−)	直接喷射喷油器总成信号(4 号气缸)
A63-35(+B2)	ECM 电源	C75-15(#4D+)	直接喷射喷油器总成信号(4 号气缸)
A63-36(E2)	搭铁	C75-16(#1D+)	直接喷射喷油器总成信号(1 号气缸)
A63-39(KSW)	电子钥匙在车内信号	C75-17(#1D−)	直接喷射喷油器总成信号(1 号气缸)
A63-42(SPD)	来自组合仪表总成的车速信号	C75-18(FP1−)	燃油泵总成(高压侧)信号
A63-45(EC)	搭铁	C75-19(FP1+)	燃油泵总成(高压侧)信号
A63-48(VCPP)*	炭罐压力传感器电源(规定电压)	C75-20(VOP−)	机油压力控制阀工作信号
A63-49(EPPM)*	炭罐压力传感器(内置于炭罐泵模块)信号	C75-21(VOP+)	机油压力控制阀工作信号
A63-50(PPMP)*	炭罐压力传感器(内置于炭罐泵模块)信号	C75-26(OE1+)	凸轮轴正时机油控制电磁阀总成工作信号
A63-52(TC)	DLC3 的端子 TC	C75-25(OE1−)	凸轮轴正时机油控制电磁阀总成工作信号
A63-53(+BD1)	ECU 电源(喷油器驱动器)		
A63-54(E1D1)	搭铁	C75-28(EDT1)	带 EDU 的凸轮正时控制电动机总成信号
A63-55(VPA)	加速踏板位置传感器信号(发动机控制)	C75-41(WSV2)	流量切断阀(ATF 控制)工作信号
A63-56(EPA)	加速踏板位置传感器信号(发动机控制)	C75-42(WSV1)	流量切断阀(加热器控制)工作信号
A63-57(VCPA)	加速踏板位置传感器电源(VPA)	C75-44(ACM)	真空开关阀(主动控制发动机支座系统)工作信号

续表

端　子	定　义	端　子	定　义
C75-46(IGT4)	4号点火线圈总成信号(点火信号)	C75-94(A1A−)	空燃比传感器(S1)信号
C75-47(IGT3)	3号点火线圈总成信号(点火信号)	C75-95(A1A+)	空燃比传感器(S1)信号
C75-48(IGT2)	2号点火线圈总成信号(点火信号)	C75-97(PR)	燃油压力传感器(高压侧)信号
C75-49(IGT1)	1号点火线圈总成信号(点火信号)	C75-96(EPR)	燃油压力传感器(高压侧)信号
C75-50(WPO)	电动水泵总成信号	C75-98(VCPR)	燃油压力传感器(高压侧)电源(规定电压)
C75-51(WPI)	电动水泵总成信号	C75-99(VCPE)	发动机机油压力传感器电源(规定电压)
C75-66(PRG)	清污VSV工作信号	C75-100(EPEO)	发动机机油压力传感器电源(规定电压)
C75-70(EMR1)	带EDU的凸轮正时控制电动机总成信号	C75-101(VG)	质量空气流量计分总成信号
C75-71(EMF1)	带EDU的凸轮正时控制电动机总成信号	C75-79(E2G)	质量空气流量计分总成信号
C75-72(EMD1)	带EDU的凸轮正时控制电动机总成信号	C75-102(THA)	进气温度传感器(质量空气流量计分总成)信号
C75-73(#40)	进气口喷射喷油器总成信号(4号气缸)	C75-107(PFL)	燃油压力传感器(低压侧)信号
C75-74(#30)	进气口喷射喷油器总成信号(3号气缸)	C75-61(EPFL)	燃油压力传感器(低压侧)信号
C75-75(#20)	进气口喷射喷油器总成信号(2号气缸)	C75-108(VTA1)	节气门位置传感器信号(发动机控制)
C75-76(#10)	进气口喷射喷油器总成信号(1号气缸)	C75-110(ETA)	节气门位置传感器信号(发动机控制)
C75-78(VCVG)	质量空气流量计分总成电源(规定电压)	C75-109(VCTA)	节气门位置传感器电源(规定电压)
C75-84(VCPF)	燃油压力传感器电源(规定电压)	C75-111(KNK1)	爆震控制传感器信号
C75-87(VTA2)	节气门位置传感器信号(传感器故障检测)	C75-112(EKNK)	爆震控制传感器信号
		C75-113(VCE1)	凸轮轴位置传感器(排气凸轮轴)电源(规定电压)
C75-110(ETA)	节气门位置传感器信号(传感器故障检测)	C75-116(VCNE)	曲轴位置传感器电源(规定电压)
C75-88(VCV1)	凸轮轴位置传感器(进气凸轮轴)电源(规定电压)	C75-117(A1B−)	空燃比传感器(S2)信号
		C75-118(A1B+)	空燃比传感器(S2)信号
C75-90(VV1+)	凸轮轴位置传感器(进气凸轮轴)信号	C75-120(PIM)	歧管绝对压力传感器信号
		C75-119(EPIM)	歧管绝对压力传感器信号
C75-89(VV1−)	凸轮轴位置传感器(进气凸轮轴)信号	C75-121(VCPM)	歧管绝对压力传感器电源(规定电压)
C75-91(EV1+)	凸轮轴位置传感器(排气凸轮轴)信号	C75-122(PEO)	油压传感器信号
		C75-100(EPEO)	油压传感器信号
C75-114(EV1−)	凸轮轴位置传感器(排气凸轮轴)信号	C75-123(THEO)	发动机机油温度传感器信号
		C75-100(EPEO)	发动机机油温度传感器信号
C75-93(NE+)	曲轴位置传感器信号	C75-125(THW)	发动机冷却液温度传感器信号
C75-115(NE−)	曲轴位置传感器信号	C75-124(ETHW)	发动机冷却液温度传感器信号

注：*表示带炭罐泵模块。

3.3.2　丰田2.5L A25B-FXS发动机电脑端子定义

发动机电脑端子分布如图3-7所示，端子定义见表3-7。

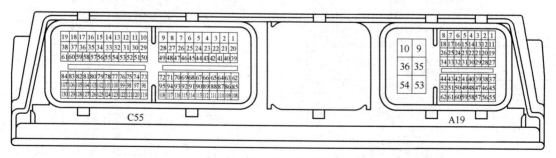

图3-7　发动机电脑端子分布

表 3-7 发动机电脑端子定义

端子	定义	端子	定义
A19-1(BATT)	辅助蓄电池	C55-20(VOP-)	机油压力控制阀工作信号
A19-2(IGSW)	点火开关信号	C55-21(VOP+)	机油压力控制阀工作信号
A19-3(VPMP)*	通风阀(内置于炭罐泵模块)信号	C55-26(OE1+)	凸轮轴正时机油控制电磁阀总成工作信号
A19-5(MPMP)*	泄漏检测泵(炭罐泵模块)信号		
A19-6(FPC)	燃油泵控制信号	C55-25(OE1-)	凸轮轴正时机油控制电磁阀总成工作信号
A19-7(CAN+)	CAN 通信信号		
A19-8(CANH)	CAN 通信信号	C55-28(EDT1)	带 EDU 的凸轮正时控制电动机总成信号
A19-9(+B)	ECM 电源		
A19-10(E1)	搭铁	C55-42(WSV1)	流量切断阀工作信号
A19-12(CCV2)*	燃油蒸气防漏阀总成信号	C55-46(IGT4)	4 号点火线圈总成信号(点火信号)
A19-15(MREL)	1 号 EFI-MAIN 继电器工作信号	C55-47(IGT3)	3 号点火线圈总成信号(点火信号)
A19-16(NEO)	曲轴转速信号	C55-48(IGT2)	2 号点火线圈总成信号(点火信号)
A19-17(CAN-)	CAN 通信信号	C55-49(IGT1)	1 号点火线圈总成信号(点火信号)
A19-18(CANL)	CAN 通信信号	C55-50(WPO)	带水泵的进水口壳分总成信号
A19-24(G2O)	凸轮轴转速信号	C55-51(WPI)	带水泵的进水口壳分总成信号
A19-31(LIDO)	燃油加注口盖门控灯开关信号	C55-66(PRG)	清污 VSV 工作信号
A19-32(RFC)	冷却风扇控制信号	C55-70(EMR1)	带 EDU 的凸轮正时控制电动机总成信号
A19-34(IREL)	D INJ 继电器工作信号		
A19-35(+B2)	ECM 电源	C55-71(EMF1)	带 EDU 的凸轮正时控制电动机总成信号
A19-36(E2)	搭铁		
A19-38(FUEL)*	燃油加注口盖开启开关信号	C55-72(EMD1)	带 EDU 的凸轮正时控制电动机总成信号
A19-45(EC)	搭铁		
A19-41(LSTM)*	组合仪表总成燃油加注口盖工作信号	C55-73(#40)	进气口喷射喷油器总成信号(4 号气缸)
		C55-74(#30)	进气口喷射喷油器总成信号(3 号气缸)
A19-44(FREL)*	带电动机的燃油加注口盖锁总成工作信号	C55-75(#20)	进气口喷射喷油器总成信号(2 号气缸)
		C55-76(#10)	进气口喷射喷油器总成信号(1 号气缸)
A19-48(VCPP)*	炭罐压力传感器电源(规定电压)	C55-78(VCVG)	质量空气流量计分总成电源(规定电压)
A19-50(PPMP)*	炭罐压力传感器(内置于炭罐泵模块)信号	C55-84(VCPF)	2 号燃油压力传感器(低压侧)电源(规定电压)
A19-49(EPPM)*	炭罐压力传感器(内置于炭罐泵模块)信号	C55-87(VT A2)	节气门位置传感器信号(传感器故障检测)
A19-53(+BD1)	ECU 电源(喷油器驱动器)		
A19-54(E1D1)-	搭铁	C55-110(ETA)	节气门位置传感器信号(传感器故障检测)
A19-57(VPTK)*	燃油箱压力传感器电源(规定电压)		
A19-55(PTNK)*	燃油箱压力传感器信号	C55-88(VCV1)	凸轮轴位置传感器(进气凸轮轴)电源(规定电压)
A19-56(EPTK)*	燃油箱压力传感器信号		
C55-1(M-)	节气门执行器工作信号(负极端子)	C55-90(VV1+)	凸轮轴位置传感器(进气凸轮轴)信号
C55-2(M+)	节气门执行器工作信号(正极端子)		
C55-3(EGA+)	EGR 阀总成工作信号	C55-89(VV1-)	凸轮轴位置传感器(进气凸轮轴)信号
C55-4(EGA-)	EGR 阀总成工作信号		
C55-5(EGB-)	EGR 阀总成工作信号	C55-93(NE+)	曲轴位置传感器信号
C55-6(EGB+)	EGR 阀总成工作信号	C55-115(NE-)	曲轴位置传感器信号
C55-7(HTHM)	节温器加热器(带节温器的进水口分总成)工作信号	C55-94(A1A-)	空燃比传感器(S1)信号
C55-8(HA1B)	空燃比传感器(S2)加热器工作信号	C55-95(A1A+)	空燃比传感器(S1)信号
C55-9(HA1A)	空燃比传感器(S1)加热器工作信号	C55-97(PR)	燃油压力传感器(高压侧)信号
C55-10(#2D-)	直接喷射喷油器总成信号(2 号气缸)	C55-96(EPR)	燃油压力传感器(高压侧)信号
C55-11(#2D+)	直接喷射喷油器总成信号(2 号气缸)	C55-98(VCPR)	燃油压力传感器(高压侧)电源(规定电压)
C55-12(#3D+)	直接喷射喷油器总成信号(3 号气缸)		
C55-13(#3D-)	直接喷射喷油器总成信号(3 号气缸)	C55-99(VCPE)	机油压力和温度传感器电源(规定电压)
C55-14(#4D-)	直接喷射喷油器总成信号(4 号气缸)		
C55-15(#4D+)	直接喷射喷油器总成信号(4 号气缸)	C55-101(VG)	质量空气流量计分总成信号
C55-16(#1D+)	直接喷射喷油器总成信号(1 号气缸)	C55-79(E2G)	质量空气流量计分总成信号
C55-17(#1D-)	直接喷射喷油器总成信号(1 号气缸)		
C55-18(FP1-)	燃油泵总成(高压侧)信号	C55-102(THA)	进气温度传感器(质量空气流量计分总成)信号
C55-19(FP1+)	燃油泵总成(高压侧)信号		

续表

端　子	定　义	端　子	定　义
C55-79（E2G）	进气温度传感器（质量空气流量计分总成）信号	C55-116（VCNE）	曲轴位置传感器电源（规定电压）
C55-109（VCTA）	节气门位置传感器电源（规定电压）	C55-117（A1B－）	空燃比传感器（S2）信号
		C55-118（A1B＋）	空燃比传感器（S2）信号
C55-107（PFL）	2号燃油压力传感器（低压侧）信号	C55-120（PIM）	歧管绝对压力传感器信号
		C55-119（EPIM）	歧管绝对压力传感器信号
C55-61（EPFL）	2号燃油压力传感器（低压侧）信号	C55-121（VCPM）	歧管绝对压力传感器电源（规定电压）
C55-108（VTA1）	节气门位置传感器信号（发动机控制）	C55-122（PEO）	机油压力和温度传感器信号
C55-110（ETA）	节气门位置传感器信号（发动机控制）	C55-100（EPEO）	机油压力和温度传感器信号
C55-111（KNK1）	爆震控制传感器信号	C55-123（THEO）	机油压力和温度传感器信号
		C55-125（THW）	发动机冷却液温度传感器信号
C55-112（EKNK）	爆震控制传感器信号	C55-124（ETHW）	发动机冷却液温度传感器信号
C55-113（VCE1）	凸轮轴位置传感器（排气凸轮轴）电源（规定电压）	C55-129（THTW）*	2号发动机冷却液温度传感器信号
		C55-130（ETHT）*	2号发动机冷却液温度传感器信号

注：*表示带炭罐泵模块。

3.3.3　丰田2.5L A25A-FKS发动机正时维修

3.3.3.1　发动机正时机构部件分解

发动机正时机构部件分解如图3-8、图3-9所示。

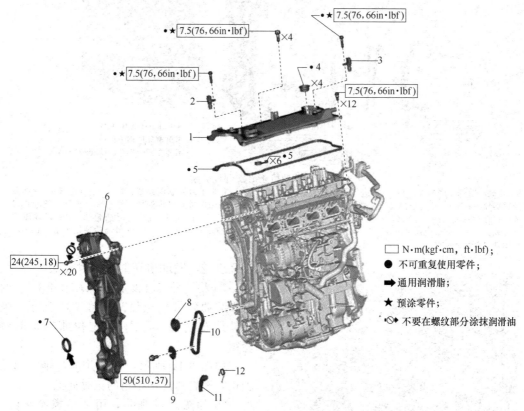

图3-8　发动机正时罩盖部件分解

1—气缸盖罩分总成；2—凸轮轴位置传感器（排气侧）；3—凸轮轴位置传感器（进气侧）；4—火花塞套管衬垫；5—气缸盖罩衬垫；6—2号正时链条盖总成；7—正时链条盖油封；8—机油泵驱动链轮；9—机油泵驱动轴链轮；10—油泵驱动链条分总成；11—链条张紧器盖板；12—链条减振弹簧

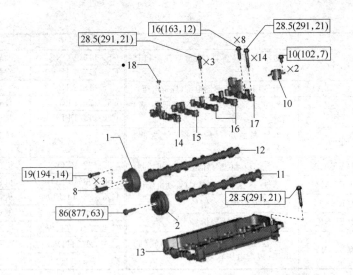

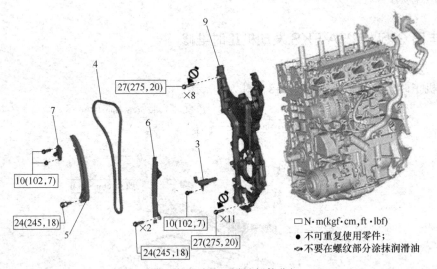

图 3-9　发动机正时链部件分解

1—排气凸轮轴正时链轮总成；2—进气凸轮轴正时链轮总成；3—机油压力控制阀总成；4—链条分总成；5—链条张紧器导板；6—1号链条振动阻尼器；7—1号链条张紧器总成；8—凸轮轴正时机油控制阀总成（排气凸轮轴正时链轮；螺栓总成）；9—正时链条盖总成；10—燃油泵挺柱导向装置；11—凸轮轴；12—2号凸轮轴；13—凸轮轴壳分总成；14—1号凸轮轴轴承盖；15—2号凸轮轴轴承盖；16—3号凸轮轴轴承盖；17—4号凸轮轴轴承盖；18—凸轮轴轴承盖油孔衬垫

3.3.3.2　发动机正时链部件安装

① 将 1 号气缸设定至 TDC（压缩），暂时安装曲轴带轮螺栓。如图 3-10 所示，逆时针旋转曲轴 44.2°，以定位曲轴正时链轮键。

如图 3-11 所示，检查并确认排气凸轮轴正时链轮总成和锁销的正时标记。

② 如图 3-12 所示，用 2 个螺栓安装 1 号链条振动阻尼器。拧紧力矩 24N·m。

③ 如图 3-13 所示，用螺栓安装链条张紧器导板。拧紧力矩 24N·m。

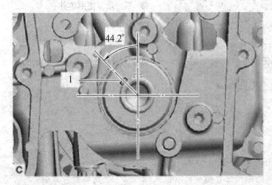

图 3-10　设置 1 号气缸上止点位置
1—曲轴正时链轮键

图 3-11　检查排气凸轮轴链轮正时标记
1—正时标记；2—锁销

图 3-12　安装链条振动阻尼器

④ 轻轻推入 1 号链条张紧器总成柱塞的同时，安装链条张紧器导板。确保柱塞端部正确置于 1 号链条张紧器导板的槽内。确保柱塞油孔朝上。使用 8mm 套筒扳手安装螺栓，如图 3-14 所示，拧紧力矩 10N·m；安装螺母，拧紧力矩 10N·m。

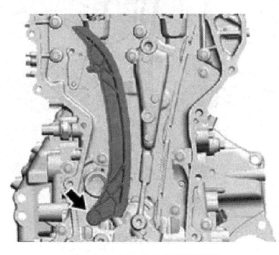

图 3-13　安装链条张紧器导板

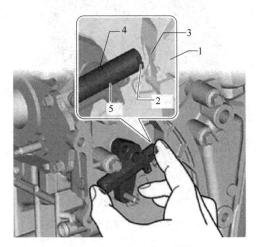

图 3-14　安装链条张紧器
1—1 号链条张紧器导板；2—柱塞端部；
3—槽；4—油孔；5—柱塞

⑤ 安装凸轮轴正时链。

a. 如图 3-15 所示，固定曲轴正时链轮键。

b. 拆下曲轴带轮螺栓。安装曲轴正时链轮和链条分总成。如图 3-16 所示，将链条分总成的油漆标记（黄色）与曲轴正时链轮的正时标记对准，并将链条分总成安装到曲轴正时链轮上。

c. 利用 2 号凸轮轴的六角部位，用扳手逆时针旋转 2 号凸轮轴，将排气凸轮轴正时链轮总成的正时标记对准链条分总成的油漆标记（粉色），并将链条分总成安装到排气凸轮轴正时链轮总成上，如图 3-17 所示。

⑥ 安装凸轮轴正时链轮总成。

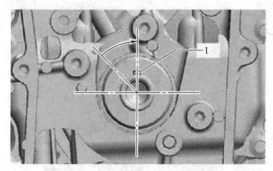

图 3-15 固定曲轴正时链轮键
1—曲轴正时链轮键

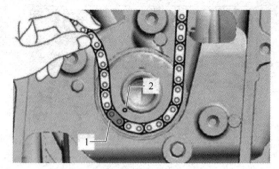

图 3-16 安装曲轴正时链轮
1—油漆标记（黄色）；2—正时标记

a. 如图 3-18 所示，用扳手固定 2 号凸轮轴的六角部位并顺时针转动排气凸轮轴正时链轮总成，以松开排气凸轮轴正时链轮总成与曲轴正时链轮之间的链条分总成。

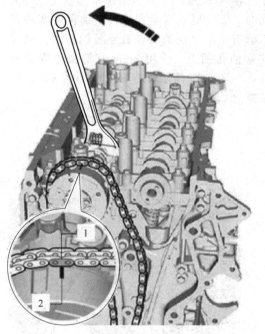

图 3-17 安装正时链到排气凸轮轴链轮上
1—油漆标记（粉色）；2—正时标记

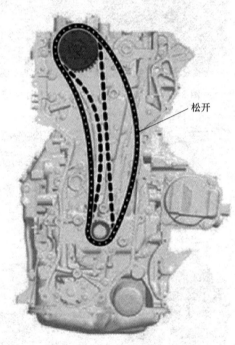

图 3-18 松开正时链

b. 如图 3-19 所示，对准链条分总成的油漆标记（粉色）和凸轮轴正时链轮总成的正时标记。

c. 将凸轮轴的锁销和凸轮轴正时链轮总成的锁销孔对准并进行安装。

d. 如图 3-21 所示，用扳手固定凸轮轴的六角部位。

e. 使用 10mm 双六角扳手，用螺栓安装凸轮轴正时链轮总成。拧紧力矩 86N·m。

⑦ 安装机油泵驱动链条分总成，如图 3-22 所示。

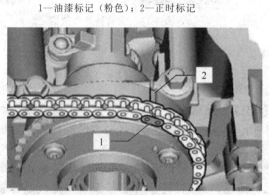

图 3-19 对准正时链轮上安装标记
1—油漆标记（粉色）；2—正时标记

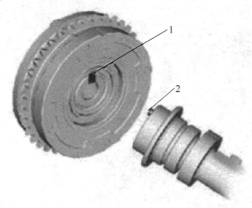

图 3-20　对准凸轮轴锁销与齿轮总成锁销孔
1—锁销孔；2—锁销

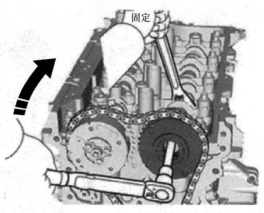

图 3-21　用扳手固定凸轮轴六角部位

a. 固定曲轴正时链轮键。

b. 转动机油泵驱动轴，使平面朝上。将正时链节与机油泵驱动链轮和机油泵驱动轴链轮的正时标记对准。注意确保机油泵驱动链条分总成的正时链节背离发动机总成。

c. 机油泵驱动链条分总成放置在机油泵驱动链轮和机油泵驱动轴链轮周围时，将机油泵驱动链轮安装到曲轴上并将机油泵驱动轴链轮暂时安装到机油泵驱动轴上。

d. 将链条减振弹簧安装到链条张紧器盖板上，然后安装链条张紧器盖板，如图 3-23 所示。

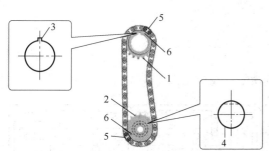

图 3-22　安装机油泵驱动链条分总成
1—机油泵驱动链轮；2—机油泵驱动轴链轮；
3—曲轴正时链轮键；4—机油泵总成；
5—正时链节；6—正时标记

图 3-23　安装链条减振弹簧
1—链条张紧器盖板；2—链条减振弹簧

e. 用曲轴带轮螺栓暂时安装曲轴带轮总成。使用 SST 固定曲轴带轮总成并安装螺栓。拧紧力矩 50N·m。

f. 拆下 SST、曲轴带轮螺栓和曲轴带轮总成。

⑧ 将 1 号气缸设定至 TDC（压缩）。

a. 暂时安装曲轴带轮螺栓。

b. 顺时针旋转曲轴并对准曲轴正时链轮键。

c. 检查并确认排气凸轮轴正时链轮总成和进气凸轮轴正时链轮总成上的正时标记，如图 3-24 所示。

d. 拆下曲轴带轮螺栓。

注意由于拆下曲轴带轮螺栓时 2 号凸轮轴可能逆时针猛烈旋转，因此使用扳手来固定 2 号凸轮轴的六角部位。

⑨ 安装正时链条盖总成。

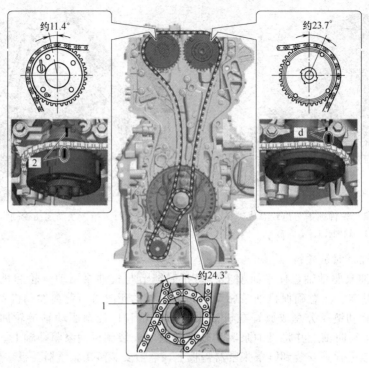

图 3-24 发动机正时标记位置
1—曲轴正时链轮键；2—正时标记

3.3.4 混合动力控制系统电脑端子定义

混合动力控制系统电脑端子分布如图 3-25 所示，端子定义见表 3-8。

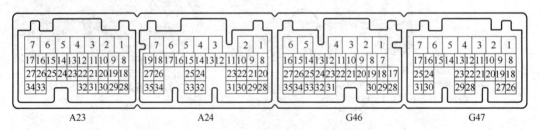

图 3-25 混合动力控制系统电脑端子分布

表 3-8 混合动力控制系统电脑端子定义

端　子	定　义	端　子	定　义
A23-1(+B2)	电源	A23-31(ETTA)	变速器油温度传感器信号
A23-3(IG2)	电源	A23-22(ACCI)	ACC 继电器
A23-8(VCP2)	加速踏板位置传感器总成电源	A23-24(MMT)	电动机温度传感器信号
A23-9(VCPA)	加速踏板位置传感器总成电源	A23-23(MMTG)	电动机温度传感器信号
A23-13(IWP)	带电动机的逆变器水泵总成信号	A23-26(GMT)	发电机温度传感器信号
A23-14(NIWP)	带电动机的逆变器水泵总成信号	A23-27(GMTG)	发电机温度传感器信号
A23-15(STP)	制动灯开关信号	A23-28(VPA2)	加速踏板位置传感器总成信号（加速踏板位置检测）
A23-17(LIN3)	LIN 通信信号（空调逆变器、蓄电池状态传感器）	A23-18(EPA2)	加速踏板位置传感器总成信号（加速踏板位置检测）
A23-21(TTA)	变速器油温度传感器信号		

续表

端　子	定　义	端　子	定　义
A23-30(VPA)	加速踏板位置传感器总成信号(加速踏板位置检测)	G46-9(ST2)	起动机信号
		G46-10(NORM)	正常模式开关(电动驻车制动开关总成)信号
A23-20(EPA)	加速踏板位置传感器总成信号(加速踏板位置检测)	G46-32(BTH+)	自蓄电池电压传感器至混合动力车辆控制ECU的通信信号
A24-1(PSFT)	换挡杆位置传感器电源		
A24-2(BL)	倒车灯信号	G46-33(BTH-)	自蓄电池电压传感器至混合动力车辆控制ECU的通信信号
A24-4(+B1)	电源		
A24-6(MREL)	主继电器工作信号	G47-1(M)	变速器控制信号
A24-7(IGB)	电源	G47-3(BATT)	稳压电源
A24-12(HSDN)	MG ECU切断信号	G47-6(SPRT)	SPORT模式开关(电动驻车制动开关总成)信号
A24-13(ILK)	互锁开关信号		
A24-14(DB2)	换挡杆位置信号	G47-7(PLKC)	换挡锁止解除请求信号
A24-15(R)	换挡杆位置信号	G47-8(SFTD)	变速器控制信号
A24-17(PR)	换挡杆位置信号	G47-9(SFTU)	变速器控制信号
A24-20(N)	换挡杆位置信号	G47-10(INDM)	换挡杆位置指示灯信号
A24-21(P)	换挡杆位置信号	G47-11(INDD)	换挡杆位置指示灯信号
A24-26(DB1)	换挡杆位置信号	G47-12(INDN)	换挡杆位置指示灯信号
A24-28(ST1-)	制动灯开关信号	G47-13(INDP)	换挡杆位置指示灯信号
A24-30(HMCL)	MG ECU通信请求信号	G47-14(ABFS)	空气囊激活信号
A24-31(HMCH)	MG ECU通信请求信号	G47-15(EVSW)	EV驱动模式开关(电动驻车制动开关总成)信号
A24-34(PNB)	换挡杆位置信号		
G46-1(SMRG)	系统主继电器工作信号	G47-24(CA1L)	CAN通信信号
G46-3(SMRP)	系统主继电器工作信号	G47-25(CA1H)	CAN通信信号
G46-4(SMRB)	系统主继电器工作信号	G47-28(TC)	诊断端子
G46-5(E01)	接地	G47-29(SI0)	HV蓄电池冷却鼓风机总成工作信号
G46-8(INDR)	换挡杆位置指示灯信号	G47-30(CA3N)	CAN通信信号
G46-6(E1)	接地	G47-31(CA3P)	CAN通信信号

3.3.5 蓄电池传感器端子定义

蓄电池传感器端子分布如图3-26所示，端子定义见表3-9。

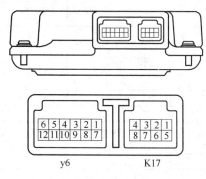

图3-26　蓄电池传感器端子分布

表3-9　蓄电池传感器端子定义

端　子	定　义
y6-1(TC0)	进气温度传感器信号
y6-7(GC0)	进气温度传感器信号
y6-2(TB2)	蓄电池温度传感器2信号
y6-8(GB2)	蓄电池温度传感器2信号
y6-3(TB1)	蓄电池温度传感器1信号
y6-9(GB1)	蓄电池温度传感器1信号
y6-4(TB0)	蓄电池温度传感器0信号
y6-10(GB0)	蓄电池温度传感器0信号
y6-5(IB0)	蓄电池电流传感器信号
y6-12(GIB)	蓄电池电流传感器信号
y6-6(VIB)	蓄电池电流传感器电源
K17-1(IGCT)	控制信号
K17-2(BTH+)	串行通信信号
K17-3(BTH-)	串行通信信号
K17-5(GND)	搭铁
K17-8(FP0)	蓄电池冷却鼓风机监视器信号

第4章 本田汽车

4.1 雅阁（2019～2020年款）

4.1.1 本田1.5T L15BN发动机技术参数

发动机技术参数见表4-1。

表4-1 发动机技术参数

项 目	测 量	条 件	标准值或新车值	维修极限
点火线圈	点火顺序		1-3-4-2	
火花塞	间隙		0.70～0.75mm	
点火正时	检查红色标记	急速时在N挡或P挡	4°±2°(BTDC)	
传动带	张紧度		自动张紧器	
交流发电机	电刷长度		10.5mm	1.5mm
压缩压力	最小值			980kPa
	最大偏差			200kPa
气缸盖	翘曲度		最大0.08mm	
	高度		126.95～127.05mm	
凸轮轴	轴向间隙	进气/排气	0.065～0.215mm	0.415mm
	凸轮轴至支架的油膜间隙	1号、2号轴颈(进气/排气)	0.030～0.069mm	0.120mm
		3号、4号、5号轴颈(进气/排气)	0.060～0.099mm	0.150mm
	总跳动量		最大0.03mm	
	凸轮凸角高度(带VTEC系统)	进气	33.099mm	
		主排气	33.102mm	
		中间排气	34.456mm	
		次排气	33.102mm	
	凸轮凸角高度(不带VTEC系统)	进气	33.099mm	
		排气	33.102mm	
气门	间隙(冷态)	进气	0.21～0.25mm	
		排气	0.25～0.29mm	
	气门挺杆外径	进气	5.48～5.49mm	5.45mm
		排气	5.45～5.46mm	5.42mm
	气门挺杆至导管的间隙	进气	0.025～0.050mm	0.080mm
		排气	0.055～0.080mm	0.110mm
气门座	宽度	进气/排气	1.25～1.55mm	2.00mm

续表

项　目	测　量	条　件	标准值或新车值	维修极限
气门座	挺杆安装高度	进气	53.40~54.40mm	54.60mm
		排气	45.90~46.90mm	47.10mm
气门导管	安装高度	进气	21.25~21.75mm	
		排气	19.75~20.25mm	
摇臂	摇臂至轴的间隙（带VTEC系统）	进气	0.018~0.059mm	0.080mm
		排气	0.018~0.064mm	0.080mm
	摇臂至轴的间隙（不带VTEC系统）	进气/排气	0.018~0.059mm	0.080mm
气缸体	顶面翘曲度		最大0.07mm	
	气缸直径	X向	73.000~73.020mm	73.065mm
		Y向	73.000~73.015mm	73.065mm
	气缸锥度			0.050mm
	镗削极限			0.25mm
活塞	离裙部底端10mm处的裙部外径		72.972~72.979mm	72.962mm
	与气缸的间隙		0.021~0.043mm	0.050mm
活塞环	活塞环到环槽的间隙	顶部	0.040~0.065mm	0.130mm
		第二道环	0.030~0.055mm	0.120mm
	环端隙	顶部	0.15~0.20mm	0.55mm
		第二道环	0.25~0.37mm	0.60mm
		油环	0.20~0.50mm	0.80mm
活塞销	外径		19.960~19.964mm	19.960mm
	活塞销至活塞的间隙		−0.004~0.003mm	0.006mm
连杆	销到连杆的间隙		0.004~0.016mm	0.020mm
	大端孔径		43.0mm	
	轴向间隙		0.15~0.35mm	0.45mm
曲轴	连杆轴颈/主轴颈锥度		最大0.005mm	0.010mm
	连杆轴颈/主轴颈圆度		最大0.005mm	0.010mm
	轴向间隙		0.10~0.35mm	0.45mm
	总跳动量		最大0.03mm	0.04mm
曲轴轴瓦	主轴瓦至轴颈的油膜间隙		0.018~0.036mm	0.050mm
	连杆轴瓦至轴颈的油膜间隙		0.020~0.038mm	
发动机机油	用量	发动机大修	4.0L	
		包括滤清器在内的机油更换时	3.5L	
		不包括滤清器在内的机油更换时	3.2L	
机油泵	机油温度在80℃时的机油压力	急速时	90kPa	
		在3000r/min时	280kPa	
散热器	冷却液容积（包括发动机、加热器、软管和储液罐）	发动机大修	6.9L	
		更换冷却液	6.1L	
	冷却液类型		推荐本田全天候2号防冻剂/冷却液	
冷却液储液罐	冷却液容量		0.7L	
散热器盖	开启压力		93~123kPa	
节温器	开启温度	开始打开	76~80℃	
		全开	90℃	
	全开时阀门升程		10.0mm	

续表

项　　目	测　　量	条　　件	标准值或新车值	维修极限
燃油压力调节器	连接燃油压力表时的压力		390～440kPa	
发动机怠速	无负载时的怠速转速	在 N 挡或 P 挡时	(720±50)r/min	
	电气负载较高时的怠速转速	在 N 挡或 P 挡时	(720±50)r/min	
	怠速时 CO		最大 0.1%	

4.1.2　本田 1.5T L15BN 发动机正时维修

发动机正时单元部件分解如图 4-1 所示。

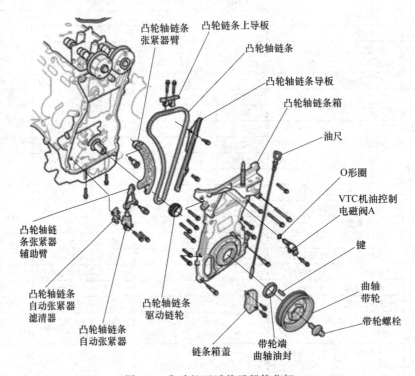

图 4-1　发动机正时单元部件分解

凸轮轴正时检修步骤如下。

① 拆卸气缸盖罩。

② 拆卸右前轮。

③ 拆卸发动机底盖。

④ 检查凸轮轴正时。

a. 转动曲轴让 1 号活塞与上止点（TDC）对齐；曲轴带轮上的白色标记 1 与凸轮轴链条箱上的指针 2 对齐，如图 4-2 所示。

b. 当 1 号活塞位于上止点（TDC）时，检查 VTC 执行器 A 上的"UP"标记 1 是否位于顶部。

c. 检查 VTC 执行器 A 和 VTC 执行器 B 上的 TDC 标记 2，这些标记应对齐，如图 4-3 所示。如果标记未对齐，拆下凸轮轴链条并重新正确安装凸轮轴链条。

⑤ 按与拆卸相反的顺序安装所有拆下零件。

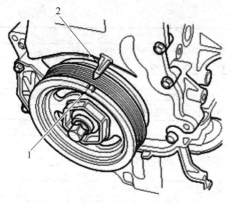
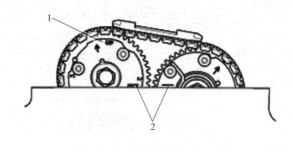

图 4-2 设置 1 号活塞 TDC 位置
1—标记；2—指针

图 4-3 VTC 执行器上标记对齐位置
1,2—标记

4.1.3 本田 1.5T L15BN 发动机电脑端子定义

发动机电脑端子分布如图 4-4 所示，端子定义见表 4-2、表 4-3。

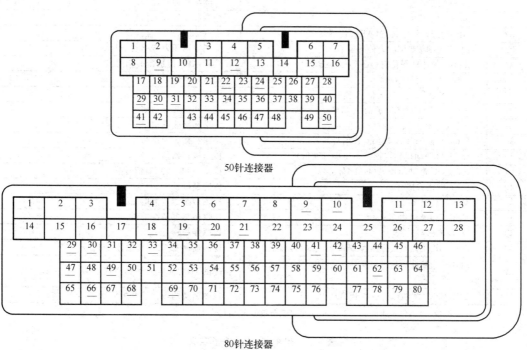

50 针连接器

80 针连接器

图 4-4 发动机电脑端子分布

表 4-2 50 针连接器端子定义

端子	名称	定义
1	INJ RLY OUT（喷油器电源）	PCM 电源（喷油器驱动器）
2	INJ RLY OUT（喷油器电源）	PCM 电源（喷油器驱动器）
3	VB ACT（涡轮增压器旁通阀控制执行器电源）	PCM 电源（涡轮增压器旁通阀控制执行器）
4	SO2 HT［辅助加热型氧传感器（辅助 HO2S）（传感器 2）加热器控制］	驱动辅助 HO2S（传感器 2）加热器
5	FI MAIN RLY CL-（PGM-FI 主继电器 1）	驱动 PGM-FI 主继电器 1、喷油器继电器、点火线圈继电器

第 4 章 本田汽车 095

续表

端子	名 称	定 义
6*1	VSV[蒸发排放(EVAP)炭罐通风关闭阀]	驱动 EVAP 炭罐通风关闭阀
7	+B BACKUP FI-ECU(备用电源)	PCM 存储器电源
8	FI MAIN RLY OUT(电源)	PCM 电源
10	LIN(BATT SENSOR)(本地互联网络)	发送和接收通信信号
11	FUEL PUMP RLY CL-(燃油泵继电器)	驱动 PGM-FI 主继电器 2
13	FI ECU GND(搭铁)	PCM 搭铁
14*2	DCDC STS	输出 DC-DC 转换器工作信号
15	ST CUT RLY1 CL-(起动机断电继电器 1)	驱动起动机断电继电器 1
16	FI SUB RLY OUT(电源)	PCM 电源
17	FAN LO SIGNAL(散热器风扇控制)	驱动散热器风扇继电器
18	FAN HI SIGNAL(散热器风扇控制)	驱动空调冷凝器风扇继电器和风扇控制继电器
19	START DIAG(起动机信号负载)	检测起动机信号
20	TM-CAN_L(TM-CAN 通信信号低)	TCM 的发送和接收通信信号
21	TM-CAN_H(TM-CAN 通信信号高)	TCM 的发送和接收通信信号
23	ST CUT RLY2 CL-(起动机断电继电器 2)	驱动起动机断电继电器 2
25	FI SUB RLY CL-(PGM-FI 辅助继电器)	驱动 PGM-FI 辅助继电器
26	STOP SW(制动踏板位置开关)	检测制动踏板位置开关信号
27	SCS(维修检查)	检测维修检查信号
28	STS(起动机开关)	检测起动机开关信号
32	APS1[加速踏板位置(APP)传感器 A]	检测 APP 传感器 A 信号
33	PD 传感器(空调压力传感器)	检测空调压力传感器信号
34	APS2[加速踏板位置(APP)传感器 B]	检测 APP 传感器 B 信号
35	VSP(车速信号输出)	发送车速信号
36	F-CAN A_L(CAN 通信 A 信号低)	发送和接收通信信号
37	F-CAN A_H(CAN 通信 A 信号高)	发送和接收通信信号
38	F-CAN B_L(CAN 通信 B 信号低)	发送和接收通信信号
39	F-CAN B_H(CAN 通信 B 信号高)	发送和接收通信信号
40	S-NET(发动机防盗锁止系统串行通信)	传送串行通信信号
42*1	PTANK[燃油箱压力(FTP)传感器]	检测 FTP 传感器信号
43	SG5(传感器搭铁)	传感器搭铁
44	VCC5(传感器电压)	提供传感器基准电压
45	VCC4(传感器电压)	提供传感器基准电压
46	SG4(传感器搭铁)	传感器搭铁
47	SO2[辅助加热型氧传感器(辅助 HO2S)(传感器 2)]	检测辅助 HO2S(传感器 2)信号
48	SO2 SG[辅助加热型氧传感器(辅助 HO2S)(传感器 2)搭铁]	辅助 HO2S(传感器 2)搭铁
49	BKSWNC(制动踏板位置开关)	检测制动踏板位置开关信号

注：*1 表示不带 EVAP 双通阀；*2 表示带发动机节能自动启停系统。

表 4-3 80 针连接器端子定义

端子	名 称	定 义
1	HPUMP H(高压燃油泵+)	驱动燃油控制阀(内置于高压燃油泵)
2	INJH4(4 号 INJECTOR+)	驱动 4 号喷油器
3	INJL1(1 号 INJECTOR-)	驱动 1 号喷油器
4	INJL3(3 号 INJECTOR-)	驱动 3 号喷油器
5	INJH2(2 号 INJECTOR+)	驱动 2 号喷油器
6	INJH3(3 号 INJECTOR+)	驱动 3 号喷油器
7	INJ GND2(喷油器搭铁)	PCM 搭铁(喷油器驱动器)
8	INJ GND1(喷油器搭铁)	PCM 搭铁(喷油器驱动器)
13	AFHT N[空燃比(A/F)传感器(传感器 1)加热器控制]	驱动 A/F 传感器(传感器 1)加热器

续表

端子	名 称	定 义
14	HPUMP L(高压燃油泵－)	驱动燃油控制阀(内置于高压燃油泵)
15	INJH1(1号INJECTOR+)	驱动1号喷油器
16	INJL4(4号INJECTOR－)	驱动4号喷油器
17	INJL2(2号INJECTOR－)	驱动2号喷油器
22	GND4(搭铁)	PCM搭铁
23	GND3(搭铁)	PCM搭铁
24	GND2(搭铁)	PCM搭铁
25	WGMTR2(－)(涡轮增压器排气阀控制执行器－侧)	驱动涡轮增压器排气阀控制执行器
26	WGMTR1(+)(涡轮增压器排气阀控制执行器+侧)	驱动涡轮增压器排气阀控制执行器
27	MTR1(节气门执行器)	驱动节气门执行器
28	MTR2(节气门执行器)	驱动节气门执行器
31	ACC(空调压缩机离合器继电器)	驱动空调压缩机离合器继电器
32	CAMEX[凸轮轴位置(CMP)传感器 B]	检测 CMP 传感器 B 信号
34	KSGND(爆震传感器搭铁)	爆震传感器搭铁
35	KS(爆震传感器)	检测爆震传感器信号
36	IG1(点火信号)	检测点火信号
37	IGN01(1号点火线圈脉冲)	驱动1号点火线圈
38	IGN02(2号点火线圈脉冲)	驱动2号点火线圈
39	IGN03(3号点火线圈脉冲)	驱动3号点火线圈
40	IGN04(4号点火线圈脉冲)	驱动4号点火线圈
43	TDCAM[凸轮轴位置(CMP)传感器 A]	检测 CMP 传感器 A 信号
44	CRKP[曲轴位置(CKP)传感器]	检测 CKP 传感器信号
45	SG6(传感器搭铁)	传感器搭铁
46	VTC(EX)(VTC 机油控制电磁阀 B)	驱动 VTC 机油控制电磁阀 B
48	IP[空燃比(A/F)传感器(传感器1)IP 电池]	检测 A/F 传感器(传感器1)IP 电池
50	THL1[节气门位置(TP)传感器 A]	检测 TP 传感器 A 信号
51	THL2[节气门位置(TP)传感器 B]	检测 TP 传感器 B 信号
52	TW[发动机冷却液温度(ECT)传感器1]	检测 ECT 传感器1信号
53	ITA1(TA)[进气温度(IAT)传感器1]	检测 IAT 传感器1信号
54	TW2[发动机冷却液温度(ECT)传感器2]	检测 ECT 传感器2信号
55	ITA2(INTA)[进气温度(IAT)传感器2]	检测 IAT 传感器2信号
56	PB[进气歧管绝对压力(MAP)传感器]	检测 MAP 传感器信号
57	P3(涡轮增压器增压传感器)	检测涡轮增压器增压传感器信号
58	OPSEN(发动机机油压力传感器)	检测发动机机油压力传感器信号
59 *	P-OIL(摇臂机油压力传感器)	检测摇臂机油压力传感器信号
60	DCWGL(涡轮增压器排气阀控制执行器位置传感器)	检测涡轮增压器排气阀控制执行器位置传感器信号
61	FGP[质量空气流量(MAF)传感器脉冲]	检测 MAF 传感器信号
63	VCC6(传感器电压)	提供传感器基准电压
64	VTC(IN)(VTC 机油控制电磁阀 A)	驱动 VTC 机油控制电磁阀 A
65 *	VTS2(摇臂机油控制电磁阀)	驱动摇臂机油控制电磁阀
67	ATPST(变速器挡位开关 P/N 位置)	检测变速器挡位开关 P/N 位置信号
70	VCC1(传感器电压)	提供传感器基准电压
71	SG1(传感器搭铁)	传感器搭铁
72	PF(燃油分配管压力传感器)	检测燃油分配管压力传感器信号
73	VS[空燃比(A/F)传感器(传感器1)VS 电池]	检测 A/F 传感器(传感器1)VS 电池
74	VCENT[空燃比(A/F)传感器(传感器1)虚搭铁]	为 A/F 传感器(传感器1)提供参考电压
75	VCC3(传感器电压)	提供传感器基准电压
76	SG3(传感器搭铁)	传感器搭铁
77	VCC2(传感器电压)	提供传感器基准电压
78	SG2(传感器搭铁)	传感器搭铁
79	ABV(涡轮增压器旁通控制电磁阀)	驱动涡轮增压器旁通控制电磁阀
80	PCS[蒸发排放(EVAP)炭罐净化阀]	驱动 EVAP 炭罐净化阀

注: * 表示带 VTEC 系统。

4.1.4 CVT变速器技术参数

变速器技术参数见表4-4。

表4-4 变速器技术参数

项目	测量	条件	标准值或新车值	维修极限
变速器油	用量	换油时	3.7L	
		大修（油底壳、阀体总成和变速器油泵拆卸、安装与更换）	5.8L	标准量
		大修后	7.6L	
	油液类型		使用本田HCF-2 注意使用错误类型的油液会损坏变速器	
液压	前进挡离合器压力	急速时在D位置	450～730kPa	
	倒挡离合器压力	急速时在R位置	50～440kPa	
	CVT驱动轮压力	急速时在N位置	260～540kPa	
	CVT从动轮压力	急速时在N位置	490～900kPa	
失速转速	检查水平地面上的汽车		2500r/min	2350～2650r/min
前进挡离合器	离合器端板和顶盘之间的间隙		0.8～1.0mm	
倒挡制动器	倒挡制动器端板和顶盘之间的间隙		0.9～1.1mm	调节
输入轴	止推间隙		0.15～0.25mm	调节
从动带轮轴	止推间隙		0～0.13mm	调节
主传动轴	滚锥轴承启动转矩：差速器总成和主传动轴总预加负载	对于新轴承	6.87～27.39N·m	调节
		对于重复使用的轴承	5.63～26.14N·m	调节
CVT差速器托架	滚锥轴承启动转矩：预加负载	对于新轴承	1.35～3.07N·m	调节
		对于重复使用的轴承	1.06～2.78N·m	调节
CVT差速器行星齿轮	齿隙		0.05～0.15mm	

4.1.5 CVT变速器电脑端子定义

变速器电脑端子分布如图4-5所示，端子定义见表4-5。

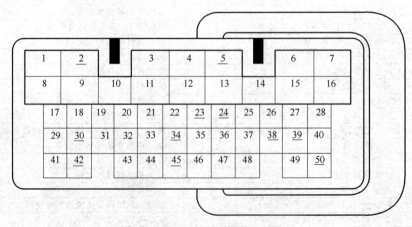

图4-5 变速器电脑端子分布

表 4-5 变速器电脑端子定义

端子	名称	定义
1	＋B(电源)	TCM 的电源
3	F-CAN A_H(F-CAN 通信信号高)	发送和接收通信信号
4	TM-CAN_H(TM-CAN 通信信号高)	发送和接收通信信号
6	SOL C(换挡电磁阀 O/P)	驱动换挡电磁阀 O/P
7	SOL B(换挡电磁阀 B)	驱动换挡电磁阀 B
8	IG1(点火信号)	检测点火信号
9	GND2(TCU)(TCM 搭铁)	TCM 的搭铁
10	GND1(TCU)(TCM 搭铁)	TCM 的搭铁
11	F-CAN A_L(F-CAN 通信信号低)	发送和接收通信信号
12	TM-CAN_L(TM-CAN 通信信号低)	发送和接收通信信号
13	CPCLS(CVT 离合器压力控制电磁阀)	驱动 CVT 离合器压力控制电磁阀
14	DNLS(CVT 从动带轮压力控制电磁阀)	驱动 CVT 从动带轮压力控制电磁阀
15	DRLS(CVT 主动带轮压力控制电磁阀)	驱动 CVT 主动带轮压力控制电磁阀
16	LCCLS(CVT 锁止离合器控制电磁阀)	驱动 CVT 锁止离合器控制电磁阀
17	VCC4(传感器电压)	提供传感器基准电压
18	VCC1(传感器电压)	提供传感器基准电压
19	SG2(传感器搭铁)	传感器搭铁
20	SG1(传感器搭铁)	传感器搭铁
21	VCC2(传感器电压)	提供传感器基准电压
22	VEL-PWM(CVT 转速传感器)	检测 CVT 转速传感器信号
25	SG3(传感器搭铁)	传感器搭铁
26	SLS(换挡锁止电磁阀)	驱动换挡锁止电磁阀
27*	EOPRLY(辅助变速器油泵继电器)	驱动辅助变速器油泵继电器
28	NDR-PWM(CVT 主动轮转速传感器)	检测 CVT 主动带轮转速传感器信号
29	SG4(传感器搭铁)	传感器搭铁
31	PDN(CVT 从动带轮压力传感器)	检测 CVT 从动带轮压力传感器信号
32	SG5(传感器搭铁)	传感器搭铁
33	TATF(变速器液温传感器)	检测变速器液温传感器信号
35	ATP-L(变速器挡位开关 L 位置)	检测变速器挡位开关 L 位置信号
36	ATP-S(变速器挡位开关 S 位置)	检测变速器挡位开关 S 位置信号
37	ATP-D(变速器挡位开关 D 位置)	检测变速器挡位开关 D 位置信号
40*	EOPSIG(辅助变速器油泵)	驱动辅助变速器油泵
41	VCC3(传感器电压)	提供传感器基准电压
43	ATP-RVS(变速器挡位开关 RVS 位置)	检测变速器挡位开关 RVS 位置信号
44	ATP-FWD(变速器挡位开关 FWD 位置)	检测变速器挡位开关 FWD 位置信号
46	ATP-N(变速器挡位开关 N 位置)	检测变速器挡位开关 N 位置信号
47	ATP-R(变速器挡位开关 R 位置)	检测变速器挡位开关 R 位置信号
48	ATP-P(变速器挡位开关 P 位置)	检测变速器挡位开关 P 位置信号
49	NT(变矩器涡轮转速传感器)	检测变矩器涡轮转速传感器信号
50*	EOPSTS(辅助变速器油泵)	检测辅助变速器油泵信号

注：* 表示带发动机节能自动启停系统。

4.1.6 发动机舱电控系统部件位置

第十代雅阁发动机舱电控系统部件位置如 4-6～图 4-8 所示。

4.1.7 悬架系统技术参数

第十代雅阁车轮定位与动平衡数据见表 4-6。

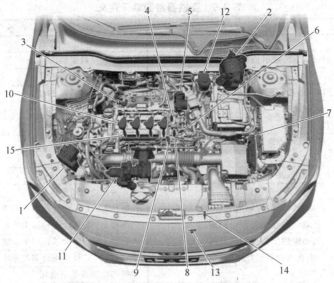

图 4-6 发动机舱电控部件位置（一）

1—VSA 调节器控制单元；2—电子制动助力器；3—涡轮增压器旁通控制电磁阀；4—凸轮轴位置（CMP）传感器 A；5—节气门体；6—发动机冷却液温度（ECT）传感器 1；7—动力系统控制单元（PCM）；8—凸轮轴位置（CMP）传感器 B；9—曲轴位置（CKP）传感器；10—点火线圈；11—涡轮增压器旁通阀控制执行器（与涡轮增压器集成）；12—制动液液位开关；13—车外空气温度传感器；14—发动机冷却液温度（ECT）传感器 2；15—火花塞

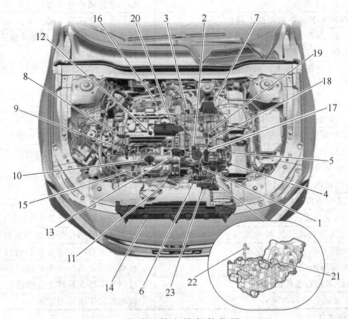

图 4-7 发动机舱电控部件位置（二）

1—变矩器涡轮转速传感器；2—变速器挡位开关；3—CVT 转速传感器；4—CVT 驱动轮转速传感器；5—CVT 从动带轮压力传感器；6—阀体总成；7—变速器控制单元（TCM）；8—VTC 机油控制电磁阀 A；9—VTC 机油控制电磁阀 B；10—空燃比（A/F）传感器（传感器 1）；11—辅助加热型氧传感器（辅助 HO2S）（传感器 2）；12—爆震传感器；13—摇臂机油控制阀；14—格栅；15—发动机机油压力传感器；16—进气歧管绝对压力（MAP）传感器；17—质量空气流量（MAF）传感器/进气温度（IAT）传感器 1；18—进气温度（IAT）传感器 2；19—涡轮增压器增压传感器；20—起动机；21—换挡电磁阀 O/P；22—变速器油温传感器（与电磁阀线束 A 集成）；23—辅助变速器油泵

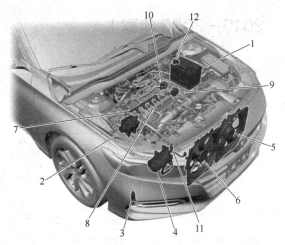

图 4-8 发动机舱电控部件位置（三）

1—12V 蓄电池；2—交流发电机；3—挡风玻璃清洗器电机；4—空调压缩机；5—散热器风扇电机；6—空调冷凝器风扇电机；7—燃油分配管压力传感器；8—喷油器；9—蒸发排放（EVAP）炭罐净化阀；10—燃油控制电磁阀（与高压燃油泵集成）；11—空调压力传感器；12—12V 蓄电池传感器

表 4-6 车轮定位与动平衡数据

项目	测量	条件	标准值或新车值	维修极限
车轮定位	车轮外倾角	前	$-0°18'\pm30'$	
		后	$-1°12'\pm45'$	
	主销后倾角	前	$5°11'\pm30'$	
	总前束	前	$(0\pm2)\mathrm{mm}[(0\pm0.08)\mathrm{in}]$	
		后	$2.1^{+2}_{-1}\mathrm{mm}(0.08^{+0.08}_{-0.04}\mathrm{in})$	
	前轮转向角	内	$38°53'\pm2°$	
		外（参考）	$31°32'$	
动平衡	车轮跳动量（铝制车轮）	轴向	0～0.3mm(0～0.012in)	2.0mm(0.079in)
		径向	0～0.3mm(0～0.012in)	1.5mm(0.059in)
	车轮跳动量（钢制车轮）	轴向	0～0.7mm(0～0.028in)	2.0mm(0.079in)
		径向	0～0.5mm(0～0.020in)	1.5mm(0.059in)
	车轮轴承轴向间隙	前/后	0～0.05mm(0～0.0020in)	

4.1.8 空调系统技术参数

第十代雅阁空调系统技术参数见表 4-7。

表 4-7 空调系统技术参数

项目	测量	条件	标准值或新车值
制冷剂	类型		HFC-134a(R-134a)
	系统容量		395～445g
制冷剂油	类型		DENSO ND-OIL 8
	部件容量	冷凝器（包括干燥器干燥剂）	25mL
		蒸发器	40mL
		每个管路和软管	10mL
		干燥器干燥剂	10mL
		压缩机	92～107mL
压缩机	励磁线圈电阻	20℃	3.9～4.3Ω
	可调容积控制电磁阀电阻	20℃	10.1～11.1Ω
	带轮至电枢板的间隙		0.26～0.60mm

4.2 雅阁锐混动（2019~2020年款）

4.2.1 本田 2.0L LFB11 混动发动机技术参数

发动机技术参数见表 4-8。

表 4-8 发动机技术参数

项目	测量	条件	标准值或新车值	维修极限
点火线圈	点火顺序		1-3-4-2	
火花塞	间隙		1.0~1.1mm	
点火正时	检查红色标记	急速时在 N 挡或 P 挡	20°±2°(BTDC)	
压缩压力	最小值		880kPa	
	最大偏差		200kPa	
气缸盖	翘曲度		最大 0.05mm	
	高度		120.95~121.05mm	
凸轮轴	轴向间隙		0.05~0.25mm	0.40mm
	凸轮轴至支架的油膜间隙	1号轴颈(进气)	0.034~0.069mm	0.150mm
		2号轴颈(进气)	0.064~0.099mm	0.150mm
		3号、4号、5号轴颈(进气)	0.060~0.099mm	0.150mm
	凸轮轴至支架的油膜间隙	1号、2号轴颈(排气)	0.064~0.099mm	0.150mm
		3号、4号、5号轴颈(排气)	0.060~0.099mm	0.150mm
	总跳动量		最大 0.03mm	
	凸轮凸角高度	进气,初级	35.555mm	
		进气,中级	35.874mm	
		进气,次级	35.555mm	
		排气	35.095mm	
气门	间隙(冷态)	进气	0.18~0.22mm	
		排气	不需要调节液压挺杆	
	气门挺杆外径	进气	5.475~5.49mm	5.45mm
		排气	5.445~5.46mm	5.42mm
	气门挺杆至导管的间隙	进气	0.02~0.055mm	0.08mm
		排气	0.05~0.085mm	0.11mm
气门座	宽度	进气	0.85~1.15mm	1.6mm
		排气	1.25~1.55mm	2.0mm
	挺杆安装高度	进气	48.65~49.35mm	49.68mm
		排气	44.90~45.60mm	45.93mm
气门导管	安装高度	进气	17.35~17.85mm	
		排气	17.25~17.75mm	
摇臂	摇臂到轴的间隙	进气	0.018~0.059mm	0.08mm
气缸体	顶面翘曲度		最大 0.07mm	
	气缸直径	X 向	81.000~81.020mm	81.070mm
		Y 向	81.000~81.015mm	81.070mm
	气缸锥度			0.050mm
	镗削极限			0.25mm
活塞	离裙部底端 14mm 处的裙部外径		80.98~80.99mm	80.93mm
	与气缸的间隙		0.010~0.035mm	0.050mm
活塞环	活塞环到环槽的间隙	顶部	0.045~0.085mm	0.165mm
		第二道环	0.030~0.055mm	0.125mm
	环端隙	顶部	0.20~0.30mm	0.60mm
		第二道环	0.30~0.42mm	0.70mm
		油环	0.20~0.50mm	0.80mm

续表

项目	测量	条件	标准值或新车值	维修极限
活塞销	外径		17.960～17.964mm	17.960mm
	活塞销至活塞的间隙		－0.004～0.003mm	0.006mm
连杆	销到连杆的间隙		0.005～0.015mm	0.020mm
	大端孔径		48.0mm	
	轴向间隙		0.15～0.35mm	0.45mm
曲轴	连杆轴颈/主轴颈锥度		最大0.005mm	0.010mm
	连杆轴颈/主轴颈圆度		最大0.005mm	0.010mm
	轴向间隙		0.10～0.35mm	0.45mm
	总跳动量		最大0.03mm	0.04mm
曲轴轴瓦	主轴瓦至轴颈的油膜间隙		0.017～0.035mm	0.045mm
	连杆轴瓦至轴颈的油膜间隙		0.024～0.042mm	
平衡轴	轴颈锥度		最大0.005mm	
	轴向间隙	前/后	0.070～0.120mm	0.135mm
	曲轴到轴承的间隙（前轴）	1号轴颈	0.030～0.062mm	0.080mm
		2号轴颈	0.040～0.100mm	0.130mm
	曲轴到轴承的间隙（后轴）	1号、2号轴颈	0.030～0.062mm	0.080mm
		3号轴颈	0.040～0.100mm	0.130mm
发动机机油	用量	发动机大修	4.5L	
		包括滤清器在内的机油更换时	3.8L	
		不包括滤清器在内的机油更换时	3.5L	
机油泵	机油温度在80℃时的机油压力	急速(1200r/min)时	168.7kPa	
		在2000r/min时	217.7kPa	
散热器	冷却液容积（包括发动机、加热器、软管和储液罐）	发动机大修	6.9L	
		更换冷却液	4.9L	
	冷却液类型		本田全天候2号防冻剂/冷却液	
冷却液储液罐	冷却液容量		0.7L	
散热器盖	开启压力		93～123kPa	
节温器	开启温度	开始打开	80～84℃	
		全开	95℃(203°F)	
	全开时阀门升程		8.0mm	
燃油压力调节器	连接燃油压力表时的压力		380～430kPa	
发动机急速	无负载时的急速转速	在N挡或P挡时	(1200±50)r/min	
	电气负载较高时的急速转速	在N挡或P挡时	(1200±50)r/min	

4.2.2 本田2.0L LFB11混动发动机正时维修

发动机正时单元部件分解如图4-9所示。

凸轮轴正时检查步骤如下。

① 拆卸气缸盖罩。

② 检查凸轮轴正时。

a. 转动曲轴，使1号活塞在上止点（TDC）位置；使曲轴带轮上的白色标记1与指针2对齐，如图4-10所示。

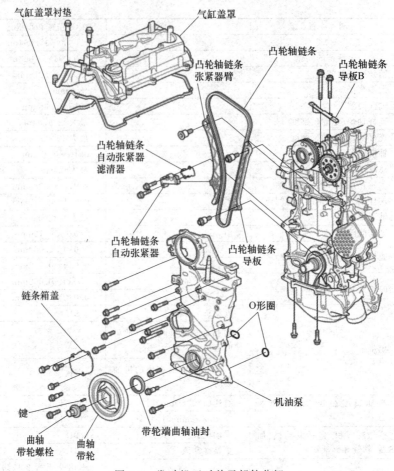

图 4-9　发动机正时单元部件分解

b. 检查1号活塞是否在上止点（TDC）位置。排气凸轮轴链轮上的标记1应与凸轮轴链条导板2上的标记3对齐，如图4-11所示。

图 4-10　设置1号活塞于 TDC 位置
1—标记；2—指针

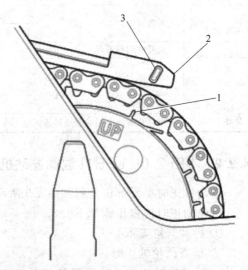

图 4-11　检查排气凸轮轴链轮上的标记位置
1,3—标记；2—导板

c. 检查 VTC 执行器上的标记 1 和凸轮轴链条导板 2 上的标记 3,标记应保持对齐,如图 4-12 所示。如果标记没有对齐,拆下凸轮轴链条并重新正确安装凸轮轴链条。

③ 按与拆卸相反的顺序安装所有拆下零件。

4.2.3 本田 2.0L LFB11 混动发动机电脑端子定义

发动机电脑端子分布如图 4-13 所示,端子定义见表 4-9、表 4-10。

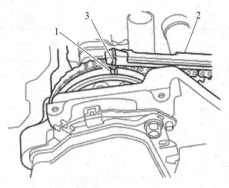

图 4-12 检查 VTC 执行器上标记位置
1,3—标记;2—导板

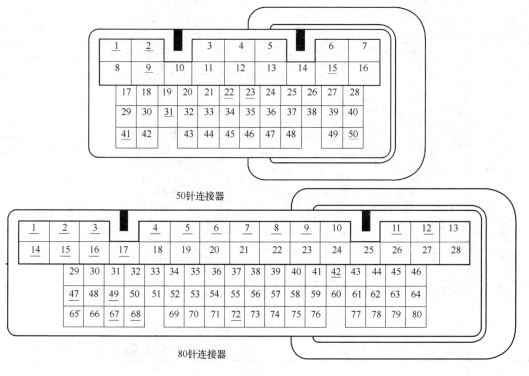

图 4-13 发动机电脑端子分布

表 4-9 50 针连接器端子定义

端子	名称	定义
3	IG1 TCU(电磁阀电源)	电磁阀电源
4	SO2HT[辅助加热型氧传感器(前辅助 HO2S)(传感器 2)加热器控制]	驱动辅助 HO2S(传感器 2)加热器
5	FI MAIN RLY CL−(PGM-FI 主继电器 1/点火线圈继电器)	驱动 PGM-FI 主继电器 1 和点火线圈继电器
6	VSV(EVAP 泄漏检查阀)	驱动 EVAP 泄漏检查阀
7	+B BACKUP FI-ECU(备用电源)	PCM 存储器电源
8	FI MAIN RLY OUT(电源)	PCM 电源
10	LIN(BATT SENSOR)(本地互联网络)	发送和接收通信信号
11	FUEL PUMP RLY CL−(PGM-FI 主继电器 2)	驱动 PGM-FI 主继电器 2
12	PADDLE SW UP(换挡拨片+)	检测换挡拨片+信号

续表

端子	名称	定义
13	FI ECU GND(搭铁)	PCM 搭铁
14	ATP-R(倒挡继电器)	驱动倒挡继电器
16	FI SUB RLY OUT(电源)	PCM 电源
17	风扇控制(RFC 单元控制)	驱动冷却风扇电机(RFC 单元)
18	FAN LO SIGNAL(RFC 继电器)	驱动 RFC 继电器
19	SUB FAN DIODE-(EVAP 泄漏检查单元真空泵)	驱动 EVAP 泄漏检查单元真空泵
20	EP-CAN A_L(CAN 通信信号低)	发送和接收通信信号
21	EP-CAN A_H(CAN 通信信号高)	发送和接收通信信号
24	ENG EWP RLY(发动机冷却液电动泵继电器)	驱动发动机冷却液电动泵继电器
25	FI SUB RLY CL－(PGM-FI 辅助继电器)	驱动 PGM-FI 辅助继电器
26	STOP SW(制动踏板位置开关)	检测制动踏板位置开关信号
27	SCS(维修检查)	检测维修检查信号
28	STS(起动机开关)	检测起动机开关信号
29	PADDLE SW DOWN(换挡拨片－)	检测换挡拨片-信号
30	EVTC RLY CL－(电动 VTC 继电器)	驱动电动 VTC 继电器
32	APS1[加速踏板位置(APP)传感器 A]	检测 APP 传感器 A 信号
33	PD 传感器(空调压力传感器)	检测空调压力传感器信号
34	APS2[加速踏板位置(APP)传感器 B]	检测 APP 传感器 B 信号
35	VSP(车速信号输出)	发送车速信号
36	F-CAN A_L(CAN 通信信号低)	发送和接收通信信号
37	F-CAN A_H(CAN 通信信号高)	发送和接收通信信号
38	F-CAN D_L(CAN 通信信号低)	发送和接收通信信号
39	F-CAN D_H(CAN 通信信号高)	发送和接收通信信号
40	S-NET(发动机防盗锁止系统串行通信)	传送串行通信信号
42	PTANK(EVAP 泄漏检查单元压力传感器)	检测 EVAP 泄漏检查单元压力传感器信号
43	SG5(传感器搭铁)	传感器搭铁
44	VCC5(传感器电压)	提供传感器基准电压
45	VCC4(传感器电压)	提供传感器基准电压
46	SG4(传感器搭铁)	传感器搭铁
47	SO2[辅助加热型氧传感器(辅助 HO2S)(传感器 2)]	检测辅助 HO2S(传感器 2)信号
48	SO2 SG[辅助加热型氧传感器(辅助 HO2S)(传感器 2)搭铁]	辅助 HO2S(传感器 2)搭铁
49	BKSWNC(制动踏板位置开关)	检测制动踏板位置开关信号

表 4-10　80 针连接器端子定义

端子	名称	定义
10	EEGR[废气再循环(EGR)阀]	驱动 EGR 阀
13	AFHT[空燃比(A/F)传感器 1 加热器控制]	驱动 A/F 传感器(传感器 1)加热器
18	INJ 1(1 号喷油器)	驱动 1 号喷油器
19	INJ 4(4 号喷油器)	驱动 4 号喷油器
20	INJ3(3 号喷油器)	驱动 3 号喷油器
21	INJ 2(2 号喷油器)	驱动 2 号喷油器
22	GND 4(搭铁)	PCM 搭铁
23	GND3(搭铁)	PCM 搭铁
24	GND 2(搭铁)	PCM 搭铁
25	SHB(换挡电磁阀 B)	驱动换挡电磁阀 B
26	SHA(换挡电磁阀 A)	驱动换挡电磁阀 A
27	MTR1(节气门执行器)	驱动节气门执行器
28	MTR2(节气门执行器)	驱动节气门执行器

续表

端子	名称	定义
29	EWP C(SWP)(电子发动机冷却液电动泵控制)	发送发动机冷却液电动泵控制信号
30	EVTS(电动 VTC 转速传感器)	检测电动 VTC 转速传感器信号
31	EVTP(电动 VTC 控制信号)	发送电动 VTC 控制信号
32	PARKBUSY(驻车棘爪执行器驱动器单元的通信信号)	检测驻车位置信号
33	PODCL(变速器油压传感器)	检测变速器油压传感器信号
34	KSGND(爆震传感器搭铁)	爆震传感器传感器搭铁
35	KS(爆震传感器)	检测爆震传感器信号
36	IG1(IG1MONI)	检测点火信号
37	IGN01A(1 号点火线圈脉冲)	驱动 1 号点火线圈
38	IGN02A(2 号点火线圈脉冲)	驱动 2 号点火线圈
39	IGN03A(3 号点火线圈脉冲)	驱动 3 号点火线圈
40	IGN04A(4 号点火线圈脉冲)	驱动 4 号点火线圈
41	CAM[凸轮轴位置(CMP)传感器 A]	检测 CMP 传感器 A 信号
43	TDC[凸轮轴位置(CMP)传感器 B]	检测 CMP 传感器 B 信号
44	CRKP[曲轴位置(CKP)传感器]	检测 CKP 传感器信号
45	SG6(传感器搭铁)	传感器搭铁
46	EVTD(电动 VTC 转速传感器)	检测电动 VTC 转速传感器信号
48	IP[空燃比(A/F)传感器(传感器 1)IP 电池]	检测 A/ 传感器(S1)IP 电池信号
50	THL1[节气门位置(TP)传感器 A]	检测 TP 传感器 A 信号
51	THL2[节气门位置(TP)传感器 B]	检测 TP 传感器 B 信号
52	TW[发动机冷却液温度(ECT)传感器 1]	检测 ECT 传感器 1 信号
53	TA[进气温度(IAT)传感器 1]	检测 IAT 传感器 1 信号
54	TW2[发动机冷却液温度(ECT)传感器 2]	检测 ECT 传感器 2 信号
55	INTA[进气温度(IAT)传感器 2]	检测 IAT 传感器 2 信号
56	MAP(PB)[歧管绝对压力(MAP)传感器]	检测 MAP 传感器信号
57	EVTM(电动 VTC 诊断)	检测电动 VTC 诊断信号
58	OPSEN(发动机机油压力传感器)	检测发动机机油压力传感器信号
59*1	POIL(摇臂机油压力传感器)	检测摇臂机油压力传感器信号
60	EWP REV(NWP)(发动机冷却液电动泵)	检测发动机冷却液电动泵转速信号
61	VGP[质量空气流量(MAF)传感器＋侧]	检测 MAF 传感器信号
62	VGM[质量空气流量(MAF)传感器－侧]	MAF 传感器搭铁
63	VCC6(传感器电压)	提供传感器基准电压
64	PARKCMD(驻车棘爪执行器驱动器单元的通信信号)	发送驻车位置切换信号
65	VTS(摇臂机油控制电磁阀)	驱动摇臂机油控制电磁阀
66	NGENPLS(发电机转子脉冲)	检测发电机转子旋转脉冲
69	EGRL[废气再循环(EGR)阀位置传感器]	检测 EGR 阀位置传感器信号
70	VCC1(传感器电压)	提供传感器基准电压
71	SG1(传感器搭铁)	传感器搭铁
73	VS[空燃比(A/F)传感器(传感器 1)VS 电池]	检测 A/F 传感器(传感器 1)VS 电池信号
74	VCENT[空燃比(A/F)传感器(传感器 1)虚搭铁]	为 A/F 传感器(传感器 1)提供参考电压
75	VCC3(DBW)(传感器电压)	提供传感器基准电压
76	SG3(DBW)(传感器搭铁)	传感器搭铁
77	VCC2(传感器电压)	提供传感器基准电压
78	SG2(传感器搭铁)	传感器搭铁
79*1	PCS2[蒸发排放(EVAP)炭罐净化阀 2]	驱动 EVAP 炭罐净化阀 2
80*1	PCS1[蒸发排放(EVAP)炭罐净化阀 1]	驱动 EVAP 炭罐净化阀 1
80*2	PCS[蒸发排放(EVAP)炭罐净化阀]	驱动 EVAP 炭罐净化阀

注：*1 表示不带 EVAP 双通阀；*2 表示带 EVAP 双通阀。

4.2.4 电子动力系统部件位置

电子动力系统由高压电机和发动机提供动力。系统根据行驶情况或通过手动操作 EV 开关切换驱动动力，通过优化使用可用动力，驱动车辆行驶。主要部件为发动机、两个高压电机、电源控制单元（PCU）、高压蓄电池和蓄电池电源电缆。各部件位置如图 4-14～图 4-16 所示。

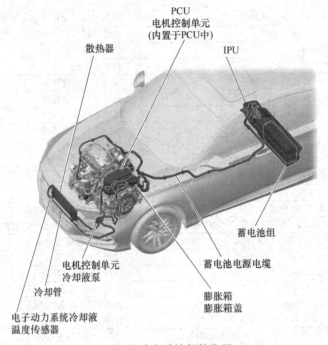

图 4-14 电子动力系统部件位置（一）

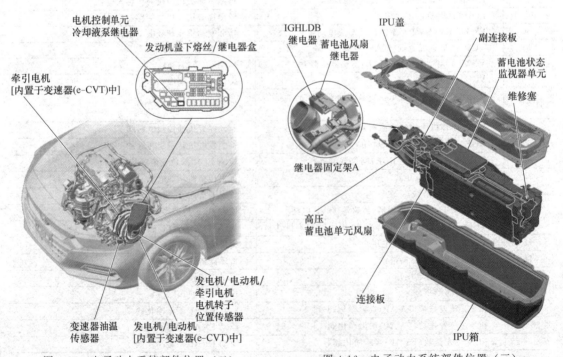

图 4-15 电子动力系统部件位置（二）　　　图 4-16 电子动力系统部件位置（三）

4.2.5 混动系统电机控制器端子定义

电机控制器端子分布如图 4-17 所示,端子定义见表 4-11。

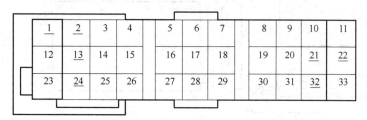

图 4-17 电机控制器端子分布

表 4-11 电机控制器端子定义

端子	名 称	定 义
3	S1G	输入发电机/电动机转子位置传感器(SIN)信号
4	R1G	输出发电机/电动机转子位置传感器励磁信号
5	F-CAN D_H	发送和接收 F-CAN D 通信信号(高)
6	F-CAN D_L	发送和接收 F-CAN D 通信信号(低)
7	NEWP	检测电机控制单元冷却泵旋转信号
8	R1M	输出牵引电动机转子位置传感器励磁信号
9	S1M	输入牵引电动机转子位置传感器(SIN)信号
10	TMOT	检测牵引电动机温度传感器信号
11	IGA	电机控制单元的电源
12	PG	电机控制单元搭铁
14	S3G	输入发电机/电动机转子位置传感器(SIN)信号
15	R2G	输出发电机/电动机转子位置传感器励磁信号
16	TWPCU	检测电子动力冷却泵温度传感器信号
17	SGTEMP	电子动力冷却泵温度传感器搭铁
18	EWP	驱动电机控制单元冷却泵
19	R2M	输出牵引电动机转子位置传感器
20	S3M	输入发电机/电动机转子位置传感器(SIN)信号
23	TATF	检测变速器液温传感器信号
25	S4G	输入发电机/电动机转子位置传感器(COS)信号
26	S2G	输入发电机/电动机转子位置传感器(COS)信号
27	EP-CAN A_H	发送和接收 EPP-CAN 通信信号(高)
28	EP-CAN A_L	发送和接收 EPP-CAN 通信信号(低)
29	NGENPLS	输出发电机/电动机旋转速度信号
30	S2M	输入牵引电动机转子位置传感器(COS)信号
31	S4M	输入牵引电动机转子位置传感器(COS)信号
33	IG PCU EWP	驱动电机控制单元冷却泵继电器

4.2.6 电池管理器端子定义

电池管理器连接器位置与端子分布如图 4-18 所示,端子定义见表 4-12~表 4-17。

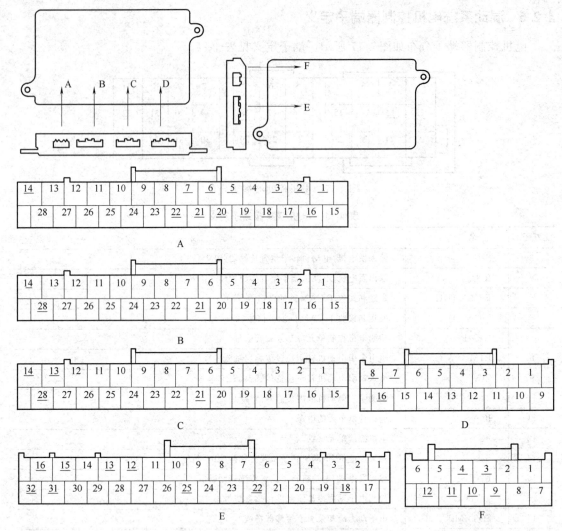

图 4-18 电池管理器连接器位置与端子分布

表 4-12 连接器 A 端子定义

端子	名称	定　　义	端子	名称	定　　义
4	BATT−	检测高压蓄电池负极(−)端子信号	15	BATT+	检测高压蓄电池正极(+)端子信号
8	VH0	检测蓄电池单元电压信号	23	VH1	检测蓄电池单元电压信号
9	VH2	检测蓄电池单元电压信号	24	VH3	检测蓄电池单元电压信号
10	VH4	检测蓄电池单元电压信号	25	VH5	检测蓄电池单元电压信号
11	VH6	检测蓄电池单元电压信号	26	VH7	检测蓄电池单元电压信号
12	VH8	检测蓄电池单元电压信号	27	VH9	检测蓄电池单元电压信号
13	VH10	检测蓄电池单元电压信号	28	VH11	检测蓄电池单元电压信号

表 4-13 连接器 B 端子定义

端子	名称	定　　义	端子	名称	定　　义
1	VH13	检测蓄电池单元电压信号	6	VH23	检测蓄电池单元电压信号
2	VH15	检测蓄电池单元电压信号	7	VH24	检测蓄电池单元电压信号
3	VH17	检测蓄电池单元电压信号	8	VH26	检测蓄电池单元电压信号
4	VH19	检测蓄电池单元电压信号	9	VH28	检测蓄电池单元电压信号
5	VH21	检测蓄电池单元电压信号	10	VH30	检测蓄电池单元电压信号

续表

端子	名称	定义	端子	名称	定义
11	VH32	检测蓄电池单元电压信号	20	VH22	检测蓄电池单元电压信号
12	VH34	检测蓄电池单元电压信号	22	VH25	检测蓄电池单元电压信号
13	VH36-0	检测蓄电池单元电压信号	23	VH27	检测蓄电池单元电压信号
15	VH12	检测蓄电池单元电压信号	24	VH29	检测蓄电池单元电压信号
16	VH14	检测蓄电池单元电压信号	25	VH31	检测蓄电池单元电压信号
17	VH16	检测蓄电池单元电压信号	26	VH33	检测蓄电池单元电压信号
18	VH18-0	检测蓄电池单元电压信号	27	VH35	检测蓄电池单元电压信号
19	VH20	检测蓄电池单元电压信号			

表 4-14 连接器 C 端子定义

端子号	名称	定义	端子号	名称	定义
1	VH37	检测蓄电池单元电压信号	15	VH36-1	检测蓄电池单元电压信号
2	VH39	检测蓄电池单元电压信号	16	VH38	检测蓄电池单元电压信号
3	VH41	检测蓄电池单元电压信号	17	VH40	检测蓄电池单元电压信号
4	VH43	检测蓄电池单元电压信号	18	VH42	检测蓄电池单元电压信号
5	VH45	检测蓄电池单元电压信号	19	VH44	检测蓄电池单元电压信号
6	VH47	检测蓄电池单元电压信号	20	VH46	检测蓄电池单元电压信号
7	VH48	检测蓄电池单元电压信号	22	VH49	检测蓄电池单元电压信号
8	VH50	检测蓄电池单元电压信号	23	VH51	检测蓄电池单元电压信号
9	VH52	检测蓄电池单元电压信号	24	VH53	检测蓄电池单元电压信号
10	VH54-0	检测蓄电池单元电压信号	25	VH55	检测蓄电池单元电压信号
11	VH56	检测蓄电池单元电压信号	26	VH57	检测蓄电池单元电压信号
12	VH58	检测蓄电池单元电压信号	27	VH59	检测蓄电池单元电压信号

表 4-15 连接器 D 端子定义

端子	名称	定义	端子	名称	定义
1	VH61	检测蓄电池单元电压信号	10	VH62	检测蓄电池单元电压信号
2	VH63	检测蓄电池单元电压信号	11	VH64	检测蓄电池单元电压信号
3	VH65	检测蓄电池单元电压信号	12	VH66	检测蓄电池单元电压信号
4	VH67	检测蓄电池单元电压信号	13	VH68	检测蓄电池单元电压信号
5	VH69	检测蓄电池单元电压信号	14	VH70	检测蓄电池单元电压信号
6	VH71	检测蓄电池单元电压信号	15	VH72	检测蓄电池单元电压信号
9	VH60	检测蓄电池单元电压信号			

表 4-16 连接器 E 端子定义

端子	名称	定义
1	+B IGB	蓄电池状态监视器单元的电源(备用)
2	IGB	蓄电池状态监视器单元的电源
3	CNTPSIN	连接器电源
4	CNTP	驱动高压连接器
5	CNTN	驱动高压副连接器
6	PRE	驱动旁通连接器
7	IG1MONI	检测 IG1 信号
8	F-CAN D_L	发送和接收 F-CAN D 通信信号(低)
9	F-CAN D_H	发送和接收 F-CAN D 通信信号(高)
10	EP-CAN A_L	发送和接收 EPP-CAN 通信信号(低)
11	EP-CAN A_H	发送和接收 EPP-CAN 通信信号(高)
14	NFAN	检测高压蓄电池单元风扇旋转速度信号
17	PG(ECU)	蓄电池状态监视器单元搭铁
19	IGHLDB	驱动 IGHLDB 继电器

续表

端子	名称	定义
20	IGHLD	驱动 IG HLD1 继电器
21	IGHLD2	驱动蓄电池风扇继电器
23	IGAMONI	检测 IGA 信号
24	FANCTL	驱动高压蓄电池单元风扇
26	ISOC	检测蓄电池电流传感器信号（正常范围）
27	ISOCF	检测蓄电池电流传感器信号（好的范围）
28	VCCISOC	提供蓄电池电流传感器参考电压
29	SGISOC	蓄电池电流传感器搭铁
30	CDS	检测来自 SRS 单元的碰撞检测信号

表 4-17 连接器 F 端子定义

端子	名称	定义
1	TBATT1	检测高压蓄电池单元温度传感器 1 信号
2	TBATT3	检测高压蓄电池单元温度传感器 3 信号
5	BATTIND1	检测高压蓄电池单元识别电阻信号
6	SGTB	高压蓄电池单元传感器搭铁
7	TBATT2	检测高压蓄电池单元温度传感器 2 信号
8	TBATT4	检测高压蓄电池单元温度传感器 4 信号

4.2.7 变速器换挡控制模块与驻车控制模块端子定义

变速器换挡控制模块端子分布如图 4-19 所示，端子定义见表 4-18，驻车控制模块端子分布如图 4-20 所示，端子定义见表 4-19。

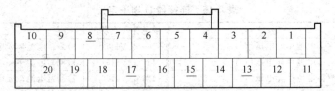

图 4-19 换挡控制模块端子分布

表 4-18 换挡控制模块端子定义

端子	名称	定义
1	GND	SBW 换挡器控制单元搭铁
2	SBW SG	传感器搭铁
3	ILL-(LED)	检测照明控制信号
4	SBW PPOS2	检测到驻车位置传感器 P 位置信号
5	F-CAN D_H	发送和接收通信信号
6	F-CAN D_L	发送和接收通信信号
7	MTR CUT2(IG1)	输出钥匙松开信号
9	EP-CAN A_H	发送和接收通信信号
10	EP-CAN A_L	发送和接收通信信号
11	SBW PPOS1	检测到驻车位置传感器 P 位置信号
12	SBW VCC	提供传感器基准电压
14	ATP-P	输出 P 位置信号
16	ACC	SBW 换挡器控制单元电源
18	IG1 ACG	SBW 换挡器控制单元电源
19	ILLUMI+	SBW 换挡器照明电源
20	+B SHIFTER	SBW 换挡器控制单元电源

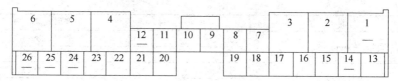

图 4-20 驻车控制模块端子分布

表 4-19 驻车控制模块端子定义

端子	名称	定义
2	GND	驻车棘爪执行器驱动器单元搭铁
3	GND	驻车棘爪执行器驱动器单元搭铁
4	P-ACT MTR W	检测驻车棘爪执行器电机 W 相信号
5	P-ACT MTR V	检测驻车棘爪执行器电机 V 相信号
6	P-ACT MTR U	检测驻车棘爪执行器电机 U 相信号
7	F-CAN D_L	发送和接收通信信号
8	F-CAN D_H	发送和接收通信信号
9	IGN TRX	通信信号
10	PARKCMD	发送和接收通信信号
11	PARKBUSY	发送和接收通信信号
13	+B P-DRV	驻车棘爪执行器驱动器单元电源
15	IG1 E-驻车	检测点火信号
16	ESL PWR	检测 ESL PWR 信号
17	GND	驻车棘爪执行器驱动器单元搭铁
18	GND	驻车棘爪执行器驱动器单元搭铁
19	P-ACT EENC	驻车棘爪执行器编码器搭铁
20	P-ACT VENC	驻车棘爪执行器编码器电源
21	P-ACT RB	检测驻车棘爪执行器编码器信号
22	P-ACT RA	检测驻车棘爪执行器编码器信号
23	P-ACT RLY CL−	驱动驻车棘爪执行器继电器

4.3 凌派（2019 年款）

4.3.1 本田 1.0T P10A3 发动机技术参数

发动机技术参数见表 4-20。

表 4-20 发动机技术参数

项目	测量	条件	标准值或新车值	维修极限
点火线圈	点火顺序		1-2-3	
火花塞	间隙		0.7~0.8mm	
点火正时	检查白色标记	急速时 M/T 在空挡,CVT 在 N 挡或 P 挡	0°±2°(BTDC)	
正时带	张紧度		自动张紧器	
交流发电机	电刷长度		10.5mm	1.5mm
压缩压力	最小值		930kPa	
	最大偏差		200kPa	
气缸盖	翘曲度		最大 0.08mm	
	高度		133.9~134.1mm	
凸轮轴	轴向间隙	进气/排气	0.10~0.25mm	0.40mm
	凸轮轴至支架的油膜间隙		0.030~0.070mm	0.150mm
	总跳动量		最大 0.02mm	
	凸轮凸角高度	进气、初级	30.8443mm	
		进气、中级	33.0706mm	
		进气、次级	30.8443mm	
		排气	33.1798mm	

续表

项目	测量	条件	标准值或新车值	维修极限
气门	间隙(冷态)	进气	0.21~0.25mm	
		排气	0.27~0.31mm	
	气门挺杆外径	进气	5.480~5.490mm	5.470mm
		排气	5.450~5.465mm	5.445mm
	气门挺杆至导管的间隙	进气	0.020~0.050mm	0.080mm
		排气	0.045~0.080mm	0.110mm
气门座	宽度	进气/排气	1.25~1.55mm	1.90mm
	挺杆安装高度	进气	46.16~46.46mm	46.66mm
		排气	49.35~49.55mm	49.75mm
气门导管	安装高度	进气/排气	16.65~17.15mm	
摇臂	摇臂到轴的间隙	进气	0.018~0.064mm	0.080mm
		排气	0.018~0.059mm	0.080mm
气缸体	顶面翘曲度		最大 0.07mm	
	气缸直径	X 向	73.000~73.020mm	73.070mm
		Y 向	73.000~73.015mm	73.070mm
	气缸锥度			0.050mm
	镗削极限			0.25mm
活塞	离裙部底端 9mm 处的裙部外径		72.979~73.013mm	72.979mm
	与气缸的间隙		-0.013~0.041mm	0.043mm
活塞环	活塞环到环槽的间隙	顶部	0.040~0.065mm	0.085mm
		第二道环	0.030~0.055mm	0.075mm
	环端隙	顶部	0.15~0.25mm	0.25mm
		第二道环	0.25~0.37mm	0.37mm
		油环	0.20~0.50mm	0.50mm
活塞销	外径		17.960~17.964mm	17.960mm
	活塞销至活塞的间隙		-0.004~0.004mm	0.006mm
连杆	销到连杆的间隙		0.004~0.016mm	0.020mm
	大端孔径		38.0mm	
	轴向间隙		0.075~0.275mm	0.375mm
曲轴	连杆轴颈/主轴颈锥度		最大 0.005mm	0.010mm
	连杆轴颈/主轴颈圆度		最大 0.005mm	0.010mm
	轴向间隙		0.10~0.31mm	0.41mm
	总跳动量		最大 0.03mm	0.04mm
曲轴轴瓦	主轴瓦至轴颈的油膜间隙		0.018~0.036mm	0.038mm
	连杆轴瓦至轴颈的油膜间隙		0.019~0.037mm	
发动机机油	用量	发动机大修	4.5L	
		包括滤清器在内的机油更换时	3.8L	
		不包括滤清器在内的机油更换时	3.5L	
机油泵	机油温度在 100℃ 时的机油压力	急速时	100kPa	
		在 3000r/min 时	120kPa	
散热器	冷却液容量(包括发动机、加热器、软管和膨胀箱:M/T)	发动机大修	5.9L	
		更换冷却液	5.0L	
	冷却液容量(包括发动机、加热器、软管和膨胀箱:CVT)	发动机大修	6.1L	
		更换冷却液	5.1L	
	冷却液类型		本田全天候 2 号防冻剂/冷却液	
膨胀罐	冷却液容量		0.6L	

续表

项目	测量	条件	标准值或新车值	维修极限
膨胀罐盖	开启压力		93～123kPa	
节温器	开启温度(12V时)	开始打开	58℃	
		全开	98℃	
	全开时阀门升程		8.0mm	
燃油压力调节器	连接燃油压力表时的压力		480～530kPa	
发动机怠速	无负载时的怠速转速	M/T在空挡,CVT在N挡或P挡	(950±50)r/min	
	电气负载较高时的怠速转速	M/T在空挡,CVT在N挡或P挡	(1050±50)r/min	
	怠速CO		最大0.1%	

4.3.2 本田1.0T P10A3发动机正时维修

发动机正时单元部件分解如图4-21所示。

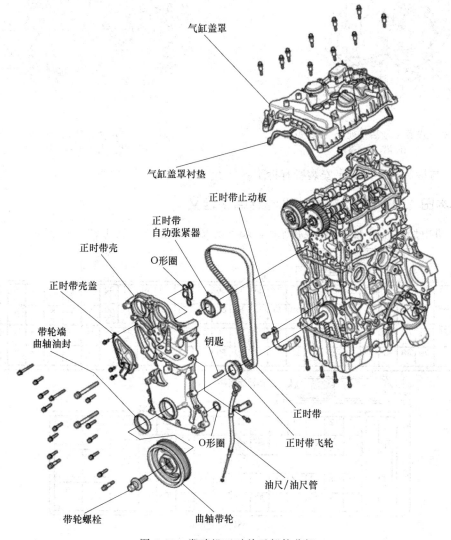

图4-21 发动机正时单元部件分解

发动机凸轮轴正时检查步骤如下。

① 移动气缸盖罩（不带 EVAP 双通阀），不要拆下软管上的断头箍带。移动前罩板。

② 拆卸右前轮。

③ 拆卸发动机底盖。

④ 检查凸轮轴正时。

a. 转动曲轴，使1号活塞处于上止点（TDC）位置；使曲轴带轮上的白色标记1与正时带壳的指针2对齐，如图4-22所示。

b. 使1号活塞在上止点（TDC）位置，并检查 VTC 执行器1、2的标记3在顶部。注意如果标记未对准，转动曲轴360°，并重新检查 VTC 执行器1、2标记。

c. 检查 VTC 执行器1和1号凸轮轴固定架表面的标记4，VTC 执行器2和气缸盖表面的标记5，如图4-23所示。注意如果标记仍未对齐，则拆下正时带并重新安装正时带到位。

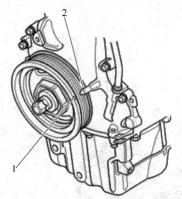

图 4-22　设置1号活塞处于 TDC 位置
1—标记；2—指针

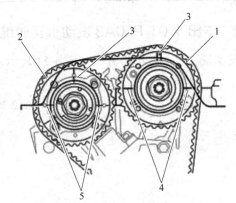

图 4-23　VTC 执行器标记对齐
1,2—VTC 执行器；3~5—标记

⑤ 按与拆卸相反的顺序安装所有拆下零件。

4.3.3　本田 1.0T P10A3 发动机电脑端子定义

发动机电脑端子分布如图4-24所示，端子定义见表4-21、表4-22。

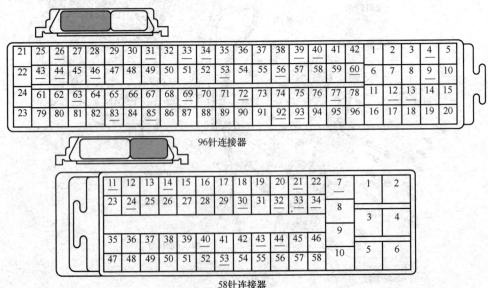

图 4-24　发动机电脑端子分布

表 4-21　96 针连接器端子定义

端子	名　　称	定　　义
1	VTCEX(VTC 机油控制电磁阀 B)	驱动 VTC 机油控制电磁阀 B
2	HPUMP H(高压燃油泵 +)	驱动燃油控制电磁阀(内置于高压燃油泵中)
3	MTR1(节气门执行器)	驱动节气门执行器
5	WGMTR1(涡轮增压器排气阀控制执行器 + 侧)	驱动涡轮增压器排气阀控制执行器
6	VTCIN(VTC 机油控制电磁阀 A)	驱动 VTC 机油控制电磁阀 A
7	HPUMP L(高压燃油泵 -)	驱动燃油控制电磁阀(内置于高压燃油泵中)
8	MTR2(节气门执行器)	驱动节气门执行器
10	WGMTR2(涡轮增压器排气阀控制执行器-侧)	驱动涡轮增压器排气阀控制执行器
11	SO2HT[辅助加热型氧传感器(前辅助 HO2S)(传感器 2)加热器控制]	驱动辅助 HO2S(传感器 2)加热器
14	INJ L2(2 号喷油器 -)	驱动 2 号喷油器
15	INJ H2(2 号喷油器 +)	驱动 2 号喷油器
16	AFHT[空燃比(A/F)传感器 1 加热器控制]	驱动 A/F 传感器(传感器 1)加热器
17	INJ H1(1 号喷油器 +)	驱动 1 号喷油器
18	INJ L1(1 号喷油器 -)	驱动 1 号喷油器
19	INJ L3(3 号喷油器 -)	驱动 3 号喷油器
20	INJ H3(3 号喷油器 +)	驱动 3 号喷油器
21	OPCV(油泵控制阀)	运行油泵控制阀
22	SO2[辅助加热型氧传感器(辅助 HO2S)(传感器 2)]	检测辅助 HO2S(传感器 2)信号
23	GND(DBW)(传感器搭铁)	传感器搭铁
24	SO2SG[辅助加热型氧传感器(辅助 HO2S)(传感器 2)搭铁]	辅助 HO2S(传感器 2)搭铁
25	VTSIN(摇臂机油控制电磁阀)	驱动摇臂机油控制电磁阀
27	PB[进气歧管绝对压力(MAP)传感器]	检测 MAP 传感器信号
28 *1	NSS2(空挡位置传感器)	检测空挡位置传感器信号
29	SG2(传感器搭铁)	传感器搭铁
30 *1	NSS1(空挡位置传感器)	检测空挡位置传感器信号
32	PF(燃油分配管压力传感器)	检测燃油分配管压力传感器信号
35	GND(AFM)(传感器搭铁)	传感器搭铁
36	LAF VG[空燃比(A/F)传感器(传感器 1)基准电压]	检测 A/F 传感器(传感器 1)信号
37	LAF CP[空燃比(A/F)传感器(传感器 1)微调电阻]	检测 A/F 传感器(传感器 1)信号
38 *1	NC[输出轴(副轴)转速传感器]	检测输出轴(副轴)转速传感器信号
41	IGN02(2 号点火线圈脉冲)	驱动 2 号点火线圈
42	IGN03(3 号点火线圈脉冲)	驱动 3 号点火线圈
45	TA[进气温度(IAT)传感器 3]	检测 IAT 传感器 3 信号
47	OPSEN(摇臂机油压力传感器)	检测摇臂机油压力传感器信号
48	VTMIN(摇臂机油压力开关)	检测摇臂机油压力开关信号
49	TW1[发动机冷却液温度(ECT)传感器 1]	检测 ECT 传感器 1 信号
50	OTSEN[发动机油温度(EOT)传感器]	检测 EOT 传感器信号
51	P3(涡轮增压器增压传感器)	检测涡轮增压器增压传感器信号
52	TA2[进气温度(IAT)传感器 1]	检测 IAT 传感器 1 信号
54	LAF VN[空燃比(A/F)传感器(传感器 1)负电流控制]	检测 A/F 传感器(传感器 1)信号
55	LAF CA[空燃比(A/F)传感器(传感器 1)正电流控制]	检测 A/F 传感器(传感器 1)信号
57	CAMEX[凸轮轴位置(CMP)传感器 B]	检测 CMP 传感器 B 信号
58	GND(EX CAM)(传感器搭铁)	传感器搭铁
59	IGN01(1 号点火线圈脉冲)	驱动 1 号点火线圈
61	VCC(DBW)(传感器电压)	提供传感器基准电压
62 *1	VCC(N 传感器)(传感器电压)	提供传感器基准电压
64	VCC(MAP)(传感器电压)	提供传感器基准电压
65	VCC(WG)(传感器电压)	提供传感器基准电压
66	VCC(CAMIN)(传感器电压)	提供传感器基准电压
67	VCC(EX CAM)(传感器电压)	提供传感器基准电压

续表

端子	名称	定义
68	T3[进气温度(IAT)传感器 2]	检测 IAT 传感器 2 信号
70	WGL(涡轮增压器排气阀控制执行器位置传感器)	检测涡轮增压器排气阀控制执行器位置传感器信号
71	KS POS(爆震传感器)	检测爆震传感器信号
73	CAMIN[凸轮轴位置(CMP)传感器 A]	检测 CMP 传感器 A 信号
74	GND(IN CAM)(传感器搭铁)	传感器搭铁
75	CRK[曲轴位置(CKP)传感器]	检测 CKP 传感器信号
76	GND(CRK)(传感器搭铁)	传感器搭铁
78	GND(PF)(传感器搭铁)	传感器搭铁
79	ECT1(恒温加热器)	运行恒温加热器
80	VCC(CRK)(传感器电压)	提供传感器基准电压
81	VCC(PF)(传感器电压)	提供传感器基准电压
82	VCC(P-OIL)(传感器电压)	提供传感器基准电压
84*1	GND(N 传感器)(传感器搭铁)	传感器搭铁
86	PT-CAN_L(PT-CAN 通信信号低)	TCM 的发送和接收通信信号
87	PT-CAN_H(PT-CAN 通信信号低)	TCM 的发送和接收通信信号
88	THL2[节气门位置(TP)传感器 B]	检测 TP 传感器 B 信号
89	THL1[节气门位置(TP)传感器 A]	检测 TP 传感器 A 信号
90	KS NEG(爆震传感器搭铁)	爆震传感器搭铁
91	GND(TW)(传感器搭铁)	传感器搭铁
94	LIN(本地互联网络)	发送和接收通信信号
95	GND(WG)(传感器搭铁)	传感器搭铁
96	PCS[蒸发排放(EVAP)炭罐净化阀]	驱动 EVAP 炭罐净化阀

注：*1 表示 M/T。

表 4-22　58 针连接器端子定义

端子	名称	定义
1	GND(电源搭铁)	PCM 搭铁
2	FI MAIN RLY OUT(电源)	PCM 电源
3	GND(电源搭铁)	PCM 搭铁
4	FI MAIN RLY OUT(电源)	PCM 电源
5	GND(电源搭铁)	PCM 搭铁
6	FI MAIN RLY OUT(电源)	PCM 电源
8	SCS(维修检查)	检测维修检查信号
9	SG5(传感器搭铁)	传感器搭铁
10	SG4(传感器搭铁)	传感器搭铁
12	FAN LO SIGNAL(散热器风扇控制)	驱动散热器风扇继电器
13	FUEL PUMP RLY CL-(PGM-FI 主继电器 2)	驱动 PGM-FI 主继电器 2
15	F-CAN A_H(CAN 通信信号高)	发送和接收通信信号
16	S-NET(发动机防盗锁止系统串行通信)	传送串行通信信号
17*3	F-CAN B_L(CAN 通信信号低)	发送和接收通信信号
18	BKSWNC(制动踏板位置开关)	检测制动踏板位置开关信号
19	TW2 SENSOR[发动机冷却液温度(ECT)传感器 2]	检测 ECT 传感器 2 信号
20	STS(起动机开关)	检测起动机开关信号
22*1	CLUTCH SW(SA)(离合器踏板位置开关 A)	检测离合器踏板位置开关 A 信号
22*2	ATP-NP(变速器挡位开关 P/N 位置)	检测变速器挡位开关 P/N 位置信号
23*4	DC STS	输出 DC-DC 转换器操作信号
25	FAN HI SIGNAL(散热器风扇控制)	驱动空调冷凝器风扇继电器和风扇控制继电器
26	FI MAIN RLY CL-(PGM-FI 主继电器 1)	驱动 PGM-FI 主继电器 1 和点火线圈继电器
27	F-CAN A_L(CAN 通信信号低)	发送和接收通信信号
28*5	SG6(传感器搭铁)	传感器搭铁
29*3	F-CAN B_H(CAN 通信信号高)	发送和接收通信信号
31	STOP LT(制动踏板位置开关)	检测制动踏板位置开关信号
35*1	REVERSE LOCK SOL(倒挡锁止电磁阀)	驱动倒挡锁止电磁阀

续表

端子	名 称	定 义
36	ABV(涡轮增压器旁通控制电磁阀)	驱动涡轮增压器旁通控制电磁阀
37*5	VSSV[蒸发排放(EVAP)碳罐通风关闭阀]	驱动 EVAP 炭罐通风关闭阀
38	ST CUT RLY2 CL-(起动机断电继电器 2)	驱动起动机断电继电器 2
39*5	PTANK[燃油箱压力(FTP)传感器]	检测 FTP 传感器信号
41*5	VCC6(传感器电压)	提供传感器基准电压
42	G R GND08(传感器搭铁)	传感器搭铁
45	APS2[加速踏板位置(APP)传感器 B]	检测 APP 传感器 B 信号
46	VCC5(传感器电压)	提供传感器基准电压
47	FI SUB RLY CL-(PGM-FI 辅助继电器)	驱动 PGM-FI 辅助继电器
48	A/C MG CLUTCH RLY CL-(空调压缩机离合器继电器)	驱动空调压缩机离合器继电器
49	ST CUT RLY1 CL-(起动机断电继电器 1)	驱动起动机断电继电器 1
50	+B BACKUP FI-ECU(备用电源)	PCM 存储电源
51	IG1 FUEL PUMP(点火信号)	检测点火信号
52	ST RLY 1 TO 2(起动机断电继电器返回信号)	检测起动机断电继电器返回信号
54	EVTC RLY CL-(传感器搭铁)	传感器搭铁
55	VCC6(传感器电压)	提供传感器基准电压
56	PD 传感器(空调压力传感器)	检测空调压力传感器信号
57	APS1[加速踏板位置(APP)传感器 A]	检测 APP 传感器 A 信号
58	VCC4(传感器电压)	提供传感器基准电压

注：*1 表示 M/T；*2 表示 CVT；*3 表示带多用途摄像头单元；*4 表示带发动机节能自动启停系统；*5 表示不带 EVAP 双通阀。

4.3.4 发动机舱电控系统部件位置

发动机舱电控系统部件位置如图 4-25～图 4-27 所示。

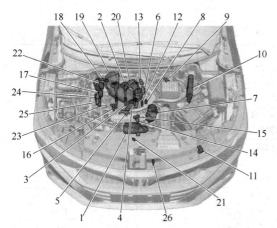

图 4-25 发动机舱电控系统部件位置（一）
1—起动机；2—点火线圈；3—火花塞；4—涡轮增压器旁通控制电磁阀；5—进气歧管绝对压力（MAP）传感器；6—凸轮轴位置（CMP）传感器 A；7—节气门体；8—发动机冷却液温度（ECT）传感器 1；9—进气温度（IAT）传感器 1；10—动力系统控制单元（PCM）；11—涡轮增压器增压传感器/进气温度（IAT）传感器 2；12—单向阀；13—凸轮轴位置（CMP）传感器 B；14—曲轴位置（CKP）传感器；15—爆震传感器；16—发动机机油泵控制阀；17—VTC 机油控制电磁阀 A；18—空燃比（A/F）传感器（传感器 1）；19—三元催化转换器（TWC）；20—辅助加热型氧传感器（辅助 HO2S）（传感器 2）；21—发动机机油温度（EOT）传感器；22—VTC 机油控制电磁阀 B；23—摇臂机油控制阀；24—摇臂机油压力传感器；25—摇臂机油压力开关；26—发动机冷却液温度（ECT）传感器 2

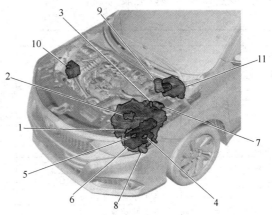

图 4-26 发动机舱电控系统部件位置（二）
1—变矩器涡轮转速传感器；2—变速器挡位开关；3—CVT 转速传感器；4—CVT 从动带轮压力传感器；5—CVT 主动带轮转速传感器；6—阀体总成；7—变速控制单元（TCM）；8—辅助变速器油泵；9—制动液液位开关；10—VSA 调节器-控制单元；11—电子制动助力器

图 4-27　发动机舱电控系统部件位置（三）

1—12V 蓄电池；2—交流发电机；3—挡风玻璃清洗器电机；4—空调压缩机；5—HVAC 单元；6—散热器风扇电机；7—空调冷凝器风扇电机；8—车外空气温度传感器；9—蒸发器温度传感器；10—PTC 加热器芯；11—模式控制电机；12—鼓风机单元；13—内循环控制电机；14—鼓风机电机；15—空气混合控制电机；16—功率晶体管；17—空调压力传感器

4.3.5　CVT 变速器技术参数

变速器技术参数见表 4-23。

表 4-23　变速器技术参数

项目	测量	条件	标准值或新车值
变速器油	用量	换油时	3.4L
		辅助变速器油泵拆卸、安装和更换	3.5L
		大修（油底壳、阀体总成和变速器油泵拆卸、安装和更换）	4.2L
		大修后	5.8L
	油液类型		本田 HCF-2
液压	前进挡离合器压力	急速时在 D 挡	390~880kPa
	倒挡离合器压力	急速时在 R 挡	390~880kPa
	CVT 主动带轮压力	急速时在 N 挡	590~1140kPa
	CVT 从动带轮压力	急速时在 N 挡	850~1400kPa
失速转速	检查水平地面上的汽车		2400r/min
		使用极限	2200~2600r/min
前进挡离合器	离合器端板和顶盘之间的间隙		1.0~1.2mm
倒挡制动器	倒挡制动器端板和顶盘之间的间隙		1.0~1.2mm
输入轴	止推间隙		0.52~0.80mm
恒星齿轮	止推间隙		0.04~0.09mm
主传动轴	滚锥轴承启动转矩；差速器总成和主传动轴总预加负载	对于新轴承	10.98~13.59N·m
		对于重复使用的轴承	9.53~12.14N·m
CVT 差速器托架	滚锥轴承启动转矩；预加负载	对于新轴承	1.25~1.65N·m
		对于重复使用的轴承	0.95~1.35N·m
CVT 差速器行星齿轮	齿隙		0.05~0.15mm

4.3.6 CVT 变速器电脑端子定义

变速器电脑端子分布如图 4-28 所示，端子定义见表 4-24。

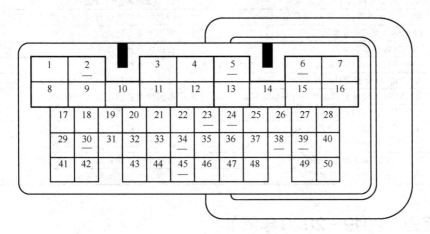

图 4-28 变速器电脑端子分布

表 4-24 变速器电脑端子定义

端子	名 称	定 义
1	+B(电源)	TCM 的电源
3	F-CAN A_H(F-CAN 通信信号高)	发送和接收通信信号
4	PT-CAN_H(PT-CAN 通信信号高)	发送和接收通信信号
7	SOL B(换挡电磁阀 B)	驱动换挡电磁阀 B
8	IG1(点火信号)	检测点火信号
9	GND2(TCU)(TCM 搭铁)	TCM 搭铁
10	GND1(TCU)(TCM 搭铁)	TCM 搭铁
11	F-CAN A_L(F-CAN 通信信号低)	发送和接收通信信号
12	PT-CAN_L(PT-CAN 通信信号低)	发送和接收通信信号
13	CPCLS(CVT 离合器压力控制电磁阀)	驱动 CVT 离合器压力控制电磁阀
14	DNLS(CVT 从动带轮压力控制电磁阀)	驱动 CVT 从动带轮压力控制电磁阀
15	DRLS(CVT 主动带轮压力控制电磁阀)	驱动 CVT 主动带轮压力控制电磁阀
16	LCCLS(CVT 锁止离合器控制电磁阀)	驱动 CVT 锁止离合器控制电磁阀
17	VCC4(传感器电压)	提供传感器基准电压
18	VCC1(传感器电压)	提供传感器基准电压
19	SG2(传感器搭铁)	传感器搭铁
20	SG1(传感器搭铁)	传感器搭铁
21	VCC2(传感器电压)	提供传感器基准电压
22	VEL-PWM(CVT 转速传感器)	检测 CVT 转速传感器信号
25	SG3(传感器搭铁)	传感器搭铁
26	SLS(换挡锁止电磁阀)	驱动换挡锁止电磁阀
27	EOPRLY(辅助变速器油泵继电器)	驱动辅助变速器油泵继电器
28	NDR-PWM(CVT 主动带轮转速传感器)	检测 CVT 主动带轮转速传感器信号
29	SG4(传感器搭铁)	传感器搭铁
31	PDN(CVT 从动带轮压力传感器)	检测 CVT 从动带轮压力传感器信号
32	SG5(传感器搭铁)	传感器搭铁
33	TATF(变速器液温传感器)	检测变速器液温传感器信号

续表

端子	名称	定义
35	ATP-L(变速器挡位开关 L 位置)	检测变速器挡位开关 L 位置信号
36	ATP-S(变速器挡位开关 S 位置)	检测变速器挡位开关 S 位置信号
37	ATP-D(变速器挡位开关 D 位置)	检测变速器挡位开关 D 位置信号
40	EOPSIG(辅助变速器油泵)	驱动辅助变速器油泵
41	VCC3(传感器电压)	提供传感器基准电压
42	VSPOUT(车速信号输出)	发送车速信号
43	ATP-RVS(变速器挡位开关 RVS 位置)	检测变速器挡位开关 RVS 位置信号
44	ATP-FWD(变速器挡位开关 FWD 位置)	检测变速器挡位开关 FWD 位置信号
46	ATP-N(变速器挡位开关 N 位置)	检测变速器挡位开关 N 位置信号
47	ATP-R(变速器挡位开关 R 位置)	检测变速器挡位开关 R 位置信号
48	ATP-P(变速器挡位开关 P 位置)	检测变速器挡位开关 P 位置信号
49	NT(变矩器涡轮转速传感器)	检测变矩器涡轮转速传感器信号
50	EOPSTS(辅助变速器油泵)	检测辅助变速器油泵信号

4.4 冠道（2019~2020 年款）

4.4.1 本田 2.0T K20C3 发动机技术参数

发动机技术参数见表 4-25。

表 4-25 发动机技术参数

项目	测量	条件	标准值或新车值	维修极限
点火线圈	点火顺序		1-3-4-2	
火花塞	间隙		0.7~0.8mm	
点火正时	检查红色标记	急速时在 N 挡或 P 挡	−2°±2°(BTDC)	
正时带	张紧度		自动张紧器	
交流发电机	电刷长度		10.5mm	1.5mm
压缩压力	最小值		930kPa	
	最大偏差		200kPa	
气缸盖	翘曲度		最大 0.05mm	
	高度		111.95~112.05mm	
凸轮轴	轴向间隙	进气/排气	0.05~0.20mm	0.40mm
	凸轮轴至支架的油膜间隙(进气)	1 号轴颈	0.030~0.069mm	0.150mm
		2 号、3 号、4 号、5 号轴颈	0.060~0.099mm	0.150mm
	凸轮轴至支架的油膜间隙(排气)	1 号、2 号轴颈	0.030~0.069mm	0.150mm
		3 号、4 号、5 号、6 号轴颈	0.060~0.099mm	0.150mm
	总跳动量		最大 0.03mm	
	凸轮凸角高度	进气	34.172mm	
		主排气	33.633mm	
		中间排气	34.519mm	
		次排气	33.633mm	
气门	间隙(冷态)	进气	0.21~0.25mm	
		排气	0.25~0.29mm	
	气门挺杆外径	进气	5.475~5.490mm	5.455mm
		排气	5.465~5.475mm	5.440mm
	气门挺杆至导管的间隙	进气	0.025~0.055mm	0.080mm
		排气	0.040~0.065mm	0.080mm
气门座	宽度	进气	1.25~1.55mm	1.90mm
		排气	1.45~1.75mm	2.22mm

续表

项目	测量	条件	标准值或新车值	维修极限
气门座	挺杆安装高度	进气	52.75～53.65mm	53.75mm
		排气	50.40～51.30mm	51.40mm
气门导管	安装高度	进气	21.2～22.2mm	
		排气	19.6～20.6mm	
摇臂	摇臂到轴的间隙	进气/排气	0.018～0.059mm	0.080mm
气缸体	顶面翘曲度		最大 0.07mm	—
	气缸直径	A 或 Ⅰ	86.010～86.020mm	86.070mm
		B 或 Ⅱ	86.000～86.010mm	86.070mm
	气缸锥度			0.05mm
	镗削极限			0.25mm
活塞	离裙部底端 11mm 处的裙部外径	A	85.980～85.990mm	85.930mm
		B	85.970～85.980mm	85.920mm
	与气缸的间隙		0.020～0.040mm	0.050mm
活塞环	活塞环到环槽的间隙	顶部	0.065～0.090mm	0.110mm
		第二道环	0.035～0.060mm	0.080mm
	环端隙	顶部	0.20～0.25mm	0.25mm
		第二道环	0.40～0.55mm	0.55mm
		油环	0.20～0.50mm	0.50mm
活塞销	外径		21.961～21.965mm	21.951mm
	活塞销至活塞的间隙		0.002～0.010mm	0.020mm
连杆	销到连杆的间隙		0.004～0.016mm	0.020mm
	大端孔径		51.0mm	
	轴向间隙		0.15～0.35mm	0.40mm
曲轴	主轴颈直径		54.976～55.000mm	
	连杆轴颈直径		47.976～48.000mm	
	连杆轴颈/主轴颈锥度		最大 0.005mm	0.010mm
	连杆轴颈/主轴颈圆度		最大 0.004mm	0.010mm
	轴向间隙		0.10～0.35mm	0.45mm
	总跳动量		最大 0.03mm	0.03mm
曲轴轴瓦	主轴瓦至轴颈的油膜间隙	1号、2号、4号、5号轴颈	0.017～0.041mm	0.050mm
		3号轴颈	0.025～0.049mm	0.055mm
	连杆轴瓦至轴颈的油膜间隙		0.032～0.066mm	
发动机机油	用量	发动机大修	6.2L	
		包括滤清器在内的机油更换时	5.0L	
		不包括滤清器在内的机油更换时	4.6L	
机油泵	机油温度在 80℃ 时的机油压力	怠速时	100kPa	
		在 3000r/min 时	400kPa	
散热器	冷却液容量（包括发动机、加热器、软管和膨胀罐）	发动机大修	8.5L	
		更换冷却液	6.0L	
	冷却液类型		本田全天候2号防冻剂/冷却液	
膨胀罐	冷却液容量		0.8L	
膨胀罐盖	开启压力		112～146kPa	
节温器	开启温度	开始打开	76～80℃	
		全开	90℃	
	全开时阀门升程		10.0mm	

续表

项目	测量	条件	标准值或新车值	维修极限
燃油压力调节器	连接燃油压力表时的压力		500~550kPa	
发动机怠速	无负载时的怠速转速	在N挡或P挡时	(720±50)r/min	
	电气负载较高时的怠速转速	在N挡或P挡时	(720±50)r/min	
	怠速CO		最大0.1%	

4.4.2 本田2.0T K20C3发动机正时维修

发动机正时单元部件分解如图4-29所示。

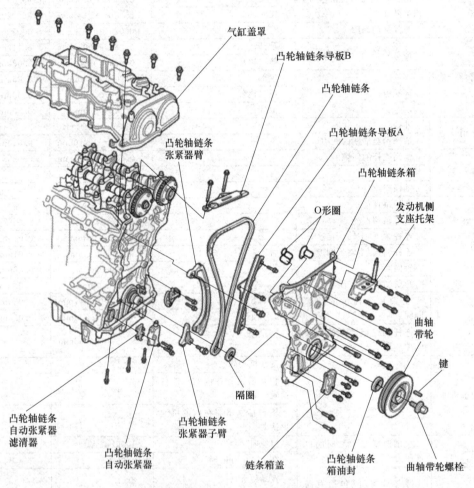

图4-29 发动机正时单元部件分解

发动机正时单元安装步骤如下。

① 设置1号活塞在上止点位置（曲柄侧）。使曲轴在上止点（TDC）位置。对齐曲轴链轮的TDC标记1和发动机体的标记2，如图4-30所示。

② 如图4-31所示，设置1号活塞在上止点位置（凸轮侧）。使1号活塞在上止点（TDC）位置。VTC执行器2上的"UP"标记3应在顶部。将VTC执行器1和VTC执行器2上的TDC标记4对齐。VTC执行器2上的TDC标记5应与气缸盖6的顶部边缘对齐。

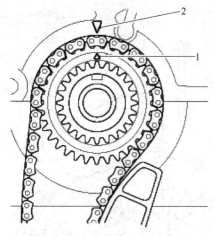

图 4-30　设置曲轴于 TDC 位置
1,2—标记

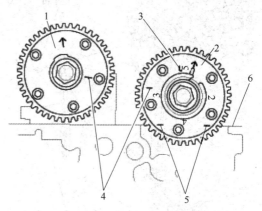

图 4-31　设置 VTC 执行器正时标记位置
1,2—VTC 执行器；3～5—标记；6—气缸盖边缘

③ 如图 4-32 所示，将 5mm（0.20in）直径销 1 插入凸轮轴保养孔中。

④ 将凸轮链条安装在曲轴链轮上，使涂色链节 1 与曲轴链轮上的标记 2 对准，如图 4-33 所示。

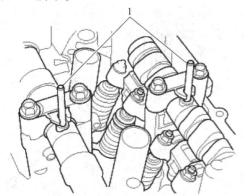

图 4-32　将销插入凸轮轴保养孔

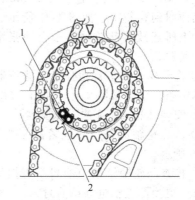

图 4-33　对齐曲轴链轮与链条正时标记
1—涂色链节；2—标记

⑤ 如图 4-34 所示，将凸轮轴链条安装在 VTC 执行器 1 和 VTC 执行器 2 上，使冲印标记 3 与两个涂色链节 4 的中心对准。

⑥ 安装凸轮轴链条导板 1、凸轮轴链条张紧器臂 2 和凸轮轴链条张紧器子臂 3，如图 4-35 所示。

⑦ 安装凸轮轴链条导板 B，如图 4-36 所示。

⑧ 将 5mm（0.20in）直径销 1 从凸轮轴保养孔中拆下。

⑨ 更换凸轮轴链条时，压缩凸轮轴链条自动张紧器。从拆卸过程中安装的凸轮轴链条自动张紧器上拆下销 1。逆时针转动板 2 解除锁止状态，然后压下杆 3，将第一个凸轮 4

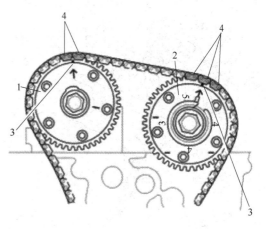

图 4-34　对准 VTC 执行器与链条正时标记
1,2—VTC 执行器；3—标记；4—涂色链节

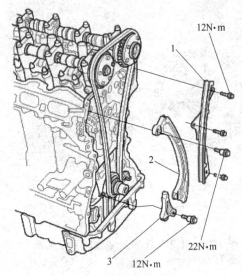

图 4-35 安装张紧器臂与导轨
1—导板；2—张紧器臂；3—张紧器子臂

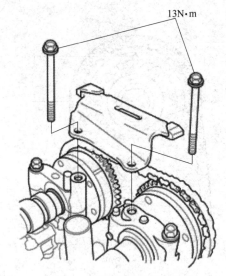

图 4-36 安装凸轮轴链条导板

固定在齿条 5 第一边缘位置。将 1.2mm（0.047in）直径销插回到孔 6 中，如图 4-37 所示。注意如果没有如上所述放置凸轮轴链条自动张紧器，将会损坏张紧器。

⑩ 将凸轮轴链条自动张紧器滤清器 1 安装到凸轮轴链条自动张紧器 2 上，如图 4-38 所示。

⑪ 安装凸轮轴链条自动张紧器。

⑫ 从凸轮轴链条自动张紧器上拆下销 1，如图 4-39 所示。

⑬ 检查凸轮轴链条箱油封是否损坏。如果油封损坏，更换凸轮轴链条箱油封。

⑭ 在气缸盖、发动机气缸体、凸轮轴链条箱的油底壳接合面和螺栓孔内缘涂抹密封胶。

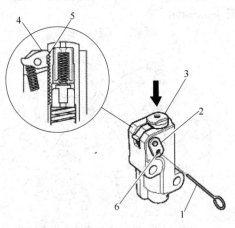

图 4-37 设置链条张紧器状态
1—销；2—板；3—杆；4—凸轮；5—齿条；6—孔

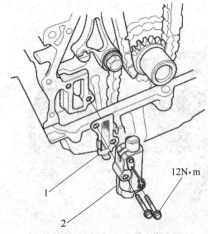

图 4-38 安装张紧器滤清器
1—滤清器；2—张紧器

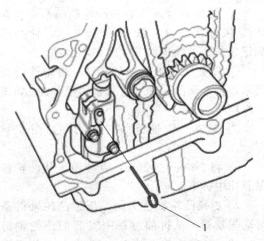

图 4-39 拆下张紧器锁定销
1—销

⑮ 安装隔圈 1 和键 2，然后将新的 O 形圈 3 安装到凸轮轴链条箱上。将凸轮轴链条箱 4 的边缘固定到油底壳 5 的边缘上，然后将凸轮轴链条箱安装到发动机气缸体 6 上。如图 4-40 所示。清除油底壳和凸轮轴链条箱接合部位多余的密封胶。

注意安装凸轮轴链条箱时，切勿将底面滑到油底壳安装表面上。

⑯ 安装发动机侧支座托架，如图 4-41。

⑰ 安装线束托架 1 和涡轮增压器旁通控制阀电缆 2，如图 4-42 所示。

⑱ 按与拆卸相反的顺序安装其余部件。

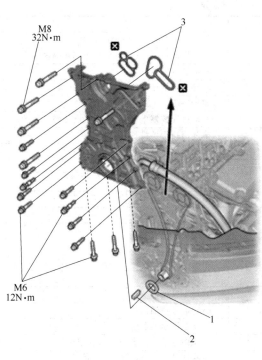

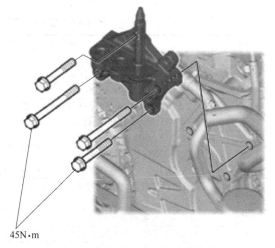

图 4-41 安装发动机侧支座托架

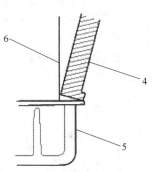

图 4-40 安装凸轮轴链条箱盖
1—隔圈；2—键；3—O 形圈；4—链条箱；
5—油底壳；6—气缸体

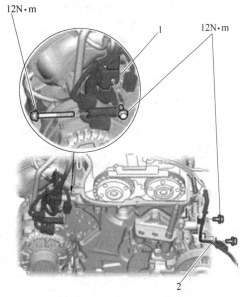

图 4-42 安装线束托架
1—托架；2—电缆

4.4.3 本田 2.0T K20C3 发动机电脑端子定义

发动机电脑端子分布如图 4-43、图 4-44 所示，端子定义见表 4-26、表 4-27。

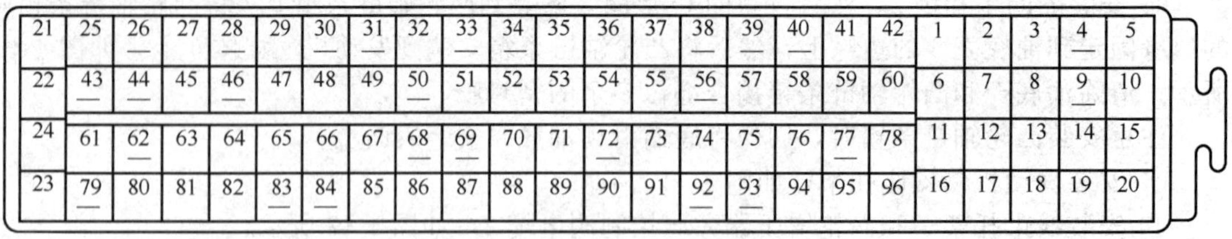

21	25	26	27	28	29	30	31	32	33	34	35	36	37	38	39	40	41	42	1	2	3	4	5
22	43	44	45	46	47	48	49	50	51	52	53	54	55	56	57	58	59	60	6	7	8	9	10
24	61	62	63	64	65	66	67	68	69	70	71	72	73	74	75	76	77	78	11	12	13	14	15
23	79	80	81	82	83	84	85	86	87	88	89	90	91	92	93	94	95	96	16	17	18	19	20

图 4-43 发动机电脑 96 针连接器端子分布

表 4-26 发动机电脑 96 针连接器端子定义

端子	名 称	定 义
1	VTCEX(VTC 机油控制电磁阀 B)	驱动 VTC 机油控制电磁阀 B
2	HPUMP H(高压燃油泵＋侧)	驱动燃油控制电磁阀(内置于高压燃油泵中)
3	MTR1(节气门执行器＋侧)	驱动节气门执行器
5	WGMTR1(涡轮增压器排气阀控制执行器＋侧)	驱动涡轮增压器排气阀控制执行器
6	VTC(VTC 机油控制电磁阀 A)	驱动 VTC 机油控制电磁阀 A
7	HPUMP L(高压燃油泵－侧)	驱动燃油控制电磁阀(内置于高压燃油泵中)
8	MTR2(节气门执行器－侧)	节气门执行器搭铁
10	WGMTR2(涡轮增压器排气阀控制执行器－侧)	涡轮增压器排气阀控制执行器搭铁
11	SO2HT[辅助加热型氧传感器(辅助 HO2S)(传感器 2)加热器]	驱动辅助 HO2S(传感器 2)加热器
12	INJ H4(4 号喷油器＋侧)	驱动 4 号喷油器
13	INJ L4(4 号喷油器－侧)	驱动 4 号喷油器
14	INJ L3(3 号喷油器－侧)	驱动 3 号喷油器
15	INJ H3(3 号喷油器＋侧)	驱动 3 号喷油器
16	AFHT[空燃比(A/F)(传感器 1)加热器控制]	驱动 A/F 传感器(传感器 1)加热器
17	INJ H1(1 号喷油器＋侧)	驱动 1 号喷油器
18	INJ L1(1 号喷油器－侧)	驱动 1 号喷油器
19	INJ L2(2 号喷油器－侧)	驱动 2 号喷油器
20	INJ H2(2 号喷油器＋侧)	驱动 2 号喷油器
21	ABV(涡轮增压器旁通控制电磁阀)	驱动涡轮增压器旁通控制电磁阀
22	SO2[辅助加热型氧传感器(辅助 HO2S)(传感器 2)]	检测辅助 HO2S(传感器 2)信号
23	SG THL(传感器搭铁)	传感器搭铁
24	SO2SG[辅助加热型氧传感器(辅助 HO2S)(传感器 2)搭铁]	辅助 HO2S(传感器 2)搭铁
25	VTSEX(摇臂机油控制电磁阀)	驱动摇臂机油控制电磁阀
27	PB[进气歧管绝对压力(MAP)传感器]	检测 MAP 传感器信号
29	SG5(传感器搭铁)	传感器搭铁
32	PF(燃油分配管压力传感器)	检测燃油分配管压力传感器信号
35	SG AFM(传感器搭铁)	传感器搭铁
36	LAF VG[空燃比(A/F)传感器(传感器 1)基准电压]	检测 A/F 传感器(传感器 1)信号
37	LAF CP[空燃比(A/F)传感器(传感器 1)微调电阻]	检测 A/F 传感器(传感器 1)信号
41	IGN03(3 号点火线圈脉冲)	驱动 3 号点火线圈
42	IGN04(4 号点火线圈脉冲)	驱动 4 号点火线圈
45	TA[进气温度(IAT)传感器 2]	检测 IAT 传感器 2 信号
47	OPSEN(摇臂机油压力传感器)	检测发动机机油压力传感器信号
48	VTMEX(摇臂机油压力开关)	检测摇臂机油压力开关信号
49	TW[发动机冷却液温度(ECT)传感器 1]	检测 ECT 传感器 1 信号
51	P3(涡轮增压器增压传感器)	检测涡轮增压器增压传感器信号
52	TA2[进气温度(IAT)传感器 1]	检测 IAT 传感器 1 信号
53	AFM[质量空气流量(MAF)传感器＋侧]	检测 MAF 传感器信号
54	LAF VN[空燃比(A/F)传感器(传感器 1)负电流控制]	检测 A/F 传感器(传感器 1)信号
55	LAF CA[空燃比(A/F)传感器(传感器 1)正电流控制]	检测 A/F 传感器(传感器 1)信号

续表

端子	名称	定义
57	CAMEX[凸轮轴位置(CMP)传感器 B]	检测 CMP 传感器 B 信号
58	SG2(传感器搭铁)	传感器搭铁
59	IGN01(1 号点火线圈脉冲)	驱动 1 号点火线圈
60	IGN02(2 号点火线圈脉冲)	驱动 2 号点火线圈
61	VCC THL(传感器基准电压)	提供传感器基准电压
63	VCC1 AFM(传感器基准电压)	提供传感器基准电压
64	VCC2 2(传感器基准电压)	提供传感器基准电压
65	VCC2 4(传感器基准电压)	提供传感器基准电压
66	VCC2 1(传感器基准电压)	提供传感器基准电压
67	VCC1 1(传感器基准电压)	提供传感器基准电压
70	WGL(涡轮增压器排气阀控制执行器位置传感器)	检测涡轮增压器泄气阀控制执行器位置传感器信号
71	KS POS(爆震传感器)	检测爆震传感器信号
73	CAM[凸轮轴位置(CMP)传感器 A]	检测 CMP 传感器 A 信号
74	SG1(传感器搭铁)	传感器搭铁
75	CRK[曲轴位置(CKP)传感器]	检测 CKP 传感器信号
76	SG CRK(传感器搭铁)	传感器搭铁
78	SG9(传感器搭铁)	传感器搭铁
80	VCC1 CRK(传感器基准电压)	提供传感器基准电压
81	VCC1 5(传感器基准电压)	提供传感器基准电压
82	VCC23(传感器基准电压)	提供传感器基准电压
85	TW2[发动机冷却液温度(ECT)传感器 2]	检测 ECT 传感器 2 信号
86	PT-CAN_L(PT-CAN 通信信号低)	TCM 发送和接收通信信号
87	PT-CAN_H(PT-CAN 通信信号低)	TCM 发送和接收通信信号
88	THL2[节气门位置(TP)传感器 B]	检测 TP 传感器 B 信号
89	THL1[节气门位置(TP)传感器 A]	检测 TP 传感器 A 信号
90	KS NEG(爆震传感器搭铁)	爆震传感器搭铁
91	SG3(传感器搭铁)	传感器搭铁
94	LIN(本地互联网络)	发送和接收通信信号
95	SG7(传感器搭铁)	传感器搭铁
96	PCS[蒸发排放(EVAP)炭罐净化阀]	驱动 EVAP 炭罐净化阀

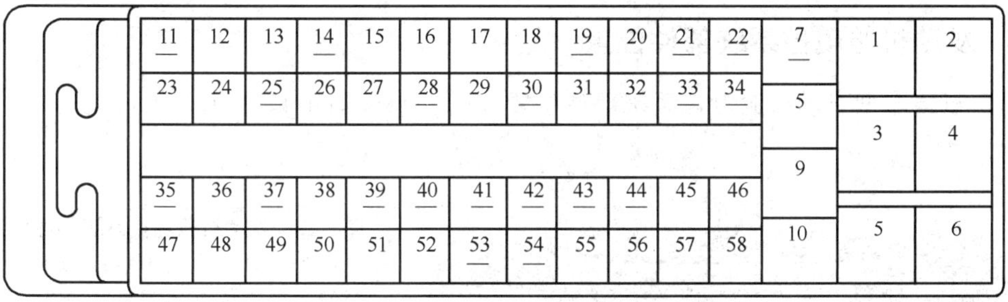

图 4-44 发动机电脑 58 针连接器端子分布

表 4-27 发动机电脑 58 针连接器端子定义

端子	名称	定义
1	GND(电源搭铁)	PCM 搭铁
2	FI MAIN RLY OUT(电源)	PCM 电源
3	GND(电源搭铁)	PCM 搭铁
4	FI MAIN RLY OUT(电源)	PCM 电源
5	GND(电源搭铁)	PCM 搭铁
6	FI MAIN RLY OUT(电源)	PCM 电源
8	SCS(维修检查)	检测维修检查信号
9	SG5(传感器搭铁)	传感器搭铁
10	SG4(传感器搭铁)	传感器搭铁
12	FAN LO SIGNAL(散热器风扇控制)	驱动散热器风扇继电器

续表

端子	名称	定义
13	FUEL PUMP RLY CL-(PGM-FI 主继电器 2)	驱动 PGM-FI 主继电器 2
15	F-CAN A_H(CAN 通信 A 信号高)	发送和接收通信信号
16	S-NET(发动机防盗锁止系统串行通信)	传送串行通信信号
17	F-CAN B_L(CAN 通信 B 信号低)	发送和接收通信信号
18	BKSWNC(制动踏板位置开关)	检测制动踏板位置开关信号
20	STS(起动机开关)	检测起动机开关信号
23	DCDC STS(转换器启动触发器)	输出 DC-DC 转换器工作信号
24	VSP(车速信号输出)	发送车速信号
26	FI MAIN RLY CL-(PGM-FI 主继电器 1 电路)	驱动 PGM-FI 主继电器 1 电路和点火线圈继电器电路
27	F-CAN A_L(CAN 通信 A 信号低)	发送和接收通信信号
29	F-CAN B_H(CAN 通信 B 信号高)	发送和接收通信信号
31	STOP SW(制动踏板位置开关)	检测制动踏板位置开关信号
32	SG6(传感器搭铁)	传感器搭铁
36	FAN HI SIGNAL(散热风扇控制)	驱动空调冷凝器风扇继电器和风扇控制继电器
38	STRLY2(起动机断电继电器 2)	驱动起动机断电继电器 2
45	APS2[加速踏板位置(APP)传感器 B]	检测 APP 传感器 B 信号
46	VCC5(传感器基准电压)	提供传感器基准电压
47	FI SUB RLY CL-(PGM-FI 辅助继电器)	驱动 PGM-FI 辅助继电器
48	A/C MG CLUTCH RLY CL-(空调压缩机离合器继电器)	驱动空调压缩机离合器继电器
49	STRLY1(起动机断电继电器 1)	驱动起动机断电继电器 1
50	+B BACKUP FI-ECU(备用电源)	检测蓄电池电压
51	IG1 MON(7.5A)(点火信号)	检测点火信号
52	START DIAG(起动机断电继电器恢复信号)	检测起动机断电继电器恢复信号
55	VCC6(传感器基准电压)	提供传感器基准电压
56	PD 传感器(空调压力传感器)	检测空调压力传感器信号
57	APS1[加速踏板位置(APP)传感器 A]	检测 APP 传感器 A 信号
58	VCC4(传感器基准电压)	提供传感器基准电压

4.4.4 发动机舱电控系统部件位置

本田冠道车型发动机舱电控系统部件位置如图 4-45～图 4-47 所示。

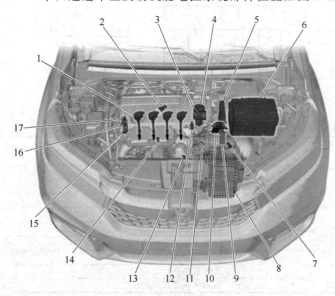

图 4-45 发动机舱电控系统部件位置(一)
1—点火线圈和火花塞;2—歧管绝对压力(MAP)传感器/进气温度(IAT)传感器 2;3—凸轮轴位置(CMP)传感器 A;4—节气门体[节气门执行器和节气门位置(TP)传感器];5—动力系统控制单元(PCM);6—12V 蓄电池;7—涡轮增压器增压传感器;8—液压控制单元;9—质量空气流量(MAF)传感器/进气温度(IAT)传感器 1;10—变速器控制单元(TCM);11—发动机冷却液温度(ECT)传感器 1;12—凸轮轴位置(CMP)传感器 B;13—曲轴位置(CKP)传感器;14—爆震传感器;15—摇臂机油控制电磁阀;16—摇臂机油压力开关;17—摇臂机油压力传感器

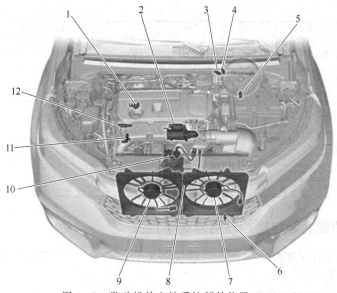

图 4-46　发动机舱电控系统部件位置（二）

1—涡轮增压器旁通控制电磁阀；2—起动机；3—制动助力器压力传感器 A；4—制动助力器压力传感器 B；5—制动助力器压力传感器；6—发动机冷却液温度（ECT）传感器 2；7—散热器风扇电机；8—辅助加热型氧传感器（辅助 HO2S）（S2）；9—空调冷凝器风扇电机；10—空燃比（A/F）传感器（S1）；11—VTC 机油控制电磁阀 B；12—VTC 机油控制电磁阀 A

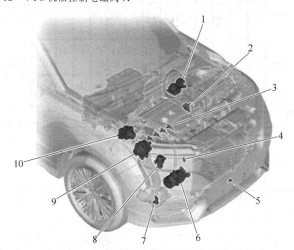

图 4-47　发动机舱电控系统部件位置（三）

1—制动液液位开关；2—高压燃油泵；3—喷油器；4—空调压力传感器；5—车外温度传感器；6—空调压缩机；7—挡风玻璃/后窗清洗器电机；8—电动真空泵；9—交流发电机；10—VSA 调节器-控制单元

4.4.5　九挡自动变速器技术参数

变速器技术参数见表 4-28。

表 4-28　变速器技术参数

项目	测量	条件	标准值或新车值
变速器油	用量(2WD)	换油时	3.2~3.3L
		大修后	5.8~6.2L
	用量(实时 AWD 系统)	换油时	3.2~3.3L
		大修后	6.8~7.2L
	油液类型		使用纯正的本田自动变速器油（ATF 3 号） 注意使用错误类型的 ATF 会影响换挡质量

续表

项目	测量	条件	标准值或新车值
变矩器	失速转速(D 位置/模式)	少于 5s	1500～1900r/min
		超过 5s	1100～1300r/min
	失速转速(R 位置/模式)	少于 5s	1750～2150r/min
		超过 5s	1100～1300r/min
分动器总成油	用量	换油时	0.41L
		大修后	0.42～0.48L
	油液类型		使用 HGO 75W-85,如果没有,则使用本田 HGO-3 (API 等级 GL4 或 GL5)
分动器总成	分动器齿轮齿隙		0.06～0.16mm
	滚锥轴承总启动转矩(预加负载)		2.38～4.01N·m

4.4.6 九挡自动变速器与换挡器电脑端子定义

变速器电脑端子分布如图 4-48 所示,端子定义见表 4-29。换挡器电脑端子分布如图 4-49 所示,端子定义见表 4-30。

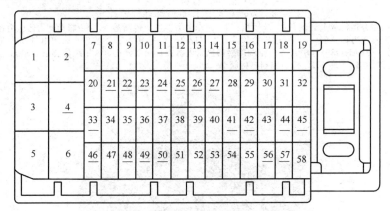

图 4-48 变速器电脑端子分布

表 4-29 变速器电脑端子定义

端子	名 称	定 义
1	GND(KL31)(搭铁)	TCM 搭铁
2	GND2(搭铁)	TCM 搭铁
3	UDRMV1(MV)(电源)	驻车锁执行器、电磁阀和压力调节器电源
5	+B(KL30)(电源)	TCM 电源
6	UDRMV2(EDS)(电源)	压力调节器的电源
7	PT-CAN_H(PT-CAN 通信信号低)	发送和接收通信信号
8	传感器 GND(传感器搭铁)	传感器搭铁
9	ACC(ESL PWR 信号)	输出 ESL PWR 信号
10	VS 5V(传感器电压)	提供传感器基准电压
12	VS 9V(传感器电压)	提供传感器基准电压
13	L3(驻车位置传感器)	检测驻车位置传感器信号
15	L4(驻车位置传感器)	检测驻车位置传感器信号
17	T Oil+(ATF 温度传感器)	检测 ATF 温度传感器信号
19	Vout Pr(变速器油压传感器)	检测变速器油压传感器信号
20	PT-CAN_L(PT-CAN 通信信号低)	发送和接收通信信号
28	SDNP(IN 1)[换挡拨片-(减挡开关)]	检测换挡拨片-(减挡开关)信号
29	SUPP(IN 0)[换挡拨片+(加挡开关)]	检测换挡拨片+(加挡开关)信号
30	T Oil-(传感器搭铁)	ATF 温度传感器搭铁
31	N T(双速传感器)	检测双速传感器(输入速度传感器)信号

续表

端子	名称	定义
32	ATPP(P信号)(变速器P位置)	发送变速器P位置信号
34	F-CAN A_H(F-CAN通信A信号高)	发送和接收通信信号
35	输出8(MV PSV)(电磁阀)	驱动电磁阀
36	输出7(MV F)(电磁阀)	驱动电磁阀
37	ATPR(背景灯)(变速器R位置)	发送变速器R位置信号
38	输出6(MV A)(电磁阀)	驱动电磁阀
39	输出4(EDS WK)(压力调节器)	驱动压力调节器
40	输出2(EDS D)(压力调节器)	驱动压力调节器
43	N输出(双速传感器)	检测双速传感器(输出速度传感器)信号
47	F-CAN A_L(F-CAN通信A信号低)	发送和接收通信信号
51	输出9(PS-磁铁)(压力调节器)	驱动压力调节器
52	输出5(EDS P SYS)(驻车锁执行器)	驱动驻车锁执行器
53	输出3(EDS E)(压力调节器)	驱动压力调节器
54	输出0(EDS B)(压力调节器)	驱动压力调节器
55	输出1(EDS C)(压力调节器)	驱动压力调节器
58	IG1(VBSOL)(点火信号)	检测点火信号

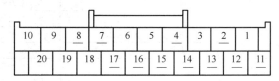

图4-49 换挡器电脑端子分布

表4-30 换挡器电脑端子定义

端子	名称	定义
1	GND(搭铁)	SBW换挡器控制单元搭铁
3	ILL-(LED)(照明控制信号)	检测照明控制信号
5	F-CAN A_H(F-CAN通信A信号高)	发送和接收通信信号
6	F-CAN A_L(F-CAN通信A信号低)	发送和接收通信信号
9	PT-CAN_H(PT-CAN通信信号低)	发送和接收通信信号
10	PT-CAN_L(PT-CAN通信信号低)	发送和接收通信信号
18	IG1 OPTION(SBW换挡器控制单元电源)	SBW换挡器控制单元的电源
19	ILLUMI+(SBW换挡器照明电源)	SBW换挡器照明电源
20	+B BACK UP(SBW换挡器控制单元电源)	SBW换挡器控制单元电源

4.5 奥德赛（2019~2020年款）

4.5.1 本田2.4L K24W5发动机技术参数

发动机技术参数见表4-31。

表4-31 发动机技术参数

项目	测量	条件	标准值或新车值	维修极限
点火线圈	点火顺序		1-3-4-2	
火花塞	间隙		1.0~1.1mm	
点火正时	检查红色标记	急速时在N挡或P挡	8±2°BTDC	
正时带	张紧度		自动张紧器	

续表

项目	测量	条件	标准值或新车值	维修极限
交流发电机	电刷长度		10.5mm	1.5mm
起动机	换向器云母深度		0.40～0.50mm	0.15mm
	换向器跳动量		最大 0.02mm	0.05mm
	转向器外径		28.0～28.1mm	27.5mm
	电刷长度		11.1～11.5mm	4.3mm
压缩压力	最小值		930kPa	
	最大偏差		200kPa	
气缸盖	翘曲度		最大 0.05mm	
	高度		111.95～112.05mm	
凸轮轴	轴向间隙	进气	0.05～0.20mm	0.40mm
		排气	0.05～0.15mm	0.40mm
	凸轮轴到支架的油膜间隙	1号轴颈	0.030～0.069mm	0.150mm
		1号、2号、3号、4号、5号(6号)轴颈	0.060～0.099mm	0.150mm
	总跳动量		最大 0.03mm	
	凸轮凸角高度	进气,初级	33.858mm	
		进气,中级	35.252mm	
		进气,次级	33.858mm	
		排气	34.340mm	
气门	间隙(冷态)	进气	0.21～0.25mm	
		排气	0.25～0.29mm	
	气门挺杆外径	进气	5.470～5.485mm	5.445mm
		排气	5.445～5.460mm	5.435mm
	气门挺杆至导管的间隙	进气	0.030～0.055mm	0.080mm
		排气	0.055～0.085mm	0.110mm
气门座	宽度	进气	1.25～1.55mm	1.90mm
		排气	1.25～1.55mm	2.00mm
	挺杆安装高度	进气	52.75～53.65mm	53.75mm
		排气	51.40～52.30mm	52.40mm
气门导管	安装高度	进气	21.2～22.2mm	
		排气	19.6～20.6mm	
摇臂	摇臂到轴的间隙	进气	0.018～0.059mm	0.080mm
		排气	0.018～0.056mm	0.080mm
气缸体	顶面翘曲度		最大 0.07mm	
	气缸直径	A 或 I	87.010～87.020mm	87.070mm
		B 或 II	87.000～87.010mm	87.070mm
	气缸锥度			0.05mm
	镗削极限			0.25mm
活塞	离裙部底端14mm处的裙部外径	A	86.980～86.990mm	86.930mm
		B	86.970～86.980mm	86.920mm
	与气缸的间隙		0.020～0.040mm	0.050mm
活塞环	活塞环到环槽的间隙	顶部	0.060～0.085mm	0.130mm
		第二道环	0.035～0.060mm	0.130mm
	环端隙	顶部	0.20～0.28mm	0.50mm
		第二道环	0.29～0.41mm	0.45mm
		油环	0.10～0.40mm	0.60mm
活塞销	外径		21.962～21.965mm	21.953mm
	活塞销至活塞的间隙		－0.005～0.001mm	0.005mm
连杆	销到连杆的间隙		0.005～0.014mm	0.02mm
	小端孔径		21.970～21.976mm	

续表

项目	测量	条件	标准值或新车值	维修极限
连杆	大端孔径		51.0mm	
	轴向间隙		0.15～0.35mm	0.40mm
曲轴	主轴颈直径	1号、2号、4号、5号轴颈	54.984～55.008mm	
		3号轴颈	54.976～55.000mm	
	连杆轴颈直径		47.976～48.000mm	
	连杆轴颈/主轴颈锥度		最大 0.004mm	0.010mm
	连杆轴颈/主轴颈圆度		最大 0.005mm	0.010mm
	轴向间隙		0.10～0.35mm	0.45mm
	总跳动量		最大 0.03mm	
曲轴轴瓦	主轴瓦至轴颈的油膜间隙	1号、2号、4号、5号轴颈	0.017～0.041mm	0.050mm
		3号轴颈	0.025～0.049mm	0.055mm
	连杆轴瓦至轴颈的油膜间隙		0.032～0.066mm	0.077mm
发动机机油	用量	发动机大修	5.4L	
		包括滤清器在内的机油更换时	4.2L	
		不包括滤清器在内的机油更换时	4.0L	
机油泵	平衡轴轴向间隙	前	0.070～0.120mm	0.135mm
	平衡轴至轴承的间隙	1号轴颈(前轴和后轴)	0.050～0.082mm	0.100mm
		2号轴颈(前轴和后轴)	0.060～0.120mm	0.150mm
	机油温度在80℃时的机油压力	急速时	70kPa	
		在 3000r/min 时	300kPa	
散热器	冷却液容量(包括发动机、加热器、软管和储液罐)	发动机大修(带后加热器)	9.74L	
		发动机大修(不带后加热器)	7.88L	
		更换冷却液(带后加热器)	6.76L	
		更换冷却液(不带后加热器)	6.76L	
	冷却液类型		使用纯正的本田全天候2号防冻剂/冷却液	
冷却液储液罐	冷却液容量		0.83L	
散热器盖	开启压力		93～123kPa	
节温器	开启温度	开始打开	76～80℃	
		全开	90℃	
	全开时阀门升程		8.0mm	
燃油压力调节器	连接燃油压力表时的压力		370～430kPa	
燃油箱	容量		55L	
发动机急速	无负载时的急速转速	在N挡或P挡时	(720±50)r/min	
	电气负载较高时的急速转速	在N挡或P挡时	(720±50)r/min	
	急速CO		最大 0.1%	

4.5.2 本田 2.4L K24W5 发动机正时维修

发动机正时单元部件分解如图 4-50 所示。

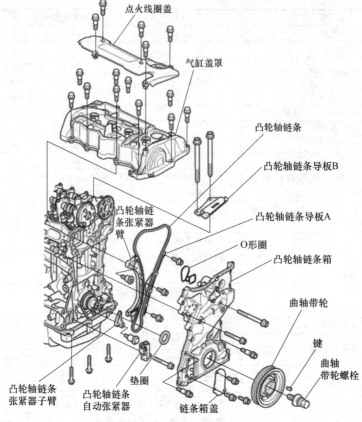

图 4-50　发动机正时单元部件分解

发动机凸轮轴正时检查步骤如下。

① 拆卸气缸盖罩。

② 检查凸轮轴正时。

a. 转动曲轴，将 1 号活塞与上止点（TDC）对齐；曲轴带轮上的白色标记 1 与指针 2 对齐，如图 4-51 所示。

b. 1 号活塞在上止点（TDC）位置时，检查并确认 VTC 执行器上的冲印标记 1 和排气凸轮轴链轮上的冲印标记 2 应该在顶部。

c. 检查 VTC 执行器和排气凸轮轴链轮上的 TDC 标记 3，标记应对齐，如图 4-52 所示。如果标记未对齐，拆下凸轮轴链条并重新正确安装凸轮轴链条。

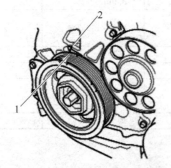

图 4-51　设置 1 号活塞于 TDC 位置
1—标记；2—指针

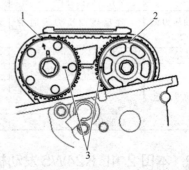

图 4-52　检查 VTC 执行器正时标记位置
1～3—标记

③ 按与拆卸相反的顺序安装所有拆下零件。

4.5.3 本田 2.4L K24W5 发动机电脑端子定义

发动机电脑端子分布如图 4-53～图 4-55 所示，端子定义见表 4-32～表 4-34。

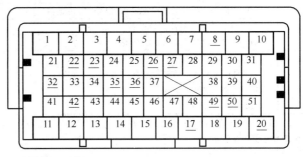

图 4-53 发动机电脑连接器 1 端子分布

表 4-32 发动机电脑连接器 1 端子定义

端子	名 称	定 义
1*1	F-CAN A_L(CAN 通信信号低)	发送和接收通信信号
1*2	F-CAN_L(CAN 通信信号低)	发送和接收通信信号
2*1	F-CAN A_H(CAN 通信信号高)	发送和接收通信信号
2*2	F-CAN_H(CAN 通信信号高)	发送和接收通信信号
3	FI MAIN RLY CL－(PGM-FI 主继电器 1)	驱动 PGM-FI 主继电器 1
4	IG1 FUEL PUMP(点火信号)	检测点火信号
5	FI MAIN RLY OUT(电源)	PCM 电源
6	INJ RLY OUT(喷油器电源)	PCM 电源(喷油器驱动器)
7	INJ RLY OUT(喷油器电源)	PCM 电源(喷油器驱动器)
9	RFC RLY CL－(散热器风扇控制)	驱动空调冷凝器风扇继电器
10	FAN HI SIGNAL(散热器风扇控制)	驱动散热器风扇继电器
11	IG1 MISS SOL(电磁阀电源)	电磁阀电源
12	SHIFT LOCK SOL(换挡锁止电磁阀)	驱动换挡锁止电磁阀
13	A/C MG CLUTCH RLY CL－(空调压缩机离合器继电器)	驱动空调压缩机离合器继电器
14	FUEL PUMP RLY CL－(PGM-FI 主继电器 2)	驱动 PGM-FI 主继电器 2
15	INJ RLY CL－(喷油器驱动器继电器)	驱动喷油器驱动器继电器
16	FI SUB RLY CL－(PGM-FI 辅助继电器)	驱动 PGM-FI 辅助继电器
18*5	IG2/ACC CUT RLY CL－(IG2 断电继电器、ACC 断电继电器)	驱动 IG2 断电继电器、ACC 断电继电器
19	DBW RLY CL－[电子节气门控制系统(ETCS)控制继电器]	驱动电子节气门控制系统(ETCS)控制继电器
21	S-NET(发动机防盗锁止系统串行通信)	发送和接收通信信号
24	BKSWNC(制动踏板位置开关)	检测制动踏板位置开关信号
25	VSP(车速信号输出)	发送车速信号
28	SG6(传感器搭铁)	传感器搭铁
29	VCC6(传感器电压)	提供传感器基准电压
30	SG4(传感器搭铁)	传感器搭铁
31	VCC4(传感器电压)	提供传感器基准电压
33	ST CUT RLY1 CL－(起动机断电继电器 1)	驱动起动机断电继电器 1
34	ST CUT RLY2 CL－(起动机断电继电器 2)	驱动起动机断电继电器 2
37*3	BRK DIAG(制动踏板位置开关)	检测制动踏板位置开关信号
37*4	STOP LT(制动踏板位置开关)	检测制动踏板位置开关信号
38	APS2[加速踏板位置(APP)传感器 B]	检测 APP 传感器 B 信号

续表

端子	名 称	定 义
39	SG5(传感器搭铁)	传感器搭铁
40	VCC5(传感器电压)	提供传感器基准电压
41	PD 传感器(空调压力传感器)	检测空调压力传感器信号
43	TW2 SENSOR[发动机冷却液温度(ECT)传感器2]	检测 ECT 传感器2信号
44	VAC1(制动助力器压力传感器)	检测制动助力器压力传感器信号
45	APS1[加速踏板位置(APP)传感器 A]	检测 APP 传感器 A 信号
46	ELD[电气负载检测器(ELD)]	检测 ELD 信号
47	START DIAG(起动机断电继电器)	检测起动机断电继电器信号
48	SCS(维修检查)	检测维修检查信号
51	STS(起动机开关)	检测起动机开关信号

注：*1表示带 CAN 网关；*2表示不带 CAN 网关；*3表示带制动灯继电器；*4表示不带制动灯继电器；*5表示不带无钥匙进入系统。

 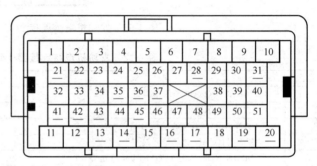

图 4-54 发动机电脑连接器2端子分布

表 4-33 发动机电脑连接器2端子定义

端子	名 称	定 义
1	INJ 1H(1号喷油器+)	驱动1号喷油器
2	INJ 1L(1号喷油器-)	驱动1号喷油器
3	INJ 4H(4号喷油器+)	驱动4号喷油器
4	INJ 4L(4号喷油器-)	驱动4号喷油器
5	INJ 2H(2号喷油器+)	驱动2号喷油器
6	INJ 2L(2号喷油器-)	驱动2号喷油器
7	INJ3H(3号喷油器+)	驱动3号喷油器
8	INJ3L(3号喷油器-)	驱动3号喷油器
9	GND INJ 1(喷油器搭铁)	PCM 搭铁(喷油器驱动器)
10	GND INJ 2(喷油器搭铁)	PCM 搭铁(喷油器驱动器)
11	GND1(PCM 搭铁)	PCM 搭铁
12	GND2(PCM 搭铁)	PCM 搭铁
15	PCS[蒸发排放(EVAP)炭罐净化阀]	驱动 EVAP 炭罐净化阀
18	VTS(摇臂机油控制电磁阀)	驱动摇臂机油控制电磁阀
22	CST(转换器启动触发器)	输出 DC-DC 转换器的触发信号
23	EOP SIG(辅助变速器油泵信号)	检测辅助变速器油泵信号
24	IGNO1(1号点火线圈脉冲)	驱动1号点火线圈
25	IGNO2(2号点火线圈脉冲)	驱动2号点火线圈
26	IGNO3(3号点火线圈脉冲)	驱动3号点火线圈
27	IGNO4(4号点火线圈脉冲)	驱动4号点火线圈
29	EOP STS(辅助变速器油泵信号)	检测辅助变速器油泵信号
30	TDC[凸轮轴位置(CMP)传感器 B]	检测 CMP 传感器 B 信号
32	VGP[质量空气流量(MAF)传感器+侧]	检测 MAF 传感器信号
33	VGM[质量空气流量(MAF)传感器-侧]	MAF 传感器搭铁

续表

端子	名 称	定 义
34	ENG OP SW(发动机机油压力开关)	检测发动机机油压力开关信号
38	CRKN[曲轴位置(CKP)传感器]	检测 CKP 传感器信号
39	CAM[凸轮轴位置(CMP)传感器 A]	检测 CMP 传感器信号
40	LIN(本地互联网络)	发送和接收通信信号
44	EOP RLY(辅助变速器油泵继电器)	驱动辅助变速器油泵继电器
46	THL1[节气门位置(TP)传感器 A]	检测 TP 传感器 A 信号
47	THL2[节气门位置(TP)传感器 B]	检测 TP 传感器 B 信号
48	VCC3(DBW)(传感器电压)	提供传感器基准电压
49	SG3(DBW)(传感器搭铁)	传感器搭铁
50	TW[发动机冷却液温度(ECT)传感器 1]	检测 ECT 传感器 1 信号
51	TA[进气温度(IAT)传感器]	检测 IAT 传感器信号

 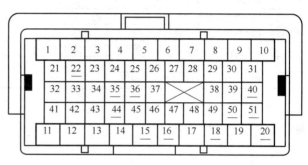

图 4-55 发动机电脑连接器 3 端子分布

表 4-34 发动机电脑连接器 3 端子定义

端子	名 称	定 义
1	PGM(PCM 接地)	PCM 接地
2	VBDBW(点火信号 ETCS)	检测点火信号
3	LCCLS(CVT 锁止离合器控制电磁阀)	驱动 CVT 锁止离合器控制电磁阀
4	DR LS(CVT 主动带轮压力控制电磁阀)	驱动 CVT 主动带轮压力控制电磁阀
5	CPC LS(CVT 离合器压力控制电磁阀)	驱动 CVT 离合器压力控制电磁阀
6	VTC(VTC 机油控制电磁阀)	驱动 VTC 机油控制电磁阀
7	AFHT[空燃比(A/F)传感器 1 加热器控制]	驱动 A/F 传感器(传感器 1)加热器
8	GND3(PCM 搭铁)	PCM 搭铁
9	SO2 HT[辅助加热型氧传感器(辅助 HO2S)(S2)加热器]	驱动辅助 HO2S(传感器 2)加热器
10	DN LS(CVT 从动带轮压力控制电磁阀)	驱动 CVT 从动带轮压力控制电磁阀
11	MTR1(节气门执行器-侧)	节气门执行器搭铁
12	MTR2(节气门执行器+侧)	驱动节气门执行器
13	HPUMP H(高压燃油泵+)	驱动高压燃油泵
14	HPUMP L(高压燃油泵-)	驱动高压燃油泵
17	SOL C(换挡电磁阀 O/P)	驱动换挡电磁阀 O/P
19	SOL B(换挡电磁阀 B)	驱动换挡电磁阀 B
21	NT(变矩器涡轮转速传感器)	检测变矩器涡轮转速传感器信号
23	ATP-RVS(变速器挡位开关 RVS)	检测变速器挡位开关 R 位置信号
24	ATP-N(变速器挡位开关 N)	检测变速器挡位开关 N 位置信号
25	ATP-D(变速器挡位开关 D)	检测变速器挡位开关 D 位置信号
26	ATP-FWD(变速器挡位开关 FWD)	检测变速器挡位开关 FWD 位置信号
27	ATP-R(变速器挡位开关 R)	检测变速器挡位开关 R 位置信号
28	KS GND(爆震传感器搭铁)	爆震传感器搭铁
29	KNOCK(爆震传感器)	检测爆震传感器信号

续表

端子	名 称	定 义
30	VCC2(传感器电压)	提供传感器基准电压
31	SG2(传感器搭铁)	传感器搭铁
32	VEL DD(CVT 转速传感器)	检测 CVT 转速传感器信号
33	NDR DD(CVT 主动带轮转速传感器)	检测 CVT 主动带轮转速传感器信号
34	ATP-P(变速器挡位开关 P)	检测变速器挡位开关 P 位置信号
37	TATF(变速器油温传感器)	检测变速器油温传感器信号
38	SO2[辅助加热型氧传感器(辅助 HO2S)(传感器 2)]	检测辅助 HO2S(传感器 2)信号
39	SO2SG[辅助加热型氧传感器(辅助 HO2S)(传感器 2)传感器搭铁]	辅助 HO2S(传感器 2)搭铁
41	VCC1(传感器电压)	提供传感器基准电压
42	SG1(传感器搭铁)	传感器搭铁
43	ATP-S(变速器挡位开关 S)	检测变速器挡位开关 S 位置信号
45	PB[进气歧管绝对压力(MAP)传感器]	检测 MAP 传感器信号
46	PF(燃油压力传感器)	检测燃油压力传感器信号
47	AF-(AFV1)[空燃比(A/F)传感器(S1)一侧]	检测 A/F 传感器信号
48	AF+(AFC1)[空燃比(A/F)传感器(S1)+侧]	检测 A/F 传感器信号
49	PDN(CVT 从动带轮压力传感器)	检测 CVT 从动带轮压力传感器信号

第5章 日产汽车

5.1 全新天籁（2019年款）

5.1.1 日产 2.0T KR20DDET 发动机正时维修

发动机正时单元部件分解如图 5-1 所示。

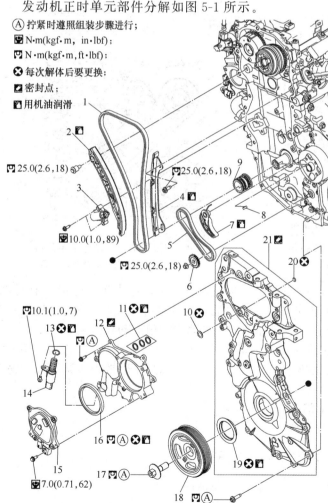

图 5-1 发动机正时单元部件分解
1—正时链条；2—松弛侧链条导轨；3—正时链条张紧器；4—张紧侧链条导轨；5—机油泵传动链条；6—机油泵链轮；7—机油泵传动链条张紧器；8—曲轴键；9—曲轴链轮；10—O形圈；11—O形圈；12—气门正时控制盖；13—O形圈；14—排气门正时控制电磁阀；15—电子进气门正时控制执行器；16—凸轮轴链轮（进气）油封；17—曲轴带轮螺栓；18—曲轴带轮；19—前油封；20—O形圈；21—前盖

发动机正时单元安装步骤如下。

注意不要重复使用机油泵传动链条张紧器轴或正时链条机油喷嘴，不要重复使用 O 形圈。图 5-2 中显示了部件安装时各正时链条配合标记与相应链轮配合标记之间的关系。

① 将机油泵传动链条、曲轴链轮和机油泵驱动链轮作为一个总成安装到发动机上。如图 5-3 所示，使用合适的工具，固定机油泵轴 2，并拧紧机油泵螺母 1。

② 将机油泵传动链条张紧器 1 安装到机油泵传动链条张紧器轴上，并在缸体的孔 3 中插入弹簧，如图 5-4 所示。

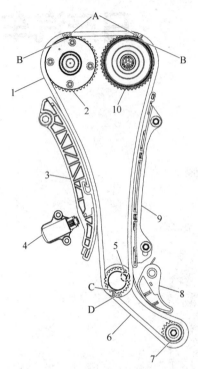

图 5-2 发动机正时配合标记
1—正时链条；2—凸轮轴链轮（排气）；3—松弛侧链条导轨；4—正时链条张紧器；5—曲轴键；6—机油泵传动链条；7—机油泵驱动链轮；8—机油泵传动链条张紧器；9—张紧侧链条导轨；10—凸轮轴链轮（进气）；A—配合标记（蓝色线）；B—配合标记；C—配合标记；D—配合标记（白色线）

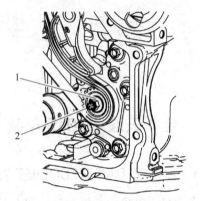

图 5-3 安装机油泵驱动链轮
1—螺母；2—机油泵轴

图 5-4 安装机油泵传动链条张紧器
1—张紧器；2—机油泵传动链条；3—孔

③ 将每个链轮的配合标记与正时链条的配合标记对齐。如果这些配合标记没有对准，固定六角部分并稍微旋转凸轮轴以纠正定位。注意安装正时链条后，再次检查每个链轮和正时链条的配合标记位置。如图 5-5 所示，安装正时链条张紧侧导轨 3 和松弛侧导轨 2。

④ 安装正时链条张紧器 1。安装正时链条张紧器后，拉出适配工具 2。注意从车辆上拆下时，不要从正时链条张紧器上拆下限位销，如图 5-6 所示。如果正时链条张紧器柱塞完全伸出，则更换正时链条张紧器。

⑤ 再次检查正时链条和各链轮上的配合标记位置。

⑥ 按与拆卸相反的顺序安装其余部件。

5.1.2 日产 2.0T KR20DDET 发动机电脑端子定义

发动机电脑端子分布如图 5-7 所示，端子定义见表 5-1。

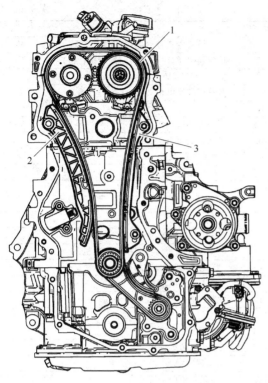
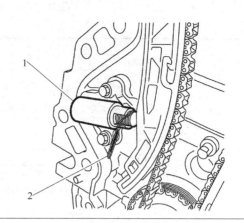

图 5-5 安装正时链条导轨
1—正时链条；2,3—导轨

图 5-6 安装正时链条张紧器
1—张紧器；2—限位销

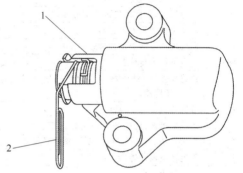

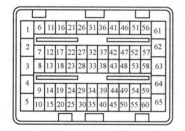
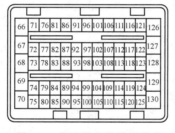

图 5-7 发动机电脑端子分布

表 5-1 发动机电脑端子定义

端子	定 义	端子	定 义
1	1号、4号缸内直喷喷油嘴（高）	21	传感器电源（曲轴位置传感器）
2	2号、3号缸内直喷喷油嘴（高）	22	曲轴位置传感器（电子进气门正时控制信号）
3	喷油器	23	传感器接地（质量空气流量传感器和进气温度传感器1）
4	喷油器		
5	喷油器驱动器接地	24	传感器电源（进气凸轮轴位置传感器）
6	4号缸内直喷喷油嘴（低）	25	进气凸轮轴位置传感器（电子进气门正时控制信号）
7	2号缸内直喷喷油嘴（低）	26	质量空气流量传感器
8	1号缸内直喷喷油嘴（低）	27	传感器电源（质量空气流量传感器）
9	3号缸内直喷喷油嘴（低）	28	传感器电源（排气凸轮轴位置传感器）
15	驻车/空挡位置信号	29	排气凸轮轴位置传感器
16	曲轴位置传感器	30	传感器接地（排气凸轮轴位置传感器）
17	传感器接地（曲轴位置传感器）	32	进气温度传感器1
19	传感器接地（进气凸轮轴位置传感器）	33	传感器接地（发动机冷却液温度传感器1）
20	进气凸轮轴位置传感器	34	发动机冷却液温度传感器1

续表

端子	定 义	端子	定 义
37	发动机机油温度传感器	92	进气歧管管道控制阀(打开)
38	进气温度传感器2	95	传感器电源(电子节气门控制执行器)
39	传感器接地(发动机机油温度传感器、发动机冷却液温度传感器2和电动废气旁通阀位置传感器)	96	VSCV/VTCV
		97	节气门控制电机
40	蓄电池温度传感器	98	CAN通信
41	发动机冷却液温度传感器2	101	多路控制阀电机(一)
42	电动废气旁通阀位置传感器	102	多路控制阀电机(+)
43	传感器电源(燃油油轨压力传感器、发动机机油压力传感器、涡轮增压器增压压力传感器和制冷剂压力传感器)	103	4号点火信号
		105	3号点火信号
		106	2号点火信号
44	燃油油轨压力传感器	107	VMCV
45	传感器接地(发动机机油压力传感器)	109	1号点火信号
46	发动机机油压力传感器	110	1号进气道喷油嘴
47	涡轮增压器增压压力传感器	111	电动废气旁通阀控制执行器电机(+)
48	制冷剂压力传感器	112	电动废气旁通阀控制执行器电机(一)
49	传感器接地(歧管绝对压力传感器和蓄电池电流/温度传感器)	113	4号进气道喷油嘴
		114	发动机机油压力控制电磁阀
52	歧管绝对压力传感器	115	排气门正时控制电磁阀
54	传感器电源(歧管绝对压力传感器、电动废气旁通阀位置传感器和蓄电池电流/温度传感器)	116	VWG/VDUCT
		117	3号进气道喷油嘴
56	蓄电池电流传感器	118	燃油泵
59	发动机重启继电器	119	2号进气道喷油嘴
60	涡轮增压器旁通控制阀	122	EVAP炭罐清洁量控制电磁阀
61	爆震传感器2	123	蓄电池电源
62	传感器接地(爆震传感器1和2)	126	A/F传感器1加热器
63	爆震传感器1	127	加热式氧传感器2加热器
65	喷油器驱动器接地	128	节气门控制电机
66	高压燃油泵	129	节气门控制电机(打开)
67	高压燃油泵(高压)	130	节气门控制电机(关闭)
68	高压燃油泵(低压)	131	EVAP控制系统压力传感器
69	ECM接地(泵接地)	133	CAN-L
70	ECM接地(屏蔽)	134	CAN-H
72	直流转换器	135	传感器电源(EVAP控制系统压力传感器)
73	涡轮增压器转速传感器	136	发动机转速信号
74	ECM继电器(自切断)	138	燃油箱温度传感器
76	传感器接地(加热式氧传感器2)	140	燃油泵控制模块(FPCM)
77	加热式氧传感器2	143	点火开关
79	传感器接地(多路控制阀位置传感器和进气歧管管道控制阀位置传感器)	144	ASCD/ICC转向盘开关
		145	传感器接地(ASCD/ICC转向盘开关)
81	多路控制阀位置传感器	146	燃油泵控制模块(FPCM)
82	进气歧管管道控制阀位置传感器	147	CAN-L
83	传感器电源(多路控制阀位置传感器和进气歧管管道控制阀位置传感器)	148	CAN-H
		149	制动灯开关
85	节气门位置传感器1	150	制动踏板位置开关
86	A/F传感器1	151	EVAP炭罐通风控制阀
87	屏蔽	152	传感器电源(加速踏板位置传感器2)
88	A/F传感器1	153	加速踏板位置传感器2
89	节气门位置传感器2	154	传感器接地(加速踏板位置传感器2)
90	传感器接地(节气门位置传感器1和2)	155	ECM电源
91	进气歧管管道控制阀(关闭)	156	传感器电源(加速踏板位置传感器1)

续表

端子	定 义	端子	定 义
157	ECM 接地	160	加速踏板位置传感器 1
158	传感器接地（EVAP 控制系统压力传感器）	161	传感器接地（加速踏板位置传感器 1）
	传感器接地（燃油箱温度传感器）	162	ECM 接地
159	ECM 接地		

5.1.3 日产 2.0L MR20DD 发动机正时维修

发动机正时单元部件分解如图 5-8 所示。

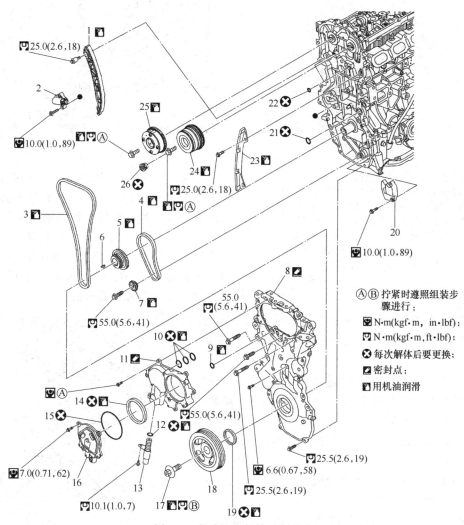

图 5-8 发动机正时单元部件分解

1—正时链条松弛侧导轨；2—正时链条张紧器；3—正时链条；4—平衡器单元正时链条；5—曲轴链轮；6—曲轴键；7—平衡器单元链轮；8—前盖；9—O 形圈；10—O 形圈；11—气门正时控制盖；12—O 形圈；13—排气门正时控制电磁阀；14—气门正时控制盖油封；15—O 形圈；16—电子进气门正时控制执行器；17—曲轴带轮螺栓；18—曲轴带轮；19—前油封；20—平衡器单元正时链条张紧器；21—O 形圈；22—O 形圈；23—正时链条张紧侧导轨；24—凸轮轴链轮（进气）；25—凸轮轴链轮（排气）；26—传感器目标

发动机正时单元部件安装步骤如下。

注意不要重复使用 O 形圈。图 5-9 中显示了部件安装时各正时链条配合标记与相应链轮配合标记之间的关系。

第 5 章 日产汽车　145

注意凸轮轴链轮（进气）中有两个外槽，较宽的一个是配合标记。

① 检查并确认曲轴键直指向上，如图 5-10 所示。安装曲轴链轮 2、平衡器单元链轮 3 和平衡器单元正时链条 1。

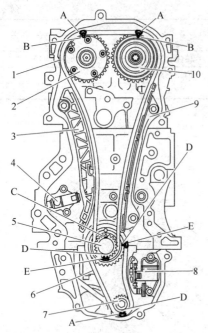

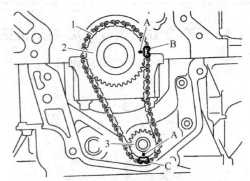

图 5-10　安装平衡器正时链条
1—平衡器单元正时链条；2—曲轴链轮；3—平衡器单元链轮；A—配合标记（压印）；B—配合标记（白色线）；C—匹配标记（深蓝色链节）

图 5-9　发动机正时配合标记
1—正时链条；2—凸轮轴链轮（排气）；3—松弛侧链条导轨；4—正时链条张紧器；5—曲轴链轮；6—平衡器单元正时链条；7—平衡器单元链轮；8—平衡器单元正时链条张紧器；9—张紧侧链条导轨；10—凸轮轴链轮（进气）；A—配合标记（深蓝色链节）；B—配合标记（压印）；C—曲轴键位置（指向正上方）；D—配合标记（压印）；E—配合标记（白色线）

② 通过对准各链轮和平衡器单元正时链条上的配合标记进行安装。如果这些配合标记没有对准，稍微旋转平衡器轴以纠正定位。

注意安装平衡器单元正时链条后，检查每个链轮的配合标记位置。如图 5-11 所示，固定平衡器轴的 WAF（19mm）零件 2，然后拧紧平衡器单元链轮螺栓。

注意使用 WAF 零件固定平衡器轴。切勿通过拧紧平衡器单元正时链条来松开平衡器单元链轮螺栓。

③ 安装平衡器单元正时链条张紧器 1。使用限位销 2 在压入最深位置固定柱塞，然后进行安装，如图 5-12 所示。安装平衡器单元正时链条张紧器后，按箭头方向拉出限位销 2。再次检查正时链条和各轮上的配合标记位置。

④ 如图 5-13 所示，将每个链轮的配合标记与正时链条的配合标记对齐。

如果这些配合标记没有对准，固定六角部分并稍微旋转凸轮轴以纠正定位。注意安装正时链条后，再次检查每个链轮和正时链条的配合标记位置。

⑤ 安装张紧侧导轨 3 和松弛侧导轨 2，如图 5-14 所示。

⑥ 安装正时链条张紧器 1。使用限位销 2 在压入最深位置固定柱塞，然后进行安装，如图 5-15 所示。安装正时链条张紧器后，拉出限位销。再次检

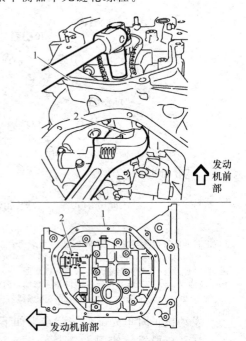

图 5-11　旋转平衡轴纠正定位
1—油底壳（上）；2—平衡器轴 WAF 零件

查正时链条和各链轮上的配合标记位置。

⑦ 按与拆卸相反的顺序安装其余部件。

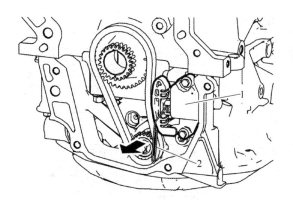

图 5-12　安装平衡器正时链条张紧器
1—平衡器单元正时链条张紧器；2—限位销

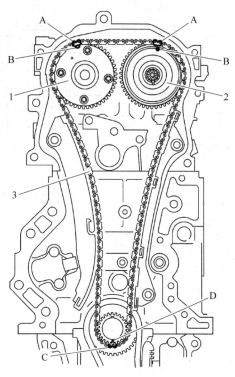

图 5-13　检查正时配合标记
1—凸轮轴链轮（排气）；2—凸轮轴链轮（进气）；3—正时链条；A—配合标记（深蓝色链节）；B—配合标记（压印）；C—配合标记（白色线）；D—配合标记（压印）

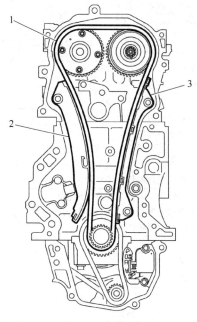

图 5-14　安装正时链条导轨
1—正时链条；2,3—导轨

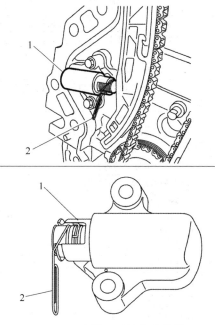

图 5-15　安装正时链条张紧器
1—张紧器；2—限位销

第 5 章　日产汽车

5.1.4 日产 2.0L MR20DD 发动机电脑端子定义

发动机电脑端子分布如图 5-16 所示，端子定义见表 5-2。

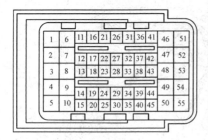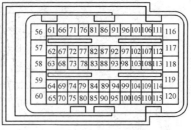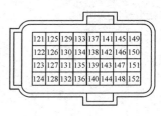

图 5-16 发动机电脑端子分布

表 5-2 发动机电脑端子定义

端子	定义	端子	定义
1	1号、4号喷油器（高）	44	燃油油轨压力传感器
2	2号、3号喷油器（高）	45	传感器接地（燃油油轨压力传感器、制冷剂压力传感器、发动机机油压力传感器、蓄电池电流/温度传感器）
3	喷油器驱动器电源 1		
4	喷油器驱动器电源 2		
5	ECM 接地	46	发动机机油压力传感器
6	4号喷油器（低）	48	制冷剂压力传感器
7	2号喷油器（低）	49	传感器接地（歧管绝对压力传感器）
8	1号喷油器（低）	52	歧管绝对压力传感器
9	3号喷油器（低）	54	传感器电源（歧管绝对压力传感器）
15	驻车/空挡位置信号	56	蓄电池电流传感器
16	曲轴位置传感器	59	发动机重启继电器控制信号
17	传感器接地（曲轴位置传感器）	62	传感器接地（爆震传感器）
19	传感器接地（进气凸轮轴位置传感器）	63	爆震传感器
20	进气凸轮轴位置传感器	65	ECM 接地
21	传感器电源（曲轴位置传感器）	66	高压燃油泵继电器
22	曲轴位置传感器（电子进气门正时控制信号）	67	高压燃油泵（高压）
23	传感器接地（质量空气流量传感器、进气温度传感器）	68	高压燃油泵（低压）
		69	ECM 接地
24	传感器电源（进气凸轮轴位置传感器）	70	屏蔽
25	进气凸轮轴位置传感器（电子进气门正时控制信号）	72	稳压器信号
		74	ECM 继电器（自切断）
26	质量空气流量传感器	76	传感器接地（加热式氧传感器 2）
27	传感器电源（质量空气流量传感器）	77	加热式氧传感器 2
28	传感器电源（排气凸轮轴位置传感器）	78	EGR 体积控制阀位置传感器
29	排气凸轮轴位置传感器	79	传感器接地（EGR 体积控制阀位置传感器、进气歧管管道控制阀位置传感器）
30	传感器接地（排气凸轮轴位置传感器）		
32	进气温度传感器	82	进气歧管管道控制阀位置传感器
33	传感器接地（发动机冷却液温度传感器、排气温度传感器）	83	传感器电源（EGR 体积控制阀位置传感器、进气歧管管道控制阀位置传感器）
34	发动机冷却液温度传感器	85	节气门位置传感器 1
37	发动机机油温度传感器	86	空燃比（A/F）传感器 1
39	传感器接地（发动机机油温度传感器）	87	屏蔽
40	蓄电池温度传感器	88	空燃比（A/F）传感器 1
43	传感器电源（燃油油轨压力传感器、制冷剂压力传感器、发动机机油压力传感器、蓄电池电流/温度传感器）	89	节气门位置传感器 2
		90	传感器接地（节气门位置传感器 1、节气门位置传感器 2）

续表

端子	定 义	端子	定 义
91	进气歧管管道控制阀（关闭）	133	CAN-L
92	进气歧管管道控制阀（打开）	134	CAN-H
95	传感器电源（节气门位置传感器1、节气门位置传感器2）	135	传感器电源（EVAP 控制系统压力传感器）
		138	燃油箱温度传感器
96	进气歧管管道控制阀电源	143	点火开关
97	节气门控制电机继电器	144	ASCD 转向盘开关
98	LIN 通信线	145	ASCD 转向盘开关接地
99	EGR 体积控制阀（＋）	147	传动系统 CAN-L
100	EGR 体积控制阀（－）	148	传动系统 CAN-H
109	1号点火信号	149	制动灯开关
106	2号点火信号	150	制动踏板位置开关
105	3号点火信号	151	EVAP 炭罐通风控制阀
103	4号点火信号	152	传感器电源（加速踏板位置传感器2）
104	进气歧管管道控制阀电源	153	加速踏板位置传感器2
115	排气门正时控制电磁阀	154	传感器接地（加速踏板位置传感器2）
118	燃油泵继电器	155	ECM 电源
122	EVAP 炭罐清洁量控制电磁阀	156	传感器电源（加速踏板位置传感器1）
123	蓄电池电源	157	ECM 接地
126	空燃比(A/F)传感器1加热器	158	传感器接地（EVAP 控制系统压力传感器、燃油箱温度传感器）
127	加热式氧传感器2加热器		
128	节气门控制电机电源	159	ECM 接地
129	节气门控制电机（打开）	160	加速踏板位置传感器1
130	节气门控制电机（关闭）	161	传感器接地（加速踏板位置传感器1）
131	EVAP 控制系统压力传感器	162	ECM 接地

5.1.5 音响系统音响单元与放大器端子定义

天籁音响单元端子分布如图 5-17 所示，端子定义见表 5-3。

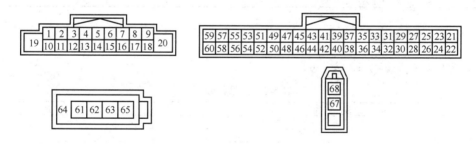

图 5-17 音响单元端子分布

表 5-3 音响单元端子定义

端子	定 义	端子	定 义
1	放大器 ON 信号	20	接地
2	左前声音信号	21	AV 通信(L)
4	左后声音信号	22	AV 通信(H)
7	自动 ACC 信号	23	AV 通信(L)
9	照明信号	24	AV 通信(H)
11	右前声音信号	26	模式改变信号
13	右后声音信号	30	倒车信号
18	车速信号	31	点火信号
19	蓄电池电源	32	调光器信号

续表

端子	定义	端子	定义
33	照明信号	59	摄像头图像信号
37	摄像头检测信号	60	屏蔽
46	麦克风信号	61	USB 接地
47	麦克风电源	62	USB D+信号
48	屏蔽	63	USB D-信号
49	辅助音响信号(左)	64	V BUS 信号
50	辅助音响信号(右)	65	屏蔽
52	屏蔽	67	AM FM 主信号
57	摄像头电源	68	天线放大器接通信号
58	摄像头接地		

音响系统 BOSE 放大器端子分布如图 5-18 所示,端子定义见表 5-4。

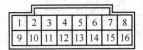

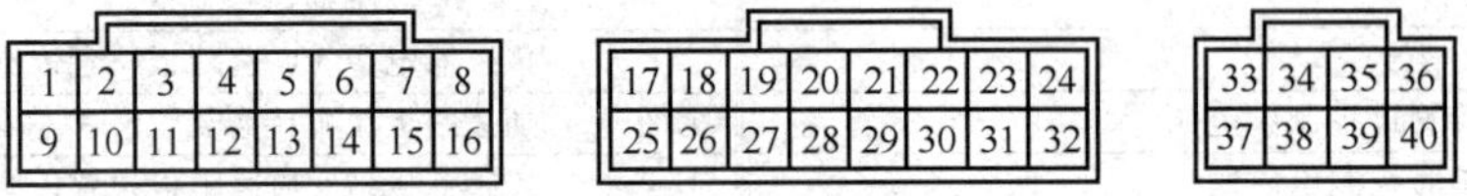

图 5-18　BOSE 放大器端子分布

表 5-4　BOSE 放大器端子定义

端子	定义	端子	定义
1	左前声音信号	26	CAN-L
2	右前声音信号	27	CAN-H
3	左后声音信号	28	发动机转速信号
4	右后声音信号	30	点火信号
5	左前麦克风信号	31	放大器 ON 信号
6	右前麦克风信号	34	左前门扬声器和左侧高音扬声器声音信号
7	后麦克风信号	35	左侧低音扬声器声音信号
17	中央扬声器声音信号	36	蓄电池电源
21	右门扬声器声音信号	37	右侧低音扬声器声音信号
22	左后门扬声器声音信号	40	接地
24	右前门扬声器和高音扬声器声音信号		

5.1.6　车轮定位数据

车轮定位数据见表 5-5、表 5-6。

表 5-5　前悬架数据

项目		参数
外倾角	最小	-1°05′(-1.08°)
	公称	-0°20′(-0.33°)
	最大	0°25′(0.41°)
	左右差异	-0°33′(-0.55°)
主销后倾角	最小	6°35′(6.59°)
	公称	7°20′(7.33°)
	最大	8°05′(8.08°)
	左右差异	-0°30′(-0.50°)
主销内倾角	最小	13°45′(13.75°)
	公称	14°30′(14.50°)
	最大	15°15′(15.25°)
前束	总前束　最小	内 0.6mm(内 0.024in)
	公称	内 1.6mm(内 0.063in)
	最大	内 2.6mm(内 0.102in)
	总前束角度　最小	0°00′(0.00°)
	公称	内 0°04′(内 0.07°)
	最大	内 0°08′(内 0.13°)

表 5-6 后悬架数据

项 目		参 数
外倾角	最小	-0°50′(-0.83°)
	公称	-0°20′(-0.33°)
	最大	0°10′(0.16°)
前束	总前束 最小	外 1.0mm(外 0.039in)
	总前束 公称	内 1.0mm(内 0.039in)
	总前束 最大	内 3.0mm(内 0.118in)
	总前束角度 最小	外 0°2.2′(外 0.03°)
	总前束角度 公称	内 0°05′(内 0.08°)
	总前束角度 最大	内 0°12.2′(内 0.20°)

5.2 经典轩逸（2019 年款）

5.2.1 日产 1.6L HR16DE 发动机正时维修

发动机正时单元部件分解如图 5-19 所示。

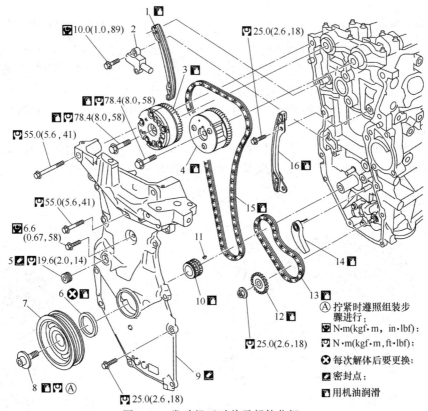

图 5-19 发动机正时单元部件分解

1—正时链条松弛侧导轨；2—正时链条张紧器；3—凸轮轴链轮（排气）；4—凸轮轴链轮（进气）；5—堵塞；6—前油封；7—曲轴带轮；8—曲轴带轮螺栓；9—前盖；10—曲轴链轮；11—曲轴链轮键；12—机油泵链轮；13—机油泵传动链条；14—机油泵传动链条张紧器；15—正时链条；16—正时链条张紧侧导轨

5.2.1.1 正时单元部件拆卸

① 拆下前车轮（右侧）。

② 拆下前翼子板护板（右侧）。

③ 排空发动机机油。

④ 拆下以下零件:摇臂室盖、驱动带、水泵带轮。

⑤ 使用变速器千斤顶支撑发动机底面,然后拆下发动机安装支架和隔振垫(右侧)。

⑥ 按照下列步骤将1号气缸设在其压缩行程的 TDC 处:顺时针旋转曲轴带轮2,并将 TDC 标记(不带涂漆标记)A 与前盖上的正时指示器1对准,如图5-20所示。

⑦ 检查确认各凸轮轴链轮上配合标记的定位,如图5-21所示。

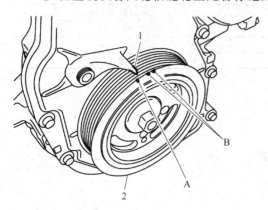

图5-20 设置1号气缸于 TDC 位置
1—正时指示器;2—曲轴带轮;
A—TDC 标记;B—白漆标记(不用于维修)

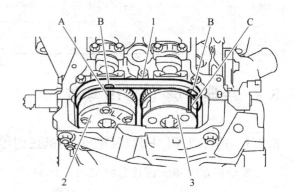

图5-21 检查凸轮轴链轮配合标记
1—正时链条;2—凸轮轴链轮(排气);
3—凸轮轴链轮(进气);A—配合标记(外槽);
B—粉色链节;C—配合标记(外槽)

如果没有配合好,则再转动曲轴带轮一圈以将配合标记对齐。

⑧ 按照下列步骤拆下曲轴带轮。如图5-22所示,使用带轮固定器(通用维修工具)2固定曲轴带轮1。

⑨ 松开并拉出曲轴带轮螺栓。注意切勿拆卸安装螺栓,因为它们将作为带轮拉拔器的支撑点。如图5-23所示,将带轮拉拔器1安装到曲轴带轮的 M6 螺纹孔内,并拆下曲轴带轮。

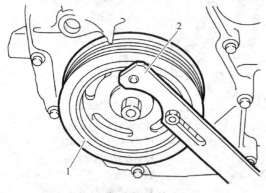

图5-22 拆下曲轴带轮
1—曲轴带轮;2—带轮固定器

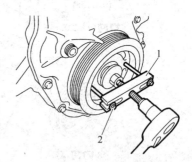

图5-23 拉出曲轴带轮
1—带轮拉拔器;2—M6 螺栓

⑩ 按照下列步骤拆下前盖。按照图5-24中15~1的顺序松开螺栓。

⑪ 撬动图5-25中箭头指示的位置,破坏密封胶,拆下前盖。

从前盖上拆下前油封。使用适当的工具抬起以便拆卸。注意不得损坏前盖。

⑫ 按下述步骤拆下正时链条张紧器5。完全按下正时链条张紧杆1,然后将柱塞3推入正时链条张紧器内。通过完全推下杆释放凸舌2,从而可以移动柱塞。拉起杆,以将杆上的

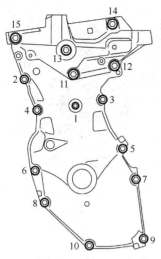
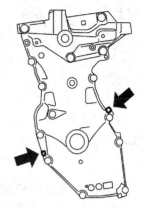

图 5-24 松开前盖螺栓
1~15—螺栓

图 5-25 破坏密封胶

孔位置与主体孔位置对准。当杆孔与主体孔位置对准时，柱塞固定。

当柱塞棘轮和凸舌的凸起部分彼此相对时，两个孔位置没有对准。此时，稍稍移动柱塞，正确接合它们并对准这些孔位置。将限位销4穿过杆孔插入主体孔，然后将杆固定在上部位置，如图5-26所示，图示为使用2.5mm六角扳手的示例。拆下正时链条张紧器。

⑬ 拆下正时链条张紧侧导轨2和正时链条松弛侧导轨1，如图5-27所示。

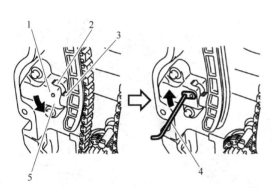
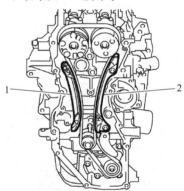

图 5-26 拆卸正时链条张紧器
1—张紧杆；2—凸舌；3—柱塞；4—六角扳手；5—张紧器

图 5-27 拆下正时链条导轨
1,2—导轨

⑭ 如图5-28所示，拆下正时链条2。朝凸轮轴链轮（排气）1拉松正时链条，然后拆下正时链条，并开始从凸轮轴链轮（排气）侧进行拆卸。注意当拆卸正时链条时，切勿转动曲轴或凸轮轴。它会导致气门和活塞之间相互干扰。

⑮ 按照以下步骤拆下曲轴链轮和机油泵驱动相关零件。拆下机油泵传动链条张紧器3，从轴2和弹簧固定孔1拉出，如图5-29所示。

⑯ 使用TORX套筒（规格：E8）固定机油泵轴顶部，然后松开机油泵链轮螺母并将其拆下。同时拆下曲轴链轮1、机油泵传动链条2和机油泵链轮3，如图5-30所示。

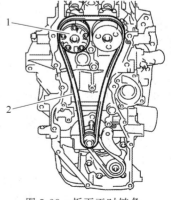

图 5-28 拆下正时链条
1—链轮；2—链条

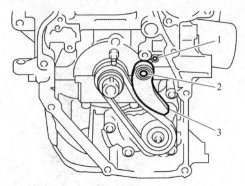
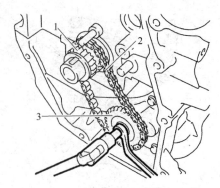

图 5-29 拆下机油泵传动链条张紧器
1—孔；2—轴；3—张紧器

图 5-30 拆下机油泵链轮螺母
1,3—链轮；2—链条

5.2.1.2 正时单元部件安装

图 5-31 中显示了部件安装时各正时链条配合标记与相应链轮配合标记之间的关系。

① 按照下述步骤安装曲轴链轮和机油泵驱动相关零件。同时安装曲轴链轮 1、机油泵传动链条 2 和机油泵链轮 3。安装曲轴链轮，使它的无效齿轮面 4 朝向发动机背面，如图 5-32 所示。

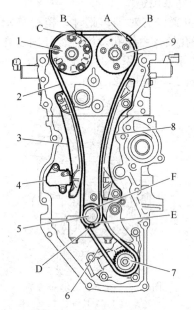
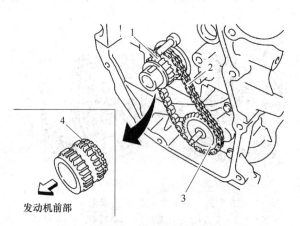

图 5-31 发动机正时配合标记
1—凸轮轴链轮（排气）；2—正时链条；3—正时链条松弛侧导轨；4—正时链条张紧器；5—曲轴链轮；6—机油泵传动链条；7—机油泵链轮；8—正时链条张紧侧导轨；9—凸轮轴链轮（进气）；A—配合标记（外槽）；B—粉色链节；C—配合标记（外槽）；D—橙色链节；E—配合标记（压印）；F—曲轴键（指向正上方）

图 5-32 安装曲轴链轮
1,3—链轮；2—链条；4—无效齿轮面

② 如图 5-33 所示，安装机油泵链轮，使它的凸起朝向发动机前部。机油泵驱动相关零件上没有配合标记。使用 TORX 套筒（规格：E8）固定机油泵轴顶部，然后拧紧机油泵链轮螺母。

③ 安装机油泵传动链条张紧器 3。将主体插入轴 2，同时将弹簧插入缸体前表面的固定孔 1，如图 5-34 所示。安装后，检查机油泵传动链条上是否施加有张力。

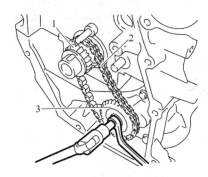

图 5-33　安装机油泵链轮
1—曲轴链轮；2—机油泵传动链条；3—机油泵链轮

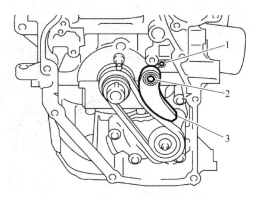

图 5-34　安装机油泵传动链条张紧器
1—孔；2—轴；3—张紧器

④ 按照下列步骤安装正时链条。如图 5-35 所示，对准各链轮和正时链条上的配合标记以进行安装。如果这些匹配标记没有对准，稍微旋转凸轮轴以纠正定位。

对准配合标记后，用手托住它们以保持其对准。为避免齿跳过，安装前盖前不要转动曲轴和凸轮轴。

⑤ 安装正时链条张紧侧导轨 2 和正时链条松弛侧导轨 1，如图 5-36 所示。

⑥ 安装正时链条张紧器 1。使用六角扳手 2 在压入最深位置固定柱塞，然后进行安装，如图 5-37 所示。

安装正时链条张紧器后，拉出限位销。再次检查正时链条和各链轮上的配合标记位置。

⑦ 将前油封安装至前盖。

⑧ 按照下列步骤安装前盖。如图 5-38 所示，使用管压机（通用维修工具）将密封胶连续地涂覆到前盖上。使用原装密封胶（TB 1217H）或同等产品。

⑨ 如图 5-39 所示，使用管压机（通用维修工具）将密封胶连续地涂覆到前盖上。使用原装密封胶（TB 1217H）或同等产品。

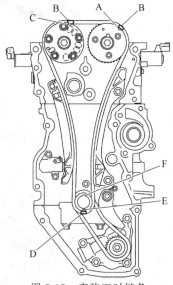

图 5-35　安装正时链条
A—配合标记（外槽）；B—粉色链节；C—配合标记（外槽）；D—橙色链节；E—配合标记（压印）；F—曲轴键（指向正上方）

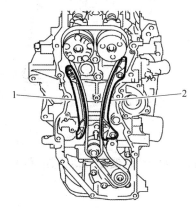

图 5-36　安装正时链条导轨
1，2—导轨

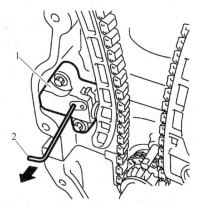

图 5-37　安装正时链条张紧器
1—张紧器；2—六角扳手

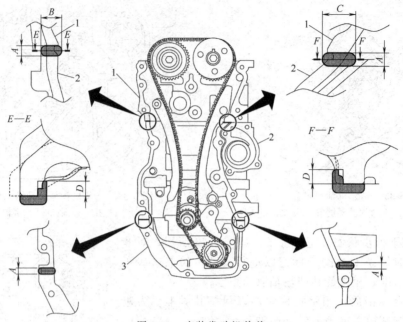

图 5-38 安装发动机前盖

1—缸盖；2—缸体；3—油底壳（上）；A—5mm（0.20in）；B—11mm（0.43in）；C—13mm（0.51in）；D—6mm（0.24in）

⑩ 按照图 5-40 中所示的数字顺序拧紧前盖螺栓。

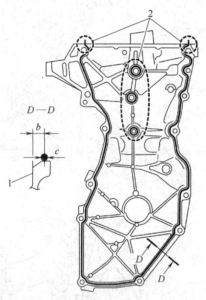

图 5-39 在前盖上涂抹密封胶

1—前盖边缘；2—密封胶涂覆区域；b—4.0～5.6mm（0.157～0.220in）；c—ϕ3.0～4.0mm（ϕ0.118～0.157in）

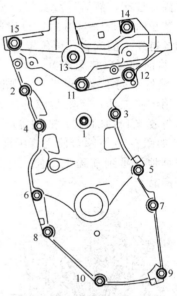

图 5-40 拧紧前盖螺栓

1～15—螺栓

在拧紧所有螺栓后，按照图中 1～15 的顺序再次将螺栓拧紧到规定力矩。注意确保擦净泄漏到表面的任何多余密封胶。

⑪ 通过对准曲轴链轮键插入曲轴带轮。

⑫ 使用塑料锤插入曲轴带轮时，轻敲其中央部位（不是周围）。注意安装以保护前油封唇部不受损坏。

⑬ 按照下述步骤拧紧曲轴带轮螺栓。用带轮固定器（通用维修工具）固定曲轴带轮，并紧固曲轴带轮螺栓。

⑭ 在曲轴带轮螺栓的螺纹和座表面涂覆新的发动机机油。

⑮ 拧紧曲轴带轮螺栓，拧紧力矩 35.0N·m。

⑯ 如图 5-41 所示，在曲轴带轮上做油漆标记 B，对准曲轴带轮螺栓法兰 1 上的 6 个易识别角度标记 A 中的任何一个。顺时针再转动 60°（角度紧固）。使用一个角度标记的移动检查紧固角度，用手顺时针旋转，检查曲轴转动是否顺畅。

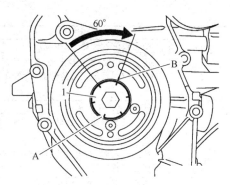

图 5-41 安装曲轴带轮螺栓
1—曲轴带轮螺栓法兰；A,B—标记

⑰ 按与拆卸相反的顺序安装其余部件。

5.2.2 日产 1.6L HR16DE 发动机电脑端子定义

发动机电脑端子分布如图 5-42 所示，端子定义见表 5-7。

  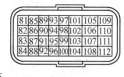

图 5-42 发动机电脑端子分布

表 5-7 发动机电脑端子定义

端子	定 义	端子	定 义
1	节气门控制电机（打开）	39 *1	蓄电池温度传感器
2	节气门控制电机电源	40	传感器接地（蓄电池电流/温度传感器、大气压力传感器、EVAP 控制系统压力传感器）
3	A/F 传感器 1 加热器		
4	节气门控制电机（关闭）		
5	加热式氧传感器 2 加热器		
6 *2, *3	稳压器信号	41 *2	制动助力器压力传感器
7 *2, *3	发动机重启旁通控制继电器	42	燃油箱温度传感器
9	EVAP 炭罐清洁量控制电磁阀	43 *3	大气压力传感器
10	ECM 接地	43 *2, *4	EVAP 控制系统压力传感器
11	ECM 接地	44	传感器接地（发动机冷却液温度传感器）
12	1 号喷油器（后）	45	质量空气流量传感器
16	3 号喷油器（后）	46	进气温度传感器
20	2 号喷油器（后）	47	发动机机油压力传感器
24	4 号喷油器（后）	48	排气门正时控制位置传感器
25	4 号喷油器（前）	49	A/F 传感器 1
29	3 号喷油器（前）	50 *1	加热式氧传感器 2
30	2 号喷油器（前）	51	传感器接地（燃油箱温度传感器）
31	1 号喷油器（前）	52	传感器接地（质量空气流量传感器/进气温度传感器）
15	节气门控制电机继电器		
17	1 号点火信号	53 *1	A/F 传感器 1
18	2 号点火信号	54	传感器接地（发动机机油温度传感器）
21	4 号点火信号	55 *4	传感器接地（进气温度传感器）
22	3 号点火信号	56	排气温度传感器
23	燃油泵继电器	57	发动机机油温度传感器
26	EVAP 炭罐通风控制阀	58	蓄电池电流传感器
32	ECM 继电器（自切断）	59	传感器接地（加热式氧传感器 2）
33	节气门位置传感器 1	60	传感器接地（发动机机油压力传感器）
34 *2	节气门位置传感器 2	61	曲轴位置传感器（位置）
36 *2	传感器接地（节气门位置传感器）	62	传感器接地[曲轴位置传感器（位置）]
37	爆震传感器	63	传感器接地[凸轮轴位置传感器（相位）、排气门正时控制位置传感器]
38	发动机冷却液温度传感器		

续表

端子	定 义	端子	定 义
65	凸轮轴位置传感器(相位)	82	起动机电机继电器切断信号
68	传感器接地(蓄电池电流/温度传感器*1、EVAP控制系统压力传感器、大气压力传感器*2)	83	CAN-L
		84	CAN-H
		85	制冷剂压力传感器
69	驻车/空挡位置信号	87	起动机电机继电器控制信号
70*2	发动机通信线(直流转换器,蓄电池电流/温度传感器)	88	数据链路接头
		89*2	停止/启动 OFF 开关
		93	点火开关
71*2	传感器电源(蓄电池电流/温度传感器,大气压力传感器)	98	传感器接地(制冷剂压力传感器)
		99	制动灯开关
72	传感器电源(节气门位置传感器)	101	传感器电源(制冷剂压力传感器)
73	进气门正时控制电磁阀	102	传感器电源(加速踏板位置传感器2)
74	传感器电源(发动机机油压力传感器)	103	加速踏板位置传感器2
75	传感器电源[曲轴位置传感器(位置)]	104	传感器接地(加速踏板位置传感器2)
		105	ECM 电源
77	排气门正时控制电磁阀	106	传感器电源(加速踏板位置传感器1)
78	传感器电源[凸轮轴位置传感器(相位)、排气门正时控制位置传感器]	108	ECM 接地
		110	加速踏板位置传感器1
81	ECM 电源(倒车灯)	111	传感器接地(加速踏板位置传感器1)

注: *1 表示不带停止/启动系统; *2 表示带停止/启动系统; *3 表示 2018 年 6 月 17 日之前生产; *4 表示 2018 年 6 月 18 日以后生产。

5.2.3 日产 1.8L MRA8DE 发动机正时维修

发动机正时单元部件分解如图 5-43 所示。

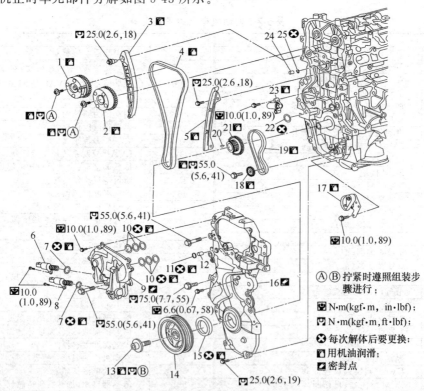

图 5-43 发动机正时单元部件分解

1—凸轮轴链轮(排气); 2—凸轮轴链轮(进气); 3—正时链条松弛侧导轨; 4—正时链条; 5—正时链条张紧侧导轨; 6—气门正时控制电磁阀(排气); 7—O 形圈; 8—气门正时控制电磁阀(进气); 9—VTC 盖; 10—O 形圈; 11—O 形圈; 12—VTC 机油滤清器; 13—曲轴带轮螺栓; 14—曲轴带轮; 15—前油封; 16—前盖; 17—正时链条张紧器; 18—机油泵链轮; 19—机油泵传动链条; 20—曲轴键; 21—曲轴链轮; 22—O 形圈; 23—正时链条张紧器; 24—VTC 机油滤清器; 25—O 形圈

5.2.3.1 正时单元部件拆卸

注意文中的旋转方向表示从发动机前方看到的所有方向。

① 将发动机安装至发动机支架。

② 排空发动机机油。

③ 拆下以下零件：进气歧管、摇臂室盖。

④ 按照下列步骤将1号气缸设在其压缩行程上止点处：顺时针转动曲轴带轮1并将TDC标记（无漆）A与前盖上的正时指示器2对准，如图5-44所示。

同时，检查以确认1号气缸凸轮尖端的定位（箭头），如图5-45所示。

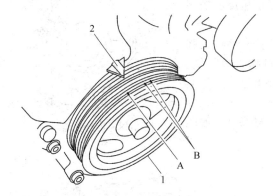

图5-44 设置1号气缸于TDC位置
1—曲轴带轮；2—正时指示器；
A—TDC标记；B—白漆标记（不用于维修）

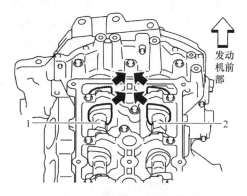

图5-45 1号气缸凸轮尖端方向
1—凸轮轴（进气）；2—凸轮轴（排气）

如果不满足要求，转动曲轴带轮一圈（360°）并对准，如图5-44所示。

⑤ 按照下列步骤拆下曲轴带轮。使用带轮托架（通用维修工具）1固定曲轴带轮2，如图5-46所示，松开曲轴带轮螺栓，并在距离其原始位置10mm处定位螺栓座合表面。

注意切勿拆卸曲轴带轮螺栓，因为其将作为带轮拉拔器的支撑点。

⑥ 将带轮拉拔器1安装到曲轴带轮2的M6螺纹孔内，并拆下曲轴带轮，如图5-47所示。

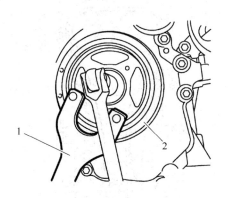

图5-46 松开曲轴带轮螺栓
1—带轮托架；2—曲轴带轮

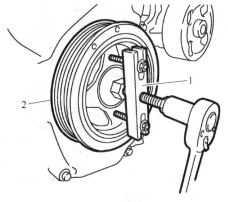

图5-47 拆下曲轴带轮
1—带轮拉拔器；2—曲轴带轮

⑦ 拆下油底壳（下）。如果没有拆下曲轴链轮和机油泵驱动部件，则不需要此步骤。

⑧ 拆下进气门正时控制电磁阀和排气门正时控制电磁阀。

⑨ 拆下驱动带自动张紧器。

⑩ 依下列步骤拆下前盖。按与图 5-48 所示相反的顺序松开固定螺栓。

⑪ 撬动图 5-49 中的箭头位置，破坏密封胶，然后拆下前盖。

注意不要损坏配合面。装运时涂覆的密封胶比之前的类型黏度更大，因此不应在指定位置外将其强行脱开。

⑫ 从前盖上拆下前油封。

小心操作不要损坏前盖。使用螺丝刀（旋具）抬起前油封。如有必要，拆下 VTC 盖。按照与图 5-50 所示相反的顺序松开固定螺栓。拆卸时不需顾及顺序数字 1。

⑬ 按下述步骤拆下正时链条张紧器。在压下正时链条张紧器柱塞的情况下，将限位销 2 插入顶槽。通过插入限位销，牢固固定正时链条张紧器柱塞。拆下正时链条张紧器 1，如图 5-51 所示。

⑭ 拆下松弛侧导轨 2、张紧侧导轨 3 和正时链条 1，如图 5-52 所示。

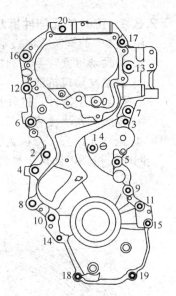

图 5-48　拆卸前盖螺栓
1～20—螺栓

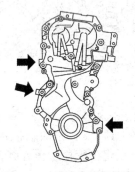

图 5-49　破坏前盖密封胶

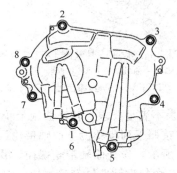

图 5-50　拆下前油封
1～8—顺序数字

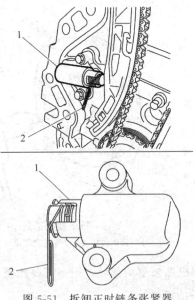

图 5-51　拆卸正时链条张紧器
1—张紧器；2—限位销

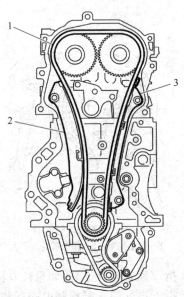

图 5-52　拆卸正时链条导轨
1—正时链条；2,3—导轨

注意当拆卸正时链条时，切勿单独转动每个曲轴和凸轮轴，否则会导致气门和活塞之间相互干扰。

如果正时链条难以拆下，首先拆下凸轮轴链轮（排气）以拆卸正时链条。

⑮ 按下述步骤拆下曲轴链轮和机油泵驱动部件。沿箭头方向推机油泵传动链条张紧器1。将六角扳手2插入泵体孔3内，如图5-53所示。拆下机油泵传动链条张紧器。

⑯ 当杆上的孔和张紧器体上的孔不能对准时，通过稍稍移动机油泵传动链条张紧器松弛导轨将这些孔对准。如图5-54所示，固定机油泵轴的WAF（10mm）零件2，然后松开机油泵链轮螺栓并将其拆下。

注意使用WAF零件固定机油泵轴。切勿通过拧紧机油泵传动链条来松开机油泵链轮螺栓。

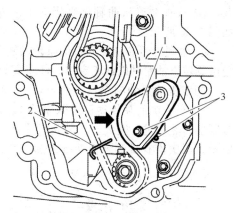

图5-53 拆卸机油泵传动链条张紧器
1—张紧器；2—六角扳手；3—孔

5.2.3.2 正时单元部件安装

注意不要重复使用O形圈。图5-55中显示了部件安装时各正时链条配合标记与相应链轮配合标记之间的关系。

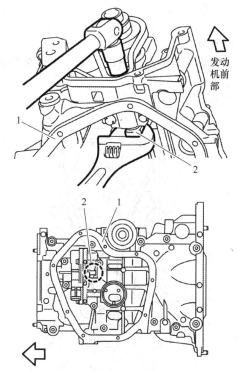

图5-54 调整机油泵传动链条张紧器松弛导轨
1—油底壳（上）；2—机油泵轴WAF零件

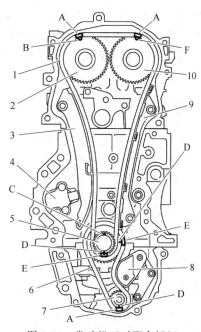

图5-55 发动机正时配合标记
1—正时链条；2—凸轮轴链轮（排气）；3—松弛侧导轨；4—正时链条张紧器；5—曲轴链轮；6—机油泵传动链条；7—机油泵链轮；8—机油泵传动链条张紧器；9—张紧侧链条导轨；10—凸轮轴链轮（进气）；A—配合标记（深蓝色链节）；B—配合标记（外槽）；C—曲轴键位置（指向正上方）；D—配合标记（压印）；E—配合标记（铜链节）；F—配合标记（外槽）

① 检查并确认曲轴键直指向上。安装机油泵传动链条1、曲轴链轮2、机油泵链轮3，如图5-56所示。

② 通过对准各链轮和机油泵传动链条的配合标记进行安装。如果这些配合标记没有对准，稍微旋转机油泵轴以纠正定位。注意安装机油泵传动链条后，检查每个链轮的配合标记位置。

固定机油泵轴的WAF（10mm）零件，然后拧紧机油泵轴链轮螺栓。

③ 安装机油泵传动链条张紧器1。使用六角扳手2在压入最深位置固定机油泵传动链条张紧器，然后进行安装。安装机油泵传动链条张紧器后，按箭头方向拉出限位销，如图5-57所示。再次检查机油泵传动链条和每个链轮的匹配标记位置。

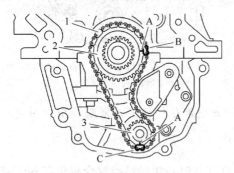

图5-56 安装曲轴链轮与机油泵链轮
1—机油泵传动链条；2—曲轴链轮；
3—机油泵链轮；A—配合标记（压印）；
B—配合标记（铜链节）；C—配合标记（深蓝色链节）

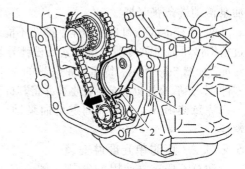

图5-57 安装机油泵传动链条张紧器
1—张紧器；2—六角扳手

④ 将每个链轮的配合标记与正时链条的配合标记对准，如图5-58所示。

如果这些配合标记没有对准，固定六角部分并稍微旋转凸轮轴以纠正定位。注意安装正时链条后，再次检查每个链轮和正时链条的配合标记位置。

⑤ 安装松弛侧导轨2和张紧侧导轨3，如图5-59所示。

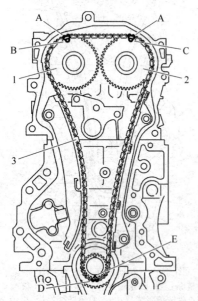

图5-58 对准正时配合标记
1—凸轮轴链轮（排气）；2—凸轮轴链轮（进气）；
3—正时链条；A—配合标记（深蓝色链节）；B—配合标记（外槽）；C—配合标记（外槽）；D—配合标记（铜链节）；E—匹配标记（压印）

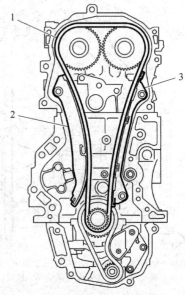

图5-59 安装正时链条导轨
1—正时链条；2,3—导轨

⑥ 安装正时链条张紧器。使用限位销在压入最深位置固定柱塞，然后进行安装。安装正时链条张紧器后，拉出限位销。注意在凸轮侧安装张紧器后，拉出锁销。

在没有将张紧器安装到发动机的情况下拉出锁销后，如果柱塞弹出，不要使用张紧器（如果使用，柱塞将不能平稳滑动）。

固定在凸轮侧重复使用张紧器：安装后，朝柱塞端部移动棘轮卡扣（止动器舌片），并平行于柱塞槽定位张紧器。再次检查正时链条和各链轮上的配合标记位置。

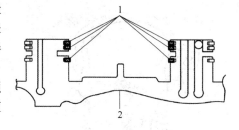

图 5-60　安装前盖 O 形圈
1—O 形圈；2—VTC 盖

⑦ 安装前油封。

⑧ 按照下列步骤安装前盖。将新 O 形圈 1 安装到 VTC 盖 2 的槽上，如图 5-60 所示。

⑨ 安装 VTC 盖。将 VTC 机油滤清器安装到 VTC 盖。注意压接到网格的末端。不要重复使用 VTC 机油滤清器。丢掉落在地上的 VTC 机油滤清器，使用新的。

⑩ 如图 5-61 所示，使用管压机（通用维修工具）在 VTC 盖上涂覆一条连续的密封胶。涂覆密封胶的头端和尾端必须彼此重叠 5mm 或以上。

⑪ 按图 5-62 中所示的数字顺序拧紧安装螺栓。分两步拧紧顺序数字 1 和 6 处的螺栓。顺序数字 6 显示的是第二步。

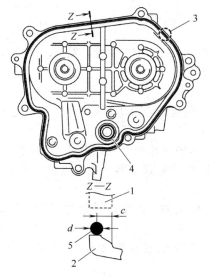

图 5-61　在 VTC 盖上涂抹密封胶
1—前盖；2—VTC 盖；3—涂覆密封胶的头端和尾端；
4—密封胶涂覆区域；5—密封胶；c—4.0～5.6mm
(0.157～0.220in)；d—ϕ3.4～4.4mm (0.134～0.173in)

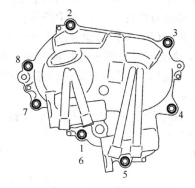

图 5-62　VTC 盖螺栓紧固顺序
1～8—顺序数字

⑫ 将新的 O 形圈安装到缸体上。注意不要错误对准 O 形圈。

⑬ 如图 5-63 所示，使用管压机（通用维修工具）在前盖上涂覆一条连续的液态密封垫 4。使用原装密封胶或相当产品。

⑭ 检查并确认正时链条和各链轮的配合标记仍对准。然后，安装前盖。注意检查确认缸体上的 O 形圈安装正常。切勿因为与曲轴前端的干涉而损坏前油封。安装前盖，并按照图 5-64 中所示的顺序拧紧螺栓。

第 5 章　日产汽车　163

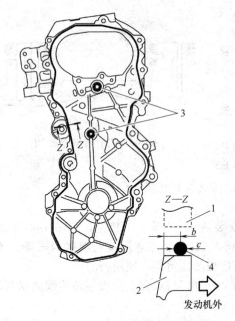

图 5-63 在前盖上涂抹密封胶
1—缸盖；2—前盖；3—密封胶涂覆区域；
4—密封胶；b—4.0~5.6mm (0.157~0.220in)；
c—ϕ3.4~4.4mm (ϕ0.134~0.173in)

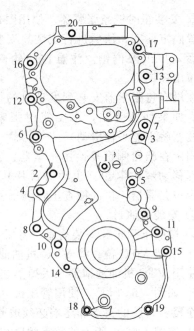

图 5-64 前盖螺栓紧固顺序
1~20—螺栓

有关螺栓的安装位置，可参考下列内容。M6 螺栓：1 号。M10 螺栓：第 6、7、12、20 号。M12 螺栓：第 2、4、8、10 号。M8 螺栓：以上除外。

注意涂覆密封胶后 5min 内应完成固定。

紧固所有螺栓后，按图中所示的数字顺序将其再紧固至规定力矩。

注意确保擦净任何泄漏的多余密封胶。

⑮ 按照下列步骤安装曲轴带轮。使用塑料锤插入曲轴带轮时，轻敲其中央部位（不是周围）。注意切勿损坏前油封唇部。如图 5-65 所示，使用带轮固定器（通用维修工具）2 固定曲轴带轮 1。

⑯ 在曲轴带轮螺栓的螺纹和座表面涂覆新的发动机机油。拧紧曲轴带轮螺栓。拧紧力矩 29.4N·m。

如图 5-66 所示，在曲轴带轮 2 上做油漆标记 B，对准曲轴带轮螺栓法兰 1 上的 6 个易识

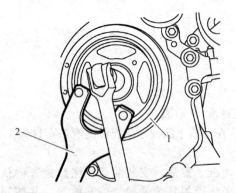

图 5-65 安装曲轴带轮
1—曲轴带轮；2—带轮固定器

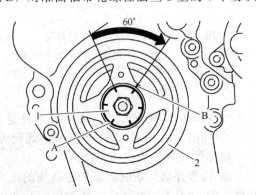

图 5-66 安装曲轴带轮螺栓
1—曲轴带轮螺栓法兰；2—曲轴带轮；A,B—标记

别角度标记 A 中的任何一个。顺时针再转动 60°（角度紧固）。使用一个角度标记的移动检查紧固角度，用手顺时针旋转，检查曲轴转动是否顺畅。

⑰ 按与拆卸相反的顺序安装其余零件。

5.2.4 日产 1.8L MRA8DE 发动机电脑端子定义

发动机电脑端子分布如图 5-67 所示，端子定义见表 5-8。

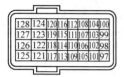  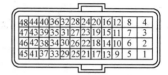

图 5-67 发动机电脑端子分布

表 5-8 发动机电脑端子定义

端子	定义	端子	定义
1	节气门控制电机（关闭）	41	A/F 传感器 1
2	节气门控制电机电源	42	传感器接地（排气门正时控制位置传感器）
3	节气门控制电机（打开）	43	排气门正时控制位置传感器
4	爆震传感器	44	传感器电源（排气门正时控制位置传感器）
5	进气歧管调整阀电机（关闭）	45	A/F 传感器 1
6	进气歧管调整阀电机电源	52	ECM 接地
7	进气歧管调整阀电机（打开）	53	A/F 传感器 1 加热器
8	传感器接地（爆震传感器）	54	加热式氧传感器 2 加热器
9	4 号喷油器	61	蓄电池温度传感器
10	3 号喷油器	62	传感器接地（蓄电池电流/温度传感器）
13	1 号喷油器	63	蓄电池电流传感器
14	2 号喷油器	64	传感器电源（蓄电池电流/温度传感器）
12	ECM 接地	70	传感器接地（曲轴位置传感器）
16	ECM 接地	71	曲轴位置传感器
17	EVAP 炭罐清洁量控制电磁阀	72	传感器电源（曲轴位置传感器）
18	燃油泵继电器	73	屏蔽
21	节气门控制电机继电器	77	节气门位置传感器 2
22	加热式氧传感器 2	78	传感器接地（节气门位置传感器）
23	传感器接地（加热式氧传感器 2）	79	节气门位置传感器 1
25	发动机机油温度传感器	80	传感器电源（节气门位置传感器）
26	传感器接地（发动机机油温度传感器）	81	发动机控制模块电源（备用）
27	传感器接地（发动机冷却液温度传感器）	86	1 号点火信号
28	发动机冷却液温度传感器	87	2 号点火信号
30	传感器接地（凸轮轴位置传感器）	90	3 号点火信号
31	凸轮轴位置传感器	91	4 号点火信号
32	传感器电源（凸轮轴位置传感器）	89	ECM 继电器（自切断）
33	进气温度传感器	93	进气门正时控制电磁阀
34	传感器接地（质量空气流量传感器、进气温度传感器）	94	排气门正时控制电磁阀
		99	CAN 通信线（CAN-L）
35	质量空气流量传感器	100	CAN 通信线（CAN-H）
36	传感器电源（质量空气流量传感器、进气温度传感器）	101	起动机电机继电器切断信号
		103	制冷剂压力传感器
37	屏蔽	104	传感器电源（制冷剂压力传感器）
38	传感器接地（发动机机油压力传感器）	109	点火开关
39	发动机机油压力传感器	115	制动灯开关
40	传感器电源（发动机机油压力传感器）	117	PNP 信号

续表

端子	定 义	端子	定 义
118	传感器电源(加速踏板位置传感器2)	123	ECM 接地
119	加速踏板位置传感器2	124	传感器接地(制冷剂压力传感器)
120	传感器接地(加速踏板位置传感器2)	126	加速踏板位置传感器1
121	ECM 电源	127	传感器接地(加速踏板位置传感器1)
122	传感器电源(加速踏板位置传感器1)	128	ECM 接地

5.2.5 CVT 变速器电脑端子定义

变速器电脑端子分布如图 5-68 所示，端子定义见表 5-9。

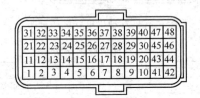

图 5-68 变速器电脑端子分布

表 5-9 变速器电脑端子定义

端子	定 义	端子	定 义
2	L 范围开关	30	管路压力电磁阀
4	D 挡开关	31	ROM ASSY(ROM 总成)(时钟)
5	N 挡开关	33	CAN-H
6	R 挡开关	34	从动转速传感器
7	P 挡开关	35	主动转速传感器
11	传感器接地	37	高速挡离合器和倒挡制动器电磁阀
12	CVT 油液温度传感器	38	变矩器离合器电磁阀
14	G 传感器	39	低速挡制动器电磁阀
16	从动压力传感器	40	主动压力电磁阀
21	ROM ASSY(ROM 总成)(CHIP SELECT)(芯片选择)	41	接地
		42	接地
22	ROM ASSY(ROM 总成)(DATA I/O)(数据输入/输出)	45	蓄电池电源(备用)
		46	蓄电池电源(备用)
23	CAN-L	47	点火电源
24	输出转速传感器	48	点火电源
26	传感器电源		

5.2.6 音响系统音响单元与放大器端子定义

音响单元端子分布如图 5-69 所示，端子定义见表 5-10。

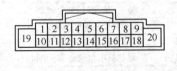

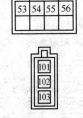

图 5-69 音响单元端子分布

表 5-10 音响单元端子定义

端子	定 义	端子	定 义
2	左前声音信号	53	辅助音响信号(左)
4	左后声音信号	54	辅助音响信号(右)
6	转向盘开关信号 A	55	AUX 音响信号接地
7	ACC 电源	56	屏蔽
9	照明信号	73	V BUS 信号
11	右前声音信号	74	USB D-信号
13	右后声音信号	75	USB D+信号
16	转向盘开关信号 B	77	USB 接地
18	车速信号	101	天线放大器接通信号
19	蓄电池电源	102	天线信号

显示屏音响控制单元端子分布如图 5-70 所示,端子定义见表 5-11。

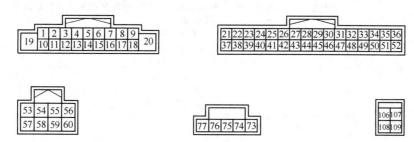

图 5-70 显示屏音响单元端子分布

表 5-11 显示屏音响单元端子定义

端子	定 义	端子	定 义
2	左前声音信号+	25	AV 通信(L)
3	左前声音信号-	26	AV 通信(H)
4	左后声音信号+	28	AV 通信(L)
5	左后声音信号-	29	AV 通信(H)
6	转向盘开关信号 A	39	倒车信号
7	ACC 电源	40	驻车制动器信号
8	照明接地	42	控制信号
9	照明信号	43	控制信号
11	右前声音信号+	50	屏蔽
12	右前声音信号-	51	麦克风 VCC
13	右后声音信号+	52	麦克风信号
14	右后声音信号-	53	辅助音响信号(左)
15	转向盘开关信号接地	54	辅助音响信号(右)
16	转向盘开关信号 B	55	AUX 音响信号接地
18	车速信号	56	屏蔽
19	蓄电池电源	73	V BUS 信号
20	接地	74	USB D-信号
21	屏蔽	75	USB D+信号
22	摄像头图像信号	77	USB 接地
23	摄像头电源	106	天线放大器接通信号
24	摄像头接地	107	天线信号

5.2.7 保养用油液规格与用量

油液规格与用量见表 5-12。

表 5-12 油液规格与用量

油液			用量(近似值)	推荐
发动机机油排放和加注	更换机油滤清器	MRA8DE	3.9L	MRA8DE 发动机： 推荐使用原装日产机油 5W-30 SM 或 SN 如果以上机油不可用,可使用符合以下等级和黏度的日产机油或同等产品 机油等级：API SL、SM、SN、ILSAC GF-3、GF-4、GF-5 SAE 黏度：参考 SAE 黏度值 HR16DE 发动机： 推荐使用原装东风日产机油 0W-20 SN 如果以上机油不可用,可使用符合以下等级和黏度的日产机油或同等产品。 机油等级：API SM 或 SN、ILSAC GF-4 或 GF-5 SAE 黏度：参考 SAE 黏度值
		HR16DE	3.0L	
	不更换机油滤清器	MRA8DE	3.7L	
		HR16DE	2.8L	
干燥发动机(大修)机油加注		MRA8DE	4.8L	
		HR16DE	3.5L	
发动机冷却液(带储液罐)		MRA8DE	6.6L	原装日产发动机冷却液(蓝色)或同等产品 为了避免因使用非原装发动机冷却液造成的发动机冷却系统的铝金属腐蚀现象,应使用原装日产发动机冷却液或同等质量的产品 注意在使用非原装发动机冷却液时对发动机冷却系统故障进行的任何修理可能不会涵盖在保修范围内,即使此类故障发生在保修期间
		HR16DE	6.6L	
储液罐		MRA8DE	0.8L	
		MR16DE	0.8L	
CVT 油液		MRA8DE	6.9L	原装日产 CVT 油液 NS-3 仅使用原装日产 CVT 油液 NS-3。使用原装日产 CVT 油液 NS-3 以外的变速器油液将损坏 CVT,此损坏不在保修范围内
		HR16DE	7.0L	
手动变速器齿轮油		RS5F91R	2.67L	原装日产手动变速器油液(MTF)HQ Multi 75W-85 或等同产品 如果原装日产手动变速器油(MTF)HQ Multi 不可用,则可使用 API GL-4(黏度 SAE 75W-85)作为临时替代品。但是,一旦可用,应使用原装日产手动变速器油(MTF)HQ Multi
制动液			—	原装日产 DOT3 制动液(US FMVSS No.116)
多用途润滑脂				NLGI No.2(锂皂基)

5.3 逍客（2019 年款）

5.3.1 日产 2.0L MR20DD 发动机正时维修

参考本书 5.1.3 小节。

5.3.2 日产 2.0L MR20DD 发动机电脑端子定义

参考本书 5.1.4 小节。

5.3.3 CVT 变速器电脑端子定义

变速器电脑端子分布如图 5-71 所示，端子定义见表 5-13。

图 5-71 变速器电脑端子分布

表 5-13 变速器电脑端子定义

端子	定义	端子	定义
4	D 挡开关	16	从动压力传感器
5	N 挡开关	17	主动压力传感器
6	R 挡开关	23	CAN-L
7	P 挡开关	24	输入转速传感器
11	传感器接地	26	传感器电源
12	CVT 油液温度传感器	30	管路压力电磁阀

续表

端子	定义	端子	定义
33	CAN-H	41	接地
34	输出转速传感器	42	接地
35	主动转速传感器	45	蓄电池电源(存储器备用)
37	选择电磁阀	46	蓄电池电源(存储器备用)
38	变矩器离合器电磁阀	47	点火电源
39	从动压力电磁阀	48	点火电源
40	主动压力电磁阀		

5.3.4 导航系统 AV 控制单元与全景控制单元端子定义

AV 控制单元端子分布如图 5-72 所示，端子定义见表 5-14。

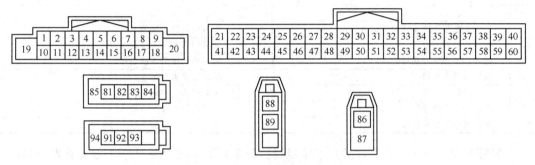

图 5-72　AV 控制单元端子分布

表 5-14　AV 控制单元端子定义

端子	定义	端子	定义
2	左前声音信号+	45	倒车信号
3	左前声音信号-	46	调光器信号
4	左后声音信号+	49	屏蔽
5	左后声音信号-	50	音频信号(-)
7	ACC 输入信号	53	麦克风信号
9	照明信号	54	麦克风接地
11	右前声音信号+	55	辅助音响信号(右)
12	右前声音信号-	56	屏蔽
13	右后声音信号+	58	全景式监控影像系统识别信号
14	右后声音信号-	60	摄像头图像信号接地
19	蓄电池电源	81	USB 接地
21	AV 通信信号(L)	82	V BUS 信号
22	AV 通信信号(L)	83	USB D- 信号
23	CAN-L	84	USB D+ 信号
26	点火信号	85	屏蔽
30	音频信号(+)	86	GPS 天线信号
35	辅助音响信号(左)	87	屏蔽
36	AUX 音响信号接地	88	天线放大器接通信号
37	辅助插头检测信号	89	AM-FM 主
40	摄像头图像信号	91	V BUS 信号
41	AV 通信信号(H)	92	USB D- 信号
42	AV 通信信号(H)	93	USB D+ 信号
43	CAN-H	94	USB 接地
44	车速信号		

全景控制（带驻车辅助功能）单元端子分布如图 5-73 所示，端子定义见表 5-15。

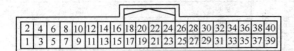

图 5-73　全景控制（带驻车辅助功能）单元端子分布

表 5-15　全景控制（带驻车辅助功能）单元端子定义

端子	定义	端子	定义
1	接地	56	驾驶员侧摄像头电源
2	蓄电池电源	58	驾驶员侧摄像头接地
3	点火信号	59	驾驶员侧摄像头影像信号（＋）
27	CAN-H	60	驾驶员侧摄像头影像信号（－）
28	CAN-L	62	乘客侧摄像头电源
35	全景式监控影像系统识别信号	64	乘客侧摄像头接地
47	摄像头图像信号	65	乘客侧摄像头影像信号（＋）
48	摄像头图像信号接地	66	乘客侧摄像头影像信号（－）
50	车后摄像头电源	68	车前摄像头电源
52	车后摄像头接地	70	车前摄像头接地
53	车后摄像头影像信号（＋）	71	车前摄像头影像信号（＋）
54	车后摄像头影像信号（－）	72	车前摄像头影像信号（－）

全景控制单元（不带驻车辅助）连接器端子分布如图 5-74 所示，端子定义见表 5-16。

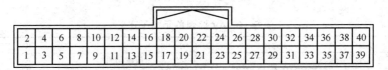

图 5-74　全景监控单元（不带驻车辅助功能）端子分布

表 5-16　全景控制单元（不带驻车辅助功能）端子定义

端子	定义	端子	定义
3	屏蔽	14	驾驶员侧摄像头电源
4	摄像头图像信号	15	驾驶员侧摄像头影像信号（－）
5	车前摄像头接地	16	驾驶员侧摄像头影像信号（＋）
6	车前摄像头电源	17	车后摄像头接地
7	车前摄像头影像信号（－）	18	车后摄像头电源
8	车前摄像头影像信号（＋）	19	车后摄像头影像信号（－）
9	乘客侧摄像头接地	20	车后摄像头影像信号（＋）
10	乘客侧摄像头电源	24	CAN-L
11	乘客侧摄像头影像信号（－）	26	CAN-H
12	乘客侧摄像头影像信号（＋）	39	接地
13	驾驶员侧摄像头接地	40	点火信号

5.4　途乐（2019 年款）

5.4.1　日产 2.0L MR20DD 发动机正时维修

参考本书 5.1.3 小节。

5.4.2 日产 2.0L MR20DD 发动机电脑端子定义

参考本书 5.1.4 小节。

5.4.3 日产 2.5L QR25DE 发动机正时维修

发动机正时单元部件分解如图 5-75 所示。

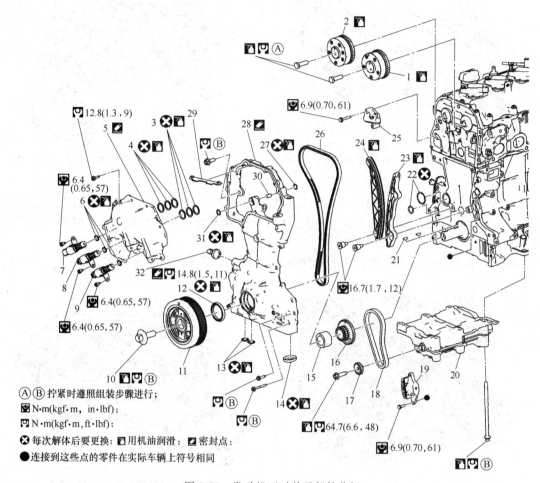

图 5-75 发动机正时单元部件分解

1—凸轮轴链轮（排气）；2—凸轮轴链轮（进气）；3—O 形圈；4—O 形圈；5—气门正时控制盖；6—O 形圈；7—中间气门正时控制电磁阀；8—进气门正时控制电磁阀；9—排气门正时控制电磁阀；10—曲轴带轮螺栓；11—曲轴带轮；12—前油封；13—O 形圈；14—O 形圈；15—机油泵驱动隔套；16—曲轴链轮；17—平衡器单元链轮；18—平衡器单元正时链条；19—平衡器单元正时链条张紧器；20—平衡器单元；21—曲轴键；22—O 形圈；23—正时链条张紧侧导轨；24—正时链条松弛侧导轨；25—链条张紧器；26—正时链条；27—O 形圈；28—前盖；29—凸轮轴导轨；30—机油滤清器；31—O 形圈；32—机油压力传感器

5.4.3.1 正时单元部件拆卸

① 拆下以下零件：PCV 阀管路、进气歧管、点火线圈、驱动带、驱动带自动张紧器。

② 拆下发动机安装支架（右侧）。

③ 拆下摇臂室盖。

④ 拆下油底壳（下）。

⑤ 拆下油底壳（上）和机油集滤器。

⑥ 拆下气门正时控制盖。
⑦ 按与图 5-76 所示相反的顺序拧松螺栓。

不要松开气门正时控制盖背面的螺栓 1，如图 5-77 所示。

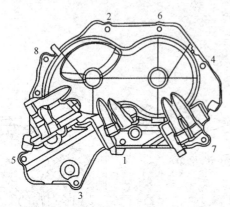

图 5-76　拆卸气门正时控制盖螺栓
1～8—螺栓

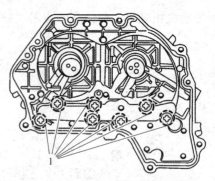

图 5-77　气门正时控制盖背面螺栓

⑧ 通过前盖拉出凸轮轴链轮之间的链条导轨。按照下列步骤将 1 号气缸设在其压缩行程上止点处：顺时针转动曲轴带轮 1 并将 TDC 标记（无漆）A 与前盖上的正时指示器 2 对准，如图 5-78 所示。

同时，检查并确认凸轮轴链轮上的配合标记 A 位于图 5-79 中所示位置。

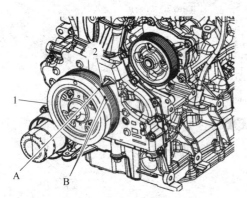

图 5-78　设置 1 号气缸于 TDC 位置
1—曲轴带轮；2—正时指示器；
A—TDC 标记；B—油漆标记（不用于维修）

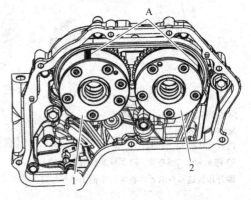

图 5-79　凸轮轴链轮配合标记位置
1—凸轮轴链轮（进气）；2—凸轮轴链轮（排气）；
A—配合标记

如果没有对准配合标记，则再转动曲轴带轮一圈以将配合标记与图 5-79 中所示位置对准。

⑨ 按下列步骤拆下曲轴带轮。如图 5-80 所示，使用带轮固定器（通用维修工具）2 固定曲轴带轮 1，松开曲轴带轮螺栓，并在距离原位置 10mm 处定位螺栓座合表面。

⑩ 如图 5-81 所示，将带轮拉拔器 1 安装到曲轴带轮的 M6 螺纹孔内，并拆下曲轴带轮。

⑪ 按照下列步骤拆下前盖。按与图 5-82 所示相反的顺序松开固定螺栓，并拆下它们。

如果需要更换前油封，则用合适的工具将其提起，然后拆下。注意小心操作，不要损坏前盖。

⑫ 按照下列步骤拆下正时链条和凸轮轴链轮。推入链条张紧器柱塞。将限位销 2 插入链条张紧器本体的孔内以固定链条张紧器柱塞并拆下链条张紧器 1，如图 5-83 所示。使用直

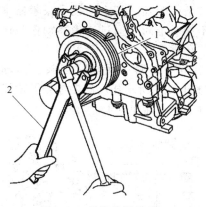

图 5-80 拆卸曲轴带轮

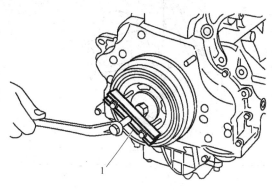

图 5-81 拉出曲轴带轮
1—带轮拉拔器

径约为 0.5mm 的硬金属销作为限位销。

⑬ 用扳手固定凸轮轴的六角部位，如图 5-84 所示。拧松凸轮轴链轮安装螺栓，拆下正时链条和凸轮轴链轮。

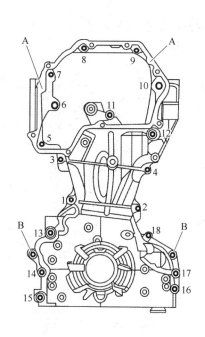

图 5-82 拆下前盖螺栓
1~18—螺栓；A—定位销；B—定位销孔

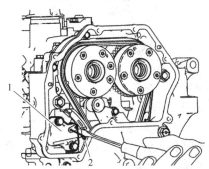

图 5-83 拆下链条张紧器
1—张紧器；2—限位销

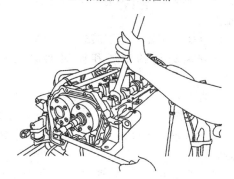

图 5-84 拧松凸轮轴链轮安装螺栓

注意拆卸正时链条时，切勿转动曲轴或凸轮轴。否则会导致气门和活塞之间相互干扰。拆下正时链条松弛侧导轨、正时链条张紧侧导轨和机油泵驱动隔套。

⑭ 按照下列步骤拆下平衡器单元正时链条张紧器。沿图 5-85 中所示方向按下止动器舌片 1，将正时链条松弛侧导轨推向正时链条张紧器（用于机油泵）5 的压块 2。通过按下止动器舌片松开松弛侧导轨，从而可以移动松弛侧导轨。将限位销 4 插入张紧器本体孔 3 中，以固定正时链条松弛侧导轨。使用直径约为 1.2mm 的硬金属销作为限位销。拆下平衡器单

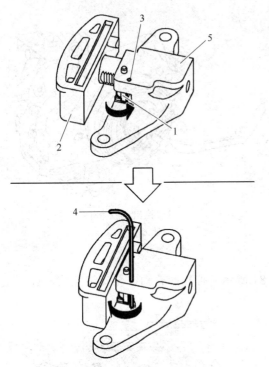

图 5-85　设置链条张紧器
1—止动器舌片；2—压块；3—孔；4—限位销；5—张紧器

元正时链条张紧器。杆上的孔和张紧器本体上的孔不能对准时，通过稍稍移动松弛侧导轨将这些孔对准。

⑮拆下平衡器单元正时链条和曲轴链轮。按与图 5-86 所示相反的顺序松开固定螺栓，并拆下平衡器单元。

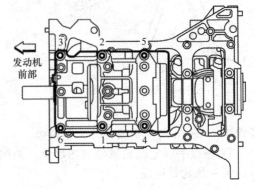

图 5-86　平衡器单元固定螺栓
1～6—螺栓

注意严禁拆解平衡器单元。使用 TORX 套筒（规格：E14）。

5.4.3.2　正时单元部件安装

注意不要重复使用 O 形圈。图 5-87 中显示了部件安装时各正时链条配合标记与相应链轮配合标记之间的关系。

① 检查并确认曲轴键直指向上。依以下步骤按照图 5-86 中所示的数字顺序拧紧固定螺栓，安装平衡器单元。

注意如果重复使用安装螺栓，则安装前检查其外径。在安装螺栓的螺纹和座表面涂覆新的发动机机油。

拧紧 1 号至 5 号螺栓，力矩 42.0N·m；拧紧 6 号螺栓，力矩 36.0N·m；将 1 号至 5 号螺栓顺时针转动 120°（紧固角度）；顺时针转动 6 号螺栓 90°（角度紧固）。

注意如图 5-88 所示使用角度扳手 1 检查紧固角度，切勿通过目视检查进行判断。

将所有螺栓完全拧松。

注意在此步骤中，按照与图 5-86 所示相反的顺序拧松螺栓。

② 安装曲轴链轮 1 和平衡器单元正时链条 2。检查并确认缸体配合标记 A 和曲轴链轮配合标记 C 在顶部对齐的情况下固定曲轴链轮，如图 5-89 所示。通过对准各链轮和平衡器单元正时链条的配合标记将其安装。

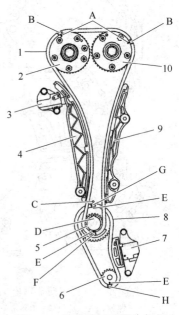

图 5-87　发动机正时配合标记
1—正时链条；2—凸轮轴链轮（进气）；3—链条张紧器；4—正时链条松弛侧导轨；5—曲轴链轮；6—平衡器单元链轮；7—平衡器单元链条张紧器；8—平衡器单元正时链条；9—正时链条张紧侧导轨；10—凸轮轴链轮（排气）；A—配合标记（压印）；B—粉色链节；C—配合标记（凸块）；D—曲轴键；E—配合标记（压印）；F—橙色链节；G—黄色链节；H—蓝色链节

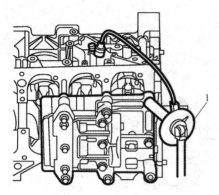

图 5-88 使用角度扳手检查紧固角度
1—角度扳手

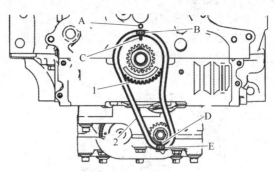

图 5-89 安装曲轴链轮和平衡器单元正时链条
1—曲轴链轮;2—平衡器单元正时链条;A—配合标记(凸块);B—配合标记(黄色);C—配合标记(压印);D—配合标记;E—配合标记(蓝色)

③ 安装平衡器单元正时链条张紧器。注意不要使各链轮和正时链条的配合标记滑动。安装后,检查并确认配合标记未滑动,然后拆下限位销并松开张紧器柱塞。

④ 安装正时链条和相关零件。如图 5-87 所示,对准各链轮和正时链条上的配合标记以进行安装。

安装链条张紧器前后,再次检查并确认配合标记未滑动。安装链条张紧器后,拆下限位销,然后检查并确认张紧器能自由移动。

注意对准配合标记后,用手托住它们以保持其对准。为避免齿跳过,安装前盖前不要转动曲轴和凸轮轴。

安装链条张紧器前,可改变正时链条上的配合标记位置,以便与各链轮上的标记对齐。

⑤ 将前油封安装到前盖上。

⑥ 按照下列步骤安装前盖。不要重复使用 O 形圈。将 O 形圈安装到缸盖和缸体上。如图 5-90 所示,使用管压机(通用维修工具)将密封胶连续涂覆到前盖上。

检查并确认正时链条和各链轮的配合标记仍对准,然后安装前盖。

注意切勿因为与曲轴前端的干涉而损坏前油封。

⑦ 按照图 5-91 中所示的数字顺序拧紧安装螺栓。

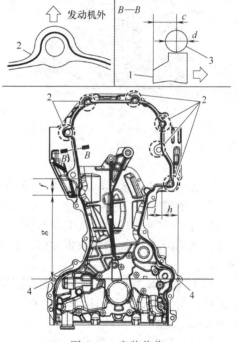

图 5-90 安装前盖
1—前盖;2—在螺栓孔外侧涂覆密封胶;3—密封胶;4—定位销孔;c—4.0~5.6mm (0.157~0.220in);d—3.4~4.4mm (ϕ0.134~0.173in);f—35.7mm (1.406in) 在此部位之间涂覆密封胶 ϕ6.0~7.0mm (ϕ0.236~0.275in);g—179.6mm (7.07in);h—35.5mm (1.398in);i—31.3mm (1.232in) 在此部位之间涂覆密封胶 ϕ6.0~7.0mm (ϕ0.236~0.275in)

紧固所有螺栓后,按图 5-91 中所示的数字顺序将其再紧固至规定力矩,M10 螺栓拧紧力矩 49.0N·m,M6 螺栓拧紧力矩 12.7N·m。

注意务必擦掉漏到油底壳安装表面上的过多的密封胶。

⑧ 在凸轮轴链轮之间安装链条导轨。

⑨ 按照下列步骤安装气门正时控制盖。如果已拆下气门正时控制电磁阀,则将其安装

至气门正时控制盖。

将新的机油密封圈安装至气门正时控制盖背面的凸轮轴链轮（进气）插入点。将新的O形圈安装到前盖上。如图5-92所示，使用管压机（通用维修工具）在气门正时控制盖上涂覆一条连续的密封胶。

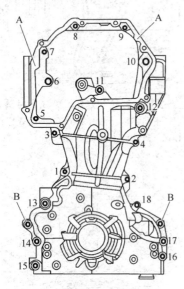

图5-91　拧紧前盖螺栓
1～18—螺栓；A—定位销；B—定位销孔

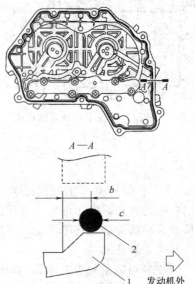

图5-92　安装气门正时控制盖
1—气门正时控制盖；2—密封胶；
b—4.3～5.3mm（0.169～0.208in）；
c—ϕ3.4～4.4mm（ϕ0.134～0.173in）

注意涂覆密封胶后5min内应完成固定。不要重复使用O形圈。

⑩ 按照图5-93中所示的数字顺序拧紧安装螺栓。

⑪ 通过对准曲轴键插入曲轴带轮。

⑫ 使用塑料锤插入曲轴带轮时，轻敲其中央部位（不是周围）。注意保护前油封唇部不受损坏。

⑬ 拧紧曲轴带轮螺栓。用带轮固定器（通用维修工具）固定曲轴带轮，并紧固曲轴带轮螺栓。按照步骤执行角度紧固。在曲轴带轮螺栓的螺纹和座表面涂覆新的发动机机油。拧紧曲轴带轮螺栓1，力矩42.1N·m，在曲轴带轮2上做油漆标记A，对准螺栓法兰上的6个易识别角度标记B中的任何一个。顺时针再转动60°（角度紧固）。使用一个角度标记的移动检查紧固角度，如图5-94所示。

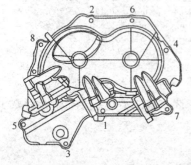

图5-93　安装气门正时控制盖螺栓
1～8—螺栓

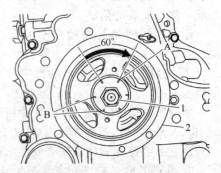

图5-94　拧紧曲轴带轮螺栓
1—曲轴带轮螺栓；2—曲轴带轮；A,B—标记

⑭ 按与拆卸相反的顺序安装其余零件。

5.4.4 日产 2.5L QR25DE 发动机电脑端子定义

发动机电脑端子分布如图 5-97 所示，端子定义见表 5-17。

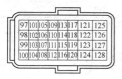  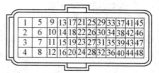

图 5-95 发动机电脑端子分布

表 5-17 发动机电脑端子定义

端子	定 义	端子	定 义
1	节气门控制电机（关闭）	44	传感器电源（排气门正时控制位置传感器）
2	节气门控制电机电源	45	A/F 传感器 1
3	节气门控制电机（打开）	46	传感器接地（排气温度传感器）
4	爆震传感器	49	进气歧管通路控制阀电机（关闭）
8	传感器接地（爆震传感器屏蔽电路）	50	进气歧管通路控制阀电机 电源
9	4 号喷油器	51	进气歧管通路控制阀电机（打开）
10	3 号喷油器	52	ECM 接地
13	1 号喷油器	53	A/F 传感器 1 加热器
14	2 号喷油器	54	加热式氧传感器 2 加热器
12	ECM 接地	55	发动机重启旁通控制继电器
16	ECM 接地	56	进气门正时中间锁控制电磁阀
17	EVAP 炭罐清洁量控制电磁阀	70	传感器接地［曲轴位置传感器（位置）］
18	燃油泵继电器	71	曲轴位置传感器（位置）
19	排气温度传感器	72	传感器电源［曲轴位置传感器（位置）］
20	稳压器信号	73	屏蔽
21	节气门控制电机继电器	74	传感器接地（大气压力传感器）
22	加热式氧传感器 2	75	大气压力传感器
23	传感器接地（加热式氧传感器 2）	76	传感器电源（大气压力传感器）
25	发动机机油温度传感器	77	节气门位置传感器 2
26	传感器接地（发动机机油温度传感器）	78	传感器接地（节气门位置传感器）
27	传感器接地（发动机冷却液温度传感器）	79	节气门位置传感器 1
28	发动机冷却液温度传感器	80	传感器电源（节气门位置传感器）
30	传感器接地［凸轮轴位置传感器（相位）］	81	ECM 电源（倒车灯）
31	凸轮轴位置传感器（相位）	83	进气歧管通路控制阀位置传感器
32	传感器电源［凸轮轴位置传感器（相位）］	84	传感器电源（进气歧管通路控制阀位置传感器）
33	进气温度传感器	85	LIN 通信线
34	传感器接地（质量空气流量传感器、进气温度传感器）	86	1 号点火信号
		87	2 号点火信号
35	质量空气流量传感器	90	3 号点火信号
36	传感器电源（质量空气流量传感器、进气温度传感器）	91	4 号点火信号
		89	ECM 继电器（自切断）
37	屏蔽	92	传感器接地（进气歧管通路控制阀位置传感器）
38	传感器接地（发动机机油压力传感器）	93	进气门正时控制电磁阀
39	发动机机油压力传感器	94	排气门正时控制电磁阀
40	传感器电源（发动机机油压力传感器）	97	EVAP 炭罐通风控制阀
41	A/F 传感器 1	99	CAN 通信线（CAN-L）
42	传感器接地（排气门正时控制位置传感器）	100	CAN 通信线（CAN-H）
43	排气门正时控制位置传感器	103	制冷剂压力传感器

续表

端子	定 义	端子	定 义
104	传感器电源(制冷剂压力传感器)	118	传感器电源(加速踏板位置传感器2)
105	发动机重启继电器控制信号	119	加速踏板位置传感器2
109	点火开关	120	传感器接地(加速踏板位置传感器2)
110	ASCD 转向盘开关 *1	121	ECM 电源
110	ICC 转向盘开关 *2	122	传感器电源(加速踏板位置传感器1)
111	传感器接地(ASCD 转向盘开关)	123	ECM 接地
113	传感器电源(EVAP 控制系统压力传感器)	124	传感器接地(制冷剂压力传感器)
114	EVAP 控制系统压力传感器	125	燃油箱温度传感器
115	制动灯开关	126	加速踏板位置传感器1
116	制动踏板位置开关	127	传感器接地(加速踏板位置传感器1)
117	PNP 信号	128	ECM 接地

注：*1 表示不带 ICC；*2 表示带 ICC。

5.4.5 保养用油液规格与用量

油液用量与规格见表 5-18。

表 5-18 油液规格与用量

油 液			用量(近似值)	推 荐
发动机机油排放和加注	带机油滤清器更换	MR20DD	3.8L	推荐使用原装日产机油 0W-20SN 如果以上机油不可用,可使用符合以下等级和黏度的日产机油或同等产品 机油等级：API SM、SN、ILSAC GF-4、GF-5
		QR25DE	4.6L	
	不带机油滤清器更换	MR20DD	3.6L	
		QR25DE	4.3L	
干燥发动机（大修）机油加注		MR20DD	4.4L	
		QR25DE	5.3L	
发动机冷却液(带储液罐)		MR20DD	8.7L	日产原装发动机冷却液(蓝色)或同等产品 为了避免因使用非原装发动机冷却液造成的发动机冷却系统的铝金属腐蚀现象,应使用原装日产发动机冷却液或同等质量的产品 注意在使用非原装发动机冷却液时对发动机冷却系统故障进行的任何修理可能不会涵盖在保修范围内,即使此类故障发生在保修期间
		QR25DE	8.1L	
储液罐中的冷却液			0.61L	
CVT 油液	MR20DD (不带停止/启动系统)		7.9L	原装日产 CVT 油液 NS-3 仅使用原装日产 CVT 油液 NS-3。使用原装日产 CVT 油液 NS-3 以外的变速器油液将损坏 CVT,此损坏不在保修范围内
	MR20DD (带停止/启动系统)		8.1L	
	QR25DE			
分动箱油液			0.31L	日产原装差速器油 Hypoid Super GL-5 80W-90 或同等产品(矿物油)
差速器齿轮油			0.55 L	
制动液				纯正日产制动液或同等产品 DOT3 或 DOT 4(US FMVSS 116 号) 切勿混用不同类型的油液(DOT3 和 DOT 4)
多用途润滑脂			—	NLGI No.2(锂皂基)

第6章 福特汽车

6.1 长安福特福克斯（2020年款）

6.1.1 福特1.5L CAF384Q16（国六）发动机技术参数

福特1.5L CAF384Q16（国六）发动机技术参数见表6-1。

表6-1 发动机技术参数

项	目	参 数
基本数据	点火顺序	1-2-3
	气缸内径	84mm
	冲程	90mm
	发动机排量	1496mL
	压缩比	11∶1
	动力输出	88kW
	转矩	151N·m
	发动机最大允许转速（连续）	6750r/min
	发动机最大允许转速（间歇）	7000r/min
	急速	(800±100)r/min
	最大机油消耗率	0.5L/1000km
发动机机油	黏度等级	SAE 5W-20（WSS-M2C948-B）
机油压力	80℃时的最小压力（发动机转速 800r/min）	105kPa
	80℃时的最小压力（发动机的转速 2000r/min）	280kPa
	压力释放阀开启压力	(725±75)kPa
发动机机油用量	包括机油滤清器在内的初次添加	4L
	包括机油滤清器在内的保养添加	3.65L
	不包括机油滤清器在内的保养添加	3.5L
气缸盖	最大变形	0.03mm（与螺栓接合面）/0.02mm（径向）
气门	气门杆直径（进气）	5.43mm
	气门杆直径（排气）	5.44mm
凸轮轴	凸轮轴轴颈直径	24.97mm
	凸轮轴轴颈间隙	(0.055±0.026)mm
	凸轮轴端隙	0.145mm
	凸轮升程（进气）	5.7mm
	凸轮升程（排气）	5.7mm
曲轴	曲轴端游隙	(0.2±0.1)mm
	主轴承轴颈端浮动	(0.2±0.1)mm
	主轴承轴颈直径	48mm

续表

项目		参数
气缸体	气缸孔直径（单级）	84～84.02mm
	气缸体变形（最大）	0.008mm
活塞	活塞直径	83.960～83.975mm
	气缸内活塞间隙	0.025～0.060mm
	上部压缩环厚度	1.18mm
	下部压缩环厚度	1.18mm
	机油控制环厚度	1.94mm
活塞销	活塞销长度	43mm
	活塞销直径	20.995～21.000mm
连杆	大端孔径	47.028～47.042mm
	小端内径	21.011mm
	连杆轴承间隙	0.022～0.048mm
力矩标准	放油塞	39N·m
	机油滤清器	18N·m

6.1.2 福特1.5L CAF384Q16（国六）发动机正时维修

发动机正时机构部件拆装步骤如下。

① 拆卸发动机前盖。

② 拆下发动机飞轮专用锁止工具303-1643，如图6-1所示。

③ 顺时针方向旋转曲轴，确保对齐正时配合标记，如图6-2所示。

图6-1 锁止发动机飞轮

图6-2 对齐正时配合标记

④ 安装凸轮轴专用锁止工具303-1639，如图6-3所示。

⑤ 使用4mm打孔器固定张紧器，如图6-4所示。

图6-3 安装凸轮轴专用锁止工具

图6-4 固定张紧轮于松弛位置

⑥ 如图 6-5 所示拆下正时带。

图 6-5　拆下正时带

⑦ 安装以与拆卸相反的顺序进行。

6.1.3　福特 1.5L CAF384Q16（国六）发动机部件位置

福特 1.5L CAF384Q16（国六）发动机部件位置如图 6-6、图 6-7 所示。

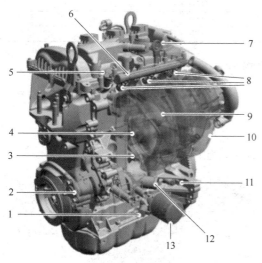

图 6-6　发动机前部部件位置
1—机油压力控制电磁阀；2—冷却液泵；3—机油压力传感器；4—KS（爆震）传感器；5—VCT 进气凸轮轴电磁阀；6—FRP（燃油油轨压力）传感器；7—油尺；8—喷油器；9—MAP（进气压力）传感器；10—进气歧管；11—CKP（曲轴位置）传感器；12—恒温器外壳；13—机油滤清器

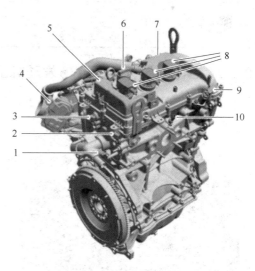

图 6-7　发动机后部部件位置
1—ECT（发动机冷却液温度）传感器；2—CMP（凸轮轴位置）传感器（排气凸轮轴）；3—CMP（凸轮轴位置）传感器（进气凸轮轴）；4—节气门单元；5—机油分离器；6—机油加油管；7—机油分离器；8—点火线圈；9—VCT 排气凸轮轴电磁阀；10—CHT（缸盖温度）传感器

6.1.4 福特1.5L CAF384Q15(国五)发动机维修资料

参考本书6.1.1～6.1.3小节。

6.1.5 福特1.5T GTDIQ75发动机技术参数

福特1.5T GTDIQ75发动机技术参数见表6-2。

表6-2 发动机技术参数

项 目		参 数
基本数据	废气排放量	第六阶段
	点火顺序	1-2-3
	气缸内径	84mm
	冲程	90mm
	发动机排量	1497mL
	压缩比	11∶1
	动力输出	134kW(6000r/min时)
	转矩	240N·m(1600～4500r/min时)
	发动机最大允许转速(连续)	6300r/min
	发动机最大允许转速(间歇)	6500r/min
	怠速	(860±100)r/min
	最大机油消耗率	0.5L/1000km
	发动机机油	SAE 5W-20(WSS-M2C948-B)
发动机机油用量(2019年1月14日后生产的车辆)	包括机油滤清器在内的初次添加	5.3L
	包括机油滤清器在内的保养添加	5.05L
	不包括机油滤清器在内的保养添加	4.55L
气缸盖	最大变形	0.03mm(与螺栓接合面)/0.02mm(径向)
曲轴	曲轴端游隙	(0.2±0.1)mm
润滑油脂、密封胶	启动注油器、前盖、油盘	Primer H-BW/CU7J-BNDRT-AA/CA
	硅密封胶(油盘到气缸体、前盖到气缸体、曲轴后密封件)	WSE-M4G323-A6
	硅润滑脂	ESE-M1C171-A
力矩标准	机油滤清器	15N·m
	火花塞	18N·m
	发动机机油压开关	15N·m

6.1.6 福特1.5T GTDIQ75发动机正时维修

发动机正时机构部件拆装步骤如下。

① 拆卸发动机前盖。

② 如图6-8所示拆下飞轮专用锁止工具303-1643。

③ 顺时针方向转动曲轴,确保对齐正时配合标记,如图6-9所示。

图6-8 拆下飞轮专用锁止工具

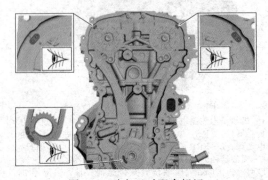

图6-9 对齐正时配合标记

④ 如图 6-10 所示，按箭头方向按压张紧臂 1，使张紧器柱塞压入，同时用 2mm 钻头 2 锁住张紧器，拆下张紧器固定螺栓 3，取下张紧器。

⑤ 拆除上导轨的 2 个固定螺栓（重装时需更换新的螺栓），取下上导轨，如图 6-11 所示。

图 6-10 取下张紧器

1—张紧臂；2—钻头；3—螺栓

图 6-11 取下上导轨

⑥ 拆除导轨的 2 个固定螺栓（重装时需更换新的螺栓），取下导轨，如图 6-12 所示。

⑦ 取下张紧臂，如图 6-13 所示。

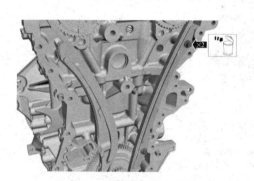

图 6-12 拆除正时链条导轨

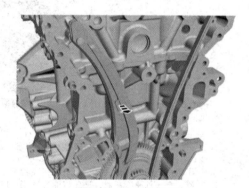

图 6-13 取下张紧臂

⑧ 拆下正时链条，如图 6-14 所示。

⑨ 安装时用凸轮轴锁止工具 303-1649 锁定凸轮轴，如图 6-15 所示。

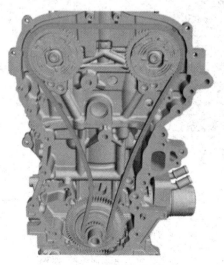

图 6-14 拆下正时链条

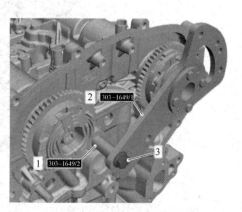

图 6-15 安装凸轮轴锁止工具

⑩ 确保各正时配合标记已对齐，用新螺栓以 10N·m 力矩安装导轨和上导轨。
⑪ 安装张紧臂，安装张紧器螺栓，力矩 10N·m，拔出张紧器上的固定卡销（2mm 钻头）。
⑫ 拆下凸轮轴专用锁止工具 303-1649。
⑬ 检查确定各正时配合标记是否对齐，安装飞轮专用锁止工具 303-1643。
⑭ 安装发动机前盖。

6.1.7 福特 1.5T GTDIQ75 发动机部件位置

福特 1.5T GTDIQ75 发动机部件位置如图 6-16、图 6-17 所示。

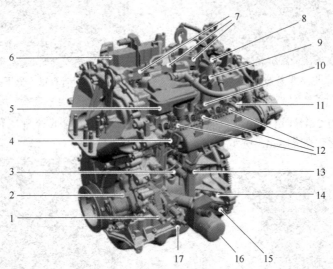

图 6-16 发动机前部部件位置
1—恒温器外壳；2—冷却液泵；3—活塞冷却喷嘴电磁阀；4—MAPT（进气压力温度）传感器；5—机油分离器；6—机油分离器；7—点火线圈；8—机油加油管；9—油；10—FRP（燃油油轨压力）传感器；11—燃油轨；12—喷油器；13—机油压力传感器；14—CKP（曲轴位置）传感器；15—机油冷却器；16—机油滤清器；17—机油压力控制电磁阀

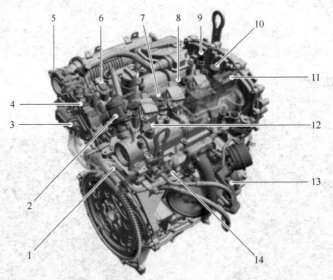

图 6-17 发动机后部部件位置
1—ECT（发动机冷却液温度）传感器；2—高压燃油泵；3—电磁阀（换气阀）；4—真空泵；5—节气门单元；6—CMP（凸轮轴位置）传感器（进气凸轮轴）；7—FRP（燃油油轨压力）传感器；8—燃油轨；9—VCT 进气凸轮轴电磁阀；10—气缸禁用电磁阀；11—VCT 排气凸轮轴电磁阀；12—CMP（凸轮轴位置）传感器（排气凸轮轴）；13—涡轮增压器；14—CHT（缸盖温度）传感器

6.1.8 福特1.5T CAF384WQ06发动机维修资料

参考本书6.1.5～6.1.7小节。

6.1.9 福特8F24八挡自动变速器部件分解

福特8F24八挡自动变速器部件位置如图6-18所示，部件分解如图6-19所示。

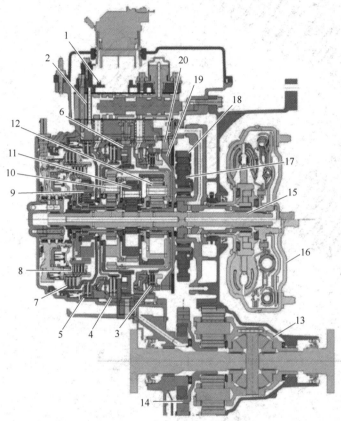

图6-18 变速器部件位置
1—电磁阀体；2—阀体；3—A（1-2-3-4-5）离合器；4—F（2-8）离合器；5—C（3-7）离合器；6—D（SOWC）离合器；7—B（4-6-R）离合器；8—E（5-6-7-8）离合器；9—超速挡托架；10—导向托架；11—输入齿轮架；12—输出齿轮架；13—最终传动齿轮架和差速器总成；14—驱动链条从动链轮；15—输入轴总成和直接/超速离合器壳体；16—变矩器；17—驱动链条主动链轮；18—驱动链条；19—驻车齿轮；20—驻车制动爪

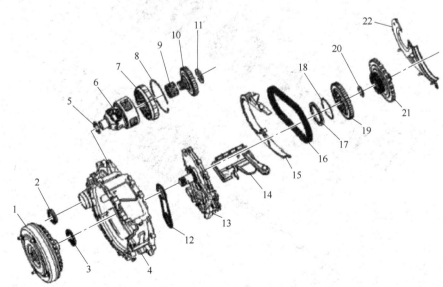

图6-19

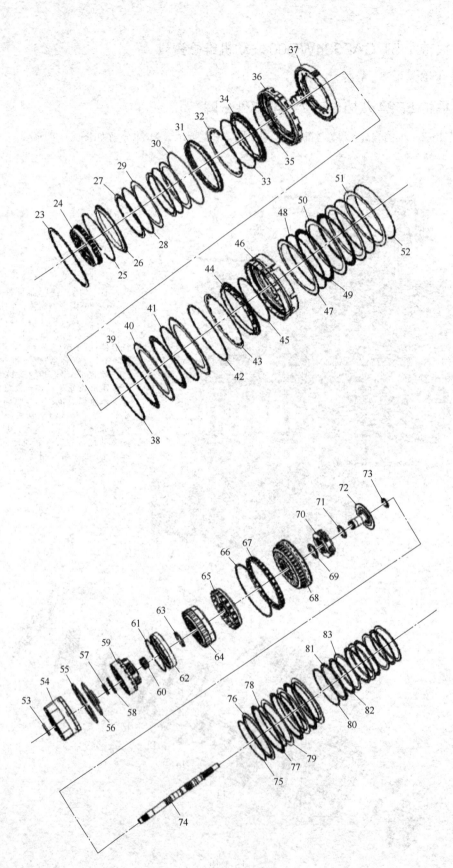

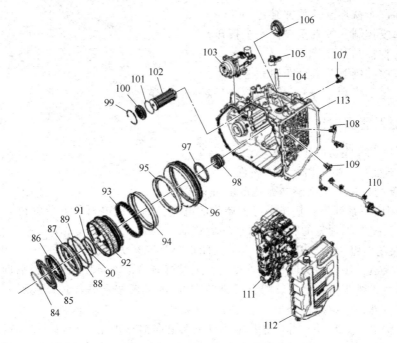

图 6-19 变速器部件分解

1—变矩器；2—半轴油封；3—变流器轮毂密封件；4—变矩器壳体；5—轴承；6—差速器总成；7—主减速器环形齿轮；8—卡环；9—终端传动太阳齿轮；10—驱动链轮；11—轴承；12—链条和主动链轮；13—变速器液泵总成；14—变速器油液滤清器；15—驱动链条挡板；16—驱动链条；17—止推垫圈；18—卡环；19—驱动链轮；20—轴承；21—驻车齿轮；22—挡板；23—卡环；24—导向太阳齿轮和外壳总成；25—卡环；26—A（1-2-3-4-5）离合器压盘；27—A（1-2-3-4-5）离合器摩擦片（共 2 个）；28—弹簧；29—A（1-2-3-4-5）离合器钢板（共 2 个）；30—卡环；31—A（1-2-3-4-5）离合器气缸；32—A（1-2-3-4-5）离合器活塞回位弹簧；33—A（1-2-3-4-5）离合器外部活塞密封件；34—A（1-2-3-4-5）离合器活塞；35—A（1-2-3-4-5）离合器活塞内部密封件；36—A（1-2-3-4-5）离合器气缸；37—电子可选单向离合器（SOWC）；38—波形盘；39—F（2-8）离合器摩擦片（共 2 个）；40—F（2-8）离合器钢板（共 2 个）；41—弹簧；42—卡环；43—F（2-8）离合器活塞回位弹簧；44—F（2-8）离合器活塞；45—F（2-8）离合器活塞内部密封件；46—F（2-8）离合器气缸；47—C（3-7）离合器钢板（共 2 个）；48—弹簧；49—C（3-7）离合器摩擦片（共 2 个）；50—C（3-7）离合器钢板；51—波形盘；52—卡环；53—止推轴承；54—输出齿轮架；55—音轮；56—支架；57—止推轴承；58—止推轴承；59—输入齿轮架；60—输入太阳齿轮；61—卡环；62—环形齿轮；63—止推轴承；64—导向托架；65—太阳齿轮和壳体总成；66—卡环；67—弹簧总成；68—太阳齿轮和壳体总成；69—止推轴承；70—超速挡托架；71—止推轴承；72—轮毂；73—止推轴承；74—输入轴；75—卡环；76—B（4-6-R）离合器压盘；77—B（4-6-R）离合器摩擦片（共 3 个）；78—弹簧；79—B（4-6-R）离合器钢板（共 3 个）；80—卡环；81—E（5-6-7-8）离合器压盘；82—E（5-6-7-8）离合器摩擦片（共 4 个）；83—E（5-6-7-8）离合器钢板（共 4 个）；84—卡环；85—E（5-6-7-8）离合器活塞；86—弹簧总成；87—E（5-6-7-8）离合器活塞；88—E（5-6-7-8）离合器活塞外部密封件；89—E（5-6-7-8）离合器活塞外部密封件；90—E（5-6-7-8）离合器活塞内部密封件；91—E（5-6-7-8）离合器活塞内部密封件；92—B（4-6-R）/E（5-6-7-8）离合器轮毂；93—弹簧总成；94—B（4-6-R）离合器活塞；95—B（4-6-R）离合器气缸；96—活塞；97—止推轴承；98—支撑塔；99—卡环；100—盖；101—O 形圈；102—辅助油液滤清器；103—蓄能器总成；104—手动控制杆轴；105—驻车挡操控件；106—半轴油封；107—涡轮轴速度传感器；108—输出轴速度传感器；109—中间轴转速传感器；110—接线线束；111—主控制器；112—主控制器盖；113—变速器箱体

6.1.10 电动车窗初始化方法

① 启动发动机。
② 按住车窗控制开关直至车窗完全打开。
③ 松开车窗控制开关。
④ 抬起车窗控制开关直至车窗完全关闭。
⑤ 松开车窗控制开关。

⑥ 再次抬起车窗控制开关并维持1s以上。
⑦ 按住车窗控制开关直至车窗完全打开。
⑧ 松开车窗控制开关。
⑨ 抬起车窗控制开关直至车窗完全关闭。
⑩ 通过一键下降和一键升起功能检测车窗是否正常运行。

6.1.11 电动天窗初始化方法

检查必须执行哪些初始化步骤：A、B、C。

A——对于全新或尚未初始化的备件。

B——重新初始化一个已经初始化的电机。

C——使用同一系列另一辆车中已初始化的电机。如果该电机所安装的位置与之前取出的位置不同，天窗在不理想的状况下只能往后移动。

定义："关闭"键＝第一开关挡；自动关闭键＝第二开关挡。

初始化步骤A：按下"关闭"键并按住直至天窗向前移动至止挡位，然后向后移动若干毫米，以便释放线缆张力并停止，松开按键并在3s内重新按下并按住，直至天窗打开并重新关闭，松开按键，结束操作。

初始化步骤B：按下"关闭"键并按住直至天窗向前移动至止挡位，松开按键，重新按下按键并按住至少10s，直至听到"咔嗒"声，松开按键并在3s内重新按下并按住，直至天窗打开并重新关闭，松开按键，结束操作。

初始化步骤C：完全关闭天窗，拆下电机并垂直悬挂在线束上，按下天窗开关的自动关闭键并等待直至传动齿轮停止旋转，在任意天窗位置重新安装传动电机，根据步骤B初始化。

6.2 长安福特新蒙迪欧（2019年款）

6.2.1 福特1.5T CAF479WQ4发动机技术参数

福特1.5T CAF479WQ4发动机技术参数见表6-3。

表6-3 发动机技术参数

项	目	参 数
基本数据	排量	1.5L[涡轮增压汽油直喷（GTDI）]
	气缸数量	4
	缸径/冲程	79.015mm/76.4mm
	点火顺序	1-2-4-3
	火花塞型号	12405
	火花塞间隙	0.7mm
	压缩比	10∶1
	发动机质量（含挠性传动板）	96.7kg
	发动机和驱动桥质量（自动变速驱动桥）	172.9kg
	Motorcraft SAE 5W-20 高级合成混合机油（美国）；Motorcraft SAE 5W-20 超优质机油（加拿大）	XO-5W20-QSP（美国）；CXO-5W20-LSP12（加拿大）
	包括机油滤清器在内的保养添加	4.05L
	不包括机油滤清器在内的保养添加	3.75L
油压	油压（热的，800r/min时）	100kPa
	油压（热的，2000r/min时）	200kPa

续表

项 目		参 数
气缸体	气缸内径	79.005~79.025mm
	缸膛最大失圆度	0.008mm
	主轴承内径	54~54.018mm
	气缸顶面平面度(200mm×200mm)	0.05mm
活塞	活塞直径	78.9675~78.9825mm
	活塞到孔距离	0.0225~0.0575mm
	环槽宽度(最高)	1.25~1.27mm
	环槽宽度(第二)	1.22~1.24mm
	环槽宽度(机油)	2.01~2.03mm
	最小活塞裙涂层厚度	0.009mm
活塞销	直径	20.994~21mm
	长度	45.7~46mm
	活塞到销间隙	0.006~0.017mm
	销杆间隙	0.018~0.03mm
气缸盖	气缸盖顶面平面度(全部)	0.1mm
	气门升程[无间隙(排气)]	6.6mm
	气门升程[无间隙(进气)]	7.9mm
	气门导管直径(孔)	5~5.02mm
	阀座宽度(进气)	1.14~0.15mm
	阀座宽度(排气)	0.65~0.15mm
	阀座宽度(进气/排气)	(1.1±0.15)mm
	阀座角度(进气)	45°
	阀座角度(排气)	60.5°
	气门座偏转度	0.029mm
	阀门挺杆内径	28~28.03mm
	凸轮孔径	25~25.03mm
阀门	气门头直径(进气)	(30.1±0.1)mm
	气门头直径(排气)	(24.9±0.15)mm
	气门杆直径(进气)	(4.968±0.007)mm
	气门杆直径(排气)	(4.958±0.0075)mm
	气门杆到导管间隙(进气)	0.025~0.059mm
	气门杆到导管间隙(排气)	0.0345~0.0695mm
	气门工作面偏转度	0.05mm
	阀面角度(进气)	44.3°
	阀面角度(排气)	60.1°
曲轴	主轴承轴颈直径	47.98~48mm
	产品维修	46.75~47.15m
	主轴承间隙	0.024~0.052mm
	连杆轴径	43.98~44mm
	产品维修	42.75~43.15mm
	轴端余隙	0.12~0.43mm
活塞环	宽度(最高)	1.17~1.19mm
	宽度(第二)	1.17~1.195mm
	宽度(机油)	2mm
	环间隙(孔)(最高)	0.18~0.28mm
	环间隙(孔)(第二)	0.7~0.9mm
	环间隙(孔)(燃油)	0.2~0.9mm
阀挺杆	直径	27.965~27.98mm
	挺杆到阀间隙(进气)	0.24~0.33mm
	挺杆到阀间隙(排气)	0.38~0.47mm
	挺杆到孔间隙	0.02~0.065mm
凸轮轴	轴端余隙	0.07~0.2mm
	凸轮升程(进气)	7.9mm
	凸轮升程(排气)	6.6mm
	偏转度	0.02mm
	推力间隙	0.09~0.24mm
	轴颈直径	(24.97±0.01)mm
	轴颈到孔间隙	0.02~0.07mm

续表

项　目		参　数
连杆	运行间隙	0.024～0.05mm
	轴承间隙	0.024～0.044mm
	轴承厚度（1级）	1.499～1.506mm
	轴承厚度（2级）	1.506～1.513mm
	轴承厚度（3级）	1.513～1.52mm
	轴承厚度（4级）	1.52～1.527mm
	曲轴孔直径	47.025～47.045mm
	销孔直径	21.018～21.024mm
	长度（中心到中心）	136.45mm

6.2.2　福特1.5T CAF479WQ4发动机部件分解

福特1.5T CAF479WQ4发动机部件分解如图6-20～图6-22所示。

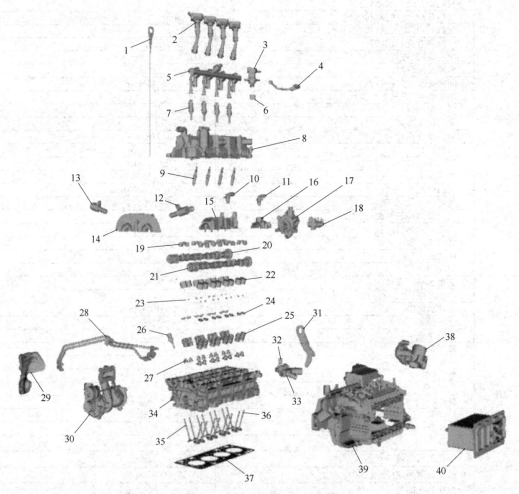

图6-20　发动机顶部部件分解

1—机油油位指示器；2—点火线圈插头（共4个）；3—燃油喷射泵；4—燃油喷射泵至燃油油轨的供油管；5—燃油轨；6—喷油泵挺杆；7—喷油器（共4个）；8—盖总成；9—火花塞（共4个）；10—排气凸轮轴位置（CMP）传感器；11—进气凸轮轴位置（CMP）传感器；12—进气可变凸轮轴正时（VCT）装置油控电磁阀；13—排气可变凸轮轴正时（VCT）装置油控电磁阀；14—可变凸轮轴正时（VCT）装置桥；15—燃油喷射泵固定托架；16—真空泵安装支架；17—真空泵总成；18—涡轮增压器真空控制电磁阀；19—凸轮轴盖（共8个）；20—排气凸轮轴；21—进气凸轮轴；22—阀挺杆（共16）；23—气门锁夹（共16个）；24—气门弹簧座（共16个）；25—气门弹簧（共16个）；26—气缸盖温度（CHT）传感器；27—气门密封件（共16个）；28—涡轮增压器冷却液管；29—涡轮增压器隔热板；30—涡轮增压器；31—吊耳支架；32—发动机冷却液温度（ECT）传感器；33—冷却液出口；34—气缸盖；35—排气阀（共8个）；36—进气阀（共8个）；37—气缸盖密封垫；38—节气门体；39—进气歧管；40—增压空气冷却器

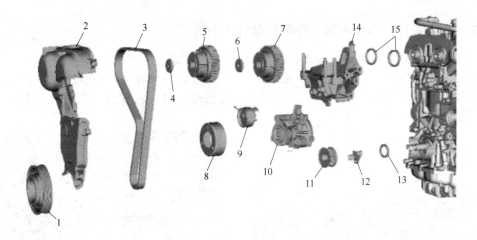

图 6-21 发动机前部部件分解
1—曲轴带轮;2—正时带罩;3—正时带;4—排气凸轮轴相位器、链轮塞和密封件;5—排气可变凸轮轴正时(VCT)装置;6—进气凸轮轴相位器、链轮塞和密封件;7—进气可变凸轮轴正时(VCT)装置;8—冷却液泵带轮;9—正时带张紧器;10—冷却液泵;11—曲轴链轮;12—凸轮轴位置(CKP)传感器;13—曲轴油封;14—发动机安装支架总成;15—凸轮轴油封

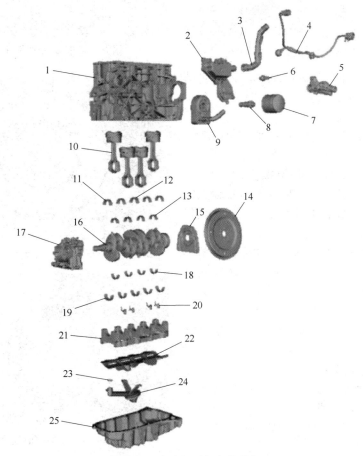

图 6-22 发动机下部部件分解
1—发动机组;2—曲轴箱通风油分离器;3—曲轴箱通风油分离器管;4—爆震(KS)传感器(共2个);5—节温器外壳;6—发动机机油压力开关;7—机油滤清器;8—机油冷却器安装螺栓;9—机油冷却器;10—活塞和连杆(共4个);11—上主轴承(共4个);12—上连杆轴承(共4个);13—曲轴;14—挠性传动板;15—带垫板的曲轴后油封;16—曲轴;17—油泵;18—下连杆轴承(共4个);19—下主轴承(共5个);20—活塞机油冷却阀;21—主轴承梁;22—气流扰动托盘;23—油泵显示屏及拾像管O形密封圈;24—油泵滤芯和吸管;25—油底壳

第6章 福特汽车　191

6.2.3　福特1.5T CAF479WQ4发动机正时维修

① 顺时针方向旋转曲轴，使VCT标记处于11点位置，如图6-23所示。

② 如图6-24所示，安装曲轴专用锁止工具303-748，曲轴TDC正时销会与曲轴接触，防止其转过TDC。然而，曲轴仍然可以按逆时针方向转动。在移除或安装曲轴带轮时，曲轴必须保持在TDC位置。

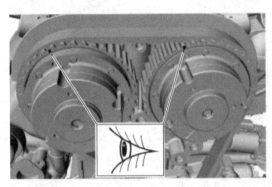

图6-23　调整VCT标记至11点位置

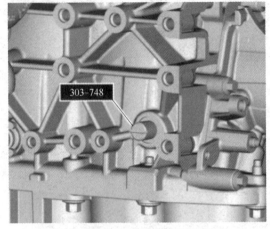

图6-24　安装曲轴专用锁止工具

③ 顺时针方向缓慢旋转曲轴，直到曲轴平衡块抵住曲轴锁止工具，曲轴即位于TDC位置，如图6-25所示。

④ 安装飞轮专用锁止工具303-393-02与适配器303-393A，如图6-26所示。

⑤ 拆下曲轴带轮，并报废螺栓。

⑥ 如图6-27所示，安装可变凸轮轴正时液压控制装置专用锁止工具303-1097，注意每个VCT单元的正时标记必须位于12点位置，如必要可以轻微旋转凸轮轴以安装专用工具。

⑦ 顺时针方向（箭头1方向）转动张紧器，并安装紧固销2，拆下正时带3，如图6-28所示。

⑧ 安装正时带时，按图6-29所示数字顺序。

⑨ 拆卸张紧器紧固销。

⑩ 安装曲轴减振器。安装专用工具303-1550定位工具，旋转曲轴带轮以对齐专用工具，如图6-30所示，在此阶段，使用新的螺栓，并用手指拧紧。

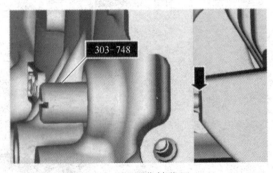

图6-25　调整曲轴位置

⑪ 拧紧减振器螺栓，力矩：第一步100N·m，第二步拧紧90°，第三步等候2s，第四步再拧紧15°。

⑫ 拆下曲轴减振器定位工具，拆下曲轴锁止专用工具，拆下飞轮锁止专用工具，拆下凸轮轴锁止专用工具。

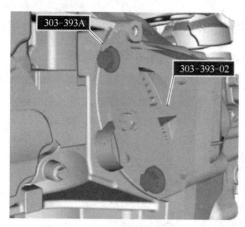

图 6-26 安装飞轮专用锁止工具

图 6-27 安装凸轮轴专用锁止工具

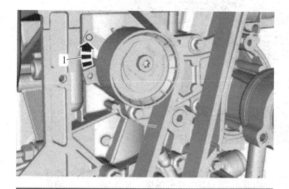

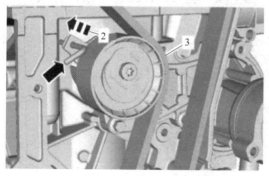

图 6-28 设置张紧器并拆下正时带
1—箭头；2—紧固销；3—正时带

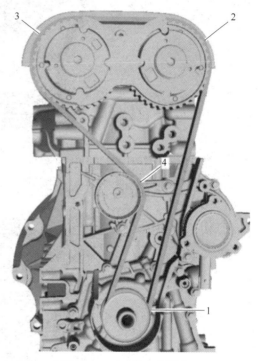

图 6-29 正时带安装顺序
1~4—顺序数字

⑬ 顺时针方向旋转曲轴约 3/4 圈，安装曲轴专用锁止工具 303-748。

⑭ 顺时针方向缓慢旋转曲轴，直到曲轴平衡块抵住曲轴锁止专用工具，曲轴位于 TDC。

⑮ 安装凸轮轴专用锁止工具 303-1097，如果不能安装，按之前步骤重复调整。注意此时每个 VCT 单元正时标记必须在 12 点位置。

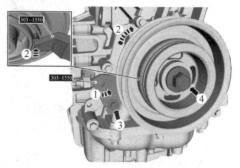

图 6-30 安装曲轴减振器
1~4—顺序数字

6.2.4 福特1.5T CAF479WQ4 发动机电控系统部件位置

福特1.5T CAF479WQ4 发动机电控系统部件位置如图6-31、图6-32所示。

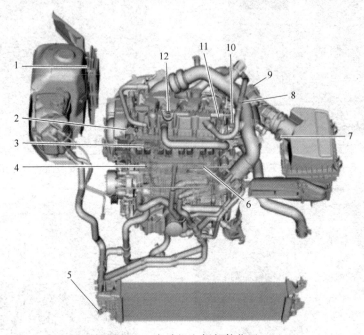

图6-31 发动机左侧部件位置
1—PCM；2—VCT机油控制电磁阀（进气）；3—MAPT（进气压力温度）传感器；4—前KS（爆震）传感器；5—CAC（冷却液温度）传感器；6—后KS（爆震）传感器；7—IAT（进气温度）传感器；8—曲轴箱压力传感器；9—涡轮增压器增压压力传感器；10—IAT2（进气温度）传感器；11—CMP（凸轮轴位置）传感器（左侧进气门）；12—FRP（燃油油轨压力）传感器

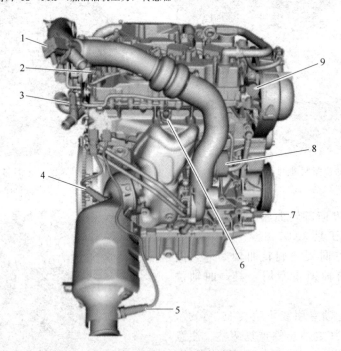

图6-32 发动机右侧部件位置
1—涡轮增压器旁通电磁阀；2—CMP（凸轮轴位置）传感器右侧排气门；3—ECT传感器；4—HO2S（热氧）传感器；5—催化剂监测传感器；6—CHT（缸盖温度）传感器；7—CKP（曲轴位置）传感器；8—废气门执行器；9—VCT机油控制电磁阀（排气）

6.2.5 福特 2.0T CAF488WQ6 发动机技术参数

福特 2.0T CAF488WQ6 发动机技术参数见表 6-4。

表 6-4 发动机技术参数

项 目		参 数
基本数据	排量	2L
	气缸数量	4
	气缸内径	87.5mm
	冲程	83.1mm
	火花塞型号	12405
	火花塞间隙	0.8mm
	点火顺序	1-3-4-2
	压缩比	9.7：1
	发动机质量(无附件传动装置部件及柔性连接盘)	130kg
	Motorcraft® SAE 5W-30 优质合成混合机油(美国);Motorcraft® SAE 5W-30 超级优质机油(加拿大),XO-5W30-QSP(美国);CXO-5W30-LSP12(加拿大);或等同物	SAE SW-30(WSS-M2C946-A)
	包括机油滤清器在内的保养添加	5.4L
	油压(热的,2000r/min 时)	200～414kPa
气缸体	气缸内径	87.5～87.53mm
	缸膛最大失圆度	0.008mm
	主轴承内径	57.018～57.04mm
	气缸顶面平面度(200mm×200mm)	0.05mm
	气缸垫平面度	0.1mm
活塞	活塞直径(单级)	87.473～87.487mm
	活塞直径(等级 1)	87.465～87.475mm
	活塞直径(等级 2)	87.4725～87.4875mm
	活塞直径(等级 3)	87.485～87.495mm
	活塞到孔距离	0.013～0.047mm
	活塞环槽宽[压缩(顶部)]	1.23～1.25mm
	活塞环槽宽[压缩(底部)]	1.23～1.25mm
	活塞环槽宽(油)	2.03～2.05mm
	活塞裙涂层厚度	0.009～0.019mm
活塞销	直径	22.497～22.5mm
	长度	55.7～56mm
	活塞到销间隙	0.0035～0.0115mm
	活塞销到连杆间隙	0.01～0.019mm
活塞环	活塞环宽度[压缩(顶部)]	1.2mm
	活塞环宽度[压缩(底部)]	1.2mm
	活塞环宽度(油)	2mm
	活塞环开口间隙(孔内)[压缩(顶部)]	0.17～0.27mm
	活塞环开口间隙(孔内)[压缩(底部)]	0.45～0.65mm
	活塞环开口间隙(孔内)(油)	0.15～0.45mm
连杆	连杆轴承到曲轴间隙	0.027～0.052mm
	连杆轴承厚度	1.495～1.519mm
	连杆曲轴孔径	55.025～55.045mm
	连杆销孔径	22.51～22.516mm
	连杆长度(中心到中心)	155.869mm
	连杆侧间隙(装配到曲轴)	2.59～3.69mm
	轴向间隙	0.14～0.36mm

续表

项 目		参 数
曲轴	主轴承轴颈直径	51.978～52.002mm
	主轴承间隙	0.016～0.046mm
	连杆轴径	51.978～52.002mm
	轴端余隙	0.22～0.45mm
气缸盖	气缸盖顶面平面度	总平面最大为0.08mm，在150mm×150mm内最大为0.05mm，在25mm×25mm内最大为0.025mm
	最大阀门升程[无间隙(排气)]	7.4mm
	最大阀门升程[无间隙(进气)]	8.3mm
	阀门导管直径	5.509～5.539mm
	阀座宽度(进气/排气)	1.4～1.5mm
	阀座角度	45°
	阀座偏转度	0.075mm
	阀门挺杆内径	31～31.03mm
	凸轮孔径	25.015～25.04mm
阀	阀头直径(进气)	32.5mm
	阀头直径(排气)	28mm
	阀杆直径(进气)	5.5mm
	阀杆直径(排气)	5.5mm
	阀杆到导管间隙(进气)	0.03～0.07mm
	阀杆到导管间隙(排气)	0.03～0.07mm
	阀面偏转度	0.05mm
	阀面角度	44.67°～45°
阀门弹簧-压缩压力	进气管(已安装)	18kgf
	排气管(已安装)	23kgf
	进气(阀门打开)9.2mm(0.3622in)升起	46kgf
	排气(阀门打开)9.2mm(0.3622in)升起	57kgf
	自由长度(进气管)	47.904mm
	自由长度(排气管)	47.2mm
	装配高度	37.9mm
阀挺杆	直径	30.964～30.98mm
	挺杆到阀间隙(进气)	0.19～0.31mm
	挺杆到阀间隙(排气)	0.3～0.42mm
	挺杆到孔间隙	0.02～0.06mm
凸轮轴	进气凸轮升程	8.3mm
	排气凸轮升程	7.4mm
	偏转度	0.03mm
	推力间隙	0.115～0.145mm
	轴颈直径	24.96～24.98mm
	轴颈到孔间隙	0.035～0.08mm

注：1kgf=9.80665N。

6.2.6 福特2.0T CAF488WQ6发动机部件分解

福特2.0T CAF488WQ6发动机部件分解如图6-33～图6-35所示。

6.2.7 福特2.0T CAF488WQ6发动机正时维修

参考本书6.3.3小节。

6.2.8 福特2.0T CAF488WQ6发动机电控系统部件位置

福特2.0T CAF488WQ6发动机电控系统部件位置如图6-36、图6-37所示。

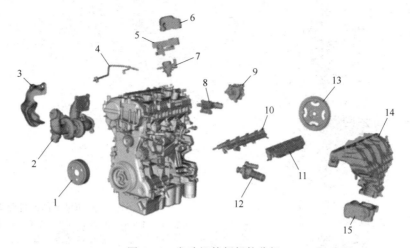

图 6-33　发动机外部部件分解
1—冷却液泵带轮；2—涡轮增压器；3—涡轮增压器隔热板；4—冷却液出口管；5—燃油喷射泵支架；6—燃油喷射泵盖；7—燃油喷射泵；8—冷却液出口；9—制动器真空泵；10—燃油油轨；11—燃油油轨护罩；12—恒温器总成；13—挠性传动板；14—进气歧管；15—节气门体

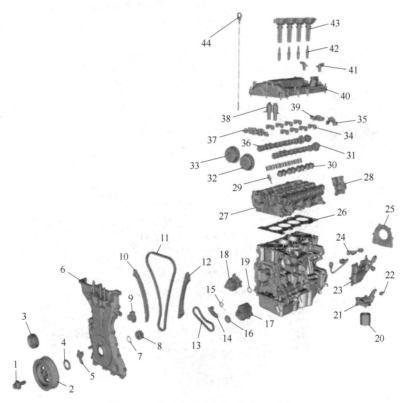

图 6-34　发动机前部及上部部件分解
1—曲轴带轮螺栓；2—曲轴减振器；3—附件传动带惰轮；4—曲轴前密封件；5—曲轴位置（CKP）传感器；6—发动机前盖；7—菱形垫片；8—曲轴链轮；9—正时链张紧器；10—正时链张紧器臂；11—正时链；12—正时链导轨；13—油泵链；14—油泵链张紧器；15—油泵链张紧器弹簧；16—油泵驱动齿轮；17—油泵；18—冷却液泵；19—菱形垫片；20—机油滤清器；21—滤油器适配器；22—机油压力传感器；23—曲轴箱通风油分离器；24—爆震（KS）传感器（共 2 个）；25—曲轴后油封；26—气缸垫；27—气缸盖；28—燃油泵盖总成；29—缸盖温度（CHT）传感器；30—阀挺杆（共 16）；31—凸轮轴（进气）；32—进气可变凸轮轴正时（VCT）装置；33—排气可变凸轮轴正时（VCT）装置；34—凸轮轴承盖（共 8 个）；35—进气凸轮轴后轴承盖；36—凸轮轴（排气）；37—凸轮轴前轴承盖；38—可变凸轮轴正时（VCT）油控电磁阀（共 2 个）；39—排气凸轮轴后轴承盖；40—气门盖罩；41—凸轮轴位置（CMP）传感器（共 2 个）；42—火花塞（共 4 个）；43—火花塞点火线圈（共 4 个）；44—油量指示器

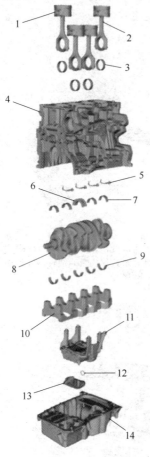

图 6-35 发动机下部部件分解

1—活塞（共 4 个）；2—连杆（共 4 个）；3—连杆轴承（共 8 个）；4—气缸体；5—活塞机油冷却器气门（共 4 个）；6—气缸体曲轴主推力轴承；7—气缸体曲轴主轴承（共 4 个）；8—曲轴；9—曲轴主承重梁轴承（共 5 个）；10—主承重梁；11—平衡轴总成；12—油泵显示屏和泵盖总成 O 形密封圈；13—油泵显示屏和泵盖总成；14—油底壳

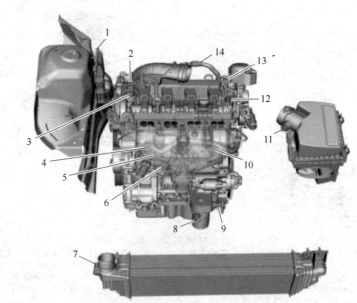

图 6-36 发动机左侧部件位置

1—PCM；2—排气 VVT 控油电磁阀；3—进气 VVT 控油电磁阀；4—FRP（燃油油轨压力）传感器；5—前 KS（爆震）传感器；6—MAP（进气压力）传感器；7—涡轮增压器增压压力和增压空气温度传感器；8—机油压力控制电磁阀；9—EOP（机油压力）传感器；10—后 KS（爆震）传感器；11—IAT（进气温度）传感器；12—进气 CMP（凸轮轴位置）传感器；13—排气 CMP（凸轮轴位置）传感器；14—曲轴箱压力传感器

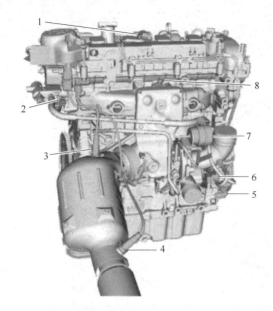

图 6-37　发动机右侧部件位置

1—涡轮增压器旁通电磁阀；2—ECT（发动机冷却液温度）传感器；3—HO2S（热氧）传感器；4—催化剂监测传感器；5—CKP（曲轴位置）传感器；6—涡轮增压器废气门调节电磁阀；7—废气门执行器；8—CHT（缸盖温度）传感器

6.2.9　福特 6F35 六挡自动变速器部件位置与部件分解

福特 6F35 六挡自动变速器部件位置如图 6-38 所示，部件分解如图 6-39 所示。

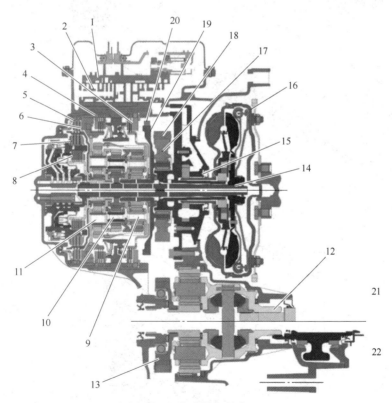

图 6-38　变速器部件位置

1—电磁阀阀体；2—主控制阀体；3—正车离合器（离合器制动器 1-2-3-4）；4—低速/反向离合器（离合器制动器 L/R）；5—中区离合器（离合器制动器 2-6）；6—低速挡单向离合器（OWC）；7—直接离合器（传动离合器 3-5-R）；8—超速离合器（传动离合器 4-5-6）；9—后行星总成；10—中心行星总成；11—前行星总成；12—最终传动齿轮架和差速器总成；13—驱动链从动链轮；14—输入轴总成和直接/超速离合器壳体；15—泵组件；16—变矩器；17—驱动链主动链轮；18—驱动链；19—驻车齿轮；20—驻车制动爪；21—FWD（前轮驱动）；22—AWD（全轮驱动）

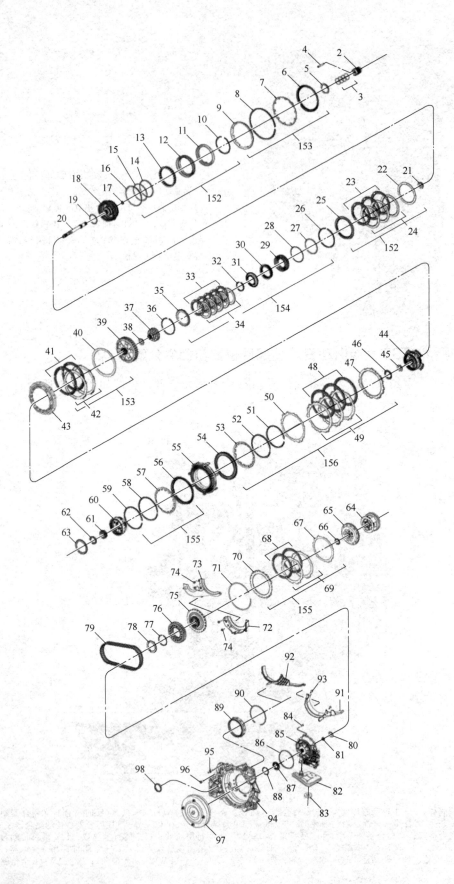

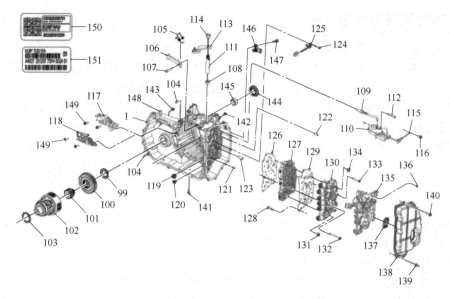

图 6-39 变速器部件分解

1—变速器壳;2—离合器支撑塔;3—离合器支撑塔密封件(共 4 个);4—离合器支撑塔螺栓(共 3 个);5—1 号推力轴承;6—中区(2-6)离合器活塞;7—中区(2-6)离合器活塞回位弹簧;8—中区(2-6)离合器回位弹簧卡环;9—中区(2-6)离合器应用环;10—直接(3-5-R)离合器活塞卡环;11—直接(3-5-R)离合器工作缸;12—直接(3-5-R)离合器活塞;13—直接(3-5-R)离合器活塞回位弹簧;14—直接(3-5-R)离合器活塞内部(后)密封件;15—直接(3-5-R)离合器活塞内部(前)密封件;16—直接(3-5-R)离合器活塞外部密封件;17—输入轴卡环;18—直接(3-5-R)/超速(4-5-6)离合器工作缸和轮毂总成;19—超速(4-5-6)离合器活塞内部密封件;20—输入轴;21—2 号推力轴承;22—直接(3-5-R)离合器波形弹簧;23—直接(3-5-R)离合器摩擦片(共 3 个);24—直接(3-5-R)离合器钢片(共 3 个);25—直接(3-5-R)离合器压盘;26—直接(3-5-R)离合器卡环;27—超速(4-5-6)离合器活塞外部(后)密封件;28—超速(4-5-6)离合器活塞外部(前)密封件;29—超速(4-5-6)离合器活塞;30—超速(4-5-6)离合器活塞回位弹簧;31—超速(4-5-6)离合器活塞回位弹簧卡环;32—超速(4-5-6)离合器活塞卡环;33—超速(4-5-6)离合器摩擦片(共 5 个);34—超速(4-5-6)离合器钢片(共 5 个);35—超速(4-5-6)离合器压盘;36—超速(4-5-6)离合器卡环;37—超速(4-5-6)离合器轮毂;38—3 号推力轴承;39—后行星传动恒星齿轮与壳总成;40—中区(2-6)离合器波形弹簧;41—中区(2-6)离合器摩擦片(共 2 个);42—中区(2-6)离合器钢片(共 2 个);43—单向离合器(OWC);44—后行星架/中心环形齿轮;45—6 号推力轴承;46—5 号推力轴承;47—低/倒挡离合器压板;48—低速/反向离合器摩擦片(共 3 个);49—低速/反向离合器钢片(共 3 个);50—低/倒挡离合器波形弹簧;51—低速/反向离合器活塞卡环挡圈;52—低速/反向离合器活塞卡环;53—低/倒挡离合器活塞;54—低/倒挡离合器活塞回位弹簧;55—中心支座;56—正车(1-2-3-4)离合器活塞;57—正车(1-2-3-4)离合器活塞回位弹簧;58—正车(1-2-3-4)离合器活塞卡环挡圈;59—正车(1-2-3-4)离合器活塞卡环;60—中心行星架/前环形齿轮;61—中心行星太阳齿轮;62—7 号推力轴承;63—8 号推力轴承;64—前行星架/后环形齿轮;65—前行星传动中心轮与壳总成;66—10 号推力轴承;67—正车(1-2-3-4)离合器波形弹簧;68—正车(1-2-3-4)离合器摩擦片(共 2 个);69—正车(1-2-3-4)离合器钢片(共 2 个);70—正车(1-2-3-4)离合器压盘;71—正车(1-2-3-4)离合器卡环;72—变速器油液挡板(2013 年 5 月 29 日之前生产的变速器);73—变速器油液挡板(2013 年 5 月 29 日之后生产的变速器);74—变速器非固定挡板螺栓(共 2 个);75—主动链轮;76—驱动链主动链轮;77—主动链轮卡环;78—13 号推力垫圈;79—驱动链;80—11 号推力垫圈;81—输入轴密封件;82—输入轴固定过滤器;83—磁铁;84—泵-变矩器壳体螺栓(共 8 个);85—泵组件;86—泵-变矩器壳体 O 形密封圈;87—变矩器轮毂密封件;88—变矩器轮毂密封护圈;89—差速环形齿轮;90—差速环形齿轮卡环;91—差速变速器油液挡板(2013 年 5 月 29 日之前生产的变速器);92—差速变速器油液挡板(2013 年 5 月 29 日之后生产的变速器);93—差速变速器油液挡板螺栓(仅限 2013 年 5 月 29 日之前生产的变速器);94—变矩器壳体;95—变矩器壳体双头螺栓;96—变矩器壳体螺栓(共 16 个);97—变矩器;98—RH 半轴密封件;99—12 号推力轴承;100—驱动链从动链轮;101—差速太阳齿轮;102—差速器壳;103—差速器;104—变速器壳体-变速器箱体导销;105—驻车制动爪弹簧;106—驻车制动爪;107—驻车爪销;108—手动控制轴销;109—驻车制动爪制动杆;110—变速器挡位(TR)传感器;111—手动控制轴;112—手动控制轴销;113—排挡杆;114—手动控制杆螺母;115—手动阀棘爪弹簧;116—变速范围传感器棘爪弹簧螺栓;117—储液罐(2013 年 5 月 29 日之前生产的变速器);118—储液罐(2013 年 5 月 29 日之后生产的变速器);119—离合器进给密封件(大尺寸);120—离合器进给密封件(小尺寸)(共 4 个);121—主控制器定位销;122—主控制器双头螺栓;123—主控制器-变速器箱体密封件(共 2 个);124—输出轴转速(OSS)传感器螺栓;125—输出轴速度(OSS)传感器;126—主控制阀体分离器板;127—主控制阀体-电磁阀阀体隔板;128—隔板-电磁阀阀体螺栓;129—主控制阀体-电磁阀阀体螺栓(共 2 个);130—主控制器-变速器箱体导销;131—电磁阀阀体螺栓(共 2 个);132—主控制器-变速器箱体螺栓(长)(共 10 个);133—主控制器-变速器箱体螺栓(短)(共 12 个);134—主控制器螺母;135—传动装置内部线束框架;136—传动装置内部线束框架螺栓(共 5 个);137—主控制器-盖板密封件;138—主控制器盖板;139—主控制器盖板双头螺栓(共 5 个);140—主控制器盖板螺栓(共 8 个);141—排放塞;142—管路压力分接头;143—油面测量计螺栓;144—半轴密封件;145—LH 半轴衬套;146—涡轮轴转速(TSS)传感器;147—涡轮轴转速(TSS)螺栓;148—通气管;149—储液罐螺栓;150—电磁阀阀体标签;151—变速器标签;152—直接离合器(3-5-R);153—中区(2-6)离合器;154—超速(4-5-6)离合器;155—正车离合器(1-2-3-4);156—低/倒挡离合器

6.2.10 电动天窗初始化方法

新电动天窗安装后只会移向通风口的位置，直到初始化。

注意维修电动天窗系统的任何部件时，必须执行电动天窗的初始化程序，包括天窗电机从电动天窗总成上拆除，安装一个新的天窗电机，或安装一个新的电动天窗总成。

① 打开驾驶员侧车门，将点火开关转到开启位，发动机置于关闭状态。注意在此过程中，所有乘客侧车门必须保持关闭，且天窗必须从完全关闭位置开始打开。
② 关闭驾驶员侧车门，等待地图灯/顶置中控台灯关闭。
③ 按下通风按钮（将车顶天窗面板玻璃开启到完全通风位置）。注意在 5s 内执行步骤③～⑤。
④ 将左侧地图灯按下一次，将其打开。
⑤ 将右侧地图灯按下 4 次，将其关闭。
⑥ 将左侧地图灯按下一次，将其关闭。
⑦ 将左侧地图灯按下一次，将其打开。
⑧ 打开驾驶员侧车门。注意程序的其余部分，驾驶员侧车门必须保持开放。
⑨ 将点火开关从关闭转到开启位置，进行一个点火循环。
⑩ 在车顶天窗面板玻璃从完全打开到最终位于完全闭合位置期间，按下并按住通风按钮。释放通风按钮。注意不要释放通风按钮，直到车顶天窗面板玻璃被完全关闭。
⑪ 将点火开关置于关闭位置，关上车门，然后关闭左侧地图灯。

测试系统是否能正常工作。若电动天窗操作不正确，则重复上述步骤。

6.2.11 车轮定位数据

新蒙迪欧车型车轮定位数据见表 6-5。

表 6-5 车轮定位数据

	项 目	LH（左侧）	RH（右侧）	整体/分割
前部	外倾角	−0.60°±0.75°	−0.90°±0.75°	0.3°±0.75°
	主销后倾	3.35°±0.75°	3.35°±0.75°	0.0°±0.75°
	全装备行车高度时的前束（正值为前束，负值为后束）	—	—	0.20°±0.20°
后部	外倾角	−1.20°±0.75°	−1.20°±0.75°	0.0°
	全装备行车高度时的前束（正值为前束，负值为后束）	0.15°±0.20°	0.15°±0.20°	0.30°±0.20°
	推力角	0.0°	0.0°	0.0°±0.50°

6.3 长安福特金牛座（2019~2020 年款）

6.3.1 福特 2.0T CAF488WQA6 发动机技术参数

福特 2.0T CAF488WQA6 发动机技术参数见表 6-6。

表 6-6 发动机技术参数

项 目		参 数
基本数据	排量	2L
	气缸数量	4
	气缸内径	87.5mm
	冲程	83.1mm
	火花塞	12405

续表

项　　目		参　　数
基本数据	火花塞间隙型号	0.75mm
	点火顺序	1-3-4-2
	压缩比	10∶1
	发动机质量(无附件传动装置部件及柔性连接盘)	130kg
	Motorcraft® SAE 5W-30 优质合成混合机油(美国);Motorcraft® SAE 5W-30 超级优质机油(加拿大),XO-5W30-QSP(美国);CXO-5W30-LSP12(加拿大);或等同物	SAE 5W-30(WSS-M2C946-B1)
	包括机油滤清器在内的保养添加	5.2L
	油压(热的,2000r/min 时)	200~414kPa
气缸体	气缸内径	87.5~87.52mm
	缸膛最大失圆度	0.008mm
	主轴承内径	57.018~57.04mm
	气缸顶面平面度(200mm×200mm)	0.05mm
	气缸顶面平面度	0.1mm
活塞	活塞直径(单级)	87.446~87.46mm
	活塞到孔距离	0.04~0.074mm
	活塞环槽宽［压缩(顶部)］	1.23~1.25mm
	活塞环槽宽［压缩(底部)］	1.23~1.25mm
	活塞环槽宽(油)	2.03~2.05mm
	活塞裙涂层厚度	0.007~0.017mm
活塞销	直径	22.497~22.5mm
	长度	55.7~56mm
	活塞到销间隙	0.005~0.013mm
	活塞销到连杆间隙	0.021~0.03mm
活塞环	活塞环宽度［压缩(顶部)］	1.2mm
	活塞环宽度［压缩(底部)］	1.2mm
	活塞环宽度(油)	2mm
	活塞环开口间隙(孔内)［压缩(顶部)］	0.17~0.27mm
	活塞环开口间隙(孔内)［压缩(底部)］	0.4~0.6mm
	活塞环开口间隙(孔内)(油)	0.15~0.45mm
连杆	连杆轴承到曲轴间隙	0.027~0.052mm
	连杆轴承厚度	1.495~1.519mm
	连杆曲轴孔径	55.025~55.045mm
	连杆销孔径	22.521~22.527mm
	连杆长度(中心到中心)	155.869mm
	连杆侧间隙(装配到曲轴)	2.59~3.69mm
	轴向间隙	0.14~0.36mm
曲轴	主轴承轴颈直径	51.978~52.002mm
	主轴承间隙	0.016~0.046mm
	连杆轴径	51.978~52.002mm
	轴端余隙	0.22~0.45mm
气缸盖	气缸盖顶面平面度	总平面最大为 0.08mm,在 150mm×150mm 内最大为 0.05mm,在 25mm×25mm 内最大为 0.025mm
	最大阀门升程［无间隙(排气)］	7.8mm
	最大阀门升程［无间隙(进气)］	8.986mm
	阀门导管直径	5.509~5.539mm
	阀座宽度(进气)	1.2~1.6mm
	阀座宽度(排气)	1.6~2mm
	阀座角度	44.75°
	阀座偏转度	0.075mm
	阀门挺杆内径	31~31.03mm
	凸轮孔径	25.015~25.04mm

续表

项 目		参 数
阀	阀头直径(进气)	32.5mm
	阀头直径(排气)	30mm
	阀杆直径(进气)	5.48mm
	阀杆直径(排气)	5.46mm
	阀杆到导管间隙(进气)	0.024～0.069mm
	阀杆到导管间隙(排气)	0.039～0.089mm
	阀面偏转度	0.05mm
	阀面角度	45°～45.5°
阀门弹簧-压缩压力	进气管(已安装)	180N
	排气管(已安装)	230N
	进气(阀门打开)9.2mm 升起	460N
	排气(阀门打开)9.2mm 升起	560N
	自由长度(进气管)	47.904mm
	自由长度(排气管)	47.2mm
	装配高度	37.9mm
阀挺杆	直径	30.98～30.964mm
	挺杆到阀间隙(进气)	0.19～0.31mm
	挺杆到阀间隙(排气)	0.3～0.42mm
	挺杆到孔间隙	0.02～0.07mm
凸轮轴	进气凸轮升程	8.98mm
	排气凸轮升程	7.8mm
	偏转度	0.03mm
	推力间隙	0.09～0.24mm
	轴颈直径	24.96～24.98mm
	轴颈到孔间隙	0.035～0.08mm
力矩规范	发动机机油盘排放塞	27N·m
	发动机机油滤清器	8N·m,然后继续紧固180°

6.3.2 福特 2.0T CAF488WQA6 发动机部件分解

福特 2.0T CAF488WQA6 发动机部件分解如图 6-40～图 6-42 所示。

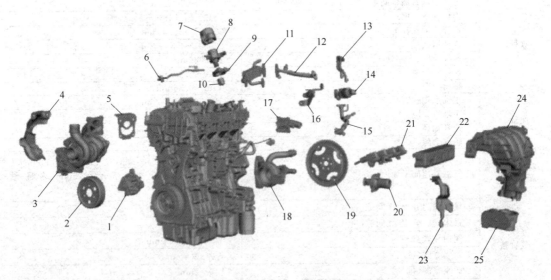

图 6-40 发动机外部部件分解

1—冷却液泵；2—冷却液泵带轮；3—涡轮增压器；4—涡轮增压器隔热板；5—涡轮增压器垫圈；6—冷却液出口管；7—高压燃油泵盖；8—高压燃油泵；9—高压燃油泵安装板；10—高压燃油泵挺杆；11—废气再循环（EGR）冷却器；12—EGR进气管；13—EGR传感器；14—EGR阀；15—EGR出气管；16—EGR阀支架；17—冷却液出口；18—冷却液泵转接器；19—挠性传动板；20—恒温器总成；21—燃油油轨；22—燃油油轨护罩；23—碰撞支架；24—进气歧管；25—节气门体

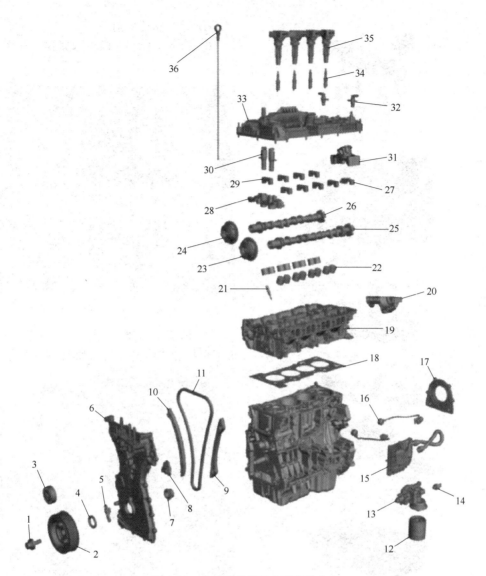

图 6-41 发动机前部及上部部件分解

1—曲轴带轮螺栓；2—曲轴减振器；3—附件传动带惰轮；4—曲轴前密封件；5—曲轴位置（CKP）传感器；6—发动机前盖；7—曲轴链轮；8—正时链张紧器；9—正时链导轨；10—正时链张紧器臂；11—正时链；12—机油滤清器；13—滤油器适配器；14—机油压力传感器；15—曲轴箱通风系统油气分离器；16—爆震（KS）传感器（共 2 个）；17—曲轴后油封；18—气缸垫；19—气缸盖；20—气缸盖罩；21—CHT（缸盖温度）传感器；22—阀挺杆（共 16 个）；23—进气门可变凸轮轴正时（VCT）装置；24—排气可变凸轮轴正时（VCT）装置；25—凸轮轴（进气）；26—凸轮轴（排气）；27—进气凸轮轴后轴承盖；28—凸轮轴前轴承盖；29—凸轮轴轴承盖（共 8 个）；30—可变凸轮轴正时（VCT）油控电磁阀（共 2 个）；31—高压燃油泵驱动装置；32—凸轮轴位置（CMP）传感器（共 2 个）；33—阀门盖；34—火花塞（共 4 个）；35—火花塞点火线圈（共 4 个）；36—机油油位指示器

6.3.3 福特 2.0T CAF488WQA6 发动机正时维修

发动机正时单元部件拆装步骤如下。

注意如未首先按照说明程序安装特殊工具，则不得松开或移动曲轴带轮螺栓。曲轴带轮及曲轴正时链轮对曲轴是非键控的。曲轴、曲轴链轮和带轮借助摩擦力安装在一起。因此，如果带轮螺栓松动，那么曲轴链轮也会松动。如果检修需要松动或移除曲轴带轮螺栓，那么在此之前，必须将曲轴及凸轮轴用特殊工具锁在适当位置，否则会引起发动机严重损坏。

① 拆下发动机前盖。

② 卸下螺栓和正时链张紧器,如图 6-43 所示。

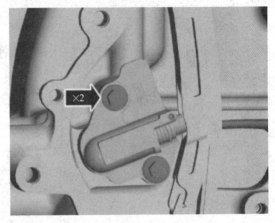

图 6-43 拆下正时链张紧器

③ 拆下正时链张紧器臂。拆下正时链。拆下螺栓和正时链导轨,如图 6-44 所示。

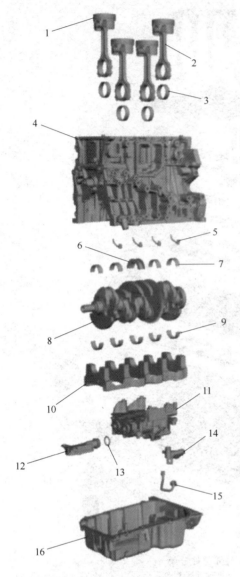

图 6-44 拆下发动机正时单元部件

图 6-42 发动机下部部件分解
1—活塞(共 4 个);2—连杆(共 4 个);3—连杆轴承(共 8 个);4—气缸体;5—活塞机油冷却器喷嘴(共 4 个);6—气缸体曲轴主推力轴承;7—气缸体曲轴主轴承(共 4 个);8—曲轴;9—曲轴主承重梁轴承(共 5 个);10—主承重梁;11—平衡轴和机油泵总成;12—油泵显示屏和泵盖总成;13—油泵显示屏和泵盖总成 O 形密封圈;14—机油滤清器进口管;15—机油滤清器出口管;16—油底壳

④ 安装正时链导轨和螺栓。以 11N·m 力矩安装正时链。安装正时链张紧器臂。

⑤ 如果正时链张紧器活塞未固定在压缩位置,需复位正时链张紧器。将正时链张紧器放入台虎钳中。将棘轮线夹 2 的两端分开。使用台虎钳 1,将活塞 3 压缩到复位位置。在正时链张紧器主体的两个孔中安装一个锁销 4,以便将活塞固定到位,如图 6-45 所示。

⑥ 注意张紧器螺栓紧固之前,不得移动锁销 2。安装正时链张紧器和螺栓 1,如图 6-46 所示,力矩 11N·m。

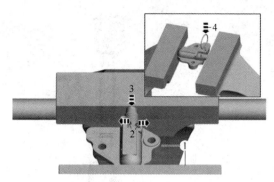 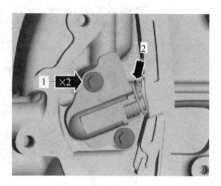

图 6-45 设置正时链张紧器
1—台虎钳；2—棘轮线夹；3—活塞；4—锁销

图 6-46 安装正时链张紧器
1—螺栓；2—锁销

⑦ 拆下锁销。

⑧ 在凸轮轴平面上使用开口扳手，防止凸轮轴转动。如果卸下了进气 VCT 装置，则使用开口扳手拧紧新的进气 VCT 装置螺栓，如图 6-47 所示，第一步拧紧力矩 35N·m，第二步继续拧紧 135°。

⑨ 在凸轮轴平面上使用开口扳手，防止凸轮轴转动。如果卸下了排气 VCT 装置，则使用开口扳手拧紧新的排气 VCT 装置螺栓。第一步拧紧力矩 35N·m，第二步继续拧紧 135°。

⑩ 安装发动机前盖板。

6.3.4 福特 2.0T CAF488WQA6 发动机电控系统部件位置

福特 2.0T CAF488WQA6 发动机电控系统部件位置如图 6-48～图 6-50 所示。

图 6-47 拧紧进气 VCT 装置螺栓

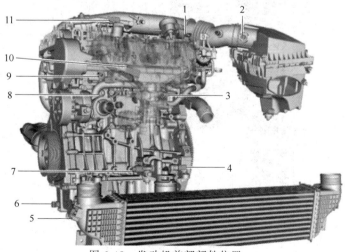

图 6-48 发动机前部部件位置
1—进气 CMP（凸轮轴位置）传感器；2—IAT（进气温度）传感器；3—后 KS（爆震）传感器；4—EOP（机油压力）传感器；5—涡轮增压器增压压力传感器；6—发动机机油液位传感器；7—油压控制电磁阀；8—前 KS（爆震）传感器；9—FRP（燃油油轨压力）传感器；10—MAPT（进气压力温度）传感器；11—曲轴箱压力传感器

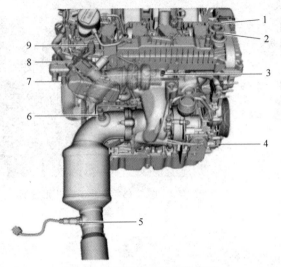
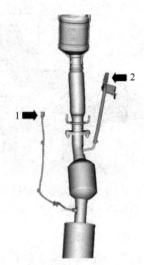

图 6-49　发动机后部部件位置
1—进气 VCT 控油电磁阀；2—排气 VCT 控油电磁阀；3—CHT（CHT2）（缸盖温度）传感器；4—CKP（曲轴位置）传感器；5—催化剂监测传感器；6—HO2S（热氧）传感器；7—ECT（发动机冷却液温度）传感器；8—涡轮增压器旁通阀；9—排气 CMP（凸轮轴位置）传感器

图 6-50　排气系统传感器位置
1—排气温度传感器；2—废气压力传感器

6.3.5　福特 8F35 八挡自动变速器部件位置与部件分解

福特 8F35 八挡自动变速器部件位置如图 6-51 所示，部件分解如图 6-52 所示。

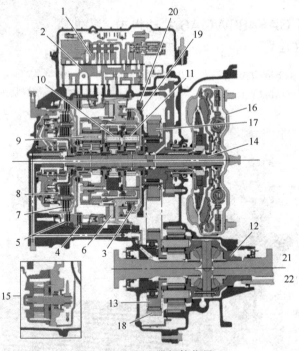

图 6-51　变速器部件位置
1—电磁阀阀体；2—主控制阀体；3—A（1-2-3-4-5）离合器；4—F（2-8）离合器；5—C（3-7）离合器；6—D（SOWC）离合器；7—B（4-6-R）离合器；8—E（5-6-7-8）离合器；9—导向/超速挡齿轮架；10—输入齿轮架；11—输出齿轮架；12—最终传动齿轮架和差速器总成；13—驱动链条从动链轮；14—输入轴总成和直接/超速离合器壳体；15—泵总成；16—变矩器；17—驱动链条主动链轮；18—驱动链条；19—驻车齿轮；20—驻车制动爪；21—FWD（前轮驱动）；22—AWD（全轮驱动）

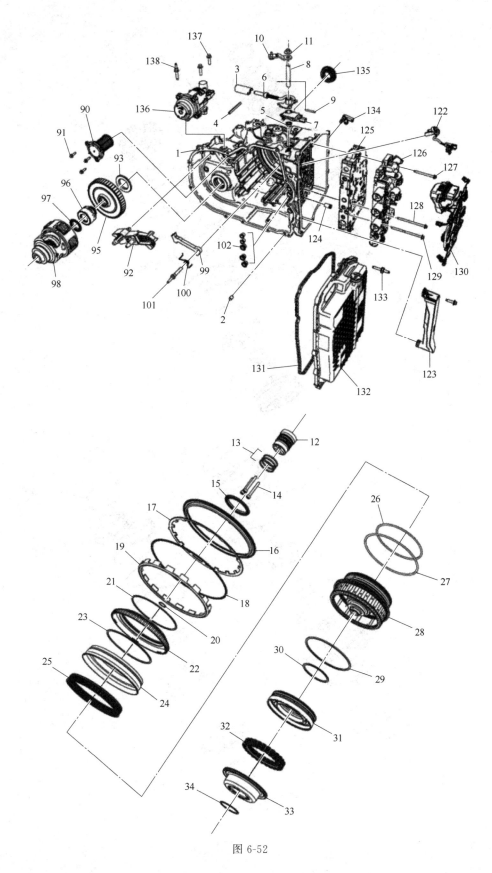

图 6-52

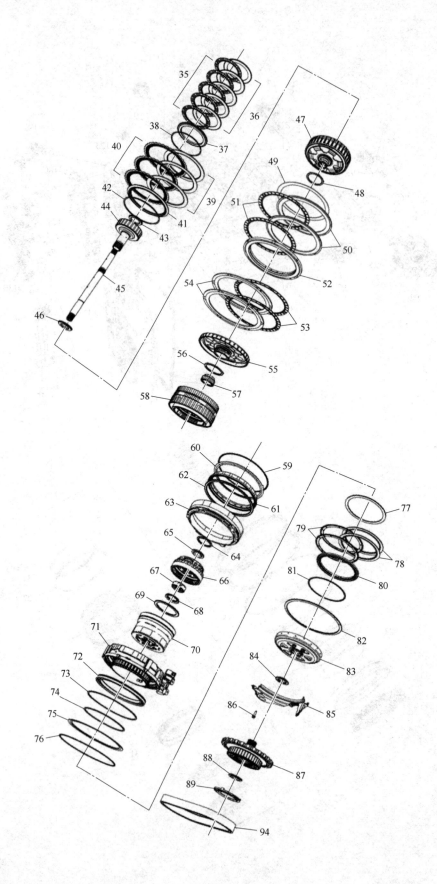

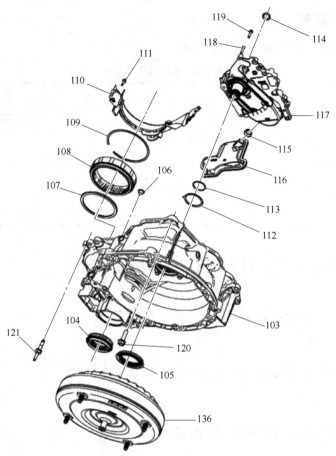

图 6-52 变速器部件分解

1—变速器箱体；2—变速器箱体定位销（共 2 个）；3—驻车杆导向板；4—驻车杆导向板滚销；5—手动控制轴密封件；6—驻车制动爪制动杆；7—变速器挡位传感器；8—手动控制轴；9—手动控制轴滚销；10—排挡杆；11—螺母；12—离合器支撑塔；13—离合器支撑塔密封件（共 3 个）；14—离合器支撑塔螺栓（共 3 个）；15—1 号推力轴承；16—C (3-7) 离合器活塞/密封件总成；17—C (3-7) 离合器活塞回位弹簧；18—C (3-7) 离合器活塞卡环；19—C (3-7) 离合器活塞应用环；20—输入轴卡环；21—B (4-6-R) 离合器缸卡环；22—B (4-6-R) 离合器缸；23—B (4-6-R) 离合器外壳；24—B (4-6-R) 离合器活塞内部密封件；25—B (4-6-R) 离合器活塞回位弹簧；26—B (4-6-R) 离合器活塞内部密封件；27—B (4-6-R) 离合器活塞外部密封件；28—B (4-6-R) 和 E (5-6-7-8) 离合器缸和轮毂总成；29—E (5-6-7-8) 离合器活塞外部密封件；30—E (5-6-7-8) 离合器活塞内部密封件；31—E (5-6-7-8) 离合器活塞；32—E (5-6-7-8) 离合器活塞回位弹簧；33—E (5-6-7-8) 离合器平衡活塞；34—E (5-6-7-8) 离合器活塞卡环；35—E (5-6-7-8) 离合器摩擦片（共 5 个）；36—E (5-6-7-8) 离合器钢板（共 5 个）；37—E (5-6-7-8) 离合器压盘；38—E (5-6-7-8) 离合器压盘卡环；39—B (4-6-R) 离合器钢板（共 3 个）；40—B (4-6-R) 离合器摩擦片（共 3 个）；41—B (4-6-R) 离合器压盘；42—B (4-6-R) 离合器压盘卡环；43—2 号推力轴承；44—B (4-6-R) 离合器轮毂；45—输入轴；46—3 号推力轴承；47—B (4-6-R) 和 C (3-7) 离合器外壳；48—4 号止推轴承；49—C (3-7) 离合器波形弹簧；50—C (3-7) 离合器钢板（共 2 个）；51—C (3-7) 离合器摩擦片（共 2 个）；52—C (3-7) 和 F (2-8) 离合器压盘；53—F (2-8) 离合器摩擦片（共 2 个）；54—F (2-8) 离合器钢板（共 2 个）；55—F (2-8) 离合器太阳齿轮和壳体总成；56—5 号推力轴承；57—太阳齿轮；58—导向/超速挡齿轮架；59—F (2-8) 离合器卡环；60—F (2-8) 离合器回位弹簧；61—F (2-8) 离合器活塞；62—F (2-8) 和 F (2-8) 离合器活塞壳体；64—7 号止推轴承；65—8 号止推轴承；66—输入齿轮架；67—太阳齿轮；68—9 号止推轴承；69—10 号止推轴承；70—输出齿轮架；71—D (SOWC) 离合器总成；72—A (1-2-3-4-5) 离合器活塞；73—A (1-2-3-4-5) 离合器活塞外部密封件；74—A (1-2-3-4-5) 离合器活塞内部密封件；75—A (1-2-3-4-5) 离合器活塞回位弹簧；76—A (1-2-3-4-5) 离合器活塞卡环；77—A (1-2-3-4-5) 离合器波形弹簧；78—A (1-2-3-4-5) 离合器钢板（共 2 个）；79—A (1-2-3-4-5) 离合器摩擦片（共 2 个）；80—A (1-2-3-4-5) 离合器压盘；81—A (1-2-3-4-5) 离合器卡环；82—D (SOWC) 离合器卡环；83—前太阳齿轮/壳体；84—12 号止推轴承；85—油液挡板；86—螺栓（共 2 个）；87—驻车齿轮；88—13 号止推轴承；89—塑料止推垫圈；90—油液滤清器总成；91—螺栓（共 3 个）；92—链条减振器；93—15 号止推轴承；94—驱动链条；95—驱动链条从动链轮；96—终端传动太阳齿轮；97—16 号止推轴承；98—差速器总成；99—驻车制动爪；100—驻车制动爪回位弹簧；101—驻车制动爪轴；102—离合器进给密封件（共 5 个）；103—变矩器壳体；104—半轴密封件；105—变矩器轮毂密封件；106—密封件；107—17 号止推轴承；108—环形齿轮；109—齿圈卡环开口；110—链条护罩；111—螺栓（共 2 个）；112—止推垫圈；113—定子密封件（共 9 个）；114—滤清器密封件；115—变速器油液滤清器；116—变速器油液滤清器；117—油泵总成；118—螺栓（共 9 个）；119—螺栓（共 7 个）；120—螺栓（共 9 个）；121—双头螺栓（共 5 个）；122—输出转速传感器；123—油液输送管道；124—中心支承密封件（共 4 个）；125—主控制阀体；126—电磁阀体；127—主控制器-变速器箱体螺栓（共 7 个）；128—主控制器-变速器箱体螺栓（共 10 个）；129—主控制器-变速器箱体螺栓；130—变速器内部线束构造；131—主控制器盖板密封垫；132—主控制器盖板；133—螺栓（共 13 个）；134—涡轮/中间轴转速（TSS/ISS）传感器；135—半轴密封件；136—启停蓄能器；137—螺栓（共 2 个）；138—双头螺栓

6.3.6 车轮定位数据

2020年款金牛座车型车轮定位数据见表6-7。

表6-7 车轮定位数据

项	目	LH（左侧）	RH（右侧）	整体/分割
前部	外倾角	−0.65°±0.75°	−0.95°±0.75°	0.3°±0.75°
前部	主销后倾	3.35°±0.75°	3.35°±0.75°	0.0°±0.75°
前部	全装备行车高度时的前束（正值为前束，负值为后束）	—	—	0.20°±0.20°
后部	外倾角	−1.20°±0.75°	−1.20°±0.75°	0.0°
后部	全装备行车高度时的前束（正值为前束，负值为后束）	0.15°±0.20°	0.15°±0.20°	0.30°±0.20°
后部	推力角	0.0°	0.0°	0.0°±0.50°

6.4 长安福特锐界（2019~2020年款）

6.4.1 福特2.0T CAF488WQB6发动机技术参数

参考本书6.3.1小节。

6.4.2 福特2.0T CAF488WQB6发动机部件分解

参考本书6.3.2小节。

6.4.3 福特2.0T CAF488WQB6发动机正时维修

参考本书6.3.3小节。

6.4.4 福特2.0T CAF488WQB6发动机电控系统部件位置

参考本书6.3.4小节。

6.4.5 福特2.7T GTDIQ8发动机技术参数

福特2.7T GTDIQ8发动机技术参数见表6-8。

表6-8 发动机技术参数

项	目	参 数
基本数据	排量	2.7L(4V)
基本数据	气缸数量	6
基本数据	缸径/冲程	83mm/83mm
基本数据	点火顺序	1-4-2-5-3-6
基本数据	火花塞型号	12405
基本数据	火花塞间隙	0.7~0.8mm
基本数据	压缩比	10∶1
基本数据	发动机质量	189kg
基本数据	Motorcraft® SAE 5W-30优质合成混合机油（美国）—XO-5W30-Q1SP（美国）；Motorcraft® SAE 5W-30超优质机油（加拿大）—CXO-5W30-LSP6（加拿大）	WSS-M2C946-B1
基本数据	发动机油包括机油滤清器在内的保养添加	5.68L

续表

项 目		参 数
基本数据	读数1:15s后2000r/min、发动机处于正常工作温度下且变速器挂在驻车挡时的最低油压	144.8kPa
	读数2:15s后2000r/min、发动机处于正常工作温度下且变速器挂在驻车挡(油压控制电磁阀连接器断开)时的最低油压	读取1的数值加上55.1kPa
气缸盖和气门机构	气缸盖顶面平面度	整体的平整度误差应低于0.08mm,对于150mm×150mm(或全宽)的面积来说则应低于0.05mm
	气门导管孔内径	5.473～5.503mm
	阀杆直径(进气)	5.41～5.445mm
	阀杆直径(排气)	5.39～5.43mm
	阀杆到导管间隙(进气)	0.025～0.073mm
	阀杆到导管间隙(排气)	0.038～0.086mm
	阀头直径(进气)	32.38～32.62mm
	阀头直径(排气)	28.18～28.42mm
	阀面偏转度	0.05mm
	阀面角度	45.5°～46.0°
	阀座偏转度	0.02mm
	阀座角度	44.5°～45.5°
	气门弹簧自由长度(近似)	53.45mm
	气门弹簧压缩压力(指定长度下)	663N(27.0mm时)
	气门弹簧安装高度(进气)	37mm
	气门弹簧安装高度(排气)	36mm
	阀弹簧安装高度压力(指定长度下)(进气)	368N(37mm时)
	阀弹簧安装高度压力(指定长度下)(排气)	397N(36mm时)
	已安装的气门弹簧的压力(检修限值)	37mm下的力损失为5%
液压间隙调节器	直径(进气)	11.989～12mm
	直径(排气)	11.989～12mm
	间隙到孔	0.01～0.051mm
	收缩的间隙调节器间隙	0.35～0.85mm
凸轮轴	无间隙条件下气门升程(进气)的理论值	10mm
	无间隙条件下阀升程(排气)的理论值	9mm
	凸轮升程(进气)	5.25mm
	凸轮升程(排气)	4.75mm
	凸轮轴轴承外径(第一轴颈)	34.96～34.98mm
	凸轮轴轴承外径(中间轴颈)	28.607～28.633mm
	轴端余隙	0.025～0.15mm
气缸体	气缸内径	83～83.018mm
	气缸孔圆度	0.01mm
	气缸孔锥度	0.013mm
	缸体主内孔圆度	0.007mm
	主轴承孔内径	72.402～72.422mm
	气缸顶面平面度	平整度误差的总计上限为0.150mm,对于150mm×150mm的面积为0.050mm,对于25mm×25mm的面积为0.025mm
曲轴	主轴承轴颈直径	67.483～67.503mm
	主轴承轴颈到主轴承的间隙	0.05～0.062mm
	连杆轴径	55.973～55.993mm
	曲轴最大轴端余隙	0.051～0.291mm
活塞	活塞直径(单级)	82.946～82.96mm
	活塞到气缸孔的间隙	0.04～0.072mm
	活塞环闭口间隙[压缩(顶部,测量直径)]	0.2～0.3mm

续表

项　　目		参　　数
活塞	活塞环闭口间隙[压缩(底部,测量直径)]	0.4～0.6mm
	活塞环闭口间隙(油环(钢轨,测量直径))	0.2～0.5mm
	活塞环槽宽[压缩(顶部)]	1.23～1.25mm
	活塞环槽宽度[压缩(底部)]	1.23～1.25mm
	活塞环槽宽度(油环)	2.03～2.05mm
	活塞环宽度(上部压缩环)	1.17～1.19mm
	活塞环宽度(下部压缩环)	1.17～1.195mm
	活塞环到槽的间隙(上部和下部压缩环)	0.04～0.08mm
	活塞销孔直径	22.004～22.009mm
	活塞销直径	21.997～22mm
	活塞销长度	49.75～50.25mm
	活塞销到活塞的衔接度	0.004～0.012mm
	活塞到连杆的间隙	0.03mm
连杆	连杆到销的间隙(标准)	0.015～0.028mm
	连杆销孔径	22.015～22.025mm
	连杆长度(中心到中心)	145.96～146.04mm
	连杆所允许的最大弯曲度	0.02mm
	连杆所允许的最大扭曲度	0.04mm
	连杆轴承孔直径	59.428～59.442mm
	连杆轴承到曲轴间隙	0.042～0.088mm
	连杆侧间隙(装配到曲柄)(标准)	0.125～0.375mm
	连杆侧间隙(装配到曲柄)(检修限值)	0.125～0.375mm

6.4.6　福特 2.7T GTDIQ8 发动机部件分解

福特 2.7T GTDIQ8 发动机部件分解如图 6-53～图 6-55 所示。

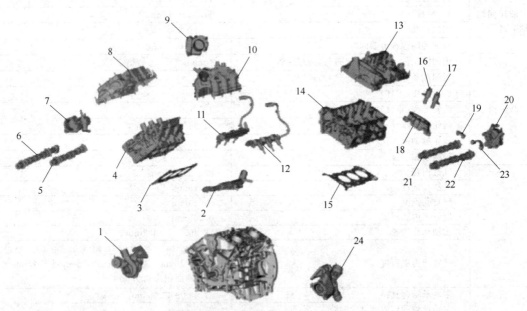

图 6-53　发动机上部部件分解

1—右侧涡轮增压器；2—冷却液出口管接头；3—右侧气缸盖衬垫；4—右侧气缸盖；5—右侧进气凸轮轴；6—右侧排气凸轮轴；7—高压燃油泵；8—右侧阀门盖；9—节气门体；10—进气歧管；11—右侧燃油轨；12—左侧燃油轨；13—左侧阀门盖；14—左侧气缸盖；15—左侧气缸盖衬垫；16—进气可变凸轮轴正时（VCT）电磁阀（共 2 个）；17—排气可变凸轮轴正时（VCT）电磁阀（共 2 个）；18—凸轮轴轴承盖（共 2 个）；19—凸轮轴轴承盖（共 12 个）；20—真空泵；21—左侧进气凸轮轴；22—左侧排气凸轮轴；23—凸轮轴轴承盖（共 2 个）；24—左侧涡轮增压器

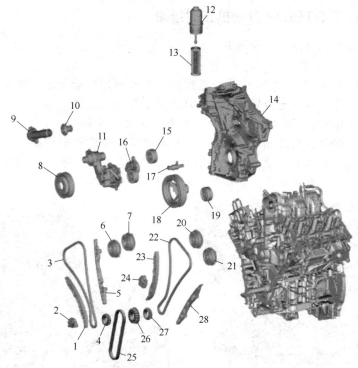

图 6-54 发动机前部部件分解

1—右侧正时链张紧器臂；2—右侧正时链张紧器；3—右侧正时链；4—曲轴链轮；5—右侧正时链导轨；6—右侧排气可变凸轮轴正时（VCT）装置；7—右侧进气可变凸轮轴正时（VCT）装置；8—冷却液泵带轮；9—恒温器外壳；10—恒温器；11—冷却液泵；12—燃油滤清器壳体；13—机油滤清器；14—发动机前盖；15—惰轮；16—传动带张紧器；17—机油控制电磁阀；18—曲轴带轮；19—惰轮；20—左侧进气可变凸轮轴正时（VCT）装置；21—左侧排气可变凸轮轴正时（VCT）装置；22—左侧正时链；23—左侧正时链张紧器臂；24—左侧正时链张紧器；25—油泵传动带；26—曲轴带轮；27—曲轴链轮；28—左侧正时链导轨

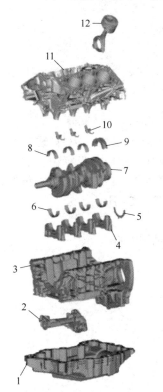

图 6-55 发动机下部部件分解

1—油底壳；2—机油泵；3—发动机组套加固件；4—曲轴主轴承盖（共 4 个）；5—下部止推垫圈；6—曲轴下部主轴承（共 4 个）；7—曲轴；8—曲轴上部主轴承（共 3 个）；9—曲轴上部止推主轴承；10—活塞机油冷却器（共 3 个）；11—气缸体；12—活塞和连杆总成（共 6 个）；13—曲轴后密封件垫板；14—曲轴传感器圈；15—挠性传动板

6.4.7 福特 2.7T GTDIQ8 发动机正时维修

发动机正时机构部件拆装步骤如下。

① 拆除发动机前盖板。

② 如图 6-56 所示，安装原装曲轴带轮螺栓。仅可利用原装曲轴带轮螺栓来旋转曲轴。如果未按此说明操作，有可能会导致曲轴损坏并造成发动机故障。

③ VCT 装置有两个正时标记（一个三角形标记和一个圆形标记）。在装卸 RH 侧时，使用三角形标记。顺时针旋转曲轴。在 11 点方向放置一个曲轴链轮锁孔。检查 VCT 装置上的三角形正时标记是否处于 2 点方向（进气）和 11 点方向（排气），如图 6-57 所示。如果圆形正时标记处于这些位置，必须顺时针旋转曲轴一圈（360°）。

图 6-56 安装原装曲轴带轮螺栓

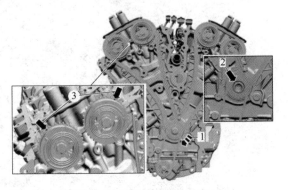

图 6-57 右侧正时标记位置
1—顺时针转动曲轴；2—曲轴链轮锁孔位置；
3—RH 侧 VCT 标记

④ 卸下螺栓和 RH 正时链张紧器。

⑤ 拆下 RH 正时链张紧器臂。

⑥ 卸下螺栓和 RH 正时链导轨。

⑦ 拆卸 RH 正时链，如图 6-58 所示。

⑧ 拆下原装曲轴带轮螺栓。

⑨ 拆卸正时链轮。

⑩ 安装原装曲轴带轮螺栓。

⑪ 必须顺时针旋转曲轴一圈（360°），否则会导致凸轮轴正时不正确。VCT 装置有两个正时标记（一个三角形标记和一个圆形标记）。在装卸 LH 侧时，使用圆形标记。顺时针旋转曲轴一圈（360°）。在 11 点方向放置一个曲轴链轮锁孔。检查 VCT 装置上的三角形正时标记是否处于 10 点方向（进气）和 12 点半方向（排气），如图 6-59 所示。

⑫ 拆下原装曲轴带轮螺栓。

⑬ 将油泵传动带从曲轴带轮上滑下，然后拆下该传动带，见图 6-60。

⑭ 拆下曲轴链轮。

⑮ 卸下螺栓和 LH 正时链张紧器。

⑯ 拆下 LH 正时链张紧器臂。

⑰ 卸下螺栓和 LH 正时链导轨。

⑱ 拆卸 LH 正时链，如图 6-61 所示。

⑲ 拆卸正时链轮。

⑳ 安装左侧正时链时，先安装正时链轮。

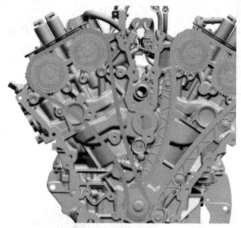

图 6-58 拆卸右侧正时链

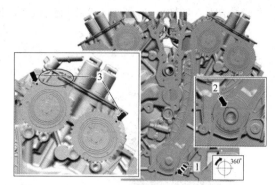

图 6-59 左侧正时标记位置
1—顺时针转动；2—曲轴链轮锁孔位置；
3—LH 侧 VCT 装置标记

图 6-60 拆下油泵传动带

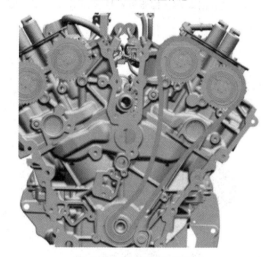

图 6-61 拆卸左侧正时链

㉑ VCT 装置有两个正时标记（一个三角形标记和一个圆形标记）。在装卸 LH 侧时，使用圆形标记。将单色链节对准 LH 装置上的圆形正时标记 1 来安装 VCT 正时链。安装双色链节以便它们对准曲轴链轮上的正时标记 2，如图 6-62 所示。

㉒ 安装 LH 正时链导轨和螺栓。拧紧扭矩 10N·m。

㉓ 安装 LH 正时链张紧器臂。

㉔ 将张紧器柱塞滑出 LH 正时链张紧器外壳，如图 6-63 所示。

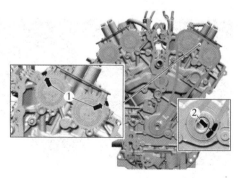

图 6-62 左侧正时链安装标记
1,2—正时标记

㉕ 使用钳口保护装置或使用干净毛巾盖住钳口以防张紧器棘轮机构的表面损坏。将张紧器柱塞的尾部平面装入台虎钳中。使用一字螺丝刀轻轻下压张紧器棘轮装置的端部。顺时针旋转螺丝刀约一圈。当张紧器棘轮装置锁紧时，可以听到"咔嗒"声，如图 6-64 所示。

㉖ 将张紧器柱塞滑入张紧器外壳中，直至其接触到孔底。张紧器柱塞的肩部将与外壳

的顶部齐平，如图 6-65 所示。

㉗ 将张紧器柱塞紧紧地按入张紧器外壳中，直至张紧器柱塞的肩部位于外壳顶部下方约 3mm 处。如图 6-66 所示，将固定销装入外壳的孔中，以便将张紧器柱塞锁在缩回位置。

图 6-63 使张紧器柱塞弹出

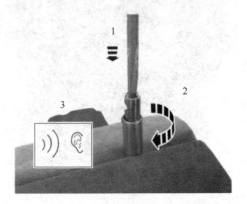

图 6-64 设置张紧器
1—下压；2—顺时针转动；3—听卡位声响

图 6-65 压入张紧器柱塞

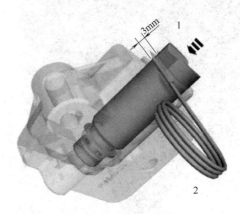

图 6-66 设置张紧器
1—压入方向；2—固定销

㉘ 放置 LH 正时链张紧器使张紧器臂正确环住张紧器的端部。安装螺栓，拧紧扭矩 10N·m。拆下固定销，以便将张紧器柱塞伸出，并按压正时链张紧器臂，如图 6-67 所示。

㉙ 安装曲轴链轮。

㉚ 拧松油泵螺栓 3 圈。注意松开油泵螺栓将有助于安装油泵传动带。

㉛ 将油泵传动带放置在油泵链轮上并抬高油泵前端。将油泵传动带滑至曲轴带轮，如图 6-68 所示。

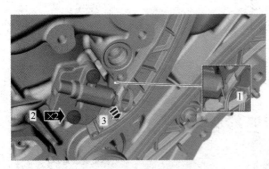

图 6-67 安装左侧正时链张紧器
1—固定销；2—螺栓；3—拔出方向

㉜ 拧紧油泵螺栓。扭矩：第一步 10N·m；第二步 45°。

㉝ 安装原装曲轴带轮螺栓。

㉞ 必须顺时针旋转曲轴一圈（360°）。否则会导致凸轮轴正时不正确。在 11 点方向放置一个曲轴链轮锁孔，如图 6-69 所示。

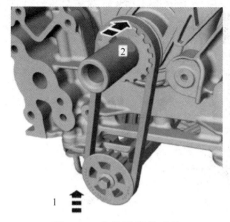
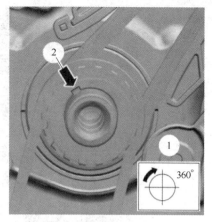

图 6-68 安装油泵传动带
1—上抬油泵前端；2—压入油泵传动带

图 6-69 设置曲轴链轮位置
1—顺时针转动360°；2—曲轴链轮锁孔位置

㉟ 拆下并丢弃原装曲轴带轮螺栓。

㊱ 安装右侧正时链，先安装正时链轮。

㊲ VCT 装置有两个正时标记（一个三角形标记和一个圆形标记）。在装卸 RH 侧时，使用三角形标记。将单色链节对准 RH 装置上的三角形正时标记 1 来安装 VCT 正时链。安装双色链节以便它们对准曲轴链轮上的正时标记 2，如图 6-70 所示。

㊳ 以和安装左侧正时链一样的方式安装其他右侧部件。

㊴ 安装发动机前盖板。

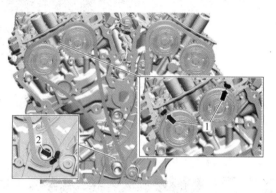

图 6-70 右侧正时链条正时标记
1,2—正时标记

6.4.8 福特 2.7T GTDIQ8 发动机电控系统部件位置

福特 2.7T GTDIQ8 发动机电控系统部件位置如图 6-71～图 6-74 所示。

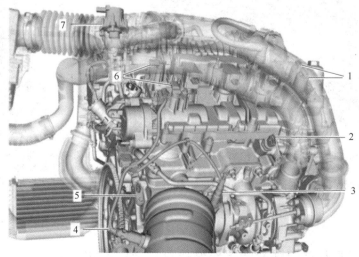

图 6-71 发动机右侧电控部件位置
1—VCT 机油控制电磁阀；2—EOP（机油压力）传感器；3—HO2S（热氧）传感器；4—催化剂监测传感器；5—CKP（曲轴位置）传感器；6—CMP（凸轮轴位置）传感器；7—涡轮增压器旁通阀

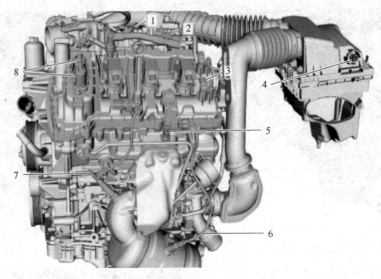

图 6-72 发动机左侧电控部件位置
1—MAP（进气压力）传感器；2—曲轴箱压力传感器；3—CMP（凸轮轴）传感器；4—IAT（进气温度）传感器；5—CHT（CHT2）（缸盖温度）传感器；6—催化剂监测传感器；7—HO2S（热氧）传感器；8—VCT 机油控制电磁阀

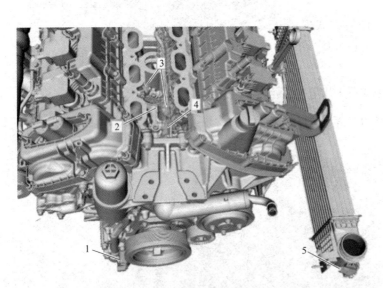

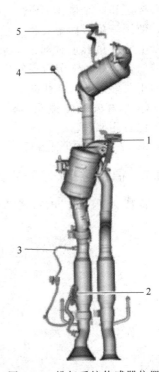

图 6-73 发动机前端电控部件位置
1—油压控制电磁阀；2—ECT（发动机冷却液温度）传感器；3—KS（爆震）传感器；4—FRP（燃油油轨压力）传感器；5—涡轮增压器增压压力传感器

图 6-74 排气系统传感器位置
1—排气压力缸组 1 传感器 1（EP11）；
2—排气压力缸组 1 传感器 2（EP12）；
3—废气温度缸组 1 传感器 1（EGT 11）；
4—废气温度缸组 2 传感器 1（EGT21）；
5—排气压力缸组 2 传感器 1（EP21）

6.4.9 福特 8F35 八挡自动变速器部件位置与部件分解

参考本书 6.3.5 小节。

6.4.10 车轮定位数据

2020 年款锐界车型车轮定位数据见表 6-9。

表 6-9 车轮定位数据

项 目		LH(左侧)	RH(右侧)	整体/分割
前部	外倾角	-0.66°±0.75°	-0.66°±0.75°	0.0°±0.75°
	主销后倾	3.10°±0.75°	3.10°±0.75°	0.0°±0.75°
	全装备行车高度时的前束(正值为前束,负值为后束)	—	—	0.20°±0.20°
后部	外倾角(装备 21in 车轮的车辆除外)	-1.20°±0.75°	-1.20°±0.75°	0.0°
	外倾角(装备 21in 车轮的车辆)	-1.00°±0.75°	-1.00°±0.75°	0.0°
	全装备行车高度时的前束(正值为前束,负值为后束)	0.15°±0.20°	0.15°±0.20°	0.30°±0.20°

注:1in=25.4mm。

6.5 江铃福特领界(2019~2020 年款)

6.5.1 福特 1.5T JX4G15C6L 发动机技术参数

福特 1.5T JX4G15C6L 发动机技术参数见表 6-10。

表 6-10 发动机技术参数

项 目		参 数
基本数据	排量	1.5T
	气缸数量	4
	缸径	79mm
	行程	76mm
	点火顺序	1-3-4-2
	压缩比	9.42:1
	火花塞型号	12405
	火花塞间隙	0.7~0.8mm
润滑剂	道达尔 9000(5W-30)	ACEA A3/B4 5W30-L
发动机机油用量	包括机油滤清器在内的保养添加	4.5L
油压	油压	0.1~1MPa
气缸体	气缸内径	79~79.018mm
	缸膛最大失圆度	0.008mm
	主轴承内径	51~51.016
	气缸顶面平面度(100mm×100mm)	0.025mm
	气缸顶面平面度	0.06mm
活塞	活塞环槽(第一道)环槽高度	(1.24±0.015)mm
	活塞环槽(第二道)环槽高度	(1.03±0.01)mm
	活塞环槽(第三道)环槽高度	(2.02±0.01)mm
	活塞环槽(第一道)环槽底径	71.2~71.4mm
	活塞环槽(第二道)环槽底径	72.2~72.4mm
	活塞环槽(第三道)环槽底径	72.4~72.6mm
活塞销	外径	21
	长度	52mm
曲轴	长	435mm(CVT5),422mm(6MT)
	宽	110mm(CVT5),110mm(6MT)
	高	164mm(CVT5),164mm(6MT)
气缸盖	气缸盖火力面平面度	整体 0.1mm,在 100×100 范围内 0.03mm
	导管孔径	$6^{+0.012}_{0}$mm
	阀座角度	45°
	凸轮轴孔孔径	第一挡为 $28^{+0.021}_{0}$mm,其余挡为 $24^{+0.021}_{0}$mm
气门正时	进气门开(上止点前)	-7.5°
	进气门关(下止点后)	99.5°
	排气门开(下止点前)	62°
	排气门关(上止点后)	13°

续表

项	目	参　数
阀门弹簧-压缩压力	阀门关闭时弹簧初始预紧力(进气)	(295±15)N
	阀门关闭时弹簧初始预紧力(排气)	(315±15)N
	阀门全开时弹簧预紧力(进气)	(523±26)N
	阀门全开时弹簧预紧力(排气)	(620±30)N
	自由长度(进气)	47.1mm
	自由长度(排气)	47.1mm
	安装高度(进气)	37mm
	安装高度(排气)	36.3mm
凸轮轴	气门升程(进气)	7.2mm
	气门升程(排气)	9.5mm
	凸轮轴调节角度	30°±1°
	轴向间隙	0.09～0.24mm
	轴径直径	其中三挡为23.946～23.966mm,相位器安装挡为27.946～27.966mm
	轴径与孔配合间隙	0.034～0.075mm

6.5.2　福特1.5T JX4G15C6L发动机部件分解

福特1.5T JX4G15C6L发动机部件分解如图6-75～图6-77所示。

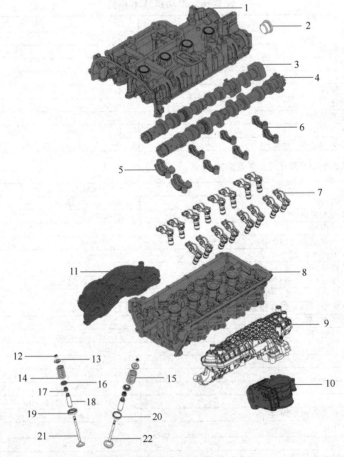

图6-75　发动机上部部件分解

1—凸轮轴支撑；2—内六角螺塞；3—排气凸轮轴；4—进气凸轮轴；5—凸轮轴前盖；6—2～4凸轮轴轴承盖；7—液压挺柱和滚子摇臂；8—气缸盖总成；9—进气歧管；10—进气节流阀合件；11—排气歧管；12—气门锁片；13—气门弹簧座；14—进气门弹簧；15—排气门弹簧；16—气门弹簧下垫片；17—气门导管油封；18—气门导管；19—排气门座；20—进气门座；21—排气门；22—进气门

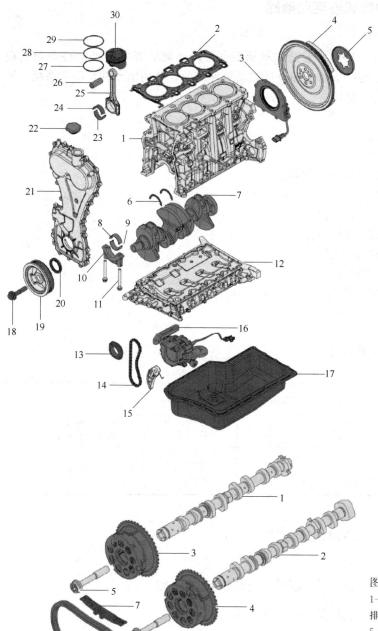

图 6-76 发动机下部部件分解
1—缸体总成；2—气缸垫；3—后油封总成；4—单质量飞轮合件；5—曲轴信号盘；6—曲轴止推片；7—曲轴；8—上主轴瓦；9—下主轴瓦；10—主轴承盖；11—主轴承盖螺栓；12—缸体裙架；13—机油泵链条曲轴链轮；14—机油泵链条总成；15—机械张紧器；16—机油泵总成；17—油底壳合件；18—曲轴带轮螺栓；19—曲轴减振带轮合件；20—曲轴前油封；21—发动机前盖板总成；22—机油盖；23—连杆下瓦；24—连杆上瓦；25—连杆；26—活塞销；27—油环；28—第二道气环；29—第一道气环；30—活塞

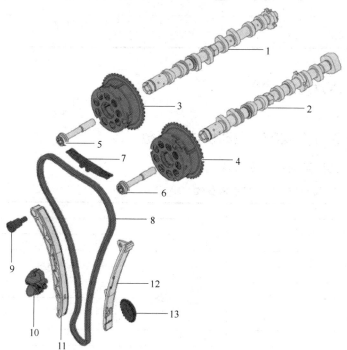

图 6-77 发动机正时机构部件分解
1—排气凸轮轴；2—进气凸轮轴；3—排气相位调节器；4—进气相位调节器；5—VVT安装螺栓（排气）；6—VVT安装螺栓（进气）；7—顶部固定导轨；8—正时链条；9—张紧导轨安装螺栓；10—液压张紧器总成；11—张紧导轨；12—固定导轨；13—正时链条曲轴链轮

6.5.3 电子驻车制动维护模式激活和解除

6.5.3.1 激活步骤

注意配备了电子驻车制动（EPB）系统的车辆服务行动可能会导致意外的驻车制动应用，这可能会导致手或手指受伤。维修或卸下后制动组件之前，禁用电子驻车制动系统。如未遵循此说明，将引起严重的人身伤害。

EPB 服务模式也称为 EPB 维护模式。

① 将点火开关设置为 ON（开）。
② 使用诊断仪，与车辆建立通信。
③ 选择 ESP 系统，进入 EPB 维护界面。
④ 通过诊断仪，输入激活指令（31 01 F1 D9 OE）。

6.5.3.2 解除步骤

① 将点火开关设置为 ON（开）。
② 使用诊断仪，与车辆建立通信。
③ 选择 ESP 系统，进入 EPB 维护界面。
④ 通过诊断仪，输入解除指令（31 01 F1 D9 OF）。

6.5.4 车轮定位数据

领界车型车轮定位数据见表 6-11。

表 6-11　车轮定位数据

项 目		LH（左侧）	RH（右侧）	备 注
前部	前轮外倾	−27′±30′	−27′±30′	左右偏差最大 42′
	主销后倾	7°25′±45′	7°25′±45′	左右偏差最大 42′
	前轮前束	5′±5′	5′±5′	—
后部	后轮外倾	−1°20′±30′	−1°20′±30′	左右偏差最大 42′
	后轮前束	5′±5′	5′±5′	—

6.6 江铃福特撼路者（2019 年款）

6.6.1 福特 2.0T ECOBOOST4G205L 发动机技术参数

福特 2.0T ECOBOOST4G205L 发动机技术参数见表 6-12。

表 6-12　发动机技术参数

项 目		参 数
基本数据	排量	2L
	气缸数量	4
	气缸内径	87.5mm
	冲程	83.1mm
	火花塞型号	12405
	火花塞间隙	0.75mm
	点火顺序	1-3-4-2
	压缩比	9.7∶1
	发动机质量（无附件传动装置部件及柔性连接盘）	130kg

续表

项　　目		参　　数
基本数据	Motorcraft® SAE 5W-30 优质合成混合机油（美国）；Motorcraft® SAE 5W-30 超级优质机油（加拿大），XO-5W30-QSP（美国）；CXO-5W30-LSP12（加拿大）；或等同物	SAE 5W-30（WSS-M2C946-B1）
	包括机油滤清器在内的保养添加	5.2L
	油压（热的,2000r/min时）	200～414kPa
气缸体	气缸内径	87.5～87.53mm
	缸膛最大失圆度	0.008mm
	主轴承内径	57.018～57.04mm
	气缸顶面平面度（200mm×200mm）	0.05mm
	气缸顶面平面度	0.1mm
活塞	活塞直径（单级）	87.446～87.46mm
	活塞到孔距离	0.0225～0.0475mm
	活塞环槽宽[压缩（顶部）]	1.23～1.25mm
	活塞环槽宽[压缩（底部）]	1.23～1.25mm
	活塞环槽宽（油）	2.03～2.05mm
	活塞裙涂层厚度	0.007～0.017mm
活塞销	直径	22.497～22.5mm
	长度	55.7～56mm
	活塞到销间隙	0.005～0.013mm
	活塞销到连杆间隙	0.005～0.018mm
活塞环	活塞环宽度[压缩（顶部）]	2.94～2.96mm
	活塞环宽度[压缩（底部）]	2.8～3mm
	活塞环宽度（油）	1.95～2.15mm
	活塞环开口间隙（孔内）[压缩（顶部）]	0.22～0.32mm
	活塞环开口间隙（孔内）[压缩（底部）]	0.4～0.6mm
	活塞环开口间隙（孔内）（油）	0.15～0.45mm
连杆	连杆轴承到曲轴间隙	0.026～0.052mm
	连杆轴承厚度	1.497～1.521mm
	连杆曲轴孔径	55.025～55.045mm
	连杆销孔径	22.505～22.515mm
	连杆长度（中心到中心）	155.869mm
	连杆侧间隙（装配到曲轴）	0.14～0.41mm
	轴向间隙	0.14～0.36mm
曲轴	主轴承轴颈直径	51.978～52.002mm
	主轴承间隙	0.016～0.046mm
	连杆轴径	51.98～52mm
	轴端余隙	0.22～0.45mm
气缸盖	气缸盖顶面平面度	总平面最大为0.08mm，在150mm×150mm范围内最大为0.05mm，在25mm×25mm范围内最大为0.025mm
	最大阀门升程[无间隙（排气）]	7.4mm
	最大阀门升程[无间隙（进气）]	8.3mm
	阀门导管直径	5.509～5.539mm

续表

项 目		参 数
气缸盖	阀座宽度（进气）	1.4～1.5mm
	阀座宽度（排气）	1.4～1.5mm
	阀座角度	45°
	阀座偏转度	0.075mm
	阀门挺杆内径	31～31.03mm
	凸轮孔径	25.015～25.04mm
阀	阀头直径（进气）	32.5mm
	阀头直径（排气）	30mm
	阀杆直径（进气）	5.47～5.485mm
	阀杆直径（排气）	5.45～5.47mm
	阀杆到导管间隙（进气）	0.024～0.059mm
	阀杆到导管间隙（排气）	0.039～0.089mm
	阀面偏转度	0.05mm
	阀面角度	45°～45.5°
阀门弹簧-压缩压力	进气管（已安装）	18kgf
	排气管（已安装）	18kgf
	进气（阀门打开）9.2mm 升起	46kgf
	排气（阀门打开）9.2mm 升起	46kgf
	自由长度（进气管）	47.91mm
	自由长度（排气管）	47.24mm
	装配高度	37.9mm
阀挺杆	直径	30.964～30.98mm
	挺杆到阀间隙（进气）	0.19～0.31mm
	挺杆到阀间隙（排气）	0.3～0.42mm
	挺杆到孔间隙	0.02～0.06mm
凸轮轴	进气凸轮升程	8.98mm
	排气凸轮升程	7.8mm
	偏转度	0.03mm
	推力间隙	0.09～0.24mm
	轴颈直径	24.96～24.98mm
	轴颈到孔间隙	0.035～0.08mm
力矩规范	发动机油盘排放塞	27N·m
	发动机机油滤清器	8N·m，然后继续紧固180°

6.6.2 福特 2.0T ECOBOOST4G205L 发动机正时维修

参考本书 6.3.3 小节。

6.6.3 福特 6R80 六挡自动变速器技术参数

福特 6R80 六挡自动变速器技术参数见表 6-13。

表 6-13 变速器技术参数

项 目	参 数
变速器类型	6R80
变速器控制	落地式换挡

续表

项 目		参 数
变速器总成质量		101kg
失速转速 (2.2L发动机)	最小值	2700r/min
	最大值	3200r/min
失速转速 (3.2L发动机)	最小值	2200r/min
	最大值	2800r/min
变速器工作温度		80～110℃
齿轮速比	1 GR	4.17
	2 GR	2.34
	3 GR	1.52
	4 GR	1.14
	5 GR	0.87
	6 GR	0.69
	倒车挡	3.40
ATF	变速器油液（不可换用，使用任何其他油液或清洁剂会造成内部变速器损坏）	WSS-M2C938-A（Motorcraft® MERCON® LV自动变速器油液）
	油液更换间隔	240000km
	用量	9L（湿）；10.50L（干）
	多效润滑油脂	ESA-M1C172-A；WSB-M1C233-A；WSB-M1C227-A
液压系统（驱动/从动盘离合器片数）	前进挡离合器(A)	5/6
	直接挡离合器(B)	5/5
	中间挡离合器(C)	5/5
	低速挡/倒挡离合器(D)	5/5
	超速挡离合器(E)	6/6
隔板厚度	前进挡离合器(A)	3.0mm
	直接挡离合器(B)	2.1mm
	中间挡离合器(C)	3.0mm
	低速挡/倒挡离合器(D)	1.75mm
	超速挡离合器(E)	3.0mm
压力板数量	前进挡离合器(A)	1
	直接挡离合器(B)	1
	中间挡离合器(C)	1
	低速挡/倒挡离合器(D)	选择
	超速挡离合器(E)	1
压力板厚度	前进挡离合器(A)	3.0mm
	直接挡离合器(B)	3.9mm
	中间挡离合器(C)	3.9mm
	低速挡/倒挡离合器(D)	5.4mm；5.7mm；6.0mm
	超速挡离合器(E)	3.1mm
离合器端余隙	前进挡离合器(A)	0.71～1.10mm
	直接挡离合器(B)	0.50～1.30mm
	中间挡离合器(C)	0.71～1.10mm
	低速挡/倒挡离合器(D)	1.00～1.60mm
	超速挡离合器(E)	0.50～0.90mm

6.6.4 福特6R80六挡自动变速器部件位置与部件分解

福特6R80六挡自动变速器部件位置如图6-78所示，部件分解如图6-79所示。

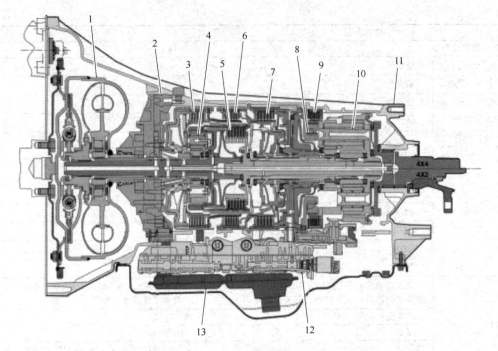

图 6-78 变速器部件位置

1—变矩器；2—前泵总成；3—前进挡离合器（A）；4—前行星齿轮组；5—超速挡离合器（E）；6—直接挡离合器（B）；7—中间挡离合器（C）；8—单向离合器（OWC）；9—低速挡/倒挡离合器（D）；10—后行星齿轮组；11—变速器壳；12—主控制装置总成；13—变速器非固定过滤器

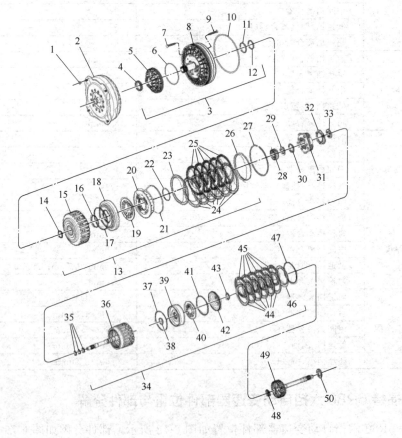

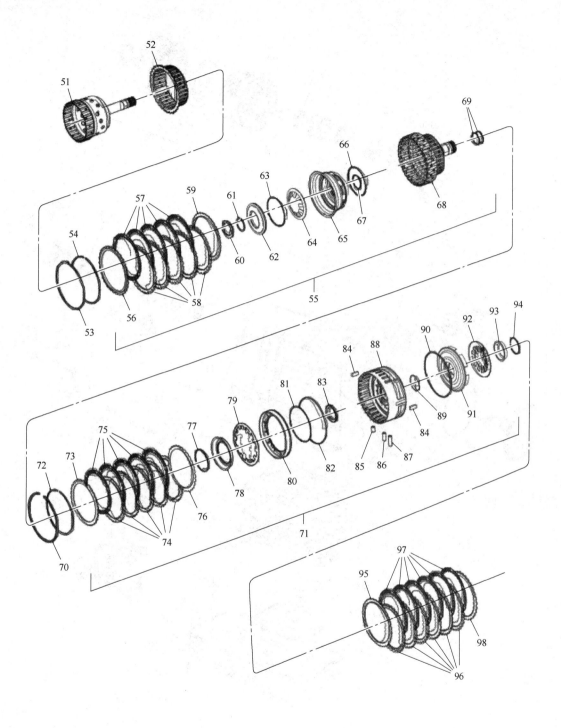

图 6-79

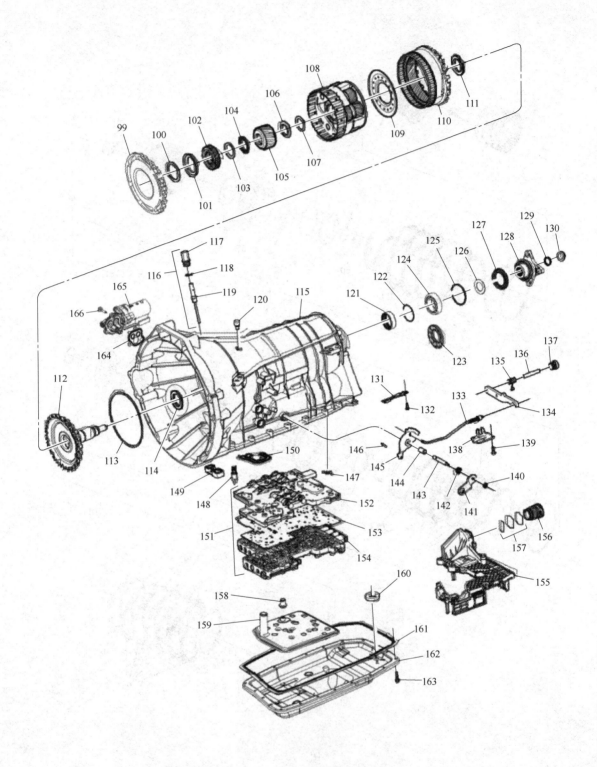

图 6-79 变速器部件分解

1—挠性板和变矩器间的螺母（数量因型号而异）；2—变矩器（因型号而异）；3—泵组件；4—前泵油封；5—泵体；6—前泵内部油封；7—前泵到箱体螺栓（共13个）；8—前泵总成；9—螺栓［将泵固定到泵适配器总成（共11个）］；10—前泵外部油封；11—离合器支承油封；12—前泵支承密封件；13—前进挡离合器（A）总成；14—前泵选装垫圈；15—前进挡离合器（A）气缸和轮毂总成；16—前进挡离合器（A）内部活塞密封件；17—前进挡离合器（A）外部活塞密封件；18—前进挡离合器（A）活塞；19—前进挡离合器（A）活塞固定弹簧；20—前进挡离合器（A）平衡活塞总成；21—前进挡离合器（A）平衡活塞外部密封件；22—前进挡离合器（A）平衡活塞卡环；23—前进挡离合器（A）缓冲弹簧；24—前进挡离合器（A）钢片（外部采用花键连接）（数量因型号而异）；25—前进挡离合器（A）摩擦片（内部采用花键连接）（数量因型号而异）；26—前进挡离合器（A）压盘；27—前进挡离合器（A）固定卡环；28—前行星太阳齿轮（1号）；29—轴承（T1）；30—前行星齿轮架总成卡环；31—前行星齿轮架总成；32—盘状变速器油液收集器；33—轴承（T2）；34—超速挡离合器（E）总成；35—涡轮轴密封件（共3个）；36—输入轴；37—超速挡离合器（E）活塞外部密封件；38—超速挡离合器（E）活塞内部密封件；39—超速挡离合器（E）活塞；40—超速挡离合器（E）活塞弹簧；41—平衡活塞外部密封件；42—超速挡离合器（E）平衡活塞；43—平衡活塞卡环；44—超速挡离合器（E）钢片（外部采用花键连接）；45—超速挡离合器（E）摩擦片（内部采用花键连接）；46—超速挡离合器（E）压盘；47—超速挡离合器（E）固定环；48—轴承（T3）；49—中间挡离合器（C）轴；50—轴承（T4）；51—太阳齿轮轮毂和轴总成；52—直接挡离合器（B）轮毂；53—直接挡离合器（B）气缸固定环；54—直接挡离合器（B）压盘固定环；55—直接挡离合器（B）总成；56—直接挡离合器（B）压盘；57—直接挡离合器（B）摩擦片（内部采用花键连接）（数量因型号而异）；58—直接挡离合器（B）钢片（外部采用花键连接）（数量因型号而异）；59—直接挡离合器（B）缓冲板；60—滚柱轴承（T5）；61—直接挡离合器（B）活塞固定环；62—直接挡离合器（B）平衡活塞；63—直接挡离合器（B）平衡密封件；64—直接挡离合器（B）活塞回位弹簧；65—直接挡离合器（B）活塞；66—直接挡离合器（B）活塞外部密封件；67—直接挡离合器（B）活塞内部密封件；68—直接挡离合器（B）气缸；69—外壳气缸密封件（共2个）；70—中心支承固定环；71—中心支承总成；72—中间挡离合器（C）压盘固定环；73—中间挡离合器（C）压盘；74—中间挡离合器（C）钢片（外部采用花键连接）（数量因型号而异）；75—中间挡离合器（C）摩擦片（内部采用花键连接）（数量因型号而异）；76—中间挡离合器（C）压盘弹簧；77—中间挡离合器（C）固定环；78—中间挡离合器（C）卡环；79—中间挡离合器（C）活塞弹簧；80—中间挡离合器（C）活塞；81—中间挡离合器（C）活塞内部密封件；82—中间挡离合器（C）活塞外部密封件；83—轴承（T6）；84—中心支承键（共2个）；85—中心支承供油管密封件（黑色）；86—中心支承供油管密封件（绿色或橙色）；87—中心支承供油管密封件（蓝色）；88—中心支座；89—低速挡/倒挡离合器（D）活塞中心密封件；90—低速挡/倒挡离合器（D）活塞外部密封件；91—低速挡/倒挡离合器（D）活塞；92—低速挡/倒挡离合器（D）活塞回位弹簧；93—低速挡/倒挡离合器（D）活塞固定器；94—固定器卡环；95—离合器片缓冲板；96—低速挡/倒挡离合器（D）钢片（外部采用花键连接）（数量因型号而异）；97—低速挡/倒挡离合器（D）摩擦片（内部采用花键连接）（数量因型号而异）；98—低速挡/倒挡离合器压盘（选择合适的）；99—单向离合器（OWC）；100—止推轴承垫片（选择合适的）；101—止推轴承（T7）；102—2号太阳齿轮；103—止推轴承外座圈；104—滚柱轴承（T8）；105—3号太阳齿轮；106—滚柱轴承（T9）；107—滚柱轴承座圈；108—后行星齿轮架总成；109—油液套环后行星齿轮盘；110—输出轴齿圈总成；111—止推轴承（T10）；112—输出轴驻车齿轮总成；113—输出轴固定环；114—轴承（T11）；115—变速器总成（因型号而异）；116—变速器加油塞总成；117—变速器加油塞；118—变速器加油密封件；119—变速器油位指示器；120—变速器通风孔总成（因型号而异）；121—输出轴承总成；122—输出轴承卡环；123—输出轴密封件（四驱）；124—输出轴滚珠轴承（后驱）；125—输出轴滚珠轴承卡环（后驱）；126—滑动面垫圈（后驱）；127—输出轴密封件（后驱）；128—输出轴法兰（后驱）（因型号而异）；129—输出轴法兰密封件（后驱）；130—输出轴法兰锁紧螺母（后驱）；131—手动阀棘爪弹簧；132—手动阀止动弹簧固定螺钉和垫圈；133—驻车制动爪制动杆；134—驻车制动爪；135—驻车制动爪回位弹簧；136—驻车制动爪轴；137—变速器外壳塞总成；138—驻车杆操纵板；139—驻车制动爪相接面固定螺钉和垫圈；140—手动控制杆螺母；141—手动控制杆；142—手动控制杆轴密封件；143—手动控制杆轴；144—手动控制杆垫片；145—手动阀棘爪杆总成；146—手动阀棘爪杆固定销；147—OWC 偏置弹簧；148—热力穿梭阀（因型号而异）；149—前泵适配器密封件；150—主控制器至箱体垫圈（自动启停）；151—主控制器总成（因型号而异）；152—主控制阀体总成；153—主控制阀体隔板；154—下部主控制阀体；155—压模引线框；156—隔板接头套筒；157—隔板接头套筒密封件；158—辅助泵进口管密封件（自动启停）；159—变速器油液过滤器（因型号而异）；160—变速器油盘磁铁；161—变速器油盘垫圈；162—变速器油盘；163—变速器油盘螺栓；164—变速器油液辅助泵垫圈（自动启停）；165—变速器油液辅助泵（自动启停）；166—变速器油液辅助泵螺栓（自动启停）

6.7 江铃福特领界 EV（2019 年款）

6.7.1 电池管理器端子定义

电池管理器端子分布如图 6-80 所示，端子定义见表 6-14。

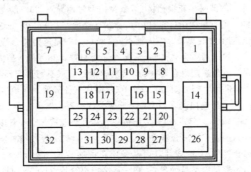

图 6-80　电池管理器端子分布

表 6-14　电池管理器端子定义

端子	定 义	端子	定 义
1	常电	14	DC 充电正插座温度＋
2	常电	15	DC 充电正插座温度－
3	PWM 碰撞信号输入	16	DC 充电负插座温度＋
4	CC2 充电连接	17	DC 充电负插座温度－
5	整车 CAN-H	18	CC-OUT-BMS 输入
6	整车 CAN-L	19	快充 CAN-H
8	电池包诊断 CAN-H	20	快充 CAN-L
9	电池包诊断 CAN-L	22	接地
11	CG＋硬线高唤醒	23	接地
12	A＋快充唤醒＋	24	充电硬线信号
13	A＋快充唤醒－		

6.7.2 车载充电机与直流转换器端子定义

车载充电机与直流转换器端子分布如图 6-81 所示，端子定义见表 6-15。

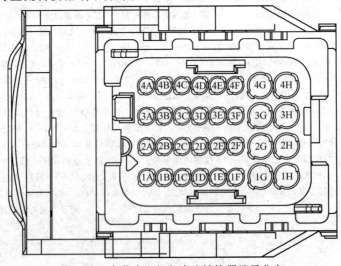

图 6-81　车载充电机与直流转换器端子分布

表 6-15 车载充电机与直流转换器端子定义

端子	定 义	端子	定 义
3A	CP 功率确认	4D	高压互锁
4A	CAN-H	4E	CC-OUT-BMS 输入
2B	充电座温度正	4F	电子锁信号控制 1
3B	CC 连接确认	4G	接地
4B	CAN-L	1H	点火信号 CG+
4C	高压互锁	3H	电子锁驱动供电
2D	充电座温度负	4H	电子锁驱动地
3D	点火信号 CG+		

6.7.3 电机控制器与驱动电机端子定义

电机控制器与驱动电机端子分布如图 6-82 所示，端子定义见表 6-16、表 6-17。

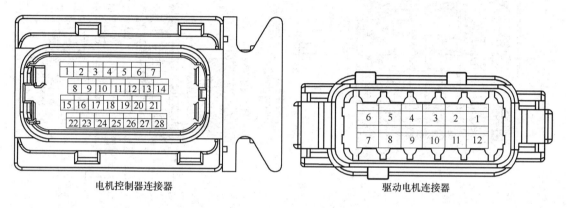

图 6-82 电机控制器与驱动电机端子分布

表 6-16 电机控制器端子定义

端子	定 义	端子	定 义
1	高压互锁	20	CAN-H
4	高压互锁	21	CAN-L
5	NTC1 信号	22	旋变励磁信号−
6	NTC0 接地	23	旋变余弦信号+
7	NTC0 信号	24	旋变正弦信号+
11	接地	25	点火信号 CG+
13	NTC1 接地	26	点火信号 CG+
15	旋变励磁信号+	27	CAN-H
16	旋变余弦信号−	28	CAN-L
17	旋变正弦信号−		

表 6-17 驱动电机端子定义

端子	定 义	端子	定 义
1	NTC1 信号	8	旋变余弦信号+
2	NTC1 接地	9	旋变正弦信号−
3	NTC0 接地	10	旋变正弦信号+
4	NTC0 信号	11	旋变励磁信号−
7	旋变余弦信号−	12	旋变励磁信号+

6.7.4 减速器部件分解

减速器总成部件分解如图 6-83 所示。

电机及减速器集成了水冷电机和减速器，总质量约75kg。

减速器主要包含两部分：减速器齿轮、驻车机构。

车辆中装配一台减速器，将电机的动力和转速传递到半轴。减速器和电机共用一个壳体并通过花键与电机连接。减速器为三轴式轮系结构，包括输入轴、中间轴和输出轴（含差速器总成）。

驻车机构由驻车棘轮、驻车棘爪及传动件、执行电机、e-Park控制器等组成。驻车棘轮用花键与减速器中间轴连接，驻车棘爪用销轴固定在减速器壳体上，执行电机用螺栓固定在减速器壳体外侧，并与驻车棘爪传动件连接，带动传动件将驻车棘爪压进驻车棘轮进行驻车。

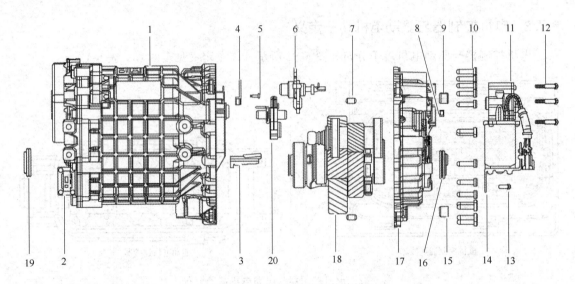

图6-83 减速器总成部件分解

1—电机总成；2—电机端低压接插件；3—集油器；4—挡油板；5—挡油板螺栓；6—换挡轴分总成；7—定位销；8—驻车油封；9—加油螺栓；10—减速器壳体固定螺栓；11—驻车电机；12—驻车电机固定螺栓；13—电机支架固定螺栓；14—电机支架；15—放油螺塞；16—半轴油封LH；17—减速器壳体；18—减速器输入轴/中间轴/输出轴分总成；19—半轴油封RH；20—驻车棘爪分总成

6.7.5 整车控制器端子定义

整车控制器端子分布如图6-84所示，端子定义见表6-18、表6-19。

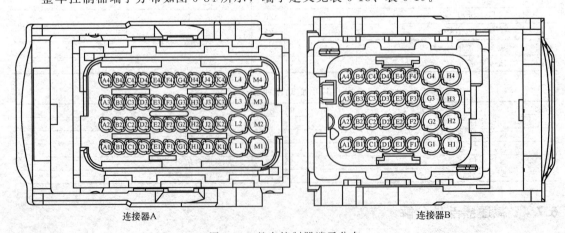

连接器A　　　　　　　　　　　　　　　连接器B

图6-84 整车控制器端子分布

表 6-18 整车控制器端子定义（连接器 A）

端子	定 义	端子	定 义
A1	制动踏板行程传感器接地	G3	控制水泵 2
A2	制动踏板行程传感器电源	G4	控制水泵 1
B1	加速踏板开关接地 1	H3	高压互锁输出
B2	加速踏板开关电源 1	J2	CAN-H
B3	加速踏板开关接地 2	K1	控制 CG 电（低有效）
B4	加速踏板开关电源 2	M1	常电
D3	控制风扇高速（低有效）	M2	CG 电
D4	控制风扇低速（低有效）	M3	接地

表 6-19 整车控制器端子定义（连接器 B）

端子	定 义	端子	定 义
A4	ON 电	G2	加速踏板开关信号 2
B2	采集制动开关	G3	制动踏板行程传感器信号
C1	制动能量回收开关	H2	高压互锁输入
G1	加速踏板开关信号 1		

6.7.6 TBOX 通信模块端子定义

TBOX 通信模块端子分布如图 6-85 所示，端子定义见表 6-20。

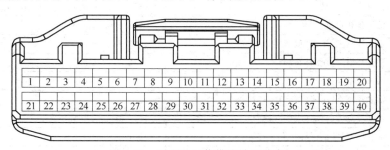

图 6-85 TBOX 通信模块端子分布

表 6-20 TBOX 通信模块端子定义

端子	定 义	端子	定 义
7	ECAALL	28	BMS 充电硬线信号（高有效）
13	CAN-H	33	CAN-L
16	信号灯使能信号（低有效）	38	接地
20	蓄电池电源	40	ACC 电源

6.8 进口福特野马（2019 年款）

6.8.1 福特 2.3T H 型发动机技术参数

福特 2.3T H 型发动机技术参数见表 6-21。

表 6-21 发动机技术参数

项 目		参 数
基本数据	排量	2.3L
	气缸数量	4
	气缸内径	87.5mm
	冲程	94mm
	点火顺序	1-3-4-2
	基本发动机(压缩比)	9.5∶1
	总部发动机(压缩比)	9.37∶1
	火花塞型号	12405
	火花塞间隙	0.75mm
	发动机质量(无附件传动装置部件及柔性连接盘)	141kg
	包括机油滤清器在内的保养添加(正常机油和滤清器更换)	5.7L
	包括机油滤清器在内的首次加注(用于发动机更换)	6.47L
油压	油压(热的,2000r/min时)	200~414kPa
气缸体	气缸内径	87.5~87.52mm
	缸膛最大失圆度	0.008mm
	主轴承内径	57.018~57.04mm
	气缸顶面平面度(200mm×200mm)	0.05mm
	气缸顶面平面度(整体)	0.1mm
活塞	活塞直径(单级)	(87.48±0.007)mm
	活塞到孔距离	0.013~0.047mm
	活塞环槽宽[压缩(顶部)]	1.23~1.25mm
	活塞环槽宽[压缩(底部)]	1.22~1.24mm
	活塞环槽宽(油)	2.01~2.03mm
	活塞环宽度[压缩(顶部)(轴向)]	1.2mm
	活塞环宽度[压缩(底部)(轴向)]	1.2mm
	活塞环宽度[油(径向)]	2mm
	活塞环开口间隙[(孔内)压缩(顶部)]	0.17~0.27mm
	活塞环开口间隙[(孔内)压缩(底部)]	0.4~0.6mm
	活塞环开口间隙[(孔内)油]	0.15~0.45mm
	活塞裙涂层厚度	0.005~0.015mm
活塞销	直径	22.497~22.5mm
	长度	59.5~60mm
	活塞到销间隙	0.006~0.013mm
	活塞销到连杆间隙	0.008~0.019mm
连杆	连杆轴承到曲轴间隙	0.027~0.052mm
	连杆轴承厚度	1.495~1.519mm
	连杆曲轴孔径	55.028~55.042mm
	连杆销孔径	22.508~22.516mm
	连杆长度(中心到中心)	149.32mm
	连杆侧间隙(装配到曲轴)	2.59~3.69mm
	轴向间隙	0.14~0.36mm

续表

项　目		参　数
曲轴	主轴承轴颈直径	51.978～52.002mm
	主轴承间隙	0.016～0.046mm
	连杆轴径	51.978～52.002mm
	轴端余隙	0.22～0.45mm
气缸盖	气缸盖顶面平面度	总平面最大为0.08mm，在150mm×150mm范围内最大为0.05mm，在25mm×25mm范围内最大为0.025mm
	最大阀门升程[无间隙（排气）]	7.4mm
	最大阀门升程[无间隙（进气）]	8.3mm
	阀门导管直径	5.509～5.539mm
	阀座宽度（进气）	1.65～2.05mm
	阀座宽度（排气）	1.85～2.25mm
	阀座角度	45°
	阀门导管偏转度	0.029mm
	阀门挺杆内径	31～31.03mm
	凸轮孔径	25.015～25.04mm
阀	阀头直径（进气）	32.5mm
	阀头直径（排气）	30mm
	阀杆直径（进气）	5.5mm
	阀杆直径（排气）	5.5mm
	阀杆到导管间隙（进气）	0.03～0.07mm
	阀杆到导管间隙（排气）	0.03～0.07mm
	阀面偏转度	0.05mm
	阀面角度	45°～45.3°
阀门弹簧-压缩压力	进气管（已安装）	180N
	排气管（已安装）	230N
	进气（阀门打开）8.986mm 升起	460N
	排气（阀门打开）7.800mm 升起	560N
	自由长度进气管	47.904mm
	自由长度排气管	47.24mm
	装配高度	37.9mm
阀挺杆	直径	30.964～30.98mm
	挺杆到阀间隙（进气）	0.19～0.31mm
	挺杆到阀间隙（排气）	0.3～0.42mm
	挺杆到孔间隙	0.02～0.06mm
凸轮轴	凸轮升程（进气）	8.3mm
	凸轮升程（排气）	7.4mm
	偏转度	0.03mm
	推力间隙	0.115～0.145mm
	轴颈直径	24.96～24.98mm
	轴颈到孔间隙	0.035～0.08mm

6.8.2　福特2.3T H型发动机部件分解

福特2.3T H型发动机部件分解如图6-86～图6-88所示。

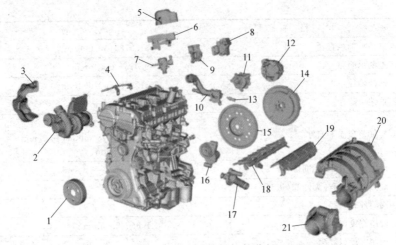

图 6-86　发动机外部部件分解

1—冷却液泵带轮；2—涡轮增压器；3—涡轮增压器隔热板；4—冷却液出口管；5—高压燃油泵盖；6—高压燃油泵支架；7—高压燃油泵；8—高压燃油泵驱动装置盖；9—高压燃油泵驱动装置；10—冷却液出口；11—制动器真空泵；12—制动器真空泵盖；13—发动机冷却液温度（ECT）传感器；14—飞轮；15—挠性传动板；16—附件传动带张紧器；17—恒温器总成；18—燃油油轨；19—燃油油轨护罩；20—进气歧管；21—节气门体

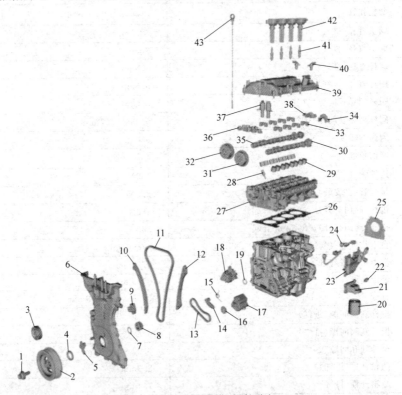

图 6-87　发动机顶部部件分解

1—曲轴带轮螺栓；2—曲轴减振器；3—附件传动带惰轮；4—曲轴前密封件；5—曲轴位置（CKP）传感器；6—发动机前盖；7—菱形垫片；8—曲轴链轮；9—正时链张紧器；10—正时链张紧器臂；11—正时链；12—正时链导轨；13—油泵链；14—油泵链张紧器；15—油泵链张紧器弹簧；16—油泵驱动齿轮；17—油泵；18—冷却液泵；19—菱形垫片；20—滤油器；21—滤油器适配器；22—油压开关；23—曲轴箱通风油分离器；24—爆震（KS）传感器（共 2 个）；25—曲轴后油封；26—气缸垫；27—气缸盖；28—缸盖温度（CHT）传感器；29—阀挺杆（共 16）；30—凸轮轴（进气）；31—进气可变凸轮轴正时（VCT）装置；32—排气可变凸轮轴正时（VCT）装置；33—凸轮轴轴承盖（共 8 个）；34—进气凸轮轴后轴承盖；35—凸轮轴（排气）；36—凸轮轴前轴承盖；37—可变凸轮轴正时（VCT）油控电磁阀（共 2 个）；38—排气凸轮轴后轴承盖；39—阀门盖；40—凸轮轴位置（CMP）传感器（共 2 个）；41—火花塞（共 4 个）；42—火花塞点火线圈（共 4 个）；43—油量指示器

6.8.3 福特 2.3T H 型发动机正时维修

发动机正时机构部件拆装步骤如下。

① 将空挡的车辆置于举升机上。

② 拆下高压燃油泵驱动装置。

③ 拆下发动机前盖。

④ 如图 6-89 所示，安装凸轮轴锁止工具 303-1565，凸轮轴锁止工具仅用于凸轮轴对准，严禁依赖于凸轮轴锁止工具使凸轮轴制动，否则可能损坏工具或凸轮轴。

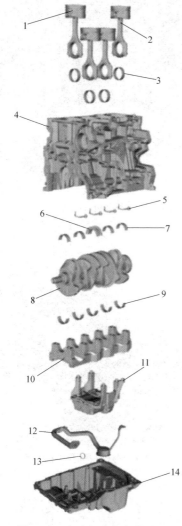

图 6-88 发动机底部部件分解
1—活塞（共 4 个）；2—连杆（共 4 个）；3—连杆轴承（共 8 个）；4—气缸缸体；5—活塞机油冷却器阀门（共 4 个）；6—曲轴主推力轴承；7—曲轴主轴承（共 4 个）；8—曲轴；9—曲轴主轴重梁轴承（共 5 个）；10—主承重梁；11—平衡轴总成；12—油泵显示屏和泵盖总成；13—油泵显示屏和泵盖总成 O 形密封圈；14—油底壳

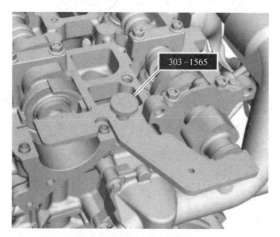

图 6-89 安装凸轮轴锁止工具

⑤ 如图 6-90 所示，使用开口扳手防止元件旋转。使用开口扳手，松开排气 VCT 装置的螺栓。

⑥ 使用开口扳手防止元件旋转。使用开口扳手，松开进气 VCT 装置的螺栓。

⑦ 如果配备铸铁正时链张紧器，执行以下步骤。使用小工具，释放或保持棘轮机构。当棘轮机构保持在松开位置，将正时链张紧器臂推向张紧器方向，压紧张紧器。将紧固销插入孔内保持住张紧器，如图 6-91 所示。

⑧ 如有必要安装新的正时链张紧器，应将铸铁张紧器更换为铝制张紧器（6K254）。必须丢弃现有螺栓并更换新的螺栓（6K282）。

⑨ 拆下正时链导轨和张紧器臂，取下正时链，如图 6-92 所示。

⑩ 安装正时链，安装正时链导轨螺栓，拧紧扭矩 10N·m，安装正时链张紧器臂。

⑪ 如果配备铝制正时链张紧器：正时链张紧器柱塞未固定在压缩位置，需执行下一步。

⑫ 复位正时链张紧器。将正时链张紧器放入台虎钳中。将棘轮线夹的两端分开。使用台虎钳，将柱塞压缩到复位位置。在正时链张紧器主体的两个孔中安装一个紧固销，以便将柱塞固定到位，如图 6-93 所示。

⑬ 如果配备铝制正时链张紧器，在张紧器螺栓紧固之前，不得移动紧固销，安装张紧器螺栓，拧紧扭矩 10N·m。

图 6-90 松开 VCT 装置螺栓

图 6-91 设置正时链张紧器
1—小工具；2—推压方向；3—紧固销

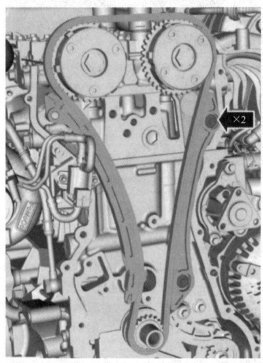

图 6-92 取下正时链

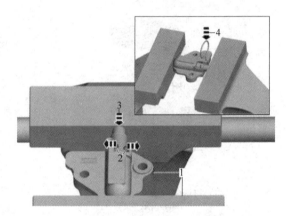

图 6-93 复位正时链张紧器
1—张紧器；2—分开线夹；3—压缩柱塞；4—插入紧固销

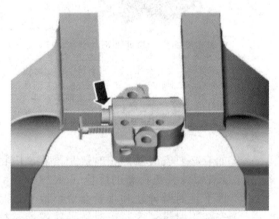

图 6-94 压缩正时链张紧器柱塞

⑭ 如果配备铸铁正时链张紧器，当正时链张紧器柱塞及棘轮组件未固定在压缩位置时，则遵循以下四个步骤。使用台虎钳边缘，压缩正时链张紧器柱塞，如图 6-94 所示。不得压缩棘轮组件，否则会损坏棘轮组件。使用小工具，推回或保持棘轮机构，如图 6-95 所示。当保持住棘轮机构时，将棘轮臂推回到张紧器壳体中，如图 6-96 所示。如图 6-97 所示，将紧固销安装在张紧器壳体的孔中，以便在安装时固定住棘轮总成和柱塞。

⑮ 如果配备铸铁正时链张紧器，安装张紧器螺栓，拧紧扭矩 10N·m，在张紧器螺栓紧固之前，不得移动紧固销。

⑯ 如果配备铸铁正时链张紧器，拔出紧固销。

⑰ 使用开口扳手防止元件旋转。使用开口扳手，拧紧进气 VCT 装置的螺栓，力矩第一步 40N·m，第二步继续拧紧 60°。

⑱ 使用开口扳手防止元件旋转。使用开口扳手，拧紧排气 VCT 装置的螺栓，力矩第一步 40N·m，第二步继续拧紧 60°。

⑲ 拆下凸轮轴专用工具 303-1565。

⑳ 安装发动机前盖。

㉑ 安装高压燃油泵驱动装置。

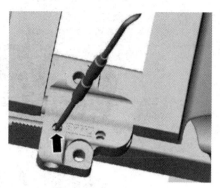

图 6-95 推回棘轮机构

图 6-96 将棘轮臂推入壳体

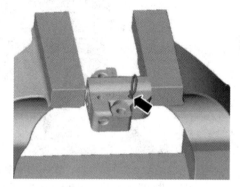

图 6-97 插入紧固销

6.8.4 福特 2.3T H 型发动机电控系统部件位置

福特 2.3T H 型发动机电控系统部件位置如图 6-98～图 6-100 所示。

图 6-98 发动机左侧电控部件位置

1—进气 VCT 控油电磁阀；2—排气 VCT 控油电磁阀；3—排气 CMP（凸轮轴位置）传感器；4—进气 CMP（凸轮轴位置）传感器；5—后 KS（爆震）传感器；6—MAPT（进气压力温度）传感器；7—前 KS（爆震）传感器；8—FRP（燃油油轨压力）传感器；9—涡轮增压器增压压力传感器；10—IAT（进气温度）传感器

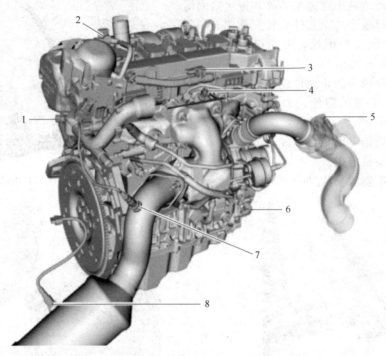

图 6-99 发动机右侧电控部件位置

1—ECT（发动机冷却水温度）传感器；2—燃油压力传感器；3—曲轴箱压力传感器；4—CHT2（CHT2）（缸盖温度）传感器；5—TC（涡轮增压器）旁通阀；6—CKP（曲轴位置）传感器；7—HO2S（热氧）传感器；8—催化剂监测传感器

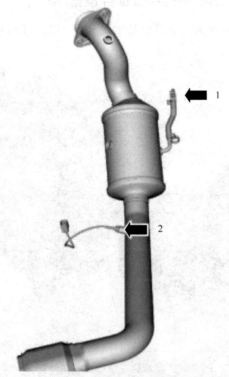

图 6-100 排气系统传感器位置

1—废气压力传感器；2—废气温度传感器

6.8.5　福特 5.0T F 型发动机技术参数

福特 5.0T F 型发动机技术参数见表 6-22。

表 6-22　发动机技术参数

项　目		参　数
基本数据	排量	5038mL
	气缸数量	8
	气缸内径	93.0mm
	冲程	92.7mm
	点火顺序	1-5-4-8-6-3-7-2
	火花塞型号	12405
	火花塞间隙	1.25～1.35mm
	压缩比	12∶1
	发动机质量（未配备辅助驱动部件）	205.5kg
	包括机油滤清器在内的机油保养添加（正常机油和滤清器更换）	9.5L
	包括机油滤清器在内的首次加注（用于发动机更换）	10.4L
	发动机（处于正常工作温度）急速时的油压	69～103kPa
	发动机（处于正常工作温度）转速为 2000r/min 时的油压	207～276kPa
气缸盖和气门机构	燃烧室容积	54.5～57.5cm^3
	阀杆直径（进气）	5.975～5.995mm
	阀杆直径（排气）	5.95～5.97mm
	阀杆到导管间隙（进气）	0.019～0.069mm
	阀杆到导管间隙（排气）	0.044～0.094mm
	阀头直径（进气）	37.7mm
	阀头直径（排气）	32mm
	阀面偏转度	0.05mm
	阀座宽度（进气）	1.2～1.4mm
	阀座宽度（排气）	1.4～1.6mm
	阀座圆度	0.25mm
	阀座至导管偏转度	0.04mm（导管底部）
	阀座角度（进气）	120°/90°/54°
	阀座角度（排气）	120°/100°/60°
	阀弹簧自由长度（进气）	55.9mm
	阀弹簧自由长度（排气）	55.9mm
	阀弹簧垂直度（进气）	1.7mm
	阀弹簧垂直度（排气）	1.7mm
	阀弹簧压缩压力（进气）	813N
	阀弹簧压缩压力（排气）	813N
	阀弹簧安装高度（进气）	45.5mm
	阀弹簧安装高度（排气）	45.5mm
	阀弹簧安装弹力（进气）	293N
	阀弹簧安装弹力（排气）	293N
	滚子从动件传动比（最大）	2.039∶1（进气）/2.041∶1（排气）
	气缸盖顶面平面度	任意 25mm×25mm 面积中为 0.025mm；任意 150mm×150mm 面积中为 0.050mm；总计 0.1mm
液压间隙调节器	直径（进气）	12mm
	直径（排气）	12mm
	间隙到孔	0.01～0.051mm

续表

项　目		参　数
液压间隙调节器	液压泄沉率（进气）	0.45～3s
	液压泄沉率（排气）	0.45～3s
	收缩的间隙调节器间隙	0.35～0.85mm
凸轮轴	凸轮升程（进气）	6.9279mm
	凸轮升程（排气）	6.9254mm
	轴颈直径	28.62mm
	凸轮轴轴承孔内径[轴颈1（前排气）]	35.008～35.032mm
	凸轮轴轴承孔内径（轴颈2～10）	28.682～28.657mm
	轴颈到轴承间隙[轴颈1（前排气）]	0.028～0.072mm
	轴颈到轴承间隙（轴颈2～10）	0.024～0.075mm
	偏转度	0.04mm
	轴端余隙（进气）	0.07～0.17mm
	轴端余隙（排气）	0.075～0.165mm
气缸体	气缸内径	93～93.02mm
	气缸孔最大锥度	0.013mm
	缸膛最大失圆度	0.01mm
	主轴承孔内径	72.4～72.424mm
	气缸顶面平面度	任意38.1mm×38.1mm正方形中为0.0254mm
曲轴	主轴承轴颈直径	67.481～67.505mm
	主轴承轴颈最大锥度	0.004mm
	主轴承轴颈最大圆度	0.006mm
	主轴承轴颈到主轴承的间隙	0.025～0.045mm
	连杆轴径	52.983～53.003mm
	连杆轴颈最大锥度	0.004mm
	连杆轴颈最大圆度	0.006mm
	曲轴最大轴端余隙	0.28mm
活塞	活塞直径（单级）	92.161～92.175mm
	活塞到气缸孔的间隙（分级尺寸）	0.025～0.059mm
	活塞环端隙（最高）	0.2～0.3mm
	活塞环端隙（中等）	0.5～0.8mm
	活塞环端隙（机油控制）	0.15～0.45mm
	活塞环槽宽度（最高）	1.22～1.25mm
	活塞环槽宽度（中等）	1.22～1.24mm
	活塞环槽宽度（机油控制）	2.03～2.05mm
	活塞环宽度（最高）	1.17～1.19mm
	活塞环宽度（中等）	1.17～1.19mm
	活塞环槽间隙（最高）	0.03～0.08mm
	活塞环槽间隙（中等）	0.03～0.07mm
	活塞销孔直径	22.004～22.01mm
	活塞销直径	21.997～22mm
	活塞销长度	60.7～61mm
	活塞销到活塞的衔接度（间隙）	0.004～0.013mm
连杆	连杆到销的间隙	0.003～0.018mm
	连杆销孔径	22.003～22.015mm
	连杆长度（中心到中心）	150.7mm
	连杆所允许的最大弯曲度	0.038mm
	连杆所允许的最大扭曲度	0.05mm
	连杆轴承到曲轴间隙	0.028～0.069mm
	连杆侧间隙（装配到曲柄）（标准余隙）	0.325mm
	连杆侧间隙（装配到曲柄）（最大余隙）	0.5mm

6.8.6　福特5.0T F型发动机部件分解

福特5.0T F型发动机部件分解如图6-101、图6-102所示。

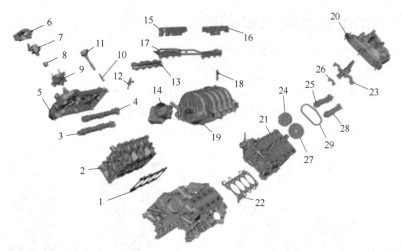

图 6-101 发动机上部部件分解

1—右侧气缸盖衬垫；2—右侧气缸盖；3—右侧排气门凸轮轴；4—右侧进气凸轮轴；5—右侧阀门盖；6—隔离器；7—高压燃油泵；8—挺杆；9—凸轮轴轴承盖；10—火花塞（共8个）；11—点火线圈插头（共8个）；12—喷油器（直喷）（共8个）；13—燃油油轨（直喷）（共2个）；14—节气门体；15—右侧喷油器绝缘子护罩；16—左侧喷油器绝缘子护罩；17—燃油油轨（PFI）；18—喷油器（PFI）（共8个）；19—进气歧管；20—左侧阀门盖；21—左侧气缸盖；22—左侧气缸盖衬垫；23—凸轮轴轴承盖（共2个）；24—进气可变凸轮轴正时（VCT）装置（共2个）；25—左侧进气凸轮轴；26—凸轮轴轴承盖（共14个）；27—排气可变凸轮轴正时（VCT）装置（共2个）；28—左侧排气门凸轮轴；29—次级正时链（共2个）

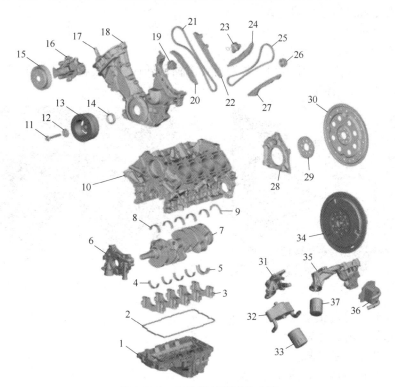

图 6-102 发动机下部部件分解

1—油底壳；2—油盘垫圈；3—曲轴主轴承盖（共5个）；4—曲轴下部主轴承（共4个）；5—曲轴下部止推主轴承；6—油泵；7—曲轴；8—曲轴上部主轴承（共5个）；9—止推垫圈；10—气缸体；11—曲轴带轮螺栓；12—曲轴带轮垫圈；13—曲轴带轮；14—曲轴前油封；15—冷却液泵带轮；16—冷却液泵；17—可变凸轮轴正时（VCT）变力电磁阀（共2个）；18—发动机前盖；19—右侧主正时链张紧器；20—右侧正时链张紧器臂；21—右侧主正时链；22—右侧正时链导轨；23—左侧主正时链张紧器；24—左侧正时链张紧器臂；25—左侧主正时链；26—左侧正时链导轨；27—左侧正时链导轨；28—曲轴后密封件垫板；29—曲轴传感器圈；30—挠性板（自动变速器）；31—机油滤清器适配器（LHD）；32—机油冷却器（LHD）；33—机油滤清器（LHD）；34—飞轮（手动变速器）；35—机油滤清器适配器（RHD）；36—机油冷却器（RHD）；37—机油滤清器（RHD）

6.8.7 福特 5.0T F 型发动机正时维修

发动机正时机构部件拆装步骤如下。
① 拆卸发动机前盖。
② 如图 6-103 所示，使用专用工具 303-448 调整曲轴。
③ 如图 6-104 所示，验证 RH VCT 装置上的正时标记是否在顶部，如果没有，顺时针方向旋转曲轴一整圈，这样锁孔就会位于 12 点位置。

图 6-103　调整曲轴

图 6-104　检测左侧 VCT 装置正时标记

④ 拆卸右侧正时链张紧器。
⑤ 拆卸右侧正时链张紧器臂。
⑥ 拆卸右侧正时链导轨。
⑦ 拆卸右侧正时链，如图 6-105 所示。
⑧ 如图 6-106 所示，使用专用工具顺时针方向旋转曲轴，直到锁孔位于 5 点位置。使用专用工具 303-448 调整曲轴。

图 6-105　拆卸右侧正时链

图 6-106　调整曲轴

⑨ 拆卸左侧正时链张紧器。
⑩ 拆卸左侧正时链张紧器臂。
⑪ 拆卸左侧正时链导轨。
⑫ 拆卸左侧正时链，如图 6-107 所示。
⑬ 安装左侧正时链，注意确保对齐安装标记，如图 6-108 所示。
⑭ 安装导轨并拧紧螺栓，扭力第一次 10N·m，第二次继续拧紧 25°。
⑮ 安装张紧器臂。
⑯ 设置正时链张紧器。用台虎钳压缩主正时链张紧器柱塞 1，并用锁销 2 固定，如图 6-109 所示。
⑰ 安装张紧器，螺栓紧固力矩第一次 10N·m，第二次继续拧紧 25°，然后拔出锁销。

⑱ 使用专用工具 303-448 调整曲轴，使用专用工具顺时针方向旋转曲轴，直到锁孔位于 12 点位置，如图 6-110 所示。

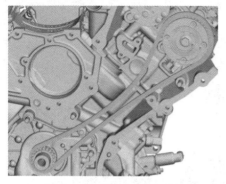

图 6-107　拆卸左侧正时链

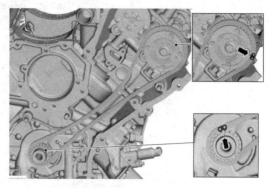

图 6-108　对齐左侧正时链正时标记

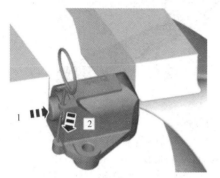

图 6-109　设置张紧器

1—张紧器柱塞；2—锁销

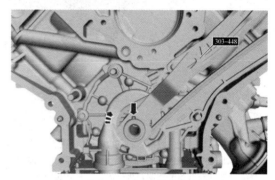

图 6-110　调整曲轴

⑲ 用同样方法安装右侧正时链。

⑳ 安装发动机前盖。

6.8.8　福特 5.0T F 型发动机电控系统部件位置

福特 5.0T F 型发动机电控系统部件位置如图 6-111～图 6-114 所示。

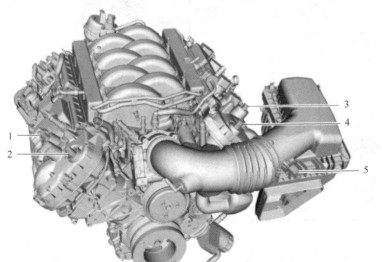

图 6-111　发动机前端电控部件位置

1—RH 排气 VCT 控油电磁阀；
2—RH 进气 VCT 控油电磁阀；
3—LH 排气 VCT 控油电磁阀；
4—LH 进气 VCT 控油电磁阀；
5—空气质量流量（MAF）/进气温度（IAT）传感器

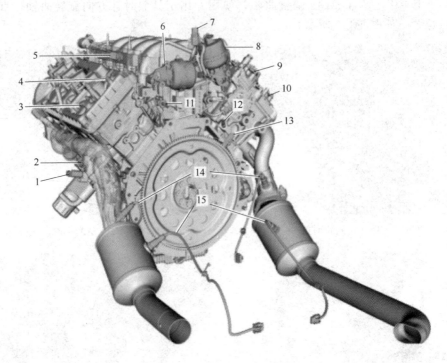

图 6-112 发动机后端电控部件位置

1—油压控制电磁阀；2—EOP（机油压力）传感器；3—LH 排气 CMP（凸轮轴位置）传感器；4—LH 进气 CMP（凸轮轴位置）传感器；5—FRP（燃油油轨压力）和温度传感器；6—左侧 IMRC（进气歧管流道控制）执行器；7—IMRC（进气歧管流道控制）电磁阀；8—右侧 IMRC（进气歧管流道控制）执行器；9—RH 进气 CMP（凸轮轴位置）传感器；10—RH 排气 CMP（凸轮轴位置）传感器；11—FRP（燃油油轨压力）传感器；12—CHT（缸盖温度）传感器；13—CKP（曲轴位置）传感器；14—HO2S（热氧）传感器；15—催化剂监测传感器

图 6-113 爆震传感器位置

1,2—KS（爆震）传感器

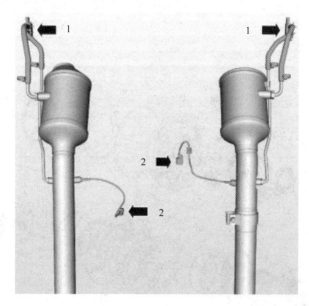

图 6-114 排气系统传感器位置
1—废气压力传感器；2—废气温度传感器

6.8.9 福特 10R80 十挡自动变速器部件位置与部件分解

福特 10R80 十挡自动变速器部件位置如图 6-115 所示，部件分解如图 6-116~图 6-119 所示。

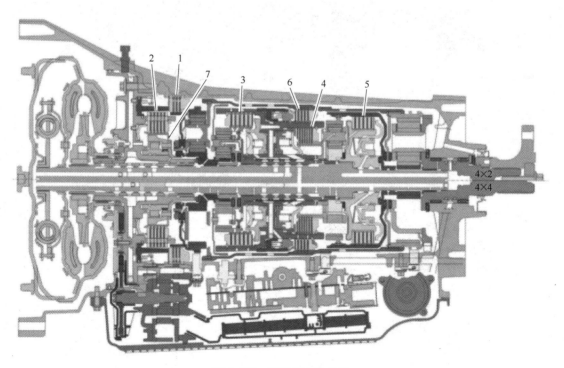

图 6-115 变速器部件位置
1—A 离合器总成；2—B 离合器总成；3—C 离合器总成；4—D 离合器总成；
5—E 离合器总成；6—F 离合器总成；7—单向离合器（OWC）

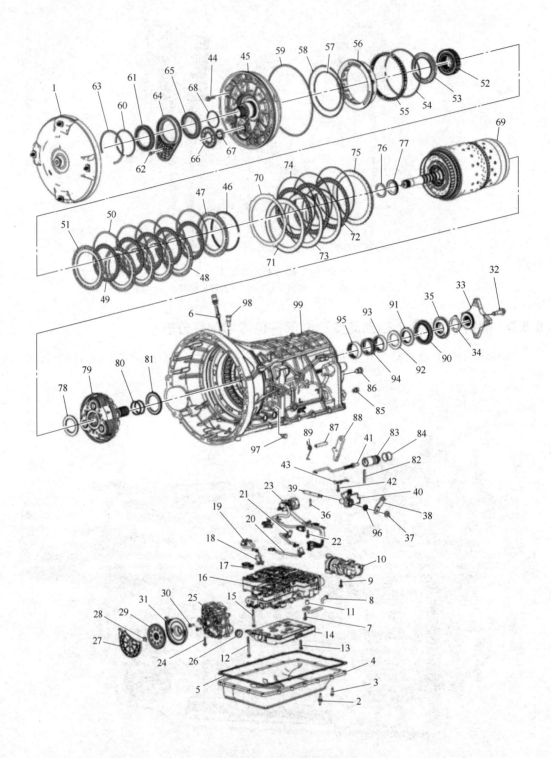

图 6-116 变速器部件分解

1—变矩器；2—变速器油盘柱螺栓（共6个）；3—变速器油盘螺栓（共12个）；4—变速器油盘；5—变速器油盘垫圈；6—变速器油位指示器和螺塞总成；7—变速器油液辅助泵管螺栓（因型号而异）；8—变速器油液辅助泵管（因型号而异）；9—变速器油液辅助泵螺栓（共3个）（因型号而异）；10—变速器油液辅助泵（因型号而异）；11—变速器油液辅助泵管密封件（因型号而异）；12—变速器油液过滤器螺栓（71mm长）；13—变速器油液过滤器螺栓（20mm长）；14—变速器非固定过滤器；15—连接主控制装置与变速器壳体的螺栓（68mm长）（共8个）；16—主控制装置总成；17—主控制装置与变速器油液泵之间的密封件；18—中速A（ISSA）传感器；19—涡轮轴转速（TSS）传感器；20—中速B（ISSB）传感器；21—输出轴转速（OSS）传感器；22—变速器内部线束螺栓（共2个）；23—变速器内部线束；24—变速器油液泵螺栓（数量因型号而异）；25—变速器油液泵；26—变速器油液泵密封件；27—变速器油液泵从动齿轮外罩；28—变速器油液泵固定环；29—变速器油液泵从动齿轮；30—变速器油液泵从动齿轮内罩螺栓（共2个）；31—变速器油液泵从动齿轮内罩；32—输出轴法兰螺栓（仅限后驱）；33—输出轴法兰（仅限RWD）；34—输出轴法兰防振动环（仅限RWD）；35—输出轴螺母（仅限RWD）；36—手动控制轴与变速器范围（TR）传感器之间的滚销；37—手动控制杆螺母；38—手动控制杆（因型号而异）；39—手动控制轴；40—变速器范围（TR）传感器（因型号而异）；41—驻车制动爪制动杆；42—变速器范围（TR）传感器棘爪弹簧螺栓；43—变速器范围（TR）传感器棘爪弹簧；44—前支架总成螺栓（共12个）；45—前支架总成；46—B离合器（超速挡）卡环；47—B离合器（超速挡）压盘；48—B离合器（超速挡）钢板（数量因型号而异）；49—B离合器（超速挡）摩擦片（数量因型号而异）；50—B离合器（超速挡）分离弹簧（数量因型号而异）；51—B离合器（超速挡）施力板；52—单向离合器（OWC）；53—B离合器（超速挡）活塞；54—A离合器（中间挡）活塞回位弹簧卡环；55—A离合器（中间挡）活塞回位弹簧；56—A离合器（中间挡）活塞；57—A离合器（中间挡）活塞内部密封件；58—A离合器（中间挡）活塞外部密封件；59—前支架与箱体之间的密封件；60—变矩器轮毂密封卡环；61—变矩器轮毂密封件；62—前支架罩和密封总成螺栓；63—前支架罩和密封总成卡环；64—前支架罩和密封总成；65—变速器油液泵驱动齿轮；66—变速器油液泵惰轮；67—变速器油液泵惰轮轴承；68—定子支承密封件；69—离合器和行星总成；70—A离合器（中间挡）波形弹簧；71—A离合器（中间挡）施力板（适配）；72—A离合器（中间挡）摩擦片（数量因型号而异）；73—A离合器（中间挡）钢板（数量因型号而异）；74—A离合器（中间挡）分离弹簧（数量因型号而异）；75—A离合器（中间挡）压盘；76—可选垫片；77—止推轴承（T3）；78—止推轴承（T9）；79—输出轴和4号行星齿轮架总成（因型号而异）；80—输出轴密封件（共2个）；81—止推轴承（T10）；82—驻车制动爪执行杆衬套滚销；83—驻车制动爪执行杆衬套；84—驻车制动爪执行杆衬套密封件（共2个）；85—螺塞总成（变速器壳体）；86—螺塞总成（驻车制动爪轴）；87—驻车制动爪轴；88—驻车制动爪；89—驻车制动爪回位弹簧；90—输出轴密封件（因型号而异）；91—止推轴承（T11）（仅限RWD）；92—止推垫圈（仅限RWD）；93—输出轴轴承（外侧）；94—油液通道衬套；95—输出轴轴承（内侧）；96—手动控制轴密封件；97—螺塞（管道压力分接头）；98—变速器壳体通风孔总成；99—变速器壳

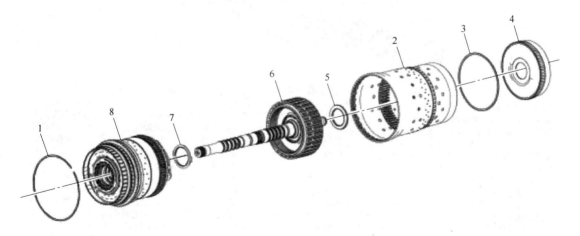

图6-117 离合器与行星齿轮总成部件分解

1—1号行星齿轮架卡环；2—气缸（离合器和行星齿轮容器）；3—4号环形齿轮卡环；4—4号环形齿轮；5—止推轴承（T8）；6—E离合器和输入轴总成；7—止推轴承（T6）；8—CDF离合器和行星齿轮架总成

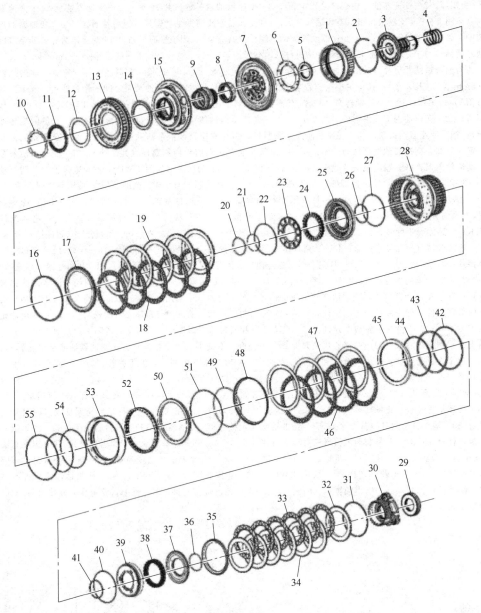

图 6-118 CDF 离合器与行星齿轮架总成部件分解

1—2号环形齿轮；2—2号环形齿轮卡环；3—轴（3号太阳齿轮）；4—密封件（3号太阳齿轮）（共4个）；5—止推轴承（T5）；6—油液收集器；7—2号行星齿轮架；8—太阳齿轮（2号）；9—太阳齿轮（1号）；10—1号环形齿轮架轴承支座锁环；11—1号环形齿轮架轴承支座；12—1号环形齿轮架轴承；13—1号环形齿轮；14—1号环形齿轮架轴承；15—1号行星齿轮架；16—C离合器（直接挡）卡环；17—C离合器（直接挡）压盘；18—C离合器（直接挡）摩擦片（数量因型号而异）；19—C离合器（直接挡）钢板（数量因型号而异）；20—C离合器（直接挡）平衡隔障固定器；21—C离合器（直接挡）平衡隔障内部密封件；22—C离合器（直接挡）平衡隔障外部密封件；23—C离合器（直接挡）平衡隔障；24—C离合器（直接挡）活塞回位弹簧；25—C离合器（直接挡）活塞；26—C离合器（直接挡）活塞内部密封件；27—C离合器（直接挡）活塞外部密封件；28—CDF离合器气缸；29—太阳齿轮（3号）；30—3号行星齿轮架；31—D离合器（低挡）卡环；32—D离合器（低挡）压盘；33—D离合器（抵挡）摩擦片（数量因型号而异）；34—D离合器（低挡）钢板（数量因型号而异）；35—D离合器（低挡）应用环；36—D离合器（低挡）平衡隔障固定器；37—D离合器（低挡）平衡隔障；38—D离合器（低挡）活塞回位弹簧；39—D离合器（低挡）活塞；40—D离合器（低挡）活塞外部密封件；41—D离合器（低挡）活塞内部密封件；42—F离合器（高挡）定位件卡环；43—F离合器（高挡）卡环定位件；44—F离合器（高挡）卡环；45—F离合器（高挡）压盘；46—F离合器（高挡）摩擦片（数量因型号而异）；47—F离合器（高挡）钢板（数量因型号而异）；48—F离合器（高挡）应用环；49—F离合器（高挡）平衡隔障固定器；50—F离合器（高挡）平衡隔障；51—F离合器（高挡）平衡隔障外部密封件；52—F离合器（高挡）活塞回位弹簧；53—F离合器（高挡）活塞；54—F离合器（高挡）活塞和平衡隔障密封件（共2个）；55—F离合器（高挡）活塞密封件

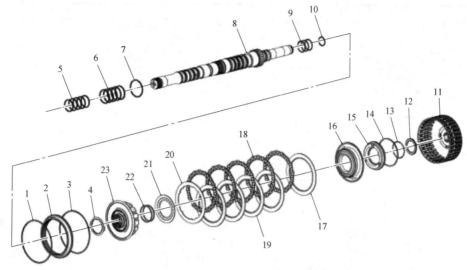

图 6-119 E 离合器和输入轴总成部件分解

1—3 号环形齿轮外部卡环；2—3 号环形齿轮；3—3 号环形齿轮内部卡环；4—止推轴承（T6）；5—输入轴前部密封件（需要 5 个）；6—输入轴与 3 号太阳齿轮轮轴之间的密封件（需要 5 个）；7—输入轴卡环；8—输入轴；9—输入轴 D 形环密封件（需要 3 个）；10—输入轴密封件；11—外壳和 4 号太阳齿轮；12—止推轴承（T7）；13—E 离合器（前进挡）平衡隔障固定器；14—E 离合器（前进挡）平衡隔障外部密封件；15—E 离合器（前进挡）平衡隔障；16—E 离合器（前进挡）活塞；17—E 离合器（前进挡）施力板（2.9～3.0mm）；18—E 离合器（前进挡）摩擦片（数量因型号而异）；19—E 离合器（前进挡）钢板（数量因型号而异）；20—E 离合器（前进挡）压盘（适配）；21—E 离合器（前进挡）回位弹簧；22—E 离合器（前进挡）活塞和平衡隔障内部密封件（共 2 个）；23—E 离合器（前进挡）轮毂

6.9 进口福特猛禽 F150（2020 年款）

6.9.1 福特 3.5T G 型发动机技术参数

福特 3.5T G 型发动机技术参数见表 6-23。

表 6-23 发动机技术参数

项	目	参　数
常规	排量	3.5L
	气缸数量	6
	缸径/冲程	92.5mm/86.7mm
	点火顺序	1-4-2-5-3-6
	火花塞型号	12405
	火花塞间隙	0.75mm
	压缩比	10.0∶1
	发动机质量（无辅助驱动部件）	189.01kg
	包括机油滤清器在内的保养添加	5.7L
	发动机（处于正常工作温度）转速为 1500r/min 时的油压（高模式）	206.8kPa
	发动机（处于正常工作温度）转速为 1500r/min 时的油压（低模式）	138kPa
气缸盖和气门机构	气缸盖顶面平面度	整体平面度误差小于 0.08mm；在每 150mm×150mm（或全宽）的范围内，平面度误差应小于 0.05mm；在每 25mm×25mm 的范围内，平面度误差小于 0.025mm
	气门导管孔内径	6.014～6.044mm

第 6 章　福特汽车　253

续表

项　　目		参　　数
气缸盖和气门机构	阀杆直径(进气)	5.976～5.994mm
	阀杆直径(排气)	5.951～5.969mm
	阀杆到导管间隙(进气)	0.044～0.068mm
	阀杆到导管间隙(排气)	0.069～0.093mm
	阀头直径(进气)	37.4mm
	阀头直径(排气)	31.6mm
	阀面偏转度	0.05mm
	阀面角度	45.5°～46°
	阀座宽度(进气)	1.3～1.6mm
	阀座宽度(排气)	1.7～2mm
	阀座偏转度	0.04mm
	阀座角度	44.5°～45.5°
	气门弹簧自由长度(近似)	62.22mm
	气门弹簧压缩压力(指定长度下)	699N(33.0mm 时)
	气门弹簧安装高度	43mm
	气门弹簧安装高度压力(指定长度下)	367N(43.0mm 时)
凸轮轴	无间隙条件下阀升程的理论值(进气)	10mm
	无间隙条件下阀升程的理论值(排气)	10mm
	凸轮升程(进气)	5.35mm
	凸轮升程(排气)	5.37mm
	允许的凸轮升程损失	0.062mm
	凸轮轴轴颈孔内径(第一轴颈)	35.008～35.032mm
	凸轮轴轴颈孔内径(中间轴颈)	28.657～28.682mm
	凸轮轴轴承外径(第一轴颈)	34.96～34.98mm
	凸轮轴轴承外径(中间轴颈)	28.607～28.633mm
	凸轮轴轴颈到轴承的间隙(第一轴颈)(检修限值)	0.072mm
	凸轮轴轴颈到轴承的间隙(中间轴颈)(检修限值)	0.075mm
	偏转度	0.04mm
	轴端余隙(标准)	0.075～0.165mm
	轴端余隙(检修限值)	0.19mm
	CKP(曲轴位置)传感器气隙	0.5～2mm
液压间隙调节器	直径	11.989～12mm
	间隙到孔	0.01～0.051mm
	收缩的间隙调节器间隙	0.24～0.521mm
	液压泄沉率	0.45～3.0s
气缸体	缸体主内孔圆度	0.008mm
	气缸内径	92.5～92.52mm
	气缸孔圆度	0.013mm
	气缸孔锥度	0.01mm
	主轴承孔内径	72.4～72.424mm
	气缸顶面平面度	平整度误差的总计上限为 0.150mm,对于 150mm×150mm 的面积为 0.050mm,25mm×25mm 的面积为 0.025mm
曲轴	主轴承轴颈直径	67.5mm
	主轴承轴颈最大锥度	0.004mm
	主轴承轴颈最大圆度	0.006mm
	主轴承轴颈到主轴承的间隙	0.026～0.041mm
	连杆轴径	55.983～56.003mm
	连杆轴颈最大锥度	0.004mm
	连杆轴颈最大圆度	0.006mm
	曲轴端游隙	0.105～0.315mm

续表

项 目		参 数
活塞	活塞直径测量点距离活塞顶部的高度	39.5mm
	活塞直径(单级)	92.446~92.46mm
	活塞到气缸孔的间隙	0.04~0.074mm
	活塞环闭口间隙[压缩(顶部,测量直径)]	0.2~0.3mm
	活塞环闭口间隙[压缩(底部,测量直径)]	0.4~0.7mm
	活塞环闭口间隙[油环(钢轨,测量直径)]	0.15~0.45mm
	活塞环槽宽[压缩(顶部)]	1.53~1.55mm
	活塞环槽宽度[压缩(底部)]	1.03~1.05mm
	活塞环槽宽度(油环)	2.03~2.05mm
	活塞环宽度(上部压缩环)	1.47~1.49mm
	活塞环宽度(下部压缩环)	0.97~0.99mm
	活塞环到槽的间隙(上部和下部压缩环)	0.04~0.08mm
	活塞销孔直径	23.004~23.008mm
	活塞销直径	22.997~23mm
	活塞销长度	58.6~58.9mm
	活塞销到活塞的衔接度	0.004~0.011mm
连杆	连杆到销的间隙(标准)	0.003~0.018mm
	连杆销孔径	23.003~23.015mm
	连杆长度(中心到中心)	152.68mm
	连杆所允许的最大弯曲度	0.038mm
	连杆所允许的最大扭曲度	0.05mm
	连杆轴承孔直径(单孔级)	59.869~59.883mm
	连杆轴承到曲轴间隙	0.02~0.054mm
	连杆侧间隙(装配到曲柄)(检修限值)	0.425mm

6.9.2 福特3.5T G型发动机部件分解

福特3.5T G型发动机部件分解如图6-120~图6-126所示。

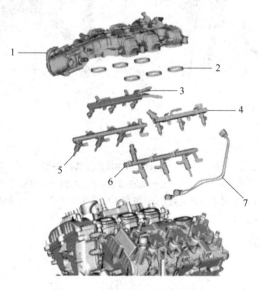

图6-120 发动机上部部件分解
1—进气歧管；2—进气歧管垫片；3—右侧接口喷射燃油油轨；4—左侧接口喷射燃油油轨；
5—右侧直接喷射燃油油轨；6—左侧直接喷射燃油油轨；7—爆震(KS)传感器

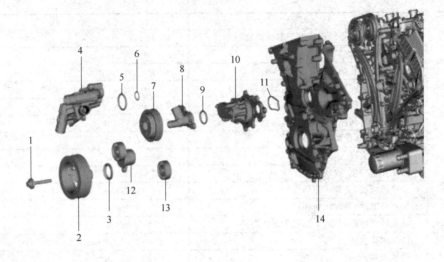

图 6-121　发动机前部部件分解

1—曲轴带轮螺栓和垫圈；2—曲轴带轮；3—曲轴前密封件；4—节温器外壳总成；5—节温器外壳总成 O 形密封圈；6—节温器外壳总成 O 形密封圈；7—冷却液泵带轮；8—冷却液接头入口；9—冷却液接头入口 O 形密封圈；10—冷却液泵总成；11—冷却液泵垫圈；12—附件传动带张紧器；13—惰轮；14—发动机前盖

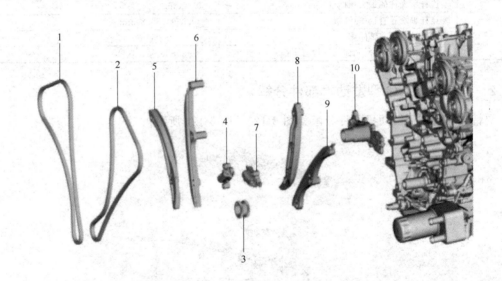

图 6-122　发动机正时驱动部件分解

1—正时链；2—正时链；3—曲轴正时链轮；4—正时链张紧器；5—右侧正时链张紧器臂；6—右侧正时链导轨总成；7—正时链张紧器；8—左侧正时链张紧器臂；9—左侧正时链导轨总成；10—通道盖板

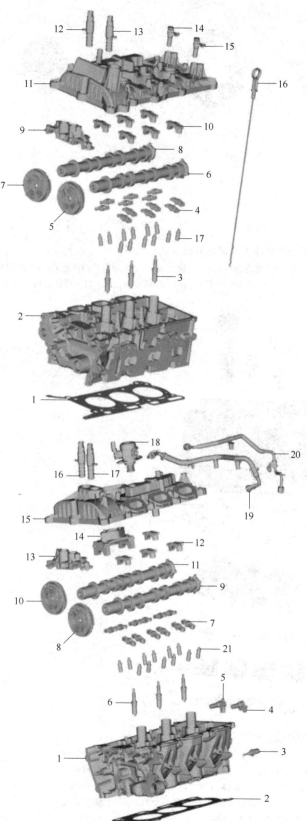

图 6-123 发动机左侧气缸盖部件分解
1—左侧气缸盖衬垫；2—左侧气缸盖；3—火花塞（共 3 个）；4—摇臂（共 12 个）；5—排气凸轮轴 VCT 装置；6—排气凸轮轴；7—进气凸轮轴 VCT 装置；8—进气凸轮轴；9—凸轮轴盖；10—凸轮轴盖（共 6 个）；11—左侧阀门盖；12—进气凸轮轴 VCT 机油控制电磁阀；13—排气凸轮轴 VCT 机油控制电磁阀；14—左侧进气凸轮轴位置（CMP）传感器；15—左侧排气凸轮轴位置（CMP）传感器；16—机油油位指示器；17—液压间隙调节器（共 12 个）

图 6-124 发动机右侧气缸盖部件分解
1—右侧气缸盖；2—右侧气缸盖衬垫；3—缸盖温度传感器；4—右侧进气凸轮轴位置（CMP）传感器；5—右侧排气凸轮轴位置（CMP）传感器；6—火花塞（共 3 个）；7—摇臂（共 12 个）；8—进气凸轮轴 VCT 装置；9—进气凸轮轴；10—排气凸轮轴 VCT 装置；11—排气凸轮轴；12—凸轮轴盖（共 4 个）；13—凸轮轴盖；14—凸轮轴轴承盖；15—右侧阀门盖；16—排气凸轮轴 VCT 机油控制电磁阀；17—进气凸轮轴 VCT 机油控制电磁阀；18—高压燃油泵；19—燃油管（燃油供给）；20—燃油管（燃油泵至燃油油轨）；21—液压间隙调节器（共 12 个）

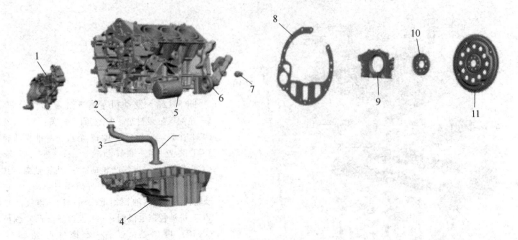

图 6-125　发动机缸体下部部件分解（一）

1—机油泵；2—油泵显示屏及拾像管O形密封圈；3—油泵滤芯和吸管；4—油底壳；5—发动机机油滤清器；6—滤油器适配器；7—机油压力传感器；8—发动机到变速器垫片；9—曲轴后密封垫；10—曲轴传感器圈；11—挠性传动板

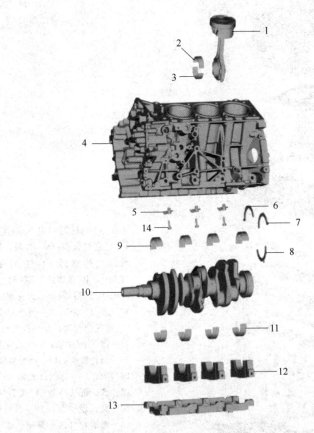

图 6-126　发动机缸体下部部件分解（二）

1—活塞和连杆总成（共6个）；2—连杆上轴承（共6个）；3—连杆下轴承（共6个）；4—气缸体；5—活塞机油冷却器（共3个）；6—曲轴上部内侧止推垫圈；7—曲轴上部外侧止推垫圈；8—曲轴下部止推垫圈；9—气缸体曲轴主轴承（共4个）；10—曲轴；11—下部曲轴主轴承（共4个）；12—下部曲轴主轴承盖（共4个）；13—主轴承盖支撑支架；14—固定螺栓（活塞机油冷却器）（共3个）

6.9.3 福特3.5T G型发动机正时维修

参考本书6.4.7小节。补充一点,拆装正时链时使用凸轮轴专用固定工具将凸轮轴固定在TDC位置,如图6-127所示。

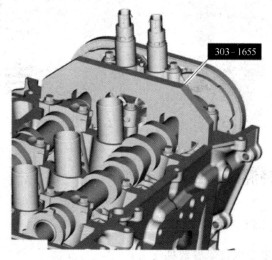

图6-127 凸轮轴专用固定工具

6.9.4 福特10R80十挡自动变速器部件位置与部件分解

参考本书6.8.9小节。

第7章 吉利汽车

7.1 缤越燃油与轻混版（2019年款）

7.1.1 吉利 JLB-4G14TB 发动机技术参数

吉利 JLB-4G14TB 发动机技术参数见表 7-1。

表 7-1 发动机技术参数

项 目		参 数
布置方式		横置
燃烧室形式		屋脊式
进气方式		涡轮增压中冷
缸径		75mm
行程		79.1mm
压缩比		9.5∶1
排量		1398mL
额定功率		104kW(5200r/min 时)
转矩		235N·m(1600～4000r/min 时)
急速转速		(700±50)r/min
工况法排放		CO 小于 2.3g/km，HC 小于 0.2g/km，NO_x 小于 0.15g/km
配气机构形式		双顶置凸轮轴，16 气门，进、排气 VVT
进气 VVT 调整范围		±25°
点火顺序		1-3-4-2
发动机质量		≤135kg
外形尺寸(长×宽×高)		647mm×643mm×640mm
气缸盖	缸盖平面度	$115_{-0.05}^{0}$mm
	气缸盖总高	(140±0.05)mm
曲轴	轴向间隙	0.08～0.24mm
	主轴承间隙(所有)	0.018～0.044mm
	主轴颈直径(所有)	47.982～48mm
	机体顶面平面度	0.05mm
	曲轴主轴颈圆度	0.008mm
	曲轴主轴颈圆跳动度	0.0008mm
连杆轴颈	连杆轴承间隙	0.02～0.046mm
	连杆轴承轴向间隙	0.17～0.35mm
活塞	活塞与气缸间隙	0.028～0.057mm
	直径	(74.965±0.007)mm

续表

项	目	参 数
活塞销	与活塞的间隙	0.004～0.013
	与连杆的间隙	0.008～0.02
	直径	19.997～20mm
	长度	54.8～55mm
	活塞销偏移量(朝推力侧)	0.6mm
活塞环	第一道活塞环闭口间隙	0.15～0.27mm(在φ75mm的量规中)
	第一道活塞环侧隙	0.04～0.08mm
	第二道活塞环闭口间隙	0.4～0.6mm(在φ75mm的量规中)
	第二道活塞环侧隙	0.03～0.07mm
	刮片环闭口间隙	0.15～0.60mm(在φ75mm的量规中)
	组合油环侧隙	0.04～0.15mm
密封胶	正时链罩盖(缸盖/缸体)(气缸垫)	乐泰5900硅橡胶平面密封胶
	后油封盖(缸体)	乐泰5900硅橡胶平面密封胶
	油底壳(缸体)	天山1590即时密封硅橡胶平面密封胶或乐泰5900硅橡胶平面密封胶
	水泵进水管接头(缸体)	天山1608碗形塞密封固持胶
	碗形塞(缸盖)	天山1620碗形塞密封固持胶
	油道螺塞	天山1545厌氧形管螺纹密封胶
	水温传感器(节温器壳体/PCV阀组件)	天山1243螺纹密封胶
	半圆塞(缸盖)	乐泰5900硅橡胶平面密封胶

7.1.2 吉利JLB-4G14TB发动机正时维修

吉利JLB-4G14TB发动机正时单元部件分解如图7-1所示。

正时单元部件拆装步骤如下。

① 拆卸正时链罩。

② 使用专用工具锁紧进、排气VVT组件，如图7-2所示，注意拆卸前需转动曲轴至1缸上止点位置。

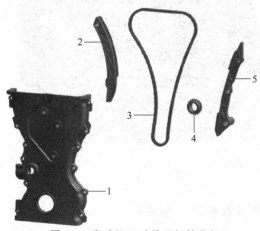

图7-1 发动机正时单元部件分解
1—正时链罩；2—正时链张紧轨；3—正时链；
4—曲轴正时链轮；5—正时链导向轨

图7-2 安装VVT组件锁定装置

③ 拆卸正时链：如图7-3所示，拆卸正时链张紧轨固定螺栓1，取下正时链张紧轨，拆卸正时链导向轨固定螺栓2，取下正时链导向轨，取下正时链。

第7章 吉利汽车 261

④ 按如下方法检查正时链：用147N·m的力拉紧正时链，使用游标卡尺测量15个链节的长度，如图7-4所示，链条最大长度应为136.36mm。注意随机测量3次，如果长度大于最大值，则应更换正时链。

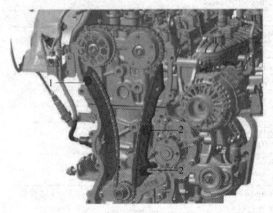

图7-3 拆卸正时链

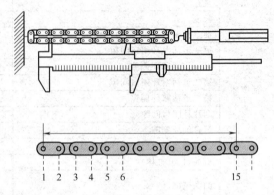

图7-4 检查正时链长度（示意）

⑤ 安装正时链：确认正时链上的3个黄色链节，黄色链节2和黄色链节3之间相隔8个链节，如图7-5所示。

⑥ 转动进气凸轮轴和排气凸轮轴，使链轮上的正时标记朝正上方，即1缸第1个进、排气凸轮桃尖向内约成90°夹角。安装正时链，使其第2个正时标记外链节（黄色）对正进气VVT驱动器正时标记；使链条的第3个正时标记外链节（黄色）对正排气凸轮轴正时链轮标记，如图7-6所示。注意进气VVT、排气VVT与机油控制阀必须为同一厂家部件。

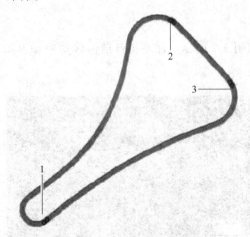

图7-5 检查确认正时链上的标记
1～3—黄色链节

图7-6 对正凸轮轴VVT上正时标记

⑦ 旋转曲轴，如图7-7所示，将曲轴半圆键槽与水平成90°竖直向上，即1缸压缩行程上止点位置。

⑧ 安装正时链，使第1个正时标记外链节（黄色）对正曲轴正时链轮正时标记，如图7-8所示。

⑨ 安装好后在进、排气链轮上做好装配标记，以便在取下正时链张紧器维修工具后再次确认正时标记。拆卸凸轮轴专用工具4114720191。

⑩ 按与拆卸相反的过程安装其余正时部件。

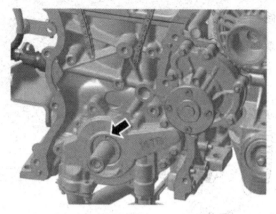 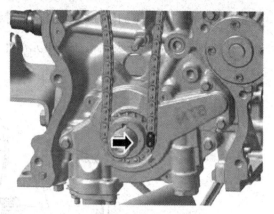

| 图 7-7 设置曲轴在 1 缸上止点位置 | 图 7-8 对正曲轴链轮与正时链标记 |

7.1.3 吉利 JLH-3G15TD 发动机技术参数

吉利 JLH-3G15TD 发动机技术参数见表 7-2。

表 7-2 发动机技术参数

项 目		参 数
缸径		82mm
行程		93.2mm
排量		1477mL
压缩比		10.5:1
功率		130kW(5500r/min 时)
转矩		255N·m(1500~4000r/min 时)(低功率),265N·m(1500~4000r/min 时)(高功率)
急速转速		890~950r/min
工况法排放(g/km)		CO 小于 2.3g/km,CH 小于 0.2g/km,NO_x 小于 0.15g/km
点火顺序		1-3-2
燃油		RON 92 号及以上无铅汽油
发动机冷却液用量		4.13L
发动机机油用量		干式 6.6L,湿式 5.6L(换机滤),湿式 5.3L(不换机滤)
发动机冷却液		basf G64;水=51%:49%(体积比)
润滑油		壳牌 0W-20(VCC RBS0-2AE)
火花塞型号		SP/LD8RBIP,VR5NPP332
火花塞间隙		0.6~0.7mm
干质量		113.2kg±2%(基础车型),114.7kg±2%(BSG 车型)
外形尺寸(长×宽×高)		576.7mm×618.6mm×719.3mm
凸轮轴	轴颈外径	23.95~23.97mm
	进气 VVT 调整范围	50°CA
	排气 VVT 调整范围	30°CA
活塞环	第一道压缩环侧隙	0.035~0.085mm
	第二道压缩环侧隙	0.025~0.070mm
密封胶	曲轴箱和缸体	平面密封硅胶 LT5970
	气缸盖罩、缸体与下缸体、油底壳	平面密封硅胶 LT5970
	发动机油底壳	平面密封硅胶 LT5970
	碗形塞(缸体)	圆柱固持胶 LT648
	碗形塞(缸盖)	圆柱固持胶 LT601

7.1.4 吉利 JLH-3G15TD 发动机正时维修

吉利 JLH-3G15TD 发动机正时单元部件分解如图 7-9 所示。

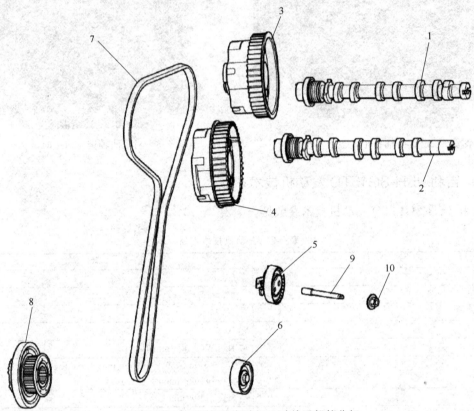

图 7-9 JLH-3G15TD 发动机正时单元部件分解
1—排气凸轮轴组件；2—进气凸轮轴组件；3—排气 VVT 驱动器；4—进气 VVT 驱动器；5—正时张紧轮；
6—正时惰轮；7—正时带；8—曲轴正时带轮；9—正时张紧轮双头螺柱；10—正时张紧轮紧固螺母

7.1.4.1 发动机正时单元部件拆卸

发动机正时单元拆卸步骤如下。
① 打开行李厢盖。
② 断开蓄电池负极电缆。
③ 打开发动机舱罩。
④ 拆卸发动机塑料护罩。
⑤ 举升车辆。
⑥ 拆卸发动机底部护板。
⑦ 排放冷却液。
⑧ 拆卸中冷器进气管。
⑨ 拆卸 1 号正时传动带护罩。
⑩ 拆卸发动机传动带罩。
⑪ 拆卸正时传动带。
a. 拆卸发动机前支架与发动机固定的螺栓，如图 7-10 中箭头所指。
b. 取下发动机前支架组件。

注意拆卸发动机前支架组件 3 时需对发动机前支架组件橡胶垫 1、2 进行确认，如出现掉落情况，需要人工对橡胶垫进行装配后，再一起复装到发动机上，具体装配示意如图 7-11 所示，防止橡胶垫掉入前端正时系统，从而导致发动机报废。

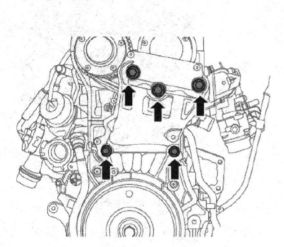

图 7-10　拆卸发动机前支架固定螺栓

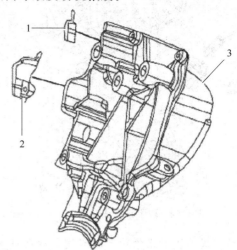

图 7-11　前支架组件橡胶垫位置
1,2—橡胶垫；3—前支架组件

c. 顺时针转动曲轴，将凸轮轴和曲轴转动到正时标记的位置并固定曲轴，进、排气 VVT 标记按图 7-12 所示对齐。

d. 用专用工具固定进、排气 VVT 带轮在正时标记位置，如图 7-13 所示。专用工具编号为 4114720189，注意用记号笔在进、排气 VVT 组件和正时带上做好原始位置标记。

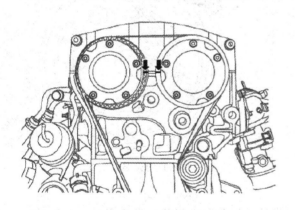

图 7-12　对准凸轮轴 VVT 标记

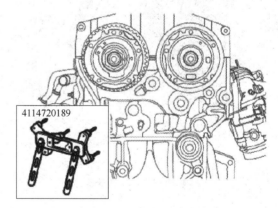

图 7-13　安装专用工具

e. 松开正时张紧轮并取下正时带。

f. 拆卸正时张紧轮上的固定螺母，取下正时张紧轮，如图 7-14 所示。

g. 拆卸正时惰轮上的 1 固定螺栓，取下正时惰轮，如图 7-15 所示。

7.1.4.2　发动机正时单元部件安装

按与拆卸相反的顺序安装，需注意以下事项。

① 正时惰轮固定螺栓拧紧力矩 24N·m，正时带、正时张紧轮和正时惰轮必须同时更换新的。

② 从曲轴正时带轮逆时针开始安装正时带 1，如图 7-16 所示，用正时带夹持工装 2 将正时带安装到位，完成正时带装配后，要确认正时带位置在 VVT 带轮中间。

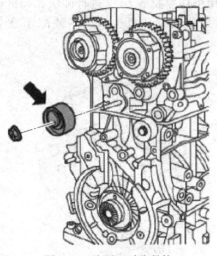
图 7-14　取下正时张紧轮

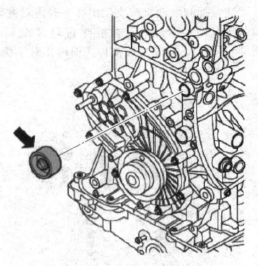
图 7-15　取下正时惰轮

③ 拔掉正时张紧轮上的卡销，移除正时带夹持工装和 VVT 零位限位工具，如图 7-17 所示。

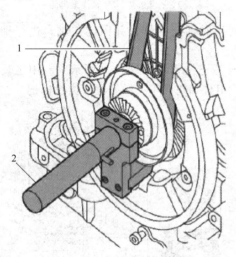
图 7-16　用工装辅助安装正时带
1—正时带；2—工装

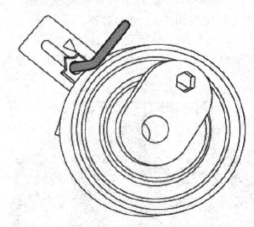
图 7-17　拔除正时张紧轮上的卡销

④ 使用专用工具插入 VVT，利用曲轴正时带轮上的孔和已安装的专用工具一起顺时针旋转曲轴 690°，直到 VVT 上的正时标记与 VVT 专用工具上的正时标记 1 对齐，如图 7-18 所示。专用工具编号为 4114720189。

⑤ 用内六角扳手顺时针旋转调整臂，直到指针在窗口中间到刻度线范围内（建议 $-2°\sim3°$），在固定调整臂时拧紧螺母，确保指针仍然在上述范围中间，如图 7-19 所示。力矩：30N·m。注意 0°基准为窗口下边缘。

⑥ 顺时针旋转曲轴 2 圈直到 VVT 的正时标记与 VVT 工装上的正时标记对齐在一条直线上，旋转后张紧轮的指针必须在 $-2°\sim7°$ 范围中间，如果没问题，移除工装。否则，松开张紧轮螺母，重置张紧器的指示针，按之前的步骤重新安装一次正时带。

⑦ 安装发动机前支架与发动机固定的螺栓。力矩：M12 螺栓 110N·m；M10 螺栓 48N·m。

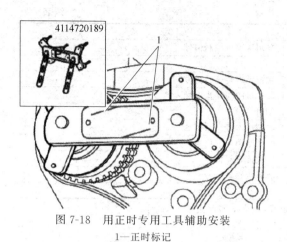

图 7-18　用正时专用工具辅助安装
1—正时标记

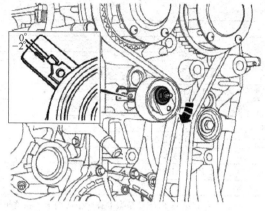

图 7-19　调整正时张紧轮

7.1.5　吉利 JLH-3G15TD 发动机电脑端子定义

该发动机也应用于缤越 PHEV 车型上，表 7-3、表 7-4 仅提供不同的端子定义，相同的部分参考本书 7.2.2 小节。

表 7-3　EN01D 连接器端子定义

端子	名　　称	定　　义
6	GR. SEN5VE1	压力传感器信号
26	SNR GND	凸轮轴位置传感器信号
27	V. V. 5VE1	凸轮轴位置传感器信号
36	—	—
42	I. T. OIL-PT	机油压力传感器接地
43	SNR GND TMOT	发动机冷却液温度传感器信号
44	V. V. 5VE1	压力传感器电源
52	V. V. 5VE2	机油压力传感器电源
56	—	—
57	TEMP SNR WATER	发动机冷却液温度传感器信号

表 7-4　CA21C 连接器端子定义

端子	名　　称	定　　义
8	SOV VALVE—	炭罐信号—
11	—	—
13	—	—
14	C/FAN HI	冷却风扇高速继电器信号
16	—	—
17	—	—
19	BRK NO SIG	制动灯常开信号
20	A/C REQ	空调请求信号
24	BRK NC SIG	制动灯常闭信号
25	—	—
26	—	—
37	MAIN RLY	主继电器电源信号
39	C/FAN LO	冷却风扇低速继电器信号
43	FUEL TANK PRE SNR—	油箱压力传感器信号—
44	P CAN-L	P CAN-L 未配备独立网关车型
45	P CAN-H	P CAN-H 未配备独立网关车型
47	ST FB	启动继电器控制信号（配备 PEPS 车型）

续表

端子	名 称	定 义
50	O. S. AC	空调压缩机控制信号
51	—	
58	FUEL TANK PRE SNR+	油箱压力传感器信号+
60	IMMO	发动机防盗锁止信号
65	ALT	ALT电源
74	SIG V OUT	油箱压力传感器信号
75	MID PRE SW	中央空调开关信号
80	G. R. APP1	后氧传感器信号
83	I. A. APP1	前氧传感器信号
84	—	

注：有些在缤越PHEV车型上有使用的端子，在这里是预留空置的，特此注明以示区分。

7.1.6 吉利BSG电机系统

BSG（Belt drive Starter Generator）即由前端轮系带驱动的启动发电一体电机，这是在目前由12V起动机承担的启停系统的基础上进一步发展的微型油电混合动力系统。

相较于目前的启停系统，具有启动时间短、工况切换流畅等优点，由于其基于传统BSG电机发展而来，BSG电机除启动发动机外同时还具备低转速下对发动机助力及制动时能量回收等功能。综合工况下，BSG电机系统可使整车节油15%，同时进一步改善了发动机低速动力及排放性能。

BSG电机系统可提供10kW、50N·m的额外动力，整车最大功率达142kW，最大转矩达300N·m。

BSG电机系统典型工作状态如下。

发动机启停：车辆处于怠速时，发动机自动关闭，以达到节油目的，当驾驶员踩下离合器踏板准备起步时再重新点火，实现怠速节油，据统计，发动机启停可以减少8%以上的油耗。

智能启停：在行车制动过程中，当车速低于一定值后，发动机停机，降低整车油耗和排放，由12V/48V电池利用储存的能量维持整车低压负载需求，确保其他功能正常运行，当驾驶员有行车意图时通过48V BSG电机快速启动发动机，满足整车动力响应。48V-BSG电机系统在传统启停的功能上，增加了扩展性启停，进一步降低了油耗和排放。

智能制动能量回收：在刹车或滑行过程中，发动机关闭不喷油，实现能量回收，将动能转化为电能，并储存到电池中，用于整车助力，降低整车油耗和排放，最大回收效率可达100%。

智能行车助力：在提速阶段，电机的辅助动力能弥补发动机动力的不足，有效补偿涡轮迟滞，低转速阶段输出转矩可以有非常明显的提升，实现动力性能改善的情况下降低排放，并在高速或大油门情况下，提供电机助力，改善整车动力响应和动力性，最大可提供10kW/50N·m的额外助力。

智能航行模式：在车辆高速运行、电能充足的情况下，可以彻底分离且关闭发动机，降低整车滑行助力，确保整车更长滑行距离，当再次踩下加速踏板，发动机会迅速启动，平滑切入到当前车速。

智能发电：在匀速行车过程中，通过电机充电，优化发动机工作点，提高发动机燃烧效率，并将电能储存于电池中，用于急加速或起步助力。

BSG电机工作模式如图7-20所示，BSG电机系统原理如图7-21所示，BSG电机部件分解如图7-22所示。

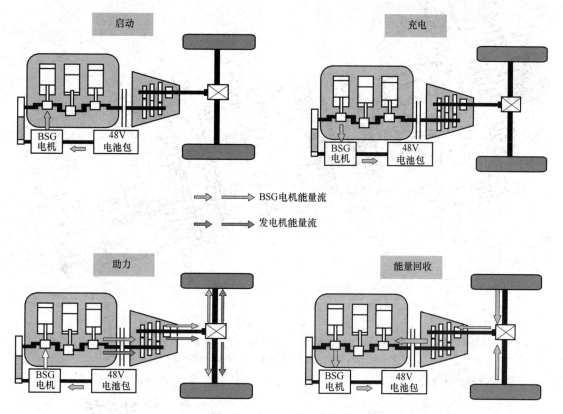

图 7-20 BSG 电机工作模式

BSG 电机系统原理如图 7-21 所示。BSG 电机部件分解如图 7-22 所示。

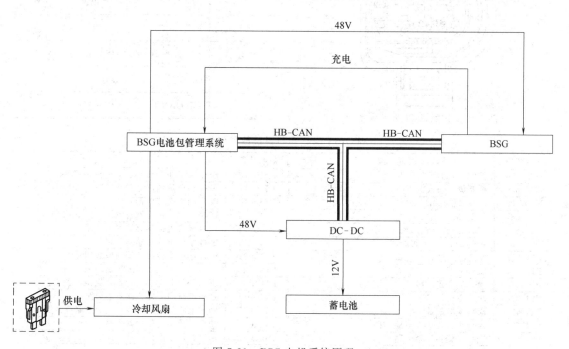

图 7-21 BSG 电机系统原理

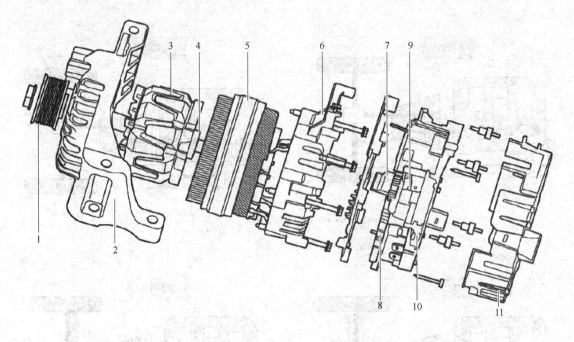

图 7-22 BSG 电机部件分解

1—带轮；2—前端盖；3—转子总成；4—轴承；5—定子总成；6—后端盖；7—位置传感器；8—刷盒组件；9—逆变器；10 控制通信模块；11—盖板（接插件）

BSG 电机端子分布如图 7-23 所示，端子定义见表 7-5，系统故障代码见表 7-6。

表 7-5 BSG 电机端子定义

端子	名 称	定 义
1	12V B+	12V 电源
3	IG1	IG1 电源
4	HS CAN-H	HS-CAN 总线高
5	GND	接地
6	HB CAN-L	HB-CAN 总线低

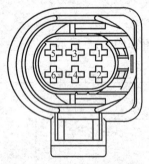

图 7-23 BSG 电机端子分布

表 7-6 BSG 电机系统故障代码

故障代码	故障定义	故障代码	故障定义
U300616	控制单元输入电压低	P140712	BSG 48V 电压传感器对电源短路
U300617	控制单元输入电压高	P140811	BSG 相电流传感器对地短路
U007300	CAN 总线关闭	P140813	BSG 相电流传感器开路
U010087	与 ECM 通信丢失	P140812	BSG 相电流传感器对电源短路
U247883	Checksum 检查故障	P140911	BSG 励磁电流传感器对地短路
U347282	Alivecounter 检查故障	P140913	BSG 励磁电流传感器开路
P140017	系统电压过高	P140912	BSG 励磁电流传感器对电源短路
P140104	BSG 故障	P140A11	PCB 温度传感器对地短路
P140204	BSG 逆变器故障	P140A15	PCB 温度传感器对电源短路或开路
P140304	BSG 电机故障	P140B11	励磁电路温度传感器对地短路
P140404	BSG 炭刷故障	P140B15	励磁电路温度传感器对电源短路或开路
P140611	BSG 位置传感器对地短路	P140C11	功率模块温度传感器短路
P140613	BSG 位置传感器开路	P140C13	功率模块温度传感器开路
P140612	BSG 位置传感器对电源短路	P140516	BSG 48V 端低压欠压
P140714	BSG 48V 电压传感器对地短路或开路		

DC-DC 端子分布如图 7-24 所示，端子定义见表 7-7，系统故障代码见表 7-8。

表 7-7 DC-DC 端子定义

端子	名 称	定 义
1	HB CAN-H	H B-CAN 总线高
2	HB CAN-L	HB-CAN 总线低
3	IGN	IGN 电源
4	12V IN	12V 电源

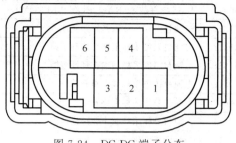

图 7-24 DC-DC 端子分布

表 7-8 DC-DC 系统故障代码

故障代码	故 障 定 义	故障代码	故 障 定 义
U300616	控制器供电电压低/低压端电压欠压	P1A1213	温度传感器断路
U300617	控制器供电电压高/低压端电压过压	P1A1313	电流传感器断路
P1A0011	低压端短路到地	P1A1412	电流传感器短路
P1A0019	低压端电流过高	P1A1511	电流传感器对地短路
P1A0016	低压端电压低	P1A1612	高压侧电压传感器短路
P1A0017	低压端电压高	P1A1713	高压侧电压传感器开路
U010087	与发动机控制系统丢失通信	P1A1812	低压侧电压传感器短路
U007300	CAN 总线关闭	P1A1913	低压侧电压传感器开路
U100246	非易失存储器故障	P1A1016	高压端电压过低
P1A0298	电路板过温	P1A1017	高压端电压过高
P1A0386	电压设置请求值超出范围	P1A0111	高压对地短路
P1A0416	模拟电路采集电压低	P1A0119	高压端电流过高
P1A0546	降压模块故障	P1A0116	高压端欠压
P1A1111	温度传感器对地短路	P1A0117	高压端过压

BSG 电池包管理系统端子分布如图 7-25 所示，端子定义见表 7-9，系统故障代码见表 7-10。

表 7-9 电池包管理系统端子定义

端子	名 称	定 义
1	HB CAN-H	HB-CAN 总线高
2	HB CAN-L	HB-CAN 总线低
4	FANS TROUBLE	冷却风扇信号
6	IGN	IGN 电源
7	FANS CONTROL	冷却风扇控制
8	12V IN	12V 电源

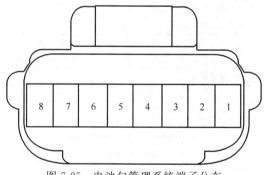

图 7-25 电池包管理系统端子分布

表 7-10 电池包管理系统故障代码

故障代码	故 障 定 义	故障代码	故 障 定 义
U300616	BMS 供电电源低	P150098	电池包过温
U300617	BMS 供电电源高	P151409	电池包低温故障
U007300	CAN 总线关闭	P150116	电池包总压严重过低
U010087	BMS 与 ECM 通信丢失	P150117	电池包总压严重过高
P150016	电池包总压过低	P150119	整车请求断开继电器时,总线电流过大
P150017	电池包总压过高	P15011D	电池包过流硬件故障
P150019	电池包过流	P150216	电池单体电压过低

续表

故障代码	故障定义	故障代码	故障定义
P150217	电池单体电压过高	P150044	BMS 内存故障（RAM/ROM/EEPROM）
P150316	电池单体电压严重过低	P151311	电池包温度采样电路短路到地
P150317	电池单体电压过高硬件故障	P151312	电池包温度采样电路短路到电源
P150464	电池单体电压采样回路故障	P151364	电池包温度采样超出合理性范围
P150610	继电器带载切断次数过多	P150413	电池单体电压采样电路开路
P150673	继电器故障	P150013	电池包总压采样电路开路
P150664	5V 回路故障	P150064	电池包总压采样超出合理性范围
P150762	均衡回路故障	P151511	48V 回路电压采样电路短地
P150817	预充故障	P151512	48V 回路电压采样电路短电源
P150A04	BCC 芯片故障	P151564	48V 回路电压采样超出合理性范围
P150A81	BMS 内部通信故障	P150511	电流采样电路短路到地
P150C17	过压保护硬件电路故障	P150513	电流采样电路开路
P150C98	硬件过温保护	P150564	电流采样超出合理性范围
P151217	充电功率超出限值	P151107	OTC FAN_HWDrv FLT
P151317	放电功率超出限值	P15121C	DTC_SECONDARY PWR_SPLY
P150D16	SOH 过低（电池达到 EOL 状态）	P150717	风扇故障（风扇反馈故障）

7.1.7 7DCT 变速器数据流

7DCT 变速器数据流见表 7-11。

表 7-11 7DCT 变速器数据流

数据标识符	DID 描述	正常值范围	数据标识符	DID 描述	正常值范围
1	ECU 电源电压	9～16V	19	实际挡位	—
2	车速	0～120km/h	20	HCA1 实际位置控制	4.55～22mm
3	发生次数	0～255	21	HCA2 实际位置控制	4.55～22mm
4	第一次故障的里程数	—	22	制动踏板状态	—
5	最后一次故障的里程数	—	23	进气温度	−40～214℃
6	EGSM 传感器位置	—	24	发动机转速	0～7000r/min
7	打开注油孔	9～16V	25	发动机水温	−37～137℃
8	油泵流量请求	0～50L/min	26	离合器 1 的请求转矩	−5～500N·m
9	油泵流量	0～50L/min	27	离合器 2 的请求转矩	−5～500N·m
10	油池温度	−40～195℃	28	离合器转矩	—
11	离合器 1 中期触点	0.80～20.00mm	29	发动机请求转矩	—
12	离合器 1 摩擦因数	100～600	30	节气门位置	0～100%
13	离合器 1 的温度	−40～600℃	31	输入轴 1 转速	0～8191r/min
14	离合器 2 中期触点	0.80～20.00mm	32	输入轴 2 转速	0～8192r/min
15	离合器 2 摩擦因数	100～600	33	输出轴转速	0～2773r/min
16	离合器 2 的温度	−40～600℃	34	车速	0～127m/s
17	TCU 实际运行时间	0～7158278.82s	35	总里程	0～16777215km
18	输入轴目标挡位	—	36	车辆蓄电池电压	0～63.75V

7.1.8 7DCT 变速器电脑端子定义

7DCT 变速器电脑端子分布如图 7-26 所示，端子定义见表 7-12。

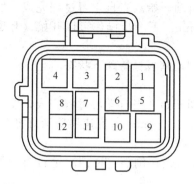

图 7-26 7DCT 变速器电脑端子分布

表 7-12 7DCT 变速器电脑端子定义

端子	名称	定义
2	IG K15	电源 IG 1
3	KL30 HCA_1	电源 B+
4	KL30 HCA_2	电源 B+
6	LIN 2.3	电子换挡器信号
7	P CAN-H	P CAN-H(未配备独立网关车型)
7	PT CAN LO	PT CAN LO(配备独立网关车型)
8	P CAN-L	P CAN-L(未配备独立网关车型)
8	PT CAN HI	PT CAN HI(配备独立网关车型)
9	KL30 TCM	电源 B+
10	KL30 TCM	电源 B+

电子换挡器端子分布如图 7-27 所示,端子定义见表 7-13。

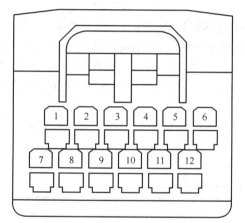

图 7-27 电子换挡器端子分布

表 7-13 电子换挡器端子定义

端子	名称	定义
1	B+	电源 B+
2	IG+	IG 电源
4	PT CAN-H	CAN-H 通信总线
5	PT CAN-L	CAN-L 通信总线
6	LIN	电子换挡器信号
10	GND	接地

7.1.9 7DCT 变速器挡位自学习方法

为了补偿制造中引入的尺寸公差,每一台 TCU(自动变速器控制单元)在安装之后,第一次使用之前,均要进行下线自学习操作。该过程是在发动机怠速状态下,通过挂载不同挡位实现的。一旦该操作完成,全寿命周期的长期自学习操作将会自动完成。如果变速器挡位自学习过程没有完成,变速器警示灯将会闪烁,诊断仪读取故障代码为 P080A。

7.1.9.1 操作条件

① 发动机转矩及转速应保持稳定。

② 发动机怠速状态转速变化极限值(P 挡或 N 挡):ECU(发动机控制单元)目标值±100r/min。

③ 发动机怠速状态转矩变化极限值(P 挡或 N 挡):ECU(发动机控制单元)目标值±4N·m。

④ 发动机温度 60℃ 或以上。

⑤ 变速器油温应介于 30～80℃ 之间。

⑥ 空调系统保持关闭状态。

7.1.9.2 操作步骤

在变速器挡位自学习操作开始之前,必须满足自学习条件。当所有的前提条件都被满足,进行以下操作。

① 将车速保持为 0;将油门开度保持为 0;确保制动踏板保持踩下状态。

② 变速器打到行驶挡（D挡），之后自学习过程自动开始。当自学习过程完成，发动机转速将会短暂提升至1500r/min，然后恢复至1000r/min。下一步操作可以开始（开始前再次检查是否所有前提条件都被满足）。

③ 将车速保持为0；将油门开度保持为0；确保制动踏板保持踩下状态。

④ 变速器打到空挡（N挡），保持2s。

⑤ 变速器打到倒挡（R挡），之后自学习过程自动开始。当自学习过程完成，发动机转速将会短暂提升至1500r/min，然后降至急速转速（如850r/min），变速器警示灯将会熄灭。

7.1.9.3 备注

① 自学习操作不强制要求以行驶挡（D挡）开始。先在倒挡（R挡）进行自学习，然后转换至行驶挡自学习也可。

② 如果一切顺利，完成一个挡位的自学习过程约需40s。如果自学习过程在120s内没有完成，该过程将被自动终止。

7.1.9.4 常见问题、原因分析和措施

常见问题：故障指示灯在15个或更多的自学习循环后依然闪烁（自学习没有完成）。

原因分析和措施：在进行自学习时变速器油温低于20℃，待变速器油温升高后重新进行自学习程序；在进行自学习时变速器油温高于60℃，发动机熄火，待变速器油温降低后再进行自学习；在进行自学习时发动机转速或转矩不稳定，使发动机转速和转矩保持稳定以确保自学习成功完成。

7.1.10 保养用油液规格与用量

缤越燃油与轻混车型保养用油液规格与用量见表7-14。

表7-14 油液规格与用量

油　液	规　格	用　量
燃油（JLB-4G14TB）	92号及以上级别无铅汽油	45L
燃油（JLH-3G15TD）		55L
发动机机油（JLB-4G14TB）	SAE 5W-30	干式加注(4.4±0.1)L 湿式加注（更换机滤）(4.0±0.1)L 湿式加注（不更换机滤）(3.7±0.1)L
发动机机油（JLH-3G15TD）	壳牌 0W-20（VCC RBS0-2AE）	干式加注 6.6L 湿式加注（更换机滤）5.6L 湿式加注（不更换机滤）5.3L
发动机冷却液（JLB-4G14TB）	乙二醇体积比55%，冰点≤-40℃	6.1L
发动机冷却液（JLH-3G15TD）	basf G64；水=51%:49%(体积比)	6.5L
双离合自动变速器油（6DCT）	嘉实多 BOT350	总油量1.7L（原车残油0.5L，加注1.2L）
双离合自动变速器油（7DCT）	壳牌 Shell Spirax S5 DCT10	4.5L(干式)，4.0(湿式)
制动液	DOT4	(0.78±0.05)L
风窗清洗剂（JLB-4G14TB）	风窗洗涤器洗涤液使用硬度低于205g/1000kg的水或适量商用添加剂的水溶液（洗涤液应有足够的防冻能力，洗涤液冰点温度应比当地最低气温低10℃以上）	1.2L
风窗清洗剂（JLH-3G15TD）		1.5L
空调制冷剂（JLB-4G14TB）	R134a	(420±20)g
空调制冷剂（JLH-3G15TD）		550g

7.1.11 车轮定位数据

缤越燃油与轻混车型车轮定位参数见表7-15。

表 7-15 车轮定位参数

	项 目	数 值		项 目	数 值
前轮	前轮最大转角（内/外）	38°±2°/30.5°±2°	后轮	前车轮前束	0.1°±0.05°
	前轮外倾角	−0.33°±0.65°		后轮外倾角	−1.43°±0.5°
	主销内倾角	12.8°±0.75°		后车轮前束	0.05°±0.17°(JL6432C01)
	主销后倾角	4.7°±0.5°			0°±0.2°(JL6432D19)

7.2 缤越 PHEV（2019 年款）

7.2.1 吉利 JLH-3G15TD 发动机技术参数

该发动机也应用于缤越燃油车型上，表 7-16 只补充不同内容，相同内容参考本书 7.1.3 小节。

表 7-16 发动机用于 PHEV 车型参数

项 目	参 数
干质量	113.5kg±2.27%（PHEV 车型）

7.2.2 吉利 JLH-3G15TD 发动机电脑端子定义

吉利 JLH-3G15TD 发动机电脑端子分布如图 7-28 所示，端子定义见表 7-17、表 7-18。

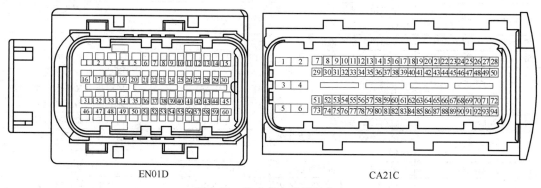

图 7-28 发动机电脑端子分布

表 7-17 EN01D 连接器端子定义

端子	名 称	定 义	端子	名 称	定 义
1	E.A.IP2S	电子节气门信号	18	A.T.TEV	炭罐电磁阀−
2	M.R.SEN4L	电子节气门信号	20	A.T.VVT1	进气机构控制阀−
3	O.P.MSVL	燃油控制阀信号	23	A.U.5V2	曲轴位置传感器电源
4	O.S.MSVH	燃油控制阀信号	24	A.U.5V.2	电子节气门电源
5	A.T.LDUV	排气机油控制阀−	25	电源＋	爆震传感器电源＋
6	GROUND	接地	26	G.R.SEN5VE1	接地
7	E.F.ZYHA1	曲轴位置传感器信号	27	V.V.5VE1	电源
8	A.T.DCP	电子节气门信号	28	GND	曲轴位置传感器接地
10	电源	爆震传感器电源−	29	SIG	机油压力传感器信号
11	AIR PREE SIG	进气压力/温度传感器压力信号	31	O.P.BANK1_1	1 缸喷油器信号
12	AIR TEMP SIG	进气压力/温度传感器温度信号	32	O.P.BANK2_1	2 缸喷油器信号
14	SIGN	油轨压力传感器信号	33	O.P.HDEV1_L	1 缸喷油器信号
16	电源−	机油泵电磁阀−	34	O.P.HDEV3_L	3 缸喷油器信号

续表

端子	名称	定义	端子	名称	定义
36	SIG	GPF 压差传感器信号	46	O. P. BANK3_1	3 缸喷油器信号
37	O. P. ICC1	1 缸点火线圈控制信号	48	O. P. HDEV2_L	2 缸喷油器信号
38	O. P. ICC3	3 缸点火线圈控制信号	51	E. A. IP1S	电子节气门信号
39	O. P. ICC2	2 缸点火线圈控制信号	52	5V	机油压力传感器电源
41	AT. DCM	电子节气门信号	53	I. T. CAMPOSI	进气凸轮轴相位传感器信号
42	GROUND	机油压力传感器接地	54	I. T. CAMPOSE	排气凸轮轴相位传感器信号
43	电源	发动机冷却液温度传感器电源−	56	PWR	GPF 温度传感器电源
44	5V	电源	57	电源+	发动机冷却液温度传感器电源+

表 7-18　CA21C 连接器端子定义

端子	名称	定义	端子	名称	定义
1	GND	接地	49	F/PUMP RLY CTRL	油泵继电器控制信号
2	GND	接地	51	O. S. DMTLV	油箱泄漏检测模块电磁阀
3	MAIN RLY	主继电器电源	52	GND1	电子节门踏板接地 1
4	GND	接地	57	O. T. EWG	废气控制阀信号−
5	MAIN RLY	主继电器电源	59	5V	增压压力温度传感器 5V 电源
6	MAIN RLY	主继电器电源			
7	O. T. LSU	前氧传感器加热信号	60	SIG POS2	电子油门踏板信号 2
11	G. R. SEN5W1	电源	61	5V2	电子油门踏板电源 2
13	I. A. BBV	真空压力传感器信号	62	I. A. LSF1	后氧传感器信号 1
16	O. S. DMTLH	油箱泄漏检测模块加热组件	63	I. A. SAP	增压压力温度传感器压力信号
17	V. V. 5W1	电源+			
21	SEN−	第二冷却液温度传感器负极信号	64	I. A. ITAS2	增压压力温度传感器温度信号
25	O. S. DMTLP	油箱泄漏检测模块气泵	65	LIN	蓄电池传感器 LIN 线
26	Brake Vaccum Ctl	真空泵继电器控制信号	69	MAIN RLY CTRL	主继电器控制信号
29	O. S. LSF1	后氧传感器加热	70	KL50R	启动继电器 2 反馈信号
30	B+	电源 B+	71	GROUND	增压压力温度传感器接地
31	ST RLY	启动继电器 1 电源	76	I. A. LSUVM1	前氧传感器 VM 信号
33	G. R. LSF1	后氧传感器接地	77	I. A. LSUUN1	前氧传感器 UN 信号
36	SEN+	第二冷却液温度传感器正极信号	79	I. A. LSUIP1	前氧传感器 IP 信号
			80	5V1	电子油门踏板电源 1
37	A. P. ZUE31	文丘里管压力传感器信号	81	SIG POS2	电子油门踏板信号 2
44	PT CAN-L	PT CAN-L 配备独立网关车型	82	SIG POS1	电子油门踏板信号 1
			83	GND2	电子油门踏板接地 2
45	PT CAN-H	PT CAN-H 配备独立网关车型	84	+	曲通导气管正极
			87	IG+	IG+电源

7.2.3　吉利 JLH-3G15TD 发动机数据流

吉利 JLH-3G15TD 发动机数据流见表 7-19。

表 7-19　发动机数据流

数据流名称	电源模式	怠速	2500r/min 时
实际空燃比	15.9975	0.9978	1.0186
蓄电池电压	12.9V	14.3V	14.3V
电子节气门体相对于机械下止点的开度	6.47%	2.56%	8.30%
油轨压力	5.15MPa	5.01 MPa	5.72MPa
进气温度	32.25℃	23.25℃	21.00℃
环境温度	37.50℃	31.50℃	30.00℃

续表

数 据 流 名 称	电源模式	怠速	2500r/min 时
电子节气门体上游进气压力	1035.06hPa	1034.90hPa	1049.49hPa
加速踏板开度	0.0%	0.0%	5.6%
燃油流量	0.0000mL/s	0.0027mL/s	0.0095mL/s
排气门下游实际排气背压	1036.95hPa	1040.08hPa	1073.83hPa
排气歧管中的排气温度模型值	261.65℃	345.58℃	501.86℃
废气控制阀相对开度	0.0134	0.0132	0.0145
发动机最大指示转矩	400N·m	400N·m	400N·m
最大设定油轨压力	15.00MPa	15.00MPa	15.00MPa
修正后的空气流量计流量	1.1kg/h	10.3kg/h	36.2kg/h
相对进气量	0.00%	19.92%	17.19%
进气流量	0kg/h	8kg/h	36kg/h
催化器下游氧传感器输出电压	0.47V	0.47V	0.46V
相对充气量	64.50%	22.50%	21.00%
SKA 冻结帧信息	0	0	0
ETS 路径监控诊断环境条件	0	0	0
转矩路径诊断监控条件	0	0	0
监控功能用于转矩比较的实际转矩	0.00%	0.00%	0.00%
在错误时使用的发动机温度替代值	79.50℃	63.75℃	63.75℃
相对于机械下止点的目标电子节气门体开度	1.57%	2.35%	7.84%
催化器下游排气温度模型值	360℃	365℃	360℃
发动机冷却液温度	79.50℃	72.75℃	77.25℃
发动机冷却液温度模型替代值	50.25℃	50.25℃	50.25℃
监控功能的计算实际转矩	0.00%	0.00%	0.00%
当前挡位	0	0	0
相对燃油流量	0%	21%	18%
实际点火角	0.00°	0.75°	40.50°
替代负荷信号的流量修正系数	1	0.98	0.92
油轨压力设定值	5.53MPa	5.00MPa	5.70MPa
电子节气门体电位计1的位置信号	6.47%	2.83%	8.42%
电子节气门体电位计2的位置信号	6.49%	2.86%	8.47%
电子节气门体控制信号占空比	80.04%	9.60%	21.15%
跛行模式下电子节气门体位置	0.00%	0.00%	0.00%
跛行模式下电子节气门体电位计2电压	0.02V	0.02V	0.02V
跛行模式下电子节气门体电位计1电压	0.75V	0.75V	0.75V
机械下止点处的电子节气门体电位计1电压信号	0.49V	0.49V	0.49V
车辆前进方向加速度	0.000m/s^2	0.000m/s^2	0.000m/s^2
环境压力传感器信号电压	4.09V	4.09V	4.09V
环境压力	1036.52hPa	1036.52hPa	1036.52hPa
进气歧管绝对压力	1038.05hPa	471.17hPa	376.8hPa
离合器数	0	0	0
进气温度	32.25℃	24.75℃	22.50℃
车速输出值	0.00km/h	0.00km/h	0.00km/h
蓄电池电压(ADC 扫描值)	12.93 V	14.25V	14.22V
催化器上游宽域氧传感器信号电压(ADC 扫描值)	1.50V	1.50V	1.50V
实际空燃比	15.99756	0.9978	0.9978
LRSHK 积分系数	0	0	0
宽域氧传感器动态值	0.6	0.6	0.6
进气 VVT 相对角度	37.00°	37.02°	37.98°
目标进气 VVT 角度	37.00°	37.00°	36.79°
机油温度	79.58℃	76.89℃	77.66℃

续表

数 据 流 名 称	电源模式	急速	2500r/min 时
空燃比控制输出	1	0.95	0.98
混合器自学习乘法修正系数	1	1	1
电子节气门体开度电位计 1 信号电压	0.75V	0.59V	0.80V
电子节气门体开度电位计 2 信号电压	4.25V	4.00V	4.19V
进气 VVT 控制占空比	0.00%	5.00%	5.00%
宽域氧传感器陶瓷体内阻	1918.6Ω	300.8Ω	300.8Ω
混合器自学习加法修正系数	0	−0.66	−0.56
PWG 电位计电压	0.72V	0.72V	1.13V
PWG 电位计 2 电压	0.35V	0.35V	0.54V
翻倍的 PWG 电位计 2 电压	0.69V	0.69V	1.08V
下游氧传感器陶瓷体内阻	0Ω	0Ω	0Ω
前催化器上游排气温度模型值	388.87℃	363.15℃	420.20℃
未修正的空气流量计流量	1.1kg/h	10.0kg/h	37.1kg/h
传动比	0	0	0
电子节气门体上游压力传感器信号电压	2.06V	2.06V	2.09V
电子节气门体上游进气压力	1037.66hPa	1039.06hPa	1056.95hPa
喷油脉宽	0.000ms	1.436ms	1.087ms
目标急速	650r/min	650r/min	650r/min
1 缸动态点火角推迟	0.00°	0.00°	0.00°
2 缸动态点火角推迟	0.00°	0.00°	0.00°
3 缸动态点火角推迟	0.00°	0.00°	0.00°
1 缸爆震信号参考电平	1.05V	0.11V	0.37V
2 缸爆震信号参考电平	1.05V	0.11V	0.45V
3 缸爆震信号参考电平	1.05V	0.11V	0.36V
发动机启动水温	84.00℃	83.25℃	83.25℃
炭罐阀流量	0.00kg/h	0.00kg/h	0.24kg/h
基础点火角	0.00°	15.00°	39.75°
失火率	0	0	0
1 缸失火次数	4	4	4
2 缸失火次数	5	5	5
3 缸失火次数	12	12	12
空燃比调制周期时间	0	0	0
急速控制转矩修正	0.00%	0.00%	0.00%
失火诊断最高转速	0r/min	0r/min	0r/min
失火诊断最低转速	64r/min	64r/min	64r/min
失火诊断最小负荷	0.78%	0.78%	0.78%
失火诊断最大负荷	0.00%	0.00%	0.00%
最大可达指示转矩	67.10%	48.14%	67.10%
实际指示转矩	10.74%	6.32%	10.74%
发动机温度	90.75℃	89.25℃	90.75℃
进气歧管压力传感器信号电压	0.86V	0.97V	0.86V
发动机阻力矩自学习	0.40%	0.40%	0.40%
排气 VVT 相对角度	−5.695313°	−33.046875°	−5.695313°
目标排气 VVT 角度	−33.000000°	−33.000000°	−5.570313°
排气 VVT 占空比	0.00%	0.00%	0.00%
炭罐阀控制占空比	0.00%	0.00%	17.98%
油泵继电器状态	关闭	打开	打开
低速风扇继电器状态	关闭	关闭	关闭
高速风扇继电器状态	关闭	关闭	关闭
空调离合器状态	关闭	关闭	关闭

续表

数据流名称	电源模式	怠速	2500r/min 时
发动机转速	0r/min	679r/min	2500r/min
启动结束后时间	0.0s	43.1s	50.9s
油位	3.0L	3.0L	3.0L
机油温度	98.78℃	63.74℃	97.80℃
车速	0km/h	0km/h	0km/h
环境压力	1036.52hPa	1036.72hPa	1036.68hPa

7.2.4 高压电池系统技术参数与端子定义

缤越PHEV高压电池系统技术参数见表7-20，高压电池管理器端子分布如图7-29所示，端子定义见表7-21。

表7-20 高压电池系统技术参数

项目	参数
电池类型	锂离子电池
额定电压	306.6V
额定容量	37A·h
标称总能量	11.3kW·h
冷却方式	液冷
质量(不含冷却水)	116kg
最大允许持续充电电流	37A
最大允许持续放电电流	111A

图7-29 高压电池管理器端子分布

表7-21 高压电池管理器端子定义

端子	名称	定义	端子	名称	定义
1	B+	电源B+	16	CRASH SIGNAL	碰撞信号
2	IG	电源IG	19	GND	接地
7	GND	接地	24	HB CAN-L	HB CAN-L
9	IN+	互锁信号输入	27	HB CAN-H	HB CAN-H
10	OUT-	互锁信号输出			

7.2.5 电机控制系统技术参数与端子定义

缤越PHEV电机控制器技术参数见表7-22，DC-DC转换器技术参数见表7-23，电机控制器端子分布如图7-30所示，端子定义见表7-24。

表7-22 电机控制器技术参数

项目	参数	项目	参数
工作电压范围	200～430VDC	转矩控制精度	±5N·m(0～100N·m时);±5%(>100N·m时)
额定工作电流	140A	转速控制精度	≤±30r/min
峰值功率	50kW	转矩响应时间	<35ms
额定功率	25kW		

表7-23 DC-DC转换器技术参数

项目	参数
输出电压范围	10.6～15.5V
输出电压最大误差	±0.2V
连续功率	2.5kW
峰值功率	3kW
系统效率	最高效率≥90%,高效区≥80%
响应时间	DC-DC转换器的响应时间应小于10ms

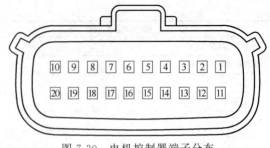

图7-30 电机控制器端子分布

表7-24 电机控制器端子定义

端子	名称	定义	端子	名称	定义
2	RESOLVER SINE+	正弦信号+	11	IN+	互锁信号输入
3	B+	电源B+	12	RESOLVER COS-	余弦信号-
4	HB CAN-H	CAN高总线通信	13	EN NTC+	电机温度传感器1+
5	HB CAN-L	CAN低总线通信	14	EN NTC+	电机温度传感器2+
6	EN NTC-	电机温度传感器1-	16	PSR	PSR输入信号,接VCU
7	CAN-L	CAN低总线通信	17	RESOLVER SINE-	正弦信号-
8	RESOLVER COS+	余弦信号+	18	RESOLVER EXCITER+	励磁信号+
9	CAN-H	CAN高总线通信	19	RESOLVER EXCITER-	励磁信号-
10	OUT-	互锁信号输出	20	EN NTC-	电机温度传感器2-

7.2.6 高压冷却系统技术参数与部件分解

缤越PHEV高压电池冷却水泵技术参数见表7-25,电机控制器冷却水泵技术参数见表7-26,驱动电机散热器技术参数见表7-27,电池冷却系统部件位置如图7-31所示,电池冷却系统部件分解如图7-32所示。

表7-25 高压电池冷却水泵技术参数

项目	参数	项目	参数
工作温度	-40～125℃	泄漏率	≤3mL/min
产品介质温度范围	-40～120℃	流量(扬程70kPa)	7.5L/min
工作电压	9～16V	流量(扬程60kPa)	19.5L/min
绝缘电阻	≥10MΩ	流量(扬程40kPa)	28.5L/min

表7-26 电机控制器冷却水泵技术参数

项目	参数	项目	参数
使用环境温度	-40～135℃	转速	900～4500r/min
使用电压范围	9～16V	流量	600L/h(57kPa时)

表7-27 驱动电机散热器技术参数

项目	参数	项目	参数
风速	8m/s	芯子尺寸(厚×高×宽)	16mm×155.9mm×593mm
水流量	8L/min	散热器管排数	25
介质	50%乙二醇+50%水	散热器管规格(长×高×壁厚)	16mm×1.4mm×0.2mm
液气标准总温差	45℃	散热器带节距	1.25mm
散热量	≥10kW	散热器带规格(长×高×壁厚)	590mm×4.65mm×2.5mm
水阻	≤10kPa	散热面积	2.57m²
风阻	≤240Pa	正面面积	0.0924m²

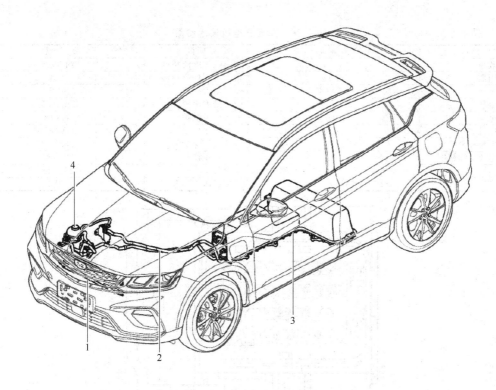

图 7-31 电池冷却系统部件位置

1—电池散热器总成；2—冷却管路；3—高压电池总成；4—膨胀罐

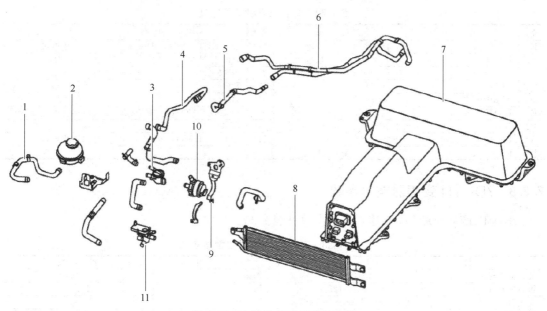

图 7-32 电池冷却系统部件分解

1—电池散热器进水管；2—膨胀罐；3—液气分离器；4—换热器到冷却器连接水管；5—空气分离器进水管；
6—电池进出水管；7—高压电池；8—电池散热器；9—电动水泵固定支架；10—电动水泵；11—三通电子阀总成（电池）

7.2.7 车载充电机技术参数与端子定义

缤越 PHEV 车载充电机技术参数见表 7-28，端子分布如图 7-33 所示，端子定义见表 7-29。

表 7-28 车载充电机技术参数

项目	参数	项目	参数
满载效率	94%	输出纹波电流精度	约5%
功率因数	0.99	输出电压检测精度	±2%
输入电压	220VDC	输出最大功率	6.6kW
输出电压	350VDC	输出最大电流	直流24A
输入电流	32A	输入欠压保护	<85VDC
输出电流	0~24A	输入欠压恢复	90VDC
输入电压检测精度	±4%	输入过压保护	>265VDC
输入电流检测精度	±2%	输入过压恢复	260VDC
输出电流检测精度	0.3A<I<12A时±0.2A；12A≤I<24A时±2%	输出欠压	<200VDC
		输出过压	>450VDC

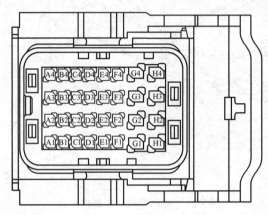

图 7-33 车载充电机端子分布

表 7-29 车载充电机端子定义

端子	名称	定义	端子	名称	定义
E1	LAMP1	指示灯信号1(红色)	H3	LOCKET MOTOR+	充电锁止电机+
F1	LAMP3	指示灯信号3(绿色)	A4	HB CAN-H	HB CAN-H
H1	B+	电源B+	B4	HB CAN-L	HB CAN-L
C2	TEMP-	温度信号-	C4	IN+	互锁信号输入
D2	TEMP+	温度信号+	D4	OUT-	互锁信号输出
E2	LAMP2	指示灯信号2(蓝色)	F4	LOCKET MOTOR SENSOR	充电锁止电机传感器
F2	GND	充电指示灯接地	G4	GND	接地
A3	CP	控制导引	H4	LOCKET MOTOR-	充电锁止电机-
B3	CC	交流充电连接确认信号			

7.2.8 7DCTH变速器技术参数

缤越PHEV 7DCTH变速器技术参数见表7-30。

表 7-30 7DCTH变速器技术参数

项目	参数	项目	参数
最大输入转矩	390N·m	3挡速比	1.441
箱体内油量	(4.5+0.125)L	4挡速比	1.047
变速器油型号	壳牌Shell Spirax S5 DCT10	5挡速比	1.086
整机质量	≤112.3kg	6挡速比	0.860
1挡速比	3.529	7挡速比	0.725
2挡速比	2.810	R挡速比	2.905

7.2.9 7DCTH变速器部件位置与端子定义

缤越PHEV 7DCTH变速器部件位置如图7-34、图7-35所示，分动箱端子分布如图7-36所示，端子定义见表7-31。

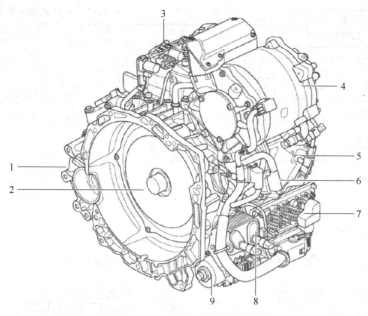

图 7-34 变速器外部部件位置

1—离合器壳体；2—双离合器总成；3—静液离合器分离执行机构；4—驱动电机总成；5—换挡电机执行机构总成；6—变速器线束；7—变速器控制单元（TCU）；8—油冷器；9—电子油泵

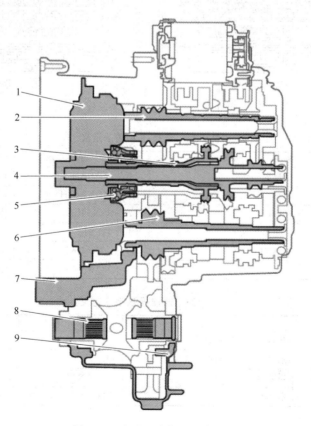

图 7-35 变速器内部部件位置

1—湿式双离合器（DWC）；2—输入1轴；3—输入2轴；4—输出1轴；5—离合器分离结构（CRS）；6—输出2轴；7—离合器壳体；8—差速器；9—变速器壳体

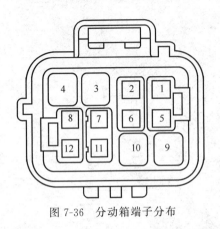

图 7-36 分动箱端子分布

表 7-31 分动箱端子定义

端子	名称	定义
2	IG K15	电源 IG1
3	KL30 HCA_1	电源 B+
4	KL30 HCA_2	电源 B+
6	LIN 2.3	电子换挡器信号
7	P CAN-H	P CAN-H
8	P CAN-L	P CAN-L
9	KL30 TCM	电源 B+
10	KL30 TCM	电源 B+
11	CAN-H	CAN 高总线通信
12	CAN-L	CAN 低总线通信

7.2.10 整车控制器端子定义

缤越 PHEV 整车控制器端子分布如图 7-37 所示，端子定义见表 7-32、表 7-33。

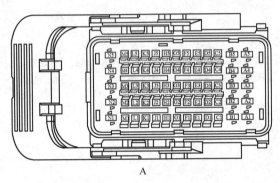
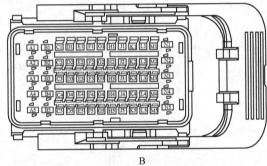

图 7-37 整车控制器端子分布

表 7-32 连接器 A 端子定义

端子	名称	定义	端子	名称	定义
A5	POW GND2	电源接地 2	J4	PT CAN-L	PT CAN-L
B1	POW GND2	电源接地 4	K4	PT CAN-H	PT CAN-H
B4	CIDD	CIDD	L2	VCU IGN	电源 IG1
B5	POW GND3	电源接地 3	L4	I-S-ST	BCM 信号
G5	HB CAN-L	HB CAN-L	M5	VCU PWR	VCU 电源
H5	HB CAN-H	HB CAN-H	N4	POW GND1	电源接地 1

表 7-33 连接器 B 端子定义

端子	名称	定义	端子	名称	定义
C2	FAN PMW	风扇 PWM 调速信号	J3	BRK LIGHT SW	制动灯开关
C3	O-S-STR	启动继电器控制信号输入	J4	LIN	LIN 线通信
E2	CTRL	电子隔离模块输入	N1	CS CAN-H	CS CAN-H
F2	BRK SW	制动开关	N2	CS CAN-L	CS CAN-L

7.2.11 保养用油液规格与用量

缤越 PHEV 车型保养用油液规格与用量见表 7-34。

表 7-34 油液规格与用量

油 液	规 格	用 量
燃油	RON92 号以及以上级别无铅汽油	35L
发动机机油(JLH-3G15TD)	壳牌 0W-20(VCC RBS0-2AE)	湿式加注 5.3L(不更换机滤),湿式加注 5.6L(更换机滤),干式加注 6.6L
制动液	符合 DOT4,不同牌号禁止混用	0.78L
发动机冷却液(JLH-3G15TD)	basf G64:水=51%:49%(体积比)	10L
电池水箱冷却液	符合 SH0521 要求的轻负荷发动机用乙二醇型发动机冷却液(防冻液),冰点≤-40℃	3L
双离合自动变速器油(7DCTH)	壳牌 Shell Spirax S5 DCT10	(4.5±0.15)L(单车 7DCTH 变速器总油量),(3.9±0.1)L(后期保养加注量)
风窗清洗剂	风窗洗涤器洗涤液使用硬度低于 205g/1000kg 的水或适量商用添加剂的水溶液(洗涤液应有足够的防冻能力,洗涤液冰点温度应比当地最低气温低 10℃ 以上)	2.0L
空调制冷剂	R134a	(480±20)g

7.3 帝豪 GL(2019 年款)

7.3.1 吉利 JLB-4G14TB 国六发动机技术参数

该发动机也应用于缤越燃油车型上,表 7-35 只补充不同内容,相同内容参考本书 7.1.1 小节。

表 7-35 发动机技术参数

项 目		参 数	项 目		参 数
凸轮轴	轴颈外径	23mm	气门系统	进气门直径	31mm
	凸轮轴轴向间隙	0.05~0.121mm		排气门直径	26mm
	进气门间隙	(0.23±0.03)mm		气门导管内径	5.5mm
	排气门间隙	(0.32±0.03)mm		气门杆直径(进气)	5.5mm
气门正时	进气门开启	上止点前 19°		气门杆直径(排气)	5.5mm
	进气门关闭	下止点后 73°	机油泵	机油压力	急速时>80kPa,额定转速时(油温 110℃)>355kPa
	排气门开启	下止点前 53°			
	排气门关闭	上止点后 16.5°			

7.3.2 吉利 JLB-4G14TB 国六发动机正时维修

吉利 JLB-4G14TB 国六发动机正时单元部件分解如图 7-38 所示。

拆卸之后的正时单元部件按以下步骤进行安装和调整。

安装前用 147N·m 的力拉紧正时链,使用游标卡尺测量 15 个链节的长度,如图 7-39 所示。最大长度为 136.36mm,随机测量 3 次,如果长度大于最大值,应更换正时链。

① 确认正时链上的 3 个黄色链节,第 2 个黄色链节和第 3 个黄色链节之间相隔 8 个链节,如图 7-40 所示。

② 转动进气凸轮轴和排气凸轮轴使链轮上的正时标记朝正上方,即第 1 缸第 1 个进、排气凸轮桃尖向内约成 90°夹角。安装正时链,使其第 2 个正时标记外链节(黄色)对正进气 VVT 驱动器正时标记;使链条的第 3 个正时标记外链节(黄色)对正排气凸轮轴链轮正时标记,如图 7-41 所示。

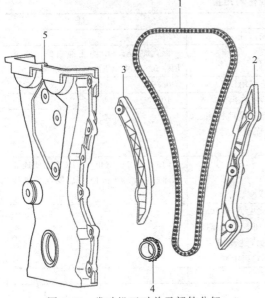

图 7-38 发动机正时单元部件分解

1—正时链；2—正时链导向轨；3—正时链张紧轨；
4—曲轴正时链轮；5—正时链罩

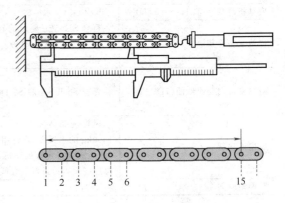

图 7-39 正时链最大长度测量（示意）

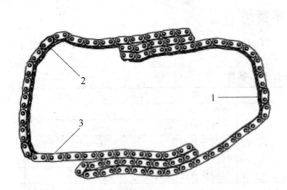

图 7-40 检查正时链

1～3—黄色链节

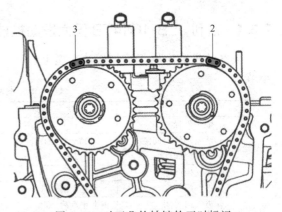

图 7-41 对正凸轮轴链轮正时标记

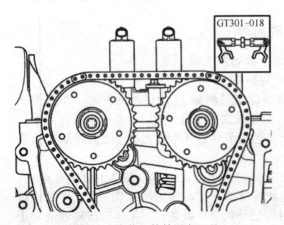

图 7-42 安装凸轮轴固定工具

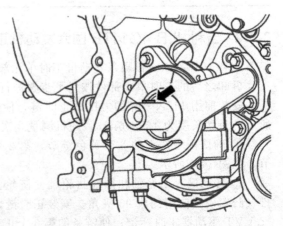

图 7-43 设置曲轴于 1 缸压缩上止点位置

③ 安装凸轮轴专用工具固定凸轮轴，如图 7-42 所示。专用工具编号为 GT301-018。

④ 旋转曲轴，如图 7-43 所示，将曲轴半圆键槽与水平成 90°竖直向上，即 1 缸压缩行程上止点位置。

⑤ 安装正时链，使第 1 个正时标记外链节（黄色）对正曲轴链轮正时标记，如图 7-44 所示。

⑥ 安装好后在进、排气链轮上做好装配标记，以便在取下正时链张紧器维修工具后再次确认正时标记。

⑦ 拆卸凸轮轴专用工具 GT301-018。

⑧ 安装正时链导向轨，如图 7-45 所示。

⑨ 安装并紧固正时链导向轨固定螺栓，如图 7-46 所示，拧紧力矩 23N·m。

⑩ 安装正时链张紧轨，如图 7-46 所示。

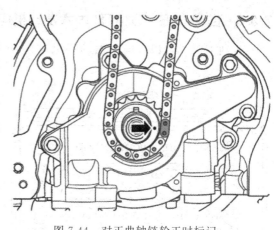

图 7-44 对正曲轴链轮正时标记

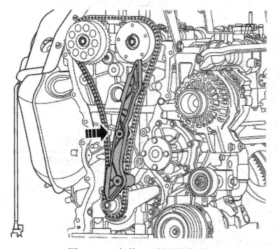

图 7-45 安装正时链导向轨

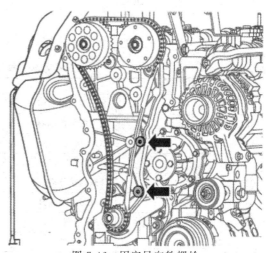

图 7-46 固定导向轨螺栓

⑪ 安装并紧固正时链张紧轨固定螺栓，如图 7-48 所示，拧紧力矩 23N·m。

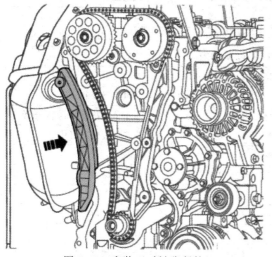

图 7-47 安装正时链张紧轨

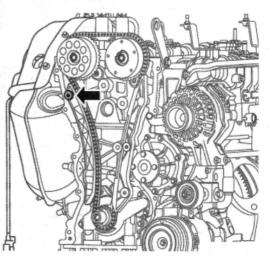

图 7-48 固定张紧轨螺栓

7.3.3 吉利 JLB-4G14TB 国六发动机电脑端子定义

吉利 JLB-4G14TB 国六发动机电脑端子分布如图 7-49 所示，端子定义见表 7-36、表 7-37。

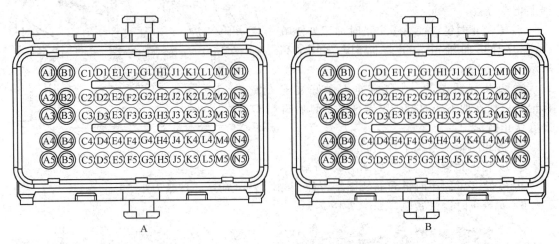

图 7-49 发动机电脑端子分布

表 7-36 连接器 A 端子定义

端子	名称	定义	端子	名称	定义
A1	OTEWG-P	电子废气控制阀 −	H1	LIN	蓄电池传感器 LIN 线
A2	OTEWG-N	电子废气控制阀 +	H2	IMMO SWITCH	防盗开关
A5	GND	ECM 接地 1	H3	I. A. TMOT2	第二水温传感器信号
B1	GND	ECM 接地 2	J1	O. S. KVP	真空泵继电器控制信号
B2	L. A. LSUUN1	前氧传感器电压	J2	FIPUMP RLY CTRL	燃油泵继电器
B3	L. A. LSUVM1	前氧传感器接地	J3	I. A. BOOSTANS	增压温度传感器
B5	GND	ECM 接地 3	J5	STRLY	启动继电器
C1	BRK NC SIG	制动灯开关	K1	ACCOMPRRLY	空调压缩机继电器
C2	BRK NO SIG	制动灯开关	K3	I. A. BOOSIDS	增压压力传感器压力信号
C3	O T LSUP	后氧传感器接地	K5	C/FANPWM	风扇控制
D2	GRAPP1	电子油门踏板 1 地	L2	IG+	点火开关
D5	PTCAN-H	CAN 通信接口总线高	L3	VVAPP1	电子油门踏板 1 的 5V 电源
E1	STFID	启动反馈	L4	O. V. SENSOR1	传感器 5V 电源
E2	GRAPP2	电子油门踏板 2 地	M1	I. S. NEUTRAL	空挡开关信号
E3	GRSEWSOR	传感器接地	M2	MRIN RLY CTRL	主继电器控制信号
E5	PTCAN-L	CAN 通信接口总线低	M3	VVAPP2	电子油门踏板 2 的 5V 电源
F1	OSDMTLV	炭罐 CVS 阀	M4	I. A. BVS	真空度传感器信号
F2	IADTESKPRE	油箱压力传感器信号	M5	B+	电源
F3	IAAPP1	电子油门踏板	N1	IACSUP	后氧传感器信号
F5	L. A. LSUIP1	前氧传感器信号	N2	MAINRLY	非持续电源
G1	CLUTCH TOP SWITCH	离合位移传感器	N3	MAINRLY	非持续电源
G2	I. A. PAC	空调压力传感器信号	N4	GND	ECM 接地 4
G3	IAAPP2	电子油门踏板	N5	GRLSUP	后氧传感器加热

表 7-37 连接器 B 端子定义

端子	名称	定义	端子	名称	定义
A3	O TTTEV	炭罐电磁阀	H1	LAEWGR	废气控制阀信号
A4	O. P. ICC3	点火线圈 3	H4	ITCAMPOSE	排气相位传感器信号
A5	O. P. ICC2	点火线圈 2	J2	IABAP	文丘里管压力传感器信号
B3	OTCVVTI	进气 VVT 电磁阀	J3	GRTVP	电子节气门位置传感器 2
B4	O. P. ICC1	点火线圈 1	J4	IFENGSPH	爆震传感器 A
B5	O. P. ICC4	点火线圈 4	J5	ELECTRONIC LOAD2 SWITCH	电子负载 2 开关
C2	O. P. IV1-3	4 缸喷油器控制 1	K2	STREQ	KL50 开关
C3	O. P. IV1-1	1 缸喷油器控制 1	K3	IATVP2	电子节气门地
C4	O. P. IV1-2	3 缸喷油器控制 1	K4	VV5VHALL	爆震传感器 B
D1	OTCVVTE	排气 VVT 电磁阀	K5	ISKUP	离合器底部开关
D2	O. P. IV1-4	2 缸喷油器控制 1	L3	I. A. MAP	进气压力温度传感器
D3	O. P. IV2-2	3 缸喷油器控制 2	M1	I. A. TAIR	进气压力温度传感器
D4	O. P. IV2-1	1 缸喷油器控制 2	M2	AC REQUSTSW	空调请求开关
D5	VVTVP	电子节气门	M3	ITCAMPOSI	进气凸轮轴位置传感器信号
E1	OTEWG	泄流控制阀	M4	GRSEN5VE1	凸轮轴位置传感器接地
E2	O. P. IV2-3	4 缸喷油器控制 2	M5	G. R. HALL	转速传感器
E3	LINEAR SIGNAL PWM	离合位移传感器	N1	OTLSU	前氧传感器加热控制
F1	O SDMTLV	炭罐 OCV 阀	N2	ACSWITCH	空调请求开关
F2	O. P. IV2-4	2 缸喷油器控制 2	N3	CYLINDER COOLANT TEMP SENSOR	冷却液温度传感器
F5	I. A. TPS1	电子节气门位置传感器 1			
G1	O. V. CAM	霍尔信号传感器电源			
G2	I. A. PCV	曲轴通风箱导电管控制电源	N4	THROTTLE ACTUATOR	电子节气门执行器 A 端
G3	O. V. DGU	传感器 5V			
G4	I. F. ENGSPH	发动机转速输入(霍尔式)	N5	THROTTLE ACTUATOR	电子节气门执行器 B 端
G5	GRSEN5VE1	传感器接地			

7.3.4 吉利 JLH-3G15TD 发动机技术参数

该发动机也应用于缤越 BSG 车型上,相关内容参考本书 7.1.3 小节。

7.3.5 吉利 JLH-3G15TD 发动机正时维修

该发动机也应用于缤越 BSG 车型上,相关内容参考本书 7.1.4 小节。

7.3.6 吉利 JLH-3G15TD 发动机电脑端子定义

吉利 JLH-3G15TD 发动机电脑端子分布如图 7-50 所示,端子定义见表 7-38、表 7-39。

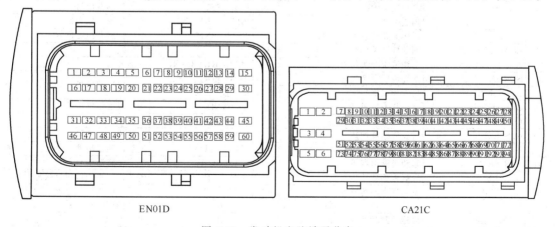

图 7-50 发动机电脑端子分布

表 7-38　EN01D 连接器端子定义

端子	名　　称	定　　义	端子	名　　称	定　　义
1	G. R. TVP	电子节气门控制＋	31	O. P. BANK1	喷油器 1＋
2	O. T. TVN	电子节气门控制－	32	O. P. BANK2	喷油器 2＋
3	O. P. MSVL	燃油控制阀－	33	O. P. HDEV1	喷油器 1－
4	O. P. MSVH	燃油控制阀＋	34	O. P. HDEV3	喷油器 3－
5	O. T. CVVTE	排气可变气门正时阀信号	36	I. T. GPFPD	GPF（汽油机颗粒捕集器）压差传感器信号
6	G. R. SEN5VE	进气温度压力传感器接地			
7	V. V. 5VHALL	曲轴位置传感器 5V	37	O. P. ICC1	第 1 缸点火信号
8	I. A. TVP	电子节气门电源	38	O. P. ICC3	第 3 缸点火信号
10	I. A. KS1B	爆震传感器信号－	39	O. P. ICC2	第 2 缸点火信号
11	I. A. ITAS	进气温度传感器信号	41	I. A. TVP2	节气门位置传感器 2 信号
12	I. A. MAP	进气压力传感器信号	42	I. T. OIL PT	机油压力传感器信号
14	I. A. FRP	油轨压力传感器信号	43	SNRGND	发动机水温传感器接地
16	O. S. OCV	机油泵电磁阀	44	V. V. 5VE1	5V 电源
18	O. T. TEV	炭罐控制信号	46	O. P. BANK3	喷油器 3＋
20	O. T. CVVTI	进气可变气门正时阀信号	48	O. P. HDEV2	喷油器 2－
23	I. F. ENGSPH	曲轴位置信号	51	MRSEN4	电子节气门传感器接地
24	I. A. TVP1	节气门位置传感器信号 1	52	V. V. 5VE2	机油压力传感器 5V 电源
25	I. A. KS1B	爆震传感器信号＋	53	I. T. CAMPOSI	进气相位传感器信号
26	G. R. SEN5VE1	相位传感器接地	54	I. T. CAMPOSE	排气相位传感器信号
27	V. V. 5VE1	凸轮轴传感器 5V	56	I. A. GPFT	GPF（汽油机颗粒捕集器）温度信号
28	G. R. SEN5VES	转速传感器接地			
29	G. R. SEN5VES	机油压力传感器接地	57	I. A. TMOT	发动机水温传感器信号

表 7-39　CA21C 连接器端子定义

端子	名　　称	定　　义	端子	名　　称	定　　义
1	GND	ECU 接地	45	PTCAN-H	动力 CAN 高
2	GND	ECU 接地	47	STARTER REQUEST SIGNAL	启动请求信号
3	MAIN RLY	主继电器非持续电源			
4	GND	ECU 接地	49	D. T. DECOS	油泵控制信号
5	MAIN RLY	主继电器非持续电源	50	ACRLY	空调压缩机继电器
6	MAIN RLY	主继电器非持续电源	51	O. S. DMTLV	电磁阀－
7	O. T. LSU	前氧传感器加热	52	GND	电子油门踏板传感器接地
10	A/C PRESS	空调压力传感器信号	57	O. T. EWG	废气控制阀信号
11	SNRGND	低压油路传感器接地	59	V. V. 5V	增压压力传感器 5V 电源
12	I. A. FUEL P	低压油路传感器信号	60	IMMO	发动机防盗信号
13	I. A. BEV	制动真空度传感器信号	61	I. A. APP2	电子油门踏板位置传感器信号 2
15	FANPWM	冷却风扇 PWM 信号	62	I. A. LSF1	后氧传感器信号
16	O. S. DMTLH	加热组件－	63	PRESSURE SNR	增压传感器压力信号
17	V. V. 5VV1	低压油路传感器 5V 电源	64	TEMP SNR	增压传感器温度信号
19	BRAKE LIGHT SW	制动灯开关信号	65	LIN	LIN 线
20	A/C REQUEST	空调请求开关信号	69	MAIN RLY CTRL	主继电器
21	SNRGND	水温传感器 2 接地	70	STARTER REEDBACK	起动机反馈信号
23	I. S. SSMS	启停开关信号			
24	BREAK. SIG	制动开关信号	71	SNRGND	进气温度传感器接地
25	O. S. DMTLP	气泵－	72	PUMP RLY CTRL	低压油泵继电器控制
29	O. S. LSF1	后氧传感器加热	76	I. A. LSUVMI	前氧传感器信号
30	B＋	ECU 持续电源	77	I. A. LSUUNI	前氧传感器接地
31	STR SIGNAL	起动机继电器 1	79	I. A. LSUIP1	前氧传感器信号
33	G. R. LSF1	后氧传感器接地	80	G. R. APP1	电子油门踏板传感器接地
36	I. A. TMOT2	发动机水温传感器 2 信号	81	V. V. APP2	电子油门踏板传感器电源 2
37	I. A. ETTP	文丘里管压力传感器信号	82	V. V. APP1	电子油门踏板传感器电源 1
42	GREENLP	启停控制状态灯信号	83	I. A. APP1	电子油门踏板传感器信号 1
44	PT CAN-L	动力 CAN 低	87	IG＋	IG1 电源

7.3.7 吉利 JLH-3G15TD 发动机数据流

吉利 JLH-3G15TD 发动机数据流见表 7-40。

表 7-40 JLH-3G15TD 发动机数据流

数据流名称	数值范围
发动机转速	0~16383.75r/min
油位	0~6553.5L
气缸盖的机油温度	−273.15~1262.9265℃
环境压力	0~2559.960938hPa
节气门相对于机械下止点的开度	−800~799.97558593 75%DK
油轨压力	0~32.7675MPa
进气温度	−48~143.25℃
节气门体上游进气压力	0~5119.921875hPa
加速踏板开度	0~99.99847%PED
燃油流量	0~0.0390619039535522L/s
发动机最大指示转矩	30~2550N·m
进气流量	0~1020kg/h
催化器下游氧传感器输出电压	−1~318.9951172V
相对充气量	0~191.25%
相对于机械下止点的目标节气门开度	0~100%DK
发动机冷却液温度	−48~143.25℃
当前挡位	0~255
实际点火角	−96~95.25°
节气门电位计 1 的位置信号	−800~799.9755859%DK
节气门电位计 2 的位置信号	−800~799.9755859%DK
机械下止点处的节气门电位计 1 电压信号	0~4.98046875V
机械下止点处的节气门电位计 2 电压信号	0~4.98046875V
进气歧管绝对压力	0~2559.960938hPa
进气温度传感器原始值	−48~143.25℃
蓄电池电压(ADC 扫描值)	0~1543.348999V
进气 VVT 相对角度	−256°~255.9921875°
目标进气 VVT 角度	−256°~255.9921875°
机油温度	−273.15~1262.826563℃
节气门开度电位计 1 信号电压	0~79.9987793V
节气门开度电位计 2 信号电压	0~79.9987793V
进气 VVT 控制占空比	0~99.99847371%
电子油门踏板电位计电压	0~319.9951172V
电子油门踏板电位计 2 电压	0~319.995 1172V
下游氧传感器陶瓷体内阻	0~131070Ω
喷油脉宽	0~4294967.295ms
目标急速	0~2550r/min
1 缸动态点火角推迟	−96°~95.25°
2 缸动态点火角推迟	−96°~95.25°
3 缸动态点火角推迟	−96°~95.25°
炭罐阀流量	0~25.59960938kg/h
基础点火角	−96°~95.25°
失火率	0~65535
1 缸失火次数	0~65535
2 缸失火次数	0~65535
3 缸失火次数	0~65535
实际指示转矩	0~99.99847%

续表

数据流名称	数值范围
氧传感器信号电压(第一组,传感器2)(后氧传感器电压)	−1〜318.995149955V
进气歧管压力传感器信号电压	0〜319.99515V
排气VVT相对角度	−256°〜255.9921875°
目标排气VVT角度	−256°〜255.9921875°
排气VVT控制占空比	0〜99.99847412%
炭罐阀控制占空比	0〜0.999984741%
油泵继电器状态	0〜1
空调离合器状态	0〜1
风扇实际输出占空比	0〜99.609375%
发动机运行时间	0〜4294967295s
MIL故障后的行驶里程	0〜65535km
主继电器状态	0〜1
进气凸轮位置	−256°〜255.99218°
排气凸轮位置	−256°〜255.99218°
刹车开关	0〜1
氧传感器位置	0〜255
下游氧传感器短期修正	−100%〜99.21875%
下游氧传感器长期修正	−100%〜99.21875%
节气门绝对位置	0〜99.609375%
蒸发炭罐设定值	0〜100%
绝对负荷值	0〜25700%
绝对节气门位置B	0〜99.609375
电子油门踏板位置D	0〜99.609375
电子油门踏板位置E	0〜99.609375
节气门电机控制命令	0〜100%
发动机在启动峰值时的电池电压	0〜15.9375V
发动机在启动峰值后的电池电压	0〜15.9375V
SOFV1的精度	0〜255mV
SOFV2的精度	0〜255mV
电量	0〜100%
电量精度	0〜3%
电池电压	3〜66.999V
电池温度	−40〜215℃
电池电流	−2048〜2047.9375A

7.3.8 CVT25变速器技术参数

CVT25变速器技术参数见表7-41。

表7-41 变速器技术参数

项目	参数	项目	参数
带轮速比范围	0.38〜2.69	最大爬坡度	30°
主减速比	6.08	齿轮油容量	5.5L(湿式);(7.3±0.2)L(远景S1)
最高车速	175km/h	润滑油型号	CVTF WCF-1(简称CVTF)

7.3.9 CVT25变速器部件分解与端子定义

CVT25变速器部件分解如图7-51所示。

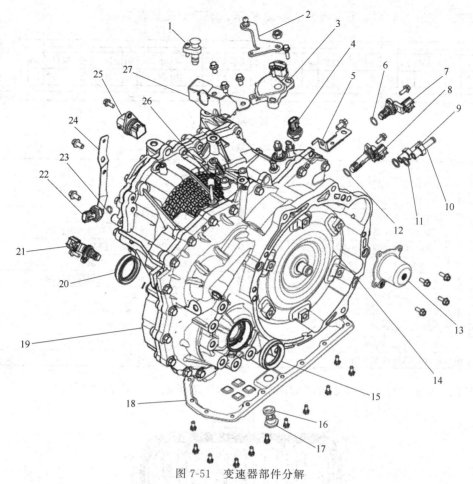

图 7-51 变速器部件分解

1—油堵；2—换挡臂；3—换挡开关总成；4—油压传感器；5—支架（整车线束）；6—密封圈（速度传感器总成）；7—速度传感器总成（输入带轮轴）；8—速度传感器总成；9—冷却油管总成（出）；10—冷却油管总成（进）；11—垫片；12—密封圈（速度传感器总成）；13—外部滤清器壳体；14—液力变矩器；15—差速器油封；16—平垫圈（放油螺塞）；17—放油螺塞；18—阀体壳；19—CVT25 变速器；20—差速器油封；21—速度传感器总成（输出带轮轴）；22—油压传感器；23—O 形圈；24—支架（集成线束插头）；25—线束总成插头（阀体线束）；26—通气帽；27—换挡拉线支架

CVT25 变速器阀体总成端子分布如图 7-52 所示，端子定义见表 7-42。

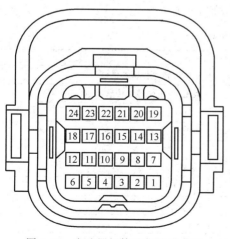

图 7-52 变速器阀体总成端子分布

表 7-42 变速器阀体总成端子定义

端子	定 义
7	油温信号＋
8	油温信号－
9	输入轴电磁阀信号＋
10	输入轴电磁阀信号－
11	TC 电磁阀信号＋
12	TC 电磁阀信号－
13	主油压电磁阀信号＋
14	主油压电磁阀信号－
16	离合器电磁阀信号＋
16	离合器电磁阀信号－
17	输出轴电磁阀信号＋
18	输出轴电磁阀信号－

第 7 章 吉利汽车 293

CVT25 变速器电脑端子分布如图 7-53 所示，端子定义见表 7-43。

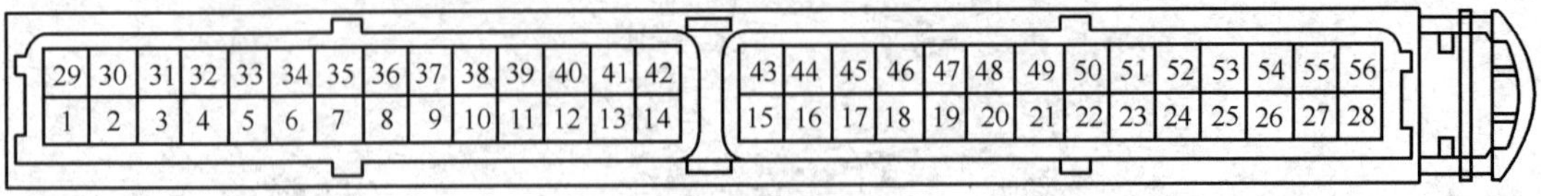

图 7-53 变速器电脑端子分布

表 7-43 变速器电脑端子定义

端子	定 义	端子	定 义
1	液力变矩器/离合器控制阀低边控制	15	输出带轮轴油压传感器信号
2	输入带轮轴压力控制阀低边控制	17	P 挡
3	离合器控制阀高边控制	29	主油压/P 挡锁控制阀低边控制
4	液力变矩器控制阀高边控制	30	输出带轮轴压力控制阀低边控制
6	输出带轮轴压力控制阀高边控制	31	P 挡锁控制阀高边控制
8	整车 CAN 低	32	主油压控制阀高边控制
9	涡轮/输出带轮轴转速传感器地	34	输入带轮轴压力控制阀高边控制
10	输入带轮轴转速传感器信号	36	整车 CAN 高
11	输入带轮轴转速传感器地	37	输入/输出带轮轴油压传感器地
12	变速器油温传感器地	38	涡轮转速传感器信号
13	变速器油温传感器信号	39	输出带轮轴转速传感器信号
14	输入带轮轴油压传感器信号	41	挡位监控信号

CVT25 变速器传感器端子分布如图 7-54 所示，端子定义见表 7-44。

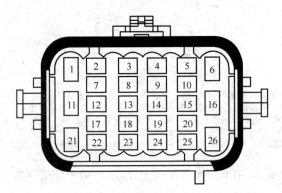

图 7-54 变速器传感器端子分布

表 7-44 变速器传感器端子定义

端子	定 义	端子	定 义
2	输入/输出轴油压传感器地	14	输入轴转速传感器供电
3	输入轴油压传感器信号	15	涡轮/输出轴转速传感器地
4	输入轴油压传感器供电	17	P 挡
5	涡轮/输出轴转速传感器供电	18	N 挡
7	输出轴转速传感器信号	19	D 挡
8	输出轴油压传感器信号	20	DS 挡
9	输出轴油压传感器供电	21	启动继电器
10	涡轮转速传感器信号	22	挡位监控信号
12	输入轴转速传感器地	23	R 挡
13	输入轴转速传感器信号	26	启动继电器控制端

CVT25 变速器换挡器端子分布如图 7-55 所示，端子定义见表 7-45。

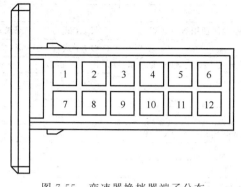

图 7-55 变速器换挡器端子分布

表 7-45 变速器换挡器端子定义

端 子	定 义
4	背光灯（＋）
5	背光灯（一）
6	TCU 接地
7	KL15（电源）
9	前进挡（一）
10	自动/手动模式切换
11	前进挡
12	P 挡解锁

7.3.10 CVT25 变速器挡位自学习方法

为了补偿制造中引入的尺寸公差，每一台 TCU（自动变速器控制单元）在安装之后，第一次使用之前，均要进行下线自学习操作。该过程是在发动机怠速状态下，通过挂载不同挡位实现的。一旦该操作完成，全寿命周期的长期自学习操作将会自动完成。

在遇到下列情况时，都需要进行变速器挡位自学习，否则会出现换挡不顺、起步不畅的现象。

① 新车首次行驶。
② 更换新的 TCU。
③ 大修变速器总成。

液力变矩器锁止离合器自学习具体操作如下。

① 启动发动机挂入 D 挡。
② 车辆小油门加速到 50km/h。
③ 松开油门不踩刹车，车辆滑行至 10km/h 以下。
④ 重复步骤②、③三次。
⑤ 整车正常下电，自学习完毕。

前进挡离合器自学习具体操作如下。

① 启动发动机后，松开手刹。
② 踩刹车挂入 D 挡，在 D 挡等待 10s 后松刹车，至爬行车速。
③ 重复步骤②三次以上。
④ 整车正常下电，自学习完毕。

倒挡离合器自学习具体操作如下。

① 启动发动机后，松开电子手刹。
② 踩刹车挂入 R 挡，在 R 挡等待 10s 后松刹车，至爬行车速。
③ 重复步骤②三次以上。
④ 整车正常下电，自学习完毕。

注意为了使变速器在各种工况下都能达到很好的驾驶效果，需在高温、低温、常温等工况下都执行一次自学习操作。

7.3.11 保养用油液规格与用量

帝豪 GL 车型保养用油液规格与用量见表 7-46。

表 7-46 油液规格与用量

油 液	规 格	用 量
制动液和离合器液	DOT4	0.7L
发动机机油(JLB-4G14TB)	吉利增压发动机专用机油(低温地区使用 SAE 0W-30)	4.0L(干式),3.9L(湿式)
发动机机油(JLH-3G15TD)	壳牌 0W20(VCC RBS0-2AE)	6.6L(干式),5.3L(湿式)
发动机冷却液(JLB-4G14TB)	符合 SH0521 要求的轻负荷发动机用乙二醇型发动机冷却液(防冻液),冰点≤-40℃	6.5L
发动机冷却液(JLH-3G15TD)		7.5L
手动变速器润滑油	福斯 75W-90 GL-4	2.5L(湿式)
自动传动液(CVT25)	CVTF WCF-1(简称 CVTF)	5.5L(湿式)
自动传动液(7DCT)	壳牌施倍力双离合变速器油 Shell Spirax S5 DCT10	4.5L
动力转向系统油液	Pentosin CHF 202	0.9L
空调制冷剂	R134a	(520±5)g
洗涤液	风窗洗涤器洗涤液使用硬度低于 205g/1000kg 的水或适量商用添加剂的水溶液	3.0L

7.4 帝豪 GL PHEV(2019 年款)

7.4.1 吉利 JLH-3G15TD 发动机技术参数

该发动机也应用于缤越 BSG 车型上,相关内容参考 7.1.3 小节。

7.4.2 吉利 JLH-3G15TD 发动机正时维修

该发动机也应用于缤越 BSG 车型上,相关内容参考 7.1.4 小节。

7.4.3 吉利 JLH-3G15TD 发动机电脑端子定义

吉利 JLH-3G15TD 发动机电脑端子分布如图 7-56 所示,端子定义见表 7-47、表 7-48。本处只保留与 GL 车型不同的内容,其他信息参见 7.3.6 小节。

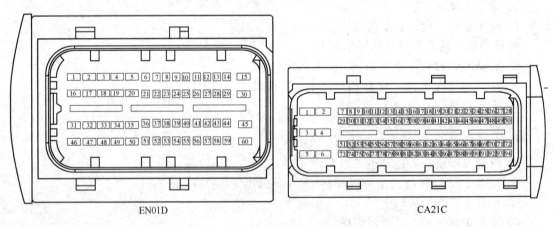

图 7-56 发动机电脑端子分布

7.4.4 高压电池总成技术参数与端子定义

帝豪 GL PHEV 高压电池总成技术参数见表 7-49,端子分布如图 7-57 所示,端子定义见表 7-50。

表 7-47 EN01D 连接器端子定义

端子	名称	定义	端子	名称	定义
6	G. R. SEN5VE	压力传感器接地	39	O. P. ICC2	2缸点火线圈控制信号
13			43	SNRGND	发动机冷却液温度传感器信号
17	G. R. RES11	GPF 压差传感器	44	V. V. 5VE1	压力传感器电源
26	G. R. SEN5VE1	凸轮位置传感器接地	53	I. T. CAMPOSI	进气凸轮轴位置传感器信号
27	V. V. 5VE1	凸轮位置传感器电源	54	I. T. CAMPOSE	排气凸轮轴位置传感器信号
28	G. R. SEN5VES	曲轴位置传感器信号	56	I. A. GPFT	GPF(汽油机颗粒捕集器)前端温度传感器信号
29	G. R. SEN5VES	机油压力传感器信号			
38	O. P. ICC3	3缸点火线圈控制信号	57	I. A. TMOT	发动机冷却液温度传感器信号

表 7-48 CA21C 连接器端子定义

端子	名称	定义	端子	名称	定义
8	—	—	47	—	—
10	—	—	49	F/PUMP RLY CTRL	油泵控制继电器
11	G. R. SEN5VV1	制动真空助力器			
12			50		
13	I. A. BEV	真空压力传感器信号	51	O. S. DMTLV	DMTL
15			52	G. R. APP2	接地
16	O. S. DMTLH	DMTL(燃油箱泄漏诊断模块)	58		
17	V. V. 5VV1	真空压力传感器信号	59	V. V. 5V	接空气压缩机
18			60	5V	发动机防盗锁止信号(国六)
19			65	LIN	蓄电池传感器
20			71	G. R. PRESS	按空气压缩机
21	G. R. SEN2	第二水温传感器	72		
24			74		
25	O. S. DMTLP	DMTL(燃油箱泄漏诊断模块)	80	G. R. APP1	接地
26	BRAKE VACCUM CTL	真空泵继电器控制信号	81	V. V. APP2	接 APS(油门踏板开度传感器)
			82	V. V. APP1	接 APS(油门踏板开度传感器)
36	I. A. TMOT2	第二水温传感器	83	I. A. APP1	接 APS(油门踏板开度传感器)
43					

表 7-49 高压电池总成技术参数

项目	参数	项目	参数
电池类型	三元锂离子电池	质量(不含冷却水)	116kg
额定电压	306.6V	产品尺寸	1186.5mm×1041.9mm×382.4mm
额定容量	37A·h	IP 等级	IP67
标称总能量	11.3kW·h	充放电效率	99%
冷却方式	液冷		

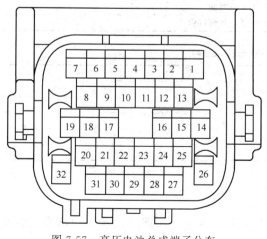

图 7-57 高压电池总成端子分布

表 7-50 高压电池总成端子定义

端子	名称	定义
1	B+	B+电源
2	IG+	IG 电源
7	PWR GND	接地
9	HVIL2 IN	高压互锁
10	HVIL2 OUT	高压互锁
16	ENS IN	接安全气囊
19	PWR GND1	接地
24	HB CAN-L	接总线低
27	HB CAN-H	接总线高

7.4.5 车载充电机技术参数与端子定义

车载充电机技术参数见表 7-51、表 7-52，端子定义见 7.2.7 小节。

表 7-51 车载 3.3kW 充电机技术参数

项 目	参 数	项 目	参 数
输入电压	85~264VAC	效率	≥93%
输入频率	45~65Hz	质量	4kg
输入最大电流	16A	工作温度	-40~85℃
输出电压	200~420VDC	冷却液类型	50%水+50%乙二醇
输出最大功率	3.3kW	冷却液流量要求	6~8L/min
输出最大电流	直流 12A	睡眠功耗	<100μA

表 7-52 车载 6.6kW 充电机技术参数

项 目	参 数	项 目	参 数
满载效率	94%	输出纹波电流精度	≤5%
功率因数	0.99	输出电压检测精度	±2%
输入电压	90~265VDC	输出最大功率	6.6kW
输出电压	200~450VDC	输出最大电流	直流 24A
输入电流	0~32A	输入欠压保护	(80±4)VDC
输出电流	0~24A	输入欠压恢复	(90±4)VDC
输入电压检测精度	±4%	输入过压保护	(273±8)VDC
输入电流检测精度	±2%	输入过压恢复	(265±8)VDC
输出电流检测精度	0.3A<I<12A：±0.2A 12A≤I≤24A：±2%	输出欠压	(190±4)VDC
		输出过压	(460±5)VDC

7.4.6 电机控制系统技术参数与端子定义

电机控制器技术参数见表 7-53，DC-DC 转换器技术参数见表 7-54，电机控制器端子定义见 7.2.5 小节。

表 7-53 电机控制器技术参数

项 目	参 数	项 目	参 数
母线电压范围	200~430VDC	转矩控制精度	<±5N·m(0~100N·m)，<5%(>100N·m)
峰值功率(10s)	67kW		
相电流有效值的最大值(7s)	410A	转矩响应时间	<35ms
转速控制精度	<±30r/min	控制器效率(最高)	≥98%

表 7-54 DC-DC 转换器技术参数

项 目	参 数	项 目	参 数
输入电压要求	200~405VDC	额定功率	2.64kW
输出电压要求	13.8V	峰值功率	3.12kW
输出电压最大误差	200mV	系统效率	最高效率≥90%，高效区(≥80%)超过 80%
额定电流	188A		
峰值电流	260A		

7.4.7 高压冷却系统技术参数与部件分解

帝豪 GL PHEV 高压冷却系统技术参数见表 7-55、表 7-56，部件位置与冷却系统管路分解如图 7-58~图 7-61 所示。

表7-55 冷却水泵技术参数

项 目	参 数	项 目	参 数
使用环境温度	−40～135℃	转速	900～4500r/min
使用电压范围	9～16V	流量	600L/h(57kPa时)

表7-56 电机散热器总成技术参数

项 目	参 数	项 目	参 数
风速	8m/s	散热器管排数	22
水流量	8L/min	散热器管规格（长×高×壁厚）	16mm×1.4mm×0.2mm
介质	50%乙二醇+50%水		
液气标准总温差	45℃	散热器带节距	1.25mm
散热量	≥9kW	散热器带规格（长×高×壁厚）	590mm×4.65mm×2.5mm
水阻	≤10kPa		
风阻	≤340Pa	散热面积	2.25m²
芯子尺寸（厚×高×宽）	16mm×137.75mm×586.5mm	正面面积	0.081m²

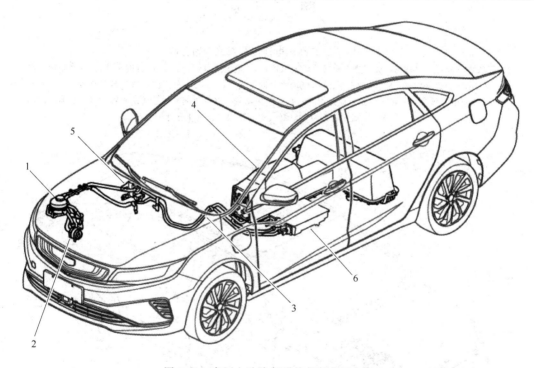

图7-58 高压电池冷却系统部件位置
1—膨胀罐；2—电动水泵；3—冷却管路；4—高压电池；5—热交换器；6—充电机；

7.4.8 7DCTH变速器技术参数、部件位置与端子定义

7DCTH变速器技术参数见表7-57，部件位置及端子定义参考本书7.2.9小节。

7.4.9 整车控制器端子定义

帝豪GL PHEV整车控制器端子分布如图7-62所示，端子定义见表7-58。

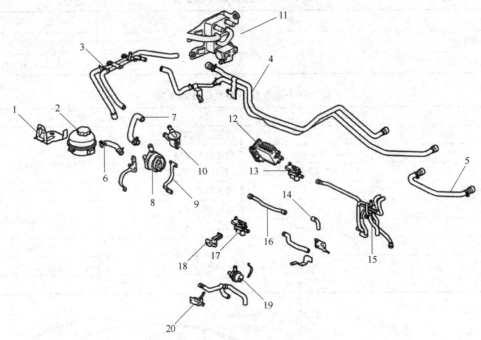

图 7-59　高压电池冷却系统管路分解

1—膨胀罐支架；2—膨胀罐；3—热交换器总成进水管；4—电池进水管；5—充电机进水管；6—膨胀罐加水管；7—电动水泵进水软管；8—电动水泵；9—电动水泵固定支架；10 液气分离器；11—热交换器；12—PTC；13—二通电磁阀；14—热交换器总成进水管；15—暖风水管；16—热交换器总成出水管；17—三通电磁阀；18—三通电磁阀支架；19—电子水泵；20—电子水泵支架

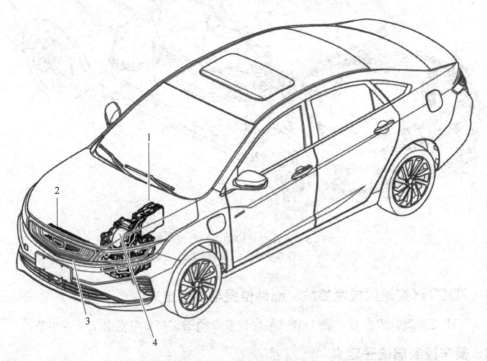

图 7-60　电机控制器冷却系统部件位置

1—电机控制器；2—电机散热器总成；3—电动水泵；4—驱动电机

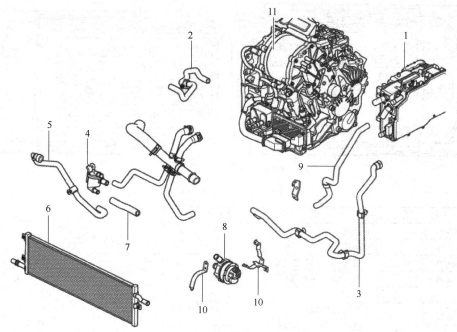

图 7-61 电机控制器冷却系统管路分解

1—电机控制器；2—驱动电机出水管；3—电机控制器进水管；4—液气分离器；5—液气分离器进水管；6—散热器；7—液气分离器出水管；8—电子水泵；9—电机控制器出水管；10—电子水泵固定支架；11—驱动电机

表 7-57　7DCTH 变速器技术参数

项　目	参　数
质量	112.3kg
最大输入转矩	倒挡 228N·m,1 挡 275N·m,2 挡 300N·m,3~6 挡 390N·m,7 挡 350N·m
电机额定转矩	60N·m
变速器最大输入转速	6500r/min
电机峰值转矩	160N·m(6.5s)
传动比	1 挡 3.529;2 挡 2.81,3 挡 1.441,4 挡 1.047,5 挡 1.086, 6 挡 0.860,7 挡 0.725,倒挡 2.905
电机最高转速	11500r/min
主减速比	1 挡/3 挡/4 挡/倒挡 4.647,2 挡/5 挡/6 挡/7 挡 3.435
电机额定电压	294VDC
电机工作电压范围	198~387VDC
驱动方式	FWD(前驱)
电机全功率电压范围	252~374VDC
变速器油温度要求	≤−40℃(功能衰减) −30~−20℃(相关执行器响应滞后) −20~130℃(全功能) ≥130~140℃(功能衰减)(不允许超过 10min)
电机额定电流	150A
电机额定功率	25kW
电机峰值电流	425A
电机峰值功率	60kW

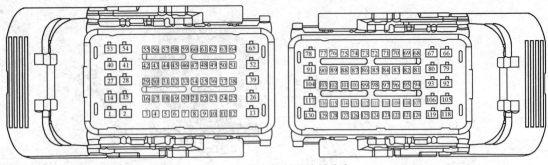

图 7-62 整车控制器端子分布

表 7-58 整车控制器端子定义

端子	名称	定义	端子	名称	定义
1	DIG-B2-GND	接地	50	IG+	IG 电源
2	PGND	接地	54	DGND	接地
7	HBCAN-L	接 VCU CAN 线（低）	66	CSCAN-H	接 VCU CAN 线（高）
8	HBCAN-H	接 VCU CAN 线（高）	79	CSCAN-L	接 VCU CAN 线（低）
12	B+	电源	86	I-S-BRL	接制动灯开关
15	PSR	接电机控制器	89	PWM-CTRL	接 PWM 控制
22	PT-CANL	接 VCU CAN 线（低）	96	I-S-BRK	接制动灯开关
23	PT-CANH	接 VCU CAN 线（高）	102	STA-RLY	接 STA 继电器
24	PEPS ST	接 PEPS	109	LIN4	接 LIN 线
26	DIG-B1-GND	接地			

7.4.10 电动空调系统技术参数

电动空调系统技术参数见表 7-59。

表 7-59 电动空调系统技术参数

部件	项目	参数
压缩机	类型	电动涡旋式压缩机
	型号	33CC
	高压电压范围	280~450V
	低压电压范围	9~16V
	绝缘电阻	大于 20MΩ
	低压模块电流	200mA
	高压模块电流	28A
	转速范围	800~8500r/min
	泄压阀压力	3.4MPa
	噪声要求	＜72dB
鼓风机	最大风量	500m³/h
	电机消耗功率	390W
	运行温度范围	−40~75℃
蒸发器芯	类型	平行流
	制冷量	4600W
	空气流量	400m³/h
	进风温度	(19.5±0.5)℃
	尺寸 W×H×L	240.6mm×263.6mm×38mm
	管排数	38
加热器	加热温度范围	−20~120℃
	高压模块电压范围	280~450V

续表

部件	项 目	参 数
加热器	低压模块电压范围	9～16V
	加热功率	>5200W
加热器芯	制热量	5900W
	空气流量	350m³/h
	进风温度	(20±1)℃
	尺寸 W×H×L	156mm×243.8mm×27mm
	管排数	44
	类型	层叠式
冷凝器	类型	逆流平行流冷凝器
	尺寸 L×W×H	644.8mm×16mm×344.2mm
	换热量	14500W(8m/s时)
负离子发生器	尺寸 L×W×H	78.3mm×69.4mm×33.8mm
	启动电压	9～16V
	消耗电流	<180mA
	启动温度	-40～85℃
	性能保证温度	-20～70℃
	储存温度	-40～105℃
制冷剂	类型	R134a
	单车加注量	(520±20)g

7.4.11 电动空调系统部件位置

帝豪 GL PHEV 电动空调系统部件位置如图 7-63 所示，部件及管路分解如图 7-64 所示。

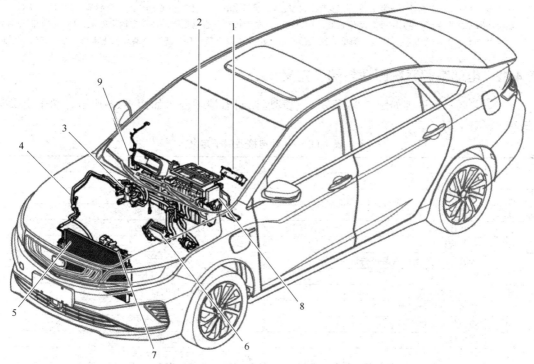

图 7-63 电动空调系统部件位置
1—空调控制面板；2—空调主机；3—热交换器；4—空调管组件；5—冷凝器；6—PTC；
7—压缩机；8—热管理控制器；9—PM2.5传感器

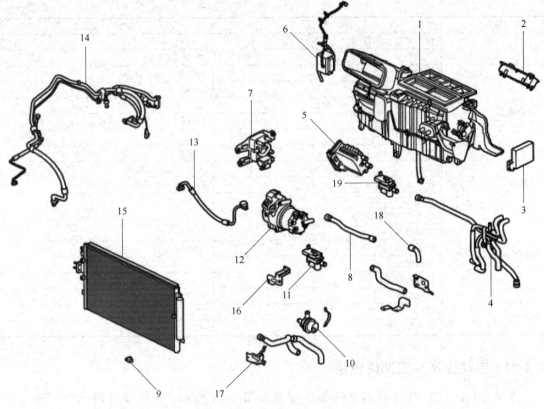

图 7-64 电动空调系统部件及管路分解

1—空调主机；2—空调控制面板；3—热管理控制器；4—暖风水管；5—PTC；6—PM2.5传感器；7—热交换器；8—热交换器总成出水管；9—室外温度传感器；10—电子水泵；11—三通电磁阀；12—空调压缩机；13—空调高压管；14—空调管组件；15—冷凝器；16—三通电磁阀支架；17—电子水泵支架；18—热交换器总成进水管；19—二通电磁阀

7.4.12 电动空调系统原理与端子定义

电动空调系统原理如图 7-65 所示，热管理控制器端子分布如图 7-66 所示，端子定义见表 7-60、表 7-61。

表 7-60 40 针连接器端子定义

端子	定 义	端子	定 义
1	接地	16	副驾制冷
2	接地	21	5V 传感器输入
3	LIN 总线	22	鼓风机反馈正极
4	总线接口低	23	鼓风机反馈负极
5	总线接口高	24	接鼓风机
6	AQS(空气质量传感器)控制	26	接温度执行器
7	接启动电源	27	接内、外循环模式执行器
8	接离子发生器	28	蓄电池电源
9	接内外循环执行器	29	启动电源
10	接内外循环执行器电机	30	接阳光传感器
11	暖风模式	32	接模式执行器
12	冷风模式	33	接空调压力传感器
13	接模式执行器电机正极	34	接室外温度传感器
14	接模式执行器电机负极	35	接蒸发器温度传感器
15	副驾制热	37	压力传感器

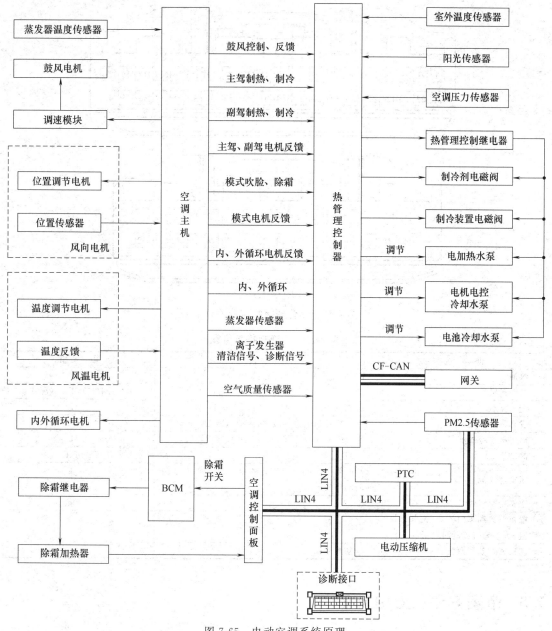

图 7-65 电动空调系统原理

表 7-61 32 针连接器端子定义

端子	定 义	端子	定 义
1	接地	18	接制冷管电磁阀
6	冷却水泵控制	29	离子发生器诊断信号
7	电机电控冷却水泵	31	主继电器低边控制
8	接加热水泵	32	制冷剂电磁阀
17	接地		

7.4.13 保养用油液规格与用量

帝豪 GL PHEV 车型保养用油液规格与用量见表 7-62。

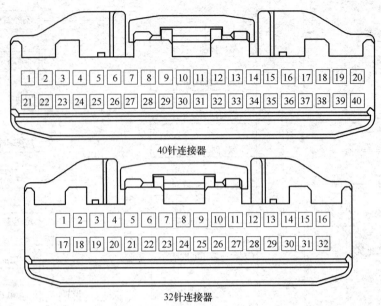

图 7-66 热管理控制器端子分布

表 7-62 油液规格与用量

油 液	规 格	用 量
汽油	RON92 号及以上级别无铅汽油	35L
发动机机油	壳牌 0W20（ACEA C2/VCC RBS0-2AE）	6.6L（干式），5.6L（湿式）
变速器油	Shell Spirax S5 DCT10	4.5L
发动机冷却液	乙二醇发动机冷却液（防冻液），冰点≤-40℃	9.5L
动力电池冷却液	乙二醇发动机冷却液（防冻液），冰点≤-40℃	2.5L
制动液	DOT4	690mL
风窗清洗剂	硬度低于 205g/1000kg 的水或适量商用添加剂的水溶液	1.5L
空调制冷液	R134a	520g
前机舱盖和车门铰链、充电口盖铰链、行李舱门铰链润滑脂	通用锂基脂	
门窗密封条润滑脂	硅基润滑脂	

7.5 帝豪 GS（2019 年款）

7.5.1 吉利 JLC-4G18 发动机技术参数

吉利 JLC-4G18 发动机技术参数见表 7-63。

表 7-63 发动机技术参数

项 目	参 数
凸轮轴轴向间隙	0.05~0.12mm
凸轮轴颈向间隙	凸轮轴第一轴颈：0.030~0.0662mm，其余轴颈 0.035~0.0723mm
活塞配缸间隙（缸径）（活塞裙部推力方向最大直径）	0.0425~0.0705mm
连杆侧隙	0.16~0.342mm
连杆轴瓦配合间隙	0.018~0.044mm

续表

项目	参数
曲轴轴向间隙	0.06~0.24mm
曲轴主轴瓦配合间隙	0.013~0.031mm
活塞环、环槽径向间隙	第一道0.5~0.8065mm,第二道0.6~0.9065mm,第三道0.45~0.8565mm
活塞环槽轴向间隙	第一道0.04~0.08mm,第二道0.02~0.07mm,第三道0.06~0.15mm
活塞环开口间隙	第一道0.20~0.35mm,第二道0.40~0.55mm,第三道0.20~0.70mm
活塞销孔、活塞销配合间隙	0.011~0.018mm
减振带轮孔、曲轴轴颈间隙	0.007~0.041mm
挺杆、缸盖挺杆孔间隙	0.030~0.065mm
气门导管孔、进气门杆间隙	0.025~0.060mm
气门导管孔、排气门杆间隙	0.030~0.065mm
机油泵壳体与齿轮侧面间隙	0.057~0.08mm

7.5.2 吉利JLC-4G18发动机正时维修

吉利JLC-4G18发动机正时链单元部件分解如图7-67所示。正时链单元部件拆装、检查及调校与JLB-4G14TB发动机相同,可参考本书7.3.2小节。

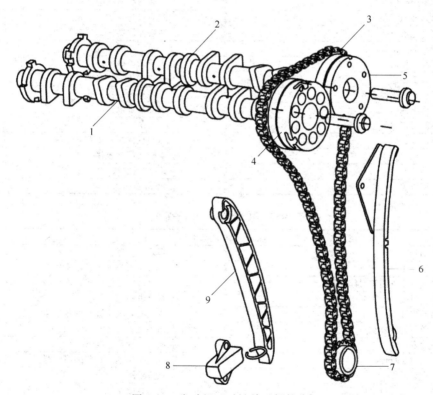

图7-67 发动机正时链单元部件分解

1—排气凸轮轴组件；2—进气凸轮轴组件；3—正时链组件；4—排气VVT驱动器；5—进气VVT驱动器；6—正时链导向轨组件；7—曲轴正时链轮；8—正时链张紧器组件；9—正时链张紧轨组件

7.5.3 吉利JLC-4G18发动机电脑端子定义

吉利JLC-4G18发动机电脑端子分布如图7-68所示,端子定义见表7-64、表7-65。

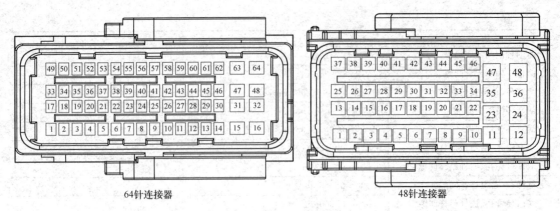

图 7-68 发动机电脑端子分布

表 7-64 64 针连接器端子定义

端子	定 义	端子	定 义
1	总线接口高	30	电子油门踏板信号 2
5	主继电器非持续电源	35	启动开关
6	离合器顶部开关	36	电子油门踏板供电 2
7	电子油门踏板接地 1	37	电子油门踏板供电 1
12	真空度传感器信号	38	空调压缩机继电器
14	动力转向开关	39	左侧近光灯
15	主继电器非持续电源	40	防盗控制器
16	继电器非持续电源	43	下游氧传感器接地
17	总线接口低	45	电子油门踏板信号 1
18	防盗控制器	47	真空度传感器接地
19	真空度传感器电源	48	下游氧传感器加热
20	持续电源	49	燃油泵继电器
21	下游氧传感器信号	54	真空泵继电器
23	制动开关	58	启动机控制阀 1 继电器
24	空调压力开关	59	电子油门踏板接地 2
25	制动灯开关	63	ECM 搭铁线
28	空调开关	64	ECM 搭铁线

表 7-65 48 针连接器端子定义

端子	定 义	端子	定 义
3	喷油器 2	26	爆震传感器信号 A
4	喷油器 1	27	进气压力温度传感器信号
5	排气可变气门正时阀	29	进气凸轮轴位置传感器信号
7	进气可变气门正时阀	30	炭罐电磁阀
8	喷油器 3	31	进气凸轮轴位置传感器接地
9	上游氧传感器加热	32	曲轴位置传感器 A
10	喷油器 4	33	曲轴位置传感器 B
11	节气门执行器	34	进气凸轮轴位置传感器电源
12	点火线圈 4	35	点火线圈 3
13	电子节气门位置传感器 1 信号	36	点火线圈 1
14	电子节气门位置传感器 2 信号	37	水温传感器
16	上游氧传感器接地	38	进气温度传感器信号
21	进气压力温度传感器接地	40	上游氧传感器信号
22	电子节气门接地	43	电子节气门供电
23	节气门执行器	45	进气压力温度传感器电源
24	点火线圈 2	47	ECM 搭铁线
25	爆震传感器信号 B	48	ECM 搭铁线

7.5.4 吉利JLB-4G14TB国六发动机技术参数

参考本书7.1.1与7.3.1小节。

7.5.5 吉利JLB-4G14TB国六发动机正时维修

参考本书7.3.2小节。

7.5.6 吉利JLB-4G14TB国六发动机电脑端子定义

参考本书7.3.3小节。

7.5.7 吉利JLH-3G15TD发动机技术参数

参考本书7.1.3小节。

7.5.8 吉利JLH-3G15TD发动机正时维修

参考本书7.1.4小节。

7.5.9 吉利JLH-3G15TD发动机电脑端子定义

参考本书7.3.6小节。

7.5.10 吉利JLH-3G15TD发动机数据流

参考本书7.3.7小节。

7.5.11 吉利BSG电机系统

参考本书7.1.6小节。

7.5.12 7DCT变速器技术参数与部件位置

7DCT变速器技术参数见表7-66，部件位置如图7-69、图7-70所示。

表7-66 变速器技术参数

项 目	参 数
变速器质量	81kg±1%
最大输入转矩	330N·m
变速器效率	93.4%
变速器油品	Shell Spirax S5 DCT10
变速器油加注量	4.5L
1挡速比	16.401
2挡速比	9.65
3挡速比	6.697
4挡速比	4.863
5挡速比	3.729
6挡速比	2.956
7挡速比	2.492
R挡速比	13.499

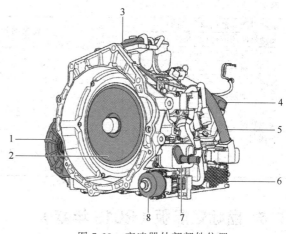

图7-69 变速器外部部件位置
1—离合器壳体；2—双离合器总成；3—电液控制器；
4—换挡电机控制器；5—变速器线束；6—变速器
控制单元（TCU）；7—油冷器；8—电子油泵

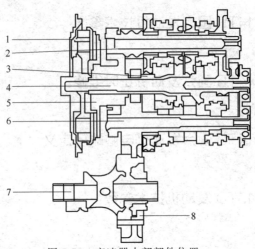

图 7-70 变速器内部部件位置
1—湿式双离合器（DWC）；2—输入 1 轴；3—输入 2 轴；4—输出 1 轴；
5—离合器分离机构（CRS）；6—输出 2 轴；7—差速器；8—变速器壳体

7.5.13 CVT25 变速器技术参数

变速器技术参数参考本书 7.3.8 小节，变速器部件分解与端子定义参考本书 7.3.9 小节。

7.5.14 保养用油液规格与用量

帝豪 GS 车型保养用油液规格与用量见表 7-67。

表 7-67 油液规格与用量

油 液	规 格	用 量
汽油	92 号及以上无铅汽油，所使用的无铅汽油应符合 GB 17930 的规定	55L
制动液和离合器液	DOT4	0.7L
发动机机油(JLC-4G18)	SAE5W-30，API 质量等级 SL 级及以上	4.0L(干式)，3.5L(湿式)
发动机机油(JLH-3G15TD)	壳牌 0W20(VCC RBS0-2AE)	6.6L(干式)，5.3L(湿式)
发动机机油(JLB-4G14TB)	吉利增压发动机专用机油（低温地区使用 SAE 0W-30）	4.0L(干式)，3.9L(湿式)
发动机冷却液(JLC-4G18)	符合 SH 0521 要求的轻负荷发动机用乙二醇型发动机冷却液(防冻液)，冰点≤-40℃	6.0L
发动机冷却液(JLH-3G15TD)		7.5L
发动机冷却液(JLB-4G14TB)		6.5L
手动变速器润滑油(6MT)	福斯 GL-4 75W-90	2.5L(湿式)
自动传动液(CVT25)	CVTF WCF-1	5.5L(湿式)
自动传动液(6DCT)	BOT 350 M3 75W	1.2L
自动传动液(7DCT)	Shell Spirax S5 DCT10	4.5L
动力转向系统	Pentosin CHF 202	0.9L
空调制冷剂	R134a	520g
洗涤液	使用硬度低于 205g/1000kg 的水或适量商用添加剂的水溶液	3.0L

7.6 嘉际轻混版（2019 年款）

7.6.1 吉利 JLH-3G15TD 发动机技术参数

参考本书 7.1.3 小节。

7.6.2 吉利 JLH-3G15TD 发动机正时维修

参考本书 7.1.4 小节内容。

7.6.3 吉利 JLH-3G15TD 发动机电脑端子定义

表 7-68、表 7-69 为在本书 7.2.2 小节基础上修改的内容。

表 7-68 EN01D 连接器端子定义

端子	名称	定义	端子	名称	定义
1	O. T. TVP	电子节气门位置传感器 2 信号	41	I. A. TVP2	电子节气门位置信号 2
2	O. T. TVN	电子节气门位置传感器接地	43	SIGN	GPF(汽油机颗粒捕集器)前侧温度传感器信号
4	O. S. MSVH	电子节气门电机			
6	GROUND	电子节气门电机	51	G. R. TVP	电子节气门接地
8	V. V. TVP	电子节气门电源	56	GND	GPF(汽油机颗粒捕集器)前侧温度传感器接地
26	GND	凸轮轴位置传感器接地			
27	V. V. 5VE1	凸轮轴位置传感器信号	58	SIG	空调开关信号

表 7-69 CA21C 连接器端子定义

端子	名称	定义	端子	名称	定义
10	I. A. ICP	空调压力传感器信号	51	—	
11	GND	传感器接地	52	GND2	电子油门踏板 2 接地
12	SIG	低压油路传感器信号	54	IS-CLUTCH	离合器位置信号
15	C/FAN HI	冷却风扇脉宽调制信号	55	I. T. KUP	离合器位置信号
16			58	+	OBD(车载诊断系统)泄漏压力传感器电源
19	BRK NO SIG	制动灯开关信号			
20	A/C MID SW	空调压力开关信号	60	IMMO	发动机防盗信号
22	CLUTCH BT SW	离合器开关信号	61	SIG POS2	电子油门踏板 2 信号
24	BRK NC SIG	制动灯开关信号	70	—	
25	—		72	F/PUMP RLY CTRL	油泵继电器驱动信号
26			74	SIG	OBD 泄漏压力传感器信号
29	O. S. LSF1	前氧传感器加热控制	75	A/C REQ	空调压力开关信号
38	SPEED	速度信号	80	GND1	电子油门踏板 1 接地
43	—	OBD(车载诊断系统)泄漏压力传感器接地	81	5V2	电子油门踏板 2 电源
			82	5V1	电子油门踏板 1 电源
47	ST FB	启动控制信号	83	SIG POS1	电子油门踏板 1 信号
50	AC COMP RLY	空调压缩机继电器驱动信号			

7.6.4 吉利 BSG 电机系统

参考本书 7.1.6 小节。

7.6.5 7DCT 变速器技术参数

变速器技术参数与部件位置参考本书 7.5.12 小节,端子定义参考本书 7.1.8 小节,变速器数据流参考本书 7.1.7 小节。

7.6.6 保养用油液规格与用量

嘉际轻混车型保养用油液规格与用量见表 7-70。

表 7-70 油液规格与用量

油液	规格	用量
汽油	92 号及以上级别无铅汽油,所使用的无铅汽油应符合 GB 17930 的规定	52L
发动机机油(JLH-3G15TD)	壳牌 0W-20(VCC RBS0-2AE)	6.6L(干式),5.6L(湿式)
发动机冷却液	乙二醇型发动机冷却液(防冻液),冰点≤-40℃	6.5L
手动变速器油	福斯 GL-4 75W-90	1.575L
自动变速器油	Shell Spirax S5 DCT10	4.5L
制动液	DOT4 或 HZY4	0.7L
风窗清洗剂	硬度低于 205g/1000kg 的水或适量商用添加剂的水溶液	2.5L
空调制冷剂	R134a	700g

7.7 嘉际 PHEV(2019 年款)

7.7.1 吉利 JLH-3G15TD 发动机技术参数

参考本书 7.1.3 小节。

7.7.2 吉利 JLH-3G15TD 发动机正时维修

参考本书 7.1.4 小节。

7.7.3 吉利 JLH-3G15TD 发动机电脑端子定义

吉利 JLB-3G15TD 发动机电脑端子分布如图 7-71 所示,端子定义见表 7-71、表 7-72,这里只保留与 GL 车型不同的内容,其他信息参考 7.3.6 小节。

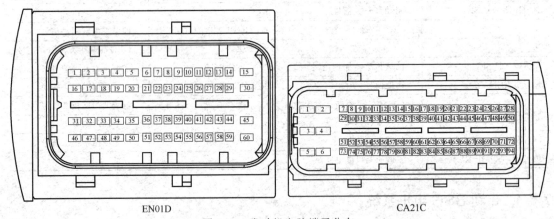

图 7-71 发动机电脑端子分布

表 7-71 EN01D 连接器端子定义

端子	名称	定义	端子	名称	定义
1	G. R. TVP	电子节气门位置传感器 2 信号	12	AIR TEMP SIG	进气温度信号
2	O. T. TVN	电子节气门位置传感器接地	13	—	—
4	O. P. MSVH	电子节气门电机	16	—	—
6	G. R. SEN5VE	电子节气门电机	24	I. A. TVP1	电子节气门位置信号 1
8	I. A. TVP	电子节气门电源	26	G. R. SEN5VE1	凸轮轴位置传感器接地
11	AIR PREE SIG	进气压力信号	27	V. V. 5VE1	凸轮轴位置传感器信号

续表

端子	名称	定义	端子	名称	定义
28	GND	曲轴位置传感器接地	43	SIGN	GPF（汽油机颗粒捕集器）前侧温度传感器信号
29	SIG	机油压力传感器信号			
38	O.P.ICC3	点火线圈3信号	51	G.R.TVP	电子节气门接地
39	O.P.ICC2	点火线圈2信号			
41	I.A.TVP2	电子节气门位置信号2	56	GND	GPF（汽油机颗粒捕集器）前侧温度传感器接地
42	GROUND	机油压力传感器接地			

表 7-72 CA21C 连接器端子定义

端子	名称	定义	端子	名称	定义
8	—	—	47	—	—
10			50		
12			52	GND2	电子油门踏板2接地
16	O.S.DMTLH	油箱泄漏电磁阀	58		
18			59	V.V.5V	增压压力温度传感器5V
19			60	IMMO	发动机防盗信号
20			71	SNRGND	增压压力温度传感器接地
21	GPF RT	温度信号	72		
24			74	—	
25	O.S.DMTLP	油箱泄漏气压	80	G.R.APP1	电子油门踏板1接地
26	BRAKE VACCUM CTL	真空泵控制信号	81	V.V.APP2	电子油门踏板2电源
			82	V.V.APP1	电子油门踏板1电源
29	O.S.LSF1	前氧传感器加热控制	83	I.A.APP1	电子油门踏板1信号
33	I.A.LSF1	后氧传感器信号	93	CAN-L	CAN低总线通信
36	SIGN	第二冷却液温度传感器信号	94	CAN-H	CAN高总线通信
43					

7.7.4 吉利 JLH-3G15TD 发动机数据流

吉利 JLH-3G15TD 发动机数据流见表 7-73。

表 7-73 JLH-3G15TD 发动机数据流

序号	DID描述	正常值范围	序号	DID描述	正常值范围
1	燃油系统1状态	0~1	14	炭罐阀占空比	0~100%
	燃油系统2状态	0~1	15	燃油液位	0~100%
2	计算负荷	0~100%	16	大气压力	0~255kPa
3	冷却水温度	−40~215℃	17	控制单元电压	0~65.535V
4	短期油路修正	−100%~99.22%	18	绝对负荷	0~25700%
5	长期油路修正	−100%~99.22%	19	等效空燃比	0~1.999
6	进气歧管压力绝对值	0~255kPa	20	节气门体相对开度	0~100%
7	发动机转速	0~16383.75r/min	21	节气门体绝对开度B	0~100%
8	车速	0~255km/h	22	油门踏板位置D	0~100%
9	1缸点火提前角	−64~63.5	23	油门踏板位置E	0~100%
10	进气温度	−40~215℃	24	节气门体控制开度	0~100%
11	节气门绝对开度	0~100%	25	次级氧传感器长期燃油修正	−100%~99.22%
12	启动后时间	0~65535s	26	行驶里程	0~999999km
13	油轨压力	0~655350kPa			

7.7.5 高压电池系统技术参数与端子定义

参考本书 7.2.4 小节。

7.7.6 车载充电机技术参数与端子定义

参考本书7.2.7小节。

7.7.7 电机控制器技术参数与端子定义

参考本书7.2.5小节。

7.7.8 高压冷却系统技术参数与部件分解

表7-74所列内容是在本书6.4.7小节的基础上修改而来。冷却系统部件位置如图7-72~图7-75所示。

表7-74 电机散热器总成技术参数

项 目	技术参数	项 目	技术参数
散热量	≥10kW	散热器管排数	25
风阻	≤240Pa	散热面积	$2.57m^2$
芯子尺寸(厚×高×宽)	16mm×155.9mm×593mm	正面面积	$0.0924m^2$

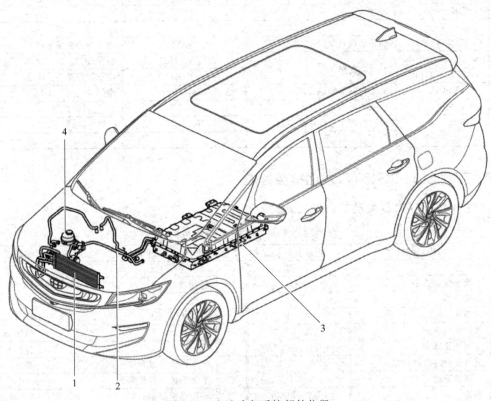

图7-72 电池冷却系统部件位置
1—电池散热器总成；2—冷却管路；3—高压电池总成；4—膨胀罐

7.7.9 7DCTH变速器技术参数与端子定义

参考本书7.4.8小节与7.2.9小节。

7.7.10 整车控制器端子定义

嘉际PHEV整车控制器端子分布如图7-76所示，端子定义见表7-75。

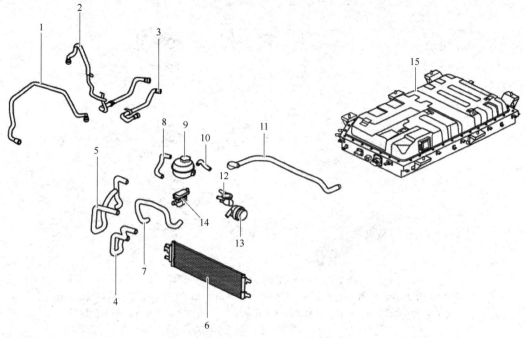

图 7-73 电池冷却系统部件及管路分解

1—热交换器出水管；2—电池进水管；3—电池出水管；4—电池散热器进水管；5—电池散热器出水管；6—电池散热器总成；7—电子水泵出水管；8—电子水泵进水管；9—膨胀罐；10—膨胀罐出水软管；11—充电机出水管；12—液气分离器；13—电子水泵；14—三通电磁阀；15—高压电池

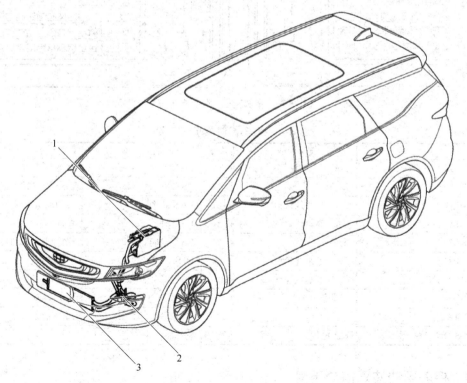

图 7-74 电机控制冷却系统部件位置

1—电机控制器；2—电子水泵；3—驱动电机散热器

第 7 章 吉利汽车

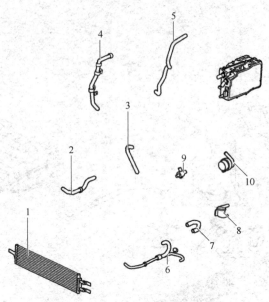

图 7-75 电机控制冷却系统部件分解

1—驱动电机散热器；2—驱动电机散热器进水管；3—驱动电机出水管；4—电机控制器进水管；
5—电子水泵出水管；6—驱动电机散热器出水管总成；7—电子水泵进水管；8 液气分离器；
9—温控阀；10—电子水泵

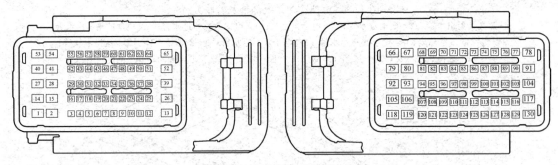

图 7-76 整车控制器端子分布

表 7-75 整车控制器端子定义

端子	名称	定义	端子	名称	定义
1	DIG-B2-GND	接地	54	DGND	接地
2	PGND	接地	78	CS CAN-H	CAN 高总线通信
7	HBCAN-L	CAN 低总线通信	81	FAN PMW	冷却风扇控制
8	HBCAN-H	CAN 高总线通信	84	I-S-BRK	制动信号
12	KL30	电源 B+	91	CS CAN-L	CAN 低总线通信
22	PT-CANL	CAN 低总线通信	94	O.S. START	启动控制
23	PT-CANH	CAN 高总线通信	100	I-S-BRL	制动信号
24	I-S-ST	启动信号	113	LIN	BMS 冷却
26	DIG-B1-GND	接地	122	O-S-PSR	PEU 信号
50	I-S-ON	IG1 电源			

7.7.11 保养用油液规格与用量

嘉际 PHEV 保养用油液规格与用量见表 7-76。

表 7-76 油液规格与用量

油 液	规 格	用 量
汽油	RON 92 号及以上级别无铅汽油	52L
发动机机油	壳牌 0W-20（VCC RBS0-2AE）	6.1 L（干式），5.6L（湿式）
制动液	DOT4 或 HZY4	0.7L
发动机冷却液	乙二醇型发动机冷却液（防冻液），冰点≤-40℃	11.5L
变速器齿轮油	Shell Mod 10	(4.5±0.125)L
风窗清洗剂	硬度低于 205g/1000kg 的水或适量商用添加剂的水溶液	2.5L
空调制冷剂	R134a	(500±20)g
前机舱盖和车门铰链、充电口盖铰链、行李舱门铰链润滑脂	通用锂基脂	
门窗密封条润滑脂	硅基润滑脂	

7.8 星越（2019 年款）

7.8.1 吉利 JLH-3G15TD 发动机技术参数

参见本书 7.1.3 小节。

7.8.2 吉利 JLH-3G15TD 发动机正时维修

参见本书 7.1.4 小节内容。

7.8.3 吉利 JLH-3G15TD 发动机电脑端子定义

参见本书 7.3.7 小节内容。

7.8.4 吉利 JLH-3G15TD 发动机数据流

参见本书 7.2.3 小节内容。

7.8.5 吉利 BSG 电机系统

参见本书 7.1.6 小节内容

7.8.6 吉利 JLH-4G20TDB 发动机技术参数

吉利 JLH-4G20TDB 发动机技术参数见表 7-77。

表 7-77 发动机技术参数

项 目	参 数
型号	JLH-4G20TDB-B00
布置方式	直列四缸
燃烧室形式	屋脊式
技术特点	中置直喷、集成排气歧管增压器、变排量机油泵、干式正时带、铝缸体、DVVT、双平衡轴、电子水泵
进气方式	增压中冷
缸径	82mm
行程	93.2mm
压缩比	10.8：1
排量	1969mL

续表

项　　目		参　　数
额定功率		175kW(5500r/min 时)
最大转矩		350N·m(1800~4500r/min 时)
燃油规格		RON 95号及以上级别无铅汽油，应符合 GB 17930 的规定
低速转矩		160N·m(1000r/min 时)
最低油耗		236g/(kW·h)
2000r/min,0.2MPa工况下燃油消耗率		364g/(kW·h)
配气机构形式		DOHC、杯状挺柱、16气门、DVVT
原始配气相位		气门开启角度：390°(进气)/165.5°(排气) 气门关闭角度：587°(进气)/351.5°(排气)
怠速转速		(750±50)r/min
转向		顺时针(从汽油机前端观察)
点火顺序		1-3-4-2
排气总压损(额定点)		≤45kPa(720kg/h 时)[不带颗粒捕集器(GPF)]，≤60kPa(720kg/h 时)[带颗粒捕集器(GPF)]
机油压力		150~450kPa
活塞漏气量		≤90L/min
外形尺寸(长×宽×高)		631mm×627mm×710mm
发动机净质量		134.5kg±2%
排放水平		国六
气缸盖	缸体结合面平面度	0.015mm
	进气侧平面度	0.02mm
	排气侧平面度	0.02mm
活塞	活塞直径标准值	(81.970±0.007)mm
	标准油膜间隙	0.045mm
	最大油膜间隙	0.059mm
排气阀	长度	110.175mm
	冠径	27mm
	轴直径	5.942mm
	气门角	45.5°
	导管间隙	51~80μm(MP)
	气门间隙	(0.52±0.05)mm
	气门座角	45°
进气门	长度	110.175mm
	冠径	31mm
	轴直径	5.97mm
	气门角	45.5°
	导管间隙	30~60μm
	气门间隙	(0.20±0.05)mm
	气门座角	45°
驱动带	长度	(1181±5.0)mm
	宽度	(21.36±0.5)mm
	深度	(4.8±0.4)mm
进、排气凸轮轴	凸轮轴径向跳动	0.03mm
	进气凸轮轴最大升程	8.57mm
	排气凸轮轴最大升程	7.865mm
	凸轮轴第一轴径	$55_{-0.013}^{0}$mm
	凸轮轴其他轴径	$30_{-0.05}^{-0.03}$mm
	凸轮轴标准轴向间隙	0mm
	凸轮轴最大轴向间隙	0.59mm
凸轮轴链轮	排气凸轮轴顶圆直径	$125.97_{-0.13}^{0}$mm

续表

项　　目		参　　数
曲轴	曲轴最大径向跳动	0.015mm
	曲轴主轴颈直径	$53^{+0.003}_{-0.016}$mm
	曲轴主轴颈最大锥度和圆度	0.004mm
	曲轴连杆轴颈直径	$50^{0}_{-0.019}$mm
	曲轴连杆轴颈锥度和圆度	0.004mm
	曲轴主轴颈油膜间隙	0.019～0.036mm
	曲轴连杆轴颈油膜间隙	0.021～0.068mm
发动机机油	机油规格	壳牌 0W-20(ACEA C2)
	加注量(大修)	6.8L
	加注量(换机滤)	5.6L
	加注量(不换机滤)	5.2L
炭罐	运行温度	－40～100℃
	容量	30g
排放值	碳氢化合物总量(THC)	100mg/km
	非甲烷碳氢化合物(NMHC)	68mg/km
	一氧化碳(CO)	1000mg/km
	氮氧化合物(NO_x)	60mg/km
	颗粒物(PM)	4.5mg/km
空气过滤器	最大空气流量	0.19kg/s
	容尘量	≥175g
火花塞	规格	DI M12×1.25
	供应商	Denso
	火花塞间隙	0.6～0.7mm
活塞环	第一道压缩环侧隙	0.02～0.07mm
	第二道压缩环侧隙	0.025～0.07mm
凸轮轴	进气VVT调整范围	50℃A
	排气VVT调整范围	30℃A
冷却液	类型	BASF Glysantin G64
	用量	7.0L
膨胀罐	最大冷却液流量	2.5L/min
密封胶	曲轴箱和缸体	平面密封硅胶 LT5970
	凸轮轴轴承盖、缸体与下缸体、油底壳	平面密封硅胶 LT5970
	发动机油底壳	平面密封硅胶 LT5970
	碗形塞片(缸体)	圆柱固持胶 LT648
	碗形塞片(缸盖)	圆柱固持胶 LT601

7.8.7　吉利 JLH-4G20TDB 发动机正时维修

发动机正时带的拆装步骤如下。

① 打开发动机舱罩。
② 断开蓄电池负极电缆。
③ 拆卸发动机装饰罩。
④ 拆卸前保险杠上装饰板。
⑤ 举升车辆。
⑥ 拆卸发动机底护板。
⑦ 排放发动机冷却液。
⑧ 拆卸膨胀罐。
⑨ 拆卸发动机右隔振垫总成。

⑩ 拆卸驱动带。
⑪ 拆卸张紧器机构组件。
⑫ 拆卸前正时带护罩。
⑬ 拆卸减振带轮。
⑭ 同时观察曲轴正时带轮组件指针与曲轴前油封上标记是否对齐，如图7-77所示，以判断当前正时点是否处于正确的位置上。
⑮ 拧松张紧器固定螺栓，如图7-78所示。

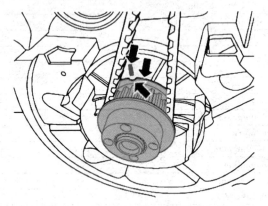

图7-77 观察曲轴带轮正时标记位置　　图7-78 拧下张紧器固定螺栓

⑯ 使用内六角扳手调整张紧轮，使正时带处于最大松弛状态，如图7-79所示。
⑰ 取下正时带，注意更换正时带需要同时更换张紧轮和惰轮。
⑱ 如图7-80所示，将工装插入缸体进气侧后端定位孔，调整曲轴正时位置，确保主轴及曲拐平面与缸体顶面平行。工装编号为W-876848。同时曲轴正时带轮组件指针与曲轴前油封上标记对齐。

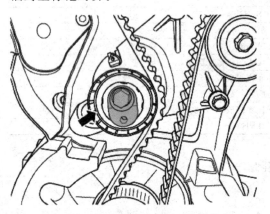
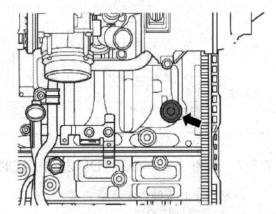

图7-79 调整张紧轮使正时带松弛　　图7-80 插入工装至定位孔

⑲ 将正时带套在曲轴正时带轮组件及VVT带轮上，确保所有齿都能与带轮正确啮合。从曲轴正时带轮组件开始逆时针拉紧正时带，直至将正时带安装到正时带张紧器上。
注意完成正时带装配后，要确认正时带位置在VVT带轮中间。严禁弯折正时带。
⑳ 使用内六角扳手调整张紧轮，使正时带处于张紧状态。分步紧固张紧器固定螺栓。
力矩：第一步5N·m；第二步反向旋转45°±5°；第三步25N·m。
㉑ 按与拆卸相反的顺序安装其余部件。

7.8.8 吉利 JLH-4G20TDB 发动机电脑端子定义

吉利 JLH-4G20TDB 发动机电脑端子如图 7-81 所示,端子定义见表 7-78、表 7-79。

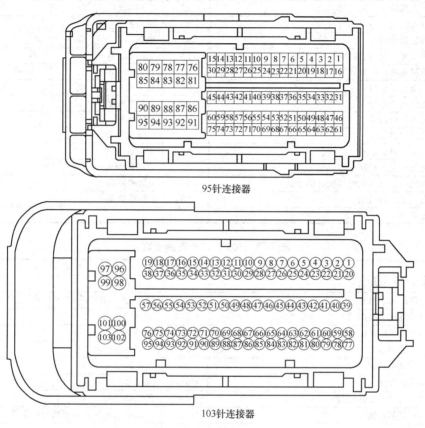

图 7-81 发动机电脑端子分布

表 7-78 95 针连接器端子定义

端子	定 义	端子	定 义
1	爆震信号	27	增压压力信号
2	发动机冷却液温度信号	28	进气温度信号
4	空气质量流量计温度信号	29	进气压力信号
5	空气质量流量计接地	32	传感器 5V 电源
6	传感器接地	33	机油压力信号
7	传感器接地	34	传感器 5V 电源
8	进气凸轮轴位置信号	35	传感器 5V 电源
11	传感器接地	36	传感器 5V 电源
13	排气凸轮轴位置信号	37	传感器 5V 电源
14	传感器接地	38	传感器 5V 电源
16	传感器接地	39	传感器 5V 电源
17	传感器接地	40	电子节气门 5V 电源
19	传感器 5V 电源	41	电子节气门位置信号 2
20	空气质量流量计 PWM 信号	42	电子节气门电机接地
21	曲轴位置信号	43	电子节气门位置信号 1
22	油轨压力信号	44	传感器接地
23	传感器接地	49	传感器接地
26	前氧传感器信号	50	点火线圈 2 控制信号

续表

端子	定义	端子	定义
51	点火线圈3控制信号	79	2缸喷油器+
52	点火线圈4控制信号	80	2缸喷油器-
53	点火线圈1控制信号	81	油门控制信号+
54	传感器接地	82	电源
55	排气可变气门正时阀控制信号	84	3缸喷油器+
57	炭罐电磁阀控制信号	85	3缸喷油器-
58	二级油泵信号	86	后氧传感器加热地
59	机油油位信号	89	1缸喷油器-
60	机油油位信号	90	1缸喷油器+
62	传感器接地	91	前氧传感器加热地
63	后氧传感器信号	92	燃油控制阀+
66	废气控制阀控制信号	93	燃油控制阀-
67	进气可变气门正时阀控制信号	94	4缸喷油器-
76	电子节气门接地	95	4缸喷油器+
77	电源		

表7-79 103针连接器端子定义

端子	定义	端子	定义
1	电子油门踏板信号	50	传感器接地
4	空调压力信号	55	GPF(颗粒捕集器)压差信号
10	启动继电器控制信号	58	制动灯开关
12	燃油泵PWM信号	62	空调请求开关
16	低压油路信号	63	主继电器控制信号
19	冷却风扇控制信号	66	电磁阀信号
20	传感器接地	68	水泵紧急运行
21	制动灯开关诊断信号	74	传感器接地
22	启动信号反馈	75	智能可变进气格栅电机控制信号
23	传感器接地	76	PT-CAN-L
24	传感器接地	77	IG1电源
26	5V电源	78	涡轮控制阀信号
27	启动继电器控制信号	82	空调压缩机继电器控制信号
28	传感器5V电源	88	燃油泵继电器控制信号
30	传感器5V电源	89	ELCM(油箱泄漏检测模块)泵控制信号
31	电子油门踏板信号	93	LIN线
32	油箱压力信号	95	PT-CAN-H
36	传感器接地	96	接地
39	B+电源	97	接地
40	启动信号	98	接地
42	5V电源	99	接地
48	5V电源	100	电源
49	5V电源	101	电源

7.8.9 7DCT变速器技术参数

参考本书7.5.12小节。

7.8.10 8AT变速器紧固件力矩与部件分解

8AT变速器紧固件力矩见表7-80,部件分解如图7-82所示。

表 7-80　8AT 变速器紧固件力矩

紧固件名称	型号	力矩	紧固件名称	型号	力矩
变速器油位检查螺栓		5.9~8.8N·m	驱动盘与变矩器连接螺母	M10×13.5	55~65N·m
注油螺塞		23~55N·m	启动电机与变速器连接螺栓	M10×65	42~52N·m
放油螺塞		42~52N·m	后悬置支架与发动机连接螺栓	M10×45	72~88N·m
发动机总成与变速器连接螺栓	M10×40, M10×70	42~52N·m	后隔振垫总成与副车架连接螺栓	M12×75	95~125N·m

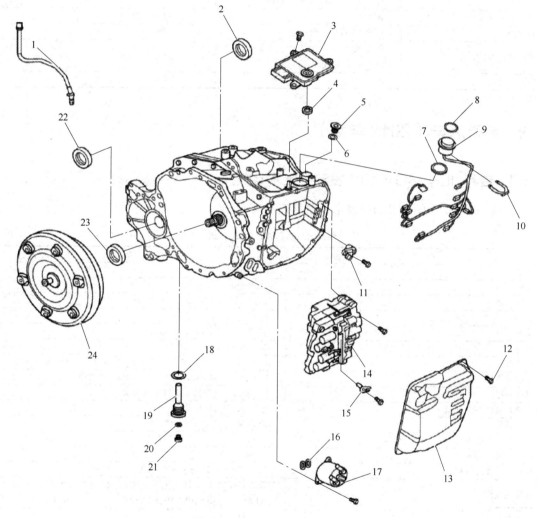

图 7-82　8AT 变速器部件分解

1—通气管组件；2—箱体油封；3—变速器控制模块；4—手动轴油封；5—加注塞；6—O 形圈；7—垫片；8—O 形圈；9—变速器线束；10—变速器线束锁片；11—输入速度传感器；12—密封螺栓；13—侧盖；14—阀体总成；15—锁片；16—O 形圈；17—油液冷却器；18—O 形圈；19—溢流管；20—O 形圈；21—溢流塞；22—壳体油封；23—油泵油封；24—变矩器

7.8.11　保养用油液规格与用量

星越车型保养用油液规格与用量见表 7-81。

表7-81 油液规格与用量

油液	规格	用量
汽油	92号及以上无铅汽油(JLH-3G15TD)，95号及以上无铅汽油(JLH-4G20TDB)	55L
发动机机油(JLH-3G15TD)	壳牌0W-20(VCC RBS0-2AE/ACEA C2)	出厂加注6.6L，保养加注5.6L(更换机滤)，保养加注5.3L(不换机滤)
发动机机油(JLH-4G20TDB)	壳牌0W-20(ACEA C2)	出厂加注6.8L，保养加注5.6L(更换机滤)，保养加注5.2L(不换机滤)
发动机冷却液	Basf G64：水＝51％：49％(体积比)	7L
变速器油(7DCT)	壳牌Shell Spriax S5 DCT10	4.5L
变速器油(8AT)	AW-1	(终身免维护)
制动液	符合DOT4或HZY4	0.69L
风窗清洗剂	硬度低于205g/1000kg的水或适量商用添加剂的水溶液	3.5L
空调制冷剂	R134a	500g

7.9　全新远景（2019年款）

7.9.1　吉利JLγ-4G15国六发动机技术参数

吉利JLγ-4G15国六发动机技术参数见表7-82。

表7-82 发动机技术参数

项　目		参　数
缸径		77.8mm
行程		78.8mm
排量		1498mL
压缩比		10∶1
功率		80kW(5800～6000r/min时)
转矩		140N·m(4000～4400r/min时)
急速转速		(700±50)r/min[空调A/C ON时(1000±50)r/min]
工况法排放		CO小于2.3g/km；CH小于0.2g/km，O_x小于0.15g/km
点火顺序		1-3-4-2(1、4缸和2、3缸分组点火)
等速行驶燃油消耗量(90km/h)		小于6.5L/100km
燃油牌号		RON93号及以上无铅汽油
发动机冷却液容量		6.5L
发动机机油容量		4.0L
发动机冷却液规格		符合SH 0521，冰点≤－40℃
润滑油规格		符合GB 11121，API质量等级SJ级，出口欧盟标准SL级(SAE5W-30、SAE10W-30、SAE10W-40、SAE15W-40)
火花塞型号		K6RTC
火花塞间隙		1.0～1.1mm
质量		(117±2)kg(不带起动机，有发动机机油，无水，带线束，带离合器)
外形尺寸(长×宽×高)		631mm×610mm×620mm
凸轮轴	轴颈外径	23mm
	凸轮轴轴向间隙	0.05～0.12mm
	进气门间隙	(0.23±0.03)mm
	排气门间隙	(0.32±0.03)mm
	进气VVT调整范围	±25°

续表

项 目		参 数
气门正时	进气门开启	上止点前 5°
	进气门关闭	下止点后 55°
	排气门开启	下止点前 48°
	排气门关闭	上止点后 4°
连杆轴颈	连杆轴承间隙	0.018～0.044mm
	连杆轴承轴向间隙	0.16～0.342mm
曲轴	轴向间隙	0.06～0.24mm
	主轴承间隙（所有）	0.013～0.031mm
	主轴颈直径（所有）	47.982～48mm
	机体顶面平面度	0.05mm
	曲轴主轴颈圆度	0.003mm
	曲轴主轴颈圆跳动度	0.02mm
气缸盖	机加工后最小总高	$115_{-0.05}^{0}$mm
	总高	$115_{0}^{+0.05}$mm
	气门导管高	34.5mm
活塞	至缸套间隙	0.041～0.072mm
	直径	(77.75±0.009)mm
活塞销	与活塞的间隙	0.011～0.018mm
	与连杆的间隙	－0.016～－0.033mm
	直径	20.001～20.007mm
	长度	53.7～54mm
	活塞销偏移量（朝推力侧）	(0.6±0.1)mm
活塞环	油环端隙	0.20～0.70mm
	第二道压缩环端隙	0.40～0.55mm
	第一道压缩环端隙	0.20～0.35mm
气门系统	进气门直径	31mm
	排气门直径	26mm
	气门导管内径	5.5mm
	气门杆直径（进气门）	5.5mm
	气门杆直径（排气门）	5.5mm
机油泵	安全阀开启压力	500kPa
密封胶	气缸盖罩垫	可赛新 1596 硅橡胶平面密封胶
	发动机油油道孔塞	可赛新 1243 厌氧型螺纹锁固密封胶
	油底壳与曲轴箱体接合面	可赛新 1596 硅橡胶平面密封胶
	曲轴箱体与缸体接合面	可赛新 1596 硅橡胶平面密封胶
	飞轮螺栓	乐泰 204 厌氧密封胶

7.9.2 吉利 JLγ-4G15 国六发动机正时维修

吉利 JLγ-4G15 国六发动机正时单元部件分解如图 7-83 所示。

正时单元部件拆装步骤如下。

① 断开蓄电池负极电缆。

② 拆卸发动机塑料护罩。

③ 拆卸点火线圈。

④ 拆卸气缸盖罩。

⑤ 旋转曲轴，如图 7-84 所示，使 1 缸处于上止点位置。注意曲轴带轮正时标记与正时链罩上刻度线"0"位对齐。

⑥ 拆卸正时链罩。

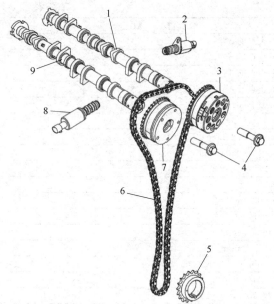

图 7-83 发动机正时单元部件分解

1—排气凸轮轴；2—排气 VVT 阀组件；3—排气 VVT 驱动器；
4—VVT 驱动器螺栓；5—曲轴正时链轮；6—正时链；
7—进气 VVT 驱动器；8—进气 VVT 阀组件；9—进气凸轮轴

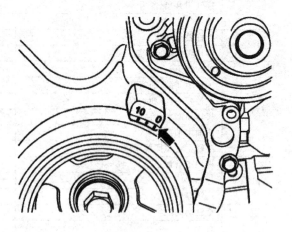

图 7-84 设置 1 缸上止点位置

⑦ 如图 7-85 所示，用记号笔在进、排气链轮上做好正时标记，并使用专用工具固定正时链并固定凸轮轴。正时链固定工具编号为 4114720058；凸轮轴正时专用工具编号为 4114720050。

⑧ 拆卸正时链张紧器固定螺栓，如图 7-86 所示。

⑨ 拆卸正时链张紧器总成，注意此时不能转动曲轴，以防正时链轮滑齿。

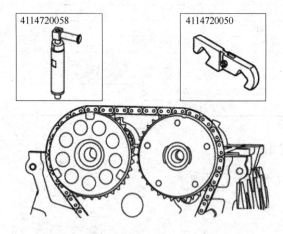

图 7-85 用专用工具固定正时链与凸轮轴

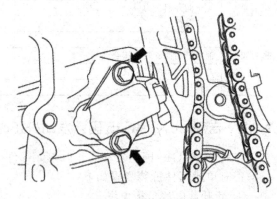

图 7-86 拆卸张紧器固定螺栓

张紧器设置：压入正时链张紧器柱塞，插上限位销，如图 7-87 所示，使张紧器进入锁止状态。

张紧器安装：安装正时链张紧器，紧固螺母，力矩为 29N·m，如图 7-88 所示，拔出限位销，使张紧器解除锁止，柱塞弹出。注意在限位销拔出前，不要转动曲轴，否则正时链有可能滑齿。确认张紧器解锁,推杆正确压紧链条张紧轨,如果没有正常解锁,可以用螺丝刀反方向按压张紧轨使张紧器解锁。

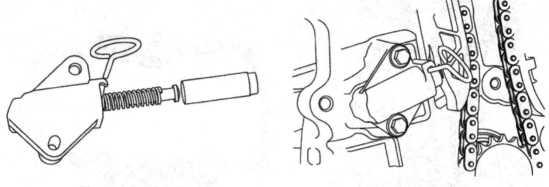

图 7-87　设置张紧器　　　　　　　　图 7-88　安装张紧器

⑩ 拆卸正时链张紧轨组件固定螺栓,如图 7-89 所示。

⑪ 如图 7-90 所示,拆卸正时链张紧轨组件,取出过程中注意小心掉落,以免损坏部件。

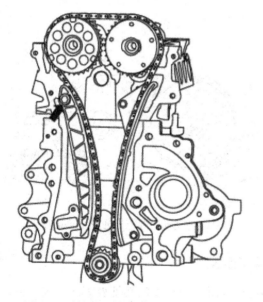
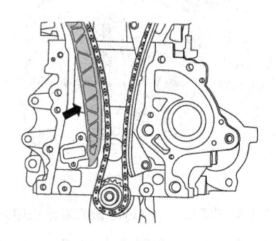

图 7-89　拆卸正时链张紧轨组件固定螺栓　　　　图 7-90　取出正时链张紧轨组件

⑫ 拆卸正时链导向轨组件 2 个固定螺栓,取出导向轨组件,如图 7-91 所示。

⑬ 拆卸正时链及曲轴正时链轮。

⑭ 安装时先确认正时链上的 3 个黄色链节,如图 7-92 所示。

⑮ 安装正时链及曲轴链轮,黄色链节 1 对正曲轴链轮正时标记,如图 7-93 所示。其他两个黄色链节(之间相差 6 个链节)与进、排气凸轮轴链轮正时标记对齐,如图 7-94 所示。

⑯ 安装导向轨组件,紧固螺栓,力矩 9N·m。

⑰ 安装张紧轨组件,紧固螺栓,力矩 19N·m。

⑱ 安装正时链张紧器。

⑲ 按与拆卸相反的顺序安装其余部件。

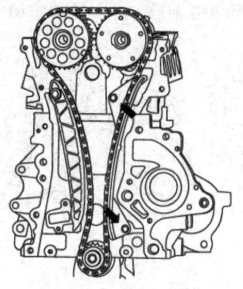

图 7-91 拆卸正时链导向轨组件

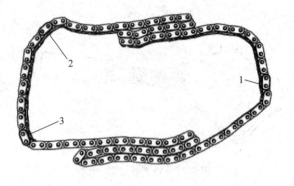

图 7-92 确认正时链的黄色链节

1~3—黄色链节

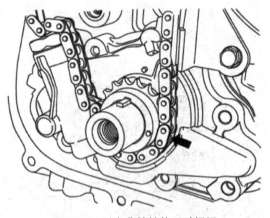

图 7-93 对齐曲轴链轮正时标记

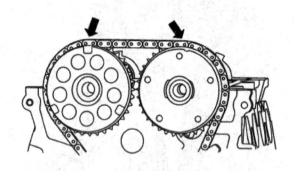

图 7-94 对齐进、排气凸轮轴链轮正时标记

7.9.3 吉利 JLγ-4G15 国六发动机电脑端子定义

吉利 JLγ-4G15 国六发动机电脑端子分布如图 7-95 所示，端子定义见表 7-83、表 7-84。

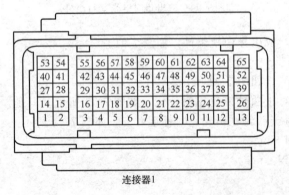

连接器1

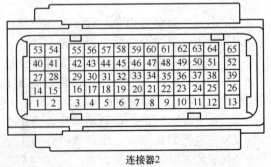

连接器2

图 7-95 发动机电脑端子分布

表 7-83 连接器 1 端子定义

端子	定 义	端子	定 义
1	ECU 接地	41	宽频前氧传感器 UN
2	ECU 接地	42	制动灯开关
4	总线接口（HIGH）	43	加速踏板位置传感器 1 地
5	总线接口（LOW）	44	加速踏板位置传感器 2 地
6	宽频前氧传感器 IP	45	油箱压力传感器
9	起动机继电器	47	防盗开关
11	风扇 2	48	油泵继电器
12	持续电源	50	点火开关
13	后氧传感器加热	51	主继电器
24	传感器 5V 电源	52	非持续电源
25	制动真空度传感器	54	ECU 地 3
26	ECU 地 4	55	制动开关
28	宽频前氧传感器 VM	57	起动机反馈
29	后氧传感器地	58	温度传感器
31	传感器地	60	LIN 通信
32	加速踏板位置传感器信号 1	61	制动真空泵继电器
33	加速踏板位置传感器信号 2	62	空调压缩机继电器
34	第二冷却液温度传感器	63	发动机转速输出
37	加速踏板位置传感器 1 的 5V 电源	64	空挡开关（MT）
38	加速踏板位置传感器 2 的 5V 电源	65	后氧传感器
39	非持续电源		

表 7-84 连接器 2 端子定义

端子	定 义	端子	定 义
1	前氧传感器加热	40	节气门执行器 A 端
2	进气温度传感器	41	宽频前氧传感器地
7	霍尔传感器供电 5V	42	空调压力开关
8	炭罐截止阀	43	爆震传感器 B
10	VVT 电磁阀（排气）	44	爆震传感器 A
11	风扇 1	45	排气凸轮轴位置传感器
15	空调压力开关	46	发动机转速输入（霍尔式）
17	KL50	49	喷油器 3（第 4 缸）
27	冷却液温度传感器	50	喷油器 2（第 3 缸）
28	进气凸轮轴位置传感器	51	第 1 缸点火线圈
29	进气压力温度传感器	52	第 3 缸点火线圈
30	节气门地	53	节气门执行器 B 端
31	节气门位置传感器 2	54	传感器地
33	传感器 5V 电源	57	离合器底部开关
35	离合器顶开关	59	冷却液温度传感器地
36	喷油器 4（第 2 缸）	60	节气门位置传感器 1
37	喷油器 1（第 1 缸）	62	电子节气门 5V 电源
38	VVT 电磁阀（进气）	64	第 4 缸点火线圈
39	炭罐控制阀	65	第 2 缸点火线圈

7.9.4 吉利 JLγ-4G15 发动机数据流

吉利 JLγ-4G15 发动机数据流见表 7-85。

表 7-85 吉利 JLY-4G15 发动机数据流

数据流名称	启动开关"ON"时	标准急速时	2500r/min 时	诊断说明
蓄电池电压	12.04V	13.51V	13.72V	ECM 监测当前充电系统的工作状况
发动机转速	0r/min	800r/min	2500r/min	故障诊断仪显示当前发动机的实际转速,由 ECM 通过曲轴位置传感器输入计算而得
目标急速(无补偿)	800r/min	800r/min	1500r/min	故障诊断仪显示当前 ECM 设定的实际目标急速值,表示 ECM 指令的急速转速。ECM 基于发动机冷却液温度传感器等信号补偿各种发动机负载,以便将发动机保持在理想的急速转速
目标急速(有补偿)	800r/min	800r/min	800r/min	
车速	0km/h	0km/h	0km/h	—
发动机冷却液温度传感器电压	0.5V	0.5V	0.4V	故障诊断仪显示-40~130℃。传感器加热后(内部电阻减小),电压信号降低,ECM 将较低电压解释为发动机已为热态。该信号是决定燃油系统是否启动闭环控制的条件之一,也是喷油时间重要的参考信号
发动机冷却液温度	91℃	89℃	94℃	
进气温度传感器电压	2.5V	2.5V	3.0V	传感器电压是 ECM 实际接收到的电压值,而进气温度是 ECM 根据接收到的电压信号按程序计算得出的。ECM 利用进气温度传感器根据进气密度调整燃油传输和点火正时。进气温度也与启动时的 ECT(发动机冷却液温度)进行比较,以识别加热氧传感器加热电阻丝的启动和蒸发排放诊断的冷启动
进气温度	23℃	23℃	14℃	
环境温度	10℃	10℃	10℃	根据环境温度的变化而变化
实际进气歧管压力传感器电压	4.02V	1.0V	0.71V	①发动机熄火状态下等于大气压力 ②急加速时电压先降低,然后升高 ③发动机着车后熄火,数据流显示接近于大气压力,电压接近 5V
实际进气歧管压力	1020kPa	340kPa	260kPa	
进气量	0.0g/s	10.2g/s	29.4g/s	
步进电机目标位置	69 步	40 步	93 步	在熄火状态下显示 110 步,热车急速状态下一般为 30~45 步。空调等负载增加时,步数也增加,最大可达 70 步,随着车辆行驶里程的增加,步进电机的开度会越来越大,对步进电机的阀芯及节气门体旁通气道进行清洁后,在刚启动时步数不会减少,这时发动机转速会上升
节气门角度 ADC 信号	0.55V	0.56V	0.70V	节气门位置传感器电压是 ECM 的实测电压,而角度是根据电压计算得出。在急速时电压为 0.3~0.9V,节气门全开时为 4.25~4.7V,节气门开度增加,电压随着增大,学习值随着节气门体脏后变越大,零点值上移,在清洗完节气门后,电脑自动重新学习
节气门位置角度信号	11.1%	11.23%	14.06%	
计算节气门位置	0%	0%	2%	
充电时间	3.6ms	3.0ms	3.0ms	—
平均喷油脉宽	0.0ms	3.2ms	2.4ms	故障诊断仪显示 0~16ms。平均喷油脉宽表示在发动机每个循环中,发动机控制模块指令每个喷油器接通的次数。喷油脉宽越大,喷入的燃油越多。喷油脉宽(PWM)应随发动机负载增加而增加。如果发动机收到增加转矩信号,会增加喷油时间。影响喷油时间的因素较多,如水温传感器、进气温度传感器、电源电压、燃油压力等
1 缸点火提前角	0°	6°	33.5°	当前点火系统的点火提前角,在正常急速时的点火提前角为 1 缸上止点前 7°,该数值在维修时只作为参考
爆震传感器信号 1	0°	0°	0°	ECM 检测爆震传感器信号的幅值和频率,来控制点火时间。点火时间被安排在紧邻爆震的位置以获得最大转矩
爆震传感器信号 2	0°	0°	0°	

续表

数据流名称	启动开关"ON"时	标准急速时	2500r/min时	诊断说明
1缸点火延迟	0.0°	0.0°	0.0°	ECM根据爆震传感器信号进行计算。如果监测到发动机产生爆震,控制点火提前角滞后
2缸点火延迟	0.0°	0.0°	0.0°	
3缸点火延迟	0.0°	0.0°	0.0°	
4缸点火延迟	0.0°	0.0°	0.0°	
1组氧传感器积分值(短期修正)	1.00	0.99	1.02	根据氧传感器的反馈,在基本喷射持续时间上加或减的临时值。它仅在闭环控制中有用,为正值时,ECM通过增加喷射持续时间增加燃油量,当为负值时,ECM减少喷射持续时间。当该短期值持续低于或高于理论值时,ECM在长期燃油修正值上加上或减去此值,以达到最佳空燃比的控制
1组氧传感器电压1(前氧传感器)	0.4V	0.1~0.7V	0.1~0.7V	在正常工作条件下HO2S输出0.1~0.9V的电压。ECM接收此电压信号,并测定混合气是稀还是浓。如果ECM输入信号电压低于0.45V,混合气稀。如果输入信号电压高于0.45V,混合气浓。在闭环控制期间ECM不断检测HO2S输出信号,以减小或增大喷油脉宽来进行修正
1组氧传感器电压2(后氧传感器)	0.6V	0.7V	0.7V	后HO2S安装在催化转换器后部或安装在后排气管内,检测催化器效率。后HO2S输出电压在0~1V之间。用后HO2S信号检测催化转化能力。如果催化器转化效率良好,后HO2S信号平稳。如果催化转化器老化、有毒或缺火等,催化转化器转化效率下降,后HO2S信号类似于前HO2S信号
1组氧传感器积分值(长期修正)	1.0	1.0	1.0	长期燃油修正存储在ECM存储器修正值内,因它是计算基本喷射持续时间的一部分,启动开关OFF时不会将其删除。它影响闭环控制和开环控制时的喷射持续时间。ECM使用短期燃油修正值改变长期燃油修正值。它不能对瞬间的变化作出迅速的反应,仅在ECM决定使用短期燃油修正值改变长期燃油修正值时发生变化。与短期燃油修正一样,当长期值为0%时,表明基本喷射持续时间不需要修正。正百分比表明ECM要增加燃油喷射量,负百分比表明ECM要减少燃油喷射量。长期值用于在发动机工作的整个范围内控制喷射持续时间,它分为两类,即长期急速和长期部分负荷。在小于920r/min且空气量为24kg/h时监测为长期急速,因为吸入空气量相当少,要利用加或减控制。与长期急速不同,在发动机负荷的30%~75%且空气量为40~200kg/h时监测为长期部分负荷,利用多重校正控制
最终长期修正系数	2.2%	2.2%	2.2%	
进气凸轮轴PWM控制	5.86%	5.86%	5.8%	VVT进气凸轮轴位置执行器当前的实际开度,在0%~100%之间变化。最大提前位置时为100%,最大滞后位置时为0%
进气阀开度(相对于进气上止点)	8°	8°	8°	
凸轮轴重叠角	494°	—	494°	
发动机相对负载	100%	18.2%	14.7%	—
急速转矩自学习	1.8%	1.8%	1.3%	
急速转速控制目标转矩修正	0%	−0.3%	0%	

续表

数据流名称	启动开关"ON"时	标准急速时	2500r/min时	诊断说明
炭罐控制相对喷油量	0%	0%	1.2%	采用占空比的方式控制炭罐清污电磁阀的开度,控制信号为脉冲波形,可用示波器检测。此参数显示控制模块指令的蒸发排放(EVAP)炭罐清污电磁阀的通电时间或占空比。"0%"表示未进行清污,"100%"表示一直进行清污。燃油蒸发气体控制系统防止燃油箱中溢出的碳氢化合物(HC)蒸发进入大气中污染环境。把燃油蒸气收集到活性炭罐内。ECM控制炭罐清污电磁阀,清除活性炭罐中收集到的蒸气,使之进入发动机进行燃烧。在实际维修中要把该数据流与电磁阀的实际开度对比,在发生泄漏时,要知道如何判断。注意只有在发动机达到正常水温后该数据流才会由小增大,在急速、冷车下不会变化
炭罐控制阀占空比	0%	0%	100%	
炭罐净化率	0%	0%	0.1%	
车速故障后运行时间	0min	0min	0min	—

7.10 远景 S1（2019 年款）

7.10.1 吉利 JLB-4G14TB 国六发动机技术参数

参考本书 7.1.1 与 7.3.1 小节。

7.10.2 吉利 JLB-4G14TB 国六发动机正时维修

参考本书 7.3.2 小节。

7.10.3 吉利 JLB-4B14TB 国六发动机电脑端子定义

参考本书 7.3.3 小节。

7.10.4 吉利 JLγ-4G15 国六发动机技术参数

参考本书 7.9.1 小节。

7.10.5 吉利 JLγ-4G15 国六发动机正时维修

参考本书 7.9.2 小节。

7.10.6 吉利 JLγ-4G15 国六发动机电脑端子定义

参考本书 7.9.3 小节。

7.10.7 吉利 JLγ-4G15 国六发动机数据流

参考本书 7.9.4 小节。

7.10.8 CVT25 变速器技术参数、部件分解与端子定义

参考本书 7.3.8 与 7.3.9 小节。

第 8 章 比亚迪汽车

8.1 秦 PRO 燃油超能版（2019 年款）

8.1.1 ESP9 制动控制系统电脑端子定义

ESP9 制动控制系统电脑端子分布如图 8-1 所示，端子定义见表 8-1。

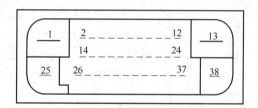

图 8-1 ESP9 制动控制系统电脑端子分布

表 8-1 ESP9 制动控制系统电脑端子定义

端子	定　义	端子	定　义
1	电机电源端（正）	19	轮速传感器信号端（左前）
4	轮速传感器信号端（右前）	22	AVH 开关
8	轮速传感器信号端（左前）	25	ESP ECU 电源端
12	ESP 禁用开关	26	CAN-H（CAN 高）
13	电机的接地端	28	ECU 电源端（点火电源线）
14	CAN-L（CAN 低）	29	轮速传感器的信号端（右后）
16	轮速传感器电源端（右前）	30	制动灯开关
17	轮速传感器电源端（右后）	31	轮速传感器电源端（左后）
18	轮速传感器信号端（左后）	38	ECU 接地端

8.1.2 电子驻车系统电脑端子定义

EPB 系统电脑端子分布如图 8-2 所示，端子定义见表 8-2。

8.1.3 熔丝与继电器信息

8.1.3.1 前舱配电盒

前舱配电盒熔丝与继电器分布如图 8-3 所示，熔丝信息见表 8-3，继电器信息见表 8-4。

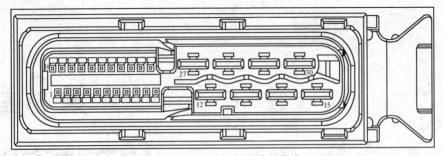

图 8-2　EPB 系统电脑端子分布

表 8-2　EPB 系统电脑端子定义

端子	定 义	端子	定 义
9	EPB 开关 1	18	EPB 开关 3
10	EPB 开关 2	19	EPB 开关 4
12	右 EPB 电机正极	22	IG1 电
13	右 EPB 供电电源	27	右 EPB 电机负极
14	左 EPB 电机正极	28	EPB ECU 地
15	左 EPB 供电电源	29	左 EPB 电机负极
16	CAN 高	30	EPB ECU 地
17	CAN 低		

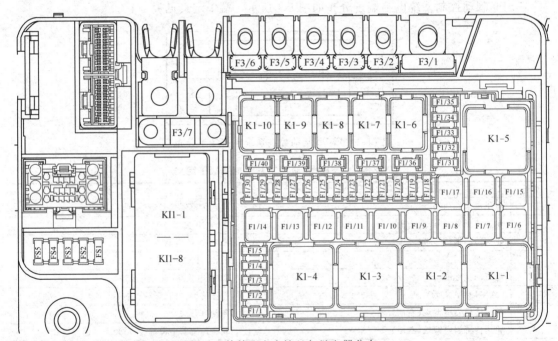

图 8-3　前舱配电盒熔丝与继电器分布

表 8-3　前舱配电盒熔丝信息

编号	规格	用 途	编号	规格	用 途
F3/2	80A	仪表板配电盒	F1/6	30A	TCU
F3/4	80A	C-EPS	F1/7	40A	ABS/ESP
F3/7	200A	发电机	F1/8	25A	ABS/ESP
F1/1	20A	点火线圈	F1/9	20A	制动泵
F1/2	7.5A	氧传感器	F1/10	30A	低速风扇
F1/3	15A	电磁阀	F1/11	30A	高速风扇
F1/4	15A	燃油压力阀	F1/12	30A	电喷
F1/5	25A	非持续性电	F1/14	30A	雨刮

续表

编号	规格	用　途	编号	规格	用　途
F1/15	30A	后除霜	F1/31	5A	启动检测
F1/17	40A	鼓风机	F1/33	30A	起动机
F1/20	5A	EMS	F1/36	15A	喇叭
F1/21	5A	模块常电	F1/37	10A	左近光灯
F1/28	10A	冷却液循环泵	F1/38	10A	右近光灯
F1/29	10A	洗涤电机	F1/39	10A	左远光灯
F1/30	7.5A	机械压缩机	F1/40	10A	右远光灯

表 8-4　前舱配电盒继电器信息

编号	名　　称	编号	名　　称
K1-1	低速风扇继电器	K1-9	近光灯继电器
K1-2	高速风扇继电器	K1-10	远光灯继电器
K1-3	风扇模式继电器	KI1-1	雨刮开关继电器
K1-4	电喷继电器	KI1-2	雨刮速度调节继电器
K1-5	鼓风机继电器	KI1-3	前洗涤继电器
K1-6	制动泵继电器	KI1-5	机械压缩机继电器
K1-7	起动机继电器	KI1-6	冷却液循环泵继电器
K1-8	喇叭继电器		

8.1.3.2　仪表板配电盒

仪表板配电盒熔丝与继电器分布如图 8-4 所示，熔丝信息见表 8-5，继电器信息见表 8-6。

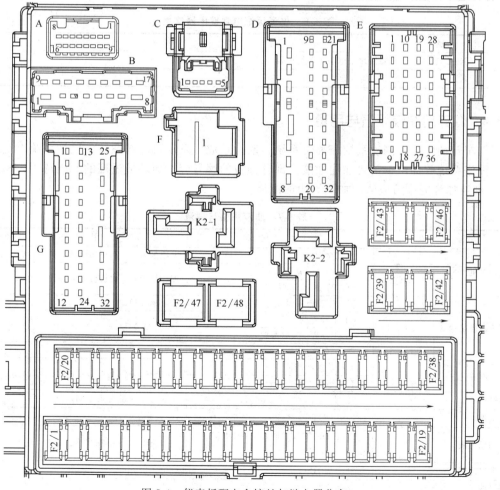

图 8-4　仪表板配电盒熔丝与继电器分布

表 8-5 仪表板配电盒熔丝信息

编号	规格	用途	编号	规格	用途
F2/1	20A	左后车窗	F2/25	30A	主驾电动座椅
F2/2	20A	右前车窗	F2/26	15A	油泵
F2/3	5A	IG2	F2/28	5A	EPB ECU
F2/4	10A	转向灯	F2/29	10A	SRS
F2/5	10A	外后视镜调节	F2/33	7.5A	模块 IG1
F2/6	25A	门锁	F2/34	7.5A	EMS/TCU
F2/7	5A	后舱 IG1	F2/35	5A	EPS
F2/8	30A	IG1 电	F2/36	15A	多媒体
F2/9	7.5A	小灯/门灯	F2/37	10A	小 BCM
F2/10	5A	BCM 常电	F2/38	5A	组合仪表
F2/11	7.5A	倒车灯/后雾灯	F2/39	20A	电动天窗
F2/12	7.5A	转向轴锁	F2/40	15A	功放
F2/13	5A	制动灯	F2/41	15A	DLC
F2/14	15A	备用电源	F2/42	5A	模块常电
F2/15	10A	油箱口盖	F2/44	20A	左前车窗
F2/16	5A	IG1	F2/45	10A	室内灯
F2/17	5A	ABS/ESP 模块	F2/46	5A	网关
F2/18	7.5A	IG1-Ⅱ	F2/47	30A	左 EPB
F2/24	20A	右后车窗	F2/48	30A	右 EPB

表 8-6 仪表板配电盒继电器信息

编号	名称
K2-1	短接片或电动车窗继电器
K2-2	IG1 继电器

8.1.4 保养用油液规格与用量

汽车转向系统、制动系统、离合系统、动力总成、发动机冷却系统、供油系统、空调系统、洗涤系统等部位都需要加注油液，部分油液的牌号应按照环境温度的不同选用，参见表 8-7。油液加注完成后应清洁加注周边的溢液。

表 8-7 油液规格与用量

油液		规格	用量
发动机机油	476ZQA	ACEA A3/B4 5W-40	加注量为 3.7L，更换机滤时加注量为 4.0L
	483QB	SJ 10W-30（常温型） SJ 5W-30（耐寒型）	加注量为 3L，更换机滤时加注量为 3.3L
变速器齿轮油	6T25	MTF 75W（手动变速器专用油）	(2.1±0.1)L
	5T19	GL-4 80W-90 GL-4 75W-90（耐寒型）	(1.8±0.1)L
	6DT35	潘东兴 FFL-6	7.2L
冷却液		无机盐型冷却液	(8.5±0.4)L(476)，(7.8±0.4)L(483)
		有机酸型冷却液	
油箱汽油		92 号	初次启动油量为 4.357L
制动液		Basf DOT4	(0.75±0.1)L
转向助力液		ATF DEXRON Ⅲ H（Mobil Multi-purpose ATF）	(1.1±0.04)L(476)
空调制冷剂		制冷剂 HFC-134a	(900±25)g
洗涤液		玻璃清洗剂	(2±0.15)L

8.2 S2 EV（2019年款）

8.2.1 高压系统部件位置

高压系统包含电驱动三合一总成、充配电三合一总成、高压电池、电池管理器、整车控制器、充电口等部件。高压系统各部件位置如图 8-5 所示。

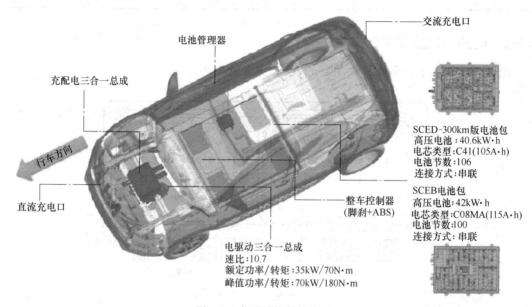

图 8-5 高压系统部件位置

8.2.2 高压电池包端子定义

高压电池包端子分布如图 8-6 所示，端子定义见表 8-8。

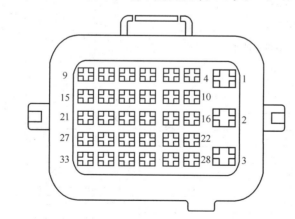

图 8-6 高压电池包端子分布

表 8-8 高压电池包端子定义

端子	定 义	线路连接	端子	定 义	线路连接
4	级联模块 CANL	BMC01-10	6	负极接触器电源	BMC01-16
5	级联模块 CAN 屏蔽地	BMC01-02	10	级联模块 CANH	BMC01-01

续表

端子	定义	线路连接	端子	定义	线路连接
11	级联模块供电+12V	BMC01-03	23	电流霍尔屏蔽地	BMC01-19
13	负极接触器控制	BMC01-29	24	电流霍尔+15V电源	BMC01-27
16	级联模块供电地	BMC01-11	25	电流霍尔-15V电源	BMC01-18
18	正极接触器电源	BMC01-07	28	预充接触器控制	BMC01-21
19	正极接触器控制	BMC01-22	29	高压互锁输出	接充配电三合一33PIN-12
20	预充接触器电源	BMC01-07			
22	电流霍尔信号	BMC01-26	30	高压互锁输入	BMC02-04

8.2.3 电池管理器端子定义

电池管理器端子分布如图8-7所示，端子定义见表8-9、表8-10。

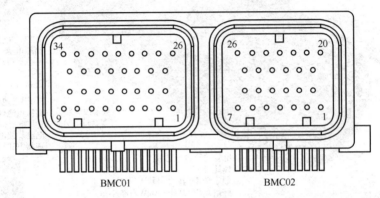

图8-7 电池管理器端子分布

表8-9 BMC01端子定义

端子	定义	线路连接
1	电池子网CANH	接电池包33PIN-10
2	电池子网CAN屏蔽地	接电池包33PIN-5
3	级联模块供电+12V	接电池包33PIN-11
6	直流充电辅助电源A+	接直流充电口12PIN-2
7	预充接触器/正极接触器供电	接电池包33PIN-20（预充接触器）；接电池包33PIN-18（正极接触器）
8	充电仪表指示灯信号	仪表
10	级联模块CANL	接电池包33PIN-4
11	级联模块供电	接电池包33PIN-16
15	接触器供电	接充配电三合一33PIN-8
16	负极接触器供电	接电池包33PIN-6
18	直流霍尔电源-	接电池包33PIN-25
19	电流霍尔屏蔽地	接电池包33PIN-23
21	预充接触器控制	接电池包33PIN-28
22	正极接触器控制	接电池包33PIN-19
24	直流充电负极接触器控制信号	接充配电三合一33PIN-10
26	直流霍尔信号	接电池包33PIN-22
27	直流霍尔电源+	接电池包33PIN-24
28	常电	整车低压线束
29	负极接触器控制	接电池包33PIN-13
33	直流充电正极接触器控制信号	接充配电三合一33PIN-9

表 8-10 BMC02 端子定义

端子	定 义	线 路 连 接
1	常电	整车低压线束
2	车身地	整车低压线束
3	碰撞信号	接后碰 ECU
4	高压互锁输出 1	接电池包 33PIN-30
5	高压互锁输入 1	接充配电三合一 33PIN-13
6	直流充电口温度地 2	接直流充电口 12PIN-10
7	直流充电接触器烧结检测信号	接充配电三合一 33PIN-11
8	DC 供电电源正	接双路
9	整车 CAN 终端电阻	BMC02-14
10	高压互锁输出 2	接充配电三合一 33PIN-14
11	高压互锁输入 2	接充配电三合一 33PIN-15
12	直流温度传感器低	接直流充电口 12PIN-8
13	直流充电口温度 2	接直流充电口 12PIN-9
14	整车 CAN 终端电阻并入端 2	BMC02-09
15	直流充电感应信号	接直流充电口号 12PIN-3
16	整车 CANH	整车低压线束动力网
17	整车 CANL	整车低压线束动力网
19	直流温度传感器高	接直流充电口 12PIN-7
20	充电连接信号	接充配电三合一 33PIN-6
21	车身地	整车低压线束
23	整车 CAN 屏蔽地	整车低压线束
24	直流充电口 CAN2H	接直流充电口 12PIN-5
25	直流充电口 CAN2L	接直流充电口 12PIN-4

8.2.4 充配电三合一总成端子定义

充配电三合一总成端子分布如图 8-8 所示，端子定义见表 8-11。

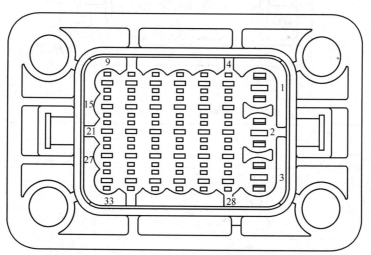

图 8-8 充配电三合一总成端子分布

表 8-11 充配电三合一总成端子定义

端子	名 称	定 义	线 路 连 接
1	OFF-12V-1	常电 1	接 12V 常电
2	OFF-12V-2	常电 2	接 12V 常电
3	GND	常电电源地 1	电源地

续表

端子	名称	定义	线路连接
4	CC	充电连接确认	接交流充电口低压连接器-2
5	CP	充电控制导引	接交流充电口低压连接器-1
6	CC-BMC	充电连接信号	接BMC02-20
7	T-CDK	充电口温度检测	接交流充电口低压连接器-7
8	SOURSE-JCQ	直流充电正极/直流充电负极接触器电源	接BMC01-15
9	CONTROL-JCQ+	直流充电正极接触器控制信号	接BMC01-33
10	CONTROL-JCQ−	直流充电负极接触器控制信号	接BMC01-24
11	SJJC	直流充电接触器烧结检测信号	接BMC02-07
12	DCHS-IN	直流高压互锁输入	接动力电池包33PIN-29
13	DCHS-OUT	直流高压互锁输出	接BMC02-05
14	ACHS-IN	交流高压互锁输入	接BMC02-10
15	ACHS-OUT	交流高压互锁输出	接交流充电转接连接器互锁的2号端子
16	CAN-H	动力网CAN线	
17	CAN-L	动力网CAN线	
18	GND	直流充电接触器烧结检测信号地	信号地
19	GND	常电电源地2	电源地

8.2.5 电驱动三合一总成端子定义

电驱动三合一总成端子分布如图8-9所示,端子定义见表8-12。

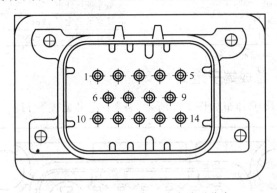

图8-9 电驱动三合一总成端子分布

表8-12 电驱动三合一总成端子定义

端子	名称	定义	线路连接
1	GND-IN	12V电源地	12V电源地
3	CANH2	CANH2	接SRS碰撞信号
4	CANL2	CANL2	预留
5	CRASH_IN	碰撞信号	预留
6	GND-IN	12V电源地	12V电源地
8	EARTH-1	碰撞信号地	碰撞信号地
9	CANH	CAN高	动力网CANH
10	+12V	12V电源正	接IG3
11	+12V	12V电源正	接IG3
13	EARTH	CAN屏蔽地	CAN屏蔽地
14	CANL	CAN低	动力网CANL

8.2.6 整车控制器端子定义

整车控制器端子分布如图8-10所示,端子定义见表8-13。

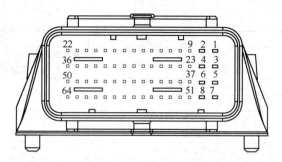

图 8-10 整车控制器端子分布

表 8-13 整车控制器端子定义

端子	名 称	定 义	线 路 连 接
1	+12V	外部输入 12V 电源	IG3
3	+12V	外部输入 12V 电源	IG3
5	GND	外部输入 12V 电源地	车身地
7	GND	外部输入 12V 电源地	车身地
9	+5V	刹车深度电源 2(预留)	
10	+5V	刹车深度电源 1(预留)	
11	+5V	真空压力传感器电源	接真空压力传感器 1 号端子
13	DL4-TEST-IN	差速锁继电器 4 检测信号(预留)	
14	PUMP-TEST-IN	水泵继电器检测信号(预留)	
15	FB_FEET_BRAKE	制动开关信号	接制动开关 3 号端子
16	FB-toggle-in	回馈切换按键(预留)	
17	V-PUMP-TEST-IN	真空泵继电器检测信号(0V 或 12V)	接真空泵 1 号端子与真空泵继电器 1、2 交汇处
18	EXT-ECO/SPO	经济/运动模式输入(预留)	
19	/L-FAN-OUT	低速挡风扇继电器控制信号	接低速挡风扇继电器控制信号
20	EARTH	动力网 CAN 屏蔽地	接屏蔽地(屏蔽线)
21	CANH2	动力网 CAN 信号高	接动力网
22	CANL2	动力网 CAN 信号低	接动力网
23	+5V	油门深度电源 1	接油门深度传感器 3 号端子
24	+5V	油门深度电源 2	接油门深度传感器 2 号端子
25	+5V	大气压力传感器电源(预留)	
27	/DL2-OUT	差速锁继电器 2 控制器信号(预留)	
28	/DL3-OUT	差速锁继电器 3 控制器信号(预留)	
29	/DL4-OUT	差速锁继电器 4 控制器信号(预留)	
30	/PUMP-OUT	水泵继电器控制信号(预留)	
31	ECO/SPO-OUT	经济运动模式输出(预留)	
32	/H-FAN-OUT	高速挡风扇继电器控制信号	接高速挡风扇继电器控制信号
33	CRASH-IN	碰撞信号	接 SRS ECU 10 号端子
34	EARTH	电控网 CAN 屏蔽地(预留)	接屏蔽地(屏蔽线)
35	CANH1	电控网 CAN 信号高(预留)	接电控网
36	CANL1	电控网 CAN 信号低(预留)	接电控网
37	EARTH	油门深度 1 电源地	接油门深度传感器 5 号端子
38	EARTH	油门深度 2 电源地	接油门深度传感器 6 号端子
39	EARTH	大气压力传感器电源地(预留)	
41	/V-PUMP1-OUT	真空泵继电器 1 控制信号	接真空泵继电器 1 控制信号
42	DL2-TEST-IN	差速锁继电器 2 检测信号(预留)	
43	DL3-TEST-IN	差速锁继电器 3 检测信号(预留)	
44	EARTH	油温传感器信号地(预留)	
45	MT-Oiltemp-Sensor	油温传感器信号(预留)	
46	VP-Sensor	真空压力传感器信号	接真空压力传感器 3 号端子

续表

端子	名称	定义	线路连接
47	EARTH	油门深度屏蔽地	接屏蔽地（屏蔽线）
48	DC_GAIN2	油门深度2信号	接油门深度传感器2号端子
49	DC_BRAKE2	刹车深度2信号（预留）	
50	DC_BRAKE1	刹车深度1信号（预留）	
51	EARTH	刹车深度2电源地（预留）	
53	EARTH	真空压力传感器地	接真空压力传感器2号端子
55	/V-PUMP2-OUT	真空泵继电器2控制信号	接真空泵继电器2控制信号
56	/DL1-OUT	差速锁继电器1控制器信号（预留）	
57	DL1-TEST-IN	差速锁继电器1检测信号（预留）	
58	EARTH	水温传感器信号地（预留）	
59	MT-Watertemp-Sensor	水温传感器信号（预留）	
60	CURISE_IN	巡航信号	接时钟弹簧10号端子
61	EARTH	巡航信号地	接时钟弹簧11号端子
62	DC_GAINI	油门深度1信号	接油门深度传感器4号端子
63	EARTH	刹车深度屏蔽地（预留）	
64	AP-Sensor	大气压力传感器信号（预留）	

8.3 宋MAX（2019年款）

8.3.1 比亚迪1.5T BYD476ZQA发动机技术参数

比亚迪1.5T BYD476ZQA发动机技术参数见表8-14。

表8-14 发动机技术参数

项目	参数
类型	直列四缸、水冷、四冲程、电控燃油喷射发动机
标定功率	113kW（5200r/min时）
最大转矩	240N·m（1750～3500r/min时）
缸径×行程	76.5mm×81.4mm
发动机排量	1497mL
压缩比	10∶1
气门结构	齿形链条驱动，双顶置凸轮轴，16气门
燃油	车用93号或以上无铅汽油（GB 17930） 在已置换京五油品的地区建议使用92号或更高标号的无铅汽油
供油方式	电控燃油缸内直接喷射
点火顺序	1-3-4-2
机油	比亚迪指定认可专用油
尾气排放系统	三元催化转换器
增压	废气涡轮增压
凸轮轴调节	进气VVT
气缸体材质	铝合金

8.3.2 比亚迪1.5T BYD476ZQA发动机正时维修

8.3.2.1 正时链的拆卸

① 将曲轴顺时针旋转到1、4缸上止点附近，再将曲轴回转45°；从气缸体上旋下气缸体螺塞组件，旋入曲轴定位工具，如图8-11所示，顺时针旋转，固定曲轴到1、4缸上止

点；拧紧力矩 30N·m。

② 如图 8-12 所示，通过工具定位排气凸轮轴链轮，松开排气凸轮轴链轮螺栓和 VVT 组件螺栓（左旋螺纹）。

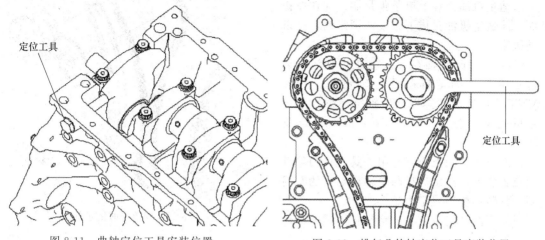

图 8-11　曲轴定位工具安装位置　　　　　图 8-12　排气凸轮轴定位工具安装位置

③ 按图 8-13 所示 A 方向挤压柱塞，利用锁定销将张紧器锁定。
④ 取下正时链等附件。

8.3.2.2　正时链的安装

① 用曲轴定位工具将曲轴定位在 1、4 缸上止点。
② 安装凸轮轴箱前需用凸轮轴定位工具将凸轮轴定位在 1 缸压缩上止点，如图 8-14 所示。

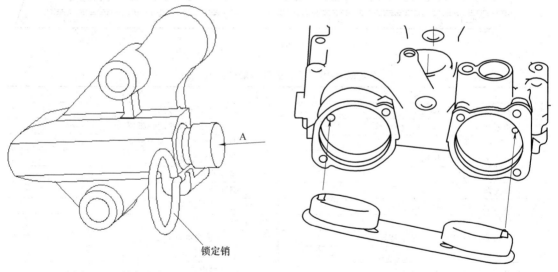

图 8-13　链条张紧器锁定　　　　　图 8-14　安装凸轮轴定位工具

③ 将排气凸轮轴链轮装配到排气凸轮轴上，将排气链轮螺栓旋入距离贴合面 2mm 的位置，保持链轮自由转动，并防止链轮掉落。

将 VVT 组件装配到进气凸轮轴上，将 VVT 组件螺栓旋入距离贴合面 2mm 的位置，保持链轮自由转动，并防止链轮掉落。

将正时链导向轨挂靠到位，与链接触部分涂适量机油。通过导向轨将正时链挂到排气凸轮轴链轮、VVT 组件链轮和曲轴链轮上，如图 8-15 所示。

④ 将张紧轨挂靠到位，与链条接触部分涂适量机油。装上链条张紧器，并在摩擦面上涂适量机油。拔下张紧器锁定销，使链条张紧。

⑤ 保持凸轮轴在 1 缸上止点位置，通过专用工具固定排气凸轮轴链轮，拧紧 VVT 组件螺栓和排气凸轮轴链轮螺栓至规定的力矩。拧紧力矩 50N·m ＋ 继续旋转 90°。

卸下凸轮轴上止点专用工具，将凸轮轴后端盖装上，注意保护凸轮轴后端盖的密封圈。拧紧螺栓至规定力矩。

卸下曲轴定位工具，将气缸体螺塞组件装回原位。

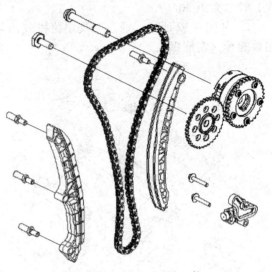

图 8-15 安装正时链组件

8.3.3 比亚迪 1.5T BYD476ZQA 发动机电脑端子定义

比亚迪 1.5T BYD476ZQA 发动机电脑端子分布如图 8-16 所示，端子定义见表 8-15。

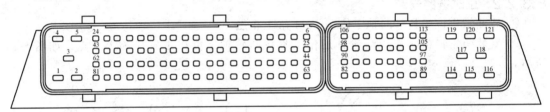

图 8-16 发动机电脑端子分布

表 8-15 发动机电脑端子定义

端子	定 义	端子	定 义
1	燃油压力调节阀输出	29	高压燃油压力传感器
2	功率地 1	31	发动机冷却液温度传感器
3	非持续电源	32	进气总管气体温度传感器
4	电子节气门电机控制 －	33	下游氧传感器
5	电子节气门电机控制 ＋	35	离合器开关
8	加速踏板位置传感器 1 信号	36	制动开关 1
9	进气总管压力传感器信号输入	37	助力转向开关
11	进气歧管温度传感器	38	发动机反馈信号
12	散热器出口冷却液温度传感器	39	CAN 总线接口 CAN-L
13	上游氧传感器	41	车速信号输出
14	节气门位置传感器 1	43	油泵继电器
18	制动开关 2	44	凸轮轴相位传感器
19	后风挡加热开关	45	爆震传感器 B 端
20	CAN 总线接口 CAN-H	46	爆震传感器 A 端
21	涡轮增压器空气循环阀	47	曲轴传感器地
22	增压压力限压电磁阀	48	加速踏板位置传感器 2 地
27	加速踏板位置传感器 2 信号	51	电子地 1
28	进气歧管压力传感器	52	节气门位置传感器 2

续表

端子	定　义	端子	定　义
53	进气歧管压力传感器信号地	88	电子节气门传感器电源+5V
54	空调请求信号	89	进气歧管压力和温度传感器电源
55	上游氧传感器地	95	传感器电源1
56	下游氧传感器地	96	传感器电源2
57	凸轮轴相位传感器地	97	加速踏板位置传感器2电源
58	电子地2	98	点火信号3
59	电子节气门电机控制+	99	点火信号1
60	电子节气门电机控制-	100	功率地2
61	空调允许信号	101	CAN总线接口CAN-L
62	上游氧传感器加热信号	102	主继电器输出
63	发动机转速传感器	103	功率地3
64	车速信号输入	104	功率地4
65	防盗信号输入	105	LIN线
66	进气总管压力和温度传感器地	106	点火信号4
68	冷却液温度传感器地	107	点火信号2
69	散热器出口冷却液温度信号地	108	功率地5
70	高压燃油压力传感器地	109	CAN总线接口CAN-H
71	节气门位置传感器信号地	112	点火开关
72	加速踏板位置传感器1地	113	持续电源输入
74	冷却液循环泵继电器	114	喷油器4(第4缸)
75	下游氧传感器加热信号	115	喷油高边1输出
76	发动机转速信号	116	喷油高边2输出
78	炭罐阀	117	喷油器1(第1缸)输出
79	无级风扇控制	118	喷油器3(第3缸)输出
81	OCV电磁阀	119	非持续电源2
86	曲轴传感器电源	120	非持续电源3
87	加速踏板位置传感器1电源	121	喷油器2(第2缸)

8.3.4　电动后背门控制器端子定义

电动后背门控制器端子分布如所示，端子定义见表8-16、表8-17。

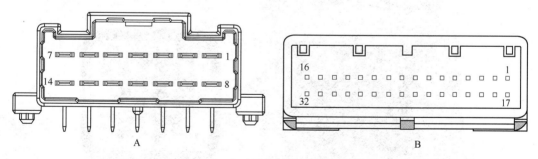

图8-17　电动后背门控制器端子分布

表8-16　连接器A端子定义

端子	定　义	端子	定　义
1	接左侧撑杆关闭负极	9	接地
2	接左侧撑杆关闭正极	10	接地
4	接右侧撑杆关闭负极	12	接后背门锁正极
6	接右侧撑杆关闭正极	13	接后背门锁负极
7	接吸合执行器正极	14	接吸合执行器负极
8	常电		

表 8-17 连接器 B 端子定义

端子	定义	端子	定义
1	接左霍尔传感器正极	12	右防夹边信号端子 1
2	接左霍尔传感器负极	13	接右侧撑杆霍尔传感器 A 极
3	接左侧撑杆霍尔传感器 A 极	14	车内开关信号（预留）
4	接左侧撑杆霍尔传感器 B 极	15	接右霍尔传感器负极
5	左防夹边信号端子 1	16	接右霍尔传感器正极、后背门指示灯电源
6	背门锁全锁信号端子 1	17	后背门内开关指示灯驱动
7	CAN-H	20	背门锁半锁信号端子 2
8	CAN-L	21	左防夹边信号端子 2
9	后背门外开关信号	22	背门锁全锁信号端子 2
10	后背门内开关信号	27	右防夹边信号端子 2
11	背门锁半锁信号端子 1	30	接右侧撑杆霍尔传感器 B 极

8.3.5 电动后背门自学习方法

在电动功能开启的前提下，如果后背门未初始化或丢失初始化信息时，则不具备电动打开和电动关闭以及开启高度设置功能，只能手动打开或关闭后背门。

手动将后背门关闭，然后再操作车外后背门按钮，查看电动功能是否恢复。若恢复，则说明后背门自学习完成，否则可能是其他故障。

8.3.6 自动空调系统控制器端子定义

参考本书 8.4.8 小节。

8.4 宋 MAX DM（2019 年款）

8.4.1 BSG 电机控制器端子定义

BSG 电机控制器端子分布如图 8-18 所示，端子定义见表 8-18。

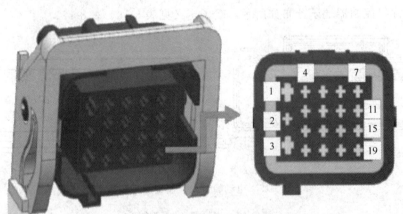

图 8-18 BSG 电机控制器端子分布

表 8-18 BSG 电机控制器端子定义

端子	定义	线路连接	端子	定义	线路连接
4	SIN+	接 BSG 电机 SIN+	8	旋变屏蔽地	屏蔽线
5	SIN−	接 BSG 电机 SIN−	9	EXOUT−	接 BSG 电机励磁−
6	COS−	接 BSG 电机 COS−	10	EXOUT+	接 BSG 电机励磁+
7	COS+	接 BSG 电机 COS+	11	CANH	接 ECM 网

续表

端子	定义	线路连接	端子	定义	线路连接
12	电机温度采样信号	接BSG电机绕组温度+	16	电机温度采样信号地	接BSG电机绕组温度-
13	+12V	IG4电	17	GND	接地
14	+12V	IG4电	18	GND	接地
15	CANL	接ECM网			

8.4.2 BYDT65变速器技术参数

BYDT65变速器技术参数见表8-19。

表8-19 变速器技术参数

项目		参数
类型		手自一体六挡
主减速比	一、二、三、四挡	4.733
	五、六、倒挡	3.55
齿轮传动比	一挡	3.615
	二挡	2.05
	三挡	1.309
	四挡	0.902
	五挡	0.914
	六挡	0.756
	倒挡	4.480
同步环	一挡	三锥
	二挡	三锥
	三挡	三锥
	四挡	单锥
	五挡	单锥
	六挡	单锥
	倒挡	双锥
湿式双离合变速器齿轮液压油	运动黏度(40℃)	$19mm^2/s$(ISO 3104)
	20℃时的密度	$0.841g/cm^3$(ISO 12185)
	油量	8.0L
	产品名称	潘东兴齿轮油 FFL-6
净重(不含离合器)		131.9kg(不含齿轮油)

8.4.3 车载充电机端子定义

车载充电机端子分布如图8-19所示,端子定义见表8-20。

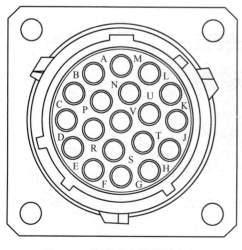

图8-19 车载充电机端子分布

表8-20 车载充电机端子定义

端子	名称	定义
A	CP	充电控制确认
B	—	放电触发信号
C	—	充电感应信号
D	CC-BMC	充电连接信号
E	CC	充电连接确认
F	—	开盖检测信号
G	GND	电源地
H	OFF-12V	常电
J	CAN_H	CAN_H
K	CAN_L	CAN_L
L	—	CAN屏蔽
M	—	ON挡电
N	DCHS-IN	高压互锁输入
P	—	插座指示灯
T	—	预配电
U	T-CDK	L相温度检测
V	GND	检测信号地

8.4.4 车载充电机电路

车载充电机电路如图 8-20 所示。

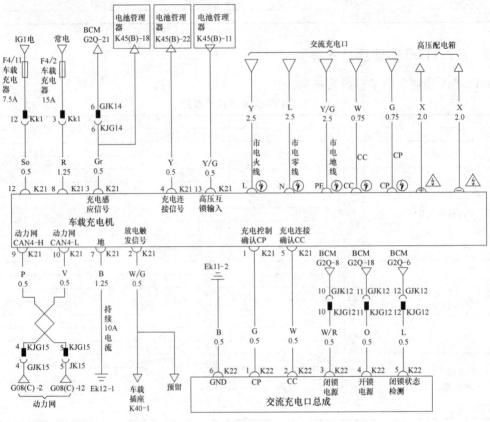

图 8-20 车载充电机电路

8.4.5 电机控制器端子定义

电机控制器端子分布如图 8-21 所示，端子定义见表 8-21。

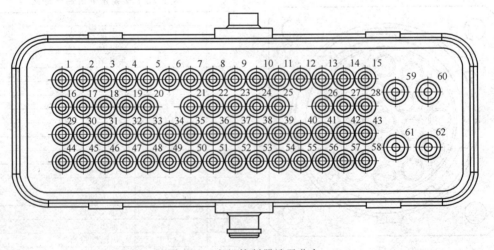

图 8-21 电机控制器端子分布

表 8-21　电机控制器端子定义

端子	名　称	定　义	线　路　连　接
1	CANH_DC	DC-CAN 高	ECM 网 CANH
2	GND1-DC	DC 双路电电源地 1	12V 双路电地
3	VCC1_DC	DC 双路电电源 1	12V 双路电
4	HV_LOCK2	高压互锁 2	
9	CRASH-IN	碰撞信号	碰撞 ECU 信号
11	—	模式开关地	
16	CANL-DC	DC-CAN 低	ECM 网 CANL
17	GND2-DC	DC 双路电电源地 2	12V 双路电地
18	VVC2_DC	DC 双路电电源 2	12V 双路电
20	HV_LOCK1	高压互锁 1	
29	EXCOUT−	励磁−	前驱动电机励磁−
30	SIN−	正弦−	前驱动电机正弦−
31	COS−	余弦−	前驱动电机余弦−
36	CANL	CAN 信号低	ECM 网 CANL
37	CANH	CAN 信号高	ECM 网 CANH
38	STATOR_T_GND	电机温度地	前驱动电机温度地
39	—	模式开关信号	
44	EXCOUT+	励磁+	前驱动电机励磁+
45	SIN+	正弦+	前驱动电机正弦+
46	COS+	余弦+	前驱动电机余弦+
47	SV_GND	旋变屏蔽地	接地
48	/IN_FEET_BRAKE	脚刹信号	
51	CAN_GND	CAN 屏蔽地	接地
53	STATOR_T_IN	电机绕组温度	前驱动电机绕组温度
59	GND1	电源地 1	接地
60	VCC1	12V 电源 1	IG4 电源
61	GND2	电源地 2	GND
62	VCC2	12V 电源 2	IG4 电源

8.4.6　整车控制器端子定义

整车控制器端子分布如图 8-22 所示，端子定义见表 8-22、表 8-23。

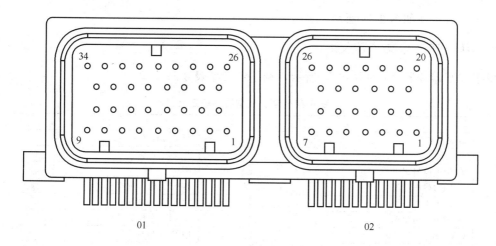

图 8-22　整车控制器端子分布

表 8-22 34 针连接器端子定义

端子	名 称	定 义	线 路 连 接
8	CAN1 GND	CAN1 屏蔽地	
9	CANL1	CAN 信号低	接 ECM 网
17	CANH1	CAN 信号高	接 ECM 网
18	PUMP-OUT	水泵继电器控制	接水泵继电器控制端
27	CRASH-IN	碰撞信号	接 SRS-ECU
30	SW-ON	制动开关信号	接制动灯开关
31	PUMP-TEST	水泵检测输入	接水泵继电器

表 8-23 26 针端子定义

端子	名 称	定 义	线 路 连 接
1	GND	外部输入+12V 电源地	接整车电池地
2	GND	外部输入+12V 电源地	接整车电池地
4	GND	刹车深度电源地 1	接制动踏板地
6	GND	模式开关信号地	接模式开关地
7	GND	油门深度电源地 1	接加速踏板地
8	GND	油门深度电源地 2	接加速踏板地
9	GND	油门深度屏蔽地	整车控制器单端屏蔽地
10	+5V	油门深度电源 1	接加速踏板+5V
11	+5V	油门深度电源 2	接加速踏板+5V
14	+12V	外部提供的电源	接外部电源+12V
15	+12V	外部提供的电源	接外部电源+12V
16	+5V	刹车深度电源 1	接制动踏板+5V
17	DC_BRAKE1	刹车深度 1	接制动踏板模拟量信号
18	DC_GAIN	油门深度 1	接加速踏板模拟量信号
20	GND	刹车深度电源地 2	接制动踏板地
21	GND	刹车深度屏蔽地	
22	+5V	刹车深度电源 2	接制动踏板+5V
23	DC_BRAKE2	刹车深度 2	接制动踏板模拟量信号
24	DC_GAIN2	油门深度 2	接加速踏板模拟量信号
25	—	模式开关信号	接模式开关模拟量信号

8.4.7 EPS 系统电路

EPS 系统电路如图 8-23 所示。

8.4.8 电子驻车器端子定义

电子驻车器端子分布如图 8-24 所示,端子定义见表 8-24。

表 8-24 电子驻车器端子定义

端子	定 义	端子	定 义
9	开关信号 1	18	开关信号 3
10	开关信号 2	19	开关信号 4
12	右 EPB 电机正极	22	IG1
13	右 EPB 供电电源	27	右 EPB 电机负极
14	左 EPB 电机正极	28	EPB ECU 地
15	左 EPB 供电电源	29	左 EPB 电机负极
16	CAN-H	30	EPB ECU 地
17	CAN-L		

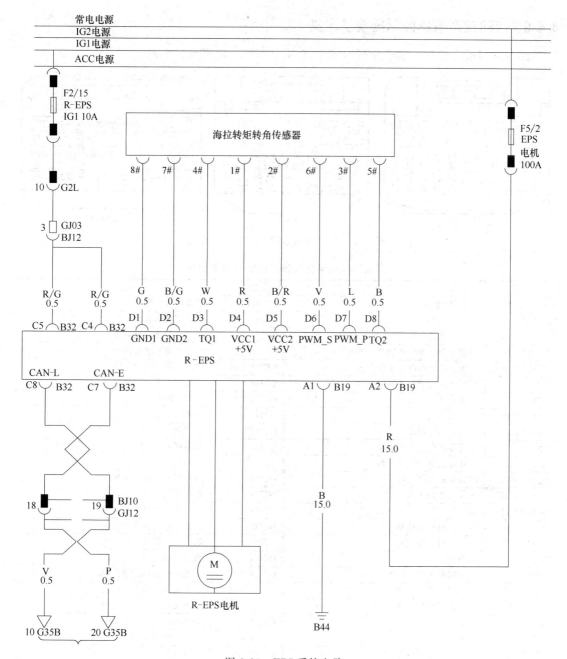

图 8-23 EPS 系统电路

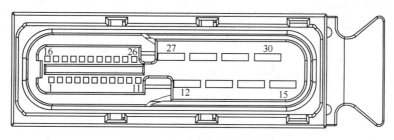

图 8-24 电子驻车器端子分布

8.4.9 自动空调系统控制器端子定义

自动空调系统控制器端子分布如图 8-25 所示，端子定义见表 8-25。

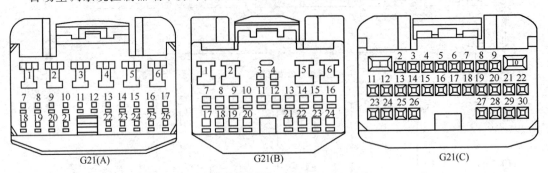

图 8-25 自动空调系统控制器端子分布

表 8-25 自动空调系统控制器端子定义

端子	定　义	端子	定　义
G21(A)-2	常电(约 12V)	G21(B)-14	除霜电机电源 2
G21(A)-3	IG2 ON 挡电(约 12V)	G21(B)-15	除霜电机电源 1
G21(A)-20	压力传感器电源(空调开启约 5V)	G21(B)-21	双温区阳光传感器电源
G21(A)-14	负离子与前排鼓风机继电器驱动信号	G21(C)-6	压力传感器采集信号
G21(A)-16	后排鼓风机继电器驱动信号	G21(C)-11	前鼓风机调速信号输出
G21(A)-8	机械压缩机继电器控制信号	G21(C)-24	后鼓风机调速信号输出
G21(A)-9	空调请求信号	G21(C)-4	空调子网 CAN_L
G21(A)-18	车身地	G21(C)-14	空调子网 CAN_H
G21(A)-22	模式风门电机反馈电源	G21(C)-2	舒适网 CAN_H
G21(A)-23	主驾冷暖电机反馈电源	G21(C)-3	舒适网 CAN_L
G21(A)-24	副驾冷暖电机反馈电源	G21(C)-1	空调允许信号
G21(A)-25	除霜电机反馈电源	G21(C)-27	内外循环电机反馈输入
G21(A)-15	车内温度传感器	G21(C)-30	模式风门电机反馈输入
G21(A)-11	后除霜控制	G21(C)-25	主驾冷暖电机反馈输入
G21(B)-24	前鼓风机反馈信号	G21(C)-23	副驾冷暖电机反馈输入
G21(B)-22	后鼓风机反馈信号	G21(C)-29	除霜电机反馈输入
G21(B)-19	车身地	G21(C)-10	蒸发器温度信号
G21(B)-11	内外循环电机反馈电源	G21(C)-8	主驾吹脚通道温度信号
G21(B)-13	内外循环电机电源 2	G21(C)-19	副驾吹脚通道温度信号
G21(B)-5	内外循环电机电源 1	G21(C)-16	主驾吹面通道温度信号
G21(B)-10	模式电机电源 2	G21(C)-21	副驾吹面通道温度信号
G21(B)-3	模式电机电源 1	G21(C)-7	车外温度采集信号
G21(B)-8	主驾冷暖电机电源 1	G21(C)-9	车内温度采集信号
G21(B)-1	主驾冷暖电机电源 2	G21(C)-18	阳光右端采集信号
G21(B)-17	副驾冷暖电机电源 2	G21(C)-17	阳光左端采集信号
G21(B)-7	副驾冷暖电机电源 1		

第 9 章
长城-哈弗-WEY-欧拉汽车

9.1 哈弗 H6（2019 年款）

9.1.1 长城 GW4B15 发动机技术参数

参考本书 9.3.1 小节。

9.1.2 长城 GW4B15 发动机正时维修

发动机正时机构部件分解如图 9-1 所示。

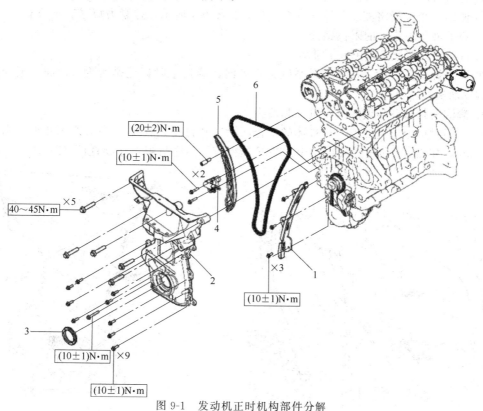

图 9-1 发动机正时机构部件分解

1—定导轨；2—正时罩盖；3—曲轴前油封；4—液压张紧器；5—动导轨；6—正时链

发动机正时机构部件安装步骤如下。

① 将正时链挂到曲轴链轮及进、排气 VVT 相位器上。

② 将链条上的标记分别对准进、排气 VVT 相位器及曲轴链轮的正时标记，如图 9-2 所示。

③ 安装定导轨。

④ 安装动导轨。

⑤ 如图 9-3 所示，紧固 4 个螺栓，左侧 1 个螺栓拧紧力矩（20±2）N·m；其他 3 个螺栓拧紧力矩（10±1）N·m。

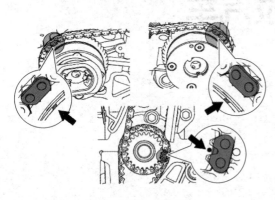
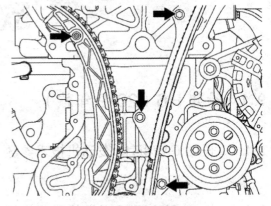

图 9-2　对准正时标记　　　　　图 9-3　紧固导轨螺栓

⑥ 打开液压张紧器锁销，按下柱塞，插上限位销。

⑦ 使用 2 个螺栓将液压张紧器安装到位，如图 9-4 所示，拧紧力矩（10±1）N·m。

⑧ 拔下液压张紧器的限位销。

⑨ 确认液压张紧器能够正常工作。

⑩ 顺时针盘车 2 圈，检查正时系统是否卡滞，确认正时标记是否再次对正，避免因跳齿导致发动机故障。

⑪ 清洁密封面，必须使其无机油和油脂。

⑫ 在正时罩盖与气缸盖、气缸体的结合面涂抹密封胶，胶线 A 中心距离正时罩盖内边倒角 1mm，如图 9-5 所示。使用天山 1598F 硅橡胶平面密封胶，涂胶直径（2.5±0.2）mm。

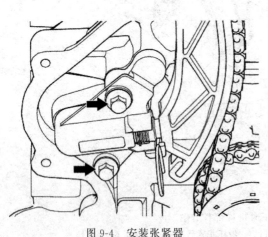
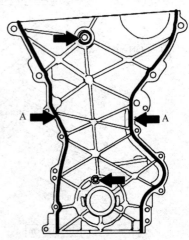

图 9-4　安装张紧器　　　　　图 9-5　涂抹密封胶（一）

⑬ 在正时罩盖与气缸盖、气缸体的 T 形结合区涂密封胶，如图 9-6 所示。使用天山 1598F 硅橡胶平面密封胶，涂胶直径（3.0±0.2）mm。

⑭ 密封胶胶线不允许出现间断，需在涂抹密封胶 3min 内完成安装，15min 内紧固所有螺栓。通过定位销定位正时罩盖，如图 9-7 所示。

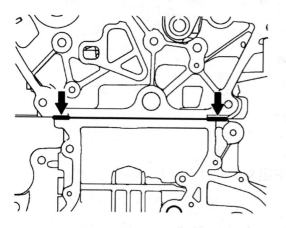

图 9-6　涂抹密封胶（二）

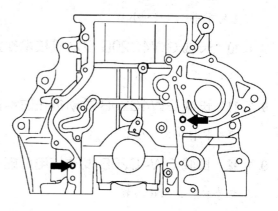

图 9-7　定位销位置

⑮ 按照从中间到两端的顺序紧固正时罩盖至气缸体、气缸盖的 15 个螺栓，M10 螺栓拧紧力矩 40～45N·m，M6 螺栓拧紧力矩（10±1）N·m，如图 9-8 所示。

⑯ 安装油底壳。

⑰ 安装气缸盖罩。

⑱ 安装惰轮。

⑲ 安装减振带轮。

⑳ 安装多楔带。

㉑ 安装发动机总成。

9.1.3　长城 GW4B15 发动机电脑端子定义

参考本书 9.4.3 小节。

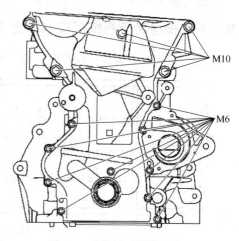

图 9-8　安装正时罩盖螺栓

9.1.4　长城 GW4B15A 发动机技术参数

参考本书 9.3.1 小节。

9.1.5　长城 GW4B15A 发动机正时维修

参考本书 9.3.2 小节。

9.1.6　长城 GW4B15A 发动机电脑端子定义

参考本书 9.3.3 小节。

9.1.7　长城 GW4C20NT 发动机技术参数

参考本书 9.4.9 小节。

9.1.8 长城 GW4C20NT 发动机正时维修

参考本书 9.4.10 小节。

9.1.9 长城 GW4C20NT 发动机电脑端子定义

参考本书 9.4.11 小节。

9.1.10 长城 GW4C20B 发动机技术参数

参考本书 9.3.4 小节。

9.1.11 长城 GW4C20B 发动机正时维修

参考本书 9.3.5 小节。

9.1.12 长城 GW4C20B 发动机电脑端子定义

参考本书 9.3.6 小节。

9.1.13 长城 GW7DCT1-A02 变速器电脑与总成端子定义

参考本书 9.3.7 和 9.5.4 小节。

9.1.14 车身稳定系统模块端子定义

ESP 模块端子分布如图 9-9 所示，端子定义见表 9-1。

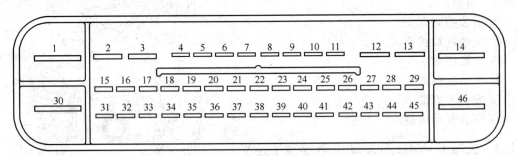

图 9-9　ESP 模块端子分布

表 9-1　ESP 模块端子定义

端子	定义	端子	定义
1	电机电源端(正极)	22	轮速传感器电源端(右后)
2	右侧电机正极	23	轮速传感器信号端(左后)
3	右侧电机负极	24	轮速传感器电源端(左前)
5	CAN1P(CAN 高)	26	轮速传感器信号端(右前)
6	ESP 关闭开关	30	阀继电器电源端
7	轮速传感器信号端(左前)	31	APB 开关 1
12	左侧电机负极	32	APB 开关 4
13	左侧电机正极	34	轮速输出
14	电机接地端	36	ECU 电源端(点火电源线)
15	APB 开关 3	37	轮速传感器信号端(右后)
16	APB 开关 6	39	轮速传感器电源端(左后)
17	自动驻车开关	42	制动灯开关
19	CAN1M(CAN 低)	43	HDC(陡坡缓降功能)开关
21	轮速传感器电源端(右前)	46	ECU 接地端

9.1.15 车身控制系统模块端子定义

BCM 模块端子分布如图 9-10 所示,端子定义见表 9-2。

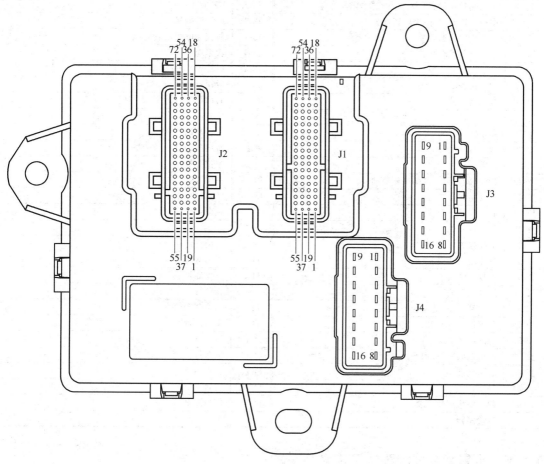

图 9-10 BCM 模块端子分布

表 9-2 BCM 模块端子定义

端子	定 义	端子	定 义
J1-1	LIN(BCM 主)	J1-33	中控解锁继电器
J1-2	IGN1 信号	J1-37	CAN 低
J1-3	IG2 反馈信号	J1-38	CAN 高
J1-4	START 信号	J1-40	PEPS Limphome 失效信号
J1-7	右后转向灯诊断输入	J1-42	碰撞解锁
J1-9	危险报警开关背景灯	J1-44	远光灯输出
J1-10	一键启动开关背景灯	J1-51	中闭锁继电器
J1-16	背景灯输出	J1-57	后雨刮归位开关
J1-17	内灯输出	J1-59	前雨刮归位开关
J1-18	踏板灯输出	J1-60	近光灯输出
J1-19	LIN2(BCM 主)	J1-62	喇叭输出
J1-20	LIN1(BCM 主)	J1-65	前雨刮使能继电器
J1-22	ACC 信号	J1-67	前雨刮高速继电器
J1-24	左后转向灯诊断输入	J1-68	后雨刮
J1-26	节电继电器	J2-1	背景灯亮度调节+

端子	定 义	端子	定 义
J2-2	背景灯壳度调节−	J2-64	后视镜打开/折叠开关
J2-3	自动/间歇雨刮灵敏度调节	J3-1	后备厢解锁
J2-6	主驾侧门锁状态开关	J3-2	KL30_1 电源
J2-7	中控闭锁开关/中控解锁开关	J3-3	后洗涤电机
J2-10	主驾侧门状态开关	J3-4	前洗涤电机
J2-11	副驾侧门状态开关	J3-5	功率地 1
J2-12	右后门状态开关	J3-6	后视镜折叠
J2-13	发动机盖状态开关	J3-7	后视镜打开
J2-16	灯光组合开关 L1	J3-8	右白昼运行灯
J2-17	左转向灯开关	J3-11	信号地 1
J2-18	右转向灯开关	J3-12	左后制动灯
J2-19	远光灯开关	J3-13	右后制动灯
J2-20	前雾灯开关	J3-14	左位置灯
J2-22	自动/间歇雨刮灵敏度调节地	J3-15	右位置灯
J2-29	左后门状态开关	J3-16	KL30_2 电源
J2-31	后备厢状态开关	J4-1	左白昼运行灯
J2-35	超车灯开关	J4-2	KL30_4 电源
J2-36	危险报警灯开关	J4-3	右前雾灯
J2-37	灯光组合开关 L2	J4-4	左前雾灯
J2-38	后雾灯开关	J4-5	后备厢
J2-40	后洗涤开关	J4-7	牌照灯
J2-55	前雨刮点动/低速开关	J4-8	高位制动灯
J2-56	前雨刮高速开关	J4-9	KL30_3 电源
J2-58	前洗涤开关	J4-10	后雾灯
J2-59	前雨刮间歇/自动开关	J4-11	倒车灯
J2-60	后雨刮开关	J4-12	左转向灯
J2-61	倒挡开关	J4-13	右转向灯
J2-62	制动踏板熔丝反馈	J4-14	信号地 2
J2-63	制动踏板开关		

9.1.16 全景影像控制器端子定义

全景影像控制器端子分布如图 9-11 所示，端子定义见表 9-3。

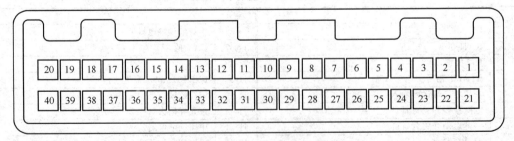

图 9-11 全景影像控制器端子分布

表 9-3 全景影像控制器端子定义

端子	定 义	端子	定 义
3	CAN 高	10	后摄像头电源接地
4	CAN 低	11	后摄像头电源输出
8	前摄像头电源接地	12	左摄像头电源接地
9	前摄像头电源输出	13	左摄像头电源输出

续表

端子	定义	端子	定义
15	右摄像头电源接地	30	后摄像头视频输入正极信号
16	右摄像头电源输出	31	后摄像头视频输入接地
20	电源接地	32	左摄像头视频输入正极信号
24	视频输出正极信号	33	左摄像头视频输入接地
25	视频输出接地	35	右摄像头视频输入正极信号
28	前摄像头视频输入正极信号	36	右摄像头视频输入接地
29	前摄像头视频输入接地	40	点火电源

9.1.17 多媒体播放器（带 GPS+ Telematics）端子定义

多媒体播放器端子分布如图 9-12 所示，端子定义见表 9-4。

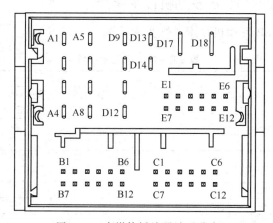

图 9-12 多媒体播放器端子分布

表 9-4 多媒体播放器端子定义

端子	定义	端子	定义
A1	扬声器 FR+	C6	T-Box 音频+
A2	扬声器 RR+	C9	360°环视视频信号
A3	扬声器 FL-	C12	T-Box 音频-
A4	扬声器 RL-	D9	显示屏使能信号
A5	扬声器 FR-	D10	显示屏供电电压
A6	扬声器 RR-	D11	显示屏供电接地
A7	扬声器 FL+	D17	主机供电电压
A8	扬声器 RL+	D18	主机供电接地
B2	左麦克风音频输入+	E1	整车 CAN 高
B3	右麦克风音频输入+	E2	私有 CAN 高
B7	左麦克风屏蔽接地	E3	线控信号 0
B8	左麦克风音频输入-	E4	线控信号 1
B9	右麦克风音频输入-	E5	线控回路接地
B10	右麦克风屏蔽接地	E7	整车 CAN 低
C1	车速信号	E8	私有 CAN 低
C3	360°环视视频信号接地	E10	倒车检测信号
C5	360°环视视频屏蔽接地		

9.1.18 车轮定位数据

哈弗 H6 车型车轮定位数据见表 9-5。

表 9-5 车轮定位数据

项目		数值(左、右轮偏差)
前轮(空载)	主销内倾角	12°44′±30′(≤30′)
	主销后倾角	2°42′±45′(≤36′)
	前轮外倾角	0°17′±30′(≤30′)
	前轮前束角(单侧)	0°±5′(≤5′)
后轮(空载)	后轮外倾角	−0°43′±30′(≤30′)
	后轮前束角	0°2′±15′(≤15′)

9.2 哈弗 M6(2019 年款)

9.2.1 长城 1.5T GW4G15B 发动机技术参数

长城 1.5T GW4G15B 发动机技术参数见表 9-6。

表 9-6 发动机技术参数

项目	参数
特点	直列、4 冲程、水冷、电启动、屋脊形燃烧室、多点电子控制燃油喷射、16 气门、双顶置凸轮轴、链传动、可变气门正时、进气 VVT、压力与飞溅复合润滑、涡轮增压、进气中冷
缸径×行程	75mm×84.7mm
总排量	1497mL
压缩比	9.3∶1
额定功率	110kW(5600r/min 时)
最大净功率	105kW
最大转矩	210N·m(2200~4500r/min 时)
急速转速	(800±100)r/min(MT),(700±100)r/min(7DCT)

9.2.2 长城 1.5T GW4G15B 发动机正时维修

发动机正时单元部件分解如图 9-13 所示。
发动机正时单元安装步骤如下。
① 将正时链挂到曲轴链轮、VVT 相位器和排气凸轮轴链轮上。
② 使链条总成上的两个蓝色链节分别对准 VVT 相位器和排气凸轮轴链轮的正时标记,一个古铜色链节对准曲轴链轮的凹口正时标记,如图 9-14 所示。
③ 如图 9-15 所示,对应气缸体上的定位销,安装链条滑板总成。
④ 如图 9-16 所示,安装链条减振器总成,紧固 2 个螺栓,拧紧力矩(10±1)N·m。
⑤ 安装张紧器总成,紧固 2 个螺栓,如图 9-17 所示,拧紧力矩(10±1)N·m。
⑥ 检查进气侧链条,该侧链条应基本绷紧。
⑦ 取下张紧器总成的插销,使张紧器柱塞顶住链条滑板总成,使链条总成张紧。
⑧ 顺时针转动曲轴两圈,检查 VVT 相位器和排气凸轮轴链轮的正时标记及曲轴链轮的正时标记应对齐链条总成上的标记,禁止逆时针转动曲轴(面向发动机传动带端)。
⑨ 安装机油泵总成。
⑩ 安装发动机前悬置支架。
⑪ 安装右悬置。
⑫ 安装发动机传动带。
⑬ 安装气缸盖罩总成。

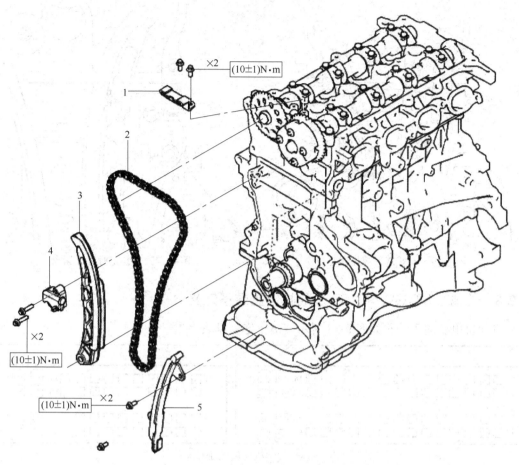

图 9-13　发动机正时单元部件分解

1—上导轨总成；2—链条总成；3—链条滑板总成；4—张紧器总成；5—链条减振器总成

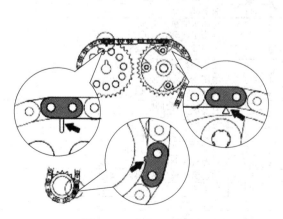

图 9-14　对准正时标记

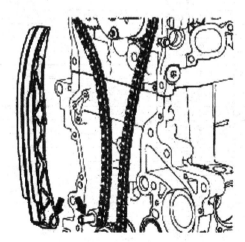

图 9-15　安装链条滑板总成

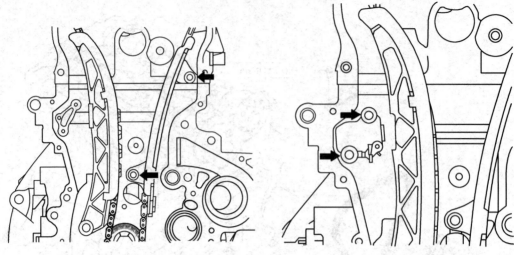

图 9-16 安装链条减振器总成　　图 9-17 安装正时链张紧器

9.2.3 长城 1.5T GW4G15B 发动机电脑端子定义

发动机电脑端子分布如图 9-18 所示，端子定义见表 9-7。

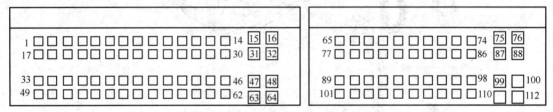

图 9-18 发动机电脑端子分布

表 9-7 发动机电脑端子定义

端子	定 义	端子	定 义
1	CAN 高	32	防盗输入
2	LIN 总线	35	点火开关
5	主继电器	36	加速踏板位置传感器 2/空调压力电源
7	加速踏板位置传感器 1 接地	37	加速踏板位置传感器 1 电源
9	巡航控制	41	油泵继电器
10	离合行程传感器（MT）	42	空调压缩机继电器
12	制动真空度传感器	43	后氧传感器/空调压力传感器接地
14	电子负载 1	44	离合器低位开关（MT）
15	非持续电源	45	加速踏板位置传感器 1
16	非持续电源	46	增压压力温度传感器压力信号
17	CAN 低	47	制动真空度传感器接地
19	制动真空度传感器供电	48	后氧传感器加热
20	持续电源	50	起动机控制（7DCT）
21	后氧传感器	54	电子真空泵继电器
22	起动机状态反馈	56	冷却风扇继电器（低速）
23	制动开关	58	起动机控制继电器
24	中压开关	59	加速踏板位置传感器 2 接地
25	制动灯	63	ECU 接地 2
27	空挡开关（MT）	64	ECU 接地 1
28	空调开关	65	废气控制阀
29	传动链状态反馈（MT）	67	喷油嘴 4（第 2 缸）
30	加速踏板位置传感器 2	68	喷油嘴 1（第 1 缸）
31	冷却风扇继电器（高速）	71	进气 VVT 控制阀

续表

端子	定　义	端子	定　义
72	喷油嘴2(第3缸)	93	凸轮轴相位传感器信号(进气)
73	前氧传感器加热	94	炭罐控制阀
74	喷油嘴3(第4缸)	95	凸轮轴相位传感器接地(进气)
75	节气门执行器正极	96	发动机转速传感器A
76	点火线圈3	97	发动机转速传感器B
77	节气门位置传感器1	98	凸轮轴相位传感器5V电源(进气)
78	节气门位置传感器2	99	点火线圈2
80	前氧传感器接地	100	点火线圈1
84	传感器地1	101	发动机冷却温度传感器
85	主负载传感器接地	102	进气压力温度传感器温度信号
86	节气门接地	103	增压压力温度传感器温度信号
87	节气门执行器负极	104	前氧传感器
88	点火线圈4	107	节气门5V电源
89	爆震传感器B	109	进气压力温度传感器5V电源
90	爆震传感器A	111	ECU接地4
91	进气压力温度传感器压力信号	112	ECU接地3

9.2.4　长城1.5T GW4G15F 发动机技术参数

长城1.5T GW4G15F 发动机技术参数见表9-8。

表9-8　发动机技术参数

项目	参　数
特点	直列、4冲程、水冷、电启动、屋脊形燃烧室、多点电子控制燃油喷射、16气门、双顶置凸轮轴、链传动、可变气门正时、进气VVT、压力与飞溅复合润滑、涡轮增压、进气中冷
缸径×行程	75mm×84.7mm
总排量	1497mL
压缩比	9.3∶1
额定功率	110kW(5600～6000r/min 时)
最大净功率	105kW
最大转矩	210N·m(1800～4400r/min 时)
怠速转速	(750±100)r/min(6MF22E 手动变速器和GW7DCT1-A02 双离合变速器)

9.2.5　长城1.5T GW4G15F 发动机正时维修

参考本书9.2.2小节。

9.2.6　长城1.5T GW4G15F 发动机电脑端子定义

发动机电脑端子分布如图9-19所示，端子定义见表9-9。

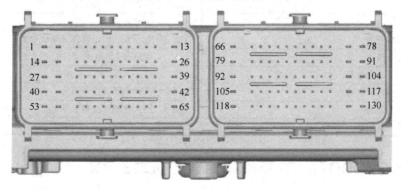

图9-19　发动机电脑端子分布

表 9-9 发动机电脑端子定义

端子	定 义	端子	定 义
1	ECU 接地 1	66	前氧传感器加热负极
2	ECU 接地 2	67	进气压力温度传感器温度信号
4	CAN 高	68	常压压力温度传感器压力信号
5	CAN 低	69	曲轴位置传感器 A 端信号
9	传动链状态继电器控制	70	曲轴位置传感器 B 端信号
10	冷却风扇继电器(低速)	71	涡轮增压器位置传感器信号
11	冷却风扇继电器(高速)	72	凸轮轴相位传感器 5V 电源
12	持续电源	73	炭罐截止阀接地
13	后氧传感器加热	74	进气旁通阀信号
24	传感器 5V 电源	80	离合器底部开关信号
25	制动真空度传感器信号输入	83	高负荷脱附管路压力传感器信号
26	ECU 接地 3	85	PCV 导电管
29	后氧传感器接地	91	油泵继电器
30	起动机高边控制	92	冷却液温度传感器温度信号
31	模拟传感器接地	93	凸轮轴相位传感器 5V 电源(进气)
32	加速踏板位置传感器 1	94	进气压力温度传感器压力信号
33	加速踏板位置传感器 2	95	电子节气门传感器接地
34	散热器水温传感器信号	96	电子节气门位置传感器信号 2
35	巡航信号	101	喷油嘴 4(第 2 缸)
37	加速踏板位置传感器 1 电源	102	喷油嘴 1(第 1 缸)
38	加速踏板位置传感器 2 电源	103	进气 VVT 控制阀控制信号
39	非持续电源	104	炭罐电磁阀
40	涡轮增压器电机电源供电正极	105	电子节气门控制电机正极
42	制动灯开关	106	凸轮轴相位传感器接地
43	加速踏板传感器 1 接地	107	空调高低压开关
44	加速踏板传感器 2 接地	108	爆震传感器 B
45	启动电机反馈信号	109	爆震传感器 A
46	油箱压力传感器信号	112	增压压力温度传感器温度信号
47	防盗	114	喷油嘴 3(第 4 缸)
50	点火开关	115	喷油嘴 2(第 3 缸)
51	主继电器	116	点火线圈 1 控制信号
52	非持续电源	117	点火线圈 2 控制信号
53	涡轮增压器电机电源供电负极	118	电子节气门控制电机负极
54	ECU 接地 4	120	前氧传感器信号
55	制动开关	122	空调中压开关
57	传动链结合状态信号	123	传感器接地
59	离合器顶开关	125	电子节气门位置传感器信号 1
60	LIN 总线接口	126	传感器 5V 电源
61	电子真空泵继电器	127	电子节气门 5V 电源
62	空调压缩机继电器	129	点火线圈 3 控制信号
64	冗余空挡开关	130	点火线圈 4 控制信号
65	后氧传感器信号		

9.2.7 长城 GW7DCT1-A02 变速器电脑与总成端子定义

变速器电脑与总成端子分布如图 9-20 所示,端子定义见表 9-10、表 9-11。

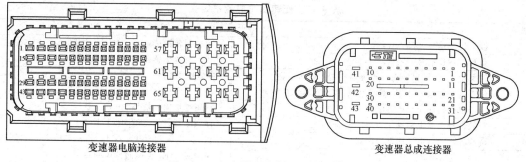

图 9-20 变速器电脑与总成端子分布

表 9-10 变速器电脑端子定义

端子	定 义	端子	定 义
1	1、5挡电磁阀高边线性输出	36	拨叉位置信号_3(3-N-7)
2	2、6挡电磁阀高边线性输出	38	拨叉位置信号_2(5-N-1)传感器地线 GND_5VSN2；拨叉位置信号_3(3-N-7)传感器地线 GND_5VSN2；奇数轴离合器电磁阀油压传感器地线 GND_5VSN2；挡位传感器(P/R/N/D)地线 GND_5VSN2；换挡拨片地线 GND_5VSN2
3	润滑流量电磁阀高边线性输出		
5	倒车灯继电器低边开关输出		
6	手动模式降挡		
8	拨叉位置信号_1(2-N-6)		
9	奇数轴离合器电磁阀压力传感器信号	39	拨叉位置信号_2(5-N-1)传感器电源 5V_SN2；拨叉位置信号_3(3-N-7)传感器电源 5V_SN2；奇数轴离合器电磁阀油压传感器电源 5V_SN2；挡位传感器(P/R/N/D)电源 5V_SN2
10	离合器油温传感器地线 GND_5VSN2		
11	偶数轴转速传感器电源 5V_SN2		
13	变速器标定 CAN1_H 接口		
14	变速器标定 CAN1_L 接口	41	偶数轴转速信号
15	3、7挡电磁阀高边线性输出	43	偶数轴离合器电磁阀低边回路信号
16	4、R挡电磁阀高边线性输出	44	2、6挡电磁阀低边回路信号 ACS3；4、R挡电磁阀低边回路信号 ACS4；AR2电磁阀低边回路信号
17	主油压电磁阀高边线性输出		
21	换挡拨片信号	46	电子水泵控制信号
22	拨叉位置信号_2(5-N-1)	47	手动模式升挡
23	偶数轴离合器电磁阀压力传感器信号	49	离合器油温传感器信号
27	整车通信 CAN2_H 接口	50	拨叉位置信号_4(4-N-R)
24	拨叉位置信号_1(2-N-6)传感器地线 GND_5VSN1；拨叉位置信号_4(4-N-R)传感器地线 GND_5VSN1；偶数轴离合器电磁阀油压传感器地线 GND_5VSN1	51	油底壳温度传感器地线 GND_5VSN1
		52	离合器转速传感器(输入轴转速)电源 5V_SN1；奇数轴转速传感器电源 5V_SN1
		53	挡位传感器信号
25	拨叉位置信号_1(2-N-6)传感器电源 5V_SN1；拨叉位置信号_4(4-N-R)传感器电源 5V_SN1；偶数轴离合器电磁阀油压传感器电源 5V_SN1	54	离合器转速信号(输入轴转速)
		55	奇数轴转速信号
		56	TCU上电信号
28	整车通信 CAN2_L 接口	58	AR1电磁阀高边线性输出
29	奇数轴离合器电磁阀低边回路信号	59	蓄电池电压
30	1、5挡电磁阀低边回路信号 ACS1；3、7挡电磁阀低边回路信号 ACS2；AR1电磁阀低边回路信号	60	蓄电池电压
		62	AR2电磁阀高边线性输出
31	润滑流量电磁阀低边回路信号；开关电磁阀低边回路信号；主油压电磁阀低边回路信号	63	TCU供电电源负极
		64	TCU供电电源负极
32	P挡锁电磁阀驱动信号	67	奇数轴离合器电磁阀高边线性输出
35	油底壳温度传感器信号	68	偶数轴离合器电磁阀高边线性输出

表 9-11 变速器总成端子定义

端子	定义	端子	定义
2	拨叉位置信号_3(3-N-7)	21	离合器转速传感器(输入轴转速)电源5V_SN1;奇数轴转速传感器5V_SN1
3	奇数轴转速信号	22	拨叉位置信号_4(4-N-R)
4,39	拨叉位置信号_1(2-N-6)传感器电源5V_SN1;拨叉位置信号_4(4-N-R)传感器电源5V_SN1;偶数轴离合器电磁阀油压传感器电源5V_SN1	23	拨叉位置信号_2(5-N-1)
		25	预留模拟输入信号
5	奇数轴离合器电磁阀压力传感器信号	26	偶数轴离合器电磁阀低边回路信号
6	奇数轴离合器电磁阀低边回路信号	27	1、5挡电磁阀低边回路信号;3、7挡电磁阀低边回路信号;AR1电磁阀低边回路信号
7	1、5挡电磁阀高边线性输出		
8	2、6挡电磁阀高边线性输出	28	2、6挡电磁阀低边回路信号;4、R挡电磁阀低边回路信号;AR2电磁阀低边回路信号
9	主油压电磁阀高边线性输出		
10,24	拨叉位置信号_1(2-N-6)传感器地线GND_5VSN1;拨叉位置信号_4(4-N-R)传感器地线GND_5VSN1;偶数轴离合器电磁阀油压传感器地线GND_5VSN1	29	润滑流量电磁阀低边回路信号;开关电磁阀低边回路信号;主油压电磁阀低边回路信号
		31	偶数轴离合器电磁阀低边回路信号
		32	偶数轴转速信号
12	拨叉位置信号_1(2-N-6)	33	偶数轴转速传感器电源5V_SN2
13	油底壳温度传感器地线GND_5VSN1	34	拨叉位置信号_2(5-N-1)传感器地线GND_5VSN2;拨叉位置信号_3(3-N-7)传感器地线GND_5VSN2;奇数轴离合器电磁阀油压传感器地线GND_5VSN2;挡位传感器(P/R/N/D)地线GND_5VSN2;换挡拨片地线GND_5VSN2
14	拨叉位置信号_2(5-N-1)传感器电源5V_SN2;拨叉位置信号_3(3-N-7)传感器电源5V_SN2;奇数轴离合器电磁阀油压传感器电源5V_SN2;挡位传感器(P/R/N/D)电源5V_SN2		
15	偶数轴离合器电磁阀压力传感器信号	35	奇数轴离合器电磁阀高边线性输出
16	偶数轴离合器电磁阀高边线性输出	36	AR1电磁阀高边线性输出
17	3、7挡电磁阀高边线性输出	37	AR2电磁阀高边线性输出
18	4、R挡电磁阀高边线性输出	38	润滑流量电磁阀高边线性输出

9.2.8 车身稳定系统模块端子定义

ESP CP模块端子分布见图9-21,ESP 9.3系统端子定义见表9-12,ESP 9.1系统端子定义见表9-13。

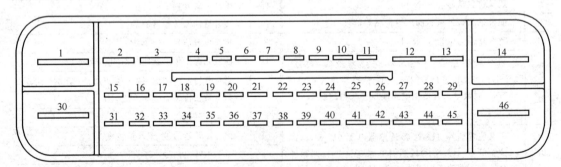

图 9-21 ESP CP模块端子分布

表 9-12 ESP 9.3CP模块端子定义

端子	定义	端子	定义
1	电机电源端(正极)	11	CAN总线2(高)
2	右后驻车卡钳(+)	12	左后驻车卡钳(−)
3	右后驻车卡钳(−)	13	左后驻车卡钳(+)
5	CAN总线1(高)	14	电机接地端
7	左前轮速传感器信号端	15	电子驻车开关3(SW3)
9	车速传感器信号	16	电子驻车开关6(SW6)

续表

端子	定义	端子	定义
17	HDC(陡坡缓降功能)开关	31	电子驻车开关1(SW1)
19	CAN总线1(低)	32	电子驻车开关4(SW4)
21	右前轮速传感器电源端	36	ECU唤醒(IG)
22	右后轮速传感器电源端	37	右后轮速传感器信号端
23	左后轮速传感器信号端	38	制动灯信号
24	左前轮速传感器电源端	39	左后轮速传感器电源端
25	CAN总线2(低)	41	AVH(自动驻车)开关
26	右前轮速传感器信号端	43	ESP OFF 开关
30	阀继电器的电源端	46	ECU地线

表9-13 EPS 9.1CP模块端子定义

端子	定义	端子	定义
1	电机电源端	24	左前轮速传感器电源端
5	CAN总线1(高)	25	CAN总线2(低)
6	ESP OFF 开关	26	右前轮速传感器信号端
7	左前轮速传感器信号端	30	阀继电器电源端
11	CAN总线2(高)	34	轮速输出
14	电机接地端	36	ECU电源端(点火电源线)
17	AVH(自动驻车)开关	37	右后轮速传感器信号端
19	CAN总线1(低)	39	左后轮速传感器电源端
21	右前轮速传感器电源端	42	制动灯开关
22	右后轮速传感器电源端	43	HDC(陡坡缓降功能)开关
23	左后轮速传感器信号端	46	ECU接地端

ESP CB模块端子分布如图9-22所示,端子定义见表9-14。

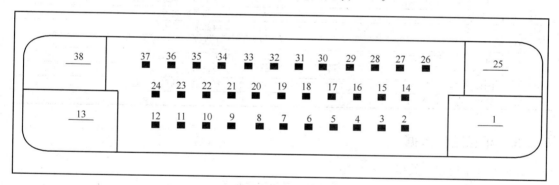

图9-22 ESP CB模块端子分布

表9-14 ESP 9.1CB模块端子定义

端子	定义	端子	定义
1	电机电源端(正极)	18	左后轮速传感器信号端
2	轮速输出(右前)	19	左前轮速传感器电源端
4	右前轮速传感器信号端	24	ESP OFF 指示灯
6	诊断K线	25	阀继电器电源端
8	左前轮速传感器信号端	26	CAN总线1(高)(连接转向盘转角传感器)
10	车速输出	27	CAN总线1(高)(连接直流转换器)
12	ESP OFF 开关	28	ECU电源端(点火电源线)
13	电机接地端	29	右后轮速传感器信号端
14	CAN总线1(低)(连接转向盘转角传感器)	30	制动灯开关
15	CAN总线1(低)(连接直流转换器)	31	左后轮速传感器电源端
16	右前轮速传感器电源端	38	ECU接地端
17	右后轮速传感器电源端		

9.2.9 PEPS 控制器端子定义

PEPS 控制器端子分布如图 9-23 所示，端子定义见表 9-15。

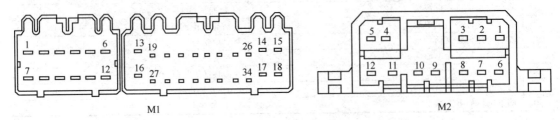

图 9-23 PEPS 控制器端子分布

表 9-15 PEPS 控制器端子定义

端子	定义	端子	定义
M1.1	一键启动开关 LED（绿色）	M1.26	ACC 反馈
M1.2	IGN1 继电器输出	M1.27	主驾侧门把手微动开关
M1.3	ACC 继电器输出	M1.28	行李厢开启按钮
M1.6	电子转向锁电机电源	M1.29	主驾侧门把手触摸开关
M1.8	IGN2 继电器输出	M1.30	一键启动开关接地
M1.9	一键启动开关 LED（琥珀色）	M1.34	失效指示
M1.10	电子转向锁状态反馈	M2.1	行李厢外部低频天线−
M1.11	制动踏板输入	M2.2	副驾侧低频天线−
M1.12	离合踏板输入（MT）	M2.3	主驾侧低频天线−
M1.13	一键启动开关按钮	M2.4	副驾侧低频天线+
M1.15	电源	M2.5	行李厢外部低频天线+
M1.17	LIN 总线（IMMO 控制）	M2.6	内部后低频天线−
M1.18	电源接地	M2.7	内部前低频天线−
M1.20	CAN 高	M2.8	内部前低频天线−
M1.21	CAN 低	M2.9	内部前低频天线+
M1.22	LIN 总线（ESCL 控制）	M2.10	主驾侧低频天线+
M1.23	IGN1 反馈	M2.11	内部后低频天线+
M1.24	IGN2 反馈	M2.12	行李厢内部低频天线+
M1.25	启动继电器反馈		

9.2.10 车轮定位数据

M6 车型车轮定位数据见表 9-16。

表 9-16 车轮定位数据

项目		数值（左、右轮偏差）
前轮（空载）	主销内倾角	12°39′ ±30′（≤30′）
	主销后倾角	3°14′ ±45′（≤36′）
	前轮外倾角	0°09′ ±30′（≤30′）
	前轮前束角（单侧）	−0°03′ ±5′（≤2′）
后轮（空载）	后轮外倾角	−0°54′ ±30′（≤30′）
	后轮前束角	0°06′ ±15′（≤10′）

9.3 哈弗 F7（2020 年款）

9.3.1 长城 1.5T GW4B15A 发动机技术参数

长城 1.5T GW4B15A 发动机技术参数见表 9-17。

表 9-17 发动机技术参数

项目	参数
特点	直列、4冲程、水冷、缸内直喷、连续可变气门升程、增压中冷
缸径×行程	76mm×82.6mm
总排量	1499mL
压缩比	9.6∶1
额定功率	124kW(5000~5600r/min 时)
最大净功率	120kW
最大转矩	285N·m(1400~3000r/min 时)
怠速转速	(750±100)r/min

9.3.2 长城 1.5T GW4B15A 发动机正时维修

发动机正时单元部件分解如图 9-24 所示。

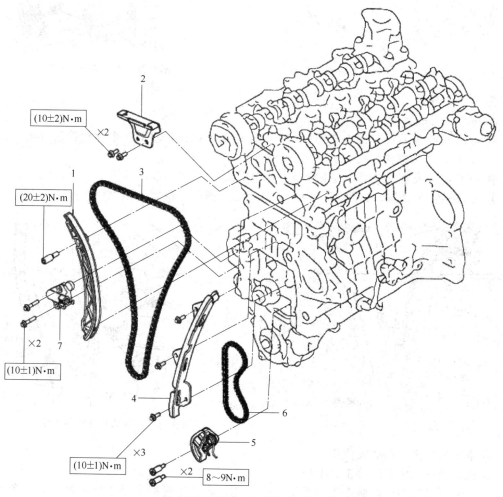

图 9-24 发动机正时单元部件分解

1—动导轨；2—上导轨；3—正时链；4—定导轨；5—机油泵链条张紧器；6—机油泵链条；7—液压张紧器

发动机正时单元部件安装步骤如下。

① 将机油泵链条分别装配至曲轴链轮和机油泵驱动链轮上。

② 安装机油泵链条张紧器。

③ 如图9-25所示,紧固2个弹簧限位螺钉,拧紧力矩8~9N·m。
④ 调整张紧器弹簧卡装至弹簧限位螺钉上。
⑤ 安装机油泵链轮罩盖。
⑥ 将正时链挂到曲轴链轮、进排气VVT相位器上。
⑦ 将链条上的标记分别对准进、排气VVT相位器及曲轴链轮的正时标记,如图9-26所示。

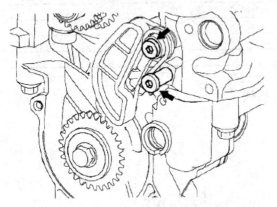

图9-25 拧紧机油泵链条张紧器的限位螺钉

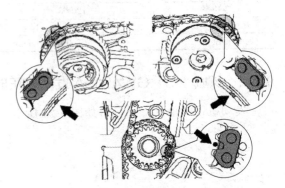

图9-26 对准正时标记

⑧ 安装定导轨。
⑨ 安装动导轨。
⑩ 如图9-27所示,紧固3个螺栓和正时机构固定螺栓,左侧1个螺栓拧紧力矩(20±2)N·m,其他3个螺栓拧紧力矩(10±1)N·m。
⑪ 打开液压张紧器锁销,按下柱塞,插上限位销。
⑫ 安装液压张紧器,如图9-28所示,紧固2个螺栓,拧紧力矩(10±1)N·m。

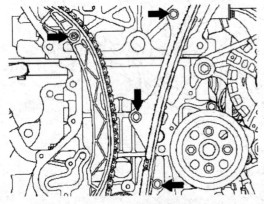

图9-27 紧固导轨螺栓

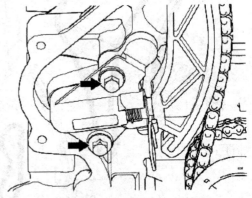

图9-28 安装液压张紧器螺栓

⑬ 取下液压张紧器的限位销。
⑭ 确认液压张紧器能够正常工作。
⑮ 顺时针盘车两圈,检查正时系统是否卡滞,确认正时标记是否再次对正,避免因跳齿导致发动机故障。
⑯ 安装正时罩盖。
⑰ 安装油底壳。
⑱ 安装气缸盖罩。
⑲ 安装惰轮。

⑳ 安装减振带轮。
㉑ 安装多楔带。
㉒ 安装发动机总成。

9.3.3 长城1.5T GW4B15A 发动机电脑端子定义

发动机电脑端子分布如图 9-29 所示，端子定义见表 9-18。

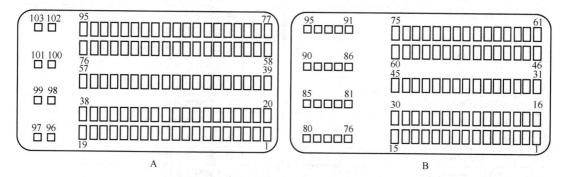

图 9-29 发动机电脑端子分布

表 9-18 发动机电脑端子定义

端子	定 义	端子	定 义
A1	起动机控制 LSD	A49	前氧传感器 VM
A5	起动机控制 HSD	A51	加速踏板位置传感器 2
A6	主继电器	A52	散热器水温传感器信号
A8	后氧传感器	A55	制动灯开关信号
A9	模拟传感器地 5	A56	制动开关
A10	模拟传感器地 6	A57	起动机状态反馈信号
A11	模拟传感器地 7	A58	炭罐截止阀
A12	模拟传感器地 8	A59	两级机油泵
A13	加速踏板位置传感器 1 接地	A61	后氧传感器加热信号
A14	传感器电源 1(5V)	A62	前氧传感器加热信号
A15	加速踏板位置传感器 1 电源	A63	常电
A16	加速踏板位置传感器 2 电源	A64	刷新和车身 CAN 低
A17	传感器电源 10(5V)	A65	刷新和车身 CAN 高
A18	传感器电源 6(5V)	A66	前氧传感器 IA
A24	空调压缩机继电器	A67	前氧传感器 UN
A25	进气旁通阀	A70	接 CVVL 控制器 CAN 高
A26	低压油泵继电器	A71	接 CVVL 控制器 CAN 低
A27	制动真空度传感器信号	A76	ECU 唤醒信号
A28	后氧传感器接地	A96	ECU 接地 4
A29	加速踏板位置传感器 2 接地	A97	ECU 接地 2
A31	加速踏板位置传感器 1	A98	ECU 接地 3
A33	高负荷脱附管路压力传感器	A99	ECU 接地 1
A34	空调压力传感器信号	A100	主继电器电源 1
A39	PWM 风扇信号	A101	主继电器电源 2
A40	VVT 控制阀(排气)	A102	主继电器电源 3
A41	VVT 控制阀(进气)	A103	主继电器电源 4
A42	炭罐电磁阀信号	B1	传感器电源 7(5V)
A46	点火开关信号	B2	传感器电源 8(5V)
A47	LIN 总线	B3	传感器电源 11(5V)
A48	前氧传感器 IP	B5	数字信号地 2

端子	定 义	端子	定 义
B6	模拟信号地1	B36	轨压传感器信号
B7	模拟信号地2	B38	进气压力温度传感器温度信号
B8	模拟信号地3	B40	电子节气门反馈信号1
B9	模拟信号地4	B45	排气凸轮轴相位传感器信号
B10	排气凸轮轴相位传感器接地	B46	爆震传感器正极
B11	进气凸轮轴相位传感器接地	B47	爆震传感器负极
B12	第2缸点火	B53	空气流量计流量信号
B13	第4缸点火	B54	增压器电子旁通阀位置信号
B14	第1缸点火	B57	曲轴位置传感器信号
B15	第3缸点火	B59	发动机转速复制输出信号
B16	传感器电源3(5V)	B76	第4缸喷油正极
B17	传感器电源4(5V)	B77	第4缸喷油负极
B18	曲轴位置传感器电源	B78	第1缸喷油负极
B19	空气流量计接地	B79	第3缸喷油正极
B20	曲轴位置传感器接地	B80	第2缸喷油正极
B22	水温传感器信号	B81	增压器电子旁通阀控制负极
B24	巡航控制信号	B82	增压器电子旁通阀控制正极
B27	增压压力温度传感器压力信号	B83	第1缸喷油正极
B28	进气压力温度传感器压力信号	B84	第3缸喷油负极
B29	增压压力温度传感器温度信号	B85	第2缸喷油负极
B30	进气凸轮轴相位传感器信号	B86	电子节气门控制电机负极
B31	油箱压力传感器信号	B90	高压油泵油压控制阀负极
B34	电子节气门反馈信号2	B91	电子节气门控制电机正极
B35	环境温度信号	B95	高压油泵油压控制阀正极

9.3.4 长城2.0T GW4C20B发动机技术参数

长城2.0T GW4C20B发动机技术参数见表9-19。

表9-19 发动机技术参数

项 目	参 数
特点	4冲程、中冷、直列、电子控制汽油缸内直接喷射、电控执行器废气涡轮增压(单级双流道)、缸盖集成排气歧管、热管理模块、变量机油泵
缸径×行程	82.5mm×92mm
总排量	1967mL
压缩比	9.6:1
额定功率	165kW(5500r/min 时)
最大净功率	160kW
最大转矩	385N·m(1800～3600r/min 时)
怠速转速	(750±100)r/min

9.3.5 长城2.0T GW4C20B发动机正时维修

发动机正时单元部件分解如图9-30所示。

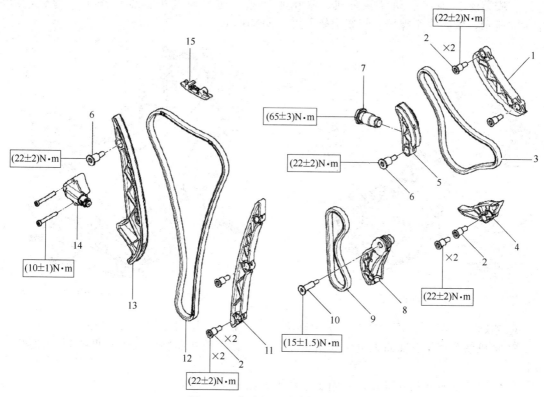

图9-30 发动机正时单元部件分解

1—平衡轴链条上定导轨；2—链条定导轨螺栓；3—平衡轴链条；4—平衡轴链条下定导轨；5—平衡轴链条动导轨总成；6—链条动导轨螺栓；7—平衡轴链条张紧器；8—机油泵链条张紧器；9—机油泵链条；10—机油泵链条张紧器螺栓；11—链条定导轨；12—正时链；13—链条动导轨总成；14—液压张紧器；15—链条上导轨

发动机正时单元部件安装步骤如下。

① 安装链条上导轨，如图9-31所示。

② 对正平衡轴惰轮总成与进气侧平衡轴总成的正时标记，如图9-32所示。

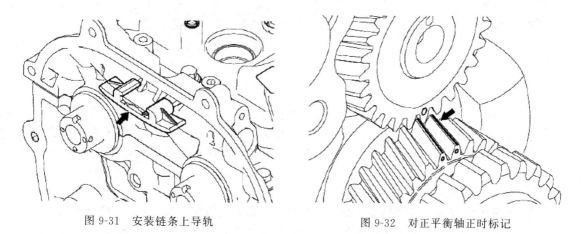

图9-31 安装链条上导轨　　　　　　图9-32 对正平衡轴正时标记

③ 确认链轮上的正时标记（有颜色的链节）朝向发动机前端。

④ 对准正时标记安装平衡轴链条，链条上两个深蓝色链节与平衡轴链轮正时标记对应，铜色链节与平衡轴驱动链轮正时标记对应，如图9-33所示。

⑤ 安装平衡轴链条动导轨总成、平衡轴链条上定导轨及平衡轴链条下定导轨,如图 9-34 所示,紧固 5 个螺栓,拧紧力矩(22±2)N·m。

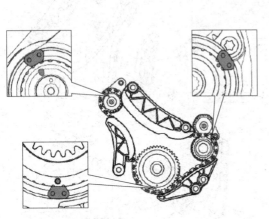

图 9-33 对准正时标记

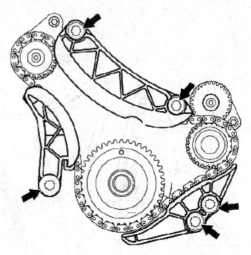

图 9-34 安装平衡轴链条导轨

⑥ 如图 9-35 所示,安装并紧固平衡轴链条张紧器,拧紧力矩(65±3)N·m。

⑦ 将机油泵链条套在曲轴链轮和机油泵链轮上,先挂在曲轴链轮上,再挂到机油泵链轮上。

⑧ 安装机油泵链条张紧器,紧固 1 个螺栓,如图 9-36 所示。

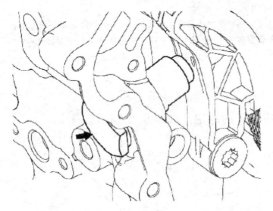

图 9-35 安装平衡轴链条张紧器

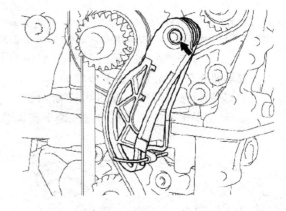

图 9-36 安装机油泵链条张紧器

⑨ 如图 9-37 所示,拔下张紧器定位销,机油泵链条张紧器自动张紧。

⑩ 将正时链带颜色标记的一侧朝向外侧,安装到进、排气 VVT 相位器及曲轴链轮上。

⑪ 将链条上的标记分别对准进、排气 VVT 相位器及曲轴链轮的正时标记,如图 9-38 所示。

⑫ 如图 9-39 所示,确认定位销安装到位。

⑬ 如图 9-40 所示,安装链条定导轨,紧固 2 个螺栓,拧紧力矩(22±2)N·m。

⑭ 如图 9-41 所示,安装链条动导轨总成,紧固 1 个螺栓,拧紧力矩(22±2)N·m。

⑮ 安装液压张紧器,紧固 2 个螺栓,如图 9-42 所示,拧紧力矩(10±1)N·m。

⑯ 取下限位装置。

⑰ 确认每个链轮和正时链上的配合标记都没有错位。

图 9-37 拔下张紧器定位销

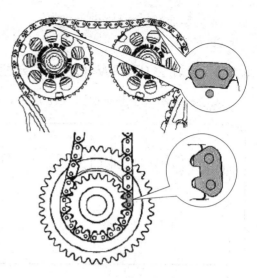

图 9-38 对准链条正时标记

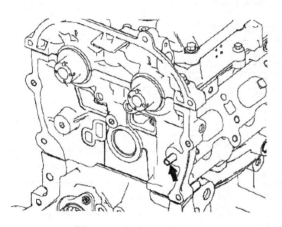

图 9-39 定位销安装位置

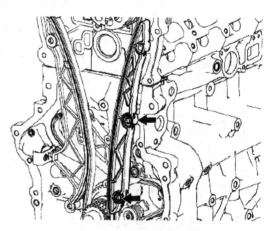

图 9-40 安装链条定导轨

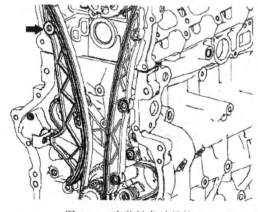

图 9-41 安装链条动导轨

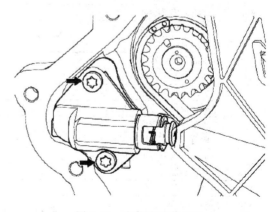

图 9-42 安装液压张紧器

⑱ 顺时针盘车 2 圈，检查正时系统是否卡滞，确认正时标记是否再次对正，避免因跳齿导致发动机故障。注意禁止逆时针转动曲轴（面向发动机传动带端）。

⑲ 安装正时罩盖。

⑳ 安装曲轴前油封和曲轴带轮。
㉑ 安装多楔带。

9.3.6 长城 2.0T GW4C20B 发动机电脑端子定义

发动机电脑端子分布如图 9-43 所示，端子定义见表 9-20。

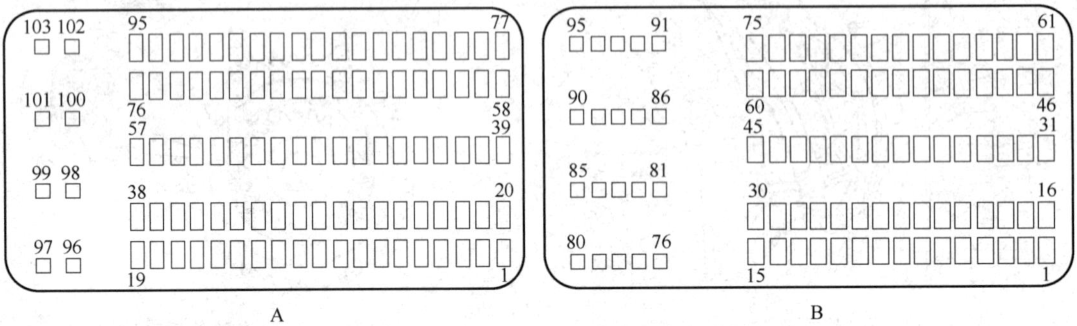

图 9-43 发动机电脑端子分布

表 9-20 发动机电脑端子定义

端子	定义	端子	定义
A1	起动机控制 LSD	A49	前氧传感器 VM
A5	起动机控制 HSD	A51	加速踏板位置传感器 2
A6	主继电器	A52	散热器水温传感器信号
A8	后氧传感器信号	A55	制动灯开关信号
A9	制动真空度传感器接地	A56	制动开关
A10	高负荷脱附管路压力传感器接地	A57	起动机状态反馈信号
A11	高温传感器接地	A58	炭罐截止阀
A12	空调高边压力传感器接地	A61	后氧传感器加热信号
A13	加速踏板位置传感器 1 接地	A62	前氧传感器加热信号
A14	制动真空度传感器电源	A63	持续电源
A15	加速踏板位置传感器 1 电源	A64	CAN 低
A16	加速踏板位置传感器 2 电源	A65	CAN 高
A17	高负荷脱附管路压力传感器电源	A66	前氧传感器 IA
A18	空调压力传感器电源	A67	前氧传感器 UN
A24	空调压缩机继电器	A96	ECU 接地 4
A25	进气旁通阀	A97	ECU 接地 2
A26	低压油泵继电器	A98	ECU 接地 3
A27	制动真空度传感器信号	A99	ECU 接地 1
A28	后氧传感器接地	A100	主继电器电源 1
A29	加速踏板位置传感器 2 接地	A101	主继电器电源 2
A31	加速踏板位置传感器	A102	主继电器电源 3
A33	高负荷脱附管路压力传感器信号	A103	主继电器电源 4
A34	空调高边压力传感器信号	B1	传感器电源 5V
A36	高温传感器信号	B2	凸轮轴相位传感器电源（进气）
A39	PWM 风扇控制信号	B3	增压压力温度传感器电源
A40	VVT 控制阀（排气）	B4	热管理模块位置传感器接地
A41	VVT 控制阀（进气）	B5	压差传感器接地
A42	炭罐电磁阀信号	B6	电子节气门接地
A46	点火开关	B7	发动机水温传感器接地
A47	LIN 总线	B8	轨压传感器接地
A48	前氧传感器 IP	B9	增压压力温度传感器接地

续表

端子	定　义	端子	定　义
B10	凸轮轴相位传感器接地（排气）	B45	凸轮轴相位传感器信号（排气）
B11	凸轮轴相位传感器接地（进气）	B46	爆震传感器电源
B12	第2缸点火	B47	爆震传感器接地
B13	第4缸点火	B54	增压器电子旁通阀位置信号
B14	第1缸点火	B57	曲轴位置传感器信号
B15	第3缸点火	B59	发动机转速复制输出信号
B16	电子节气门电源	B76	第4缸喷油正极
B17	凸轮轴相位传感器电源（排气）	B77	第4缸喷油负极
B18	曲轴位置传感器电源	B78	第1缸喷油负极
B20	曲轴位置传感器接地	B79	第3缸喷油正极
B22	发动机水温传感器信号	B80	第2缸喷油正极
B24	巡航控制信号	B81	增压器电子旁通阀控制负极
B27	增压压力温度传感器压力信号	B82	增压器电子旁通阀控制正极
B28	进气压力温度传感器压力信号	B83	第1缸喷油正极
B29	增压压力温度传感器温度信号	B84	第3缸喷油负极
B30	凸轮轴相位传感器信号（进气）	B85	第2缸喷油负极
B31	油箱压力传感器信号	B86	电子节气门控制电机负极
B34	电子节气门反馈信号2	B87	热管理模块电机正极
B36	轨压传感器信号	B90	高压油泵油压控制阀负极
B37	热管理模块位置反馈信号	B91	电子节气门控制电机正极
B38	进气压力温度传感器温度信号	B92	热管理模块电机负极
B40	电子节气门反馈信号1	B95	高压油泵油压控制阀正极
B42	压差传感器信号		

9.3.7　长城GW7DCT1-A02变速器电脑端子定义

变速器电脑端子分布如图9-44所示，端子定义见表9-21、表9-22。

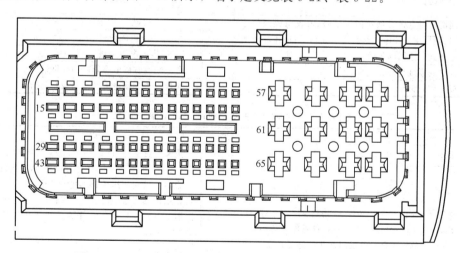

图9-44　变速器电脑端子分布

表9-21　与GW4B15A发动机配对时的端子定义

端子	定　义	端子	定　义
1	1、5挡电磁阀高边线性输出	4	液压驻车电磁铁高边线性输出
2	2、6挡电磁阀高边线性输出	5	倒车灯继电器低边开关输出
3	润滑流量电磁阀高边线性输出	6	手动模式降挡

续表

端子	定 义	端子	定 义
8	拨叉位置信号_1(2-N-6)	38	拨叉位置信号_2(5-N-1)传感器地线GND_5VSN2；拨叉位置信号_3(3-N-7)传感器地线GND_5VSN2；奇数轴离合器电磁阀油压传感器地线GND_5VSN2；液压驻车位移传感器地线GND_5VSN2；换挡拨片地线GND_5VSN2
9	奇数轴离合器电磁阀压力传感器信号		
10	离合器油温传感器地线GND_5VSN2		
11	偶数轴转速传感器电源5V_SN2		
13	变速器标定CAN1_H接口		
14	变速器标定CAN1_L接口	39	拨叉位置信号_2(5-N-1)传感器电源5V_SN2；拨叉位置信号_3(3-N-7)传感器电源5V_SN2；奇数轴离合器电磁阀油压传感器电源5V_SN2；液压驻车位移传感器电源5V_SN2
15	3、7挡电磁阀高边线性输出		
16	4、R挡电磁阀高边线性输出		
17	主油压电磁阀高边线性输出		
18	液压驻车油路电磁阀高边线性输出	41	偶数轴转速信号
21	换挡拨片信号	43	偶数轴离合器电磁阀低边回路信号
22	拨叉位置信号_2(5-N-1)	44	2、6挡电磁阀低边回路信号ACS3；4、R挡电磁阀低边回路信号ACS4；AR2电磁阀低边回路信号
23	偶数轴离合器电磁阀压力传感器信号		
24	拨叉位置信号_1(2-N-6)传感器地线GND_5VSN1；拨叉位置信号_4(4-N-R)传感器地线GND_5VSN1；偶数轴离合器电磁阀油压传感器地线GND_5VSN1	45	液压驻车电磁铁低边回路信号
		46	电子水泵控制信号
		47	手动模式升挡
		49	离合器油温传感器信号
		50	拨叉位置信号_4(4-N-R)
25	拨叉位置信号1(2-N-6)传感器电源5V_SN1；拨叉位置信号_4(4-N-R)传感器电源5V_SN1；偶数轴离合器电磁阀油压传感器电源5V_SN1	51	油底壳温度传感器地线GND_5VSN1
		52	离合器转速传感器（输入轴转速）电源5V_SN1；奇数轴转速传感器电源5V_SN1
		53	液压驻车位移传感器信号
27	整车通信CAN2_H接口	54	离合器转速信号（输入轴转速）
28	整车通信CAN2_L接口	55	奇数轴转速信号
29	奇数轴离合器电磁阀低边回路信号	56	TCU上电信号
30	1、5挡电磁阀低边回路信号ACS1；3、7挡电磁阀低边回路信号ACS2；AR1电磁阀低边回路信号	58	AR1电磁阀高边线性输出
		59	蓄电池电压
		60	蓄电池电压
31	润滑流量电磁阀低边回路信号；开关电磁阀低边回路信号；主油压电磁阀低边回路信号；液压驻车油路电磁阀低边回路信号	62	AR2电磁阀高边线性输出
		63	TCU供电电源负极
		64	TCU供电电源负极
35	油底壳温度传感器信号	67	奇数轴离合器电磁阀高边线性输出
36	拨叉位置信号_3(3-N-7)	68	偶数轴离合器电磁阀高边线性输出

表9-22 与GW4C20B发动机配对时的端子定义

端子	定 义	端子	定 义
12	电子泵电机霍尔传感器信号2	25	拨叉位置信号_1(2-N-6)传感器电源5V_SN1；拨叉位置信号_4(4-N-R)传感器电源5V_SN1；偶数轴离合器电磁阀油压传感器电源5V_SN1；电子泵电机霍尔传感器1电源5V_SN1；电子泵电机霍尔传感器2电源5V_SN1；电子泵电机霍尔传感器3电源5V_SN1
24	拨叉位置信号_1(2-N-6)传感器地线GND_5VSN1；拨叉位置信号_4(4-N-R)传感器地线GND_5VSN1；偶数轴离合器电磁阀油压传感器地线GND_5VSN1；电子泵电机霍尔传感器1地线GND_5VSN1；电子泵电机霍尔传感器2地线GND_5VSN1；电子泵电机霍尔传感器3地线GND_5VSN1		
		26	电子泵电机霍尔传感器信号3
		40	电子泵电机霍尔传感器信号1
		57	电子泵电机U相输出
		61	电子泵电机V相输出
		65	电子泵电机W相输出
		66	开关电磁阀高边开关输出

注：本表内容对表9-21进行增补，没有提到的端子定义参考表9-21。

9.3.8 ESP 液压控制单元端子定义

ESP 液压控制单元端子分布如图 9-45 所示，端子定义见表 9-23。

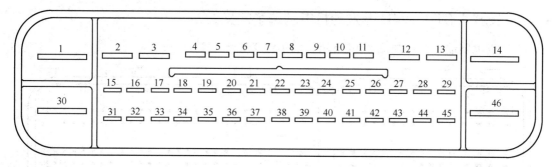

图 9-45 ESP 液压控制单元端子分布

表 9-23 ESP 液压控制单元端子定义

端子	定 义	端子	定 义
1	电机电源端（正极）	22	右后轮速传感器电源端
2	右后驻车卡钳（＋）	23	左后轮速传感器信号端
3	右后驻车卡钳（－）	24	左前轮速传感器电源端
5	CAN 总线 1（高）	25	CAN 总线 2（低）
6	ESP OFF 开关	26	右前轮速传感器信号端
7	左前轮速传感器信号端	30	阀继电器电源端
11	CAN 总线 2（高）	31	电子驻车开关 1（SW1）
12	左后驻车卡钳（－）	32	电子驻车开关 4（SW4）
13	左后驻车卡钳（＋）	34	车速信号
14	电机接地端	36	ECU 唤醒（IG）
15	电子驻车开关 3（SW3）	37	右后轮速传感器信号端
16	电子驻车开关 6（SW6）	39	左后轮速传感器电源端
17	AVH（自动驻车）开关	42	制动开关
19	CAN 总线 1（低）	43	HDC（陡坡缓降功能）开关
21	右前轮速传感器电源端	46	ECU 地线

9.4 哈弗 F7X（2019 年款）

9.4.1 长城 1.5T GW4B15 发动机技术参数

长城 1.5T GW4B15 发动机技术参数见表 9-24。

表 9-24 发动机技术参数

项 目	参 数
特点	直列、4 冲程、水冷、缸内直喷、连续可变气门升程、增压中冷
缸径×行程	76mm×82.6mm
总排量	1499mL
压缩比	9.6∶1
额定功率	124kW（5600r/min 时）
最大净功率	120kW
最大转矩	285N·m（1400～3000r/min 时）
怠速转速	(750±25)r/min

9.4.2 长城 1.5T GW4B15 发动机正时维修

参考本书 9.3.2 小节。

9.4.3 长城 1.5T GW4B15 发动机电脑端子定义

发动机电脑端子分布如图 9-46 所示，端子定义见表 9-25。

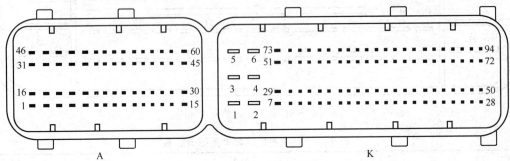

图 9-46 发动机电脑端子分布

表 9-25 发动机电脑端子定义

端子	定 义	端子	定 义
A1	第 4 缸点火	A46	第 3 缸喷油＋
A2	第 2 缸点火	A47	第 2 缸喷油＋
A3	油压控制阀－	A48	第 4 缸喷油－
A4	油压控制阀＋	A49	第 2 缸喷油－
A5	VVT 控制阀（排气）	A50	VVT 控制阀（进气）
A7	5V 电源	A53	凸轮相位传感器（进气）
A8	传感器接地	A54	凸轮相位传感器（排气）
A10	爆震传感器－	A56	环境温度传感器
A12	5V 电源	A57	水温传感器
A13	传感器接地	A58	空气流量信号
A14	传感器接地	A59	传感器接地
A15	炭罐控制阀	K1	ECU 接地 1
A16	第 1 缸点火	K2	ECU 接地 2
A17	第 3 缸点火	K3	主继电器电源 1
A19	电子节气门控制＋	K4	ECU 接地 3
A20	电子节气门控制－	K5	主继电器电源 2
A22	传感器接地	K6	主继电器电源 3
A23	发动机转速传感器（霍尔式）	K8	进气旁通阀
A24	节气门位置传感器 1	K9	启动控制继电器（高有效）
A25	爆震传感器＋	K11	传感器接地
A27	5V 电源	K12	巡航控制
A29	5V 电源	K13	制动真空助力传感器
A31	第 1 缸喷油＋	K14	传感器接地
A32	第 4 缸喷油＋	K15	传感器接地
A33	第 1 缸喷油－	K19	制动灯开关
A34	第 3 缸喷油－	K24	制动开关
A38	增压温度传感器	K26	低压油泵继电器
A39	增压压力传感器	K28	PWM 风扇控制
A40	轨压传感器	K29	后氧传感器加热
A41	节气门位置传感器 2	K30	持续电源
A44	传感器接地	K31	启动控制继电器（低有效）

续表

端子	定 义	端子	定 义
K34	氧传感器接地	K69	主继电器
K35	传感器接地	K71	机油泵
K42	空调压缩机继电器	K73	前氧传感器加热
K44	CAN 低	K76	宽频氧传感器 VM 信号
K45	CAN 高	K77	宽频氧传感器 UN 信号
K47	启动电机反馈信号	K78	宽频氧传感器 IA 信号
K52	传感器接地	K79	宽频氧传感器 IP 信号
K58	5V 电源	K81	传感器接地
K59	5V 电源	K82	传感器接地
K60	空调压力传感器	K83	加速踏板位置传感器 1
K61	加速踏板位置传感器 2	K85	节电继电器
K62	后氧传感器	K87	点火开关
K63	进气压力传感器	K89	CVVL CAN 低
K65	LIN 总线	K90	CVVL CAN 高

9.4.4　长城 1.5T GW4B15 发动机 CVVL 电脑端子定义

长城 1.5T GW4B15 发动机 CVVL 电脑端子分布如图 9-47 所示，端子定义见表 9-26。

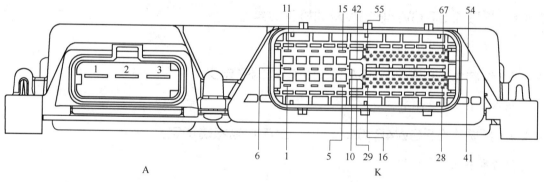

图 9-47　CVVL 电脑端子分布

表 9-26　CVVL 电脑端子定义

端子	定 义	端子	定 义
A1	BLDC 电机 U 相	K22	无刷电机传感器供电
A2	BLDC 电机 V 相	K23	无刷电机霍尔输入 3
A3	BLDC 电机 W 相	K30	角度传感器输入
K1	CVVL 继电器供电	K31	增压器传感器输入
K2	CVVL 继电器供电	K33	增压器传感器地
K3	接地	K36	无刷电机霍尔输入 1
K4	功率地 1	K45	角度传感器地
K5	功率地 2	K49	无刷电机传感器地
K6	CVVL 继电器供电	K54	增压器电机负端
K7	CVVL 继电器供电	K55	PTCAN 低
K8	接地	K56	PT CAN 高
K9	主继电器供电	K57	CVVL CAN 低
K10	继电器供电	K58	CVVL CAN 高
K11	接地	K62	无刷电机霍尔输入 2
K12	接地	K66	BLDC 供电继电器驱动
K17	增压器传感器供电	K67	增压器电机正端
K19	角度传感器供电		

VVL 控制电机端子分布如图 9-48 所示，端子定义见表 9-27。

表 9-27　VVL 控制电机端子定义

端子	名称	定义
1	GND	无刷电机传感器地
2	H2	无刷电机霍尔输入 2
3	H3	无刷电机霍尔输入 3
4	H1	无刷电机霍尔输入 1
5	VCC	无刷电机传感器供电
6	V	BLDC 电机 V 相
7	W	BLDC 电机 W 相
8	U	BLDC 电机 U 相

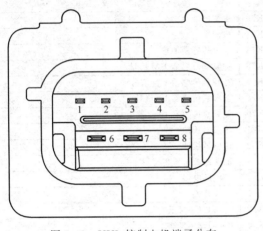

图 9-48　VVL 控制电机端子分布

9.4.5　长城 1.5T GW4B15A 发动机技术参数

参考本书 9.3.1 小节。

9.4.6　长城 1.5T GW4B15A 发动机正时维修

参考本书 9.3.2 小节。

9.4.7　长城 1.5T GW4B15A 发动机电脑端子定义

参考本书 9.3.3 小节。

9.4.8　长城 1.5T GW4B15A 发动机 CVVL 电脑端子定义

参考本书 9.4.4 小节。

9.4.9　长城 2.0T GW4C20NT 发动机技术参数

长城 2.0T GW4C20NT 发动机技术参数见表 9-28。

表 9-28　发动机技术参数

项　目	参　数
特点	直列 4 缸、4 冲程、增压中冷、缸内直喷汽油机
缸径×行程	82.5mm×92mm
总排量	1967mL
压缩比	9.6∶1
额定功率	145kW(5200～5500r/min 时)
最大净功率	140kW
最大转矩	355N·m(2000～3200r/min 时)
急速转速	(700±25)r/min

9.4.10　长城 2.0T GW4C20NT 发动机正时维修

发动机正时单元部件分解如图 9-49 所示。

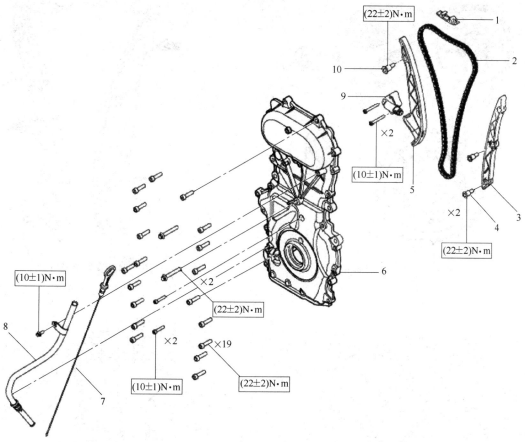

图 9-49 发动机正时单元部件分解

1—链条上导轨；2—正时链；3—链条定导轨；4—链条定导轨螺栓；5—链条动导轨；6—正时罩盖；7—机油尺；8—机油尺导管；9—液压张紧器；10—链条动导轨螺栓

发动机正时部件安装步骤如下。

① 将正时链带颜色标记的一侧朝向外侧，安装到进、排气 VVT 相位器及曲轴链轮上。

② 将链条上的标记分别对准进、排气 VVT 相位器及曲轴链轮的正时标记，如图 9-50 所示。

③ 确认定位销安装到位，放置链条动导轨和链条定导轨。

④ 紧固 3 个螺栓，如图 9-51 所示。

⑤ 安装液压张紧器。

⑥ 如图 9-52 所示，紧固 2 个螺栓，拧紧力矩（10±1）N·m。

⑦ 安装后，向上取下限位装置。

⑧ 确认每个链轮和正时链上的配合标记都没有错位。

⑨ 顺时针盘车 2 圈，检查正时系统是否卡滞，确认正时标记是否再次对正，避免因跳齿导致发动机故障。

⑩ 清除正时罩盖和气缸体密封面上旧的密封胶。

⑪ 如图 9-53 所示，在正时罩盖点胶位置涂抹密封胶，并填满凹坑区域。类型：乐泰 5900H 硅橡胶平面密封胶或三键 1217H 硅橡胶平面密封胶。

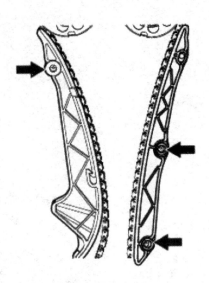

图 9-50 对准正时标记　　　　图 9-51 安装链条导轨

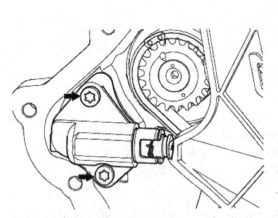
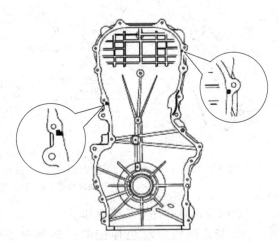

图 9-52 安装张紧器螺栓　　　图 9-53 涂抹密封胶（一）

⑫ 如图 9-54 所示，在正时罩盖与凸轮轴轴承盖、气缸盖、气缸体的结合面涂抹密封胶。类型：乐泰 5900H 硅橡胶平面密封胶或三键 1217H 硅橡胶平面密封胶。涂胶直径（3.0±0.2）mm。

⑬ 如图 9-55 所示，在正时罩盖与凸轮轴轴承盖、气缸盖、气缸体、上油底壳 T 形结合区涂抹密封胶。类型：乐泰 5900H 硅橡胶平面密封胶或三键 1217H 硅橡胶平面密封胶。涂胶直径（3.0±0.2）mm。

⑭ 密封胶胶线不允许出现间断，涂抹密封胶后需在 3min 内完成安装，15min 内紧固所有螺栓。按图 9-56 顺序紧固正时罩盖固定螺栓，螺栓 20、23 拧紧力矩（10±1）N·m，其余螺

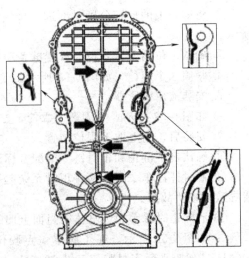

图 9-54 涂抹密封胶（二）

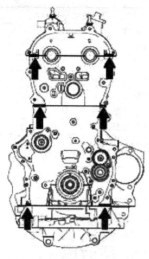

图 9-55 涂抹密封胶（三）

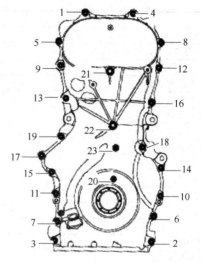

图 9-56 正时罩盖螺栓拧紧顺序
1～23—螺栓

栓拧紧力矩（22±2）N·m。

⑮ 安装下油底壳。

⑯ 安装曲轴带轮。

⑰ 安装前悬置支架。

⑱ 安装多楔带。

9.4.11 长城 2.0T GW4C20NT 发动机电脑端子定义

发动机电脑端子分布如图 9-57 所示，端子定义见表 9-29。

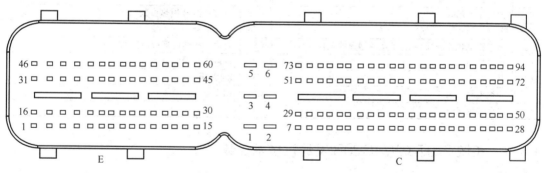

图 9-57 发动机电脑端子分布

表 9-29 发动机电脑端子定义

端子	定　义	端子	定　义
E1	1 缸喷油器高端驱动	E10	58X 高信号
E2	3 缸喷油器高端驱动	E14	炭罐清洗电磁阀
E3	点火线圈 C 驱动（4 缸）	E15	节气门电机低
E4	点火线圈 A 驱动（1 缸）	E16	4 缸喷油器高端驱动
E5	点火线圈 D 驱动（2 缸）	E17	2 缸喷油器高端驱动
E6	5V 参考电压 2	E18	5V 参考电压 2
E7	5V 接地 5	E19	5V 参考电压 2
E8	5V 接地 8	E20	点火线圈 B 驱动（3 缸）

续表

端子	定　义	端子	定　义
E21	5V 接地 12	C5	主继电器电源
E22	5V 接地 13	C6	电源接地
E23	进气歧管温度	C11	制动开关输入
E24	冷却水温传感器	C12	起动机状态输入(低有效)
E25	进气歧管压力传感器	C16	5V 参考电压 2
E26	节气门位置传感器 2	C17	宽域线性氧传感器参考工作单元
E27	节气门位置传感器 1	C18	宽域线性氧传感器参考工作单元接地
E29	增压器泄压阀	C20	氧传感器 B 高
E30	节气门电机高	C23	5V 接地 10
E31	5V 参考电压 1	C25	5V 接地 2
E32	5V 参考电压 1	C26	5V 接地 1
E33	5V 接地 4	C32	空调压力传感器
E35	1 缸喷油器低端驱动	C35	加速踏板位置传感器 1
E36	5V 接地 9	C40	宽域线性氧传感器修正电阻
E37	涡轮增压空气压力	C41	宽域线性氧传感器泵工作单元
E38	刹车助力压力	C42	制动灯信号输入
E39	爆震传感器高	C45	模拟信号巡航输入
E40	爆震传感器低	C47	5V 接地 11
E41	涡轮增压后进气温度	C49	5V 接地 3
E42	凸轮轴相位传感器(进气)	C51	氧传感器 A 加热控制
E43	凸轮轴相位传感器(排气)	C54	加速踏板位置传感器 2
E44	可变气门相位(排气)	C55	油泵继电器
E45	第二路电机控制低端(电子涡轮增压控制阀)	C56	传动链继电器
E46	溢流电磁阀低端驱动	C65	5V 参考电压 1
E47	2 缸喷油器低端驱动	C66	点火开关
E48	溢流电磁阀高端驱动	C67	5V 参考电压 2
E49	4 缸喷油器低端驱动	C70	CAN 高
E50	3 缸喷油器低端驱动	C71	CAN 低
E51	油轨压力输入	C73	氧传感器 B 加热控制
E58	可变气门相位(进气)	C76	主继电器
E60	第二路电机控制高端(电子涡轮增压控制阀)	C80	启动电机继电器(高有效)
C1	电源接地	C83	空调离合器继电器
C2	蓄电池电源	C85	PWM 风扇
C3	主继电器电源	C92	LIN 总线
C4	电源接地		

9.4.12　长城 2.0T GW4C20B 发动机技术参数

参考本书 9.3.4 小节。

9.4.13　长城 2.0T GW4C20B 发动机正时维修

参考本书 9.3.5 小节。

9.4.14　长城 2.0T GW4C20B 发动机电脑端子定义

参考本书 9.3.6 小节。

9.4.15　长城 GW7DCT 变速器电脑与总成端子定义

参考本书 9.3.7 与 9.5.4 小节。

9.4.16 空调控制器端子定义

空调控制器端子分布如图 9-58 所示，端子定义见表 9-30。

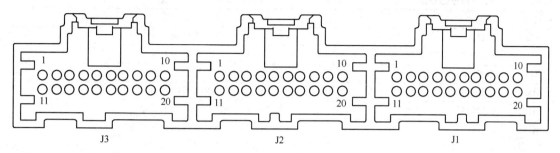

图 9-58 空调控制器端子分布

表 9-30 空调控制器端子定义

端子	定 义	端子	定 义
J1-1	电源正极	J2-7	模式风门步进电机驱动 1
J1-2	电源负极	J2-8	模式风门步进电机驱动 3
J1-3	信号接地	J2-9	模式风门步进电机驱动 4
J1-5	CAN 高	J2-10	模式风门步进电机驱动 6
J1-6	CAN 低	J2-11	鼓风机高速继电器控制
J1-8	阳光传感器左路	J2-16	步进电机 12V 电源 1
J1-9	阳光传感器右路	J2-17	内外循环风门步进电机驱动 1
J1-10	室外温度传感器	J2-18	内外循环风门步进电机驱动 3
J1-14	后窗加热继电器	J2-19	内外循环风门步进电机驱动 4
J1-15	蒸发器温度传感器	J2-20	内外循环风门步进电机驱动 6
J1-16	鼓风机控制信号	J3-1	右前吹足出风口温度传感器
J1-17	室内温度传感器	J3-6	右温度风门步进电机驱动 1
J1-20	后窗加热反馈	J3-7	右温度风门步进电机驱动 3
J2-1	鼓风机反馈正极	J3-8	右温度风门步进电机驱动 4
J2-2	鼓风机反馈负极	J3-9	右温度风门步进电机驱动 6
J2-3	左温度风门步进电机驱动 1	J3-11	右前吹面出风口温度传感器
J2-4	左温度风门步进电机驱动 3	J3-13	左前吹面出风口温度传感器
J2-5	左温度风门步进电机驱动 4	J3-14	右前吹足出风口温度传感器
J2-6	左温度风门步进电机驱动 6		

9.4.17 PEPS 控制器端子定义

PEPS 控制器端子分布如图 9-59 所示，端子定义见表 9-31。

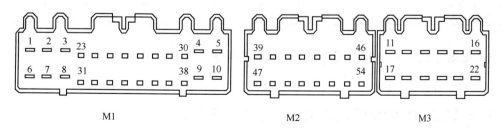

图 9-59 PEPS 控制器端子分布

表 9-31 PEPS 控制器端子定义

端子	定义	端子	定义
M1.2	ACC 继电器输出	M2.42	一键启动开关 LED(绿色)
M1.3	IGN1 继电器输出	M2.43	无线充电使能
M1.4	电源 1	M2.43	无线充电使能
M1.5	电源 2	M2.45	主驾侧低频天线＋
M1.8	IGN2 继电器输出	M2.46	主驾侧低频天线－
M1.9	电源接地 1	M2.48	行李厢开启按钮
M1.10	电源接地 2	M2.49	LIN 总线(IMMO 专用)
M1.24	CAN 高	M2.50	一键启动开关接地
M1.25	CAN 低	M3.11	行李厢外部低频天线－
M1.27	IGN2 反馈	M3.12	内部低频天线 2－
M1.28	LIN 总线(门把手信号)	M3.13	内部低频天线 2＋
M1.29	ACC 反馈	M3.14	内部低频天线 1＋
M1.32	一键启动开关 1	M3.15	内部低频天线 1－
M1.34	启动继电器反馈	M3.17	行李厢外部低频天线＋
M1.35	IGN1 反馈	M3.18	行李厢内部低频天线－
M1.38	制动踏板输入	M3.19	行李厢内部低频天线＋
M2.39	一键启动开关 2	M3.20	副驾侧低频天线＋
M2.41	一键启动开关 LED(琥珀色)	M3.21	副驾侧低频天线－

9.5 魏 VV7（2019 年款）

9.5.1 长城 2.0T GW4C20A 发动机技术参数

长城 2.0T GW4C20A 发动机技术参数见表 9-32。

表 9-32 发动机技术参数

项 目	参 数
特点	4 冲程、水冷、直列、多点、电子控制汽油缸内直接喷射、废气涡轮增压、每缸 4 气门、双顶置凸轮轴
缸径×行程	82.5mm×92mm
总排量	1967mL
压缩比	10∶1
额定功率	172kW(5500r/min 时)
最大净功率	165kW
最大转矩	360N·m(2200～4000r/min 时)
怠速转速	(700±50)r/min

9.5.2 长城 2.0T GW4C20A 发动机正时维修

参考本书 9.4.10 小节。

9.5.3 长城 2.0T GW4C20A 发动机电脑端子定义

发动机电脑端子分布如图 9-60 所示，端子定义见表 9-33。

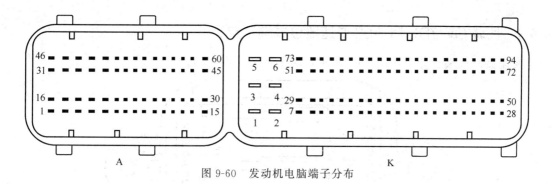

图 9-60　发动机电脑端子分布

表 9-33　发动机电脑端子定义

端子	定 义	端子	定 义
A1	第 4 缸点火信号	A58	空气流量信号
A2	第 2 缸点火信号	A59	传感器接地
A3	高压油泵控制阀负极	K1	ECU 接地 1
A4	高压油泵控制阀正极	K2	ECU 接地 2
A5	VVT 控制阀信号(排气)	K3	主继电器电源 1
A7	5V 电源	K4	ECU 接地 3
A8	传感器接地	K5	主继电器电源 2
A10	爆震传感器信号负极	K6	主继电器电源 3
A12	5V 电源	K8	进气旁通阀信号
A13	传感器接地	K11	传感器接地
A14	传感器接地	K14	传感器接地
A16	第 1 缸点火信号	K19	制动灯开关信号
A17	第 3 缸点火信号	K24	制动开关信号
A18	进气旁通阀	K26	冷却风扇继电器 1
A19	电子节气门控制正极	K27	冷却风扇继电器 2
A20	电子节气门控制负极	K28	低压油泵继电器
A22	传感器接地	K29	后氧传感器加热
A23	曲轴位置信号	K30	持续电源
A24	节气门位置信号 1	K33	氧传感器接地 2
A25	爆震传感器信号正极	K34	氧传感器接地 1
A27	5V 电源	K35	传感器接地 1
A29	5V 电源	K42	空调压缩机继电器
A31	第 1 缸喷油正极	K43	离合器开关
A32	第 4 缸喷油正极	K44	CAN 低
A33	第 1 缸喷油负极	K45	CAN 高
A34	第 3 缸喷油负极	K52	传感器接地 2
A35	炭罐电磁阀信号	K58	5V 电源
A37	进气温度信号	K59	5V 电源 2
A38	增压温度信号	K61	油门踏板位置信号 2
A39	增压压力信号	K62	后氧传感器信号
A40	轨压信号	K63	进气压力信号
A41	节气门位置信号 2	K65	LIN 总线
A44	传感器接地	K69	主继电器
A46	第 3 缸喷油正极	K73	前氧传感器加热
A47	第 2 缸喷油正极	K76	前氧传感器 VM
A48	第 4 缸喷油负极	K77	前氧传感器 UN
A49	第 2 缸喷油负极	K78	前氧传感器 IA
A50	VVT 控制阀信号(进气)	K79	前氧传感器 IP
A53	凸轮轴相位信号(进气)	K81	传感器接地 2
A54	凸轮轴相位信号(排气)	K82	传感器接地 1
A55	进气翻板位置信号	K83	油门踏板位置信号 1
A56	环境温度信号	K87	点火开关
A57	水温信号		

9.5.4 长城 GW7DCT1-A02 变速器总成端子定义

变速器总成端子分布如图 9-61 所示,端子定义见表 9-34。

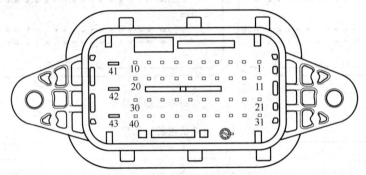

图 9-61 变速器总成端子分布

表 9-34 变速器总成端子定义

端子	定 义	端子	定 义
2	拨叉位置信号_3(3-N-7)	20	电子泵电机霍尔传感器信号 1
3	奇数轴转速信号	21	离合器转速传感器(输入轴转速)电源 5V_SN1;奇数轴转速传感器电源 5V_SN1
4,39	拨叉位置信号_1(2-N-6)传感器电源 5V_SN1;拨叉位置信号_4(4-N-R)传感器电源 5V_SN1;偶数轴离合器电磁阀油压传感器电源 5V_SN1;电子泵电机霍尔传感器 1 电源 5V_SN1;电子泵电机霍尔传感器 2 电源 5V_SN1;电子泵电机霍尔传感器 3 电源 5V_SN1	22	拨叉位置信号_4(4-N-R)
		23	拨叉位置信号_2(5-N-1)
		25	预留模拟输入信号
		26	偶数轴离合器电磁阀低边回路信号
		27	1、5 挡电磁阀低边回路信号;3、7 挡电磁阀低边回路信号;AR1 电磁阀低边回路信号
5	奇数轴离合器电磁阀压力传感器信号		
6	奇数轴离合器电磁阀低边回路信号	28	2、6 挡电磁阀低边回路信号;4、R 挡电磁阀低边回路信号;AR2 电磁阀低边回路信号
7	1、5 挡电磁阀高边线性输出		
8	2、6 挡电磁阀高边线性输出	29	润滑流量电磁阀低边回路信号;开关电磁阀低边回路信号;主油压电磁阀低边回路信号
9	主油压电磁阀高边线性输出		
10,24	拨叉位置信号_1(2-N-6)传感器地线 GND_5VSN1;拨叉位置信号_4(4-N-R)传感器地线 GND_5VSN1;偶数轴离合器电磁阀油压传感器地线 GND_5VSN1;电子泵电机霍尔传感器 1 地线 GND_5VSN1;电子泵电机霍尔传感器 2 地线 GND_5VSN1;电子泵电机霍尔传感器 3 地线 GND_5VSN1	30	电子泵电机霍尔传感器信号 2
		31	油底壳温度传感器信号
		32	偶数轴转速信号
		33	偶数轴转速传感器电源 5V_SN2
		34	拨叉位置信号_2(5-N-1)传感器地线 GND_5VSN2;拨叉位置信号_3(3-N-7)传感器地线 GND_5VSN2;奇数轴离合器电磁阀油压传感器地线 GND_5VSN2;挡位传感器(P/R/N/D)地线 GND_5VSN2;换挡拨片地线 GND_5VSN2
12	拨叉位置信号_1(2-N-6)		
13	油底壳温度传感器地线 GND_5VSN1		
14	拨叉位置信号_2(5-N-1)传感器电源 5V_SN2;拨叉位置信号_3(3-N-7)传感器电源 5V_SN2;奇数轴离合器电磁阀油压传感器电源 5V_SN2;挡位传感器(P/R/N/D)电源 5V_SN2		
		35	奇数轴离合器电磁阀高边线性输出
		36	AR1 电磁阀高边线性输出
		37	AR2 电磁阀高边线性输出
15	偶数轴离合器电磁阀压力传感器信号	38	润滑流量电磁阀高边线性输出
16	偶数轴离合器电磁阀高边线性输出	40	电子泵电机霍尔传感器信号 3
17	3、7 挡电磁阀高边线性输出	41	电子泵电机 U 相输出
18	4、R 挡电磁阀高边线性输出	42	电子泵电机 V 相输出
19	开关电磁阀高边线性输出	43	电子泵电机 W 相输出

9.5.5 空调控制器端子定义

空调控制器端子分布如图 9-62 所示,端子定义见表 9-35。

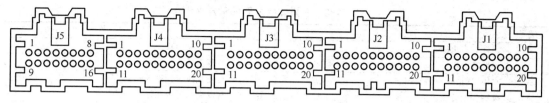

图 9-62 空调控制器端子分布

表 9-35 空调控制器端子定义

端子	定 义	端子	定 义
J1-1	电源正极	J3-13	左前吹面出风口温度传感器
J1-2	电源负极	J3-14	左前吹足出风口温度传感器
J1-3	信号接地	J3-15	步进电机 12V 电源 2
J1-5	CAN 高	J3-16	步进电机 12V 电源 1
J1-6	CAN 低	J3-17	内外循环风门步进电机驱动 1
J1-7	LIN	J3-18	内外循环风门步进电机驱动 3
J1-8	阳光传感器左路	J3-19	内外循环风门步进电机驱动 4
J1-9	阳光传感器右路	J3-20	内外循环风门步进电机驱动 6
J1-10	室外温度传感器	J4-1	右前吹足出风口温度传感器
J1-13	空气质量传感器	J4-7	右温度风门步进电机驱动 1
J1-14	后窗加热继电器	J4-8	右温度风门步进电机驱动 3
J1-15	负离子发生器	J4-9	右温度风门步进电机驱动 4
J1-16	鼓风机控制信号	J4-10	右温度风门步进电机驱动 6
J1-20	后窗加热反馈	J4-12	右前吹面出风口温度传感器
J3-3	左温度风门步进电机驱动 1	J4-17	前除霜风门步进电机驱动 1
J3-4	左温度风门步进电机驱动 3	J4-18	前除霜风门步进电机驱动 3
J3-5	左温度风门步进电机驱动 4	J4-19	前除霜风门步进电机驱动 4
J3-6	左温度风门步进电机驱动 6	J4-20	前除霜风门步进电机驱动 6
J3-7	模式风门步进电机驱动 1	J5-5	车内温度传感器
J3-8	模式风门步进电机驱动 3	J5-6	车内温度传感器接地
J3-9	模式风门步进电机驱动 4	J5-7	车内温度/阳光传感器
J3-10	模式风门步进电机驱动 6	J5-8	车内温度传感器参考
J3-12	蒸发器温度传感器		

9.5.6 多媒体播放器与功率放大器端子定义

多媒体播放器主端子分布如图 9-63 所示,端子定义见表 9-36。

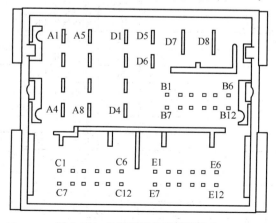

图 9-63 多媒体播放器端子分布

表 9-36 多媒体播放器端子定义

端子	定 义	端子	定 义
A1	媒体右声道输出＋	C7	左麦克风屏蔽接地
A2	导航音输出＋	C8	左麦克风音频输入－
A3	媒体/通话左声道输出－	C9	右麦克风音频输入－
A4	按键提示音输出－	C10	右麦克风屏蔽接地
A5	媒体右声道输出－	D1	显示器使能信号
A6	导航音输出－	D2	显示器供电电压
A7	媒体/通话左声道输出＋	D3	显示器供电接地
A8	按键提示音输出＋	D6	接地
B1	整车 CAN 高	D7	主机供电电压
B2	私有 CAN 高	D8	主机供电接地
B3	线控信号 0	E1	车速信号
B4	线控信号 1	E2	接地
B5	线控回路接地	E5	接地
B7	整车 CAN 低	E6	T-Box 音频＋
B8	私有 CAN 低	E11	接地
C2	左麦克风音频输入＋	E12	T-Box 音频－
C3	右麦克风音频输入＋		

音响功放端子分布如图 9-64 所示,端子定义见表 9-37。

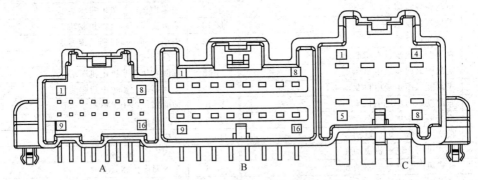

图 9-64 音响功放端子分布

表 9-37 音响功放端子定义

端子	定 义	端子	定 义
A1	CAN 低	B7	喇叭输出 CE＋
A5	导航输入－	B11	喇叭输出 FL－
A6	按键提示音输入－	B12	喇叭输出 FR－
A7	信号输入 RF－	B13	喇叭输出 SL－
A8	信号输入 LF－	B14	喇叭输出 SR－
A9	CAN 高	B15	喇叭输出 CE－
A13	导航输入＋	C1	重低音输出 SUB1＋
A14	按键提示音输入＋	C2	重低音输出 SUB2＋
A15	信号输入 RF＋	C3	电源
A16	信号输入 LF＋	C4	接地
B2	启动电源	C5	重低音输出 SUB1－
B3	喇叭输出 FL＋	C6	重低音输出 SUB2－
B4	喇叭输出 FR＋	C7	电源
B5	喇叭输出 SL＋	C8	接地
B6	喇叭输出 SR＋		

9.6 长城风骏 7EV（2020 年款）

9.6.1 高压电池包技术参数

高压电池包技术参数见表 9-38。

表 9-38 高压电池包技术参数

项 目	参 数
电池类型	三元锂离子电池
规格型号	PE379161A
标称电压	379V
可用电压输出范围	286～442V
额定电量	61kW·h
储存温度	-4～60℃（最佳储存温度建议 5～30℃）
充电工作温度范围	-20～55℃
放电工作温度范围	-30～55℃

9.6.2 高压电池包端子定义

高压电池包端子分布如图 9-65 所示，端子定义见表 9-39。

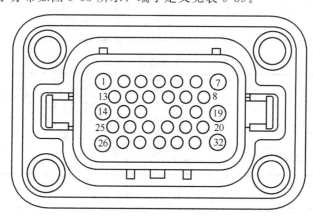

图 9-65 高压电池包端子分布

表 9-39 高压电池包端子定义

端子	定 义	端子	定 义
1	输出到维修开关	16	碰撞信号
2	IG 电源	17	高压互锁输入
3	整车 CAN 高	18	高压互锁输出
4	整车 CAN 低	20	快充口温度传感器 1+（DC+）
5	充电 CAN 高	21	快充口温度传感器 1-（DC+）
6	充电 CAN 低	22	快充口温度传感器 2+（DC-）
8	直流充电连接信号 CC2	23	快充口温度传感器 2-（DC-）
9	内部 CAN 高	27	接地
10	内部 CAN 低	31	12V 常电
13	快充正极继电器控制		

9.6.3 电池管理系统主控制模块端子定义

电池管理系统主控制模块端子分布如图9-66所示,端子定义见表9-40~表9-42。

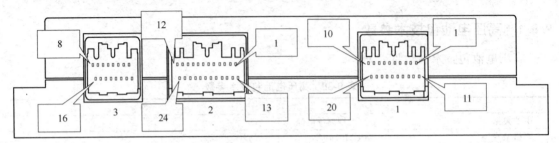

图9-66 主控制模块端子分布

表9-40 连接器1端子定义

端子	定义	端子	定义
1	电源(常电)	10	子网接地
2	接地	11	电源(常电)
3	接地	12	电源(常电)
4	接地	13	接地
5	接地	17	快充负接触器控制
6	快充正接触器控制	18	主负接触器控制
7	预充接触器控制	19	主正接触器控制
8	接地	20	子网供电电源
9	加热接触器控制		

表9-41 连接器2端子定义

端子	定义	端子	定义
2	快充连接确认	11	HVM(高压模块)报警检测输入
3	内部CAN高	14	点火钥匙唤醒信号
5	充电CAN低	16	内部CAN低
8	整车CAN低	17	充电CAN高
9	ID信号输出	20	整车CAN高
10	ID信号输入	22	碰撞信号输入

表9-42 连接器3端子定义

端子	定义	端子	定义
1	加热膜温度传感器1负极	10	加热膜温度传感器1正极
2	加热膜温度传感器2负极	11	加热膜温度传感器2正极
4	快充温度传感器1负极	12	快充温度传感器1正极
5	快充温度传感器2负极	13	快充温度传感器2正极

9.6.4 车载充电机技术参数

车载充电机技术参数见表9-43。

表9-43 车载充电机技术参数

项目	参数	项目	参数
工作环境温度	−40~85℃	最大输出功率	6600W
冷却方式	水冷	DC-DC转换器输入电压范围	250~460V(直流)
交流输入电压范围	90~264V(交流)	DC-DC转换器输出电压	9~16V(直流)
最大输入电流	32A(交流)	DC-DC转换器输出功率	1500W
输出电压范围	250~460V(直流)	DC-DC转换器最大输出电流	130A
最大输出电流	24A(直流)		

9.6.5 车载充电机端子定义

车载充电机端子分布如图 9-67 所示，端子定义见表 9-44。

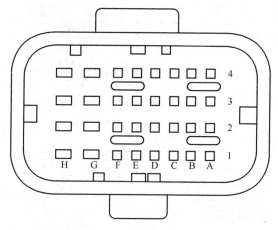

图 9-67 车载充电机端子分布

表 9-44 车载充电机端子定义

端子	定　　义	端子	定　　义
1A	CAN 低	3C	L 线温度传感器正极
1B	CAN 高	3D	电子锁正极
1D	N 线温度传感器负极	3E	电子锁负极
1E	电子锁位置反馈正极	3F	接地
1F	电子锁位置反馈负极	4B	高压互锁负极
2C	L 线温度传感器负极	4C	1G 使能唤醒
2D	充电控制导引(CP)	4D	正极快充接触器正极
2E	充电连接确认(CC)	4E	正极快充接触器负极
2F	高压互锁正极	4F	电源
3A	N 线温度传感器正极		

9.6.6 电机控制器与驱动电机端子定义

电机控制器与驱动电机端子分布如图 9-68 所示，端子定义见表 9-45、表 9-46。

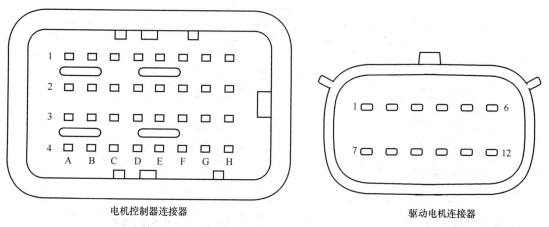

电机控制器连接器　　　　　　　　驱动电机连接器

图 9-68 电机控制器与驱动电机端子分布

表 9-45 电机控制器端子定义

端子	定 义	端子	定 义
1A	电机旋变励磁输入正极	2B	电机温度 2 正极
1B	电机旋变励磁输入负极	2C	电机温度 1 负极
1C	电机旋变余弦反馈负极	2D	电机温度 1 正极
1D	电机旋变余弦反馈正极	2F	点火电源
1E	电机旋变正弦反馈负极	2H	高压互锁输入
1F	电机旋变正弦反馈正极	3G	高压互锁输出
1G	常电	4A	CAN 高
2A	电机温度 2 负极	4B	CAN 低

表 9-46 驱动电机端子定义

端子	定 义	端子	定 义
1	电机旋变余弦正极	7	电机温度 1 正极
2	电机旋变余弦负极	8	电机温度 1 负极
3	电机旋变励磁正极	9	电机温度 2 正极
4	电机旋变励磁负极	10	电机温度 2 负极
5	电机旋变正弦正极	11	屏蔽线
6	电机旋变正弦负极	12	屏蔽线

9.6.7 整车控制器端子定义

整车控制器端子分布如图 9-69 所示，端子定义见表 9-47。

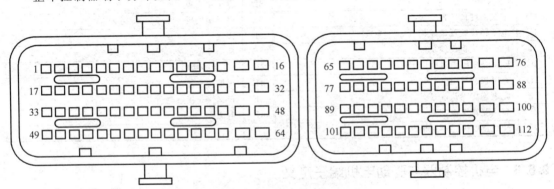

图 9-69 整车控制器端子分布

表 9-47 整车控制器端子定义

端子	定 义	端子	定 义
1	CAN 高	23	制动开关
5	整车控制器主继电器	27	模式开关
6	碰撞信号	29	真空泵 2 继电器反馈
7	加速踏板位置传感器 1 接地	30	加速踏板位置传感器 2
9	定速巡航	35	点火开关 IG
11	制动灯开关	36	加速踏板位置传感器 2 供电
12	真空压力传感器	37	加速踏板位置传感器 1 供电
13	钥匙 START	41	真空泵 1 继电器
15	非持续电（接主继电器）	45	加速踏板位置传感器 1
16	非持续电（接主继电器）	50	真空泵 2 继电器
17	CAN 低	54	倒车灯继电器
20	持续电源（常电）	59	加速踏板位置传感器 2 接地
22	真空泵 1 继电器反馈	63	整车控制器主接地 2

续表

端子	定义	端子	定义
64	整车控制器主接地 1	92	水泵驱动
69	高速风扇继电器	94	高压互锁信号源
71	低速风扇继电器	106	高压互锁检测
81	水泵电源继电器	109	真空泵压力传感器供电
85	真空泵压力传感器接地	111	整车控制器主接地 4
86	定速巡航接地	112	整车控制器主接地 3

9.7 欧拉 IQ（2019 年款）

9.7.1 电池管理系统主控制模块端子定义

参考本书 9.6.3 小节。

9.7.2 车载充电机端子定义

车载充电机端子分布如图 9-70 所示，端子定义见表 9-48。

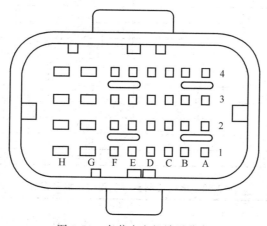

图 9-70 车载充电机端子分布

表 9-48 车载充电机端子定义

端子	定义	端子	定义
1A	CAN 低	3C	电子锁位置反馈负极
1B	CAN 高	3D	L 线温度传感器正极
1D	充电连接确认（CC）	3E	L 线温度传感器负极
1E	充电控制导引（CP）	3F	N 线温度传感器正极
2B	IG 使能唤醒	4A	N 线温度传感器负极
2C	12V 电源	4B	高压互锁正极
2D	接地	4C	高压互锁负极
2F	电子锁正极	4E	正极快充接触器正极
3A	电子锁负极	4F	正极快充接触器负极
3B	电子锁位置反馈正极		

9.7.3 电机控制器端子定义

电机控制器端子分布如图 9-71 所示，端子定义见表 9-49、表 9-50。

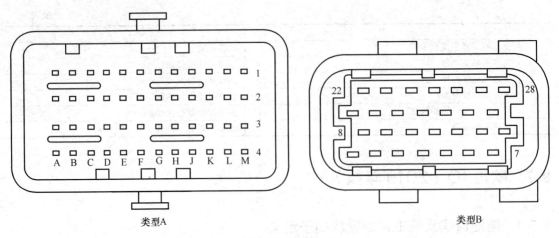

图 9-71 电机控制器端子分布

表 9-49 电机控制器（类型 A）端子定义

端子	定义	端子	定义
A1	电机温度传感器 1 正极	F4	CAN 高
A3	旋变负励磁信号输出	G2	IG 电
A4	旋变正弦信号正极	G3	碰撞信号
B1	电机温度传感器 1 负极	G4	CAN 低
B2	信号接地	H1	高压互锁输入信号
B3	旋变正励磁信号输出	J1	高压互锁输出信号
B4	旋变正弦信号负极	K3	DC-DC 调试 CAN
C1	电机温度传感器 2 负极	K4	DC-DC 调试 CAN
C4	旋变余弦信号正极	L1	接地
D1	电机温度传感器 2 正极	L2	接地
D4	旋变余弦信号负极	M1	电源
E1	信号接地	M2	电源

表 9-50 电机控制器（类型 B）端子定义

端子	定义	端子	定义
1	互锁信号输入	17	驱动电机位置传感器正弦信号输入 −
4	互锁信号输出	20	CAN 高
5	温度传感器 2 输入	21	CAN 低
6	温度传感器 1 接地	22	驱动电机位置传感器负励磁输出
7	温度传感器 1 输入	23	驱动电机位置传感器余弦信号输入 +
10	屏蔽接地	24	驱动电机位置传感器正弦信号输入 +
13	温度传感器 2 接地	25	KL15 点火开关
15	驱动电机位置传感器正励磁输出	26	KL30 低压电池 +
16	驱动电机位置传感器余弦信号输入 −		

9.7.4 驱动电机总成技术参数

驱动电机总成技术参数见表 9-51。

表 9-51 驱动电机总成技术参数

项目	参数	项目	参数
电机类型	永磁同步电机	最小绝缘电阻	20MΩ
峰值功率	120kW	额定转矩	105N·m
额定功率	45kW	峰值转矩	280N·m

续表

项 目	参 数	项 目	参 数
额定转速	4000r/min	各挡传动比	2.68
最高工作转速	11000r/min	变速器油加注量	(1.8±0.1)L
减速器类型	单挡减速器	变速器油型号	DEXRON VI
主减速比	3.09		

9.7.5 整车控制器端子定义

整车控制器端子分布如图 9-72 所示，端子定义见表 9-52。

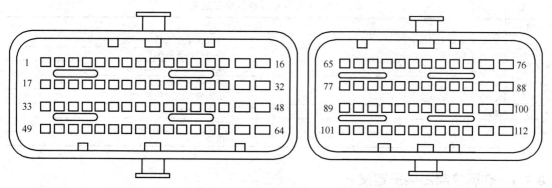

图 9-72 整车控制器端子分布

表 9-52 整车控制器端子定义

端子	定 义	端子	定 义
1	CAN 高	37	加速踏板位置传感器 1 供电
5	整车控制器主继电器	41	真空泵继电器
6	碰撞信号	45	加速踏板位置传感器 1
7	加速踏板位置传感器 1 接地	54	倒车灯继电器
9	定速巡航	59	加速踏板位置传感器 2 接地
10	门灯开关	63	整车控制器主接地 2
11	制动灯开关	64	整车控制器主接地 1
12	真空压力传感器	69	高速风扇继电器
15	非持续电(接主继电器)	71	低速风扇继电器
16	非持续电(接主继电器)	81	水泵电源继电器
17	CAN 低	85	真空泵压力传感器接地
20	持续电源(常电)	86	定速巡航接地
23	制动开关	92	水泵驱动
27	E/S 开关	94	高压互锁信号源
28	P 挡开关	106	高压互锁检测
29	真空泵 2 继电器反馈	109	真空泵压力传感器供电
30	加速踏板位置传感器 2	111	整车控制器主接地 4
35	点火开关 IG	112	整车控制器主接地 3
36	加速踏板位置传感器 2 供电		

9.7.6 P 挡驻车控制器端子定义

P 挡驻车控制器端子分布如图 9-73 所示，端子定义见表 9-53。

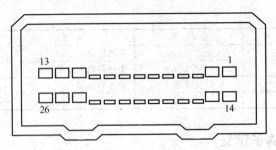

图 9-73 P挡驻车控制器端子分布

表 9-53 P挡驻车控制器端子定义

端子	定 义	端子	定 义
1	电机驱动输入(High-Low)	15	电机驱动输入(Low-High)
2	电机驱动输入(Low-High)	17	编码器位置输出信号 4
5	编码器位置输出信号 2	18	编码器位置输出信号 1
8	CAN 高	19	编码器位置输出信号 3
9	CAN 低	20	编码器位置返回地
12	接地	23	点火开关信号
13	电源	25	接地
14	电机驱动输入(High-Low)	26	电源

9.7.7 空调控制器端子定义

空调控制器端子分布如图 9-74 所示，端子定义见表 9-54。

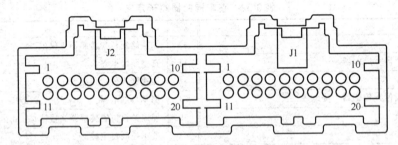

图 9-74 空调控制器端子分布

表 9-54 空调控制器端子定义

端子	定 义	端子	定 义
J1-1	点火电源	J2-1	调速模块驱动
J1-2	蓄电池电源	J2-2	鼓风机负端反馈
J1-3	LIN 线	J2-3	鼓风机正端反馈
J1-4	CAN 高	J2-4	传感器接地
J1-5	CAN 低	J2-5	步进电机电源
J1-6	水泵继电器控制信号	J2-6	模式执行器位置反馈
J1-7	水泵 PWM 控制信号	J2-7	模式执行器除霜位置驱动
J1-8	鼓风机高速继电器	J2-8	模式执行器吹面位置驱动
J1-9	压力开关高、低压信号采集	J2-9	模式电机 D 极
J1-10	压力开关中压信号采集	J2-10	内外循环电机 A 极
J1-11	电源接地	J2-11	循环执行器外循环位置驱动
J1-12	空调管路截止阀控制信号	J2-12	循环执行器内循环位置驱动
J1-13	电池包散热截止阀控制信号	J2-13	内外循环电机 D 极
J1-14	室外温度传感器	J2-14	冷暖执行器参考电源
J1-16	蒸发器温度传感器	J2-15	冷暖执行器位置反馈
J1-18	后除霜反馈信号	J2-16	冷暖执行器冷端位置驱动
J1-19	后除霜控制信号	J2-17	冷暖执行器热端位置驱动

9.7.8 电动天窗初始化方法

下列几种情况下需要重新初始化电动天窗。

① 在运行过程中断电,天窗 ECU 可能会发生功能紊乱,需要重新初始化。

② 更换天窗总成后,为了使天窗适应整车夹紧力,防止误防夹的产生,需要重新初始化。

③ 天窗不在初始位置,更换天窗电机或调整玻璃以后,需要重新初始化。

④ 长按天窗开关误启动初始化功能,但又没有完成初始化程序,导致零位丢失后,需要重新初始化。

⑤ 天窗在使用一段时间后(一般 2 年左右),感觉天窗玻璃不能关闭到位(由于长期使用后机械运动件之间存在磨损间隙),需要重新初始化。

对天窗进行初始化/自学习流程,开关和天窗的线束接插件需要正确连接,供电电源打开且点火开关打开。

① 使天窗玻璃打开到起翘位置。

② 长按天窗关闭按键 8s 以上,天窗玻璃向前颤动然后再回退到起翘点,然后松开按键。

③ 在 5s 内,再次长按天窗关闭按键,此时天窗玻璃先关闭然后不停顿运行至打开位置,再运行至关闭位置后停止,松开按键,初始化/自学习完成。

9.8 欧拉 R1(2019 年款)

9.8.1 高压电池包技术参数

高压电池包技术参数见表 9-55。

表 9-55 高压电池包技术参数

项	目	参　　数
三元锂离子电池	PE306100A	充电时间	9.7h(慢充)(从充电指示灯亮至充满)3.3kW 恒功率;5h(慢充)(从充电指示灯亮至充满)6.6kW 恒功率;45min(快充)(从充电指示灯亮至 80%SOC)
		额定电压	307V
		工作电压范围	235.2~357V
		能量	31kW·h
	PE307100A	充电时间	10h(慢充)(从充电指示灯亮至充满)3.3kW 恒功率;5h(慢充)(从充电指示灯亮至充满)6.6kW 恒功率;45min(快充)(从充电指示灯亮至 80%SOC)
		额定电压	310.8V
		工作电压范围	235.2~357V
		能量	29.2kW·h
	PE311102A	充电时间	10h(慢充)(从充电指示灯亮至充满)3.3kW 恒功率;5h(慢充)(从充电指示灯亮至充满)6.6kW 恒功率;45min(快充)(从充电指示灯亮至 80%SOC)
		额定电压	311V
		工作电压范围	235.2~357V
		能量	31.7kW·h
	PE328100B	充电时间	10.5h(慢充)(从充电指示灯亮至充满)3.3kW 恒功率;5.5h(慢充)(从充电指示灯亮至充满)6.6kW 恒功率;45min(快充)(从充电指示灯亮至 80%SOC)
		额定电压	329V
		工作电压范围	252~382.5V
		能量	33kW·h

续表

项	目	参 数
三元锂离子电池	PE329100A 充电时间	10.5h(慢充)(从充电指示灯亮至充满)3.3kW 恒功率;5.5h(慢充)(从充电指示灯亮至充满)6.6kW 恒功率;45min(快充)(从充电指示灯亮至80%SOC)
	PE329100A 额定电压	329V
	PE329100A 工作电压范围	252~382.5V
	PE329100A 能量	32.9kW·h
	PE333102A 充电时间	11h(慢充)(从充电指示灯亮至充满)3.3kW 恒功率;5.5h(慢充)(从充电指示灯亮至充满)6.6kW 恒功率;45min(快充)(从充电指示灯亮至80%SOC)
	PE333102A 额定电压	333V
	PE333102A 工作电压范围	252~382.5V
	PE333102A 能量	34kW·h
	PE379161A 标称电压	379V
	PE379161A 可用电压输出范围	286~442V
	PE379161A 额定电量	61kW·h
储存温度		-4~60℃(最佳储存温度建议 5~30℃)
充电工作温度范围		-20~55℃
放电工作温度范围		-30~55℃
充电高压电池包温度		-20~55℃
放电高压电池包温度		-30~55℃

9.8.2 高压电池包端子定义

高压电池包端子分布如图 9-75 所示,端子定义见表 9-56。

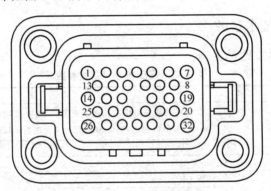

图 9-75 高压电池包端子分布

表 9-56 高压电池包端子定义

端子	定 义	端子	定 义
2	IG 电源	17	高压互锁输入
3	整车 CAN 高	18	高压互锁输出
4	整车 CAN 低	20	快充口温度传感器 1+(DC+)
5	充电 CAN 高	21	快充口温度传感器 1-(DC+)
6	充电 CAN 低	22	快充口温度传感器 2+(DC-)
8	直流充电连接信号 CC2	23	快充口温度传感器 2-(DC-)
9	内部 CAN 高	24	直流充电激活信号
10	内部 CAN 低	25	12V 常电
13	快充正极继电器控制	27	接地
15	快充负极继电器控制	29	接地
16	碰撞信号	31	12V 常电

9.8.3 车载充电机技术参数

车载充电机技术参数见表9-57。

表9-57 车载充电机技术参数

项目	参数	项目	参数
冷却方式	水冷	最大输出电流	12A(直流)/24A(直流)
输入电压范围	90～264V(交流)	最大输出功率	3.3kW/6.6kW
最大输入电流	16A(交流)/32A(交流)	DC-DC额定功率	1.4kW
输出电压范围	200～420V(直流)	DC-DC额定输出电压	14V

9.8.4 车载充电机端子定义

车载充电机端子分布如图9-76所示,端子定义见表9-58。

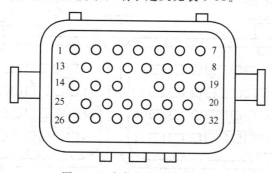

图9-76 车载充电机端子分布

表9-58 车载充电机端子定义

端子	定 义	端子	定 义
3	充电枪连接确认信号(CP)	15	慢充枪温度检测1+
4	充电电流能力确认信号(CC)	16	慢充枪温度检测1-
5	CAN高	17	慢充枪温度检测2+
6	CAN低	18	慢充枪温度检测2-
7	高压互锁信号输入	20	电子锁驱动正极
8	高压互锁信号输出	21	电子锁驱动负极
9	唤醒输入信号	22	电源
10	接地	23	电子锁位置反馈+
11	快充正继电器驱动正极	24	PTC继电器驱动正极
13	PTC继电器驱动负极	25	电子锁位置反馈-

9.8.5 驱动电机技术参数与端子定义

驱动电机技术参数见表9-59,端子分布如图9-77所示,端子定义见表9-60。

表9-59 驱动电机技术参数

项目	参数	项目	参数
电机类型	永磁同步电机	额定转矩	60N·m
额定电压	330V	峰值转矩	125N·m
额定功率	18.5kW	最高工作转速	8500r/min
峰值功率	35kW	冷却方式	水冷

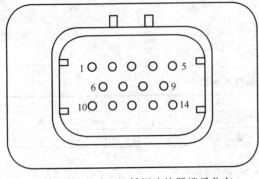

图 9-77 驱动电机低压连接器端子分布

表 9-60 驱动电机低压连接器端子定义

端子	定 义
1	12V 电源
3	钥匙信号
5	CAN 高
6	接地
8	CAN 屏蔽接地
9	CAN 低
11	高压互锁
12	高压互锁

9.8.6 整车控制器端子定义

整车控制器端子分布如图 9-78 所示,端子定义见表 9-61。

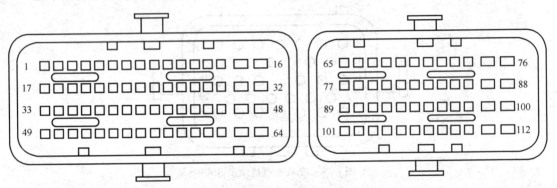

图 9-78 整车控制器端子分布

表 9-61 整车控制器端子定义

端子	定 义	端子	定 义
1	CAN 高	59	加速踏板位置传感器 2 接地
5	整车控制器主继电器	60	挡位信号 2
6	碰撞信号	61	挡位信号 1
7	加速踏板位置传感器 1 接地	63	整车控制器主接地 2
11	制动灯开关	64	整车控制器主接地 1
12	真空压力传感器	69	风扇继电器
15	非持续电(接主继电器)	79	挡位信号 4
16	非持续电(接主继电器)	81	水泵电源继电器
17	CAN 低	84	挡位开关接地
20	持续电源(常电)	85	真空压力传感器接地
24	挡位信号 3	92	水泵驱动
30	加速踏板位置传感器 2	94	高压互锁信号源
35	点火开关 IG	95	温度传感器接地
36	加速踏板位置传感器 2 供电	102	温度传感器信号
37	加速踏板位置传感器 1 供电	106	高压互锁信号采集
41	真空泵继电器	109	真空压力传感器供电
44	制动开关	111	整车控制器主接地 4
45	加速踏板位置传感器 1	112	整车控制器主接地 3
54	倒车灯继电器		

9.8.7 空调控制器端子定义

空调控制器端子分布如图9-79所示，端子定义见表9-62。

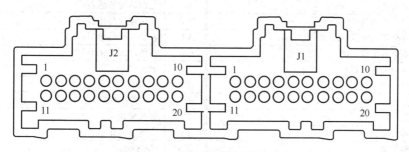

图9-79 空调控制器端子分布

表9-62 空调控制器端子定义

端子	定 义	端子	定 义
J1-1	模式风门步进电机驱动6	J1-18	前排鼓风机LPM
J1-2	模式风门步进电机驱动4	J1-19	前排蒸发器温度传感器
J1-3	模式风门步进电机驱动3	J2-1	PTC温度传感器
J1-4	模式风门步进电机驱动1	J2-4	LIN1
J1-5	左温度风门步进电机驱动6	J2-5	CAN低
J1-6	左温度风门步进电机驱动4	J2-6	CAN高
J1-7	左温度风门步进电机驱动3	J2-8	信号接地
J1-8	左温度风门步进电机驱动1	J2-9	电池负极
J1-11	内外循环风门步进电机驱动6	J2-10	电池正极
J1-12	内外循环风门步进电机驱动4	J2-11	后窗加热反馈
J1-13	内外循环风门步进电机驱动3	J2-13	点火电源
J1-14	内外循环风门步进电机驱动1	J2-17	后窗加热继电器
J1-15	步进电机12V电源1	J2-18	PTC高压继电器
J1-16	前排鼓风机LPM反馈负极	J2-20	压力开关高、低压检测
J1-17	前排鼓风机LPM反馈正极		

9.8.8 安全气囊电脑端子定义

安全气囊电脑端子分布如图9-80所示，端子定义见表9-63。

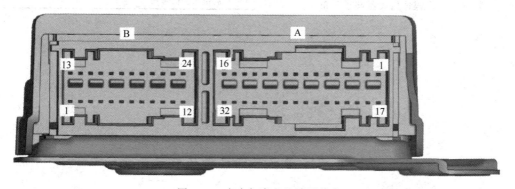

图9-80 安全气囊电脑端子分布

表 9-63 安全气囊电脑端子定义

端子	定义	端子	定义
A1	右侧侧气囊（+）	A26	副驾安全带插锁
A2	右侧侧气囊（-）	A29	左前碰撞传感器（+）
A3	主驾安全带预紧器（-）	A30	左前碰撞传感器（-）
A4	主驾安全带预紧器（+）	A31	右前碰撞传感器（-）
A5	副驾安全带预紧器（+）	A32	右前碰撞传感器（+）
A6	副驾安全带预紧器（-）	B1	电源（IG）
A7	左侧侧气囊（-）	B2	GND（ECU 地）
A8	左侧侧气囊（+）	B3	GND（外部输入公共地）
A9	左侧侧气帘（+）	B4	碰撞输出
A10	左侧侧气帘（-）	B6	主驾安全带插锁
A11	右侧侧气帘（-）	B11	CAN 低
A12	右侧侧气帘（+）	B12	CAN 高
A13	右侧碰撞传感器（+）	B13	副驾安全气囊（+）
A14	右侧碰撞传感器（-）	B14	副驾安全气囊（-）
A15	左侧碰撞传感器（-）	B19	主驾安全气囊（-）
A16	左侧碰撞传感器（+）	B20	主驾安全气囊（+）

9.8.9 多媒体播放器（带 GPS）端子定义

多媒体播放器端子分布如图 9-81 所示，端子定义见表 9-64。

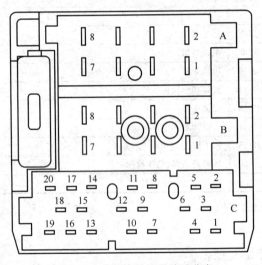

图 9-81 多媒体播放器端子分布

表 9-64 多媒体播放器端子定义

端子	定义	端子	定义
A2	转向盘键控接地	C2	后摄像头接地
A3	转向盘键控信号 1	C3	后摄像头屏蔽接地
A4	ACC 信号	C4	后摄像头信号+
A5	转向盘键控信号 2	C6	后摄像头电源
A7	电源	C8	音频信号+
A8	接地	C9	CAN 低
B1	右后扬声器+	C10	CAN 高
B2	右后扬声器-	C11	音频信号-
B3	右前扬声器+	C15	右麦克风信号-
B4	右前扬声器-	C16	左麦克风信号-
B5	左前扬声器+	C17	右麦克风屏蔽接地
B6	左前扬声器-	C18	右麦克风信号+
B7	左后扬声器+	C19	左麦克风信号+
B8	左后扬声器-	C20	左麦克风屏蔽接地
C1	后摄像头信号-		

第10章 长安汽车

10.1 CS15（2019年款）

10.1.1 长安1.5L JL473QF发动机技术参数

长安1.5L JL473QF发动机技术参数见表10-1。

表10-1 发动机技术参数

项 目	参 数	
发动机型号	JL473QF-C、JL473QF-D、JL473QF-F、JL473QF-G	JL473QF-J、JL473QF-A、JL473QF-B、JL473QF-E
气缸数量	4	
缸径×活塞行程	73mm×88.4mm	
火花塞型号	HU10A70P	
火花塞间隙	0.85～0.95mm	
火花塞安装力矩	(22±2)N·m	
排量	1480mL	
压缩比	10.5∶1	
额定功率	78.5kW(5500r/min 时)	
最大净功率	74.5kW(5500r/min 时)	
最大转矩（额定转矩）	145N·m[(4000±500)r/min 时]	
急速转速	(720±50)r/min	
点火顺序	1-3-4-2	
排放标准	国Ⅴ[①]	国Ⅳ[②]

① 符合GB 18352.5—2013的规定。② 符合GB 18352.3—2005中第Ⅳ阶段的规定。

10.1.2 长安1.5L JL473QF发动机正时维修

发动机正时机构部件安装步骤如下。

① 先旋转曲轴保证4个活塞基本处于同一高度（旋转角度：90°CA），即曲轴上的半圆键朝向发动机两侧与曲轴箱标记垂直（目视），再转动凸轮轴对齐正时标记；旋转曲轴，使曲轴前端半圆键与曲轴箱上箭头标记对齐，使第4缸活塞处于上止点，如图10-1所示。

② 依次安装曲轴正时链轮、链条导向轨总成、正时链总成、链条张紧轨总成，检查正时标记是否对齐，如没有对齐，重新对齐，对齐后安装液压张紧器总成，确保链条在张紧轨、导向轨导向槽后拔出锁销，此时检查液压张紧器活塞是否与链条张紧轨总成正确接触。

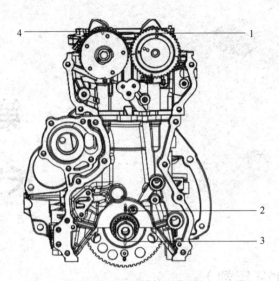

图 10-1 正时标记位置

1—排气凸轮轴正时标记；2—曲轴箱正时标记；3—正时标记点；4—进气凸轮轴正时标记

正时系统装配后，分别在凸轮轴链轮（两个）、链条张紧轨总成、链条导向轨总成与曲轴正时链轮及链条总成啮合处滴（喷）机油。正时机构部件分解如图 10-2 所示。

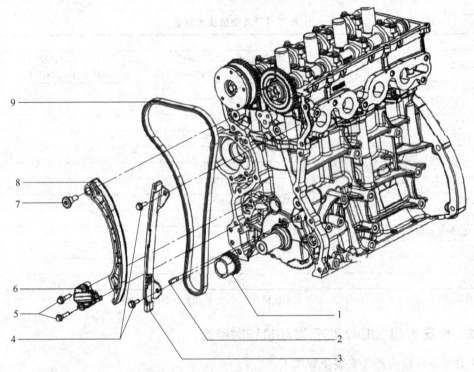

图 10-2 正时机构部件分解

1—曲轴正时链轮；2—正时链喷油嘴；3—链条导向轨总成；4—链条导向轨总成安装螺栓；5—液压张紧器总成安装螺栓；6—液压张紧器总成；7—链条张紧轨总成安装螺栓；8—链条张紧轨总成；9—正时链总成

注意事项如下。

a. 装配未完成前，严禁拔出液压张紧器锁销。

b. 正时系统安装完成后，不能以进、排气凸轮轴正时链轮带动曲轴转动，不允许正时系统反转。

c. 如正时链条总成上的正时标记模糊不清，可按以下方法做标记：任意链条外链板上做记号：从该标记处开始，正时针方向在第 9 和第 43 个链节上做正时标记，以此三个标记作为正时标记。

③ 安装机油泵前罩壳。
④ 安装水泵带轮、曲轴带轮。
⑤ 装上其余已拆下零部件。
⑥ 调整压缩机与发电机传动带张力。
⑦ 给发动机加注机油。

10.1.3 车轮定位数据

车轮定位数据见表 10-2。

表 10-2 车轮定位数据

项	目	数 值
前轮	主销内倾角	10.36°±0.5°
	主销后倾角	4.21°±0.5°
	车轮外倾角	0.12°±0.5°
	前束角	0.1°±0.1°
后轮	车轮外倾角	−0.89°±0.5°
	前束角	0.1°±0.15°

10.1.4 保养用油液规格与用量

油液规格与用量见表 10-3。

表 10-3 油液规格与用量

油 液	规 格	用量
燃油	SC7159AAB5、SC7159AABH5、SC7159AA5、SC7159AB5、SC7159AAH5、SC7159ABH5、SC7159AA4、SC7159AB4、SC7159AAH4、SC7159ABH4 尾气排放达到 GB 18352.5—2013 的要求，必须使用 GB 17930—2016 中规定的 92 号、95 号、98 号车用汽油 SC7159AAB5、SC7159AABH5、SC7159AA5、SC7159AB5、SC7159AAH5、SC7159ABH5、SC7159AA4、SC7159AB4、SC7159AAH4、SC7159ABH4 必须使用 DB11/238—2016 中规定的 92 号、95 号、98 号车用汽油	44L
发动机机油(JL473QF)	GB 11121 中规定的质量等级为 SL 及以上级 5W-30 润滑油	
手动变速器油	齿轮油牌号：嘉实多 BOT130M 齿轮油等级：GL-4,75W/90	(1.8±0.1)L
自动变速器油	DCTF-7	(5.3±0.1)L
发动机冷却液	BASF Glysantin G30	4.8L
空调系统润滑油(压缩机自带)	RFL-100X	0.12kg
空调系统制冷剂	R134a	0.43kg
挡风玻璃清洗液	ZT-30	1.4L
制动液	HZY4 或 DOT4	约 0.9L

10.2 CS35（2019 年款）

10.2.1 长安 1.6L JL478QEE 与 1.5T 4G15T 发动机技术参数

长安 JL478QEE 与 4G15T 发动机技术参数见表 10-4。

表 10-4 发动机技术参数

项 目	参 数		项 目	参 数	
型号	JL478QEE	4G15T	发动机最大净功率	83kW (5700~6200r/min 时)	110/5000
缸径×行程	83.6mm×78mm	75.5×82	最大转矩(额定转矩)	160N·m (4000~5000r/min 时)	215/2500~4500
总排量	1598mL	1.468			
压缩比	10.4:1	9:1	怠速转速	(720±50)r/min	75±50
额定功率	92kW (5700~6200r/min 时)	115/5000	整机质量	115kg	126±2

10.2.2 保养用油液规格与用量

油液规格与用量见表 10-5。

表 10-5 油液规格与用量

项 目		规 格	用量
燃油		SC7164DABH5、SC7164DAAH5、SC7164DA5、SC7164DCC5、SC7164DCB5、SC7154BA5 必须使用 GB 17930—2013 中表 3 规定的 92 号及以上牌号的优质无铅汽油	52
发动机机油	4G15T	SL级及以上,5W-30(-30℃以上),0W-30(-30℃以下)及以上	(3.4±0.2)L
	JL478QEE	满足 Q/JD J-GY5—2015 的 5W-30 机油	(3.5±0.1)L
变速器油	MF515(5MT)	Castrol BOT130M	(1.8±0.1)L
	Ss Gen Ⅱ(4AT)	AW-1	(1.2±0.1)L
	F5M41(5MT)	Castrol BOT130M	(2.1±0.05)L
散热器、发动机冷却系统冷却液		YJ-40	(7.6±0.2)L
挡风玻璃清洗液		ZT-30	3L
制动系统制动液		HZY-4	约 0.473L
燃油清净剂		GFSC001	150mL/次

10.2.3 车轮定位数据

车轮定位数据见表 10-6。

表 10-6 车轮定位数据

项 目		数 值
前轮	主销内倾角	14.4°±0.5°
	主销后倾角	3.4°±0.5°
	外倾角	-0.5°±0.5°
	前束角(单边)	0°±0.1°
后轮	外倾角	-1.5°±0.5°
	前束角(单边)	0.2°±0.1°

10.3 CS55(2019 年款)

10.3.1 长安 1.5T JL476ZQCD 发动机技术参数

参考本书 10.8.1 小节。

10.3.2 长安六挡自动变速器电脑端子定义

长安六挡自动变速器电脑端子分布如图 10-3 所示,端子定义见表 10-7、表 10-8。

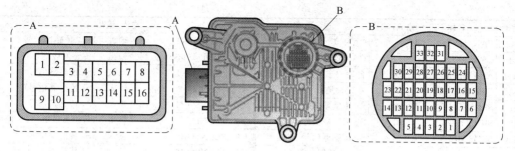

图 10-3 自动变速器电脑端子分布

表 10-7 连接器 A 端子定义

端子	名称	定 义	端子	名称	定 义
1	+B	蓄电池电压	7	Sport	运动模式开关
3	MS+	手动模式升挡开关	9	GND	TCU 接地
4	MS-	手动模式降挡开关	11	IG	点火开关信号
5	STLK	启动允许控制	13	RVS	倒车灯控制
6	CANL	CAN 低	14	CANH	CAN 高

表 10-8 连接器 B 端子定义

端子	名称	定 义	端子	名称	定 义
1	SLU+	锁止电磁阀	12	SL5-	压力控制电磁阀
2	SLU-	锁止电磁阀	13	SL1+	压力控制电磁阀
3	SL3+	压力控制电磁阀	14	SL1-	压力控制电磁阀
4	SL3-	压力控制电磁阀	17	NIN-	输入速度传感器
5	SL5+	压力控制电磁阀	18	NIN+	输入速度传感器
6	SLT+	线性压力控制电磁阀	19	OT-	油温传感器
7	SLT-	线性压力控制电磁阀	20	NOT-	输出速度传感器
8	SL2+	压力控制电磁阀	23	S1	换挡电磁阀
9	SL2-	压力控制电磁阀	28	S2	换挡电磁阀
10	OT+	油温传感器	29	EMOP-	电磁油泵
11	NOT+	输出速度传感器	30	EMOP+	电磁油泵

10.3.3 空调控制器端子定义

参考本书 10.8.3 小节。

10.3.4 自动泊车控制器端子定义

自动泊车控制器端子分布如图 10-4 所示，端子定义见表 10-9。

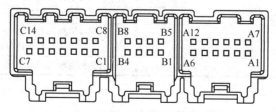

图 10-4 自动泊车控制器端子分布

表 10-9 自动泊车控制器端子定义

端子	名称	输入/输出	定 义	端子	名称	输入/输出	定 义
A1	UPA enable	输入	UPA 使能开关	A7	KL15	输入	电源(12V 输入)
A4	UPA enable LED	输出	UPA 使能开关 LED	A8	APA enable	输入	自动泊车使能开关

续表

端子	名称	输入/输出	定 义	端子	名称	输入/输出	定 义
A9	CAN_H		CAN 高	B7	SENSOR11	输入	S11 传感器信号
A10	CAN_L		CAN 低	B8	GND_Sensor	输出	传感器接地
A11	APA enable LED	输出	自动泊车使能开关 LED	C3	SENSOR1	输入	S1 传感器信号
A12	GND	输出	系统接地	C4	SENSOR3	输入	S3 传感器信号
B1	SENSOR8	输入	S8 传感器信号	C5	SENSOR4	输入	S4 传感器信号
B2	SENSOR9	输入	S9 传感器信号	C8	USens	输出	传感器供电（12V 输出）
B3	SENSOR7	输入	S7 传感器信号	C10	SENSOR6	输入	S6 传感器信号
B4	SENSOR12	输入	S12 传感器信号	C11	SENSOR2	输入	S2 传感器信号
B5	USens	输出	传感器供电（12V 输出）	C12	SENSOR5	输入	S5 传感器信号
B6	SENSOR10	输入	S10 传感器信号	C14	GND_Sensor	输入	传感器接地

10.3.5 全景影像控制器端子定义

全景影像控制器端子分布如图 10-5 所示，端子定义见表 10-10。

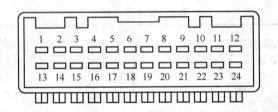

图 10-5 全景影像控制器端子分布

表 10-10 全景影像控制器端子定义

端子	定 义	接口电压值	端子	定 义	接口电压值
1	主机电源	9～16V	13	主机电源地	(0+0.1)V
2	主机开启触发电源	9～16V	14	车辆全景功能开关	(0+0.1)V
3	CAN 信号	0～5V	15	CAN 信号	0～5V
4	前视摄像头电源	(5±0.5)V	16	前视摄像头电源地	(0+0.1)V
5	前视摄像头视频信号地	(0+0.1)V	17	前视摄像头视频信号输入	(1±0.2)Vpp
6	后视摄像头电源	(5±0.5)V	18	后视摄像头电源地	(0+0.1)V
7	后视摄像头视频信号地	(0+0.1)V	19	后视摄像头视频信号输入	(1±0.2)Vpp
8	右视摄像头电源	(5±0.5)V	20	右视摄像头电源地	(0+0.1)V
9	右视摄像头视频信号地	(0+0.1)V	21	右视摄像头视频信号输入	(1±0.2)Vpp
10	左视摄像头电源	(5±0.5)V	22	左视摄像头电源地	(0+0.1)V
11	左视摄像头视频信号地	(0+0.1)V	23	左视摄像头视频信号输入	(1±0.2)Vpp
12	主机视频信号输出	(1±0.2)Vpp	24	主机视频信号输出地	(0+0.1)V

10.4 CS75（2019～2020 年款）

10.4.1 长安 1.5T JL476ZQCF 发动机技术参数

参考本书 10.6.4 小节。

10.4.2 长安1.5T JL476ZQCF 发动机电脑端子定义

参考本书 10.6.5 小节。

10.4.3 车轮定位数据

车轮定位数据见表 10-11。

表 10-11 车轮定位数据

项 目		数 值
前轮	前轮前束（单边）	$5'\pm5'$
	前轮外倾角	$-0°11'\pm45'$
	主销内倾角	$11°29'\pm45'$
	主销后倾角	$5°51'\pm45'$
后轮	后轮前束（单边）	$10'\pm5'$
	后轮外倾角	$-1°04'\pm45'$

10.4.4 保养用油液规格与用量

油液规格与用量见表 10-12。

表 10-12 油液规格与用量

油 液		规 格	用量
燃油		SC6469KAH5、SC6469KBH5、SC6469KAAH5、SC6469KBAH5、SC6469KC5 尾气排放达到 GB 18352.5—2013 的要求，必须使用符合 GB 17930—2016 中表2规定的 92 号、95 号、98 号车用汽油	58L
发动机机油	JL476ZQCF	Q/JD J-GY5 5W-30	3L
	JL486ZQ2	Q/JD J-GY5 5W-30	4.5L
燃油清净剂		GFSC001	150mL/次
手动变速器油		嘉实多 BOT130M	(2.1 ± 0.1)L
自动变速器油		AW-1	6.6L
发动机冷却液		Glysantin G30	7.8L
水冷中冷器冷却液		Glysantin G30	4.3L
空调系统润滑油		RFL-100X	120g
空调系统制冷剂		R134a	(540 ± 10)g
挡风玻璃清洗液		ZT-30	2L
制动液		HZY4 或 DOT4	$0.7\sim0.8$L

10.5 CS75 PLUS（2020 年款）

10.5.1 长安 2.0T JL486ZQ4 发动机技术参数

长安 2.0T JL486ZQ4 发动机技术参数见表 10-13。

表 10-13 发动机技术参数

项 目	参 数
特点	直列4缸、4冲程、双顶置凸轮轴、4气门、直喷增压中冷
供油方式	直喷
进气方式	涡轮增压
正时驱动方式	正时带

续表

项　　目			参　　数
气缸直径			86mm
活塞行程			86mm
排量			1998mL
压缩比			9.8∶1
最大净功率			162kW(5500r/min 时)
最大净转矩			355N·m(1750～3500r/min 时)
最低燃油消耗率			243g/(kW·h)
怠速转速			(800±50)r/min
点火顺序			1-3-4-2
火花塞型号			HU00A70P
凸轮轴	进气凸轮高度		(46.4±0.06)mm
	排气凸轮高度		(48.2±0.06)mm
	径向跳动量		0.03mm
	凸轮轴直径		$28_{-0.061}^{-0.040}$mm
	凸轮轴轴颈孔直径		$25_{-0.040}^{-0.022}$mm
缸盖	缸盖表面平面度		0.03～0.05mm
	总高		212mm
气门弹簧	气门弹簧自由长度		46.9mm
	气门弹簧预负荷		220N
	气门弹簧垂直度		1.3mm
气门	气门直径	进气	(35±0.1)mm
	气门直径	排气	(29±0.1)mm
	气门杆直径	进气	$5.5_{-0.032}^{-0.020}$mm
		排气	$5.464_{-0.008}^{+0.008}$mm
	气门杆与导管的间隙	进气	0.020～0.044mm
		排气	0.028～0.056mm
	气门头厚度	进气	$3_{+0.2}^{+0.6}$mm
		排气	(3±0.2)mm
	气门间隙	进气	(0.22±0.02)mm
		排气	(0.36±0.02)mm
气门导管	气门导管内径		5.5mm
	气门导管伸出缸盖长度		11.5mm
	气门导管总长		40mm
活塞	活塞标准直径	1组	85.966～85.975mm
		2组	85.956～85.965mm
	活塞至缸套间隙	1组	0.035～0.054mm
		2组	0.035～0.054mm
活塞环	端隙	第1道环	0.035～0.085mm
		第2道环	0.03～0.07mm
		第3道环	0.04～0.16mm
活塞销	活塞销直径		$22_{-0.005}^{0}$mm
	活塞销与活塞销孔间隙		0.004～0.015mm
	活塞销孔直径		$22_{+0.004}^{+0.010}$mm
曲轴	连杆轴颈直径	1	47.994～48.0000mm
		2	47.988～47.9939mm
		3	47.982～47.9879mm
	连杆轴颈圆度		0.005mm
	连杆轴承间隙(油膜厚度)		0.024～0.052mm
	连杆轴承轴向间隙		0.06～0.026mm
	主轴颈径向跳动极限		0.03mm

续表

项 目			参 数
曲轴	曲轴轴向间隙		0.1~0.25mm
	曲轴止推片的标准厚度		1.97~2.02mm
	主轴承与主轴颈间隙		0.03~0.058mm
	主轴颈直径	1	55.994~56.0000mm
		2	55.988~55.9939mm
		3	55.982~55.9879mm
气缸体	气缸直径	1组	$86^{+0.020}_{+0.010}$mm
		2组	$86^{+0.010}_{0}$mm

10.5.2 长安2.0T JL486ZQ4发动机电脑端子定义

发动机电脑端子定义见表10-14。

表10-14 发动机电脑端子定义

端子	定 义	信号类型
20	电压	持续电源电压
15、16	电压	非持续电源电压
19、37、98、107	5V电压1	外部传感器5V电压供应1
36、108、109	5V电压2	外部传感器5V电压供应2
64、63、112、111	地	电源地
7、43、47、59、80、84、85、86、95	地	传感器地
6	离合器踏板开关	数字信号输入0~12V
8	启停STRM	数字信号输入0~12V
9	巡航功能主开关/1PIN巡航输入	数字信号输入0~12V或模拟信号输入0~5V
10	天然气使能/燃油类型检测传感器/风扇转速输入/车速输入	数字信号输入0~12V(PWM)
11	巡航控制恢复开关	数字信号输入0~12V
12	真空压力传感器/加速度传感器	模拟信号输入0~12V
13	起动机反馈信号	数字信号输入0~12V
14	天然气切换开关/电子负载1	数字信号输入0~12V
21	下游氧传感器信号输入	模拟信号输入0~5V
22	巡航设置开关	数字信号输入0~12V
23	刹车踏板开关	数字信号输入0~12V
24	空调中压开关(S_PSW)/空调压力传感器(PAC)/空调压缩机开关(S_KO)	数字信号输入0~12V或模拟信号输入0~5V
25	刹车灯开关	数字信号输入0~12V或模拟信号输入0~5V
26	车速传感器/气囊/ABS信号	数字信号输入0~12V(PWM)
27	空挡开关	数字信号输入0~12V
28	空调请求开关	数字信号输入0~12V
29	电子负载2/ABS信号	数字信号输入0~12V(PWM)
30	加速踏板位置传感器2	模拟信号输入0~5V
32	IMMO代码	数字信号输入0~5V
35	KL15 ON输入	数字信号输入0~12V
44	离合器位置信号/低位离合器开关	数字信号输入0~12V或模拟信号输入0~12V
45	加速踏板位置传感器1	模拟信号输入0~5V
46	Booster压力传感器信号	模拟信号输入0~12V

续表

端子	定 义	信号类型
53	空调压缩机开关(S_KO)/巡航取消开关/ACC挡唤醒开关	数字信号输入 0~12V
60	发动机温度信号2/燃油压力传感器/环境压力传感器	模拟信号输入 0~5V 或模拟信号输入 0~12V
61	燃油液位传感器/机械增压进气温度传感器/CBR位置传感器	模拟信号输入 0~12V
62	空调蒸发器温度/EGR压力传感器	模拟信号输入 0~5V 或模拟信号输入 0~12V
77	节气门位置传感器1	模拟信号输入 0~5V
78	节气门位置传感器2	模拟信号输入 0~5V
79	机械增压进气温度传感器/CBR位置传感器/第二路氧传感器输入	模拟信号输入 0~5V 或模拟信号输入 0~12V
89、90	爆震传感器	
91	进气压力/流量信号(DSS/HFM)	模拟信号输入 0~5V 或模拟信号输入 0~12V 或数字信号输入 0~12V(PWM)
93	PG传感器1	数字信号输入 0~12V(PWM)
96	发动机转速信号A	磁电式或霍尔式:数字信号输入
97	发动机转速信号B	磁电式或霍尔式:数字信号输入
101	发动机温度信号	模拟信号输入 0~5V
102	进气温度信号	模拟信号输入 0~5V
103	机械增压进气压力传感器/油温传感器/EGR位置传感器/可变进气歧管位置传感器	模拟信号输入 0~5V 或模拟信号输入 0~12V
104	上游氧传感器信号	模拟信号输入 0~5V
105	PG传感器2	数字信号输入 0~12V(PWM)
106	发电机反馈信号	数字信号输入 0~12V(PWM)
5	主继电器控制	
31	风扇2控制	0~2.2A
33	油耗输出/燃油液位输出/启停报警灯控制	0~500mA(PWM)
34	发动机转速信号输出	0~400mA
38	预留1/燃油液位输出/巡航状态指示灯	0~500mA
39	电子水泵/二次空气泵继电器	0~500mA
40	SVS灯控制/防盗R-line	0~50mA
41	油泵继电器	0~600mA(高侧或低侧驱动可选)
42	电子节温器/电子真空泵/空调压缩机开关/车速输出/水温输出/巡航状态指示灯	0~2.2A
48或110	下游氧传感器加热	0~3A
49	车速输出/水温输出/启停状态灯控制	0~500mA(PWM)
50	起动机继电器控制	0~1.5A(高侧驱动)
51	预留3/油耗输出/水温输出	0~500mA
52	预留2	0~500mA
54	电子真空泵控制	0~500mA
55	巡航状态指示灯	0~500mA
56	风扇1控制/PWM风扇控制	0~2.2A(PWM)
57	MIL灯控制/启停报警灯控制	0~50mA
58	空调压缩机继电器/起动机控制继电器(低侧)	0~600mA
65	CBR(可控燃烧速率)/废气再循环/发动机温度输出/油耗输出	0~2.2A(PWM)
66、81、82、83	Stepper驱动	0~500mA
68	喷油器1	0~2.2A(PWM)

续表

端子	定 义	信号类型
72	喷油器 2	0~2.2A(PWM)
74	喷油器 3	0~2.2A(PWM)
67	喷油器 4	0~2.2A(PWM)
69	排气 VVT/可变凸轮轴升程/起动机继电器控制/废气再循环/二次空气泵继电器/液位输出/油耗输出/电子水泵	0~3A(PWM)
70	SU/泄流阀控制	0~2.2A(PWM)

10.5.3　长安 2.0T JL486ZQ4 发动机数据流

长安 2.0T JL486ZQ4 发动机数据流见表 10-15。

表 10-15　发动机数据流

数据流名称	点火开关 ON	怠速运转	发动机转速 2500r/min
最大指示转矩	55.9%	57.5%	73.1%
驾驶员目标转矩	0.0%	13.6%	11.7%
发动机实际转矩	10.4%	13.7%	11.1%
滤波后的发动机冷却液温度	91.5℃	96.8℃	94.5℃
发动机转速	0.0r/min	708.3r/min	2479.0r/min
启动后发动机运行时间	0.0s	96.8s	1504.0s
滤波后的车速	0.0km/h	0.0km/h	0.0km/h
环境压力	965.0hPa	966.2hPa	966.2hPa
电池电压	12.6V	13.5V	13.9V
节气门开度	6.4%	2.4%	5.9%
进气温度	37.5℃	36.0℃	39.8℃
环境温度	20.5℃	20.5℃	20.5℃
加速踏板角度	0.0%	0.0%	3.5%
燃油消耗	0.0L/s	0.000312L/s	0.000598L/s
发动机负荷	0.0%	28.1%	16.8%
空气流量	0kg/h	4kg/h	20kg/h
下游催化器氧传感器电压	0.349V	0.731V	0.584V
充气效率(相对充气量)	99.8%	22.5%	14.3%
ETS-path 作为监测诊断的环境条件	128	128	128
转矩路径在功能和功能监控中作为环境状况的诊断依据	96	96	96
功能监控:在转矩比较时的实际转矩响应	72.2%	8.9%	10.2%
出错时发动机温度信号的替代模型	93.0℃	53.3℃	53.3℃
期望节气门开度	1.6%	2.4%	5.5%
下游催化器的模型废气温度	50℃	410℃	495℃
未滤波的发动机冷却液温度	93.8℃	95℃	96.0℃
功能监控:计算实际转矩	72.2%	8.2%	11.3%
实际点火提前角	0.0°	−1.5°	30.8°
次充气模型空气质量流量修正系数	1.000	0.982	1.064
由节气门电压计 1 算出来的阀门开度	6.40%	2.34%	5.76%
由节气门电压计 2 算出来的阀门开度	6.45%	2.34%	5.79%
控制节气门的 PID 控制量	65.6%	12.1%	9.6%
跨行开度的 8 位精度变量	0.0%	0.0%	0.0%
跨行模式下电子节气门第一路信号电压	0.8V	0.8V	0.8V
由传感器电压 1 表示的加速踏板开度	0.5V	0.5V	0.5V

续表

数据流名称	点火开关 ON	急速运转	发动机转速 2500r/min
纵向汽车加速度	0.0m/s²	0.0m/s²	0.0m/s²
进气歧管压力	966.3hPa	480hPa	260hPa
离合器操作数检测	0	0	0
未滤波的进气温度	40.5℃	38.3℃	43.5℃
未滤波的车速	0.0km/h	0.0km/h	0.0km/h
采样电池电压	3.6V	4.0V	4.0V
油温	101.9℃	92.9℃	107.9℃
Bank1 的 λ 闭环控制系数	1.000	1.014	0.983
混合气自学习乘法修正因子	1.000	1.000	1.000
节气门电位计1电压	0.8V	0.6V	0.8V
节气门电位计2电压	4.2V	4.4V	4.3V
混合气自学习加法修正	0.0	0.0	0.0
加速踏板电位计1电压	0.8V	0.7V	0.9V
加速踏板电位计2电压	0.4V	0.4V	0.5V
2 倍于加速踏板电位计 2 的电压	0.8V	0.8V	0.9V
后氧传感器的内阻	0.0Ω	660Ω	720Ω
上游催化器排温	50.0℃	437.3℃	508.8℃
喷油时间	0.0ms	0.2ms	0.1ms
1 缸推迟点火爆震控制	0.0°	0.0°	0.0°
2 缸推迟点火爆震控制	118.5°	118.5°	118.5°
3 缸推迟点火爆震控制	182.3°	121.1°	60.8°
4 缸推迟点火爆震控制	4.5°	110.5°	180.0°
1 缸爆震控制的参考电压	0.977V	0.082V	0.162V
2 缸爆震控制的参考电压	0.977V	0.078V	0.197V
3 缸爆震控制的参考电压	0.977V	0.077V	0.214V
4 缸爆震控制的参考电压	0.977V	0.084V	0.172V
启动时的冷却液温度	94.5℃	90.5℃	91.5℃
由炭罐控制计算出的标准空气充量	0.0kg/h	0.596kg/h	1.869kg/h
基本点火角	0°	25°	31°
失火气缸数统计	0	0	0
1 缸失火次数	0	0	0
2 缸失火次数	0	0	0
3 缸失火次数	0	0	0
4 缸失火次数	0	0	0
急速转速控制期望转矩修正急速控制下的目标转矩变化	0.0%	0.0%	0.0%
前氧传感器电压	0.4V	0.6V	0.8V
后氧传感器电压	0.5V	0.7V	0.7V
发动机最低速度时的失火范围	0min^{-1}	0min^{-1}	0min^{-1}
发动机最高速度时的失火范围	0min^{-1}	0min^{-1}	0min^{-1}

10.5.4 长安 1.5T JL476ZQCF 发动机技术参数

参考本书 10.5.2 小节。

10.5.5 长安 1.5T JL476ZQCF 发动机电脑端子定义

请参考本书 10.5.3 小节。

10.5.6 长安八挡自动变速器电脑端子定义

长安八挡自动变速器电脑端子分布如图 10-6 所示，端子定义见表 10-16、表 10-17。

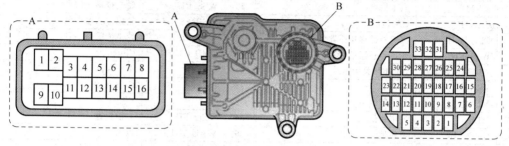

图 10-6 自动变速器电脑端子分布

表 10-16 连接器 A 端子定义

端子	名称	定义	端子	名称	定义
1	+B	蓄电池电压	7	Sport	运动模式开关
3	MS+	手动模式升挡开关	9	GND	TCU 接地
4	MS-	手动模式降挡开关	11	IG	点火开关信号
5	STLK	启动允许控制	13	RVS	倒车灯控制
6	CANL	CAN 低	14	CANH	CAN 高

表 10-17 连接器 B 端子定义

端子	名称	定义	端子	名称	定义
1	SLU+	锁止电磁阀	13	SL1+	压力控制电磁阀
2	SLU-	锁止电磁阀	14	SL1-	压力控制电磁阀
3	SL3+	压力控制电磁阀	17	NIN-	输入速度传感器
4	SL3-	压力控制电磁阀	18	NIN+	输入速度传感器
5	SL5+	压力控制电磁阀	19	OT-	油温传感器
6	SLT+	线性压力控制电磁阀	20	NOT-	输出速度传感器
7	SLT-	线性压力控制电磁阀	21	SL4+	压力控制电磁阀
8	SL2+	压力控制电磁阀	22	SL4-	压力控制电磁阀
9	SL2-	压力控制电磁阀	23	S1	换挡电磁阀
10	OT+	油温传感器	28	S2	换挡电磁阀
11	NOT+	输出速度传感器	29	EMOP-	电磁油泵
12	SL5-	压力控制电磁阀	30	EMOP+	电磁油泵

10.5.7 ABS/ESP 系统控制器端子定义

ABS/ESP 系统控制器端子分布如图 10-7 所示，端子定义见表 10-18。

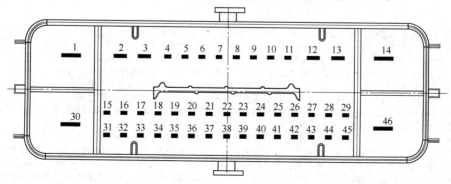

图 10-7 ABS/ESP 系统控制器端子分布

表 10-18 ABS/ESP 系统控制器端子定义

端子	名称	定义	端子	名称	定义
1	UB_MR	电机供电	21	WSP_FR	轮速传感器供电
2	MRP	右卡钳供电	22	WSP_RR	轮速传感器供电
3	MRM	右卡钳供电	23	WSS_RL	轮速传感器信号
5	CAN1P	CAN 高	24	WSP_FL	轮速传感器供电
6	CLUTCH	离合器行程传感器信号	26	WSS_FR	轮速传感器信号
7	WSS_FL	轮速传感器信号	27	GND_OUT	Clutch 地
8	AVH_LAMP	AVH 开关指示灯	30	UB_VR	卡钳和阀供电
9	VSO	车速	31	SW1	EPB 开关
12	MLM	左卡钳供电	32	SW4	EPB 开关
13	MLP	左卡钳供电	34	WSO_FR	右前轮速
14	GND_MR	电机地	36	WAU_IN1	点火
15	SW3	EPB 开关	37	WSS_RR	轮速传感器信号
16	SW6	EPB 开关	39	WSP_RL	轮速传感器供电
17	AVH_SW	AVH 开关	41	ESP_OFF	ESP OFF 开关
18	APB_LAMP	APB 开关指示灯	43	HID_OFF	HID OFF 开关
19	CAN1M	CAN 低	46	GND_ECU	卡钳和阀地

10.5.8 整车控制器位置

整车控制器位置如图 10-8 所示。

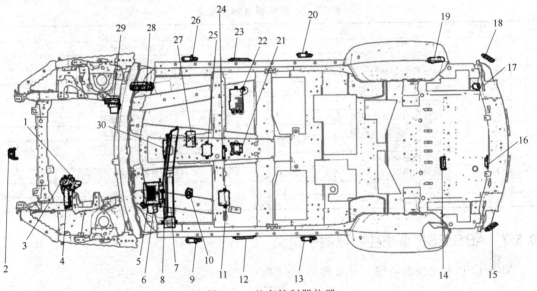

图 10-8 整车控制器位置

1—自动变速器控制单元总成，变速器上方；2—自适应巡航控制器总成，前碰撞横梁下方；3—电子换挡执行机构总成，变速器上方；4—控制单元总成，蓄电池侧面；5—车载信息娱乐终端总成，转向支撑上，智能座舱显示终端总成后面；6—转向柱总成，制动踏板上方；7—智能座舱显示终端总成，转向支撑上，仪表台板上；8—网关控制器总成，转向支撑上，仪表熔丝盒上方；9—前门玻璃升降器总成（左），左前门内；10—转角传感器总成，转向盘下方，转向柱上；11—座椅记忆模块总成，主驾座椅下方；12—低频天线总成（左前门），左前门内饰板内；13—后门玻璃升降器总成（左），左后门内；14—射频接收器总成，行李厢上方顶棚内；15—并线辅助控制器总成（左），后保险杠内部，车身左侧；16—低频天线总成（后），行李厢后部；17—倒车雷达控制器总成，C 柱右下内饰板上；18—并线辅助控制器总成（右），后保险杠内部，车身右侧；19—背门自动开闭系统 ECU 控制器总成，右后轮毂包处；20—后门玻璃升降器总成（右），右后门内；21—安全气囊控制器总成，中控箱内，中通道钣金上；22—全景控制器总成/自动泊车控制器总成，副驾座椅下方，地毯下面；23—低频天线总成（右前门），右前门内饰板内；24—低频天线总成（前），中央扶手杯托下部；25—电子换挡执行机构控制器总成，中通道前部；26—前门玻璃升降器总成（右），右前门内；27—车道偏离控制器总成，前挡风玻璃、内后视镜后的摄像头；28—车身智能控制器总成，副驾手套箱内侧；29—EPBi 执行机构总成，机舱右后下部；30—自动空调控制器总成，转向支撑上，前排中央出风后面

10.5.9 车轮定位数据

车轮定位数据见表10-19。

表10-19 车轮定位数据

项目		数值
前轮	前轮前束(单边)	0°5′±5′(1mm±1mm)
	前轮外倾角	−0.18°±0.75°,左右差值±0.75°
	主销内倾角	11.48°±0.75°
	主销后倾角	5.85°±0.75°
后轮	后轮前束(单边)	0°10′±5′(2mm±1mm)
	后轮外倾角	−1.07°±0.75°

10.6 CS85 COUPE（2019年款）

10.6.1 长安2.0T JL486ZQ4发动机技术参数

参考本书10.5.1小节。

10.6.2 长安2.0T JL486ZQ4发动机电脑端子定义

参考本书10.5.2小节。

10.6.3 长安2.0T JL486ZQ4发动机数据流

参考本书10.5.3小节。

10.6.4 长安1.5T JL476ZQCF发动机技术参数

长安1.5T JL476ZQCF发动机技术参数见表10-20。

表10-20 发动机技术参数

项目		参数
特点		点燃式
供油方式		缸内直喷
进气方式		增压中冷
正时驱动方式		正时链
气缸直径		76mm
活塞行程		82.6mm
排量		1499mL
压缩比		10.0∶1
最大功率(总)		131kW(5500r/min 时)
最大转矩(总)		265N·m(1450～4500r/min 时)
急速转速		(750±50)r/min
点火顺序		1-3-4-2
火花塞型号		HU10A80P
凸轮轴	进气凸轮高度	22.5mm
	排气凸轮高度	22.5mm
	径向跳动量	0.02mm
	凸轮轴基圆直径	36mm
	凸轮轴轴颈孔直径	$25_{-0.040}^{-0.022}$mm

续表

项 目			参　数
缸盖	总高		207.5mm
气门弹簧	气门弹簧自由长度		48mm
气门	气门直径	进气	(30±0.1)mm
	气门直径	排气	(24.8±0.1)mm
	气门头厚度	进气	(3.05±0.15)mm
	气门头厚度	排气	(3.59±0.2)mm
	气门导管伸出缸盖长度		10mm
	气门导管总长		40mm
活塞	活塞标准直径	1组	(75.975±0.005)mm
	活塞标准直径	2组	(75.965±0.005)mm
	活塞与缸套间隙	1组	0.03～0.05mm
	活塞与缸套间隙	2组	0.03～0.05mm
活塞环	端隙	第1道环	0.10～0.18mm
	端隙	第2道环	0.30～0.40mm
	端隙	第3道环	0.20～0.50mm
活塞销	活塞销直径		$20_{-0.004}^{0}$mm
	活塞销与活塞销孔间隙		0.006～0.014mm
	活塞销孔直径		$20_{+0.006}^{+0.010}$mm
曲轴	连杆轴颈直径	1	42.994～43.0000mm
	连杆轴颈直径	2	42.988～42.9939mm
	连杆轴颈直径	3	42.982～42.9879mm
	连杆轴承轴向间隙		0.1～0.3mm
	主轴颈径向跳动极限		0.03mm
	曲轴轴向间隙		0.1～0.25mm
	曲轴止推片的标准厚度		1.97～2.02mm
	主轴颈直径	1	44.994～45.0000mm
	主轴颈直径	2	44.988～44.9939mm
	主轴颈直径	3	44.982～44.9879mm
气缸体	气缸直径	1组	$76_{0}^{+0.020}_{+0.010}$mm
	气缸直径	2组	$76_{0}^{+0.010}$mm

10.6.5　长安1.5T JL476ZQCF发动机电脑端子定义

发动机电脑端子分布如图10-9所示，端子定义见表10-21、表10-22。

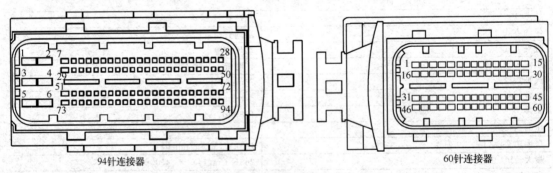

图10-9　发动机电脑端子分布

表10-21　94针连接器端子定义

端子	定　义	端子	定　义
1	接地	5	主继电器供电
2	常电	6	接地
3	主继电器供电	7	机油泵电磁阀
4	接地	8	中压开关

续表

端子	定　义	端子	定　义
11	制动开关常闭	56	启动继电器 2 控制
12	启动信号反馈	58	冷却水泵控制端
16	+5V 电源	60	冷却水泵反馈端
17	加热式宽域线性前氧传感器 F	62	接地
18	加热式宽域线性前氧传感器 E	65	油门传感器 1 电源
20	加热式后氧传感器 A	66	IG 电
23	传感器地	67	油门传感器 2 电源
25	油门传感器 2 地	70	CAN 高
26	油门传感器 1 地	71	CAN 低
29	高压脱附传感器信号	73	加热式后氧传感器 D
30	真空泵继电器	76	主继电器线圈控制
34	油箱压力传感器信号	77	怠速启停开关指示灯
35	油门传感器 1 信号	81	启动继电器 1 控制
37	炭罐截止阀	83	压缩机继电器
40	加热式宽域线性前氧传感器 B	84	低速风扇
41	加热式宽域线性前氧传感器 A	85	中速风扇
42	制动开关常开	90	高速风扇
49	加热式后氧传感器 B	91	电子节温器
51	加热式宽域线性前氧传感器 C	92	LIN
54	油门传感器 2 信号	94	怠速启停开关
55	油泵继电器		

表 10-22　60 针连接器端子定义

端子	定　义	端子	定　义
1	喷油器 1 正极	29	炭罐通风截止阀输出
2	喷油器 3 正极	30	电子节气门电机正
3	点火线圈 4 输出	31	温度压力传感器电
4	点火线圈 1 输出	32	电子节气门传感器电
5	点火线圈 2 输出	33	温度压力传感器地
6	中冷器电源	35	喷油器 1 负极
7	电子节气门传感器地	36	燃油压力地
8	凸轮轴地	37	中冷器压力输出
10	曲轴正极	38	真空压力传感器输出
11	曲轴负极	39	爆震传感器正极
14	炭罐电磁阀输出	40	爆震传感器负极
15	电子节气门电机负	41	中冷器温度传感器输出
16	喷油器 4 正极	42	进气凸轮轴信号输出
17	喷油器 2 正极	43	排气凸轮轴信号输出
18	凸轮轴电	44	OCV 排气阀输出
19	燃油压力电源	46	喷油压力控制阀负
20	点火线圈 3 输出	47	喷油器 2 负极
21	中冷器地	48	喷油压力控制阀正
22	屏蔽线地	49	喷油器 4 负极
23	温度压力传感器温度输出	50	喷油器 3 负极
24	水温传感器信号	51	燃油压力输出
25	温度压力传感器压力输出	55	PCV 一体式正极
26	电子节气门输出	57	进气泄压阀输出
27	电子节气门输出	58	OCV 进气阀输出
28	废气旁通阀输出		

10.6.6 长安七挡双离合变速器电脑端子定义

七挡双离合变速器电脑端子分布如图10-10所示，端子定义见表10-23。

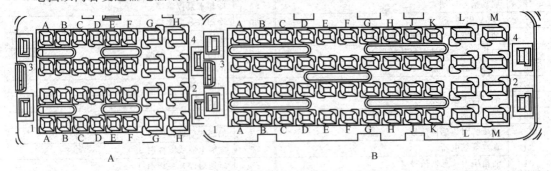

图10-10 双离合变速器电脑端子分布

表10-23 双离合变速器电脑端子定义

端子	定义	状态	端子	定义	状态
BM3	接地点	接地	BM1	换挡1(多路开关阀1)电磁阀地	地
BL3	接地点	接地	AH3	离合器2电磁阀+12.5V	+12.5V
BG4	油温传感器+5V	+5V	AE3	主压电磁阀+1.25V	+12.5V
BH2	油温传感器-信号地	-信号地	AE4	主压电磁阀+1.25V	+12.5V
BJ4	外输入轴转速传感器+8V	+8V	AG2	润滑电磁阀+12.5V	+12.5V
BK4	内输入轴转速传感器+8V	+8V	BM2	主压电磁阀地	地
BC3	外输入轴转速传感器-信号地	-信号地	AB4	离合器1压力传感器+12.5V	+12.5V
BE1	输出转速传感器-信号地	-信号地	AB3	离合器1压力传感器+12.5V	+12.5V
BD3	内输入轴转速传感器-信号地	-信号地	AA4	换挡2压力传感器+12.5V	+12.5V
BE4	奇数离合器压力传感器+5V	+5V	AA3	换挡2压力传感器+12.5V	+12.5V
BE2	奇数离合器压力传感器-信号地	-信号地	BL2	换挡2(多路开关阀2)电磁阀地	地
BD2	偶数离合器压力传感器-信号地	-信号地	AG3	多路开关阀2电磁阀+12.5V	+12.5V
AB1	倒车灯继电器控制线	低有效	AG4	换挡1电磁阀+12.5V	+12.5V
AA1	启动允许信号控制线	低有效	BF2	奇数离合器压力传感器信号	输入
BK1	ON挡电+12V	输出	AH1	多路开关阀1电磁阀+12.5V	+12.5V
BD4	偶数离合器压力传感器+5V	+5V	BJ2	位置传感器信号4	输入
AE1	整车CAN-H	双向	BH1	位置传感器信号3	输入
AF1	整车CAN-L	双向	BJ3	位置传感器信号2	输入
BL4	蓄电池+12V	蓄电池	BJ1	位置传感器信号1	输入
BK3	自动/手动转换控制线	低有效	BG1	离合器油温传感器-信号地	-信号地
BB1	手动减挡	低有效	BC4	离合器油温传感器+5V	+5V
BA1	手动加挡	低有效	AE2	标定CAN-H	双向
BC1	偶数离合器压力传感器信号	输入	AF2	标定CAN-L	双向
AH4	润滑(离合器2)电磁阀地	地			

10.6.7 车轮定位数据

车轮定位数据见表10-24。

表10-24 车轮定位数据

项目		数值
前轮	前轮前束(单边)	0°05′±5′
	前轮外倾角	-0°11′±45′
	主销内倾角	11°29′±45′
	主销后倾角	5°51′±45′
后轮	后轮前束(单边)	0°10′±5′
	后轮外倾角	-1°04′±45′

10.7　CS95（2019年款）

10.7.1　长安2.0T JL486ZQ4发动机技术参数

参考本书10.5.1小节。

10.7.2　长安2.0T JL486ZQ4发动机电脑端子定义

参考本书10.5.2小节。

10.7.3　长安2.0T JL486ZQ4发动机数据流

参考本书10.5.3小节。

10.8　睿骋CC（2019年款）

10.8.1　长安1.5T JL476ZQCD发动机技术参数

长安1.5T JL476ZQCD发动机技术参数见表10-25。

表10-25　发动机技术参数

项　　目			参　　数
特点			立式、直列4缸、水冷、4冲程、双顶置凸轮轴
供油方式			歧管喷射
进气方式			涡轮增压
正时驱动方式			正时链
气缸直径			76mm
活塞行程			82.6mm
排量			1499mL
压缩比			9.5±0.5
最大功率			115kW(5500r/min 时)
最大转矩			225N·m(2000~4000r/min 时)
最低燃油消耗率			250g/(kW·h)
急速转速			(750±50)r/min
点火顺序			1-3-4-2
火花塞型号			HU10A80P
凸轮轴	进气凸轮轴高度		39.98mm
	排气凸轮轴高度		39.98mm
	径向跳动量		0.015mm
	凸轮轴直径		36mm
	凸轮轴轴颈孔直径		$25_{-0.040}^{-0.022}$ mm
缸盖	缸盖表面的平面度		0.03~0.05mm
	高高		191mm
气门弹簧	气门弹簧自由长度		48mm
	气门弹簧预负荷		250N
	气门弹簧垂直度		1.44mm
气门	气门直径	进气	(30±0.1)mm
	气门直径	排气	(24.8±0.1)mm
	气门杆直径	进气	$5.5_{-0.035}^{-0.020}$ mm
	气门杆直径	排气	$5.5_{-0.0405}^{-0.0255}$ mm

续表

项	目		参 数
气门	气门杆与导管的间隙	进气	0.032～0.047mm
		排气	0.0375～0.0525mm
	气门头厚度	进气	(3.05±0.15)mm
		排气	(3.59±0.2)mm
气门导管	气门导管内径		5.5mm
	气门导管伸出缸盖长度		10mm
	气门导管长度		40mm
活塞	活塞标准直径	1组	(75.975±0.005)mm
		2组	(75.965±0.005)mm
	活塞至缸套间隙	1组	0.03～0.05mm
		2组	0.03～0.05mm
活塞环	端隙	第1道环	0.08～0.16mm
		第2道环	0.10～0.20mm
		第3道环	0.20～0.50mm
活塞销	活塞销直径		$20_{-0.004}^{\ 0}$ mm
	活塞销与活塞销孔间隙		0.006～0.014mm
	活塞销孔直径		$20_{+0.006}^{+0.010}$ mm
曲轴	连杆轴颈直径	1	42.994～43.0000mm
		2	42.988～42.9939mm
		3	42.982～42.9879mm
	连杆轴颈圆度		0.005mm
	连杆轴瓦与连杆轴颈间隙		0.020～0.046mm
	连杆轴向间隙		0.1～0.3mm
	2、4主轴颈径向跳动量（相对1、5主轴颈）		0.02mm
	第3主轴颈径向跳动量（相对1、5主轴颈）		0.03mm
	曲轴轴向间隙		0.1～0.3mm
	曲轴止推片的标准厚度		1.97～2.02mm
	主轴瓦与主轴颈间隙		0.012～0.032mm
	主轴颈直径	1	44.994～45.0000mm
		2	44.988～44.9939mm
		3	44.982～44.9879mm
气缸体	气缸直径	1组	$76_{+0.010}^{+0.020}$ mm
		2组	$76_{\ 0}^{+0.010}$ mm
	平面度		0.008mm
	圆柱度		0.006mm

10.8.2 长安六挡自动变速器电脑端子定义

长安六挡自动变速器电脑端子分布如图10-11所示，端子定义见表10-26、表10-27。

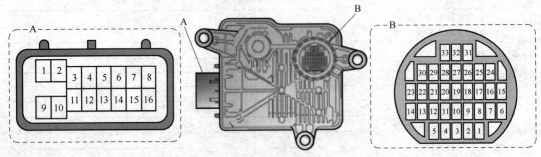

图10-11 自动变速器电脑端子分布

表 10-26　连接器 A 端子定义

端子	名称	定义	端子	名称	定义
1	+B	蓄电池电压	7	Sport	运动模式开关
3	MS+	手动模式升挡开关	9	GND	TCU 接地
4	MS−	手动模式降挡开关	11	IG	点火开关信号
5	STLK	启动允许控制	13	RVS	倒车灯控制
6	CANL	CAN 低	14	CANH	CAN 高

表 10-27　连接器 B 端子定义

端子	名称	定义	端子	名称	定义
1	SLU+	锁止电磁阀	12	SL5−	压力控制电磁阀
2	SLU−	锁止电磁阀	13	SL1+	压力控制电磁阀
3	SL3+	压力控制电磁阀	14	SL1−	压力控制电磁阀
4	SL3−	压力控制电磁阀	17	NIN−	输入速度传感器
5	SL5+	压力控制电磁阀	18	NIN+	输入速度传感器
6	SLT+	线性压力控制电磁阀	19	OT−	油温传感器
7	SLT−	线性压力控制电磁阀	20	NOT−	输出速度传感器
8	SL2+	压力控制电磁阀	23	S1	换挡电磁阀 1
9	SL2−	压力控制电磁阀	28	S2	换挡电磁阀 2
10	OT+	油温传感器	29	EMOP−	电磁油泵
11	NOT+	输出速度传感器	30	EMOP+	电磁油泵

10.8.3　空调控制器端子定义

手动空调控制器端子分布如图 10-12 所示，端子定义见表 10-28。

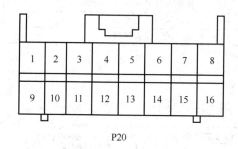
P20

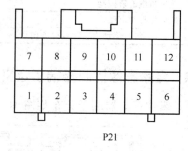
P21

图 10-12　手动空调控制器端子分布

表 10-28　手动空调控制器端子定义

端子	定义	端子	定义
P20-1	风量调节控制信号	P20-13	模式风门位置反馈信号
P20-2	鼓风机反馈信号	P20-14	混合风门位置反馈信号
P20-3	空调系统工作状态	P20-15	CAN 高
P20-4	背景光电源+	P20-16	CAN 低
P20-5	循环风门驱动信号（为+时外循环方向）	P21-1	混合风门驱动信号（为+时制冷方向）
P20-6	循环风门驱动信号（为+时内循环方向）	P21-2	混合风门驱动信号（为+时采暖方向）
P20-7	模式风门驱动信号（为+时吹面方向）	P21-4	车外温度输入
P20-8	模式风门驱动信号（为+时除霜方向）	P21-6	IGN+
P20-9	循环电机位置反馈	P21-9	紧急报警开关
P20-10	信号地 SGND	P21-10	鼓风机继电器驱动信号
P20-11	蒸发器温度信号	P21-11	BAT+
P20-12	5V 电源	P21-12	功率地 PGND

自动空调控制器端子分布如图10-13所示,端子定义见表10-29。

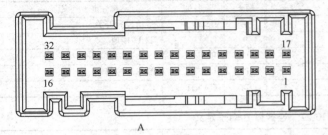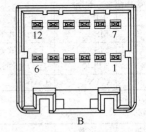

图10-13 自动空调控制器端子分布

表10-29 自动空调控制器端子定义

端子	定义	端子	定义
A1	5V电源	A28	内外循环风门(驱动为+时内循环方向)
A4	LIN	A29	模式风门(驱动为+时吹面方向)
A5	CAN低	A30	功率地PGND
A6	CAN高	A31	左温度风门(驱动为+时最热方向)
A8	离子发生器控制信号	A32	IGN+
A10	鼓风机反馈电压	B1	车内温度(左)
A11	右温度风门(驱动为+时最热方向)	B2	传感器信号地
A12	内外循环风门(驱动为+时外循环方向)	B3	车外温度输入
A14	模式风门(驱动为+时前除霜方向)	B5	温度风门位置反馈(右)
A15	左温度风门(驱动为+时最冷方向)	B6	模式风门位置反馈
A16	BAT+	B8	光照传感器
A18	空调系统工作状态	B9	蒸发器温度
A24	鼓风机继电器控制	B10	传感器信号地(风门反馈)
A26	鼓风机控制电压	B11	循环风门位置反馈
A27	右温度风门(驱动为+时最冷方向)	B12	温度风门位置反馈(左)

10.8.4 全景影像控制器端子定义

全景影像控制器端子分布如图10-14所示,端子定义见表10-30。

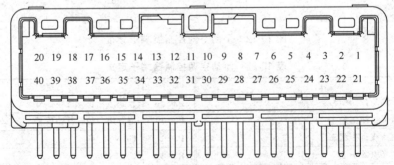

图10-14 全景影像控制器端子分布

表10-30 全景影像控制器端子定义

端子	名称	定义	端子	名称	定义
4	CAN_L	CAN低	13	VIN_FRONT_Shield	前视摄像头输入信号地
9	VIDEO_OUT_Shield	AVM主机输出视频信号地	14	VIN_REAR	后视摄像头输入信号正
10	VIN_LEFT	左视摄像头输入信号正	15	PWR_REAR_GND	后视摄像头电源地
11	PWR_LEFT_GND	左视摄像头电源地	16	PWR_RIGHT	右视摄像头电源正
12	PWR_FRONT	前视摄像头电源正	17	VIN_RIGHT_Shield	右视摄像头输入信号地

续表

端子	名称	定义	端子	名称	定义
18	SYSTEM_SW	AVM系统开关	30	VIN_LEFT_Shield	左视摄像头输入信号地
24	CAN_H	CAN高	31	PWR_LEFT	左视摄像头电源正
29	VIDEO_OUT	AVM主机输出视频信号正	32	PWR_FRONT_GND	前视摄像头电源地

10.8.5 车轮定位数据

车轮定位数据见表10-31。

表10-31 车轮定位数据

项目		数值
前轮	前轮前束	0°±0.1°
	前轮外倾角	−0.5°±0.5°
	主销内倾角	13.854°±0.5°
	主销后倾角	4.344°±0.5°
后轮	后轮前束(单边)	0.083°±0.1°
	后轮外倾角	−1°±0.5°

10.9 逸动DT（2019年款）

10.9.1 长安1.6L JL478QEE发动机技术参数

长安1.6L JL478QEE发动机技术参数见表10-32。

表10-32 发动机技术参数

项目		参数
特点		立式、直列4缸、水冷、4冲程、双顶置凸轮轴
供油方式		多点喷射
进气方式		自然吸气
正时驱动方式		正时链
气缸直径		78mm
活塞行程		83.6mm
排量		1598mL
压缩比		10.4∶1
最大功率		92kW(6000r/min时)
最大转矩		160N·m(4500r/min时)
最低燃油消耗率		250g/(kW·h)
怠速转速		(720±50)r/min
点火顺序		1-3-4-2
火花塞型号		HU10B80P
凸轮轴	进气凸轮高度	38.477mm
	排气凸轮高度	38.477mm
	径向跳动量	0.01mm
	凸轮轴直径	25mm
	凸轮轴轴颈孔直径	4mm
	凸轮轴轴颈间隙	0.021mm
缸盖	缸盖表面的平面度	0.03mm
	机加工后最小总高	146.95mm
	总高	189mm
	歧管配合面的变形量	0.05mm

续表

项 目			参 数
气门弹簧	气门弹簧自由长度		48mm
	气门弹簧预负荷		520N
	气门弹簧垂直度		1.44mm
气门	气门直径	进气	31.9～32.1mm
	气门直径	排气	26.7～26.8mm
	气门杆直径	进气	5.465～5.480mm
		排气	5.450～5.465mm
	气门杆与导管的间隙	进气	0.032～0.047mm
		排气	0.047～0.062mm
	气门杆末端偏移极限		0.01mm
	气门头厚度		2.90～3.20mm
	气门印痕标准宽度		1.6mm
	气门间隙		0mm
	气门正时	进气门开启	365°(5°ATDC)
		进气门关闭	655°(115°ABDC)
		排气门开启	80°(100°BBDC)
		排气门关闭	384°(24°ATDC)
气门导管	气门导管内径		5.500～5.512mm
	气门导管伸出缸盖长度		9.8～10.2mm
活塞	活塞标准直径	1组	77.958～77.972mm
		2组	77.948～77.962mm
	活塞至缸套间隙	1组	0.038～0.062mm
		2组	0.038～0.062mm
活塞环槽	活塞环槽间隙	第1道环	1.23～1.25mm
		第2道环	1.22～1.24mm
活塞环	端隙	第1道环	0.17～0.27mm
		第2道环	0.35～0.50mm
		第3道环	0.20～0.50mm
活塞销	活塞销直径		18.996～19.000mm
	活塞销与活塞销孔间隙		0.006～0.018mm
	活塞销孔直径		19.006～19.014mm
曲轴	连杆轴颈直径	1	42.994～43.000mm
		2	42.988～42.994mm
		3	42.982～42.988mm
	连杆轴颈圆度(最大)		0.005mm
	连杆轴承间隙(油膜厚度)		0.020～0.046mm
	连杆轴承轴向间隙		0.10～0.30mm
	主轴颈径向跳动极限		0.03mm
	曲轴轴向间隙		0.10～0.30mm
	曲轴止推片的标准厚度		2.500mm
	主轴颈的锥度和圆度		0.005mm
	主轴承与主轴颈间隙		0.012～0.032mm
	主轴颈直径	1	44.994～45.000mm
		2	44.988～44.994mm
		3	44.982～44.988mm
	主轴承盖孔径(无轴承)	轴承盖1	50.000～50.006mm
		轴承盖2	50.006～50.012mm
		轴承盖3	50.012～50.018mm
	主轴承厚度	1	2.502～2.506mm
		2	2.499～2.503mm

续表

项　　目		参　　数
主轴承厚度	3	2.496～2.500mm
	4	2.493～2.497mm
	5	2.490～2.494mm
飞轮端面跳动极限		0.2mm
气缸体	锥度和圆度极限	0.01mm
	平面度	0.03mm
	气缸直径 1组	$78^{+0.020}_{+0.010}$ mm
	气缸直径 2组	$78^{+0.010}_{0}$ mm

10.9.2　长安1.6L JL478QEE发动机电脑端子定义

发动机电脑端子分布如图10-15所示，端子定义见表10-33。

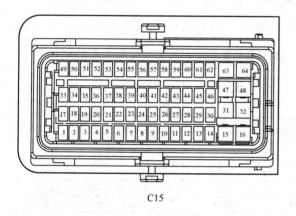 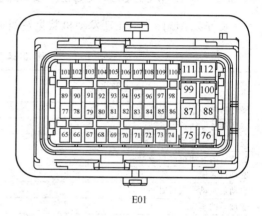

图10-15　发动机电脑端子分布

表10-33　发动机电脑端子定义

端子	定　　义	端子	定　　义
C15-1	CAN高	C15-44	离合器开关输入信号
C15-5	主继电器控制信号	C15-45	加速踏板位置传感器1
C15-7	加速踏板位置传感器1地线	C15-48	后氧传感器加热
C15-15	非继续电源（主继电器控制）	C15-52	空调压缩机继电器
C15-16	非继续电源（主继电器控制）	C15-55	充电信号
C15-17	CAN低	C15-56	电子风扇低速控制信号
C15-20	持续电源	C15-59	加速踏板位置传感器2地线
C15-21	后氧传感器信号	C15-63	ECU接地
C15-23	制动灯开关信号	C15-64	ECU接地
C15-24	空调中压开关信号	E01-67	喷油器2控制信号
C15-25	制动灯信号	E01-68	喷油器1控制信号
C15-29	动力转向开关信号	E01-71	OCV电磁阀控制信号
C15-30	加速踏板位置传感器2	E01-72	喷油器3控制信号
C15-31	电子风扇高速控制信号	E01-73	前氧传感器加热控制信号
C15-32	防盗信号输入	E01-74	喷油器4控制信号
C15-35	点火开关电源（IG1）	E01-75	电子节气门控制
C15-36	加速踏板位置传感器1供电	E01-77	电子节气门位置1
C15-37	加速踏板位置传感器2供电	E01-78	电子节气门位置2
C15-41	油泵控制信号	E01-80	前氧传感器信号
C15-43	后氧传感器信号	E01-85	传感器接地

端子	定 义	端子	定 义
E01-86	电子节气门位置传感器接地	E01-98	进气凸轮轴位置传感器电源
E01-87	电子节气门控制	E01-99	2、3缸点火线圈控制信号
E01-89	爆震传感器信号	E01-100	1、4缸点火线圈控制信号
E01-90	爆震传感器信号	E01-101	冷却液温度信号
E01-91	进气压力信号	E01-102	进气温度信号
E01-93	进气凸轮轴位置传感器信号	E01-104	前氧传感器信号
E01-94	炭罐电磁阀控制信号	E01-107	电子节气门位置传感器电源
E01-95	进气凸轮轴位置传感器接地	E01-109	进气温度压力传感器电源
E01-96	曲轴位置传感器电压输出 A	E01-111	ECU 接地
E01-97	曲轴位置传感器电压输出 B	E01-112	ECU 接地

10.9.3 长安1.6L JL478QEE 发动机数据流

长安1.6L JL478QEE 发动机数据流见表10-34。

表10-34 发动机数据流

数据流名称	点火开关 ON	急速运转	发动机转速 2500r/min
最大指示转矩	55.9%	57.5%	73.1%
驾驶员目标转矩	0.0%	13.6%	11.7%
发动机实际转矩	10.4%	13.7%	11.1%
滤波后的发动机冷却液温度	91.5℃	96.8℃	94.5℃
发动机转速	0.0r/min	708.3r/min	2479.0r/min
启动后发动机运行时间	0.0s	96.8s	1504.0s
滤波后的车速	0.0km/h	0.0km/h	0.0km/h
环境压力	965.0hPa	966.2hPa	966.2hPa
电池电压	12.6V	13.5V	13.9V
节气门开度	6.4%	2.4%	5.9%
进气温度	37.5℃	36.0℃	39.8℃
环境温度	20.5℃	20.5℃	20.5℃
加速踏板角度	0.0%	0.0%	3.5%
燃油消耗	0.0L/s	0.000312L/s	0.000598L/s
发动机负荷	0.0%	28.1%	16.8%
空气流量	0kg/h	4kg/h	20kg/h
下游催化器氧传感器电压	0.349V	0.731V	0.584V
充气效率(相对充气量)	99.8%	22.5%	14.3%
ETS-path 作为监测诊断的环境条件	128	128	128
转矩路径在功能和功能监控中作为环境状况的诊断依据	96	96	96
功能监控:在转矩比较时的实际转矩响应	72.2%	8.9%	10.2%
出错时发动机温度信号的替代模型	93.0℃	53.3℃	53.3℃
期望节气门开度	1.6%	2.4%	5.5%
下游催化器的模型废气温度	50℃	410℃	495℃
未滤波的发动机冷却液温度	93.8℃	95℃	96.0℃
功能监控:计算实际转矩	72.2%	8.2%	11.3%
实际点火提前角	0.0°	-1.5°	30.8°
次充气模型空气质量流量修正系数	1.000	0.982	1.064
由节气门电压计1算出来的阀门开度	6.40%	2.34%	5.76%
由节气门电压计2算出来的阀门开度	6.45%	2.34%	5.79%
控制节气门的 PID 控制量	65.6%	12.1%	9.6%

续表

数据流名称	点火开关ON	怠速运转	发动机转速 2500r/min
跨行开度的8位精度变量	0.0%	0.0%	0.0%
跨行模式下电子节气门第一路信号电压	0.8V	0.8V	0.8V
由传感器电压1表示的加速踏板开度	0.5V	0.5V	0.5V
纵向汽车加速度	0.0m/s^2	0.0m/s^2	0.0m/s^2
进气歧管压力	966.3hPa	480hPa	260hPa
离合器操作数检测	0	0	0
未滤波的进气温度	40.5℃	38.3℃	43.5℃
未滤波的车速	0.0km/h	0.0km/h	0.0km/h
采样电池电压	3.6V	4.0V	4.0V
油温	101.9℃	92.9℃	107.9℃
Bank1的λ闭环控制系数	1.000	1.014	0.983
混合气自学习乘法修正因子	1.000	1.000	1.000
节气门电位计1电压	0.8V	0.6V	0.8V
节气门电位计2电压	4.2V	4.4V	4.3V
混合气自学习加法修正	0.0	0.0	0.0
加速踏板电位计1电压	0.8V	0.7V	0.9V
加速踏板电位计2电压	0.4V	0.4V	0.5V
2倍于加速踏板电位计2的电压	0.8V	0.8V	0.9V
后氧传感器的内阻	0.0Ω	660Ω	720Ω
上游催化器排温	50.0℃	437.3℃	508.8℃
喷油时间	0.0ms	0.2ms	0.1ms
1缸推迟点火爆震控制	0.0°	0.0°	0.0°
2缸推迟点火爆震控制	118.5°	118.5°	118.5°
3缸推迟点火爆震控制	182.3°	121.1°	60.8°
4缸推迟点火爆震控制	4.5°	110.5°	180.0°
1缸爆震控制的参考电压	0.977V	0.082V	0.162V
2缸爆震控制的参考电压	0.977V	0.078V	0.197V
3缸爆震控制的参考电压	0.977V	0.077V	0.214V
4缸爆震控制的参考电压	0.977V	0.084V	0.172V
启动时的冷却液温度	94.5℃	90.5℃	91.5℃
由炭罐控制计算出的标准空气充量	0.0kg/h	0.596kg/h	1.869kg/h
基本点火角	0°	25°	31°
失火气缸数统计	0	0	0
1缸失火次数	0	0	0
2缸失火次数	0	0	0
3缸失火次数	0	0	0
4缸失火次数	0	0	0
怠速转速控制期望转矩修正怠速控制下的目标转矩变化	0.0%	0.0%	0.0%
前氧传感器电压	0.4V	0.6V	0.8V
后氧传感器电压	0.5V	0.7V	0.7V
发动机最低速度时的失火范围	0min^{-1}	0min^{-1}	0min^{-1}
发动机最高速度时的失火范围	0min^{-1}	0min^{-1}	0min^{-1}

10.9.4 长安四挡自动变速器电脑端子定义

自动变速器电脑端子分布如图10-16所示，端子定义见表10-35。

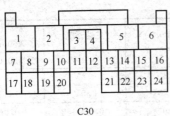
C30

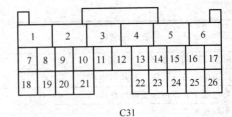
C31

图 10-16 自动变速器电脑端子分布

表 10-35 自动变速器电脑端子定义

端子	定 义	端子	定 义
C30-1	G310 接地	C30-22	离合器 1 压力控制电磁阀
C30-2	制动压力控制电磁阀接地	C30-23	G310
C30-3	锁止控制电磁阀接地	C30-24	点火开关电源(IG1)
C30-4	制动压力控制电磁阀	C31-1	R 挡信号
C30-5	锁止控制电磁阀	C31-5	车速传感器＋
C30-6	持续电源	C31-6	涡轮转速传感器－
C30-7	HCAN 低	C31-7	D 挡信号
C30-9	离合器 1 压力控制电磁阀接地	C31-8	N 挡信号
C30-11	油温传感器信号	C31-9	手动换挡模式开关
C30-12	油温传感器接地	C31-14	车速传感器－
C30-16	换挡电磁阀	C31-16	涡轮转速传感器＋
C30-17	HCAN 高	C31-18	手动换挡模块"－"开关
C30-19	离合器 2 压力控制电磁阀接地	C31-19	手动换挡模块"＋"开关
C30-21	离合器 2 压力控制电磁阀	C31-20	P 挡信号

10.9.5 车轮定位数据

车轮定位数据见表 10-36。

表 10-36 车轮定位数据

项 目		数 值
前轮	前轮前束(单边)	0.2°±0.1°
	前轮外倾角	0.2°±0.5°
	主销内倾角	13.3°±0.75°
	主销后倾角	3.7°±0.75°
后轮	后轮前束(单边)	0.04°±0.15°
	后轮外倾角	－1.0°±0.5°

10.10 CS15 EV400（2019 年款）

10.10.1 高压电池包端子定义

高压电池包端子分布如图 10-17 所示，端子定义见表 10-37、表 10-38。

与整车对接接插件

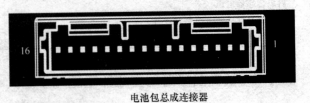
电池包总成连接器

图 10-17 高压电池包端子分布

表 10-37　与整车对接接插件端子定义

端子	名　　称	定　　义	端子	名　　称	定　　义
1	BCU_POWER_SUPPLY	BMS 工作电源，接 12V 常电	10	VBAT_GND	铅酸电池接地
2	BCU_WAKE_UP	BMS 唤醒信号	11	POWER_GND	电源接地
3	CC	交流充电连接信号	12	CC2	直流充电连接信号
6	HV_INTERLOCK_TEST	高压互锁	14	CARSH_HAPPEN	碰撞硬线检测信号
7	ICAN_H	内网 CAN 高	16	ICAN_L	内网 CAN 低
8	DCCAN_H	直流充电 CAN 高	17	DC_CHARGE_CANL	直流充电 CAN 低
9	PCAN_H	整车 CAN 高	18	PCAN_L	整车 CAN 低

表 10-38　电池包总成连接器端子定义

端子	定　　义	端子	定　　义
1	第一串电芯＋	9	模块正极
2	悬空	10	悬空
3	第三串电芯＋	11	第二串电芯＋
4	悬空	12	悬空
5	温度采样 2－（模组外侧电芯）	13	温度采样 1＋（模组中间电芯）
6	温度采样 2＋（模组外侧电芯）	14	温度采样 1－（模组中间电芯）
7	悬空	15	模块负极
8	第四串电芯＋	16	模组负极

10.10.2　电池管理系统主板端子定义

电池管理系统主板端子分布如图 10-18 所示，端子定义见表 10-39。

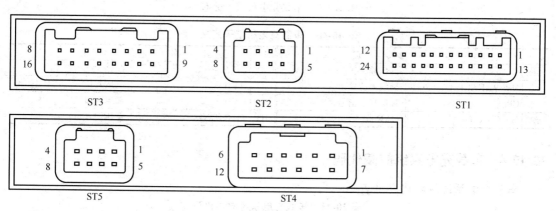

图 10-18　电池管理系统主板端子分布

表 10-39　电池管理系统主板端子定义

端子	定　　义	端子	定　　义
ST1-1	高压继电器高边驱动 1	ST1-22	功率地
ST1-2	高压继电器高边驱动 2	ST1-23	电源正
ST1-3	高压继电器高边驱动 3	ST1-24	电源正
ST1-10	电源地	ST2-1	内网 CAN 高
ST1-13	主负继电器低边驱动	ST2-2	内网 CAN 低
ST1-14	预充继电器低边驱动	ST2-3	BMS 分板电源地
ST1-15	主正继电器低边驱动	ST2-4	BMS 分板电源正
ST1-17	直流充电继电器低边驱动	ST2-7	电流传感器电源地
ST1-18	加热继电器低边驱动	ST3-4	交流充电连接信号 CC2
ST1-21	功率地	ST3-6	直流充电连接信号 CC

续表

端子	定 义	端子	定 义
ST3-7	碰撞检测	ST3-14	高压互锁2
ST3-8	唤醒信号	ST4-1	直流充电端总电压正极检测
ST3-9	直流CAN低	ST4-3	电池端总电压正极检测
ST3-10	直流CAN高	ST4-5	负载端总电压正极检测
ST3-11	通信CAN低	ST5-1	电池端总电压负极检测
ST3-12	通信CAN高	ST5-2	直流充电端总电压负极检测
ST3-13	高压互锁1	ST5-3	负载端总电压负极检测

10.10.3 车载充电机端子定义

车载充电机端子分布如图10-19所示，端子定义见表10-40。

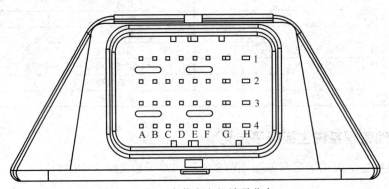

图10-19 车载充电机端子分布

表10-40 车载充电机端子定义

端子	名 称	定 义	端子	名 称	定 义
1H	KL30	低压输入正（+12V,1A）	4B	HS_CAN_L	CAN低
2A	HW WAKEUP OUTPUT	硬线唤醒输出	4C	HVIL+	高压互锁
3A	CP	控制导引信号	4D	HVIL-	高压互锁
4A	HS_CAN_H	CAN高	4G	KL31_GND	低压输入负

10.10.4 车载充电系统故障代码

车载充电系统故障代码见表10-41。

表10-41 车载充电系统故障代码

故障代码	故障含义	故障代码	故障含义
P1A80	蓄电池电压过高	P1A8D	充电机故障（PFC欠压）
P1A81	蓄电池电压过低	P1A8E	充电机输入过载
P1A82	充电桩CP信号6V电压异常	U12B0	整车动力CAN总线异常
P1A83	充电桩CP信号9V电压异常	U12B1	充电机与BMS通信异常
P1A84	充电桩CP信号频率异常	U12B2	充电机与VCU通信异常
P1A85	充电桩CP信号占空比异常	U12B3	CAN通信数据校验错误
P1A86	充电机故障（内部串口通信失败）	P1A93	充电机输出短路
P1A87	充电输出过压关机	P1A94	充电机输出过功率
P1A88	充电输出低压关机	P1A95	充电机故障（PFC过压）
P1A89	充电机（外部充电设备故障）输入欠压故障	P1A96	充电机（PFC）过温关机（请检查冷却系统）
P1A8A	充电机（外部充电设备故障）输入过压故障	P1A97	充电机（LLC）过温关机（请检查冷却系统）
P1A8B	充电机温度过低关机	P1A98	充电机（M1）过温关机（请检查冷却系统）
P1A8C	充电机温度过高关机（冷却系统故障）	P1A99	充电机（PFC）温度过高降额（请检查冷却系统）

10.10.5 电机控制器端子定义

电机控制器端子分布如图 10-20 所示,端子定义见表 10-42。

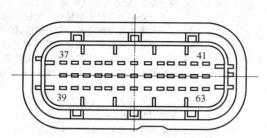

图 10-20 电机控制器端子分布

表 10-42 电机控制器端子定义

端子	定 义	端子	定 义
1,2	KL30:12V+	16	S2:sin+电机旋变正弦信号
3	KL15:钥匙输入信号	17	S3:cos-电机旋变余弦信号
4	整车安全使能信号	18	S4:sin-电机旋变正弦信号
5,6	KL31:12V-	20,21	高压直流互锁信号
7	CAN1 高	22,23	熔丝盒互锁信号
8	CAN1 低	24,25	外部互锁信号
9,10	电机温度输入信号	27	DCDC_PWR:12V+
13	R1 电机旋变励磁信号	28	CAN2 低
14	R2 电机旋变励磁信号	29	CAN2 高
15	S1:cos+电机旋变余弦信号	30	GND:12V-

10.10.6 电机控制系统故障代码与排除方法

电机控制系统故障代码与排除方法见表 10-43。

表 10-43 电机控制系统故障代码与排除方法

故障代码	故障含义	检查及处理方法
P1900	电机控制器温度过高(一级,温度≥95℃)	①整车上电,清除故障信息,重新上电,再次读取故障信息,若此故障仍存在,则进行后续步骤 ②检查电机系统水泵是否工作正常,如不工作,更换水泵 ③检查冷却系统冷却液是否缺液,如是,补充 ④待控制器冷却至室温,再次读取电机控制器温度,若明显高于室温,更换电机控制器
P1901	电机控制器温度过高(二级,温度≥105℃)	参照 P1900 进行排查
P1906	IGBT 温度过高(一级,温度≥95℃)	①整车上电,清除故障信息,重新上电,再次读取故障信息,若此故障仍存在,则进行后续步骤 ②检查电机系统水泵是否工作正常,如不工作,更换水泵 ③检查冷却系统冷却液是否缺液,如是,补充 ④待控制器冷却至室温,再次读取电机控制器 IGBT 温度,若明显高于室温,更换电机控制器
P1907	IGBT 温度过高(二级,温度≥105℃)	参照 P1906 进行排查

第 10 章 长安汽车

续表

故障代码	故障含义	检查及处理方法
P190C	电机过温(一级,温度≥140℃)	①整车上电,清除故障信息,重新上电,再次读取故障信息,若此故障仍存在,则进行后续步骤 ②检查电机系统水泵是否工作正常,如不工作,更换水泵 ③检查冷却系统冷却液是否缺液,如是,补充 ④检查电机端到控制器端接插件连接是否正常,电机端温度传感器信号第7和第8端子分别与控制器第9和第10端子是否导通,对应的线束端子是否有退针的现象,如存在不导通或退针,维修或更换线束 ⑤若线束正常,待电机完全冷却至室温后,检查电机温度传感器的阻值,阻值是否在$(1\pm0.2)k\Omega$左右;若超出此范围,更换电机后,再检查有无此故障;若阻值正常,更换电机控制器
P190D	电机过温(二级,温度≥149℃)	参照 P190C 进行排查
P190F	高压过压(一级,电压≥410V)	①充电状态报该故障:停止充电,上电后清除故障信息,重新上电,再次读取故障信息,若此故障仍存在,更换电机控制器 ②正常电动运行状态:检查直流交换器或电池管理系统是否报过压故障,若无,重新上电后,此故障仍存在,更换电机控制器
P1910	高压过压(二级,电压≥420V)	参照 P190F 进行排查
P1912	高压欠压(一级,电压≤240V)	①整车上电,清除故障信息,重新上电,再次读取整车数据流,观察电池电压、直流交换器电压、电机控制器电压是否接近,若三者相差10V 左右,且低于 240V,给车辆充电 ②若电机控制器电压明显低于其他两个部件电压(10V 以上),排查电机控制器直流母线固定螺栓是否有松动现象 ③若以上排查均正常,更换电机控制器
P1913	高压欠压(二级,电压≤230V)	参照 P1912 进行排查
P1916	低电平欠压	预留
P1917	电机过流	①整车上电,清除故障信息,重新上电,再次读取故障信息,若此故障仍存在,则进行后续步骤 ②检查电机控制器和电机接线盒内部的 U、V 和 W 三相高压线束固定螺栓是否松动 ③检查电机接线盒内 U、V 和 W 三相高压端子对壳体电阻是否大于 20MΩ,如不是,更换电机 ④若上述检查均正常,更换电机控制器
P1918	高压短路	①目测电机控制器和电池直流高压线之间是否有短路(线束表面是否有破损、变黄、烧焦等异常现象) ②检查直流高压线束对壳体电阻是否大于 20MΩ ③若无短路,电机 U、V 和 W 三相高压线对壳体电阻也大于20MΩ,更换电机控制器
P191B	电机过速(一级,转速≥10600r/min)	①整车上电,清除故障信息,重新上电,再次读取故障信息,若此故障仍存在,则进行后续步骤 ②从电机端拔掉 8PIN 接插件,测量电机端的励磁正和负、sin 正和负、cos 正和负两端的电阻是否分别为$(27\pm2.7)\Omega$、$(64\pm6.4)\Omega$、$(60\pm6)\Omega$,若不是,更换电机 ③检查电机端 8PIN 接插件、线束是否连接可靠,8PIN 到电机控制器的 23PIN 线束是否导通 ④若电机及线束连接正常,更换电机控制器
P191C	电机过速(二级,转速≥10800r/min)	参照 P191B 进行排查
P191E	功率模块故障	①整车上电,清除故障信息,重新上电,再次读取故障信息 ②检查电机控制器和电机接线盒内部的 U、V 和 W 三相高压线束固定螺栓是否松动;电机 U、V 和 W 三相高压线对壳体的电阻是否大于 20MΩ,如不是,更换电机 ③若上述检测结果正常,更换电机控制器

续表

故障代码	故障含义	检查及处理方法
P1920	放电故障	由于系统其他故障导致车辆高速下电,该故障会伴随发生,属于正常现场,如果电机控制器单独报此故障,可从以下几方面排查: ①检查电机系统三相线束是否连接可靠 ②检查电池内的主继电器是否烧毁;下电过程电池继电器是否能够正常断开,如果检查均正常,更换电机控制器
P1921	电机力矩错误	更换电机控制器
P1923	电机旋变错误	①从电机端拔掉8PIN接插件,测量电机端的励磁正和负、sin正和负、cos正和负两端的电阻是否分别为$(27\pm2.7)\Omega$、$(64\pm6.4)\Omega$、$(60\pm6)\Omega$,如不是,更换电机 ②如是,则检查8PIN到电机控制器39PIN线束是否导通,线束是否有退针和接触不良问题 ③若以上检查均正常,更换电机控制器
P1928	预充电故障	预留
P1929	电机堵转故障	①检查是否存在在大转矩下电机转速小于60r/min且持续时间超过5s的工况,如存在,检查手刹、制动是否锁死等 ②如果上述检查均正常,更换电机控制器
P1930	电机温度过低 ($<-40℃$)	①整车上电,清除故障信息,再次读取故障信息,若此故障仍存在,则进行后续步骤 ②检查电机端到控制器端接插件连接是否正常,电机端温度传感器信号7和8端子分别与控制器9和10端子是否导通,对应的线束端子是否有退针的现象,如存在不导通或退针,维修或更换线束 ③若线束正常,待电机恢复至常温后,检查电机温度传感器的阻值,阻值是否为$(1\pm0.2)k\Omega$;若超出此范围,更换电机后,再检查有无此故障;若阻值正常,更换电机控制器
P1931	IPU系统故障	更换电机控制器
P1932	VMS ENABLE故障	—
P1933	高压互锁故障	—
P1934	驱动模块电压过低	—
P1935	IPU131CRC校验错误	—
P1936	电机转速CRC错误	—
P1937	电机真实转矩CRC错误	—
P1990	电机控制器温度传感器合理性错误	—
P1991	IGBT温度传感器合理性错误	更换电机控制器
P1992	电机温度传感器合理性错误	参考P1930进行排查
P1993	高压传感器合理性错误	—
P1994	直流电流传感器合理性错误	参考P1918进行排查
P1995	A相交流传感器合理性错误	参考P1917进行排查
P1997	C相交流传感器合理性错误	参考P1917进行排查
U1293	CAN通信错误	①检查IPU_CAN通信(电机控制器39PIN接插件的7和8端子)与CAN总线是否导通,接插件是否有退针问题 ②若正常,检查VCU_CAN通信是否正常 ③该故障一般是由CAN总线错误帧过多或VCU无CAN通信造成

10.10.7 变速器部件分解

变速器部件分解如图10-21所示。

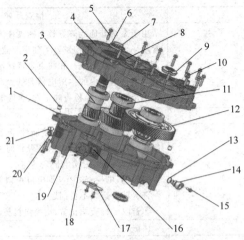

图 10-21 变速器部件分解

1—左箱；2—合箱销；3—输入轴组件；4—右箱；5—合箱螺栓；6—输入轴油封；7—O 形橡胶密封圈；
8—起吊环；9—差速器油封；10—放油螺塞；11—中间轴组件；12—差速器组件；13—O 形密封圈；
14—速度传感器端盖；15—法兰盘连接螺栓；16—角度传感器 O 形密封圈；17—电机孔端盖；
18—角度传感器端盖；19—角度感器螺栓；20—进油螺塞；21—排气塞

10.10.8 整车控制器端子定义

整车控制器端子分布如图 10-22 所示，端子定义见表 10-44。

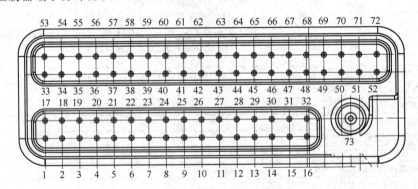

图 10-22 整车控制器端子分布

表 10-44 整车控制器端子定义

端子	定 义	端子	定 义
1	交流充电电子锁锁止使能 1	21	交流充电电子锁锁止使能 2
4	RMU 使能信号	22	BMS 使能信号
6	电源保持继电器控制	23	PEPS 控制
7	电机控制器唤醒	24	真空泵使能
8	倒车灯使能	26	DC-DC 唤醒
10	充电状态指示灯	28	传感器电源地
14	传感器电源地	29	5V 传感器供电电源 1
15	受控电源供电	30	12V 电源地
16	5V 传感器供电电源 2	31	12V 电源地
18	充电连接指示灯控制	32	常电电源供电
19	热管理控制器唤醒	33	定速巡航
20	低速报警使能信号	34	制动压力

440 汽车维修资料集（2019~2020 年款）

续表

端子	定 义	端子	定 义
35	交流温度传感器	52	高压互锁输出
36	加速踏板信号1	55	加速踏板信号2
37	动力CAN高	56	直流充电口温度采集信号
38	底盘CAN高	57	动力CAN低
39	标定CAN高	58	底盘CAN低
41	N挡信号	59	标定CAN低
42	制动开关12V电源信号1	61	电子锁发送的锁止信号
43	真空泵12V电源诊断信号	62	D挡信号
44	制动开关12V电源信号2	63	Start挡信号
45	钥匙ON挡唤醒信号	65	闭锁反馈信号
46	直流充电桩唤醒信号	66	R挡信号
47	手刹信号(低电平有效,接地)	67	E/S挡信号
48	真空压力传感器电源	68	传感器电源地
49	低速报警开关输入	72	高压互锁输入
50	SRS发送碰撞信号(低电平有效)	73	12V电源地
51	充电机唤醒信号		

10.10.9 电动空调控制器端子定义

电动空调控制器端子分布如图10-23所示,端子定义见表10-45。

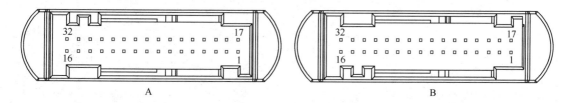

图 10-23 电动空调控制器端子分布

表 10-45 电动空调控制器端子定义

端子	名 称	定 义	端子	名 称	定 义
A1	GND	地	A25	TB	调试模块驱动
A2	TF/B	温度执行器反馈	A26	TC	鼓风机反馈
A3	AMB	进风口温度传感器	B4	Press M	中压信号
A4	EVAP	蒸发温度传感器	B6	GND	传感器地
A5	CANH	CAN通信信号高	B7	WTSO	PTC出水温度传感器
A6	LIN	LIN通信信号	B8	Press H/L	高低压信号
A7	SGND	传感器地	B9	PTC PWM	PTC调挡信号
A8	REC	循环执行器内循环驱动	B10	H Pump PWM	加热水泵PWM控制信号
A9	COOL	温度执行器制冷驱动	B11	C Pump PWM	冷却水泵PWM控制信号
A10	HOT	温度执行器制热驱动	B12	C Pump ON/OFF	冷却水泵开关信号(高有效)
A13	VENT	模式执行器风门驱动	B14	C Pump Diag	冷却水泵反馈信号
A14	IG	点火电源	B15	FAN H	冷凝风扇高速继电器开启信号(低有效)
A15	M F/B	模式执行器反馈			
A17	BAT+	BAT+	B17	PTC POWER	PTC电源
A18	CANL	CAN通信信号低	B18	FAN Lo	冷凝风扇低速继电器开启信号(低有效)
A21	Intake Act. F/B	循环反馈			
A22	FRE	循环执行器外循环驱动	B19	Wake Up	唤醒信号(高有效)
A23	DEF	模式执行器除霜驱动	B21	Refrigerant T	冷却液温度传感器
A24	+5V	传感器参考电源	B22	Pressure Snsr	压力传感器

10.10.10 车轮定位数据

车轮定位数据见表10-46。

表10-46 车轮定位数据

项	目	数 值
前轮	前轮前束	0.1°±0.1°
	前轮外倾角	0.12°±0.5°
	主销内倾角	10.36°±0.5°
	主销后倾角	4.21°±0.5°
后轮	后轮前束	0.1°±0.15°
	后轮外倾角	−0.89°±0.5°

第 11 章 上汽荣威汽车

11.1 i6（2019~2020 年款）

11.1.1 荣威 1.6L 16S4C 发动机技术参数

荣威 1.6L 16S4C 发动机技术参数见表 11-1。

表 11-1 发动机技术参数

项	目		参 数
基本数据	发动机类型		1.6L 汽油机，16 气门，双顶置凸轮轴，可变进、排气凸轮正时
	气缸布置		4 缸，直列式，横置，第 1 缸在发动机的前方
	气缸口直径		75mm
	行程		90.5mm
	排量		1598mL
	点火顺序		1-3-4-2
	压缩比		11.6：1
	旋转方向		从发动机的前端看，顺时针方向
	额定功率		92kW（6000r/min 时）
	最大转矩		158N·m（4500r/min 时）
	怠速转速		680r/min
	发动机最高转速		6800r/min
	质量		115.9kg
曲轴	曲轴轴向间隙		（0.205±0.1）mm
	曲轴轴向间隙维修值极限		0.34mm
	主轴承孔直径	等级 A	53.690~53.700mm
		等级 B	53.680~53.690mm
	主轴颈公差	等级 0	49.993~50.000mm
		等级 1	49.984~49.992mm
	曲轴连杆轴颈直径		42.984~43.000mm
	最大失圆度		0.005mm
	主轴瓦	数量	上下各 5 片
		类型	钢背层，合金钢，上半轴瓦有油道
		止推片	在第三主轴瓦上左右止推两处有半片状的垫片，贴合止推面
		止推片厚度	2.810~2.855mm
		轴承间隙	0.026~0.070mm

续表

项　　目			参　　数
气缸体	材料		铸铁,HT250
	气缸套类型		无缸套,珩磨加工
	气缸套直径		74.985～75.000mm
连杆	材料		胀断连杆,材料 C70S6
	中心间距		(140.3±0.05)mm
	活塞销类型		全浮式
	长度		44.8～45mm
连杆轴瓦	间隙		0.020～0.071mm
	轴向窜动		0.100～0.246mm
活塞	材料		铝合金,裙部表面 NANO 减摩涂层,热膨胀时朝活塞销处偏移
	活塞直径		74.941～74.959mm
	活塞销口处公差		0.005～0.013mm
	最大圆度		0.002mm
活塞环	第一道气环		外圆为半桶面,表面 PVD 处理
	第二道气环		鼻形,表面磷化处理
	油环		三片式油环,刮片 PVD 处理
	活塞环到环槽间隙	第一道气环	0.040～0.080mm
		第二道气环	0.030～0.070mm
		油环	0.03～0.16mm
	活塞环装配切口间隙(从缸套口 20mm 处测量)	第一道气环	0.20～0.30mm
		第二道气环	0.40～0.60mm
		油环	0.20～0.70mm
	活塞环宽度	第一道气环	0.970～0.990mm
		第二道气环	0.970～0.990mm
		油环	1.870～1.980mm
缸盖	材料		铝合金
	高度		118.95～119.05mm
	平面度		0.08mm
凸轮轴	类型		直接作用在机械挺柱处的双顶置凸轮轴
	轴承		每个凸轮轴 5 个,直线式排列
	驱动		曲轴齿轮处链条驱动
	凸轮轴轴向间隙		0.06～0.19mm 维修值极限 0.30mm
	轴承间隙		第一挡 0.025～0.066mm,后四挡 0.03～0.07mm 维修值极限 0.15mm
机械挺柱	类型		机械挺柱,表面 DLC 涂层,凸轮轴直接驱动
	外径		29.964～29.980mm
气门	进气正时	开启	20.5°ATDC
		关闭	78.5°BTDC
		最大升程	9.2mm
	排气正时	开启	65.5°BBDC
		关闭	10°ATDC
		最大升程	8.1mm
	气门杆直径	进气	4.967～4.981mm
		排气	4.957～4.971mm
	气门杆至气门导管的间隙	进气	0.019～0.053mm
		排气	0.029～0.063mm
	气门杆配合高度	进气	50.033～50.893mm
		排气	49.948～50.808mm
		维修值极限	0.26mm

续表

项　目		参　数
气门	气门头直径　进气	30.02～30.18mm
	排气	25.6～25.8mm
	气门座宽度　进气	1.1～1.3mm
	排气	1.369～1.828mm
	气门座表面角度	进气侧150°、90°、65°；排气侧90°、60°
	气门表面角度	45°
	气门间隙　　进气	0.17～0.23mm
	排气	0.27～0.33mm
气门弹簧	自由长度	40.55mm
	安装长度	进气侧33.6mm；排气侧33.1mm
	装配载荷(L_1=17mm)	进气侧(115±9.2)N；排气侧(125±10)N
	开启载荷(L_2=28mm)	进气侧(297±14.8)N；排气侧(291±14.6)N
润滑系统	下曲轴箱材料	铸铝
	油泵驱动	带驱动
	内外转子啮合间隙	0.05～0.18mm
	转子与泵盖端面间隙	0.035～0.07
	限压阀弹簧自由长度	54mm
	机油滤清器类型	旋转式全流机油滤清器
	3500r/min时限压阀的截止压力	500～600kPa

11.1.2　荣威1.6L 16S4C发动机电脑端子定义

发动机电脑端子分布如图11-1所示，端子定义见表11-2、表11-3。

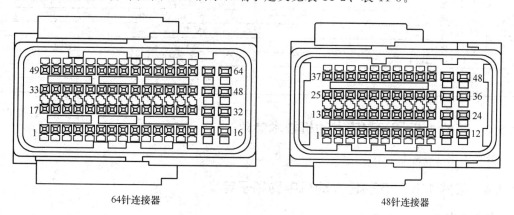

64针连接器　　　　　　　　　　48针连接器

图11-1　发动机电脑端子分布

表11-2　64针连接器端子定义

端子	定　义	端子	定　义
1	CAN总线1高	16	非持续电源
5	主继电器	17	CAN总线1低
7	踏板1地	19	真空度传感器供电
10	离合器行程传感器信号PWM(MT)	20	持续电源
11	离合器顶开关(MT)	22	P/N信号
12	制动真空度传感器	23	制动开关
13	起动机状态反馈	25	制动灯
14	机油压力开关	27	空调中压开关
15	非持续电源	28	空调开关(MTC)或高低压开关(ETC)

续表

端子	定 义	端子	定 义
29	倒挡开关(MT)	47	真空度传感器地
30	加速踏板传感器 2	50	启动电机继电器高边
31	风扇控制 2	53	点火开关
35	ACC 信号	54	电子真空泵继电器(仅 EVP)
36	踏板 25V 电源	56	风扇控制 1
37	踏板 1/空挡 5V 电源	58	启动电机继电器低边
41	油泵继电器	59	传感器地
42	空调压缩机继电器	63	ECM 接地 2
45	加速踏板传感器 1	64	ECM 接地 1

表 11-3 48 针连接器端子定义

端子	定 义	端子	定 义
3	第 1 缸喷油	27	主负荷传感器
4	第 3 缸喷油	29	相位传感器(进气)
5	可变凸轮轴正时(排气)	30	炭罐阀
7	可变凸轮轴正时(进气)	31	传感器地
8	第 4 缸喷油	32	发动机转速传感器输入
9	上游氧传感器加热	34	5V 电源
10	第 2 缸喷油	35	第 4 缸点火线圈
11	节气门执行器	36	第 3 缸点火线圈
12	第 2 缸点火线圈	37	发动机冷却水温度传感器
13	节气门位置传感器 1	38	进气温度传感器
14	节气门位置传感器 2	39	机油温度传感器
15	下游氧传感器	40	上游氧传感器
16	前氧传感器地	41	相位传感器(排气)
20	传感器地	42	发电机控制
21	传感器地	43	节气门 5V 电源
22	节气门地	44	5V 电源
23	节气门执行器	45	5V 电源
24	第 1 缸点火线圈	46	下游氧传感器加热
25	爆震传感器 B	47	ECM 接地 4
26	爆震传感器 A	48	ECM 接地 3

11.1.3 荣威 1.5T 15E4E 发动机技术参数

参考本书 11.3.1 小节。

11.1.4 荣威 1.5T 15E4E 发动机电脑端子定义

参考本书 11.3.2 小节。

11.1.5 七挡双离合变速器电脑端子定义

变速器电脑端子分布如图 11-2 所示，端子定义见表 11-4、表 11-5。

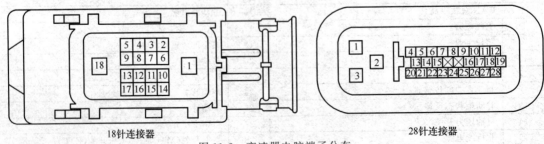

图 11-2 变速器电脑端子分布

表 11-4 18 针连接器端子定义

端子	定 义	端子	定 义
1	接地	9	换挡杆信号 B
2	9V 电源 A	10	奇数离合器位置传感器
3	9V 电源 B	11	5V 电源 B 接地
4	5V 电源 A	12	换挡杆信号 S
5	换挡杆信号 A	13	换挡杆信号 C
6	变速器输出速度	14	偶数离合器位置传感器
7	5V 电源 A 接地	17	换挡杆信号 P
8	5V 电源 B	18	换挡杆信号接地

表 11-5 28 针连接器端子定义

端子	定 义	端子	定 义
1	油泵相位 A	15	17 挡换挡拨叉位置传感器
2	油泵相位 C	16	电流控制输出 C
3	油泵相位 B	17	电流控制输出 D
4	高端驱动 2	19	5V 电源 A 接地
5	电流控制输出 B	20	高端驱动 1
6	电流控制输出 A	21	35 挡换挡拨叉位置传感器
7	9V 电源 B	22	奇数输入轴速度传感器
8	26 挡换挡拨叉位置传感器	23	9V 电源 A
9	偶数输入轴速度传感器	24	电流控制输出 F
10	逻辑电磁阀控制	25	电流控制输出 E
11	变速器主油压/油温传感器-主油压传感器	26	变速器主油压/油温传感器-油温传感器
12	5V 电源 A	27	电流控制输出 G
13	电机接地	28	电流控制输出 H
14	4R 挡换挡拨叉位置传感器		

11.2 RX3（2019～2020 年款）

11.2.1 荣威 1.6L 16S4C 发动机技术参数

参考本书 11.1.1 小节。

11.2.2 荣威 1.6L 16S4C 发动机电脑端子定义

参考本书 11.1.2 小节。

11.2.3 荣威 1.3T LI6 发动机技术参数

荣威 1.3T LI6 发动机技术参数见表 11-6。

表 11-6 发动机技术参数

项 目		参 数
基本数据	发动机类型	直列式 3 缸
	气门	12
	排量	1349mL
	缸径	80mm
	行程	89.4mm
	压缩比	9.5：1
	额定功率	115kW

续表

项　目		参　数
基本数据	最大转矩	230N·m
	怠速转速	830r/min
	点火顺序	1-2-3
	火花塞间隙	0.7~0.8mm
	发动机质量	84.5kg
气缸体	活塞顶面高度	2.043mm
	气缸孔直径(止推面)	79.992~80.008mm
	气缸孔直径(非止推面)	79.989~80.011mm
	气缸孔锥度	0.013mm
	气缸孔圆度	0.025mm
	曲轴主轴承孔直径	48.866~48.884mm
	两缸之间最大压力差	100kPa
	气缸体顶面平面度	0.1mm
	气缸体顶面平面度(100mm×100mm)	0.05mm
平衡轴	平衡轴轴向间隙	0.175~0.204mm
	平衡轴后轴承轴颈直径	25.015~25.028mm
	平衡轴前轴承轴颈直径	16.983~16.994mm
	平衡轴前轴承内径	16.993~17mm
	平衡轴前轴承外径	39.991~40mm
凸轮轴	凸轮轴轴向间隙	0.047~0.202mm
	凸轮轴轴颈间隙	0.050~0.086mm
	凸轮轴跳动量	0.025mm
	进气凸轮桃高	35.00~35.20mm
	排气凸轮桃高	34.45~34.65mm
	凸轮轴轴颈直径(1)	37mm
	凸轮轴轴颈直径(2,3)	23mm
曲轴	曲轴主轴承间隙	0.023~0.047mm
	曲轴轴向间隙(1~4)	0.081~0.311mm
	曲轴主轴颈直径	43.991~44.009mm
	曲轴连杆轴颈直径	43.991~44.009mm
	曲轴连杆轴颈圆度	0.005mm
	曲轴主轴颈圆度	0.005mm
	曲轴主轴颈跳动量(相对前后主轴颈中心连线)	0.025mm
	曲轴止推轴承间隙	0.081~0.311mm
气缸盖	气缸盖下平面平面度	0.1mm
		0.05mm(100mm×100mm)如果超出规格,则更换气缸盖,不要加工气缸盖
	进气门座宽度	1.36~1.56mm
	排气门座宽度	1.54~1.74mm
	气门挺柱孔径	12.009~12.029mm
	座合面气门座锥角	45°
	铲削面气门座锥角	进气侧30°,排气侧25°
	进气门导管孔径	5~5.02mm
	排气门导管孔径	5~5.02mm
	气门座最大跳动量	0.08mm
连杆	连杆轴承至曲柄销间隙	0.025~0.059mm
	连杆孔径(轴承端)	47.189~47.205mm
	连杆孔径(活塞销端,带衬套)	19.007~19.017mm
	连杆侧隙	0.09~0.35mm
	连杆最大弯曲度	0.017mm
	连杆最大扭曲度	0.04mm

续表

项　目		参　数
活塞环	活塞环开口间隙（第一道压缩环）	0.2～0.35mm
	活塞环开口间隙（第二道压缩环）	0.35～0.55mm
	活塞环开口间隙［油环（刮片）］	0.2～0.7mm
	活塞环至环槽的间隙［第一道压缩环（轴向）］	0.02～0.07mm
	活塞环至环槽的间隙［第二道压缩环（轴向）］	0.02～0.06mm
	活塞环至环槽的间隙［油环（轴向）］	0.03～0.16mm
	活塞环厚度（第一道压缩环）	1.17～1.19mm
	活塞环厚度（第二道压缩环）	0.97～0.99mm
活塞和活塞销	活塞销至连杆孔的间隙	0.007～0.022mm
	活塞销至活塞销孔的间隙	0.004～0.012mm
	活塞销直径	18.995～19.000mm
	活塞直径（向上11mm）	79.930～79.940mm
	活塞销孔直径	19.004～19.008mm
	活塞环槽宽度（油环）	2.01～2.03mm
	活塞环槽宽度（第二道）	1.01～1.03mm
	活塞环槽宽度（顶部）	1.21～1.24mm
	活塞至气缸孔的间隙（不带聚合物）	0.052～0.078mm
气门系统	气门锥角	进气侧22°，排气侧23°
	气门锥面跳动度（最大值）	0.05mm
	进气门气门杆直径	4.972mm
	排气门气门杆直径	4.963mm
	进气门气门杆至导管的间隙	0.028mm
	排气门气门杆至导管的间隙	0.037mm
	进气门气门头直径	31.35mm
	排气门气门头直径	28.65mm
	气门弹簧安装高度	33.8mm
	气门弹簧载荷［打开(24.3mm)］	441.4N
	气门弹簧载荷［关闭(35.8mm)］	240N
润滑系统	机油压力［最小值（急速时）］	65kPa

11.2.4　荣威1.3T LI6发动机电脑端子定义

发动机电脑端子分布如图11-3所示，端子定义见表11-7。

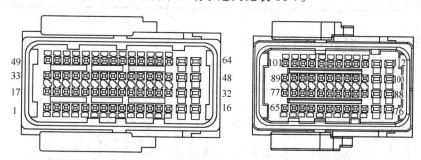

图11-3　发动机电脑端子分布

表11-7　发动机电脑端子定义

端子	定　义	端子	定　义
1	CAN总线1高	7	踏板1地
5	主继电器	9	PSW空调中压开关
6	启动电机控制信号	12	制动真空度传感器（仅SS）

续表

端子	定 义	端子	定 义
15	非持续电源	69	可变凸轮轴正时(排气)
16	非持续电源	70	旁通控制阀
17	CAN 总线 1 低	71	可变凸轮轴正时(进气)
19	传感器 5V 电源	72	喷油嘴(第 2 缸)
20	持续电源	74	喷油嘴(第 3 缸)
21	下游氧传感器	76	上游氧传感器加热
23	制动开关	77	节气门位置传感器 1(SENT 信号)
24	空调开关	79	废气阀位置反馈
25	机油压力传感器	80	上游氧传感器地
26	制动灯	81	点火线圈 1(第 1 缸)
27	P/N 开关信号	82	点火线圈 2(第 2 缸)
30	加速踏板传感器 2	83	点火线圈 3(第 3 缸)
31	废气阀驱动	84	发动机转速传感器地
32	废气阀驱动	85	进气歧管传感器地
35	点火开关	86	节气门地
36	踏板 25V 电源	89	爆震传感器 B
37	踏板 15V 电源	90	爆震传感器 A
39	喷油嘴(第 2 缸)	91	空气流量传感器
40	喷油嘴(第 3 缸)	93	相位传感器 1(进气)
41	油泵继电器	94	炭罐阀
42	空调压缩机继电器	95	霍尔传感器地
43	下游氧传感器地	96	发动机转速传感器输入
45	加速踏板传感器 1	98	进气相位 5V 电源
46	增压压力温度传感器	99	节气门执行器
47	模拟传感器地	100	节气门执行器
48	下游氧传感器加热	101	冷却水温度传感器
50	起动机高边控制	102	环境温度传感器
51	风扇控制 2	103	进气压力传感器
53	ACC/唤醒信号输入	104	上游氧传感器
55	喷油嘴(第 1 缸)	105	相位传感器 2(排气)
56	风扇控制 1	106	发电机反馈
58	起动机低边控制	107	节气门 5V 电源
59	踏板 2 地	108	霍尔传感器 5V 电源
62	增压压力温度传感器	109	进气压力温度传感器 5V 电源
63	ECU 地 2	110	节气门位置传感器 2(SENT 信号)
64	ECU 地 1	111	ECU 地 4
66	可变机油泵	112	ECU 地 3
68	喷油嘴(第 1 缸)		

11.2.5 无级变速器电脑端子定义

无级变速器电脑端子分布如图 11-4 所示,端子定义见表 11-8。

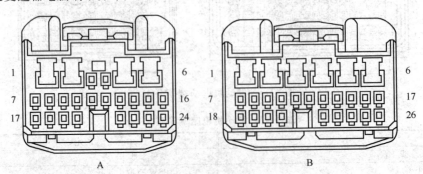

图 11-4 无级变速器电脑端子分布

表 11-8 无级变速器电脑端子定义

端子	名称	定义	端子	名称	定义
A1	GND	TCM 接地	A20	Vc	油温传感器供电电源
A2	SLPG	压力控制电磁阀 SLP(—)	A21	SLS	压力控制电磁阀 SLS(+)
A3	Vout	油压传感器(+)	A23	SLU	锁止控制电磁阀 SLU(+)
A4	SLP	压力控制电磁阀 SLP(+)	A24	IG	点火电压
A5	OPB	电子油泵 EOP 供电电源	B1	R	空挡启动开关 R 挡
A6	+B	蓄电池电压	B5	NOT—	从动锥盘速度传感器(—)
A7	CANL	CAN 低	B6	NT—	离合器毂输入速度传感器(—)
A8	NIN+	主动锥盘速度传感器(+)	B7	D	空挡启动开关 D 挡
A9	SLUG	锁止控制电磁阀 SLU(—)	B8	N	空挡启动开关 N 挡
A10	Vgnd	油压传感器(—)	B11	OPRL	电子油泵 EOP 延迟控制
A11	OT	油温传感器(+)	B14	NOT+	从动锥盘速度传感器(+)
A12	OTG	油温传感器(—)	B15	SIG	电子油泵 EOP 电流控制
A15	SL	换挡控制电磁阀 SL	B16	NT+	离合器毂输入速度传感器(+)
A16	SC	换挡控制电磁阀 SC	B19	OPST	电子油泵 EOP 状态输入
A17	CANH	CAN 高	B20	P	空挡启动开关 P 挡
A18	NIN—	主动锥盘速度传感器(—)	B21	ACC	附件电压
A19	SLSG	压力控制电磁阀 SLS(—)			

11.2.6 无级变速器技术参数

无级变速器技术参数见表 11-9。

表 11-9 无级变速器技术参数

项目	参数	项目	参数
型号	AWFCX18	变速器油(CVTF)型号	JWS-3401
钢带前进挡传动比	2.480~0.396	油位调节方式	溢流管式
钢带倒挡传动比	2.480~1.600	前进挡离合器	1(C1),包含离合器毂 1、摩擦片 3、钢片 4
主减速齿轮传动比	1.48		
差速器传动比	3.85	倒挡制动器	1(B1),包含制动器毂 1、摩擦片 3、钢片 4
行星齿轮机构	1 组		
最大转矩	150N·m	换挡控制电磁阀	2(SL,SC)
质量	约 75.2kg	线性控制电磁阀	3(SLU,SLS,SLP)

11.2.7 车轮定位数据

车轮定位数据见表 11-10。

表 11-10 车轮定位数据

项目		数值
前轮	车轮外倾角(空载状态)	−0°29′ ± 45′
	主销后倾角(空载状态)	3°44′ ± 45′
	主销内倾角	11°50′ ± 45′
	总前束(空载状态)	0°8′ ± 15′
后轮	车轮外倾角(空载状态)	−1°15′ ± 45′
	前束角(总前束)	0°22′ ± 20′

11.3 RX5(2019~2020 年款)

11.3.1 荣威 1.5T 15E4E 发动机技术参数

荣威 1.5T 15E4E 发动机技术参数见表 11-11。

表 11-11 发动机技术参数

项目		参数
常规	发动机类型	1.5T汽油机,16气门,双顶置凸轮轴,可变进、排气凸轮正时
	气缸布置	直列式4缸
	气缸口直径	74mm
	行程	86.6mm
	排量	1490mL
	压缩比	10.0∶1(国五);11.5∶1(国六)
	点火顺序	1-3-4-2
	旋转方向	从发动机前端看顺时针
	额定功率	124kW(5600r/min时)(国五);124kW(5500r/min时)(国六)
	最大转矩	250N·m(1700～4400r/min时)(国五);250N·m(1700～4300r/min时)(国六)
	怠速转速	680r/min
	发动机最高转速	6600r/min
	质量(不含机油,动力转向泵,A/C空调压缩机,离合器总成)	116kg
	火花塞间隙	0.60～0.70mm
缸体	气缸体材料	铝合金
	气缸套类型	预铸式蘑菇头缸套
	气缸套直径	初级(74±0.008)mm;其他(74±0.011)mm
	气缸孔圆度	0.013mm
	表面平面度[缸体顶面(长度达25mm)]	0.025mm
	表面平面度[缸体顶面(长度达150mm)]	0.05mm
曲轴	连杆轴颈直径	(44±0.008)mm
	曲轴轴向间隙	0.15～0.38mm
	曲轴主轴承孔直径	初级(51.875±0.007)mm;其他(51.875±0.011)mm
	曲轴主轴承间隙(1)	0.011～0.070mm
	曲轴主轴承间隙(2～5)	0.012～0.067mm
	曲轴主轴颈直径	(47±0.008)mm
	曲轴主轴颈圆度	0.005mm
	2、3、4主轴颈关于1、5主轴颈的跳动量	0.035mm
	主轴瓦数量	上下各5片
	主轴瓦类型	主轴瓦上瓦有油孔和油槽,其中1号上主轴瓦有涂层,4号上主轴瓦为带有止推片的翻边轴瓦,其他三个轴瓦型号一致
	止推片	没有单独的止推片,与4号上主轴瓦加工到一体,成为翻边轴瓦
	止推片厚度	1.7275～1.7775mm
气缸盖	材料	铝合金
	缸盖高度	(130.35±0.125)mm
	平面度	0.1mm
	气门座锥角(泄压面)	排气侧50°,进气侧56°
	气门座锥角(底座面)	90°
	气门座锥角(底切面)	120°
	气缸孔锥度	0°
	液压挺柱类型	凸轮轴直接驱动
	液压挺柱外径	(11.993±0.007)mm

续表

项　目			参　数
凸轮轴	类型		双顶置组合式凸轮轴
	轴承数量		6
	驱动		正时链驱动
	凸轮轴轴颈直径(轴颈1)		30.935~30.960mm
	凸轮轴轴颈直径(轴颈2~6)		23.935~23.960mm
	凸轮轴止推宽度		33.175~33.525mm
	凸轮轴轴向间隙		0.40~0.66mm
	凸轮轴轴颈间隙		0.040~0.085mm
活塞	活塞销间隙(连杆孔)		0.007~0.020mm
	活塞销间隙(活塞销孔)		0.002~0.010mm
	活塞销直径		17.997~18.000mm
	活塞销端隙		0.18~0.79mm
	活塞直径(活塞顶部下方38mm)		73.957~73.971mm
	活塞与气缸配合间隙		0.021~0.051mm
	活塞销孔径		18.002~18.010mm
	活塞环凹槽宽度(顶面)		1.23~1.25mm
	活塞环凹槽宽度(次级面)		1.23~1.25mm
	活塞环凹槽宽度(机油控制面)		2.03~2.05mm
活塞环	第一道气环		钢带环,环高 $1.2_{-0.03}^{-0.01}$ mm
	第二道气环		铸铁环,环高 $1.2_{-0.03}^{-0.01}$ mm
	油环		三片式油环,环高 1.92±0.07mm
	活塞环到环槽间隙	第一道气环	0.03~0.08mm
		第二道气环	0.03~0.07mm
		油环	0.05~0.19mm
	活塞环装配切口间隙	第一道气环	0.2~0.3mm
		第二道气环	0.30~0.50mm
		油环	0.2~0.7mm
连杆	连杆轴承至曲轴销间隙		0.013~0.068mm
	连杆孔径(轴承端)		47.186~47.202mm
	连杆孔径[活塞销端(带衬套)]		19.007~19.017mm
	连杆侧隙		0.090~0.350mm
润滑系统	油泵类型		叶片式机油泵
	机油滤清器类型		全流式
	机油压力		200~480kPa
	机油容量		5.5L 或 4.5L(干状态加注量)
气门	进气门正时(国五)	开启	39℃ABTDC
		关闭	30℃AABDC
		最大升程	8.5mm
	排气门正时(国五)	开启	51℃ABBDC
		关闭	1℃ABTDC
		最大升程	8.3mm
	进气门正时(国六)	开启	8.5℃ABTDC
		关闭	7.75℃AABDC
		最大升程	7.5mm
	排气门正时(国六)	开启	51.5℃ABBDC
		关闭	10.5℃ABTDC
		最大升程	7.5mm
	气门杆至气门导管间隙	进气门	0.025~0.065mm
		排气门	0.035~0.075mm

续表

项	目		参 数
气门	气门杆配合高度	新的进气门	(104.64±0.13)mm
		新的排气门	(103.67±0.13)mm
	气门头直径	进气门	(28±0.13)mm
		排气门	(23.3±0.13)mm
	气门厚度	进气门	(1.79±0.18)mm
		排气门	(1.97±0.18)mm
	气门座圆度		0.008mm
	进气门长度		106.43mm
	排气门长度		105.64mm
	气门密封件唇口至弹簧座底部之间的距离		16.9mm
	气门杆直径	进气门	(4.965±0.01)mm
		排气门	(4.955±0.01)mm
	气门表面的角度		46°±0.25°
气门弹簧	国五	自由长度	45.8mm
		安装长度	35mm
		装配载荷	235N
		进气门开启载荷	425N
		排气门开启载荷	425N
	国六	自由长度	45.3mm
		安装长度	35mm
		装配载荷	250N
		进气门开启载荷	462N
		排气门开启载荷	462N

11.3.2 荣威1.5T 15E4E 发动机电脑端子定义

发动机电脑端子分布如图11-5所示,国五发动机电脑端子定义见表11-12,国六发动机电脑端子定义见表11-13。

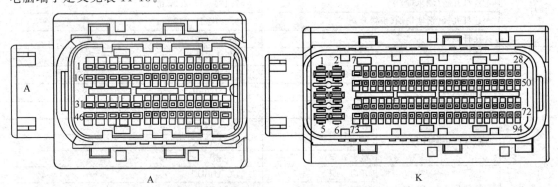

图11-5 发动机电脑端子分布

表11-12 国五发动机电脑端子定义

端子	定 义	端子	定 义
A1	第4缸点火	A7	5V电源
A2	第2缸点火	A8	传感器地
A3	燃油控制阀-	A10	爆震传感器-
A4	燃油控制阀+	A11	传感器地
A5	可变气门正时阀(排气)	A12	5V电源
A6	传感器地	A13	传感器地

续表

端子	定义	端子	定义
A14	传感器地	K3	主继电器电源 1
A16	第 1 缸点火	K4	ECU 地 3
A17	第 3 缸点火	K5	主继电器电源 2
A18	废气控制阀	K6	主继电器电源 3
A19	电子节气门控制＋	K9	启动电机继电器
A20	电子节气门控制－	K11	传感器地
A21	进气泄流阀	K19	制动灯开关
A22	传感器地	K20	空调请求
A23	发动机转速传感器（霍尔式）	K21	制动开关
A25	爆震传感器＋	K22	P/N 信号
A26	传感器地	K26	冷却风扇继电器 3
A27	5V 电源	K27	冷却风扇继电器 1 和 2
A29	5V 电源	K28	低压油泵继电器
A30	节气门数字 SENT 信号	K29	下游氧传感器加热
A31	第 1 缸喷油＋	K30	持续电源
A32	第 4 缸喷油＋	K31	启动电机继电器
A33	第 1 缸喷油－	K33	氧传感器地
A34	第 3 缸喷油－	K34	氧传感器地
A35	炭罐控制阀	K35	传感器地
A36	增压压力传感器	K38	转速输出到 TCM
A38	进气温度传感器	K43	离合器低位开关（仅 MT）
A39	进气压力传感器	K44	刷新用 CAN 低
A40	油轨压力传感器	K45	刷新用 CAN 高
A42	发电机负载信号	K46	空挡开关（仅 MT）
A46	第 3 缸喷油＋	K48	起动机反馈信号
A47	第 2 缸喷油＋	K49	倒挡开关信号（仅 MT）
A48	第 4 缸喷油－	K50	离合器高位开关（仅 MT）
A49	第 2 缸喷油－	K52	传感器地
A50	可变气门正时阀（进气）	K59	5V 电源
A51	传感器地	K60	空调压力传感器
A52	机油控制阀	K61	加速踏板位置传感器 2
A53	相位传感器（进气）	K62	下游氧传感器
A54	相位传感器（排气）	K69	主继电器
A55	机油压力传感器	K72	空调压缩机继电器
A56	环境温度传感器	K73	上游氧传感器加热
A57	水温传感器	K81	5V 电源
A58	热膜空气流量信号（HFM7）	K82	5V 电源
A59	热膜空气流量计传感器地	K83	加速踏板位置传感器 1
A60	电子节温器	K84	上游氧传感器信号
K1	ECU 地 1	K85	ACC 唤醒信号
K2	ECU 地 2	K87	点火开关

表 11-13 国六发动机电脑端子定义

端子	定义	端子	定义
A1	电子节气门控制＋	A7	5V 电源
A2	电子节气门控制－	A8	5V 电源
A3	油压控制阀－	A9	发动机模拟地
A4	油压控制阀＋	A10	爆震传感器－
A5	可变气门正时阀（排气）	A11	进气温度传感器
A6	传感器地	A12	进气压力传感器

续表

端子	定 义	端子	定 义
A14	油轨压力传感器	K15	低压油泵继电器
A16	可变机油泵	K16	电子节温器
A18	炭罐控制阀	K17	5V 电源
A19	泄压控制阀	K19	制动灯开关
A20	可变气门正时阀(进气)	K21	传感器地
A23	发动机转速传感器(霍尔式)	K22	制动开关
A24	节气门位置传感器 1	K24	离合器顶开关(仅 MT)
A25	爆震传感器+	K26	真空泵驱动控制
A26	传感器地	K29	下游氧传感器加热
A27	5V 电源	K30	持续电源
A28	传感器地	K31	启动电机继电器低边
A29	传感器地	K34	氧传感器地
A31	第 1 缸喷油+	K38	转速输出到 TCM
A32	第 4 缸喷油+	K39	风扇继电器 1(低速)
A33	第 1 缸喷油-	K43	传感器地
A34	第 3 缸喷油-	K44	刷新用 CAN 低
A37	第 1 缸点火	K45	刷新用 CAN 高
A38	第 3 缸点火	K46	冗余空挡开关
A39	第 4 缸点火	K47	倒挡开关信号(仅 MT)
A40	第 2 缸点火	K48	油箱压力传感器
A41	节气门位置传感器 2	K50	空调压缩机继电器
A43	冷却液温度传感器地	K52	踏板 2 地
A44	传感器 5V 电源	K55	发电机负载反馈
A46	第 3 缸喷油+	K56	空挡开关
A47	第 2 缸喷油+	K57	废气控制阀
A48	第 4 缸喷油-	K58	5V 电源
A49	第 2 缸喷油-	K59	5V 电源
A51	传感器地	K60	空调压力传感器
A52	传感器 5V 电源	K61	加速踏板位置传感器 2
A53	相位传感器(进气)	K62	下游氧传感器
A54	相位传感器(排气)	K63	增压压力传感器
A55	离合器传感器信号	K64	水温传感器 2
A56	环境温度传感器	K69	主继电器
A57	水温传感器	K70	起动机反馈
A58	热膜空气流量信号(HFM7)	K71	传感器地
A59	热膜空气流量计传感器地	K72	风扇继电器 2(高速)
K1	ECU 地 1	K73	炭罐关闭阀
K2	ECU 地 2	K74	炭罐诊断压力传感器
K3	主继电器电源 1	K75	PN 信号
K4	ECU 地 3	K76	上游氧传感器 VM
K5	主继电器电源 2	K77	上游氧传感器 UN
K6	主继电器电源 3	K79	上游氧传感器 IP
K7	上游氧传感器加热	K80	踏板 1 地
K9	启动电机继电器高边	K81	5V 电源 2
K10	机油压力传感器	K82	5V 电源 1
K11	传感器地	K83	加速踏板位置传感器 1
K12	环境温度传感器	K85	ACC 唤醒信号
K13	制动真空度传感器	K87	点火开关

11.3.3 荣威 2.0T 20L4E 发动机技术参数

荣威 2.0T 20L4E 发动机技术参数见表 11-14。

表 11-14 发动机技术参数

项 目		参 数
基本数据	发动机类型	2.0L 汽油机,16 气门,双顶置凸轮轴,可变进、排气凸轮正时
	气缸的布置	4 缸,直列
	气缸口直径	88mm
	行程	82mm
	排量	1995mL
	点火顺序	1-3-4-2
	压缩比	10∶1
	旋转方向	从发动机前端看顺时针
	额定功率	162kW(5300r/min 时)
	最大转矩	350N·m(2500~4000r/min 时)
	怠速转速	(700±50)r/min
	发动机最高转速	6500r/min
	质量(不含机油,A/C 空调压缩机,离合器总成)	153.2kg
曲轴	缸体/裙架分级尺寸 等级 A	56.000~56.005mm
	等级 B	56.006~56.011mm
	等级 C	56.012~56.019mm
	曲轴主轴颈直径 等级 1	51.9810~51.9879mm
	等级 2	51.9880~51.9939mm
	等级 3	51.9940~52.0000mm
	曲轴连杆轴颈直径	51.981~52.000mm
	圆柱度	0.004mm
	主轴瓦数量	上下各 5 片
	主轴瓦类型	主轴瓦上瓦有油孔和油道
	止推片	第 4 主轴承座上左右止推两处有半片状的垫片,贴合止推面
	止推片厚度	2.413~2.463mm
	曲轴轴向间隙	0.094~0.277mm
气缸体和活塞	气缸体材料	铝合金
	气缸套类型	预铸式缸套
	气缸套直径	88~88.01mm
	连杆型号	胀断连杆 C70S6
	连杆中心之间的距离	150.5mm
	活塞销类型	全浮式
	活塞销长度	56.7~57mm
	连杆轴瓦间隙	0.023~0.073mm
	活塞类型	铝合金铸造活塞
	活塞直径	(87.965±0.009)mm
	活塞销口处直径	$23^{+0.013}_{+0.005}$mm
	第一道气环	钢带环,环高 $1.2^{-0.01}_{-0.03}$mm
	第二道气环	铸铁环,环高 $1.2^{-0.01}_{-0.03}$mm
	油环	两片式组合油环,环高 $2.0^{-0.01}_{-0.03}$mm
	第一道气环环槽的公差	0.04~0.08mm
	第二道气环环槽的公差	0.03~0.07mm
	油环环槽的公差	0.02~0.06mm
	第一道气环装配切口间隙	0.20~0.35mm

续表

项 目		参 数
气缸体和活塞	第二道气环装配切口间隙	0.40～0.60mm
	油环装配切口间隙	0.20～0.40mm
	第一道气环径向宽度	(3.1±0.10)mm
	第二道气环径向宽度	(3.6±0.10)mm
	油环径向宽度	(2.75±0.15)mm
气缸盖和气门	缸盖材料	铝合金
	缸盖25mm×25mm区域平面度	0.0075mm
	缸盖高度	(137±0.05)mm
	缸盖整体平面度	0.08mm
	凸轮轴类型	双顶置组合式凸轮轴
	凸轮轴轴承数量	6
	凸轮轴驱动	正时链驱动
	凸轮轴轴向间隙	0.07～0.22mm
	凸轮轴轴颈直径	1挡31.957～31.972mm,2～6挡24.96～24.98mm
	凸轮轴轴承间隙	1挡0.04～0.075mm,2～6挡0.02～0.061mm
	液压挺柱类型	滚子摇臂
	液压挺柱外径	(11.994±0.006)mm
		以下提供的都是初始装配正时
	进气门正时 开启	20℃A ATDC
	进气门正时 关闭	80℃A ABDC
	进气门正时 最大升程	40℃A BBDC
	排气门正时 开启	64℃A BBDC
	排气门正时 关闭	4℃A BTDC
	排气门正时 最大升程	56℃A ABDC
	气门杆直径 进气门	(5.475±0.0075)mm
	气门杆直径 排气门	(5.455±0.0075)mm
	气门杆至气门导管间隙 进气门	0.0175～0.0445mm
	气门杆至气门导管间隙 排气门	0.0375～0.0645mm
	气门杆配合高度 新的进气门	49.9～50.4mm
	气门杆配合高度 新的排气门	50.09～50.59mm
	气门头直径 进气门	(34.2±0.1)mm
	气门头直径 排气门	(28.3±0.1)mm
	气门厚度 进气门	(1.65±0.15)mm
	气门厚度 排气门	(1.75±0.15)mm
	气门长度 进气门	113.4～113.9mm
	气门长度 排气门	116.29～116.79mm
	气门表面的角度	45°15′±15′
	气门弹簧自由长度	52.3mm
	气门弹簧安装长度	40.2mm
	气门弹簧装配载荷	250N
	进气门最大开度气门弹簧载荷	533N
	排气门最大开度气门弹簧载荷	533N
润滑	油泵类型	外啮合齿轮泵
	限压阀弹簧自由长度	45mm
	机油滤清器类型	全流机油滤清器
	1000r/min限压阀的截止压力	0.5～0.6MPa(机油温度90℃)
火花塞	间隙	0.7～0.8mm
	初级电阻	0.453Ω±12%
	次级电阻	9.64kΩ±12%

11.3.4 荣威 2.0T 20L4E 发动机电脑端子定义

发动机电脑端子分布如图 11-6 所示，端子定义见表 11-15。

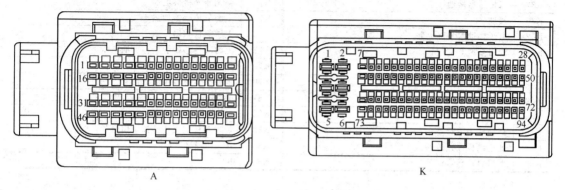

图 11-6 发动机电脑端子分布

表 11-15 发动机电脑端子定义

端子	定 义	端子	定 义
A1	第 4 缸点火	A40	油轨压力传感器信号
A2	第 2 缸点火	A41	节气门位置传感器 2 信号
A3	燃油控制阀－	A44	接地
A4	燃油控制阀＋	A46	第 3 缸喷油＋
A5	可变气门正时阀(排气)	A47	第 2 缸喷油＋
A7	5V 供电	A48	第 4 缸喷油－
A8	传感器地	A49	第 2 缸喷油－
A10	爆震传感器信号－	A50	可变气门正时阀(进气)
A12	5V 供电	A53	凸轮轴位置传感器(进气)信号
A13	传感器地	A54	凸轮轴位置传感器(排气)信号
A14	传感器地	A56	环境温度传感器(集成于 HFM)
A15	离合器水泵	A57	冷却液温度传感器信号
A16	第 1 缸点火	A58	热膜空气流量信号(HFM)
A17	第 3 缸点火	A59	接地
A18	增压控制阀	A60	电子节温器
A19	电子节气门＋	K01	ECM 接地 1
A20	电子节气门－	K02	ECM 接地 2
A21	进气泄流阀	K03	KL87
A22	接地	K04	ECM 接地 3
A23	曲轴位置传感器信号	K05	KL87
A24	节气门位置传感器 1 信号	K06	KL87
A25	爆震传感器信号＋	K09	启动电机继电器(高边)
A26	传感器地	K11	接地
A27	5V 供电	K19	制动灯开关
A29	5V 供电	K20	空调请求
A31	第 1 缸喷油＋	K21	制动开关
A32	第 4 缸喷油＋	K22	P/N 信号
A33	第 1 缸喷油－	K23	机油压力开关
A34	第 3 缸喷油－	K26	冷却风扇继电器 3
A35	炭罐控制阀	K27	冷却风扇继电器 1 和 2
A36	增压压力传感器	K28	低压油泵继电器
A38	进气温度传感器信号(集成于 TMAP)	K29	下游氧传感器加热
A39	增压压力传感器信号	K30	KL30

续表

端子	定 义	端子	定 义
K31	启动电机继电器(低边)	K69	主继电器
K33	氧传感器接地	K72	空调压缩机继电器
K35	接地	K73	上游氧传感器加热
K42	电子辅助水泵继电器	K76	上游氧传感器接地
K44	动力高速 CAN 低	K77	上游氧传感器能斯特电池电压
K45	动力高速 CAN 高	K78	上游氧传感器微调电阻
K48	起动机反馈信号	K79	上游氧传感器泵电流信号
K52	接地	K81	5V 供电
K59	5V 供电	K82	5V 供电
K60	空调压力传感器	K83	加速踏板位置传感器 1 信号
K61	加速踏板位置传感器 2 信号	K85	ACC 唤醒信号
K62	下游氧传感器信号	K87	KL15

11.3.5 车轮定位数据

车轮定位数据见表 11-16。

表 11-16 车轮定位数据

项 目		数 值
前轮	车轮外倾角(空载状态)	$-0°14' \pm 45'$
	主销后倾角(空载状态)	$4°57' \pm 45'$
	主销内倾角	$12°45' \pm 45'$
	总前束(空载状态)	$0°8' \pm 12'$
后轮	车轮外倾角(空载状态)	$-0°60' \pm 45'$
	前束	$0°12' \pm 12'$

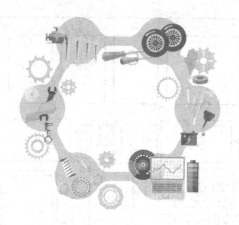

第12章 广汽传祺-长丰-菲克汽车

12.1 传祺 GM6（2019年款）

12.1.1 传祺 1.5T 4A15J1 发动机技术参数

传祺 1.5T 4A15J1 发动机技术参数见表 12-1。

表 12-1 发动机技术参数

项目	参数		
	1.5TGDI MT	1.5TGDI AT	1.5TGDI WDCT
型号	4A15J1		
特点	汽油机、点燃式、直列4缸、4冲程、液冷、直喷、双顶置凸轮轴、废气涡轮增压		
气缸数	4		
点火顺序	1-3-4-2		
缸径	75mm		
行程	84.6mm		
排量	1495mL		
压缩比	9.8∶1		
额定功率	126kW（5000r/min 时）		124kW（5000r/min 时）
最大净功率	119kW（5000r/min 时）		117kW（5000r/min 时）
最大转矩	265N·m（1700～4000r/min 时）		
最大净转矩	250N·m（1700～4000r/min 时）		
急速稳定转速	（700±50）r/min		
排放水平	国五	国五	国六

12.1.2 熔丝与继电器信息

12.1.2.1 前舱配电盒（图 12-1）
熔丝与继电器信息见表 12-2。

12.1.2.2 仪表板配电盒（图 12-2）
熔丝与继电器信息见表 12-3。

12.1.3 保养用油液规格与用量

油液规格与用量见表 12-4。

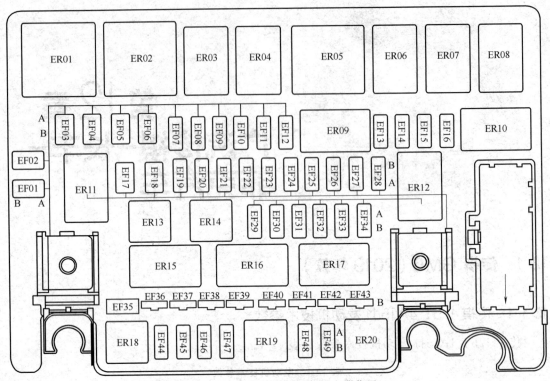

图 12-1 前舱配电盒熔丝与继电器位置

表 12-2 前舱配电盒熔丝与继电器信息

编号	额定值	功能/部件
EF03	40A	后鼓风机
EF04	40A	电子稳定性与驻车控制模块
EF07	7.5A	空调压缩机
EF10	20A	座椅加热
EF11	20A	远光灯继电器/远光灯
EF13	15A	左前近光灯
EF14	15A	右前近光灯
EF15	7.5A	发动机控制单元
EF16	7.5A	左侧后视镜除雾器/右侧后视镜除雾器
EF18	40A	ACC继电器/点火开关/IG1继电器
EF19	7.5A	近光灯继电器
EF20	30A	7WDCT变速器控制单元
EF21	30A	7WDCT变速器控制单元
EF22	30A	7WDCT变速器控制单元
EF23	20A	燃油泵
EF24	25A	雨刮
EF25	7.5A	制动开关/主继电器/启动继电器1/启动继电器2/发动机控制单元/电子稳定性与驻车控制模块
EF26	15A	喇叭继电器/喇叭
EF30	10A	可变凸轮正时(进气端)/可变凸轮正时(排气端)/泄流阀/废气阀/炭罐电磁阀/机油泵电磁阀
EF31	10A	压缩机继电器/前氧传感器/后氧传感器
EF32	15A	发动机控制单元/离合器位置传感器/启动继电器1/启动继电器2
EF33	15A	点火线圈1/点火线圈2/点火线圈3/点火线圈4
EF34	10A	电子风扇继电器/燃油泵继电器
EF35	80A	电动助力转向控制单元
EF36	40A	仪表板配电盒

续表

编号	额定值	功能/部件
EF37	40A	前鼓风机
EF38	40A	电子稳定性与驻车控制模块
EF39	40A	后视镜除雾/后风窗玻璃除雾
EF40	150A	分流器
EF41	30A	启动继电器1/启动继电器2/点火开关/IG2继电器
EF43	50A	仪表板配电盒
ER01	—	前鼓风机继电器
ER02	—	后鼓风机继电器
ER03	—	燃油泵继电器
ER05	—	电子风扇继电器
ER06	—	雨刮调速继电器
ER07	—	雨刮继电器
ER08	—	远光灯继电器
ER09	—	除雾继电器
ER11	—	近光灯继电器
ER12	—	主继电器
ER13	—	压缩机继电器
ER15	—	启动继电器1
ER16	—	启动继电器2
ER19	—	喇叭继电器

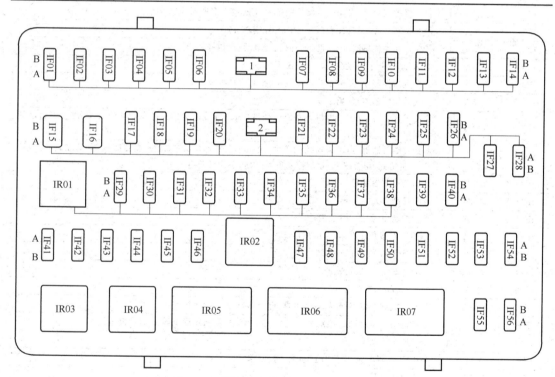

图 12-2 仪表板配电盒熔丝与继电器位置

表 12-3 仪表板配电盒熔丝与继电器信息

编号	额定值	功能/部件
IF02	20A	电动座椅调节
IF03	20A	电动天窗控制单元/全景天窗控制单元/全景天窗遮阳帘电机
IF05	20A	车身控制单元(右前车窗升降器)
IF06	20A	车身控制单元(左前车窗升降器)
IF07	20A	车身控制单元(右后车窗升降器)

续表

编号	额定值	功能/部件
IF08	20A	车身控制单元(左后车窗升降器)
IF09	7.5A	智能手机无线充电模块
IF11	15A	车身控制单元(风窗洗涤和后雨刮电机)
IF12	10A	后视镜折叠
IF16	30A	仪表板配电盒
IF17	7.5A	OBD 诊断接口
IF18	20A	车身控制单元(主灯光)
IF19	7.5A	网关控制单元
IF20	7.5A	换挡杆模块
IF21	10A	车身控制单元(转向灯)
IF23	7.5A	PEPS 控制单元/点火开关/电子方向柱锁
IF24	20A	车身控制单元(主灯光)
IF25	7.5A	高位制动灯/电子驻车开关
IF26	20A	车身控制单元(车门锁)
IF28	—	分流器
IF29	10A	安全气囊控制单元
IF30	7.5A	发动机控制单元/自动变速器控制单元/7WDCT 变速器控制单元
IF31	7.5A	网关控制单元/车身控制单元/PEPS 控制单元
IF33	7.5A	转向角速度传感器/电动助力转向控制单元/换挡杆模块
IF34	7.5A	制动开关/电子稳定性与驻车控制模块
IF35	7.5A	倒车雷达控制单元/全景泊车控制单元/后空调控制面板/座椅加热
IF36	7.5A	空气质量传感器/负离子发生器
IF37	7.5A	左前组合灯(高度调节电机)/右前组合灯(高度调节电机)/大灯高度调节开关/前大灯自动调节控制单元
IF38	7.5A	雨量光线传感器/电动天窗控制单元/全景天窗控制单元/前空调控制面板/空调控制单元/T-BOX 控制单元/组合仪表/音响控制单元/仪表左侧开关组
IF39	15A	自动变速器控制单元
IF40	15A	音响控制单元
IF41	7.5A	车身控制单元/PEPS 控制单元
IF42	7.5A	USB 充电接口 1/USB 充电接口 2
IF43	25A	右侧行李厢 12V 电源接口
IF44	7.5A	音响控制单元/后视镜调节开关
IF45	25A	前排 12V 电源接口
IF47	7.5A	前鼓风机继电器/后鼓风机继电器/除雾继电器/PEPS 控制单元/电子防眩目内后视镜
IF50	7.5A	车身控制单元/PEPS 控制单元/发动机控制单元/启动继电器 1/启动继电器 2
IF51	7.5A	全景泊车控制单元
IF52	7.5A	T-BOX 控制单元/前大灯自动调节控制单元
IF53	7.5A	左前门把手开关
IF54	7.5A	空调控制单元/PM2.5 传感器
IF55	15A	车身控制单元
IF56	7.5A	前空调控制面板/后空调控制面板/音响显示屏/组合仪表
IR01	—	IG1 继电器
IR02	—	IG2 继电器
IR05	—	ACC 继电器
IR06	—	后视镜折叠继电器
IR07	—	后视镜展开继电器

表 12-4 油液规格与用量

油 液	规 格	用 量
燃油①	92号及以上无铅汽油	52L
发动机冷却液②	DF-6,-35℃冷却液	MT车型7.1L,AT车型7.3L,WDCT车型(7.0±0.2)L
发动机机油	机油等级SN级及SN级以上,机油黏度SAE 5W-30	总量③4.5L
自动变速器ATF油	AW-1	总量6.7L
手动变速器齿轮油	SAE 75W-90 API GL-4	总量2.2L
湿式双离合变速器润滑油	Shell Spirax S5 DCT12	总量④8L,更换⑥6.4L
制动液	DOT4	总量0.8L
风窗玻璃洗涤液	44%甲醇和56%硬度不大于205g/t水	总量4L
空调制冷剂	R134a	总量(900±20)g

①长期加注含硫量高于标准的燃油可能导致排放超标,注意使用符合汽车销售当地标准的燃油。②包括储液罐内的冷却液与发动机内残存冷却液。③大修发动机总成的容量。④非特殊情况(如变速器漏油),容量建议均按"放出多少则加入多少"的原则进行加注。

12.1.4 车轮定位数据

车轮定位数据见表12-5。

表 12-5 车轮定位数据

项	目	数 值
前轮	单轮前束	0°5′±3′
	车轮外倾角	-0°15′±30′
	主销后倾角	7°14′±45′
	主销内倾角	12°16′±45′
后轮	总前束	0°12′±18′
	推进线	0°±25′
	车轮外倾角	-1°6′±30′

12.2 吉普大指挥官(2019年款)

12.2.1 吉普2.0T发动机技术参数

发动机技术参数见表12-6。

表 12-6 发动机技术参数

项	目	参 数
基本数据	类型	直列式,底置气门,双顶置凸轮轴
	气缸数	4
	点火顺序	1-3-4-2
	火花塞型号	NGK-ILZKR7G7G
	压缩比	10:1
	发动机怠速转速	(750±50)r/min
	排量	2.0L
	机油容量	5.2L
	冷却液容量(发动机)	8.6L
	冷却液容量(涡轮增压器)	4.3L
	功率	206kW(5250r/min时)
	转矩	400N·m(2150r/min时)
	缸孔直径	84mm
	行程	90mm

续表

项　　目		参　　数
缸体	材料	铸铝
	缸孔直径 A	83.990～84.000mm(不含 84.000mm)
	缸孔直径 B	84.000～84.010mm
	缸孔圆度(最大)	0.009mm
	缸孔圆柱度	0.014mm
	缸体平面度(最大)	0.050mm
	主轴承内径 1	55.000～55.006mm(不含 55.006mm)
	主轴承内径 2	55.006～55.012mm(不含 55.012mm)
	主轴承内径 3	55.012～55.018mm
活塞	缸径间隙(涂层为 0.010～0.020mm 每侧)	0.030～0.050mm
	活塞销孔直径	22.403～22.408mm
	1 号活塞环槽高度	1.235～1.255mm
	2 号活塞环槽高度	1.230～1.250mm
	3 号活塞环槽高度	2.030～2.050mm
	1 号活塞环槽深度	3.225～3.238mm
	2 号活塞环槽深度	3.293～3.358mm
	3 号活塞环槽深度	2.705～2.963mm
活塞环	活塞环开口间隙(顶部压缩环)	0.20～0.35mm
	活塞环开口间隙(第二压缩环)	0.30～0.50mm
	活塞环开口间隙(机油控制钢轨)	0.15～0.45mm
活塞销	外径	22.395～22.400
连杆	轴承间隙	0.040～0.078mm
	缸径(活塞端)	22.403～22.409mm
	缸径(曲轴端)	53.000～53.015mm
	侧间隙	0.10～0.35mm
	质量(大端/小端)	382.5g(大端),165.7g(小端)
曲轴	连杆轴颈直径(等级 1)	49.966～49.972mm
	连杆轴颈直径(等级 2)	49.960～49.966mm
	连杆轴颈直径(等级 3)	49.954～49.960mm
	主轴颈直径(等级 0)	49.985～49.988mm
	主轴颈直径(等级 1)	49.982～49.985mm
	主轴颈直径(等级 2)	49.979～49.982mm
	主轴颈直径(等级 3)	49.976～49.979mm
	主轴颈直径(等级 4)	49.973～49.976mm
	轴向间隙	0.050～0.250mm
	磨损极限	0.30mm
	主轴承径向间隙	0.028～0.048mm
	主轴承径向间隙(最)	0.058mm
凸轮轴	1 号凸轮轴轴承外径	61.987～62.000mm
	1 号凸轮轴轴颈直径	34.984～35.000mm
	2～6 号凸轮轴轴颈直径	29.954～29.970mm
	1 号凸轮轴轴承外径间隙	-0.042～-0.074mm
	1 号凸轮轴轴颈间隙	-0.012～-0.016mm
	2～6 号凸轮轴轴颈间隙	0.030～0.067mm
	轴向间隙	0.102～0.282mm
气缸盖	气缸盖材料	铸铝(热处理)
	燃烧室容积(仅气缸盖)	32.77cm^3
	气缸盖衬垫容积(压缩)	4.38cm^3
	气缸盖衬垫表面平面度	0.090mm

续表

项　　目		参　　数
气门弹簧	自由长度	44.4~45.2mm
	333N 负荷下的长度	36.4mm
	724N 负荷下的长度	26.9mm
	线径	3.67~3.73mm
气门	进气门杆直径	5.462~5.480mm
	排气门杆直径	5.452~5.470mm
	进气阀直径	31.37~31.63mm
	排气阀直径	27.37~27.63mm
气门导管	内径	5.518~5.500mm

12.2.2 吉普2.0T发动机正时维修

12.2.2.1 发动机正时校对方法

① 拆卸气缸盖罩。

② 拆卸火花塞。

③ 顺时针转动曲轴（从前部看）。在第1缸进气门和排气门关闭时，如图12-3所示，将正时盖标记1与扭转减振器槽口2对齐，并将第1缸活塞置于压缩行程的上止点（TDC）。

注意对齐正时标记时，始终通过转动曲轴使发动机旋转。未完成此步骤将导致气门和/或活塞损坏。

④ 确定进气相位器正时标记1在与前正时链垫圈表面4垂直的垂线左侧7°位置。

⑤ 确定进气相位器正时标记1和排气相位器正时标记2之间有22个链销3，如图12-4所示。

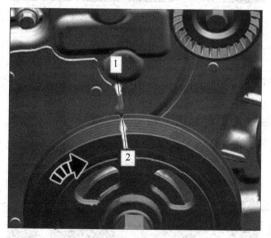

图12-3　对齐正时盖标记与减振器槽口
1—正时盖标记；2—扭转减振器槽口

图12-4　对齐正时链与相位器链轮标记
1—进气相位器正时标记；2—排气相位器正时标记；
3—链销；4—前正时链垫圈表面

⑥ 确定正时盖标记1和减振器槽口2仍然对齐。如果发动机正时不正确，则拆装正时链和链轮。

12.2.2.2 发动机正时链张紧器设置

正时链张紧器采用机油压力向正时链张紧器臂施加压力并控制链条垂直度。无油压时，例如发动机启动，张紧器必须一直控制链条垂度直到油压上升。为此，内弹簧可从张紧器本体伸出张紧器柱塞3。为限制柱塞行程并考虑链条正常磨损，柱塞需有带棘轮夹1的格面2，确保在柱塞从张紧器本体伸出时，让柱塞从一格下移到另一格（图12-5）。柱塞表面配格旨在让棘轮夹仅在一个方向移动，并禁止柱塞回到张紧器本体内。为重置张紧器，必须展开棘轮夹，将柱塞推回张紧器本体内。

松开棘轮夹时，柱塞可从张紧器中自由弹出。张紧器后有弹簧，棘轮夹打开时，柱塞变成抛射体。此时，需要采用台虎钳压紧弹簧，并将柱塞推回张紧器本体内。

① 在窗口范围内操作张紧器本体时，用卡钳2松开棘轮夹1，如图12-6所示。此时，棘轮夹打开，柱塞可以自由动作。

② 用卡钳保持棘轮夹打开的同时，将柱塞推入张紧器本体，直到固定销可以插入将柱塞固定在收回位置的张紧器本体上的孔内。

图12-5 设置张紧器
1—棘轮夹；2—格面；3—张紧器柱塞

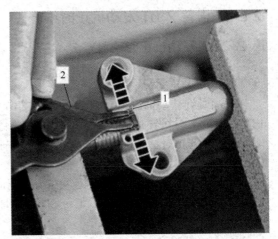

图12-6 用卡钳松开棘轮夹
1—棘轮夹；2—卡钳

12.2.2.3 发动机正时链安装步骤

① 从曲轴链轮开始安装正时链1，将带漆链节2置于正时标记3处，如图12-7所示。

② 将正时链安装在凸轮轴链轮上，使凸轮轴链轮正时标记1和2与带漆链节对齐，如图12-8所示。

图12-7 对齐曲轴链轮正时标记
1—正时链；2—带漆链节；3—正时标记

图12-8 对齐凸轮轴链轮正时标记
1,2—正时标记

③ 如图 12-9 所示，安装正时链张紧器 1，并将螺栓 2 拧紧至适当力矩。
④ 将张紧器臂 2 抵住张紧器柱塞，拆除张紧器固定销 1 并松开张紧器臂，如图 12-10 所示。

图 12-9　安装正时链张紧器
1—张紧器；2—螺栓

图 12-10　拆除张紧器固定销
1—固定销；2—张紧器臂

⑤ 安装正时链导轨 2，并将螺栓 1 拧紧至适当的力矩，如图 12-11 所示。
⑥ 松开五个锁紧螺栓 2 并拆除凸轮轴固定器 1，如图 12-12 所示。

图 12-11　安装正时链导轨
1—螺栓；2—正时链导轨

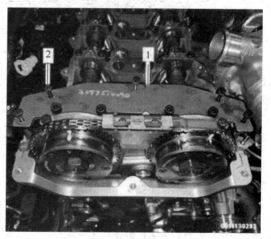

图 12-12　拆下凸轮轴固定器
1—凸轮轴固定器；2—锁紧螺栓

⑦ 临时重新安装正时链罩和曲轴减振器，以验证气门正时。
⑧ 顺时针转动曲轴两整圈，并确认正时是否正确。
⑨ 如果气门正时不正确，则重复此步骤。
⑩ 安装正时链罩。
⑪ 如果拆下了，则安装燃油滤清器，并用合适的机油注入发动机曲轴箱到正确的油位。
⑫ 启动发动机直至达到正常工作温度。检查冷却系统液位是否正常。

12.2.2.4　机油泵传动链安装步骤

① 核实发动机曲轴链轮正时标记 2 位于 6 点处，表明 1 缸活塞处于上止点，如图 12-13 所示。

② 将机油泵传动链导轨安装到位。
③ 从曲轴链轮开始，将两个涂漆链节 2 置于正时标记 1 处，如图 12-14 所示。

图 12-13　曲轴链轮正时标记位置
1—曲轴；2—正时标记

图 12-14　对齐曲轴链轮正时标记
1—正时标记；2—涂漆链节

④ 安装平衡轴链轮，使正时标记 1 与涂漆链节 2 对齐，如图 12-15 所示。
⑤ 安装机油泵链轮，使正时标记 1 与涂漆链节 2 对齐，如图 12-16 所示。

图 12-15　对齐平衡轴链轮正时标记
1—正时标记；2—涂漆链节

图 12-16　对齐机油泵链轮正时标记
1—正时标记；2—涂漆链节

⑥ 安装固定机油泵传动链导轨 2 的螺钉 1 并紧固至适当的力矩，如图 12-17 所示。
⑦ 安装机油泵传动链张紧装置闸瓦。
⑧ 安装正时链。
⑨ 安装正时链罩。
⑩ 如果拆下了，则安装燃油滤清器，并用合适的机油注入发动机曲轴箱到正确的油位。
⑪ 启动发动机直至达到正常工作温度。检查冷却系统液位是否正常。

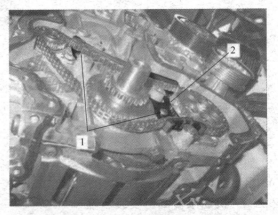

图 12-17　安装机油泵传动链导轨
1—螺钉；2—导轨

12.2.3 吉普2.0T发动机电脑端子定义

吉普2.0T发动机电脑端子分布如图12-18所示,端子定义见表12-7、表12-8。

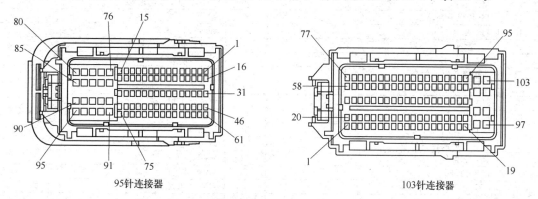

图12-18 发动机电脑端子分布

表12-7 95针连接器端子定义

端子	定 义	端子	定 义
1	散热器风扇控制信号	52	ANC缓冲曲轴位置(+)
2	点火开关启动检测	55	OBD通风控制阀
5	制动器信号	57	增压压力信号
6	ESIM信号	58	传感器接地
7	燃油箱压力传感器电源	60	传感器接地
8	燃油箱压力传感器回路	62	EVAP净化控制
10	CAN C(+)	63	空调离合器控制
11	CAN C(-)	64	真空泵继电器控制
14	LIN总线	65	燃油泵控制
21	GPF相对压力传感器信号	69	5V传感器电源
22	燃油泵继电器输出	72	FPCM PWM控制
27	IAT信号	75	散热器风扇控制
29	增压空气冷却温度信号	76	燃油量电磁阀12V电源
30	GPF绝对压力传感器信号	80	辅助冷却液泵控制
31	ASD继电器控制	81	燃油泵控制输出
32	APP信号1	82	接地
33	APP传感器接地1	83	接地
34	APP信号2	84	接地
35	APP传感器接地2	85	冷却液旁通阀控制
36	5V电源	87	带熔丝的B(+)
37	空调压力信号	88	ASD控制输出
39	5V电源	89	ASD控制输出
40	燃油压力信号	90	ASD控制输出
41	燃油箱压力传感器信号	92	起动机继电器控制
42	机盖开关信号	93	氧1/1加热器控制
50	带熔丝的点火开关输出(运行-启动)		

表12-8 103针连接器端子定义

端子	定 义	端子	定 义
1	线圈控制3	4	EGR温度传感器信号
2	线圈控制2	5	EGR信号
3	线圈控制1	14	ECT信号

续表

端子	定义	端子	定义
15	传感器接地	49	氧 1/1 正极电流控制
16	TP1 信号	50	氧 1/1 加压室电流修正
17	TP 传感器回路	51	氧 1/1 信号
18	TP2 信号	52	氧回路（上游）
19	5V 电源	53	爆震传感器 1 信号
20	线圈控制 4	54	爆震传感器 1 回路
21	曲轴箱传感器信号	55	爆震传感器 2 信号
22	燃油压力信号 1	56	爆震传感器 2 回路
24	MAP 信号	59	燃油压力信号 2
25	油压信号	66	传感器接地
26	EOT 信号	67	喷油器 2 低侧控制
27	废气旁通阀位置信号	70	油压信号电磁阀控制
28	氧 1/2 信号	72	VVT 排气控制 1/1
29	IAT 信号	75	VVT 排气控制 1/2
30	CMP 传感器信号 1/2	76	涡轮增压器喘振控制阀
32	5V 电源	79	喷油器 4 低侧控制
33	传感器接地	86	喷油器 3 低侧控制
34	CMP 传感器信号 1/1	89	喷油器 1 低侧控制
36	CKP 信号	92	喷油器 2 控制
37	CKP 接地	93	喷油器 3 控制
38	传感器接地	94	喷油器 1 控制
40	氧回路（下游）	95	喷油器 4 控制
42	进气温度传感器信号		

12.2.4 天窗和遮阳板编程设置

注意天窗电机和遮阳板电机受到热保护，如果过热，电机会停止工作直到冷却。在编程期间，可能会遇到过热情况。如有必要，只需等待电机冷却。

天窗和电动遮阳板仅在安装新的电机更换件时，才必须执行以下步骤。

① 按住天窗"关闭"开关，玻璃会移动至通风位置，然后轻微反转并停止，继续按住天窗"关闭"开关。

② 在仍然按住天窗"关闭"开关时，电动遮阳板会移动至关闭位置，随后反转并移动至半开位置。

③ 一旦天窗和电动遮阳板停止移动，松开天窗"关闭"开关并在 5s 内再次按住。

④ 会出现以下天窗操作动作，在全部完成整个操作前不要释放开关：电动遮阳板移动至完全开启位置，天窗移动至开启位置并返回关闭位置，电动遮阳板移动至关闭位置。

⑤ 在所有操作停止时松开开关，电机初始化和校准完成。如果在全部完成上述操作时松开开关，则天窗和电动遮阳板的"一触式"快速操作功能会被停用。必须对在用电机进行重新校准以启用快速操作功能。

已拆除原始在用电机并重新安装在天窗模块上，或"一触式"快速操作功能被停用，或天窗、电动遮阳板在快速闭合运行中自动倒转（未受到障碍物阻塞）时，需进行天窗和电动遮阳板在用电机重新校准，必须执行以下步骤。

① 按住天窗"关闭"开关，天窗玻璃将移动至关闭位置并停止，松开开关。

② 再次按住天窗"关闭"开关 10s 后，再次执行重新校准程序。

③ 当重新校准程序开始时，玻璃会移动至通风位置，然后轻微反转并停止，继续按住天窗"关闭"开关。

④ 当仍然按住天窗"关闭"开关时，电动遮阳板会移动至关闭位置，随后反转并移动至半开位置。

⑤ 一旦天窗和电动遮阳板停止移动，松开天窗"关闭"开关并在5s内再次按住。

⑥ 会出现以下天窗操作动作，在全部完成整个操作前不要释放开关：电动遮阳板移动至完全开启位置，天窗移动至开启位置并返回关闭位置，电动遮阳板移动至关闭位置。

⑦ 在所有操作停止时松开开关，电机重新校准完成。如果在全部完成上述操作前松开开关，则天窗和电动遮阳板的"一触式"快速操作功能会被停用。在此情况下，必须重复整个重新校准程序。

12.2.5 全轮驱动型四轮定位数据

全轮驱动型四轮定位数据见表12-9。

表12-9 四轮定位数据

项 目		数 值
前轮定位	总前束①	0.10°±0.15°
	主销倾角②	4.35°±0.45°
	横向主销倾角②	0.00°±0.50°
	外倾角②	−0.61°±0.40°
	横向外倾角②	0.00°±0.50°
后轮定位	前束	0.08°±0.10°
	总前束	0.16°±0.15°
	止推角	0.00°±0.10°
	外倾角	−0.94°±0.40°
	横向外倾角	0.00°±0.40°

① 总前束是左侧和右侧车轮前束设定值的总和，总前束应在同车桥的车轮上平均分配，以确保转向盘在束角设定后位于中心位置。② 仅供参考，这些角度不可调整。

12.2.6 保养用油液规格与用量

油液规格与用量见表12-10。

表12-10 油液规格与用量

油 液	规 格	用量
发动机冷却液（带后HVAC）	推荐使用广汽菲克10年/240000公里配方OAT（有机添加技术）防冻液/冷却液	9.5L
发动机冷却液（不带后HVAC）	推荐使用广汽菲克10年/240000公里配方OAT（有机添加技术）防冻液/冷却液	8.2L
配备滤清器的发动机机油（2.0L发动机）	推荐使用满足FCA材料标准MS-13340的MOPAR API SN PLUS认证SAE 5W-30全合成发动机机油。如果满足API SN PLUS认证,可使用同质SAE 5W-30全合成发动机机油	4.7L
燃油（2.0L发动机）	最小95研究法辛烷值（RON）	70L
制冷剂（单空调）	R134a	567g
制冷剂（双空调）	R134a	907g

12.3 猎豹CS10（2019年款）

12.3.1 猎豹1.5T 4G15T发动机技术参数

猎豹1.5T 4G15T发动机技术参数见表12-11。

表 12-11 发动机技术参数

项 目	参 数
特点	水冷、4 冲程、直列 4 缸、16 气门、进气 VVT、双顶置凸轮轴、废气涡轮增压
单缸排量	375mL
缸径×行程	75mm×84.8mm
燃烧室形状	蓬形
气门数量	4
压缩比	9.5:1
点火顺序	1-3-4-2
额定功率	100kW(5500r/min 时)
最大转矩	210N·m(2000~4500r/min 时)
排放(搭载整车)	国 V
机油容量	(4.2±0.1)L
发动机编号位置	缸体后法兰的进气侧面上(靠近起动机位置)
冷却方式	闭环强制式水冷
排放控制	三元催化器
最大净功率	100kW
最大转矩	210N·m
最大转矩转速时每冲程燃料供给量	0.1005mL
额定功率转速时每冲程燃料供给量	0.0896mL
燃油牌号	≥92 号无铅汽油(GB 17930)
急速转速	(750±50)r/min
冷却液	高质量乙二醇冷却液
机油	SN5W-40
进气门冷态气门间隙	0.15~0.25mm
排气门冷态气门间隙	0.25~0.35mm
火花塞间隙	0.9~1.1mm
驱动带挠度(在 98N 力的作用下)	9.5~12.2mm(检查值 6.3~7.6mm,调整值 10.2~11.5mm)
进气气门间隙	标准值 0.22mm
排气气门间隙	标准值 0.30mm
进气凸轮桃高	标准值 44.71mm,极限值 44.21mm
排气凸轮桃高	标准值 44.28mm,极限值 43.78mm
气缸盖底面平面度	标准值 0.03mm,极限值 0.2mm
气缸下表面研磨极限(气缸盖和气缸体研磨量合计)	极限 0.2mm
气缸盖总高	标准值 112.9~113.1mm
进气门厚度(边缘)	标准值 1.35mm,极限值 0.85mm
排气门厚度(边缘)	标准值 1.85mm,极限值 1.35mm
进气门杆外径	标准值 4.965~4.980mm
排气门杆外径	标准值 4.955~4.970mm
气门平面角	标准值 45°~45.5°
进气门与导管的径向间隙	标准值 0.020~0.047mm,极限值 0.10mm
排气门与导管的径向间隙	标准值 0.030~0.057mm,极限值 0.15mm
进气门长度	标准值 89.61mm,极限值 89.11mm
排气门长度	标准值 90.94mm,极限值 90.44mm
进气门杆凸出量	标准值 38.46mm,极限值 38.96mm
排气门杆凸出量	标准值 38.49mm,极限值 38.99mm
气门弹簧自由长度	标准值 43.1mm,极限值 42.1mm
气门弹簧负载/安装长度	标准值 152N/33.4mm
气门弹簧偏斜量	标准值 2°,极限值 4°
气门座气门接触宽度	标准值 1.1~1.5mm
气门导管内径	标准值 5mm
气门导管安装高度	标准值 7.7~8.3mm

续表

项目	参数
活塞外径	标准值 75mm
活塞环边间隙(第一环)	标准值 0.03～0.07mm,极限值 0.1mm
活塞环边间隙(第二环)	标准值 0.02～0.06mm,极限值 0.1mm
活塞环末端开口间隙(第一环)	标准值 0.15～0.30mm,极限值 0.8mm
活塞环末端开口间隙(第二环)	标准值 0.30～0.50mm,极限值 0.8mm
活塞环末端开口间隙(油环)	标准值 0.10～0.40mm,极限值 1.0mm
活塞销外径	标准值 18mm
活塞销压入负载(室温)	标准值 5000～11000N
曲轴销油膜间隙	标准值 0.014～0.059mm,极限值 0.1mm
连杆大端侧间隙	标准值 0.10～0.35mm,极限值 0.4mm
曲轴末端游隙	标准值 0.09～0.27mm,极限值 0.3mm
曲轴轴颈外径	标准值 46mm
曲轴销外径	标准值 40mm
曲轴轴颈油膜间隙	标准值 0.014～0.034mm,极限值 0.1mm
气缸体上表面平面度	标准值 0.05mm,极限值 0.1mm
气缸体上表面研磨极限(气缸盖与气缸体的研磨量合计)	极限值 0.2mm
气缸体总高	标准值 280mm
气缸体内径	标准值 75mm
缸孔圆柱度	极限值 0.007mm
活塞和气缸间隙	标准值 0.010～0.035mm

12.3.2 猎豹1.5T 4G15T发动机正时维修

发动机正时单元部件分解如图12-19所示。

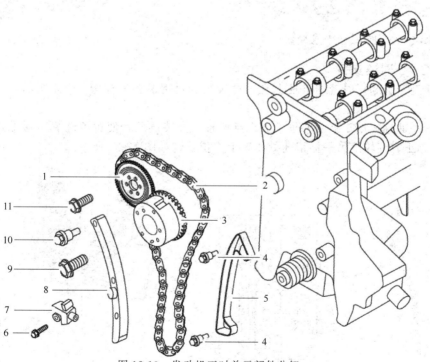

图12-19 发动机正时单元部件分解

1—凸轮轴链轮；2—正时链；3—VVT链轮总成；4—导向轨固定螺栓；5—导向轨；6—正时链张紧器固定螺栓；7—正时链张紧器；8—张紧轨；9—VVT链轮固定螺栓；10—张紧轨固定螺栓；11—凸轮轴链轮固定螺栓

12.3.2.1 正时链拆卸

① 断开蓄电池负极电缆。
② 排放发动机冷却液。
③ 排放发动机机油。
④ 拆卸水泵。
⑤ 拆卸气缸盖罩。
⑥ 拆卸油底壳。
⑦ 拆卸正时链壳体。
⑧ 如图12-20所示，拆卸正时链张紧器固定螺栓。取下正时链张紧器。
⑨ 拆卸张紧轨固定螺栓。取下张紧轨。
⑩ 拆卸导向轨固定螺栓。取下导向轨。
⑪ 如图12-21所示，从排气链轮侧取下正时链。注意当拆卸正时链时切勿旋转曲轴或凸轮轴，否则会造成气门和活塞之间的干扰。

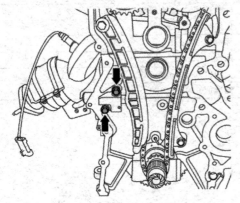

图12-20 拆下正时链张紧器

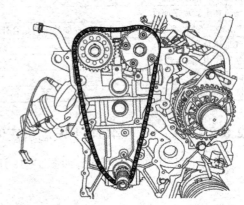

图12-21 拆下正时链

12.3.2.2 正时链安装

① 检查链板和正时链的滚柱上是否有裂纹和过度磨损，如图12-22所示，必要时更换正时链。
② 转动曲轴，使1缸活塞位于上止点位置。安装链条，使黄色链节1对准正时链轮上的标记2。正时链轮上另一标记3处于正上方位置，如图12-23所示。

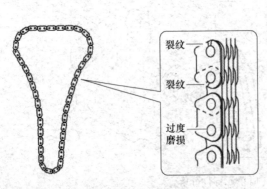

图12-22 检查正时链

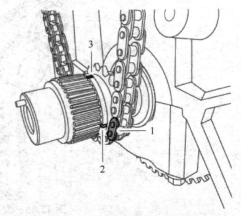

图12-23 设置1缸于上止点位置
1—黄色链节；2,3—标记

③ 转动进、排气凸轮轴，使标记1处于水平位置。将链条安装至VVT链轮，链条上的黄色链节对准VVT链轮上的标记2。将链条安装至排气链轮，链条上的黄色链节对准排气链轮上的标记3，如图12-24所示。

④ 如图12-25所示，安装导向轨。紧固固定螺栓1，力矩10N·m。

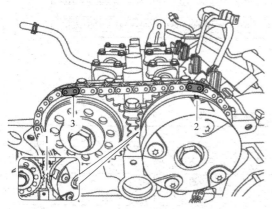

图12-24 对准正时链节与正时标记
1～3—标记

图12-25 安装导向轨
1—螺栓；2—导向轨

⑤ 如图12-26所示，安装张紧轨1。紧固固定螺栓2，力矩24N·m。

⑥ 如图12-27所示，安装正时链张紧器3，安装张紧器上部固定螺栓1（暂时不需要紧固）。使用食指扳动张紧器单向锁销2，推动张紧器，安装张紧器下部固定螺栓并紧固，转矩8N·m。

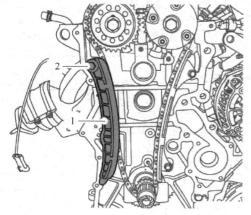

图12-26 安装张紧轨
1—张紧轨；2—螺栓

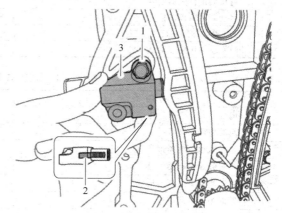

图12-27 安装正时链张紧器
1—螺栓；2—单向锁销；3—张紧器

⑦ 转动曲轴确认链条安装正常。
⑧ 安装正时链壳体。
⑨ 按与拆卸相反的顺序安装其余部件。

12.3.3 猎豹1.5T 4G15T发动机电脑端子定义

发动机电脑端子分布如图12-28所示，端子定义见表12-12、表12-13。

12.3.4 猎豹2.0T 4G63T发动机技术参数

猎豹2.0T 4G63T发动机技术参数见表12-14。

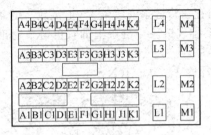 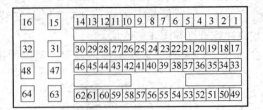

EN01　　　　　　　　　　　　　　　　CA39

图 12-28　发动机电脑端子分布

表 12-12　EN01 连接器端子定义

端子	端子定义	端子	端子定义
A3	爆震传感器接地	H1	2缸喷油嘴控制信号
A4	水温传感器信号	H2	水温传感器信号
B2	电子节气门位置传感器控制信号	J1	废气旁通阀控制信号
B4	5V电源	J2	进气凸轮轴位置传感器控制信号
C1	1缸喷油嘴控制信号	J3	曲轴位置传感器控制信号
C4	电子节气门位置传感器5V+	J4	电子节气门位置传感器5V−
D1	3缸喷油嘴控制信号	K2	前氧传感器信号
D2	电子节气门位置传感器控制信号	K4	前氧传感器接地
D3	增压温度传感器信号	L1	进气相位控制阀控制信号
E3	歧管压力传感器信号	L2	电子节气门电机控制信号＋
E4	前氧传感器加热器控制信号	L3	1缸点火线圈控制信号
F2	增压温度传感器信号	L4	4缸点火线圈控制信号
F4	启动继电器控制信号	M2	电子节气门电机控制信号−
G1	4缸喷油嘴控制信号	M3	3缸点火线圈控制信号
G4	歧管压力传感器信号	M4	2缸点火线圈控制信号

表 12-13　CA39 连接器端子定义

端子	端子定义	端子	端子定义
02	电源	35	蒸发器温度传感器信号
03	炭罐电磁阀信号	36	加速踏板位置传感器1信号
04	风扇低速继电器信号	37	真空度传感器信号
05	风扇高速继电器信号	40	碰撞信号输出
07	制动真空泵继电器信号	42	前氧传感器信号
09	燃油泵继电器信号	47	接地
10	离合器高位开关信号	48	接地
11	CAN 低	49	加速踏板位置传感器2接地
12	CAN 高	50	加速踏板位置传感器1接地
13	后氧传感器信号	51	加速踏板位置传感器25V电源
14	主继电器信号	52	制冷剂开关输出
15	主继电器电源	53	制冷剂压力开关信号
18	制动灯开关	54	起动机输出
21	启停开关信号	58	巡航控制信号
22	电源	60	A/C压缩机继电器信号
25	制动开关信号	61	加速踏板位置传感器2信号
26	加速踏板位置传感器15V电源	63	蓄电池电源
31	主继电器电源	64	接地
34	发电机输出信号		

表 12-14 发动机技术参数

项 目			参 数
基本数据	发动机类型		直列 4 缸
	缸径×行程		85mm×88mm
	排量		1997mL
	压缩比		9.3:1
	气门数		16
	额定功率		110kW(5500r/min 时)
	最大额定功率		130kW(5250r/min 时)
	净功率		100kW(5500r/min 时)
	最大净功率		123kW(5250r/min 时)
	最大净转矩		200N·m(2000～4500r/min 时)
	怠速转速		(750±50)r/min
	整机干质量(不含离合器、起动机)		154kg
	最低燃油消耗率		265g/(kW·h)
	燃油		92 号及以上汽油
	冷却方式		强制水冷
	启动方式		起动机启动
	润滑方式		压力飞溅润滑
	机油填充量(含机油滤清器中的 0.3L)		4.3L
	冷却液		高质量乙二醇冷却液
	机油		SL/CF 级 SAE:5W-40 全合成机油 SAE:0W-30(严寒环境)
凸轮轴	凸轮高	进气	标准值 37.50mm,极限值 37.00mm
		排气	标准值 36.99mm,极限值 36.49mm
	轴径		标准值 45.0mm
气缸盖	下表面平面度		标准值 0.03mm,极限值 0.2mm
	表面研磨极限(气缸体与气缸盖的研磨量合计)		极限值 0.2mm
	全高		标准值 119.9～120.1mm
	气缸盖螺栓长度		标准值 97.4mm,极限值 99.4mm
	气门导管安装孔(进气门与排气门)加大的二次加工尺寸	0.05mmO.S	标准值 11.05～11.07mm
		0.25mmO.S	标准值 11.25～11.27mm
		0.50mmO.S	标准值 11.50～11.52mm
	进气门座圈孔加大的二次加工尺寸	0.30mmO.S	标准值 34.435～34.455mm
		0.60mmO.S	标准值 34.735～34.755mm
	排气门座圈孔加大的二次加工尺寸	0.30mmO.S	标准值 31.935～31.955mm
		0.60mmO.S	标准值 32.235～32.255mm
气门	边缘厚度	进气	标准值 1.0mm,极限值 0.5mm
		排气	标准值 1.2mm,极限值 0.7mm
	气门杆直径		标准值 6.0mm
	气门杆与导管的径向间隙	进气	标准值 0.02～0.05mm,极限值 0.10mm
		排气	标准值 0.03～0.07mm,极限值 0.15mm
	气门平面角		标准值 45°～45.5°
	高度	进气	标准值 112.30mm,极限值 111.80mm
		排气	标准值 114.11mm,极限值 113.61mm
气门弹簧	自由高度		标准值 54.75mm
	工作预紧力/工作高度		标准值 235N/44.2mm
	垂直度		标准值≤2°,极限值≤4°
气门导管	接触带宽		标准值 0.9～1.3mm
	内径		标准值 6.0mm
	外径		标准值 11.0mm
	压入高度		标准值 14.0mm
	气门杆凸出量		标准值 49.3mm,极限值 49.8mm

续表

项 目			参 数
机油泵	侧隙	驱动齿轮	标准值 0.08~0.14mm
		从动齿轮	标准值 0.06~0.12mm
活塞	间隙		标准值 0.02~0.04mm
活塞环	侧隙	第一环	标准值 0.02~0.06mm,极限值 0.1mm
		第二环	标准值 0.02~0.06mm,极限值 0.1mm
	端隙	第一环	标准值 0.25~0.35mm,极限值 0.8mm
		第二环	标准值 0.40~0.55mm,极限值 0.8mm
		油环	标准值 0.10~0.40mm,极限值 1.0mm
活塞销	外径		标准值 22.0mm
	压入力(公斤)		标准值 755~1750kgf[2]
	压入温度		室温
连杆	大端侧隙		标准值 0.10~0.25mm,极限值 0.4mm
曲轴	轴向间隙		标准值 0.05~0.18mm,极限值 0.25mm
	主轴径		标准值 57mm
	连杆轴径		标准值 45mm
	主轴径向间隙		标准值 0.02~0.04mm,极限值 0.1mm
曲轴销	游隙		标准值 0.02~0.05mm,极限值 0.1mm
气缸体	上表面平面度		标准值 0.05mm,极限值 0.1mm
	上表面研磨极限(气缸体与气缸盖的研磨量合计)		极限值 0.2mm
	全高		标准值(284±0.1)mm
	缸孔直径		标准值 85.00~85.03mm
	缸孔圆柱度		标准值 0.01mm

注：1. O.S 加大直径。
2. 1kgf=9.80665N。

12.3.5　猎豹 2.0T 4G63T 发动机正时维修

① 使凸轮轴齿带轮上的正时标记与气缸盖上的标记对齐，如图 12-29 所示。
② 使曲轴齿带轮上的正时标记与前盖上的标记对齐，如图 12-30 所示。

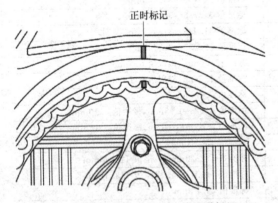

图 12-29　凸轮轴齿带轮上的正时标记

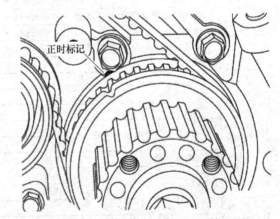

图 12-30　曲轴齿带轮上的正时标记

③ 使油泵齿带轮上的正时标记与其配合标记对齐，如图 12-31 所示。
④ 拆卸气缸体左侧旋塞，如图 12-32 所示。
⑤ 如图 12-33 所示，将直径 8mm 的十字螺丝刀（十字旋具）插入孔中。若能插入 60mm 以上，表示正时标记对齐，若不能插入 25mm 以上，应将油泵齿带轮转一圈，然后

对齐正时标记。再度检查螺丝刀能否插进 60mm 以上。将螺丝刀保持在插入位置，直到正时齿带安装结束。

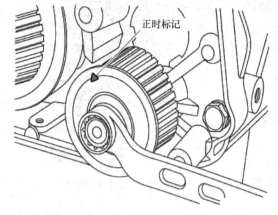

图 12-31 油泵齿带轮上的正时标记

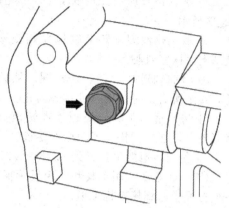

图 12-32 气缸体左侧旋塞

⑥ 安装正时齿带。注意按记下的正时齿带旋转方向安装，如图 12-34 所示。

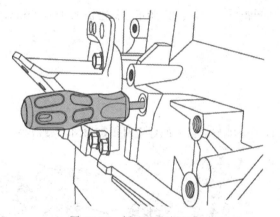

图 12-33 插入十字螺丝刀

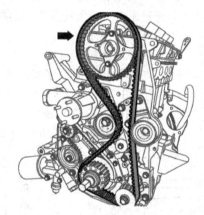

图 12-34 安装正时齿带

⑦ 用带有软钳口的台虎钳夹紧自动张紧器。注意自动张紧器底端有螺塞凸出，应在台虎钳和螺塞之间插入平垫板，防止两者直接接触。利用台虎钳慢慢地将杆推入，直到杆的孔 2 与油缸的 1 孔对齐为止，如图 12-35 所示。

⑧ 如图 12-36 所示，将直径 1.4mm 的钢丝插进对齐的孔中，从台虎钳上拆下自动张紧器。

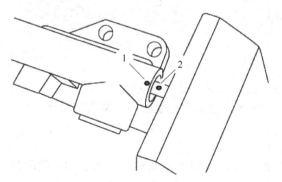

图 12-35 设置张紧器
1, 2—孔

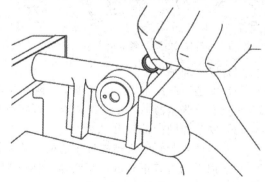

图 12-36 插入钢丝

⑨ 安装自动张紧器，紧固自动张紧器固定螺栓。向箭头方向旋转张紧轮，然后拧紧中心螺栓。
⑩ 确认检查所有正时标记都成一直线，如图 12-37 所示。
⑪ 取出螺丝刀，装上缸体左侧旋塞。注意在旋塞上涂抹密封胶。
⑫ 将曲轴逆时针旋转 1/4 圈。然后顺时针旋转，直到所有正时标记再度排齐为止。
⑬ 将合适的工具套筒扳手和转矩扳手装配在张紧轮上，然后拧松张紧轮中心螺栓。
⑭ 利用转矩扳手拧紧到 0.26～0.27N·m。
⑮ 一面利用专用工具和转矩扳手保持张紧轮，一面拧紧中心螺栓至标准值。
⑯ 将曲轴顺时针旋转两圈，放置约 15min。然后，检查自动张紧器的固定钢丝能否自由滑动。若钢丝不能自由滑动，反复进行以上步骤，直至钢丝可以自由滑动为止。
⑰ 取下自动张紧器固定钢丝。
⑱ 测量距离 A（张紧器臂与自动张紧器本体间距），如图 12-38 所示。标准值 3.8～4.5mm。
⑲ 安装正时齿带下盖。
⑳ 安装正时齿带上盖。
㉑ 按与拆卸相反的顺序安装其余部件。

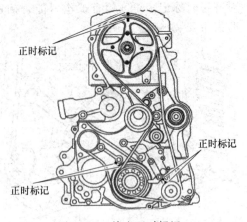

图 12-37 检查正时标记

正时齿带 B 安装步骤如下。
① 安装曲轴齿带轮 B 法兰。
② 将曲轴齿带轮 B 法兰及平衡轴齿带轮的标记分别与前盖上的标记对正，如图 12-39 所示。

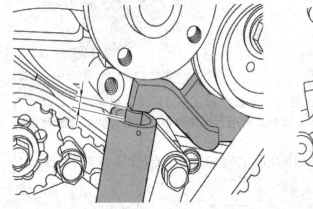

图 12-38 测量距离 A

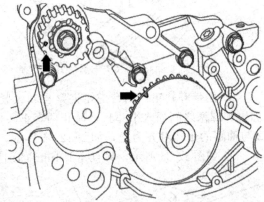

图 12-39 对正标记

③ 取下曲轴齿带轮 B 法兰。
④ 安装正时齿带 B。注意张紧一侧不允许有松弛，如图 12-40 所示。
⑤ 安装张紧器 B，安装张紧器 B 固定螺栓。注意在这一步用手轻轻拧紧固定螺栓。
⑥ 安装曲轴齿带轮 B 法兰。
⑦ 确认张紧轮中心与螺栓中心的位置如图 12-41 所示。
⑧ 用手指对着正时齿带张紧器一侧施加力的同时，向箭头方向移动张紧器 B。此时拧紧张紧器 B 固定螺栓，力矩 19N·m。
注意拧紧螺栓时，不要让轴与齿带轮一起转动使齿带过紧。

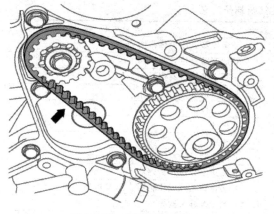

图 12-40 安装正时齿带 B

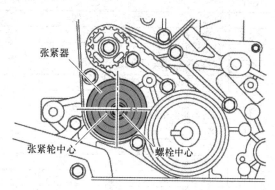

图 12-41 张紧轮中心与螺栓中心位置

⑨ 确认齿带轮与前盖上的标记对齐，如图 12-42 所示。
⑩ 用食指压下正时齿带 B 的张紧器一侧的中央部分，齿带压下量为 5～7mm。
⑪ 安装曲轴齿带轮，并紧固螺栓，力矩 162N·m。
⑫ 安装正时齿带指示器，安装正时齿带指示器固定螺栓，如图 12-43 所示，力矩 9N·m。

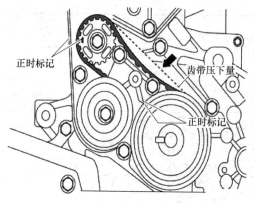

图 12-42 检查标记对齐位置

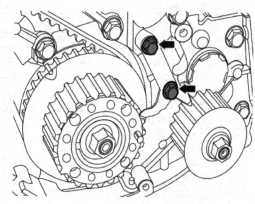

图 12-43 安装正时齿带指示器固定螺栓

⑬ 按与拆卸相反顺序安装其他部件。

12.3.6 猎豹 2.0T 4G63T 发动机电脑端子定义

发动机电脑端子分布如图 12-44 所示，端子定义见表 12-15、表 12-16。

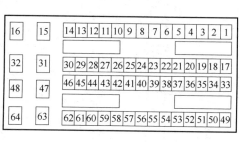

CA39

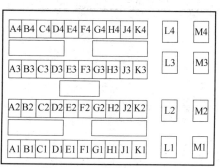

EN01

图 12-44 发动机电脑端子分布

表 12-15 CA39 连接器端子定义

端子	定 义	端子	定 义
2	电源	35	蒸发器温度传感器信号
3	炭罐电磁阀信号	36	加速踏板位置传感器 1 信号
4	风扇低速继电器信号	37	真空度传感器信号
5	风扇高速继电器信号	40	碰撞信号输出
7	制动真空泵继电器信号	42	前氧传感器信号
9	燃油泵继电器信号	47	接地
10	离合器高位开关信号	48	接地
11	CAN 低	49	加速踏板位置传感器 2 接地
12	CAN 高	50	加速踏板位置传感器 1 接地
13	后氧传感器信号	51	加速踏板位置传感器 2 5V 电源
14	主继电器信号	52	制冷剂开关输出
15	主继电器电源	53	制冷剂压力开关信号
18	制动灯开关	54	起动机输出
21	启停开关信号	58	巡航控制信号
22	电源	60	A/C 压缩机继电器信号
25	制动开关信号	61	加速踏板位置传感器 2 信号
26	加速踏板位置传感器 1 5V 电源	63	蓄电池电源
31	主继电器电源	64	接地
34	发电机输出信号		

表 12-16 EN01 连接器端子定义

端子	定 义	端子	定 义
A1	CAN 高	G1	4 缸喷油嘴控制信号
A2	CAN 低	G4	歧管压力传感器信号
A3	爆震传感器接地	H1	2 缸喷油嘴控制信号
A4	水温传感器信号	H2	水温传感器信号
B2	电子节气门位置传感器控制信号	J1	废气旁通阀控制信号
B4	5V 电源	J2	进气凸轮轴位置传感器控制信号
C1	1 缸喷油嘴控制信号	J3	曲轴位置传感器控制信号
C2	进气温度传感器控制信号	J4	电子节气门位置传感器 5V−
C4	电子节气门位置传感器 5V+	K2	前氧传感器信号
D1	3 缸喷油嘴控制信号	K4	前氧传感器接地
D2	电子节气门位置传感器控制信号	L2	电子节气门电机控制信号+
D3	增压温度传感器信号	L3	1 缸点火线圈控制信号
E1	启动继电器控制信号	L4	4 缸点火线圈控制信号
E4	前氧传感器加热器控制信号	M2	电子节气门电机控制信号−
F2	增压温度传感器信号	M3	3 缸点火线圈控制信号
F4	启动继电器控制信号	M4	2 缸点火线圈控制信号

第13章 奇瑞汽车

13.1 星途 TX/TXL（2019 年款）

13.1.1 奇瑞 1.6T SQRF4J16 发动机技术参数

奇瑞 1.6T SQRF4J16 发动机技术参数见表 13-1，主要零部件公差配合见表 13-2。

表 13-1 发动机技术参数

项目	规格	项目	规格	
特点	立式，缸内直喷，直列四缸，四冲程，单气缸四气门，双顶置凸轮轴，增压水冷，VVT	最大转矩转速	2000～4000r/min	
		额定功率转速	5500r/min	
		最低燃油消耗率	235g/(kW·h)	
单缸气门数	4	燃油牌号(不低于)	92 号无铅汽油	
气缸直径	77mm	机油等级	SM SAE-5W-30	
活塞行程	85.8mm	机油容量	(4.3±0.2)L	
排量	1598mL	启动方式	电启动	
压缩比	9.9:1	冷却方式	强制循环式防冻液冷却	
点火方式	独立	润滑方式	复合式(压力、飞溅润滑)	
点火顺序	1-3-4-2	气缸压缩力	0.7～1MPa(180～250r/min 时)	
额定功率	145kW	机油压力	急速[(700±50)r/min]	≥0.07MPa
最大转矩	290N·m		高速(2000r/min)	0.25MPa

表 13-2 发动机主要零部件公差配合

零部件名称	尺寸公差	配合间隙	零部件名称	尺寸公差	配合间隙
进气侧第 1 轴承孔	$30^{+0.025}_{0}$mm	0.050～0.91	缸盖排气侧凸轮轴止推挡宽度	$27.8^{0}_{-0.1}$mm	0.15～0.275
进气凸轮轴总成第 1 轴颈	$30^{-0.050}_{-0.066}$mm		排气凸轮轴总成止推挡宽度	$27.95^{+0.025}_{0}$mm	
进气侧第 2～6 轴承孔	$24^{+0.021}_{0}$mm	0.040～0.074	液压挺杆总成外径	$(11.994±0.006)$mm	0.006～0.036
进气凸轮轴总成第 2～6 轴颈	$24^{-0.040}_{-0.053}$mm		缸盖液压挺杆孔直径	$12^{+0.024}_{+0.006}$mm	
排气侧第 1 轴承孔	$30^{+0.025}_{0}$mm	0.050～0.91	气门导管孔直径	$6^{+0.015}_{0}$mm	0.012～0.043
排气凸轮轴总成第 1 轴颈	$30^{-0.050}_{-0.066}$mm		进气门杆直径	$(5.98±0.007)$mm	
排气侧第 2～5 轴承孔	$24^{+0.021}_{0}$mm	0.040～0.074	气门导管孔直径	$6^{+0.015}_{0}$mm	0.032～0.063
排气凸轮轴总成第 2～5 轴颈	$24^{-0.040}_{-0.053}$mm		排气门杆直径	$(5.98±0.007)$mm	
缸盖进气侧凸轮轴止推挡宽度	$27.8^{0}_{-0.1}$mm	0.15～0.275			
进气凸轮轴总成止推挡宽度	$27.95^{+0.025}_{0}$mm				

13.1.2 奇瑞 1.6T SQRF4J16 发动机正时维修

发动机正时单元部件分解如图 13-1 所示。

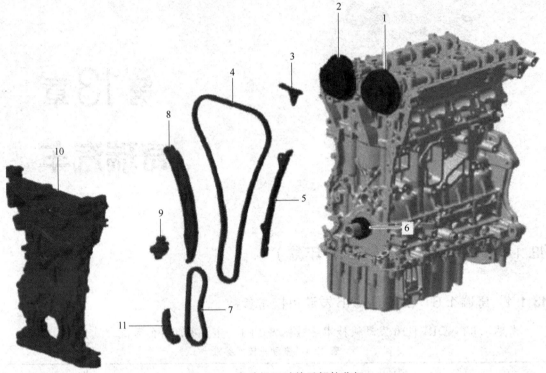

图 13-1 发动机正时单元部件分解

1—进气相位器总成；2—排气相位器总成；3—上部导轨；4—发动机正时链；5—固定导轨；6—曲轴正时链轮；7—机油泵驱动链；8—活动导轨；9—张紧器总成；10—正时室罩盖；11—机油泵链条导轨

发动机正时单元拆装步骤如下。

① 关闭所有电气设备和启动按钮。
② 断开蓄电池负极电缆。
③ 拆卸发动机装饰罩。
④ 拆卸点火线圈。
⑤ 拆卸气门室盖。
⑥ 拆下附件传动带。
⑦ 拆卸惰轮总成。
⑧ 拆卸张紧器总成。
⑨ 拆卸曲轴带轮。
⑩ 拆卸水泵总成。
⑪ 使用发动机平衡架悬挂住发动机总成。
⑫ 拆卸发动机右悬置软垫总成。
⑬ 安装凸轮轴正时工具。

a. 将凸轮轴正时定位专用工具放置在缸盖上平面的后部，分别转动进、排气凸轮轴，将凸轮轴正时定位专用工具水平地卡入两个凸轮轴后端卡槽中，如图 13-2 所示。

b. 拆卸起动机总成。

c. 如图 13-3 所示，从发动机缸体上拆卸曲轴正时工具安装孔固定螺栓（箭头）。拧紧力矩（40+5）N·m。

图 13-2 安装凸轮轴正时工具

d. 将曲轴正时定位销通过缸体进气侧螺孔装在缸体上，如图 13-4 所示，定位销的前端插在曲轴平衡块上的定位孔内（各缸活塞应处于同一平面内）。

注意这种操作需要耐心，并且要小心，以免损坏曲轴。

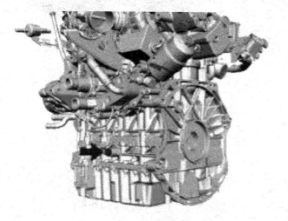

图 13-3　拆卸曲轴正时工具安装孔固定螺栓

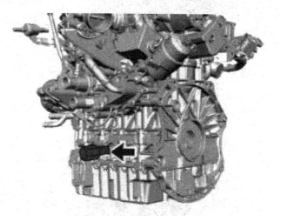

图 13-4　插入曲轴正时定位销

⑭ 拆卸发动机正时室罩盖。

a. 拆卸发动机正时室罩盖与油底壳总成连接的 5 个固定螺栓 1。拧紧力矩 (8+3)N·m。

b. 如图 13-5 所示，拆卸正时室罩盖固定螺栓（箭头）M6×30（19 个）。拧紧力矩 (8+3)N·m。

c. 拆下正时室罩盖。

注意用专用工具清理油污及密封胶。仔细观察正时室罩盖上有无开裂和渗油痕迹，如有则更换正时室罩盖。

⑮ 拆卸正时链。

a. 拆卸张紧器总成 2 个固定螺栓（箭头），并拆下张紧器总成，如图 13-6 所示。拧紧力矩 (8+3)N·m。

图 13-5　拆卸正时室罩盖
1—螺栓

图 13-6　拆下张紧器总成

b. 拆卸活动导轨固定螺栓 1，拆下活动导轨。拧紧力矩 (20+5)N·m。

c. 拆卸固定导轨 2 个固定螺栓 2，拆下固定导轨总成，如图 13-7 所示。拧紧力矩 (8+3)N·m。

d. 拆卸上部导轨 2 个固定螺栓（箭头），拆下上部导轨，如图 13-8 所示。拧紧力矩 (8+3)N·m。

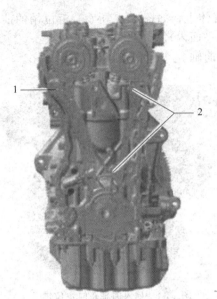

图13-7 拆下活动导轨与固定导轨
1,2—螺栓

图13-8 拆卸上部导轨

e. 拆下发动机正时链。

注意拆卸链条后，要用记号笔在链条的前面和背面做标记，以便在安装时保持相同方向。由于正时链长时间处于一个方向运动，会导致链条两侧磨合不均匀，所以在相同方向上拆卸和安装链条是必要的。

⑯ 按与拆卸相反的顺序进行安装。

13.1.3 奇瑞1.6T SQRF4J16发动机电脑端子定义

发动机电脑端子分布如图13-9所示，端子定义见表13-3、表13-4。

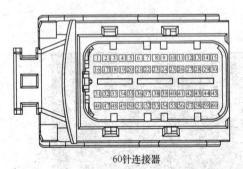

60针连接器　　　　　　　　　　　　　　　94针连接器

图13-9 发动机电脑端子分布

表13-3 60针连接器端子定义

端子	定　　义	端子	定　　义
1	电子节气门控制+	8	5V电源
2	电子节气门控制-	9	传感器地
3	(MSV5)油压控制阀-	10	爆震传感器-
4	(MSV5)油压控制阀+	12	进气压力传感器
5	可变气门正时阀(排气)	13	电子废气门位置信号
6	ECU屏蔽地	14	油轨压力传感器
7	5V电源	16	可变机油泵

续表

端子	定 义	端子	定 义
18	炭罐控制阀	40	第2缸点火
19	泄压控制阀	41	节气门位置传感器2
20	可变气门正时阀(进气)	43	冷却液温度传感器地
23	发动机转速传感器	44	5V电源
24	节气门位置传感器1	46	第3缸喷油＋
25	爆震传感器＋	47	第2缸喷油＋
26	传感器地	48	第4缸喷油－
27	5V电源	49	第2缸喷油－
28	传感器地	50	电子废气门控制－
31	第1缸喷油＋	51	传感器地
32	第4缸喷油＋	52	5V电源
33	第1缸喷油－	53	相位传感器(进气)
34	第3缸喷油－	54	相位传感器(排气)
35	电子废气门控制＋	56	进气温度传感器
36	第1路GPF压力传感器	57	冷却液温度传感器
37	第1缸点火	58	空气流量信号(HFM7)
38	第3缸点火	59	传感器地
39	第4缸点火		

表13-4 94针连接器端子定义

端子	定 义	端子	定 义
1	ECU地1	45	CAN高
2	ECU地2	48	低压油轨压力传感器
3	主继电器电源1	49	风扇继电器2(高速)
4	ECU地3	50	空调压缩机继电器
5	主继电器电源2	52	踏板2地
6	主继电器电源3	56	第2路GPF压差传感器
7	上游氧传感器加热	57	炭罐关闭阀
8	电子水泵控制器	58	5V电源
10	空调压力传感器	59	油压传感器电源
11	传感器地	60	防盗输入
13	制动真空度传感器	61	加速踏板位置传感器2
14	离合器水泵电磁阀	62	下游氧传感器
15	燃油控制使能信号	63	增压压力传感器
16	电子节温器	64	增压温度传感器
17	5V电源	65	LIN总线接口
19	制动灯开关	69	主继电器
21	传感器地	70	起动机状态反馈
24	制动开关	71	传感器地
26	制动真空泵继电器	73	曲轴通风加热继电器
29	下游氧传感器加热	74	炭罐脱附压力传感器
30	持续电源	76	上游氧传感器VM
31	启动电机继电器	77	上游氧传感器UN
32	GPF传感器地	78	上游氧传感器IA
34	氧传感器地	79	上游氧传感器IP
36	GPF前温度传感器	80	踏板1地
37	油箱压力传感器	81	踏板5V电源2
39	风扇继电器1(低速)	82	踏板5V电源1
40	燃油液位传感器	83	加速踏板位置传感器1
44	CAN低	87	点火开关

13.1.4　奇瑞1.6T SQRF4J16发动机数据流

奇瑞1.6T SQRF4J16发动机数据流见表13-5。

表13-5　发动机数据流

数据流名称	数值范围	解释与备注
发动机冷却液温度	85~105℃	热机后的发动机冷却液温度,由发动机冷却液温度传感器测取
发动机转速	700~750r/min	热机后怠速时发动机转速
环境压力	约1013hPa	平原地区
蓄电池电压	13~15V	打开大灯等电器负载时,有可能低于13V
进气温度	冷机启动时和环境温度一样	比当前的环境温度要高,根据环境温度不同而不同
加速踏板开度	0~100%	怠速时加速踏板开度应为0
实际转矩	正常怠速为11%~17%	发动机燃料燃烧实际产生的转矩,正常情况下应同目标转矩基本相等
目标转矩	正常怠速为11%~17%	发动机的目标转矩,开空调等负载后目标需要转矩会提高
相对负荷	怠速时为10%~25%左右	发动机气缸的相对充气量,开空调等负载后会增加,高原地区可能会略小
后氧传感器信号电压	新催化器后氧传感器电压应为0.58~0.75V	新催化器后氧传感器电压应在0.58~0.75V之间,并且变化缓慢,如果电压持续振荡并且振幅接近前氧传感器的值,说明三元催化器失效
目标节气门开度	正常怠速时0~8%	开空调等负载会增加
节气门开度	正常怠速时0~8%	怠速时实际节气门开度应同目标节气门开度相等
挡位	怠速时对于手动挡车型,挡位信号为0	—
实际点火角	正常怠速时为3°~5°	如果有外界负载干扰,点火角可能会跳动来维持怠速稳定
进气歧管压力	怠速无负载时为300~500hpa	开空调等其他负载后会增加,高原地区会略小
发动机启动时的温度	一般为实时温度(非热机启动)	发动机启动时的冷却液温度值,如果启动前车辆静置时间足够长,此温度约等于环境温度
前氧传感器信号电压	热机后正常在0.05~0.9V之间变化,来回跳变	经验值:10s内变化不少于5次
怠速转矩自学习值	通常在-5%~10%	发动机怠速的转矩自学习值,该值越大说明该发动机怠速转矩消耗越大,越小,说明发动机怠速转矩消耗越小
炭罐控制阀的控制占空比	怠速时为0~40%	—
进气量	怠速时为5~12kg/h	开空调等负载后会增加
节气门前压力	—	略小于环境压力
氧传感器闭环调节量	0.75~1.25	根据氧传感器信号反馈输出的调节量
混合气乘法自学习值	0.75~1.25	空燃比自学习值
混合气加法自学习值	-7.5%~7.5%	空燃比自学习值

注:发动机热机怠速工况。

13.1.5　奇瑞8挡自动变速器电脑端子定义

变速器电脑端子分布如图13-10所示,端子定义见表13-6、表13-7。

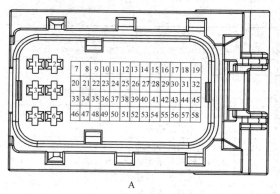
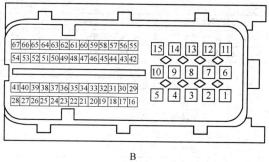

图 13-10 变速器电脑端子分布

表 13-6 连接器 A 端子定义

端子	定 义	端子	定 义
1	KL30	25	升挡/停车输入
2	GND	26	挡位信号输入 5
3	KL30	27	挡位信号输入 3
4	GND	28	挡位信号输入 1
5	KL30	29	换挡拨片升挡信号
6	GND	30	低驱
9	冬季模式开关信号输入	31	KL15
10	制动信号输入	34	CAN1 高
12	手动挡降挡/非 P 挡	35	CAN1 低
13	挡位信号输入 6	38	换挡手柄地
14	挡位信号输入 4	39	换挡手柄供电/高驱
15	挡位信号输入 2	40	倒车灯继电器
16	换挡拨片降挡信号	41	GND
18	KL30(低功率)	42	换挡拨片接地
21	CAN2 高	43	换挡杆锁输出
22	CAN2 低	44	启动使能信号
23	串口		

表 13-7 连接器 B 端子定义

端子	定 义	端子	定 义
1	离合器电机 2 相位 U	17	换挡电机 2 霍尔传感器 1 信号
2	离合器电机 2 相位 V	18	换挡电机 1 霍尔传感器 1 信号
3	离合器电机 2 相位 W	19	离合器电机 2 霍尔传感器 1 信号
4	离合器电机 1 相位 U	20	离合器电机 1 霍尔传感器 1 信号
5	离合器电机 1 相位 V	21	离合器电机 1 霍尔传感器供电
6	换挡电机 1 相位 U	22	离合器电机 1 位置信号
7	换挡电机 1 相位 V	23	温度传感器信号
8	换挡电机 1 相位 W	24	压力传感器 2 信号
9	换挡电机 2 相位 U	25	压力传感器 1 信号
10	离合器电机 1 相位 W	26	输出轴转速传感器信号
11	冷却电机相位 U	27	输入轴转速传感器 2 信号
12	冷却电机相位 V	28	输入轴转速传感器 1 信号
13	冷却电机相位 W	29	冷却电机霍尔传感器 2 信号
14	换挡电机 2 相位 V	30	换挡电机 2 霍尔传感器 2 信号
15	换挡电机 2 相位 W	31	换挡电机 1 霍尔传感器 2 信号
16	冷却电机霍尔传感器 1 信号	32	离合器电机 2 霍尔传感器 2 信号

续表

端子	定 义	端子	定 义
33	离合器电机1霍尔传感器2信号	49	换挡电机2霍尔传感器供电
34	离合器电机2霍尔传感器供电	50	压力传感器2供电
35	离合器电机2位置信号	51	压力传感器1供电
36	温度传感器接地	52	电磁屏蔽
37	压力传感器2接地	53	挡位传感器供电
38	压力传感器1接地	54	挡位传感器1信号
39	输出轴转速传感器供电	55	冷却电机传感器接地
40	输入轴转速传感器2供电	56	换挡电机2霍尔传感器信号接地
41	输入轴转速传感器1供电	57	换挡电机1霍尔传感器信号接地
42	冷却电机霍尔传感器3信号	58	离合器电机2霍尔传感器信号接地
43	换挡电机2霍尔传感器3信号	59	离合器电机1霍尔传感器信号接地
44	换挡电机1霍尔传感器3信号	60	冷却电机传感器供电
45	离合器电机2霍尔传感器3信号	61	换挡电机2位置信号
46	离合器电机1霍尔传感器3信号	65	电磁屏蔽
47	换挡电机1霍尔传感器供电	66	挡位传感器接地
48	换挡电机1位置信号	67	挡位传感器2信号

13.1.6 自动空调控制器端子定义

空调控制器端子分布如图13-11所示,端子定义见表13-8、表13-9。

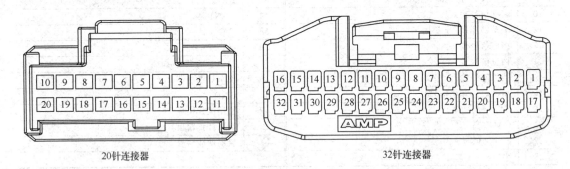

图13-11 空调控制器端子分布

表13-8 20针连接器端子定义

端子	定 义	端子	定 义
1	CAN高	13	PTC3电路控制端
5	阳光传感器地	14	PTC2电路控制端
6	微光传感器输入	15	PTC1电路控制端
7	左阳光传感器输入	16	鼓风机继电器控制端
8	右阳光传感器输入	17	压缩机电磁阀低边
9	KL30	18	压缩机电磁阀电源
10	KL30	19	电源地
11	CAN低	20	电源地

表13-9 32针连接器端子定义

端子	定 义	端子	定 义
1	右温度电机负极	4	模式电机正极
2	右温度电机正极	5	左温度电机负极
3	模式电机负极	6	左温度电机正极

续表

端子	定义	端子	定义
7	循环电机负极	18	传感器 12V 电源
8	循环电机正极	23	传感器地
9	鼓风机正反馈端	24	传感器地
10	鼓风机负反馈端	25	蒸发器温度传感器输入
11	鼓风机控制输出	26	吹脚右温度传感器输入
12	电机位置检测 5V 电源	27	吹脚左温度传感器输入
13	PM2.5 传感器使能输出	28	吹脸右温度传感器输入
14	PM2.5 传感器信号	29	吹脸左温度传感器输入
15	空气质量传感器信号	30	左温度电机角度位置检测
16	右温度电机角度位置检测	31	模式电机角度位置检测
17	电机位置检测 5V 电源地	32	循环电机角度位置检测

13.1.7 电动天窗电机初始化方法

如果初始化两个天窗电机，在初始化电动遮阳帘电机前，需要对前滑动玻璃电机进行初始化。

前滑动玻璃电机初始化步骤如下。
① 在整个初始化过程中，必须打开驾驶员车门或乘客侧前门。
② 将点火开关旋至打开（ON）位置。
③ 前滑动玻璃需处于完全关闭位置，关闭键箭头方向（启动可能需要耗时 20s）。
④ 释放开关并通过执行一键起翘、一键打开、一键关闭操作验证是否成功执行初始化动作。

电动遮阳帘电机初始化步骤如下。
新电动遮阳帘电机只能向关闭位置移动，必须接受初始化。
① 在整个初始化过程中，必须打开驾驶员车门或乘客侧前门
② 将点火开关旋至打开（ON）位置。
③ 在对遮阳帘电机初始化前需先对玻璃电机进行初始化。
④ 遮阳帘需处于完全关闭位置，关闭键箭头方向（启动可能需要耗时 20s）。
⑤ 释放开关并通过执行一键打开、一键关闭操作验证是否成功执行初始化动作。

13.1.8 车轮定位数据

车轮定位数据见表 13-10。

表 13-10 车轮定位数据

项目		数值
前轮	前轮前束	$-8'\pm6'$（单边）
	车轮外倾角	$-30'\pm30'$
	主销后倾角	$6°43'\pm45'$
	主销内倾角	$13°54'\pm45'$
后轮	后轮前束	$-10'\pm6'$（单边）
	车轮外倾角	$-1°11'\pm30'$
	侧滑量	(0 ± 3)m/km

13.2 艾瑞泽 GX（2019 年款）

13.2.1 奇瑞 1.5T SQRE4T15B 发动机技术参数

奇瑞 1.5T SQRE4T15B 发动机技术参数见表 13-11。

表 13-11 发动机技术参数

项 目			参 数
基本数据	特点		立式、直列4缸、水冷,4冲程、双顶置凸轮轴、增压水冷
	单缸气门数		4
	气缸直径		77mm
	活塞行程		80.5mm
	工作容积		1498mL
	压缩比		9.5:1
	点火方式		独立
	点火顺序		1-3-4-2
	额定功率		108kW
	最大转矩		210N·m
	最大转矩转速		1750~4000r/min
	额定功率转速		5500r/min
	最低燃油消耗率		275g/(kW·h)
	燃油牌号		92号及以上无铅汽油
	机油等级		SM SAE-5W-30、SM SAM-5W-40、SM SAE-10W-40
	机油容量		(4.7±0.2)L
	启动方式		电启动
	冷却方式		强制循环式防冻液冷却
	润滑方式		复合式(压力、飞溅润滑)
	气缸压缩压力		0.7~1MPa(180~250r/min时)
	机油压力	急速[(700±50)r/min]	≥0.07MPa
		高速(2000r/min)	≥0.25MPa
凸轮轴	凸轮高	进气	37.07~37.31mm
		排气	36.94~37.18mm
	凸轮轴轴径(进、排气相同)	第1轴颈	33.934~33.95mm
		第2~5轴颈	23.947~23.96mm
	凸轮轴轴向间隙	进气	0.15~0.2mm
		排气	0.15~0.2mm
气缸盖	下表面平面度		0.04mm
	全高		141.05mm
	表面研磨极限		不允许研磨
气门	气门顶部边缘厚度	进气	0.68~1.1mm
		排气	0.48~0.9mm
	气门杆直径	进气	(5.98±0.008)mm
		排气	(5.96±0.008)mm
	密封带宽	进气	1.154mm
		排气	1.307mm
	气门杆与导管的间隙	进气	0.012~0.043mm
		排气	0.032~0.063mm
	密封带锥面夹角	进气	90°
		排气	90°
	高度	进气	107.75~108.25mm
		排气	106.07~106.57mm
气门弹簧	自由高度		47.8mm
	工作预紧力/工作高度		229~251N/41mm
气门导管	内径		6~6.015mm
	压入高		(16±0.3)mm
活塞	活塞裙部直径		76.907~76.947mm
	活塞销孔直径		18.010~18.025mm
活塞环	活塞环侧隙	第一道环	0.02~0.065mm
		第二道环	0.02~0.06mm
	活塞环端隙	第一道环	0.2~0.3mm
		第二道环	0.3~0.5mm

续表

项 目			参 数
活塞销	直径		17.995～18
	长度		45/0/-0.3
曲轴	曲轴主轴颈	直径	标准值50mm,极限值49.979mm
		同轴度	0.05mm
		圆柱度	0.007mm
		圆度	0.004mm
	连杆轴颈	直径	标准值50mm,极限值49.984mm
		对主轴颈的平行度	0.008mm
气缸体	全高		274.9mm
	缸孔圆度/直线度		0.008mm/0.01mm
	上表面平面度		0.04mm
	表面研磨极限		不允许研磨
连杆	连杆大头孔轴向间隙		0.15～0.40mm
	连杆瓦径向间隙		0.026～0.075mm

13.2.2 奇瑞1.5T SQRE4T15B发动机正时维修

参考本书13.3.2小节。

13.2.3 奇瑞1.5T SQRE4T15B发动机电脑端子定义

发动机电脑端子分布如图13-12所示,端子定义见表13-12。

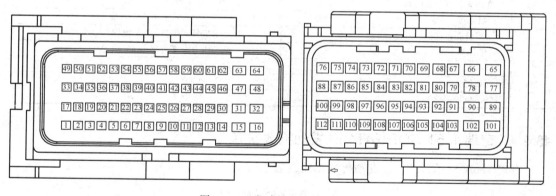

图13-12 发动机电脑端子分布

表13-12 发动机电脑端子定义

端子	定 义	端子	定 义
1	CAN总线1高	19	5V电源
5	主继电器	20	UBD持续电源
6	离合器顶部开关	21	下游氧传感器
7	电子油门踏板1地	22	副仪表台开关
8	空挡开关	23	制动开关
9	巡航控制	24	空调压缩机中压开关
10	空调压缩机高低压开关	25	制动灯开关
12	制动真空度传感器	27	空挡开关
13	KL50状态	30	电子油门踏板2
15	UBR非持续性电源	31	高速风扇控制
16	UBR非持续性电源	35	启动按钮
17	CAN总线1低	36	电子油门踏板2接地

端子	定 义	端子	定 义
37	电子油门踏板 1 5V 电源	78	节气门位置传感器 2
41	燃油泵继电器	80	上游氧传感器地
42	空调压缩机继电器	84	发动机转速传感器地
43	下游氧传感器地	85	进气压力温度传感器接地
44	离合器底部开关	86	节气门位置传感器接地
45	电子油门踏板 1	87	节气门执行器⊖
46	增压压力传感器	88	点火线圈 2
47	模拟地	89	爆震传感器 B
48	下游氧传感器加热	90	爆震传感器 A
54	真空泵继电器	91	进气压力温度传感器
55	副仪表台开关	92	PWM 电子水泵
56	低速风扇控制	93	相位传感器 1
58	起动机控制	94	TEV 炭罐阀
59	电子油门踏板 2 5V 电源	95	进气相位传感器地
62	增压压力传感器温度信号	96	发动机转速传感器信号
63	ECU 地 1	98	相位传感器+5V
64	ECU 地 2	99	点火线圈驱动 2
65	废气控制阀	100	点火线圈驱动 1
67	2 缸喷油嘴	101	发动机冷却液温度传感器
68	1 缸喷油嘴	102	进气温度传感器
69	可变凸轮轴排气正时阀	104	上游氧传感器
70	ERCV 阀	105	相位传感器 2
71	可变凸轮轴进气正时阀	106	PWM 电子水泵反馈信号
72	3 缸喷油嘴	107	节气门位置传感器 5V 电源
73	上游氧传感器加热	108	发动机转速传感器 5V 电源
74	4 缸喷油嘴	109	进气压力温度传感器 5V 电源
75	节气门执行器+	111	ECU 地 3
76	点火线圈 4	112	ECU 地 4
77	节气门位置传感器 1		

13.2.4 奇瑞 1.5T SQRE4T15B 发动机数据流

奇瑞 1.5T SQRE4T15B 发动机数据流见表 13-13。

表 13-13 发动机数据流

数据流名称	数值范围	解释与备注
发动机冷却液温度	80~96℃	热机后的发动机水温度,由发动机水温传感器测取
发动机转速	650~850r/min	热机后怠速时发动机转速
环境压力	约 1013hpa	平原地区
蓄电池电压	13~15V	打开大灯等电器负载时,有可能低于 13V
进气温度	冷机启动时和环境温度一样	比当前的环境温度要高,根据环境温度不同而不同
加速踏板开度	0~100%	急速时加速踏板开度应为 0
实际转矩	正常急速为 11%~17%	发动机燃料燃烧实际产生的转矩,正常情况下应同目标转矩基本相等
目标转矩	正常急速为 11%~17%	发动机的目标转矩,开空调等负载后目标需求转矩会提高
相对负荷	急速时为 10%~25%	发动机气缸的相对充气量,开空调等负载后会增加,高原地区可能会略小

续表

数据流名称	数值范围	解释与备注
后氧传感器信号电压	新催化器后氧传感器电压应为0.58~0.75V	新催化器后氧传感器电压应在0.58~0.75V之间,并且变化缓慢,如果电压持续振荡且振幅接近前氧传感器的值,说明三元催化器失效
目标节气门开度	正常急速时0~8%	开空调等负载会增加
节气门开度	正常急速时0~8%	急速时实际节气门开度应同目标节气门开度相等
挡位	急速时对于手动挡车型,挡位信号为0	—
实际点火角	正常急速时为3°~5°	如果有外界负载干扰,点火角可能会跳动来维持急速稳定
进气歧管压力	急速无负载时为300~500hpa	开空调等其他负载后会增加,高原地区会略小
发动机启动时的温度	一般为实时温度(非热机启动)	发动机启动时的冷却液温度值,如果启动前车辆静置时间足够长,此温度约等于环境温度
前氧传感器信号电压	热机后正常在0.05~0.9V之间变化,来回跳变	经验值:10s内变化不少于5次
急速转矩自学习值	通常在-5%~10%	发动机急速的转矩自学习值,该值越大说明该发动机急速转矩消耗越大,越小,说明发动机急速转矩消耗越小
炭罐控制阀的控制占空比	急速时为0~40%	—
进气量	急速时为5~12kg/h	开空调等负载后会增加
节气门前压力	—	略小于环境压力
氧传感器闭环调节量	0.75~1.25	根据氧传感器信号反馈输出的调节量
混合气乘法自学习值	0.75~1.25	空燃比自学习值
混合气加法自学习值	-7.5%~7.5%	空燃比自学习值

注:发动机热机急速工况。

13.2.5 电子节气门自学习方法

下列情况需要进行节气门自学习。
① 拆下蓄电池并断开蓄电池负极端子。
② 使用新的ECU替换,检查故障是否再现。
③ 断开并重新连接ECU。
④ 更换或清洁节气门。

节气门自学习条件如下。
① 发动机进气温度高于5℃。
② 5℃<发动机冷却液温度<100.5℃。
③ 发动机转速约为250r/min。
④ 车速为零。
⑤ 蓄电池电压大于10V。
⑥ 加速踏板开度小于14.9%。

节气门自学习程序:启动按钮处于ON位置等待15s后,打回OFF挡。自学习完成后,启动车辆,观察是否正常工作。

13.2.6 音响系统端子定义

音响系统端子分布如图13-13所示,端子定义见表13-14。

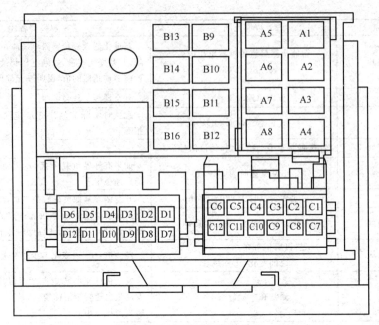

图 13-13 音响系统端子分布

表 13-14 音响系统端子定义

端子	定 义	端子	定 义
A1	右后＋	C4	音响信号输出
A2	右前＋	C5	摄像头电源地
A3	左前＋	C6	视频信号－
A4	左后＋	C7	CAN 低信号
A5	右后－	C8	开关信号输出
A6	右前－	C9	MIC＋
A7	左前－	C10	音响控制地
A8	左后－	C11	摄像头电源
B9	转向盘按键信号 1	C12	视频信号＋
B10	转向盘按键地	D1	音频信号输出正极
B11	转向盘按键信号 2	D2	音频信号输出负极
B12	电源地	D3	导航
B13	触发电源信号	D6	Encoder A
B15	工作/记忆电源	D8	MIC 输入
B16	夜光灯电源	D9	MIC－
C1	CAN 高信号	D10	RX
C2	启动信号	D11	TX
C3	MIC 信号	D12	Encoder B

13.2.7 电动天窗初始化方法

恢复模块初始记忆位置的方法如下注意按键方式及所按的键。

① 按住张开/抬起（一定是此按键）天窗方向的按键 15s 以上（如能达到原完全张开状态即可解决故障）。

② 调试天窗，如仍无法解决故障，则继续执行以下操作。

③ 按住张开/抬起按键到最终位置后放开，然后再拆下车内前顶灯控制盒，拔掉模块与电机的连接线（其插头在模块上）。

④ 拔掉模块与电机的连接线后再短按几次打开（或滑动打开）的按键。之后再插上模块与电机的连接线。

⑤ 按住张开/抬起（一定是此按键）天窗方向的按键 15s 以上（此时天窗一定可以运行到完全张开的状态）。

⑥ 按以上操作流程操作完后，如仍无法解决问题，更换模块或电机。

更换模块的方法（注意把模块中的位置传感器卡到拉锁上）。

① 把天窗运行到完全关闭的状态下执行以下操作。

② 拆下车顶灯及其控制单元/车顶内饰/车辆前遮阳板，直到露出天窗总成，并看到整个模块。

③ 用十字螺丝刀拧开模块上的螺钉，轻轻松开模块的同时向左侧拉即可卸下模块。

④ 按照对应的方向把新模块上的卡槽卡到天窗上，同时把拉锁卡到模块中间的凹槽中，直接紧固到天窗上，并用十字螺丝刀把螺钉固定好。

⑤ 调试天窗。

每个新模块的初始记忆都已经设定好，如更换新的模块时没有完全关闭天窗，执行恢复初始记忆位置的操作。

13.2.8 电动车窗防夹模块初始化方法

防夹车窗升降系统正常使用过程中，如进入"取消防夹"状态，没有自动升窗防夹功能，可使用手动学习，使防夹车窗升降系统恢复全功能。

更换车窗升降系统相关机构（如玻璃升降器、玻璃导槽等）需要进行诊断仪学习，以确保系统参数更新，学习完成后需要使用诊断仪清除故障码一次。

学习过程中必须保证车窗范围内无障碍物，手动学习步骤如下。

① 点火钥匙打到 ON 挡。

② 手动持续操作车窗玻璃上升到顶堵转 2s。

③ 松开开关。

④ 手动持续操作车窗玻璃下降到底堵转 2s。

⑤ 松开开关。

⑥ 尝试自动升窗功能。

13.3 捷途 X9（2019 年款）

13.3.1 奇瑞 1.5T SQRE4T15B 发动机技术参数

参考本书 13.2.1 小节。

13.3.2 奇瑞 1.5T SQRE4T15B 发动机正时维修

发动机正时单元部件分解如图 13-14 所示。

13.3.2.1 发动机正时链条拆卸

① 拆卸正时罩盖。

② 用 8# 套筒拆卸链条上导轨总成上的螺栓（2 个 M6×15），取下链条上导轨总成，如图 13-15 所示。

③ 推动活动导轨，将液压张紧器柱塞推至最大压缩位置，用卡销将液压张紧器柱塞卡死，用 8# 套筒拆卸液压张紧器总成上的 2 个螺栓，取下液压张紧器总成，如图 13-16 所示。

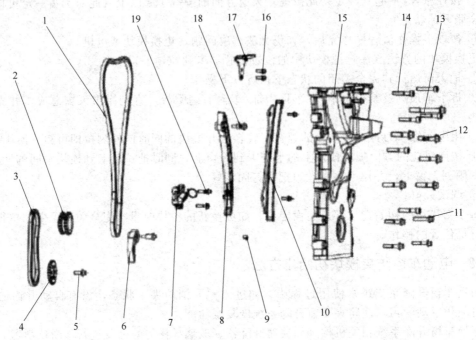

图 13-14 发动机正时单元部件分解

1—正时链条；2—曲轴链轮；3—机油泵链条；4—机油泵链轮；5—六角法兰面螺栓；6—机油泵活动导轨总成；7—液压张紧器总成；8—活动导轨总成；9—定位销；10—固定导轨总成；11—六角法兰面螺栓；12—六角法兰面螺栓；13—六角法兰面螺栓；14—内六角螺栓；15—正时罩盖；16—六角法兰面螺栓；17—链条上导轨总成；18—活动导轨螺栓；19—六角法兰面螺栓

图 13-15 拆卸链条上导轨总成

图 13-16 拆下液压张紧器总成

④ 用 10# 套筒拆卸活动导轨总成上的螺栓，取下活动导轨总成。

⑤ 用 8# 套筒拆卸固定导轨总成上的螺栓，取下固定导轨总成。

⑥ 取下正时链条，如图 13-17 所示。

13.3.2.2 发动机正时链条安装

① 转动曲轴，将曲轴正时定位销通过缸体上进气侧的螺孔装在缸体上，定位销的前端插在曲轴平衡块上的定位孔内，如图 13-18 所示。注意四个活塞应处于同一平面内。

图 13-17 取下正时链条

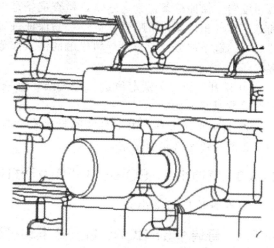

图 13-18 安装曲轴定位销

此时固定相位器的螺栓不能拧紧,如图 13-19 所示,相位器应能够相对凸轮轴转动。

② 将凸轮轴正时定位专用工具放置在缸盖上平面的后部,分别转动进、排气凸轮轴,将凸轮轴正时定位专用工具水平地卡入两个凸轮轴后端卡槽中,如图 13-20 所示。

图 13-19 相位器固定螺栓

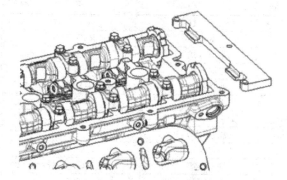

图 13-20 安装凸轮轴正时定位专用工具

③ 将上导轨总成两个螺栓涂乐泰 243 胶 2~3 牙,旋入凸轮轴第一轴承盖暂不拧紧。

④ 将正时链条分别挂到进、排气相位器和曲轴链轮上,上导轨总成保持水平。

⑤ 用 8# 套筒将固定导轨总成两个螺栓分别固定到缸盖和缸体上,然后拧紧螺栓,力矩 (9+3)N·m。

⑥ 用 10# 套筒将活动导轨总成用螺栓固定到缸盖上,然后拧紧螺栓,力矩 (12+2)N·m。拧紧后,检查活动导轨是否能绕该螺栓灵活转动,否则拆下检查螺栓和活动导轨总成。

⑦ 用 8# 套筒将液压张紧器总成用 2 个螺栓紧固到缸体上,拧紧力矩 (9+3)N·m,然后扳动活动导轨压紧液压张紧器柱塞,拔出液压张紧器的锁销使链条张紧。

⑧ 正时链条张紧后,依次转动进、排

图 13-21 开口扳手定位端

气相位器，保证链条在紧边张紧，检查链条是否贴在固定导轨与活动导轨内，并与曲轴链轮和进、排气相位器正常啮合。此过程需保证进气相位器到曲轴链轮啮合点以及进、排气相位器之间的链条部分（即与上导轨接触的链条部分）不可松弛，保持上导轨水平，拧紧上导轨螺栓，力矩（9+3）N·m。

⑨ 用开口扳手分别定位进、排气凸轮轴前端，如图13-21所示，用内六角套筒把相位器螺栓拧紧至（105+5）N·m。

⑩ 拆下正时工具，用工具顺时针盘动曲轴2圈，禁止逆时针盘动，确保无机械干涉，检查正时系统运转是否正常。

13.3.3 奇瑞1.5T SQRE4T15B发动机电脑端子定义

参考本书13.2.3小节。

13.3.4 奇瑞1.5T SQRE4T15B发动机数据流

参考本书13.2.4小节。

13.3.5 奇瑞8AT自动变速器技术参数

自动变速器技术参数见表13-15。

表13-15 自动变速器技术参数

项目	参数	项目		参数
型号	SR-8AT300F	传动比范围		6.5
驱动方式	前置前驱	传动比	D1挡	4.17
控制方式	电子液压控制		D2挡	2.65
换挡模式	P、R、N、D、M、手自一体		D3挡	1.69
最大输入转矩	300N·m		D4挡	1.42
最大输入转速	6000r/min		D5挡	1.17
质量（湿）	<90kg		D6挡	1
变速箱总油量	(7.5±0.2)L		D7挡	0.84
油液类型	ATF SS-Ⅷ		D8挡	0.64
主减速比	3.56		R挡	3.35

13.3.6 奇瑞8AT自动变速器电脑端子定义

自动变速器电脑端子分布如图13-22所示，端子定义见表13-16。

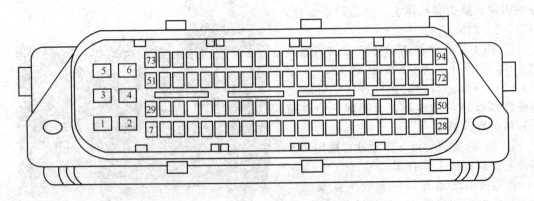

图13-22 自动变速器电脑端子分布

表 13-16 自动变速器电脑端子定义

端子	定 义	端子	定 义
1	电源供电	44	C1(离合器 1)电磁阀反馈信号
2	电源供电	45	C2(离合器 2)电磁阀反馈信号
3	点火开关	46	C3(离合器 3)电磁阀反馈信号
4	接地	47	C4(离合器 4)电磁阀反馈信号
5	接地	49	换挡锁止电磁阀信号
6	位置传感器接地	50	主油路电磁阀反馈信号
10	位置传感器信号	54	G4(齿轮 4)转速
16	雪地模式信号	55	C4(离合器 4)转速
17	运动模式信号	56	输出轴转速
18	位置传感器信号(校验)	57	时钟信号
21	手动升挡	58	读写信号
23	手动降挡	61	驻车制动信号
29	电磁阀供电	64	片选信号
30	传感器供电	65	CAN1 低
31	传感器供电	73	电磁阀供电
33	油温传感器—	87	CAN1 高
38	油温传感器+	93	传感器供电
41	变矩器闭锁电磁阀反馈信号	94	位置传感器供电
43	B1(制动器 1)电磁阀反馈信号		

13.3.7 自动变速器自学习方法

由于每位用户的驾驶风格不一，换挡的力度、速度、习惯千差万别，TCU 有记忆功能，为了更好地适应用户的用车习惯，需根据用户驾驶风格进行相应的自学习，自学习完成后，可以满足不同用户的驾驶风格。

13.3.7.1 需要进行自学习的情况

① 车辆换挡不适应驾驶者习惯（如换挡顿挫）。
② 维修更换变速器。
③ 刷写不同版本软件。

13.3.7.2 自学习触发条件

自动变速器油温处于 30~105℃ 之间时（发动机水温到达中线附近），才能触发自适应功能；车辆稍稍运行，油温即可上升到自学习区间；为了更好地覆盖油温要求，一般需要车辆先进行动态自学习，后进行静态自学习。

13.3.7.3 自学习方法

（1）动态自学习

含有动力升挡，无动力降挡。操作方法：稳住加速踏板加速行驶至车速达到 60km/h 左右，松油门滑行到车速 8km/h 以下，尝试小油门、中油门、大油门，每种油门情况重复 3~5 次。

（2）静态自学习

① 踩下制动踏板，车辆处于原地静止状态。
② auto 模式下执行 P-R、N-R、N-D。
③ winter 模式下执行 N-D。

每次执行换挡后必须在每个挡位停留 3s 以上再进行下次换挡，才能触发自学习。每种模式下尝试 5~10 次挡位切换后，可适应驾驶者习惯。

正常驾驶一段时间后，一般包含启动、挂挡、加速、减速、滑行、停车，3~5 次，行驶 20~30km，换挡也可自行完成自学习。

第14章 一汽红旗-奔腾汽车

14.1 红旗HS5（2019年款）

14.1.1 红旗2.0T CA4GC20TD-32发动机技术参数与正时机构部件分解

发动机技术参数见表14-1，正时机构部件分解如图14-1所示。

表14-1 发动机技术参数

项目	参数	项目	参数
气缸直径	82.5mm	最大转矩	340N·m(1650～4500r/min时)
活塞行程	93mm	最大净功率	160kW(4500～5500r/min时)
排量	1989mL	进气方式	涡轮增压
压缩比	11.5∶1	排放标准	国Ⅵ
额定功率	165kW(4500～5500r/min时)		

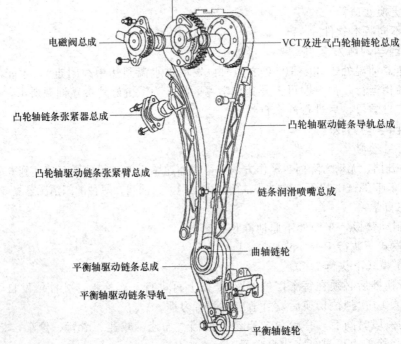

图14-1 正时机构部件分解

14.1.2 六挡自动变速器电脑端子定义

变速器电脑端子分布如图14-2所示，端子定义见表14-2、表14-3。

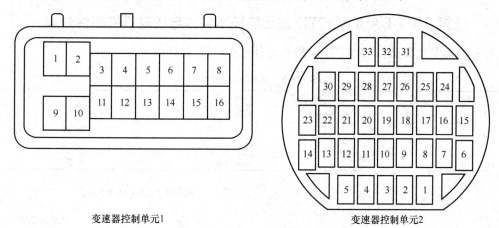

图14-2 变速器电脑端子分布

表14-2 变速器控制单元1端子定义

端 子	定 义	端 子	定 义
1	电源	11	IG
6	CAN低	14	CAN高
9	接地		

表14-3 变速器控制单元2端子定义

端 子	定 义	端 子	定 义
1	SLU+	12	SL5−
2	SLU−	13	SL1+
3	SL3+	14	SL1−
4	SL3−	17	输入转速传感器−
5	SL5+	18	输入转速传感器+
6	SLT+	19	油温传感器−
7	SLT−	20	输出转速传感器−
8	SL2+	23	S1
9	SL2−	28	S2
10	油温传感器+	29	电子油泵(EMOP)−
11	输出转速传感器+	30	电子油泵(EMOP)+

14.1.3 车轮定位数据

车轮定位数据见表14-4。

表14-4 车轮定位数据

项 目		数 值
前轮定位(空载)	前轮外倾角	$-14'\pm30'$
	主销后倾角	$6°44'\pm30'$
	主销内倾角	$13°59'\pm45'$
	前轮前束	$\beta=5'\pm5'; 2\beta=10'\pm10'$
	车轮转向角	内轮 $41°25'$；外轮 $33°13'$
	车辆高度	463.5mm
后轮定位(空载)	后轮外倾角	$-49'\pm45'$
	后轮前束	$\beta=16'\pm5'; 2\beta=32'\pm10'$
	车辆高度	468mm

14.2 红旗 HS7（2019 年款）

14.2.1 红旗 3.0T CA6GV30TD 发动机技术参数与正时机构部件分解

发动机技术参数见表 14-5，正时机构部件分解如图 14-3 所示。

表 14-5 发动机技术参数

发动机型号	CA6GV30TD	额定功率	248kW(5500r/min 时)
气缸直径	82.5mm	最大转矩	445N·m(3000～5000r/min 时)
活塞行程	77.8mm	最大净功率	240kW(5500r/min 时)
排量	2951mL	进气方式	机械增压
压缩比	10.3:1	排放标准	图Ⅵb

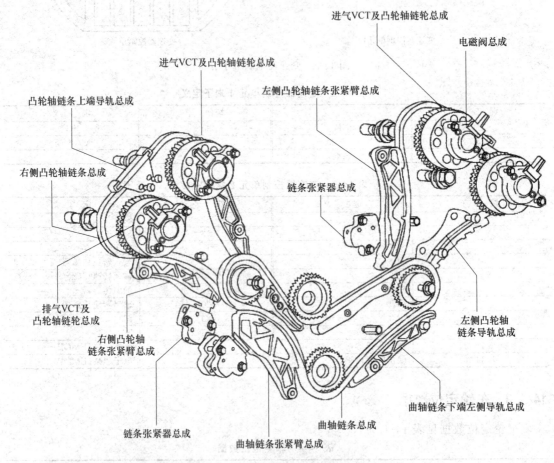

图 14-3 发动机正时机构部件分解

14.2.2 八挡自动变速器电脑端子定义

变速器电脑端子分布如图 14-4 所示，端子定义见表 14-6。

14.2.3 车轮定位数据

车轮定位数据见表 14-7。

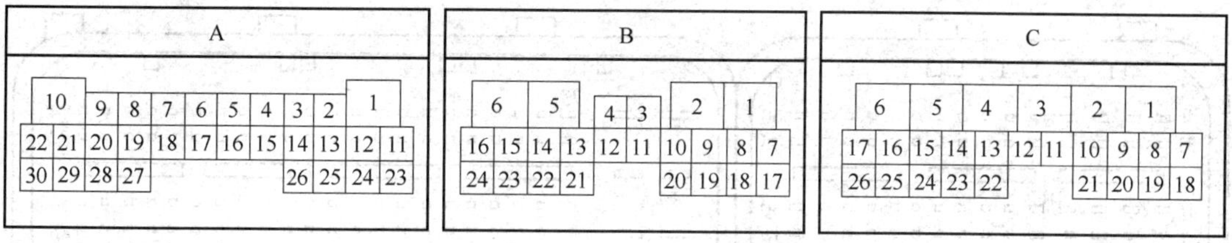

A											B							C						
10	9	8	7	6	5	4	3	2	1		6	5	4	3	2	1		6	5	4	3	2	1
22	21	20	19	18	17	16	15	14	13	12	11	16	15	14	13	12	11	10	9	8	7	17	16	15	14	13	12	11	10	9	8
30	29	28	27					26	25	24	23	24	23	22	21		20	19	18	17	26	25	24	23	22		21	20	19	18

图 14-4 变速器电脑端子分布

表 14-6 变速器电脑端子定义

端子	定 义	端子	定 义
A1	接地	B3	压力控制阀 SL5−
A2	压力控制阀 SL2−	B4	压力控制阀 SL5+
A3	压力控制阀 SL2+	B5	压力控制阀 SL4−
A4	线压力控制阀 SLT−	B6	压力控制阀 SL3−
A5	线压力控制阀 SLT+	B7	转速输入传感器+
A6	压力控制阀 SLU−	B8	转速输入传感器−
A7	压力控制阀 SLU+	B14	压力控制阀 SL4+
A8	压力控制阀 SL1−	B16	压力控制阀 SL3+
A9	压力控制阀 SL1+	B19	变速器电子油泵控制单元 OPST
A10	B+	B20	电子油泵
A21	IG 电源	C1	CAN 高
A23	油温度传感器+	C2	CAN 低
A24	油温度传感器−	C5	变速器挡位开关 R
A28	换挡电磁阀 SB	C6	变速器挡位开关 C
A30	换挡电磁阀 SR	C16	变速器挡位开关 PA
B1	转速输出传感器+	C17	变速器挡位开关 B
B2	转速输出传感器−	C26	变速器挡位开关 A

表 14-7 车轮定位数据

项 目		数 值	
		螺旋弹簧	空气弹簧
前轮定位(空载)	前轮外倾角	−6.5′±20′	−20′±20′
	主销后倾角	5°58′±45′	6°19′±45′
	主销内倾角	5°7′±45′	5°16′±45′
	前轮前束	$\beta=12.2′±5′$ $2\beta=24.4′±10′$	$\beta=7.5′±5′$ $2\beta=15′±10′$
	车辆高度	(470.9±10)mm	(456.1±10)mm
后轮定位(空载)	后轮外倾角	−1°7′±30′	−1°30′±30′
	后轮前束	$\beta=9′±5′$ $2\beta=18′±10′$	$\beta=10′±5′$ $2\beta=20′±10′$
	车辆高度	(468.1±10)mm	(454.5±10)mm

14.3 红旗 H5(2019 年款)

14.3.1 红旗 1.8T CA4GC18TD-11 发动机电脑端子定义

发动机电脑端子分布如图 14-5 所示,端子定义见表 14-8、表 14-9。

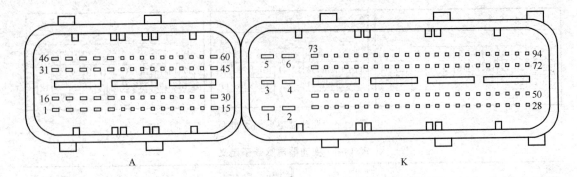

图 14-5 发动机电脑端子分布

表 14-8 连接器 A 端子定义

端子	定 义	端子	定 义
1	电子节气门电机控制+	28	曲轴位置传感器-
2	电子节气门电机控制-	31	喷油1+
3	高压油泵油压控制阀-	32	喷油4+
4	高压油泵油压控制阀+	33	喷油1-
5	排气燃油控制电磁阀	34	喷油3-
6	进气温度压力传感器-	37	点火线圈1
7	曲轴位置传感器5V电源	38	点火线圈3
8	电子节气门5V电源	39	点火线圈4
9	轨压传感器-	40	点火线圈2
10	爆震传感器电极2	41	电子节气门位置传感器2
11	进气温度压力传感器(温度传感器)	43	传感器-
12	进气温度压力传感器(压力传感器)	44	5V电源
14	轨压传感器+	46	喷油3+
18	炭罐控制电磁阀	47	喷油2+
19	进气旁通阀	48	喷油4-
20	进气燃油控制电磁阀	49	喷油2-
23	曲轴位置传感器(转速传感器)	51	电子节气门位置传感器-
24	电子节气门位置传感器1	53	进气凸轮轴位置传感器信号
25	爆震传感器电极1	54	排气凸轮轴位置传感器信号
26	凸轮轴位置传感器-	56	冷却液温度传感器2+
27	5V电源	57	冷却液温度传感器1+

表 14-9 连接器 B 端子定义

端子	定 义	端子	定 义
1	ECU 地 1	15	低压油泵继电器
2	ECU 地 2	17	5V电源
3	主继电器电源1	19	制动灯开关
4	ECU 地 3	22	P挡开关
5	主继电器电源2	24	制动开关
6	主继电器电源3	25	DMTL泵
7	前氧传感器加热	26	制动真空泵继电器
8	水泵继电器	29	后氧传感器加热
9	启动继电器	30	持续电源
10	空调压力传感器信号	31	附加启动继电器
11	传感器-	34	后氧传感器-
12	巡航控制	36	曲轴箱通风管信号
13	制动真空度传感器信号	42	空调压缩机继电器

续表

端子	定　义	端子	定　义
43	传感器—	64	增压温度传感器
44	CAN 低	69	主继电器
45	CAN 高	70	起动机状态反馈信号
46	N 挡开关	71	传感器—
48	脱附压力传感器信号	73	DMTL 加热
49	PWM 风扇	75	限速+
51	DMTL 阀	76	前氧传感器—
52	加速踏板位置传感器 2—	77	前氧传感器能斯特电压
57	废气控制阀	78	前氧传感器可调电阻
58	5V 电源	79	前氧传感器泵电流
59	5V 电源	80	加速踏板位置传感器 1—
60	防盗输入	81	加速踏板位置传感器 5V 电源 2
61	加速踏板位置传感器 2	82	加速踏板位置传感器 5V 电源 1
62	后氧传感器信号	83	加速踏板位置传感器 1
63	增压压力传感器	87	点火开关

14.3.2　六挡自动变速器电脑端子定义

变速器电脑端子分布如图 14-6 所示，端子定义见表 14-10。

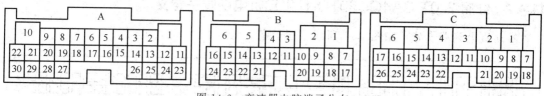

图 14-6　变速器电脑端子分布

表 14-10　变速器电脑端子定义

端　子	定　义
A1(GND)—车身搭铁	接地
A2(SL2—/C2—)—A3(SL2+/C2+)	压力控制电磁阀(SL2/C2)
A4(SL1—/C1—)—A5(SL1+/C1+)	压力控制电磁阀(SL1/C1)
A18(EMOP+)—A19(EMOP—)	电磁油泵(EMOP)
A6(SLU—)—A7(SLU+)	锁止控制电磁阀
A8(SLT+)—A9(SLT—)	管路压力控制电磁阀总成(SLT)
A30(S1)—A1(GND)	1 号换挡电磁阀(S1)
A28(S2)—A1(GND)	2 号换挡电磁阀(S2)
A23(OT+)—A24(OT—)	油温传感器(OT)
A21(IG)—A1(GND)	发动机启动开关
C2(CANL)—A1(GND)	CAN 通信信号(低)
C1(CANH)—A1(GND)	CAN 通信信号(高)
B3(SL5+/B1+)—B4(SL5—/B1—)	压力控制电磁阀(SL5/B1)
B6(SL3+/C3+)—B16(SL3—/C3—)	压力控制电磁阀(SL3/C3)
A10(+B)—A1(GND)	蓄电池电压(+B)
C6(N)—A1(GND)	空挡启动开关 N 信号
C16(D)—A1(GND)	空挡启动开关 D 信号
C20(M—)—A1(GND)	手动换挡开关(M—)
C17(PA)—A1(GND)	空挡启动开关 S 信号
C26(P)—A1(GND)	空挡启动开关 P 信号
C24(M)—A1(GND)	手动换挡开关(M)
C5(R)—A1(GND)	空挡启动开关 R 信号
C14(M+)—A1(GND)	手动换挡开关(M+)
B7(NIN+)—B8(NIN—)	输入转速传感器(NIN)

14.3.3 车轮定位数据

车轮定位数据见表14-11。

表14-11 车轮定位数据

项	目	数 值
前轮	前轮前束	10′±10′
	车轮外倾角	−19′±45′
	主销后倾角	7°4′
	主销内倾角	10°±10′
后轮	后轮前束	10′±10′
	车轮外倾角	−1°3′±45′

14.4 红旗H7（2019年款）

14.4.1 红旗1.8T CA4GC18TD-12发动机电脑端子定义

参考本书14.3.1小节。

14.4.2 红旗2.0T CA4GC20TD-11发动机电脑端子定义

发动机电脑端子分布如图14-7所示，端子定义见表14-12、表14-13。

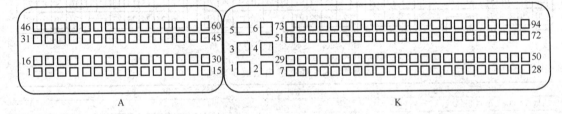

图14-7 发动机电脑端子分布

表14-12 连接器A端子定义

端子	定 义	端子	定 义
1	电子节气门电机控制+	23	曲轴位置传感器
2	电子节气门电机控制−	24	电子节气门位置传感器1
3	高压油泵油压控制阀−	25	爆震传感器+
4	高压油泵油压控制阀+	26	相位传感器地
5	排气VVT	27	相位传感器5V电源
6	进气温度压力传感器−	28	曲轴位置传感器地
7	曲轴位置传感器5V电源	31	喷油器1电源
8	电子节气门5V电源	32	喷油器4电源
9	轨压传感器−	33	喷油器1地
10	爆震传感器−	34	喷油器3地
11	进气温度压力传感器（温度传感器）	37	点火线圈1
12	进气温度压力传感器（压力传感器）	38	点火线圈3
14	轨压传感器+	39	点火线圈4
18	炭罐控制电磁阀	40	点火线圈2
19	进气旁通阀	41	电子节气门位置传感器2
20	进气VVT	43	传感器地

续表

端子	定 义	端子	定 义
44	5V 电源	51	电子节气门传感器地
46	喷油器 3 电源	53	进气相位传感器信号
47	喷油器 2 电源	54	排气相位传感器信号
48	喷油器 4 地	56	冷却液温度传感器 2+
49	喷油器 2 地	57	冷却液温度传感器 1+

表 14-13 连接器 K 端子定义

端子	定 义	端子	定 义
1	ECU 地 1	48	脱附压力传感器信号
2	ECU 地 2	49	PWM 风扇
3	主继电器电源 1	51	DMTL 阀
4	ECU 地 3	52	传感器地
5	主继电器电源 2	56	制动灯开关低输出
6	主继电器电源 3	57	废气循环阀
7	前氧传感器加热	58	脱附压力传感器 5V 电源
8	电子水泵继电器	59	增压压力传感器 5V 电源
9	启动继电器	60	防盗输入
10	空调压力传感器信号	61	电子油门踏板 2
11	传感器地	62	后氧传感器信号
12	巡航控制	63	增压压力传感器
13	制动真空度传感器信号	64	增压温度传感器
15	低压油泵继电器	69	主继电器
17	制动真空度传感器 5V 电源	70	ICR 继电器
22	挡位选择开关	71	增压压力传感器地
24	制动灯开关输出	72	电子真空泵继电器
25	DMTL 泵	73	DMTL 加热
26	ACC 电源断路继电器控制	75	限速+
29	后氧传感器加热	76	前氧传感器 VM
30	持续电源	77	前氧传感器 UN
31	传动链继电器	78	前氧传感器 IA
34	后氧传感器地	79	前氧传感器 IP
36	PCV 传感器信号	80	电子油门踏板地
43	传感器地	81	电子油门踏板 5V 电源 2
44	CAN 低	82	电子油门踏板 5V 电源 1
45	CAN 高	83	电子油门踏板 1
46	起动机启动允许信号	87	IG 电源

14.5 红旗 E-HS3（2019 年款）

14.5.1 高压电池系统部件位置与 ECU 端子定义

高压电池系统部件位置如图 14-8 所示，端子分布如图 14-9 所示，端子定义见表 14-14。

14.5.2 电驱动系统总成技术参数

电驱动系统总成技术参数见表 14-15。

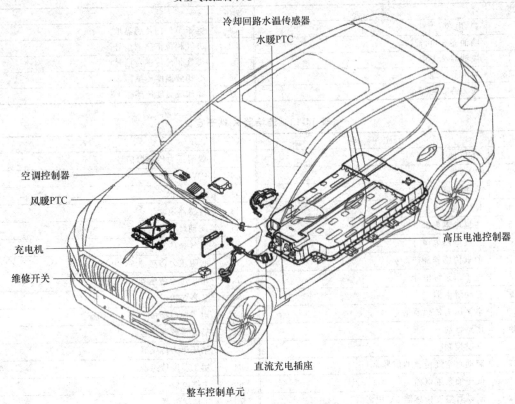

图 14-8 高压电池系统部件位置

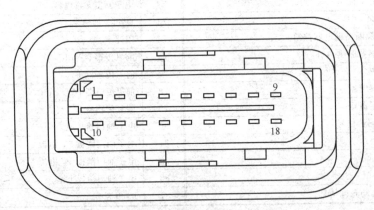

图 14-9 高压电池系统端子分布

表 14-14 高压电池系统端子定义

端子	定义	端子	定义
1	BMS 12V 常电	10	高压互锁―
4	EV CAN 高	11	12V 维修开关
5	EV CAN 低	12	CAN 失败硬线信号
6	入口温度+	14	碰撞信号
7	入口温度―	15	充电 CAN 高
8	IG 信号	16	充电 CAN 低
9	高压互锁+	18	GND(常电)

表 14-15 电驱动系统总成技术参数

项　目		参　数
驱动电机	型号	TZ204XSLM2
	电机类型	交流永磁同步电机
	峰值功率	114kW
	额定功率	40kW
	峰值转速	9220r/min
	额定转速	3000r/min
	峰值转矩	340N·m
	额定转矩	140N·m
	质量	83kg(前电驱动系统);81kg(后电驱动系统)
减速器	类型	同轴减速器
	减速比	7.235
	油品	DEXRON-Ⅵ
	注油量	(1.7±0.05)L
	驻车机构	Epark(仅前驱配置)

14.5.3 电驱动系统逆变器端子定义

电驱动系统逆变器端子分布如图 14-10 所示，端子定义见表 14-16。

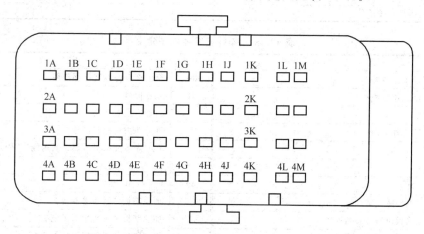

图 14-10　电驱动系统逆变器端子分布

表 14-16　电驱动系统逆变器端子定义

端子	定　义	端子	定　义
1B	旋变励磁输出负	1C	旋变余弦信号输入负
1D	旋变正弦信号输入负	3E	CAN 低
1G	互锁信号	1J	电机温度信号
3L	IG 信号	1M	电源正
3M	电源地	2B	旋变励磁输出正
2C	旋变余弦信号输入正	2D	旋变正弦信号输入正
4E	CAN 高	2G	互锁信号
2J	电机温度信号地	2L	电源地
2M	ACC 信号	4M	电源正

14.5.4 整车控制器端子定义

整车控制器端子分布如图 14-11 所示，端子定义见表 14-17、表 14-18。

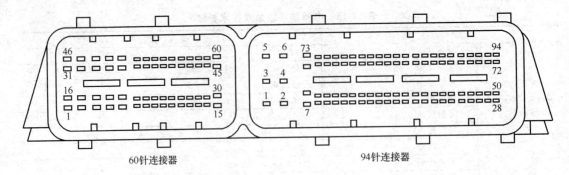

60针连接器　　　　　　　　　　　94针连接器

图 14-11　整车控制器端子分布

表 14-17　60 针连接器端子定义

端子	定　义	端子	定　义
7	前电机冷却水泵输出	43	IG
22	电池冷却水泵输出	46	电池紧急控制信号
23	风扇中速继电器控制	53	低压电源管理继电器
26	主制动开关信号	58	交流充电连接确认
37	水暖 PTC	59	自适应巡航开关地
38	风扇高速继电器控制	60	电机水温传感器地
41	辅助制动开关信号		

表 14-18　94 针连接器端子定义

端子	定　义	端子	定　义
1	HCU 工作电源	30	交流充电座温度传感器地
2	HCU 工作电源	34	互锁信号
3	接地	35	自适应巡航开关
4	HCU 工作电源	37	环境压力传感器信号
5	接地	40	双向车载充电机散热二通水阀(关闭)
6	接地	48	CAN1 高(动力)
7	12V 常电	49	CAN1 低(动力)
8	真空度传感器地	51	加速踏板位置传感器地 2
9	加速踏板位置传感器地 1	52	加速踏板位置传感器供电 2
10	加速踏板位置传感器供电 1	55	加速踏板位置传感器信号 2
11	加速踏板位置传感器信号 1	57	交流充电座温度传感器 1 信号
12	互锁信号输入	58	交流充电座温度传感器 2 信号
13	电机水温传感器信号	64	电动真空泵
15	真空度传感器信号	70	CAN1 高(标定)
17	直流充电连接确认	71	CAN1 低(标定)
18	双向车载充电机散热二通水阀(开启)	73	直流充电座温度传感器地
19	电机控制器(点火启动挡开关)	74	环境压力传感器电源
23	启动信号	75	真空度传感器供电
26	CAN1 高(EV)	80	直流充电座温度传感器 1 信号
27	CAN1 低(EV)	82	直流充电座温度传感器 2 信号
29	12V 常电		

14.5.5　车轮定位数据

车轮定位数据见表 14-19、表 14-20。

表 14-19 前轮定位数据

项 目	数 值	
	前轮定位（两驱）	前轮定位（四驱）
前轮外倾角	$-8'\pm30'$	$-7'\pm30'$
主销后倾角	$6°54'\pm30'$	$6°54'\pm30'$
主销内倾角	$14°42'\pm45'$	$14°48'\pm45'$
前轮前束	$\beta=7'\pm5'; 2\beta=14'\pm10'$	$\beta=7'\pm5'; 2\beta=15'\pm10'$
车辆高度（从车轮中心到翼子板边缘的高度）	(423.9 ± 10) mm	(425.4 ± 10) mm

表 14-20 后轮定位数据

项 目	数 值	
	后轮定位（两驱）	后轮定位（四驱）
后轮外倾角	$-1°1'\pm45'$（左右轮差值$\pm30'$）	$-59.6'\pm45'$（左右轮差值$\pm30'$）
后轮前束	$\beta=3.6'\pm5'; 2\beta=7.2'\pm10'$	$\beta=3.4'\pm5'; 2\beta=6.8'\pm10'$
车辆高度（从车轮中心到翼子板边缘的高度）	(420.7 ± 10) mm	(417.1 ± 10) mm

14.6 奔腾 X40（2019 年款）

14.6.1 奔腾 1.6L CA4GB16 发动机技术参数

奔腾 1.6L CA4GB16 发动机技术参数见表 14-21。

表 14-21 发动机技术参数

项 目		参 数
点火正时	实际点火角度	急速时约为 BTDC 8°
急速转速	标准急速转速	650～750 r/min
气缸压力	标准压力	1600 kPa
	最小压力	1200 kPa
	气缸之间的最大压差	147 kPa
凸轮轴	径向跳动量	最大值 0.03 mm
	进气凸轮轴桃高	标准值 35.709～36.009 mm
		最小值 35.559 mm
	排气凸轮轴桃高	标准值 35.719～36.019 mm
		最小值 35.569 mm
	凸轮轴轴颈直径	标准值 $24_{-0.05}^{-0.03}$ mm
	凸轮轴油隙	标准值 0.03～0.026 mm
		最大值 0.09 mm
	凸轮轴轴向间隙	标准值 0.1～0.21 mm
		最大值 0.22 mm
凸轮轴驱动链条	链条伸长后的长度	最大值 201.1 mm
VCT 及进气凸轮轴链轮总成	链轮直径（带链条）	最小值 100.8 mm
排气凸轮轴链轮总成	链轮直径（带链条）	最小值 100.8 mm
曲轴链轮	链轮直径（带链条）	最小值 55.1 mm
凸轮轴驱动链条张紧臂总成	凹槽深度	最大值 1.0 mm
凸轮轴驱动链条导轨	凹槽深度	最大值 1.0 mm
液压间隙调节器总成	外径	标准值 12 mm
	液压间隙调节器总成与座孔内径间隙	标准值 0.006～0.035 mm
气缸盖螺栓	气缸盖螺栓长度	标准值 105 mm
		最大值 105.5 mm
气缸盖	气缸盖上表面平面度	最大值 0.05 mm
	气缸盖下表面平面度	最大值 0.05 mm
	进气歧管侧平面度	最大值 0.05 mm
	排气歧管侧平面度	最大值 0.05 mm

续表

项目		参数	
进气门	头部边缘厚度	标准值	2.8mm
		最小值	2.6mm
	气门长度	标准值	100.6mm
		最小值	100.4mm
	气门杆直径	标准值	5.973mm
		最小值	5.966mm
排气门	头部边缘厚度	标准值	2.7mm
		最小值	2.5mm
	气门长度	标准值	100.57mm
		最小值	100.37mm
	气门杆直径	标准值	5.953mm
		最小值	5.946mm
进气门导管	内径	标准值	6mm
	油膜间隙	标准值	0.02~0.046mm
排气门导管	内径	标准值	6mm
	油膜间隙	标准值	0.04~0.066mm
进气门弹簧	自由长度	标准值	48.2mm
排气门弹簧	自由长度	标准值	48.2mm
圆柱销	凸出部分高度	标准值	10.3~11.3mm
连杆	轴向间隙	标准值	0.14~0.36mm
	油膜间隙	标准值	0.018~0.041mm
曲轴连杆轴颈	直径	标准值	46.0mm
连杆大头内径	标记1	标准值	48.800~48.805mm
	标记2	标准值	48.805~48.810mm
	标记3	标准值	48.810~48.815mm
轴承中心壁厚	标记1	标准值	1.397~1.402mm
	标记2	标准值	1.402~1.407mm
	标记3	标准值	1.407~1.412mm
曲轴	轴向间隙	标准值	0.18~0.393mm
气缸体	扭曲度	最大值	0.05mm
气缸孔	直径	参考值	76.505~76.515mm
		最大值	76.535mm
活塞	直径	参考值	75.45~75.46mm
	油膜间隙	标准值	0.045~0.065mm
活塞销	直径	标准值	18.996~19.000mm
	油膜间隙	标准值	0.006~0.014mm
连杆小头孔	直径	标准值	19.007~19.013mm
	油膜间隙	标准值	0.007~0.017mm
活塞环环槽间隙	上压缩环	标准值	0.02~0.07mm
	中压缩环	标准值	0.02~0.06mm
	油环	标准值	0.04~0.16mm
活塞环端隙	上压缩环	标准值	0.20~0.35mm
	中压缩环	标准值	0.40~0.60mm
	油环	标准值	0.20~0.70mm
曲轴主轴颈直径	A	标准值	49.972~49.978mm
	B	标准值	49.966~49.972mm
	C	标准值	49.960~49.966mm
曲柄销直径	A	标准值	45.972~45.978mm
	B	标准值	45.966~45.972mm
	C	标准值	45.960~45.966mm
曲轴	油膜间隙	标准值	0.025~0.043mm
	径向跳动量	最大值	0.04mm
主轴承盖螺栓	主轴承盖螺栓长度	标准值	64.4~65.6mm
		最大值	66.4mm
连杆瓦盖螺栓	连杆瓦盖螺栓长度	标准值	44.8~45.2mm
		最大值	46.0mm

14.6.2 奔腾1.6L CA4GB16发动机电脑端子定义与检测数据

发动机电脑端子分布如图14-12所示,端子定义与检测数据见表14-22。

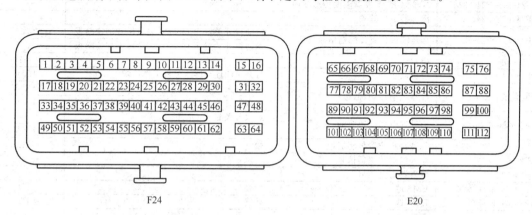

图14-12 发动机电脑端子分布

表14-22 发动机电脑端子定义与检测数据

端　子	定　义	检测条件	检测数据
F24-1—F24-63	CAN	点火开关置于ON挡	产生脉冲
F24-2	发电机总成	—	—
F24-5—F24-63	主继电器	点火开关置于OFF挡	11~14V
		点火开关置于ON挡	<1.5V
F24-6—F24-63	踏板推离开关	踩下离合器踏板	<1.5V
F24-7—F24-63	加速踏板位置传感器地	始终	<1Ω
F24-9—F24-63	巡航开关信号	—	—
F24-11—F24-63	启停主开关	按下启停主开关	11~14V
F24-12—F24-63	真空度传感器信号	急速	约4.5V
F24-13—F24-63	启动开关	点火开关置于ON挡	11~14V
F24-14—F24-63	空调控制器	—	—
F24-15—E20-111	主继电器后12V供电	点火开关置于ON挡	11~14V
F24-16—E20-111	主继电器后12V供电	点火开关置于ON挡	11~14V
F24-17—F24-63	CAN	点火开关置于ON挡	产生脉冲
F24-19—E20-111	真空度传感器信号	急速	约4.5V
F24-20—E20-111	蓄电池	始终	11~14V
F24-22—E20-111	启动状态信号	点火开关置于START挡	11~14V
F24-23—E20-111	制动开关	踩下制动踏板	11~14V
F24-24	空调控制器	—	—
F24-25—E20-111	制动开关	踩下制动踏板	11~14V
F24-27—E20-111	空挡开关状态	挡位置于空挡	<1.5V
F24-28—F24-63	空调中压开关	打开AC且冷却风扇工作	11~14V
F24-29—F24-63	PEPS控制器总成	—	—
F24-30—F24-63	加速踏板位置传感器信号2	发动机开关置于ON挡,完全松开加速踏板	0.5~1V
		发动机开关置于ON挡,完全踩下加速踏板	4~4.5V
F24-31—E20-111	冷却风扇控制(高速)	点火开关置于ON挡	11~14V
		发动机冷却液温度高时	<1.5V
F24-32—E20-111	防盗	点火开关置于ON挡	4.5~5.5V
F24-36—F24-63	加速踏板位置传感器电源	点火开关置于ON挡	4.5~5.5V
F24-37—F24-63	加速踏板位置传感器电源	点火开关置于ON挡	4.5~5.5V
F24-41—E20-111	油泵驱动	急速	<1.5V

续表

端　子	定　义	检 测 条 件	检测数据
F24-42—F24-63	空调驱动	—	—
F24-43—F24-63	环境温度、蒸发器温度传感器地	—	—
F24-44—F24-63	离合器下位开关	—	—
F24-45—F24-63	加速踏板位置传感器信号	发动机开关置于 ON 挡,完全松开加速踏板	0~0.5V
		发动机开关置于 ON 挡,完全踩下加速踏板	2~2.5V
F24-47—F24-63	模拟地	急速	<1Ω
F24-53—F24-63	空调低压开关	打开 AC 且空调压缩机工作正常	<1.5V
F24-56—F24-63	冷却风扇控制(低速)	点火开关置于 ON 挡	11~14V
		空调打开或发动机冷却液温度高时	<1.5V
F24-58—F24-63	启动继电器低边驱动	点火开关置于 ON 挡	11~14V
		点火开关置于 START 挡	<1.5V
F24-59—F24-63	加速踏板位置传感器地	始终	<1Ω
F24-61	车外温度传感器信号		—
F24-62	蒸发器温度信号		—
F24-63-车身搭铁	EMS 地	始终	<1Ω
F24-64-车身搭铁	EMS 地	始终	<1Ω
E20-67—E20-111	第 2 缸喷油器驱动	点火开关置于 ON 挡	11~14V
		急速	产生脉冲
E20-68—F24-63	第 1 缸喷油器驱动	点火开关置于 ON 挡	11~14V
		急速	产生脉冲
E20-71—E20-111	进气 VVT 电磁阀	急速	产生脉冲
E20-72—E20-111	第 3 缸喷油器驱动	点火开关置于 ON 挡	11~14V
		急速	产生脉冲
E20-73—E20-111	前氧传感器总成加热	急速	<3V
		点火开关置于 ON 挡	11~14V
E20-74—E20-111	第 4 缸喷油器驱动	点火开关置于 ON 挡	11~14V
		急速	产生脉冲
E20-75—F24-63	电子节气门电机驱动+	发动机暖机时急速运转	产生脉冲
E20-76—E20-111	ECU 点火线圈驱动信号	急速	产生脉冲
E20-77—F24-63	节气门位置信号 1	发动机开关置于 ON 挡,完全松开加速踏板	0.5~1.1V
		发动机开关置于 ON 挡,完全踩下加速踏板	3.2~4.8V
E20-78—F24-63	节气门位置信号 2	发动机开关置于 ON 挡,完全松开加速踏板	3.2~4.8V
		发动机开关置于 ON 挡,完全踩下加速踏板	0.5~1.1V
E20-80—F24-63	氧传感器总成信号地	急速	<1Ω
E20-84	发动机冷却液温度传感器	—	
E20-85—F24-63	进气温度压力传感器地	始终	<1Ω
E20-86—E20-111	电子节气门地	始终	<1Ω
E20-87—F24-63	电子节气门电机驱动-	发动机暖机时急速运转	产生脉冲
E20-88—E20-111	ECU 点火线圈驱动信号	急速	产生脉冲
E20-89—E20-90	爆震传感器	发动机暖机后急速运转	产生脉冲
E20-91—F24-63	进气温度压力传感器压力信号	点火开关置于 ON 挡	3.96V
		急速	1.35V
E20-92—F24-63	后氧传感器总成信号		—
E20-93—F24-63	进气相位传感器信号	急速	产生脉冲
E20-94—E20-111	炭罐电磁阀	急速工况,发动机冷却液温度>60℃(炭罐电磁阀开启)	11~14V
E20-95—F24-63	进气相位传感器地	始终	<1Ω
E20-96—E20-97	发动机转速传感器	急速	产生脉冲
E20-98—F24-63	进气相位传感器电源	点火开关置于 ON 挡	4.5~5.5V
E20-99—E20-111	ECU 点火线圈驱动信号	急速	产生脉冲
E20-100—E20-111	ECU 点火线圈驱动信号	急速	产生脉冲
E20-101—F24-63	发动机冷却液温度传感器	发动机冷却液温度为 90℃	1.5V
E20-102—F24-63	进气温度压力传感器温度信号	急速运转,进气温度为 0℃	3.67V
		急速运转,进气温度为 20℃	2.69V
		急速运转,进气温度为 30℃	2.20V

续表

端子	定义	检测条件	检测数据
E20-104—F24-63	前氧传感器总成信号	发动机暖机后,保持发动机转速 2500r/min 2min	0.47V
E20-107—E20-111	电子节气门电源(5V)	点火开关置于 ON 挡	4.5～5.5V
E20-109—F24-63	进气温度压力传感器电源(5V)	点火开关置于 ON 挡	4.5～5.5V
E20-110—E20-111	后氧传感器总成加热	急速	<3V
		点火开关置于 ON 挡	11～14V
E20-111-车身搭铁	功率地	始终	<1Ω
E20-112-车身搭铁	功率地	始终	<1Ω

14.6.3 自动变速器电控部件位置

自动变速器电控部件位置如图 14-13 所示。

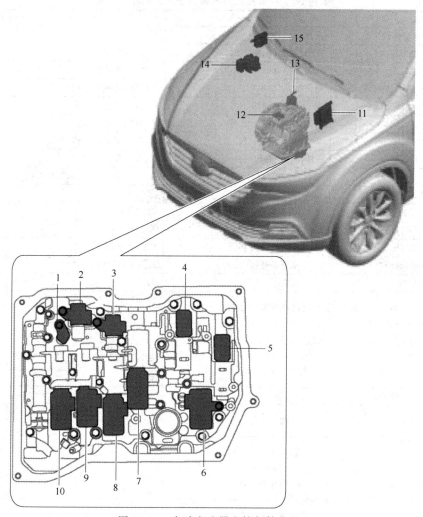

图 14-13 自动变速器电控部件位置

1—油温传感器；2—1 号换挡电磁阀；3—2 号换挡电磁阀；4—管路压力控制电磁阀 SLT；5—锁止控制电磁阀 SLU；
6—电磁油泵 EMOP；7—压力控制电磁阀 SL3；8—压力控制电磁阀 SL5；9—压力控制电磁阀 SL2；
10—压力控制电磁阀 SL1；11—发动机控制单元；12—选挡位置开关；13—冷却器总成；
14—ABS/EPS 控制单元；15—直流/直流转换器

14.6.4 自动变速器电脑端子定义与检测数据

自动变速器电脑端子分布如图 14-14 所示，端子定义与检测数据见表 14-23。

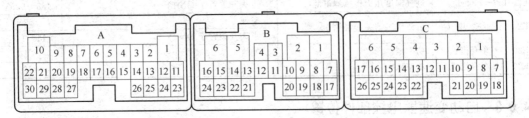

图 14-14　自动变速器电脑端子分布

表 14-23　自动变速器电脑端子定义与检测数据

端　子	定　义	检测条件	检测数据
A1(GND)—车身搭铁	接地	始终	<1Ω
A2(SL2-)—A3(SL2+)	压力控制电磁阀(SL2)	P挡位；发动机怠速	产生脉冲
A4(SL1-)—A5(SL1+)	压力控制电磁阀(SL1)	P挡位；发动机怠速	产生脉冲
A18(EMOP+)—A19(EMOP-)	电磁油泵(EMOP)	P挡位；发动机怠速	0~1.5V
A6(SLU-)—A7(SLU+)	锁止控制电磁阀(SLU)	P挡位；发动机怠速	产生脉冲
A8(SLT+)—A9(SLT-)	管路压力控制电磁阀总成(SLT)	P挡位；发动机怠速	产生脉冲
A30(S1)—A1(GND)	1号换挡电磁阀(S1)	P挡位；发动机怠速	0~1.5V
A28(S2)—A1(GND)	2号换挡电磁阀(S2)	P挡位；发动机怠速	0~1.5V
A23(OT+)—A24(OT-)	油温传感器(OT)	在0~110℃时的ATF油温度	0~1.5V
A21(IG)—A1(GND)	点火开关	点火开关ON	9~14V
C2(CANL)—A1(GND)	CAN通信信号(低)	发动机怠速	产生脉冲
C1(CANH)—A1(GND)	CAN通信信号(高)	发动机怠速	产生脉冲
B3(SL5+)—B4(SL5-)	压力控制电磁阀(SL5)	P挡位；发动机怠速	产生脉冲
B6(SL3+)—B16(SL3-)	压力控制电磁阀(SL3)	P挡位；发动机怠速	产生脉冲
A10(+B)—A1(GND)	蓄电池电压(+B)	始终	9~14V
C6(N)—A1(GND)	空挡启动开关N信号	换挡杆置于D挡位	<1Ω
		置于其他挡位	>10kΩ
C16(D)—A1(GND)	空挡启动开关D信号	换挡杆置于D挡位	<1Ω
		置于其他挡位	>10kΩ
C20(M-)—A1(GND)	手动换挡开关(M-)	换挡杆处于M模式	9~14V
		置于M-位置	0~1.5V
B1(NOUT+)—B2(NOUT-)	输出转速传感器	车速约20km/h	产生脉冲
C17(PA)—A1(GND)	空挡启动开关S信号	换挡杆置于S挡位	<1Ω
		置于其他挡位	>10kΩ
C26(P)—A1(GND)	空挡启动开关P信号	换挡杆置于P挡位	<1Ω
		置于其他挡位	>10kΩ
C24(M)—A1(GND)	手动换挡开关(M)	换挡杆处于M模式	9~14V
		置于M位置	0~1.5V
C5(R)—A1(GND)	空挡启动开关R信号	换挡杆置于R挡位	<1Ω
		置于其他挡位	>10kΩ
C14(M+)—L3(GND)	手动换挡开关(M+)	换挡杆处于M模式	9~14V
		置于M+位置	0~1.5V
B7(NIN+)—B8(NIN-)	输入转速传感器	P挡位；发动机怠速	产生脉冲

14.6.5 车辆稳定系统 ECU 端子定义

车辆稳定系统 ECU 端子分布如所示,端子定义见表 14-24。

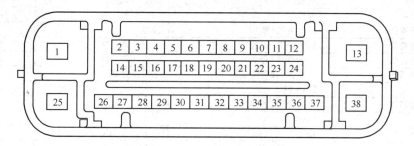

图 14-15 车辆稳定系统 ECU 端子分布

表 14-24 车辆稳定系统 ECU 端子定义

端子	定 义	端子	定 义
1	电机电源(正极)	19	左前轮速传感器电源
2	右前轮速输出	20	YAW-CAN 低
4	右前轮速传感器信号	25	阀继电器电源
8	左前轮速传感器信号	26	CAN 高
10	车速输出	28	ECU 电源(K15)
12	ESP OFF 开关	29	右后轮速传感器信号
13	电机接地	30	制动信号
14	CAN 低	31	左后轮速传感器电源
16	右前轮速传感器电源	33	YAW-CAN 高
17	右后轮速传感器电源	38	ECU 地线
18	左后轮速传感器信号		

14.6.6 驻车制动系统 ECU 端子定义与检测数据

驻车制动系统 ECU 端子分布如图 14-16 所示,端子定义与检测数据见表 14-25。

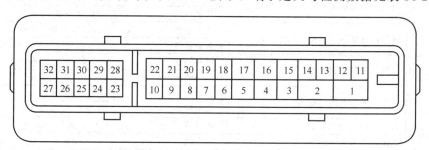

图 14-16 驻车制动系统 ECU 端子

表 14-25 驻车制动系统 ECU 端子定义与检测数据

端子	定 义	检测条件	检测数据
R26-1—车身搭铁	电源负	始终	<1Ω
R26-2—车身搭铁	电源正	点火开关 ON	11~14V
R26-3—车身搭铁	电机(左)正	EPB 电机工作	11~14V
R26-5—车身搭铁	电机(右)正	EPB 电机工作	11~14V
R26-6—车身搭铁	EPB 开关(模拟地)	始终	<1Ω
R26-7—车身搭铁	EPB 开关(模拟信号)	点火开关 ON	0~5V

续表

端子	定义	检测条件	检测数据
R26-10—车身搭铁	空挡信号(数字信号)	挂入空挡	11～14V
R26-15—车身搭铁	电机(左)负	EPB电机工作	11～14V
R26-17—车身搭铁	电机(右)负	EPB电机工作	11～14V
R26-18—车身搭铁	EPB开关(地)	接地	<1Ω
R26-19—车身搭铁	EPB开关(拉起)	点火开关ON	11～14V
R26-20—车身搭铁	EPB开关(释放)	点火开关ON	11～14V
R26-22—车身搭铁	上离合(数字信号)	不踩离合器	<1Ω
R26-23	CAN高	—	—
R26-25—车身搭铁	下离合(数字信号)	踩下离合器	<1Ω
R26-28	CAN低	—	—
R26-29—车身搭铁	EPB开关状态指示灯	点火开关ON	11～14V
R26-32—车身搭铁	制动信号	踩下制动踏板	11～14V

14.7 奔腾T77(2019年款)

14.7.1 奔腾1.2T CA4GA12TD发动机技术参数

奔腾1.2T CA4GA12TD发动机技术参数见表14-26。

表14-26 发动机技术参数

项 目		参 数	
点火正时	平均点火提前角范围	-35.625～60°CRK	
急速转速	标准急速转速	700r/min	
气缸压力	最小压力	1000kPa	
	气缸之间的最大压差	100kPa	
凸轮轴	径向跳动量	最大值	0.03mm
	进气凸轮轴桃高	标准值	43.639～43.769mm
	排气凸轮轴桃高	标准值	43.038～43.168mm
	进气凸轮轴轴颈直径	第一轴颈	29.955～29.97mm
		其余轴颈	24.949～24.965mm
	排气凸轮轴轴颈直径	第一轴颈	29.955～29.97mm
		其余轴颈	24.949～24.965mm
	进气凸轮轴油膜间隙	第一轴颈	0.03～0.066mm
		其余轴颈	0.035～0.072mm
	排气凸轮轴油膜间隙	第一轴颈	0.03～0.066mm
		其余轴颈	0.035～0.072mm
	排气凸轮轴轴向间隙	标准值	0.1～0.21mm
气缸盖	气缸盖上表面平面度	最大值	0.05mm
	气缸盖下表面平面度	最大值	0.05mm
	进气歧管侧平面度	最大值	0.08mm
	排气歧管侧平面度	最大值	0.08mm
进气门	气门长度	标准值	95.75mm
	气门杆直径	标准值	4.972～4.986mm
排气门	气门长度	标准值	97.42mm
	气门杆直径	标准值	4.962～4.976mm
进气门导管	内径	标准值	5.010～5.022mm
	油膜间隙	标准值	0.024～0.05mm
排气门导管	内径	标准值	5.010～5.022mm
	油膜间隙	标准值	0.034～0.06mm

续表

项 目			参 数
进气门弹簧	自由长度	标准值	44.5mm
	弹簧偏差	最大偏差	1.6mm
		最大角度	2°
	张紧力	安装张紧力	34mm时为142.5～157.5N
		最大工作张紧力	25.8mm时为299.5～330.5N
排气门弹簧	自由长度	标准值	44.5mm
	弹簧偏差	最大偏差	1.6mm
		最大角度	2°
	张紧力	安装张紧力	34mm时为142.5～157.5N
		最大工作张紧力	25.8mm时为299.5～330.5N
气门挺杆	挺杆直径	标准值	26.964～26.98mm
	挺杆孔直径	标准值	27.00～27.021mm
	油膜间隙	标准值	0.02～0.057mm
连杆	轴向间隙	标准值	0.14～0.35mm
	油膜间隙	标准值	0.025～0.043mm
		最大值	0.07mm
曲轴	轴向间隙	标准值	0.04～0.20mm
气缸体	扭曲度	最大值	0.05mm
气缸孔	直径	标准直径	72.000～72.012mm
	最大值与最小值的差值	差值限制	0.006mm
	锥度和圆度	最大锥度和圆度	0.015mm
活塞	直径	参考值	71.931～71.949mm
	活塞销孔直径	标准值	20.004～20.010mm
活塞销	直径	标准值	19.995～20.000mm
	油膜间隙	标准值	0.004～0.015mm
连杆分总成	连杆定位	最大偏移量	每100mm 0.075mm
	连杆扭曲	最大扭曲度	每100mm 0.15mm
	连杆大头孔	标准值	43.018～43.033mm
	连杆轴承中间厚度	标准值	1.497～1.509mm
活塞环槽	1号环槽间隙	标准值	0.035～0.085mm
	2号环槽间隙	标准值	0.03～0.07mm
活塞环	1号气环端隙	标准值	0.13～0.28mm
	2号气环端隙	标准值	0.40～0.55mm
	油环端隙	标准值	0.20～0.70mm
曲轴主轴颈	直径	标准值	43.982～44.000mm
	圆度	最大值	0.005mm
曲柄销	直径	标准值	39.982～40.000mm
	圆度	最大值	0.005mm
曲轴	油膜间隙	标准值	0.025～0.043mm
		最大值	0.043mm
	径向跳动量	最大值	0.03mm

14.7.2 奔腾1.2T CA4GA12TD 国五发动机电脑端子定义

发动机电脑端子如图14-17所示,端子定义见表14-27。

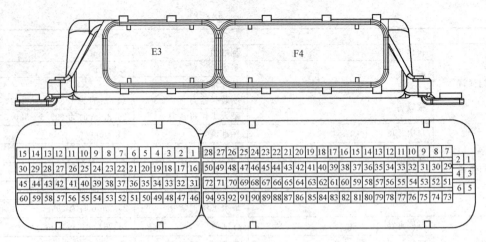

图 14-17 发动机电脑端子分布

表 14-27 发动机电脑端子定义

端子	定 义	端子	定 义
E3-1	第3缸喷油器负极输出	E3-45	电子节气门电机驱动负极
E3-2	第3缸喷油器正极输出	E3-46	第1缸喷油器负极输出
E3-3	曲轴位置传感器地	E3-47	第1缸喷油器正极输出
E3-4	轨压传感器地	E3-50	高压油泵负极
E3-5	进气凸轮轴位置传感器地	E3-51	点火线圈第4缸
E3-6	进气凸轮轴位置传感器电源	E3-52	点火线圈第1缸
E3-7	进气温度压力传感器电源	E3-54	排气VVT电磁阀
E3-8	电子节气门电源	E3-55	炭罐电磁阀
E3-10	曲轴位置传感器转速信号	E3-56	进气VVT电磁阀
E3-11	排气凸轮轴位置传感器转速信号	E3-57	废气旁通阀
E3-13	进气凸轮轴位置传感器转速信号	E3-58	进气泄压阀
E3-15	曲轴箱通风加热器	E3-59	可变机油泵控制阀
E3-16	第2缸喷油器负极输出	E3-60	电子节气门电机驱动正极
E3-17	第2缸喷油器正极输出	F4-1	ECU地
E3-18	冷却液温度传感器地	F4-2	ECU地
E3-19	电子节气门地	F4-3	12V供电
E3-20	排气凸轮轴位置传感器地	F4-4	ECU地
E3-21	曲轴位置传感器电源	F4-5	12V供电
E3-22	排气凸轮轴位置传感器电源	F4-6	12V供电
E3-23	轨压传感器电源	F4-7	12V供电
E3-25	冷却液温度传感器信号	F4-9	加速踏板位置传感器电源2
E3-27	电子节气门位置信号2	F4-10	加速踏板位置传感器电源1
E3-28	电子节气门位置信号1	F4-12	加速踏板位置传感器地2
E3-31	第4缸喷油器负极输出	F4-13	加速踏板位置传感器地1
E3-32	第4缸喷油器正极输出	F4-17	PEPS启动信号
E3-35	高压油泵正极	F4-18	安全气囊碰撞信号
E3-36	点火线圈第2缸	F4-20	点火开关
E3-37	点火线圈第3缸	F4-22	动力CAN高
E3-39	进气温度压力传感器温度信号	F4-28	上游氧传感器加热装置地
E3-40	增压压力传感器压力信号	F4-29	12V常电
E3-41	轨压传感器压力信号	F4-42	起动机继电器
E3-42	进气温度压力传感器压力信号	F4-44	动力CAN低
E3-43	爆震传感器爆震信号1	F4-46	LIN通信
E3-44	爆震传感器爆震信号2	F4-50	下游氧传感器加热装置地

续表

端子	定义	端子	定义
F4-52	低压油泵继电器	F4-74	主继电器
F4-53	高速冷却风扇继电器	F4-75	空调压缩机继电器
F4-54	附加水泵继电器	F4-76	低速冷却风扇继电器
F4-55	制动真空泵继电器	F4-80	真空度传感器压力信号
F4-58	加速踏板位置传感器位置信号2	F4-81	加速踏板位置传感器位置信号1
F4-59	巡航开关信号	F4-83	前氧传感器信号电
F4-61	RCλ传感器终端	F4-84	前氧传感器信号地
F4-62	前氧传感器信号	F4-85	下游氧传感器地
F4-63	下游氧传感器信号	F4-86	空挡状态
F4-64	离合器下位开关	F4-87	离合器上位开关
F4-65	制动灯开关	F4-88	制动灯开关
F4-67	无PEPS车型启动信号	F4-90	空调开关
F4-71	传动链状态	F4-91	空调开关
F4-73	传动链继电器	F4-94	起动机状态

14.7.3 奔腾1.2T CA4GA12TD国六发动机电脑端子定义

发动机电脑端子分布如图14-18所示,端子定义见表14-28。

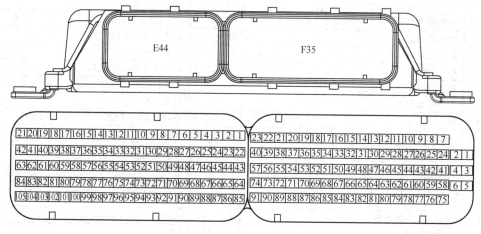

图14-18 发动机电脑端子分布

表14-28 发动机电脑端子定义

端子	定义	端子	定义
E44-1	点火信号2	E44-25	高压油泵—
E44-2	点火信号1	E44-31	爆震传感器1
E44-3	点火信号3	E44-32	爆震传感器爆震信号1
E44-4	点火信号4	E44-35	轨压传感器压力信号
E44-9	进气凸轮信号	E44-39	传感器地3
E44-10	排气凸轮信号	E44-40	传感器地3
E44-18	传感器地2	E44-41	传感器电3
E44-19	传感器地2	E44-42	传感器电3
E44-20	传感器电2	E44-43	喷油器2＋
E44-21	传感器电2	E44-44	喷油器2—
E44-22	喷油器3＋	E44-45	喷油器1＋
E44-23	喷油器3—	E44-46	喷油器4—(仅对4缸)
E44-24	喷油器4＋(仅对4缸)	E44-49	水温传感器2

续表

端子	定 义	端子	定 义
E44-50	水温传感器1	F35-24	传感器电1
E44-51	进气压力传感器温度信号	F35-25	传感器地1
E44-60	传感器地1	F35-27	传感器地3
E44-61	传感器地1	F35-28	传感器电2
E44-62	传感器电1	F35-29	传感器地2
E44-63	传感器电1	F35-30	KL50信号
E44-70	节气门位置信号2	F35-31	制动信号1
E44-71	节气门位置信号1	F35-37	HS-CAN 2 低
E44-74	进气压力传感器压力信号	F35-38	HS-CAN 2 高
E44-75	增压压力传感器压力信号	F35-39	前氧传感器加热
E44-78	曲轴磁电信号	F35-40	后氧传感器加热
E44-83	废气旁通阀	F35-41	KL30供电
E44-85	喷油器1−	F35-42	油门信号1
E44-86	高压油泵+	F35-43	制动真空度信号
E44-87	排气VVT	F35-44	油门信号2
E44-88	进气VVT	F35-45	空调压力信号
E44-91	节气门电机−	F35-48	巡航信号
E44-95	节气门电机+	F35-50	传动链状态
E44-97	进气泄压阀(旁通阀)	F35-54	起动机状态
E44-98	炭罐电磁阀	F35-55	LIN线(串行)
E44-102	可变机油泵	F35-57	低压油泵继电器
E44-105	曲轴箱通风加热	F35-61	后氧传感器差位开关
F35-1	ECU地	F35-62	后氧传感器差位开关
F35-2	ECU地	F35-66	前氧传感器(线性)
F35-3	主继电器供电	F35-67	制动信号2
F35-4	ECU地	F35-69	空挡开关(MT)或P/N挡开关(DCT)
F35-5	主继电器供电	F35-71	中压开关
F35-6	主继电器供电	F35-72	KL15
F35-9	附加水泵继电器	F35-76	低速冷却风扇继电器
F35-10	ELCM低端阀	F35-77	主继电器
F35-11	空调压缩机继电器	F35-78	传动链继电器(DCT)
F35-12	制动真空泵继电器	F35-79	高速冷却风扇继电器
F35-13	启动继电器	F35-82	前氧传感器(线性)
F35-15	ELCM高端阀	F35-83	前氧传感器(线性)
F35-19	PEPS启动信号	F35-86	离合器上位开关
F35-20	安全气囊碰撞信号	F35-87	离合器状态
F35-22	主继电器反馈	F35-89	高低压开关和空调请求开关

14.7.4 双离合自动变速器电脑端子定义

变速器电脑端子分布如图14-19所示，端子定义见表14-29。

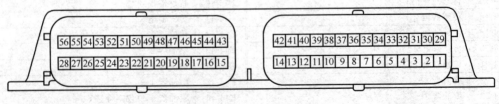

图14-19 变速器电脑端子分布

表 14-29　变速器电脑端子定义

端子	定义	端子	定义
1,34	换挡电磁阀 1 控制	26	5V 传感器供电 3
2,6	换挡电磁阀 2 控制	27	地线
3,7	润滑流量电磁阀	29,33	多通阀 1 开关信号
4,8	奇数离合器压力电磁阀	31,35	主油路压力电磁阀
5,30	多通阀 2 开关信号	32,36	偶数离合器压力电磁阀
9	CAN 低	37	CAN 高
10	传感器地 2	38	传感器地 3
11	奇数输入轴转速信号	39	偶数输入轴转速信号
12	拨叉位置传感器 4 信号	41	偶数离合器油压信号
13	输出轴转速信号	43	拨叉位置传感器 3 信号
14	拨叉位置传感器 2 信号	44	变速器油底壳温度信号
15	P、R、N、D、S 手柄位置信号	45	拨叉位置传感器 1 信号
16	奇数离合器油压信号	47	加挡开关
17	传感器地 1	48	减挡开关
20	手动模式开关	51	P 挡手柄锁止电磁阀
21	8V 传感器供电 2	52	B+
22	8V 传感器供电 1	53	B+
24	P/N 挡低端输出	54	5V 传感器供电 1
25	5V 传感器供电 2	55	地线

14.7.5　PEPS 系统 ECU 端子定义

PEPS 系统 ECU 端子分布如图 14-20 所示，端子定义见表 14-30。

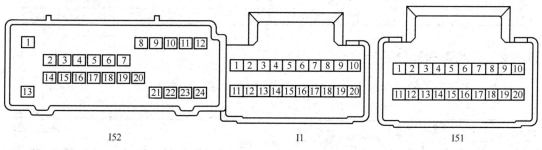

图 14-20　PEPS 系统 ECU 端子

表 14-30　PEPS 系统 ECU 端子定义

端子	定义	端子	定义
I52-1	ESCL 电源	I52-16	CAN 高
I52-2	启动请求	I52-17	CAN 低
I52-4	（AT）制动踏板常开	I52-18	IG1 继电器反馈
I52-6	启动开关 1	I52-19	IG2 继电器反馈
I52-7	ESCL 使能	I52-20	ACC 继电器反馈
I52-8	系统供电 1	I52-21	IG1 继电器控制
I52-9	防盗线圈 N	I52-22	IG2 继电器控制
I52-10	防盗线圈 P	I52-23	ACC 继电器控制
I52-11	行李箱开关	I52-24	系统共地 1
I52-12	ESCL 接地	I1-1	行李厢内天线 P
I52-13	ESCL 输出	I1-6	（MT）离合上位开关
I52-14	ESCL 反馈	I1-9	左前门微动开关
I52-15	ESCLLIN	I1-10	行李厢外天线 P

续表

端子	定义	端子	定义
I1-11	行李厢内天线 N	I51-4	P/N 挡开关采集
I1-12	车内天线 1N	I51-5	启动开关 2
I1-13	车内天线 1P	I51-7	启动按钮背光灯供电
I1-16	左前门低频天线 N	I51-8	启动按钮绿色指示灯控制
I1-17	左前门低频天线 P	I51-9	启动按钮橙色指示灯控制
I1-18	车内天线 2N	I51-10	启动按钮指示灯控制
I1-19	车内天线 2P	I51-11	启动开关接地
I1-20	行李厢外天线 N	I51-12	（DCT）P/N 挡开关采集 （MT）离合下位常闭开关
I51-1	系统供电 2		
I51-3	轮速采集输入	I51-20	系统共地 2

14.8 奔腾 B30 EV400（2019 年款）

14.8.1 高压电池包技术参数

高压电池包技术参数见表 14-31。

表 14-31 高压电池包技术参数

项目	参数	项目	参数
电池类型	锂离子电池	可用能量	28.3kW·h
标称电压	350V	质量	285kg
工作电压	269～403V	冷却方式	水冷
峰值输出功率	67kW(15s)	防护等级	IP67
总能量	32.2kW·h	工作温度	－30～45℃

14.8.2 电池管理器端子定义

电池管理器端子分布如图 14-21 所示，端子定义见表 14-32。

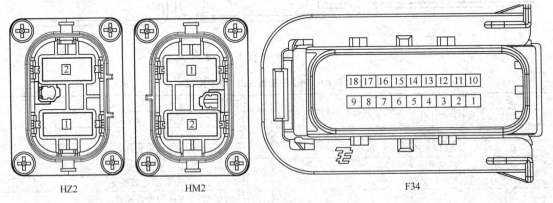

图 14-21 电池管理器端子分布

表 14-32 电池管理器端子定义

端子	定义	端子	定义
F34-1	BMS 12V 供电	F34-8	IG1 供电
F34-4	EV CAN 高	F34-9	互锁信号输入
F34-5	EV CAN 低	F34-10	互锁信号输出

续表

端子	定 义	端子	定 义
F34-12	电池紧急控制信号	HM2-1	高压输出＋
F34-14	安全气囊碰撞信号	HM2-2	高压输出－
F34-15	充电CAN高	HZ2-1	快充＋
F34-16	充电CAN低	HZ2-2	快充－
F34-18	BMS地		

14.8.3 驱动电机技术参数

驱动电机技术参数见表14-33。

表14-33 驱动电机技术参数

项 目		参 数	备 注
类型		永磁同步水冷式电机	
尺寸		外径≤270mm	
		长度≤290mm	
质量		≤65kg	不包含电线束及冷却液
动力传递方式		花键连接	电机与减速器通过轴套连接
安装位置		前机舱	
额定功率		40kW	
峰值功率		80kW	
最高工作转速		12000r/min	可以输出40kW
额定转矩		114N·m	
峰值转矩		228N·m	
工作电压(高压)	工作电压范围	240～410VDC	240～280V,电机降功率运行
	工作保证电压	280～400VDC	
工作电压(低压)	供电电压范围	6.5～16V	
	工作保证电压	9～15V	
	限功能工作电压	6.5～9V	保证通信
	长期过压	17V	最长60min
	短期过压	26V	最长1min
冷却方式		强制液冷	
工作温度范围		－40～85℃	
工作周围湿度		5%～95%(RH)	
环境气压		70～101.3kPa	
防护等级		IP6K6和IP6K7(或以上)	
位置传感器		旋转变压器	

14.8.4 电机控制器端子定义

电机控制器端子分布如图14-22所示，端子定义见表14-34。

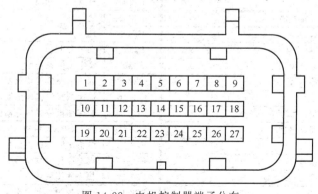

图14-22 电机控制器端子分布

表 14-34 电机控制器端子定义

端子	定 义	端子	定 义
1	R1 励磁信号正	12	TM 电机温度信号地
2	R2 励磁信号地	13	互锁
3	TM 电机温度信号	14	CAN 低
4	电机急停信号	16	HCU 供电
5	CAN 高	19	S4 SIN 信号地
6	驱动信号	20	S2 SIN 信号
8	12V 供电	24	互锁
9	12V 供电	26	地
10	S3 COS 信号地	27	地
11	S1 COS 信号		

14.8.5 整车控制器端子定义

整车控制器端子分布如图 14-23 所示，端子定义见表 14-35。

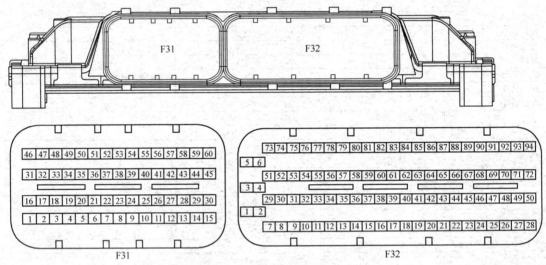

图 14-23 整车控制器端子分布

表 14-35 整车控制器端子定义

端子	定 义	端子	定 义
F31-7	电机冷却水泵输出	F32-2	HCU 工作电源
F31-10	点火锁 START	F32-3	地
F31-22	电池冷却水泵输出	F32-4	HCU 工作电源
F31-23	冷却风扇继电器控制 1	F32-5	地
F31-26	主制动开关信号	F32-6	地
F31-37	水暖 PTC 控制信号	F32-7	12V 常电
F31-38	冷却风扇继电器控制 2	F32-8	真空度传感器地
F31-41	辅助制动开关信号	F32-9	加速踏板位置传感器地 1
F31-43	点火锁 ON	F32-10	加速踏板位置传感器供电 1
F31-46	电池紧急控制信号	F32-11	加速踏板位置传感器信号 1
F31-53	低压电源管理继电器	F32-12	INTERLOCK 输入
F31-58	慢充连接确认	F32-13	电机水温传感器信号
F31-59	定速巡航按钮地	F32-15	真空度传感器信号
F31-60	电机水温传感器地	F32-17	快充连接确认
F32-1	HCU 工作电源	F32-19	电机控制单元供电

续表

端子	定 义	端子	定 义
F32-21	电机急停控制信号	F32-52	加速踏板位置传感器供电 2
F32-26	CAN1 高	F32-55	加速踏板位置传感器信号 2
F32-27	CAN1 低	F32-57	交流充电座温度传感器 1 信号
F32-29	12V 常电	F32-58	交流充电座温度传感器 2 信号
F32-30	交流充电座温度传感器 1/2 地	F32-64	电子真空泵控制信号
F32-34	INTERLOCK 信号	F32-73	直流充电座温度传感器 1/2 地
F32-35	定速巡航按钮状态	F32-75	真空度传感器＋
F32-48	CAN2 高	F32-80	直流充电座温度传感器 1 信号
F32-49	CAN2 低	F32-82	直流充电座温度传感器 2 信号
F32-51	加速踏板位置传感器地 2		

14.9 奔腾 X40 EV400（2019 年款）

14.9.1 电池管理器端子定义

电池管理器端子分布如图 14-24 所示，端子定义见表 14-36。

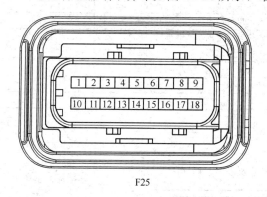

图 14-24 电池管理器端子分布

表 14-36 电池管理器端子定义

端子	定 义	端子	定 义
F25-1	BMS 12 V 供电	F25-10	高压互锁输出
F25-2	子板继电器驱动	F25-11	主继电器驱动
F25-3	子板继电器供电	F25-12	CAN 失效硬线
F25-4	EV CAN 高	F25-14	碰撞信号
F25-5	EV CAN 低	F25-15	充电 CAN 高
F25-7	接触器驱动供电	F25-16	充电 CAN 低
F25-8	IG1 供电	F25-17	非持续供电
F25-9	高压互锁输入	F25-18	功率地

14.9.2 车载充电机与直流转换器技术参数

车载充电机技术参数见表 14-37，直流转换器技术参数见表 14-38。

表 14-37 车载充电机技术参数

项 目	参 数
直流输出高压互锁	有
唤醒方式	CAN/AC/CP
保护	欠压/过压/过流/过温/短路
通信方式	CAN-BUS
冷却方式	液冷
最大输出功率	6000W（OBC 高压直流）；2500W（DC-DC 低压直流）
输出电流范围	24A（最大）（OBC 高压直流）；185A（最大）（DC-DC 低压直流）
输出电压范围	240～430V（OBC 高压直流），9～16V（DC-DC 低压直流）
交流输入电流范围	32A（最大）
交流输入电压范围	45～65Hz
防护等级	IP67

表 14-38 直流转换器技术参数

项目	参数	项目	参数
直流输入电压范围	240～430VDC	输出功率	2500W
直流输入电流	12A(最大)	冷却方式	液冷
直流输出电压范围	9～16VDC	工作环境温度	－30～85℃
直流输出电流	185A(最大)	防护等级	IP67

14.9.3 驱动电机技术参数

驱动电机技术参数见表 14-39。

表 14-39 驱动电机技术参数

项目	参数	备注	项目	参数	备注
类型	永磁同步电机		额定转速	4092r/min	
外径	210mm		最高工作转速	12000r/min	
长度	156mm		最大输出相电流	450A	
质量	(52±0.5)kg	不包含电线束及冷却液	高压输入电压范围	220～430VDC (额定 350VDC)	
动力传递方式	花键连接	电机与减速器通过轴套连接	低压供电范围	9～16V	
			冷却方式	强制液冷	
安装位置	前机舱		冷却水流量	10～12L/min	
最高效率	≥94％		入水口最高温度	65℃	
峰值转矩	320N·m	30s	工作温度范围	－40～85℃	
堵转转矩	280N·m	30s	工作湿度范围	5％～95％(RH)	
持续转矩	140N·m		大气压力	≥54kPa	
峰值功率	140kW	30s	防护等级	IP6K7 或以上	
持续功率	60kW				

14.9.4 电机控制器端子定义

电机控制器端子分布如图 14-25 所示，端子定义见表 14-40。

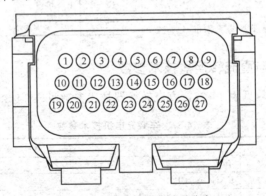

图 14-25 电机控制器端子分布

表 14-40 电机控制器端子定义

端子	定义	端子	定义
1	互锁开关输入	14	CAN 低
5	CAN 高	16	钥匙门开关
8	12V 电源	26	12V 电源地
9	12V 电源	27	12V 电源地
10	互锁开关输出		

14.9.5 整车控制器端子定义

整车控制器端子分布图 14-26 如示，端子定义见表 14-41。

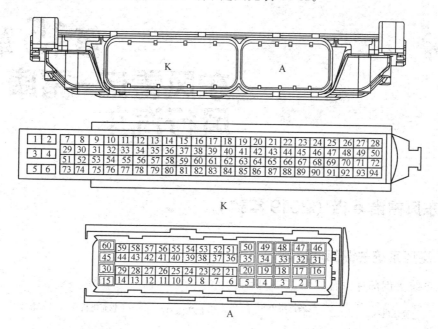

图 14-26 整车控制器端子分布

表 14-41 整车控制器端子定义

端子	定 义	端子	定 义
A7	电机冷却水泵控制(PWM)	K12	INTERLOCK 输入
A22	电池冷却水泵控制(PWM)	K13	电机水温传感器信号
A23	低速风扇继电器控制(低电平有效)	K15	真空度传感器信号
A26	主制动开关信号(高电平有效)	K17	快充连接确认
A37	水暖 PTC 控制信号	K23	启动请求(数字信号、输入)
A38	高速风扇继电器控制(低电平有效)	K26	CAN 1 高
A41	辅助制动开关信号(低电平有效)	K27	CAN 1 低
A43	点火锁 ON	K29	12V 常电
A46	电池紧急控制信号	K30	交流充电座温度传感器 1/2 地
A53	低压电源管理继电器控制(低电平有效)	K34	INTERLOCK 信号
A58	慢充连接确认	K48	CAN 2 高
A60	电机水温传感器地	K49	CAN 2 低
K1	HCU 工作电源	K51	加速踏板位置传感器地 2
K2	HCU 工作电源	K52	加速踏板位置传感器供电 2
K3	地	K55	加速踏板位置传感器信号 2
K4	HCU 工作电源	K57	交流充电座温度传感器 1 信号
K5	地	K58	交流充电座温度传感器 2 信号
K6	地	K64	电子真空泵继电机控制信号
K7	12V 常电	K73	直流充电座温度传感器 1/2 地
K8	真空度传感器地	K75	真空度传感器＋
K9	加速踏板位置传感器地 1	K80	直流充电座温度传感器 1 信号
K10	加速踏板位置传感器供电 1	K82	直流充电座温度传感器 2 信号
K11	加速踏板位置传感器信号 1		

第15章 东风雷诺-富康-风行汽车

15.1 东风雷诺 e 诺（2019 年款）

15.1.1 高压系统关键部件位置

高压系统关键部件位置如图 15-1 所示。

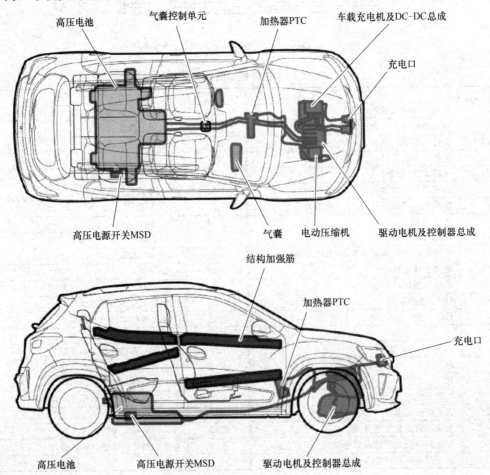

图 15-1 高压系统关键部件位置

15.1.2 电驱系统技术参数

电驱系统技术参数见表 15-1。

表 15-1 电驱系统技术参数

项 目	参 数	项 目	参 数
驱动电机系统类型	永磁同步电机	辅助电源电压	12V（9～16V）
额定功率	18.6kW	峰值功率	33kW
最大功率	33kW	速度传感器类型	旋变
额定电压	240VDC	绝缘电阻	≥20MΩ
输入电压范围	190～320VDC	电控储存环境温度	－40～85℃
额定电流	95A	电控工作环境温度	－40～55℃
峰值电流	180A(30s)	绝缘等级	H
额定转矩	60N·m	冷却方式	水冷
峰值转矩	125N·m	防护等级	IP67
额定转速	2960r/min	外形尺寸	288mm×285mm×391mm
最大转速	8200r/min	质量	32.5kg

15.1.3 高压电池系统技术参数

高压电池系统技术参数见表 15-2。

表 15-2 高压电池系统技术参数

项 目	参 数	项 目	参 数
高压电池类型	三元锂离子电池	系统充电终止电压	301.8V
电池包能量密度	142W·h/kg	系统放电终止电压	180V
高压电池装备质量	188.6kg	充电工作温度范围	－10～55℃
产品组合形式	2P72S	放电工作温度范围	－30～55℃
冷却方式	自然冷却	最大允许持续充电电流	122A
额定电压	262.8V	最大允许持续放电电流	200A
额定容量	102A·h	尺寸	1182mm×788mm×295mm
额定能量	26.8kW·h	防护等级	IP67

15.1.4 高压电池控制系统电路

高压电池控制系统电路如图 15-2 所示。

15.1.5 直流转换器与车载充电机技术参数

直流转换器与车载充电机技术参数见表 15-3、表 15-4。

表 15-3 直流转换器技术参数

项 目		参 数	项 目	参 数
高压输入	输入电压范围	150～350VDC	低压输入 峰值功率	1.056kW（极限 6 min）
	最大输入电流	10A	最大效率	≥93%
	输入静态电流	约 10mA	工作环境温度	－40～65℃
	启动冲击电流	约 25A	降额工作温度	65～75℃
低压输入	输出电压范围	11.7～16VDC	不工作温度	75～105℃
	输出额定电压	13.5V	储存环境温度	－40～105℃
	输出电流范围	0～78A	工作噪声	≤70dB
	输出电压纹波系数	≤300mV	防护等级	IP67

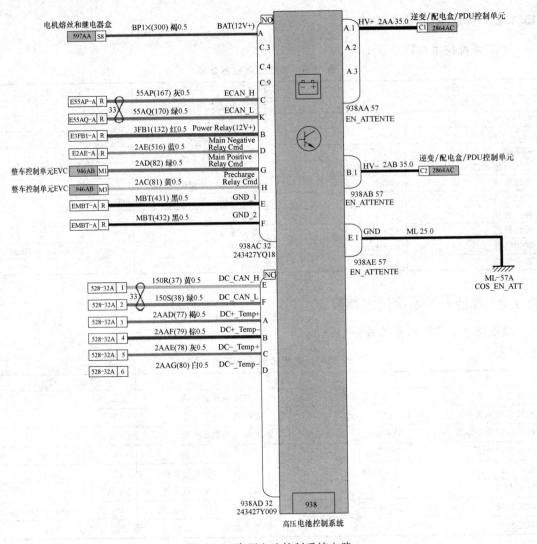

图 15-2 高压电池控制系统电路

表 15-4 车载充电机技术参数

	项 目	参数		项 目	参数
高压输入	输入电压范围	150～264VDC	低压输入	静态电流	≤0.3mA
	输入频率范围	40～70Hz		输出唤醒电压	低电平有效
	最大输入电流	32A		最大效率	≥94%
高压输出	输出电压范围	150～310VDC		工作环境温度	-40～65℃
	输出额定电压	13.5V		降额工作温度	65～75℃
	输出电流范围	0～27.5A		不工作温度	75～105℃
	输出电流精度	≤±0.4%		储存环境温度	-40～105℃
	输出电压精度	≤±1%		工作噪声	≤65dB
	最大输出功率	6.6kW		防护等级	IP67
低压输入	输入电压范围 V	10.5～16V			

15.1.6 ABS 系统电路与端子定义

ABS 系统电路如图 15-3 所示。ABS 控制单元端子分布如图 15-4 所示，端子定义见表 15-5。

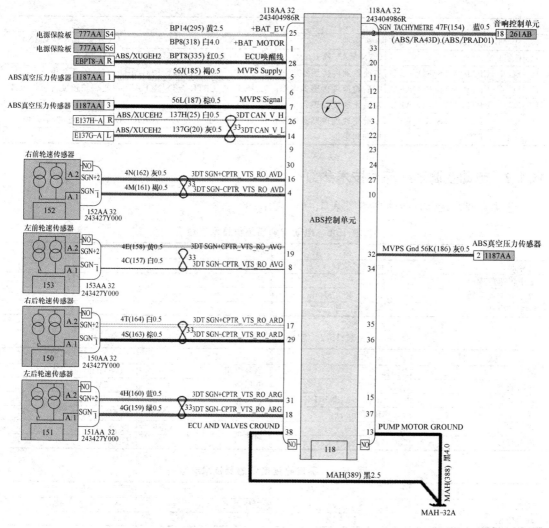

图 15-3 ABS 系统电路

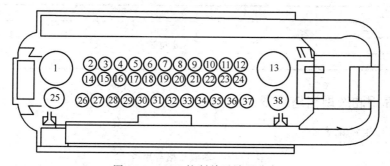

图 15-4 ABS 控制单元端子分布

表 15-5 ABS 控制单元端子定义

端子	名称	定义	端子	名称	定义
1	+BAT_MOTOR	电机电源	5	MVPS_Supply	MVPS 传感器电源
2	SGN_TACHYMETRE	有限车速输出	7	MVPS Signal	MVPS 传感器信号
4	SGN_CPTR_VTS_RO_AVD	右前轮速度传感器信号	8	SGN-CPTR_VTS_RO_AVG	左前轮速度传感器信号

续表

端子	名称	定义	端子	名称	定义
13	PUMP_MOTOR GROUND	电机接地	26	CAN_V_H	CAN 高(车辆 CAN)
14	CAN_V_L	CAN 低(车辆 CAN)	28	+ALIM_WAKE_UP	启动电压
16	SGN+CPTR_VTS_RO_AVD	右前轮速度传感器电源	29	SGN−_CPTR_VTS_RO_ARD	右后轮速度传感器信号
17	SGN+CPTR_VTS_RO_ARD	右后轮速度传感器电源	31	SGN+_CPTR_VTS_RO_ARG	左后轮速度传感器电源
18	SGN−CPTR_VTS_RO_ARG	左后轮速度传感器信号	32	MVPS_GND	MVPS 信号传感器接地
19	SGN+CPTR_VTS_RO_AVG	左前轮速度传感器电源	38	ECU AND VALVES GROUND	ECU 和电动阀接地
25	+BAT_EV	电动阀电源			

15.1.7 电动空调系统部件技术参数

电动空调系统部件技术参数见表 15-6～表 15-9。

表 15-6 电动空调压缩机技术参数

项目	参数	项目	参数
制冷剂	R134a	制冷剂泄漏量	<20g/年
常用转速范围	28mL/r	冷冻油/油量	FVC 68D/120mL
额定电压最高转速	1000～4300r/min	总质量	5.8kg
压缩机冷却方式	制冷剂冷却		

表 15-7 空调压力开关技术参数

项目	参数	项目		参数
制冷剂	R134a	绝缘电阻		≥100MΩ(500VDC)
使用温度	−40～100℃	电压降		≤0.25V
额定电压电流	12V DC,3.5A;24V DC,1.8A	低压值	OFF	0.20±0.02
气密压力	3.55MPa(1min)		ON	DIFF≤0.025
耐压压力	5.3MPa	高压值	OFF	3.20±0.2
抗电强度	500V AC(1min)		ON	DIFF0.6±0.2

表 15-8 蒸发器温度传感器技术参数

项目	参数	项目	参数
动作温度	$T_{on}=3.5℃$,$T_{off}=2℃$	工作温度	−30～85℃
额定电压	12V DC		

表 15-9 鼓风机技术参数

正常工作电压范围	9～14V	堵转电流	(65±5)A
正常工作温度	−40～85℃	堵转时间	10000ms
基准电压	12V	额定功率	180W
额定电流	14A	负荷种类	感性、阻性、容性

15.1.8 保养用油液规格与用量

油液规格与用量见表 15-10。

表 15-10 油液规格与用量

部位	液体名称	型号	级别	每车用量
变速器	变速器油	75W-80	GL-5	840mL
驱动电机	冷却液	SH/T 0521 中乙二醇冷却液,冰点≤−40℃		1754mL
风窗玻璃洗涤器	洗涤液	酒精+水		
空调	制冷剂	R134a		350g
制动储液罐	合成制动液	DOT3		(467±50)mL

注：除特别说明外，本表所述加注量均为设计值，实际出厂加注量制造商有权根据产品、设备和气候的变化进行调整。

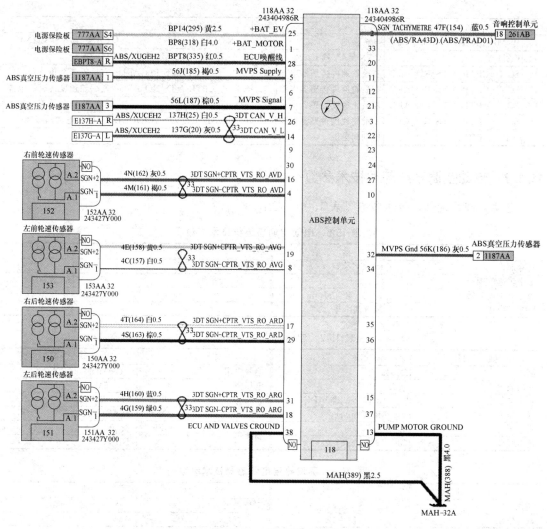

图 15-3 ABS 系统电路

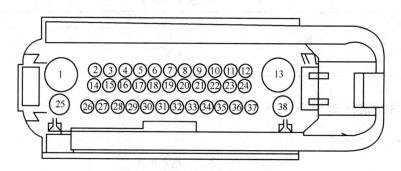

图 15-4 ABS 控制单元端子分布

表 15-5 ABS 控制单元端子定义

端子	名称	定义	端子	名称	定义
1	+BAT_MOTOR	电机电源	5	MVPS_Supply	MVPS 传感器电源
2	SGN_TACHYMETRE	有限车速输出	7	MVPS Signal	MVPS 传感器信号
4	SGN_CPTR_VTS_RO_AVD	右前轮速度传感器信号	8	SGN−CPTR_VTS_RO_AVG	左前轮速度传感器信号

续表

端子	名称	定义	端子	名称	定义
13	PUMP_MOTOR GROUND	电机接地	26	CAN_V_H	CAN 高(车辆 CAN)
14	CAN_V_L	CAN 低(车辆 CAN)	28	+ALIM_WAKE_UP	启动电压
16	SGN+CPTR_VTS_RO_AVD	右前轮速度传感器电源	29	SGN−_CPTR_VTS_RO_ARD	右后轮速度传感器信号
17	SGN+CPTR_VTS_RO_ARD	右后轮速度传感器电源	31	SGN+_CPTR_VTS_RO_ARG	左后轮速度传感器电源
18	SGN−CPTR_VTS_RO_ARG	左后轮速度传感器信号	32	MVPS_GND	MVPS 信号传感器接地
19	SGN+CPTR_VTS_RO_AVG	左前轮速度传感器电源	38	ECU AND VALVES GROUND	ECU 和电动阀接地
25	+BAT_EV	电动阀电源			

15.1.7 电动空调系统部件技术参数

电动空调系统部件技术参数见表 15-6~表 15-9。

表 15-6 电动空调压缩机技术参数

项目	参数	项目	参数
制冷剂	R134a	制冷剂泄漏量	<20g/年
常用转速范围	28mL/r	冷冻油/油量	FVC 68D/120mL
额定电压最高转速	1000~4300r/min	总质量	5.8kg
压缩机冷却方式	制冷剂冷却		

表 15-7 空调压力开关技术参数

项目	参数	项目		参数
制冷剂	R134a	绝缘电阻		≥100MΩ(500VDC)
使用温度	−40~100℃	电压降		≤0.25V
额定电压电流	12V DC,3.5A;24V DC,1.8A	低压值	OFF	0.20±0.02
气密压力	3.55MPa(1min)		ON	DIFF≤0.025
耐压压力	5.3MPa	高压值	OFF	3.20±0.2
抗电强度	500V AC(1min)		ON	DIFF0.6±0.2

表 15-8 蒸发器温度传感器技术参数

项目	参数	项目	参数
动作温度	$T_{on}=3.5℃,T_{off}=2℃$	工作温度	−30~85℃
额定电压	12V DC		

表 15-9 鼓风机技术参数

正常工作电压范围	9~14V	堵转电流	(65±5)A
正常工作温度	−40~85℃	堵转时间	10000ms
基准电压	12V	额定功率	180W
额定电流	14A	负荷种类	感性、阻性、容性

15.1.8 保养用油液规格与用量

油液规格与用量见表 15-10。

表 15-10 油液规格与用量

部位	液体名称	型号	级别	每车用量
变速器	变速器油	75W-80	GL-5	840mL
驱动电机	冷却液	SH/T 0521 中乙二醇冷却液,冰点≤−40℃		1754mL
风窗玻璃洗涤器	洗涤液	酒精+水		
空调	制冷剂	R134a		350g
制动储液罐	合成制动液	DOT3		(467±50)mL

注：除特别说明外，本表所述加注量均为设计值，实际出厂加注量制造商有权根据产品、设备和气候的变化进行调整。

15.1.9 车轮定位数据

车轮定位数据见表15-11。

表15-11 车轮定位数据

名 称	数 值		名 称	数 值
前轮	前轮前束	5′±10′	后轮	后轮前束	−0.22°±35′
	车轮外倾角	−0.62°±1°		车轮外倾角	−0.58°±35′
	主销后倾角	1°±60′		侧滑量	(0±3)m/km
	主销内倾角	11.516°±1°			

15.2 东风富康 ES500（2019 年款）

15.2.1 全车电控单元位置

全车电控单元位置如图 15-5 所示。

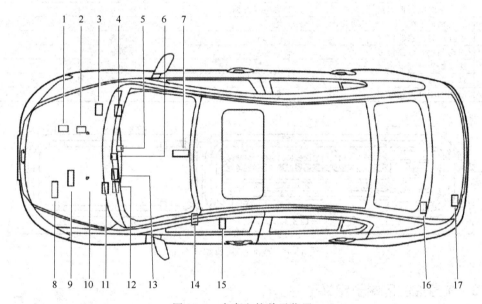

图 15-5 全车电控单元位置

1—自主电机及控制器；2—德国大陆电机及控制器；3—制动防抱死控制器；4—座舱中央控制盒（BCM）；5—电动空调控制面板；6—MP5音响主机；7—气囊电控单元；8—电动水泵控制器；9—车载充电机；10—减速器控制单元；11—组合仪表；12—电动助力转向控制器（EPS）；13—智能进入控制器（PEPS）；14—远程监控终端总成；15—整车控制器；16—电子驻车控制器（EPB）；17—倒车雷达控制器

15.2.2 整车控制器端子定义

整车控制器端子分布如图 15-6 所示，端子定义见表 15-12。

表 15-12 整车控制器端子定义

端子	定 义	电气特性	类 型
1	控制器总正电源	12V	控制器工作电源
2	充电机 14.5V 信号	14.5V	数字输入信号及电源
3	传感器地线	地	传感器工作电源地

续表

端子	定 义	电气特性	类 型
4	控制器负极	地	控制器工作电源地
5	正5V电源	5V	传感器工作电源
6	换挡开关信号1	悬空或接地	数字输入信号
7	换挡开关信号2	悬空或接地	数字输入信号
8	换挡开关信号5	悬空或接12V	数字输入信号
9	制动踏板开关信号1	悬空(默认)或12V	数字输入信号
11	启动START信号	悬空或12V	数字输入信号
14	启动ACC信号	悬空或12V	数字输入信号
20	CAN1H	0V或2.5V	HCAN
21	CAN0H	0V或2.5V	PCAN
25	能量回收开关		
26	ECO模式		
28	换挡开关信号3	悬空或接地	数字输入信号
29	换挡开关信号4	悬空或接地	数字输入信号
33	启动ON信号	悬空或12V	数字输入信号
39	CAN1L	0V或2.5V	HCAN
40	CAN0L	0V或2.5V	PCAN
44	电机冷却水泵继电器		
48	真空泵继电器控制信号	集电极开路	数字输入信号
51	加速踏板地线(不与车身地相连)	地	加速踏板位置传感器工作电源地
67	主缸压力传感器信号	0~5V	模拟输入信号
69	加速踏板开度高信号	0~5V	模拟输入信号
70	加速踏板开度低信号	0~5V	模拟输入信号
72	真空度压力信号	0~5V	模拟输入信号
74	制动踏板开关信号2	悬空或12V(默认)	数字输入信号

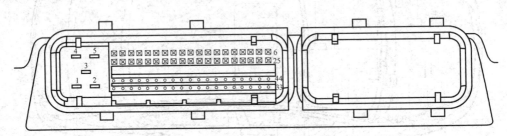

图15-6 整车控制器端子分布

15.2.3 车身控制器端子定义

车身控制器端子分布如图15-7所示，端子定义见表15-13～表15-16。

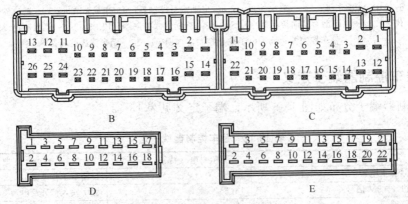

图15-7 车身控制器端子分布

表 15-13 连接器 B 端子定义

端子	定 义	端子	定 义
1	右后门接触开关	14	左后门接触开关
2	右前门接触开关	15	左前门接触开关
3	外部行李厢开启开关	16	左前门锁状态开关
4	前大灯清洗输出	17	左前门锁锁止开关
5	行李厢接触开关	18	左前门锁解锁开关
6	危险报警灯开关	19	组合开关输入 1
7	AEB 继电器驱动输出	20	组合开关输入 2
8	压力传感器(预留)	21	组合开关输入 3
9	前雨刮回位电源	22	组合开关输入 4
10	油箱盖锁状态	23	组合开关输入 5
11	防盗器数据 LIN 线	24	ACC
12	BLS 压力传感器输出	25	IGN2
13	制动灯开关	26	钥匙插入信号

表 15-14 连接器 C 端子定义

端子	定 义	端子	定 义
1	左后视镜折叠	12	左后视镜展开
2	信号地	13	内部行李厢开启开关
3	CAN 高	14	外后视镜打开开关输入
4	CAN 低	15	外后视镜折叠开关输入
5	碰撞信号输入	16	前大灯清洗开关
6	右前转向灯反馈信号	17	组合开关输出 1
7	左前转向灯反馈信号	18	组合开关输出 2
8	右后转向灯反馈信号	19	组合开关输出 3
9	左后转向灯反馈信号	20	组合开关输出 4
10	车身 LIN 线	21	组合开关输出 5
11	防盗指示 LED	22	中控上锁指示

表 15-15 连接器 D 端子定义

端子	定 义	端子	定 义
1	后除霜电源	10	前雾灯继电器输出
2	左前门灯输出	11	后雨刮停止开关(预留)
3	后除霜输出	12	位置灯输出
4	后门灯输出(预留)	13	油箱盖解锁(预留)
5	右前位置灯电源	14	电动车窗使能输出
6	前近光灯驱动输出	15	油箱盖锁输出(预留)
7	右前位置灯地	16	GND
8	前远光灯驱动输出	17	行李厢开启电源
9	右前位置灯输出	18	行李厢解锁输出

表 15-16 连接器 E 端子定义

端子	定 义	端子	定 义
1	右前门灯输出	12	节电功能电源
2	行李厢灯输出	13	转向灯电源
3	后雾灯输出	14	节电功能输出
4	前雨刮停止位信号	15	内饰灯输出
5	左日间行车灯输出	16	GND
6	前雨刮电源	17	IGN1
7	后雾灯电源	18	左前位置灯输出
8	前雨刮电机低速挡输出	19	右侧日间行车灯
9	左转向灯输出	20	中控锁电源
10	前雨刮电机高速挡输出	21	中控锁解锁输出
11	右转向灯输出	22	中控锁锁止输出

15.2.4 ABS 电脑端子定义

ABS 电脑端子分布如图 15-8 所示，端子定义见表 15-17。

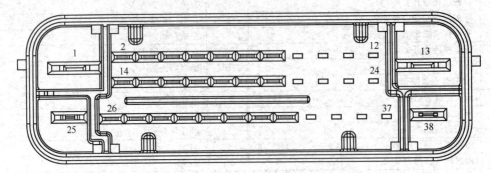

图 15-8 ABS 电脑端子分布

表 15-17 ABS 电脑端子定义

端子	定 义	端子	定 义
1	电源(电机)	19	左前轮速传感器(供电)
3	EBD 警告灯	25	阀体电源输入
4	右前轮速传感器(信号)	26	CAN 高
6	诊断 K 线	27	ABS 警告灯
8	左前轮速传感器(信号)	28	IGN 点火开关信号
13	接地(电机)	29	右后轮速传感器(信号)
14	CAN 低	30	制动灯信号
16	右前轮速传感器(供电)	31	左后轮速传感器(供电)
17	右后转速传感器(供电)	33	VSO 车速信号输出
18	左后轮速传感器(信号)	38	接地(ECU)

15.2.5 EPS 控制单元端子定义

EPS 控制单元端子分布如图 15-9 所示，端子定义见表 15-18。

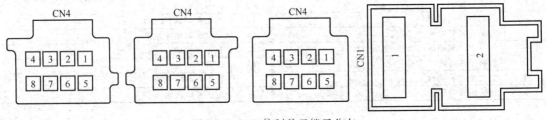

图 15-9 EPS 控制单元端子分布

表 15-18 EPS 控制单元端子定义

端子	名称	定 义	端子	名称	定 义
CN1-1	GND	负极搭铁	CN3-6	PSS4	电机位置信号
CN1-2	BAT+	电源正极	CN3-7	PSS3	电机位置信号
CN2-2	CAN_H	CAN 高	CN3-8	PSS1	电机位置信号
CN2-3	CAN_L	CAN 低	CN4-2	TS	转矩传感器辅助信号
CN2-8	IGN	启动开关 ON 挡信号	CN4-3	TV5-1	转矩传感器+5V
CN3-1	RSR2	参考信号 2	CN4-5	TM	转矩传感器主路信号
CN3-4	RSR1	参考信号 1	CN4-6	TGND	传感器接地
CN3-5	PSS2	电机位置信号			

15.2.6 MP3与MP5主连接器端子定义

MP3主连接器端子分布如图15-10所示,端子定义见表15-19。

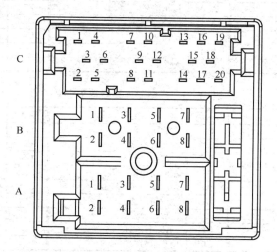

图15-10 MP3主连接器端子分布

表15-19 MP3主连接器端子定义

端子	定义	端子	定义	端子	定义
A1	转向盘线控+	A8	电源地线	B7	左后扬声器
A2	转向盘线控地	B1	右后扬声器	B8	左后扬声器
A3	温度传感器+	B2	右后扬声器	C13	速度信号
A4	启动开关	B3	右前扬声器	C15	速度信号
A5	温度传感器-	B4	右前扬声器	C18	倒车检测
A6	小灯电源	B5	左前扬声器	C19	影像控制
A7	电源	B6	左前扬声器	C20	影像控制地

MP5主连接器端子分布如图15-11所示,端子定义见表15-20、表15-21。

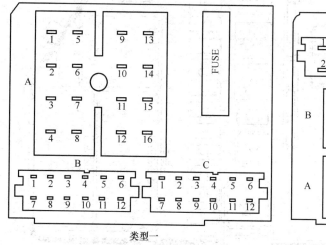

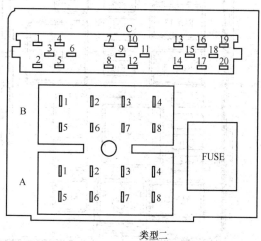

图15-11 MP5主连接器端子分布

表 15-20 类型一连接器端子定义

端子	定　义	端子	定　义	端子	定　义
A1	右后扬声器	A8	左后扬声器	A16	GND
A2	右前扬声器	A9	ILL 照明	B1	倒车摄像头＋
A3	左前扬声器	A10	倒车信号	B7	倒车摄像头－
A4	左后扬声器	A11	CAN_HS_L	C3	麦克风－
A5	右后扬声器	A12	BAT＋	C9	麦克风＋
A6	右前扬声器	A14	CAN_HS_H		
A7	左前扬声器	A15	ACC		

表 15-21 类型二连接器端子定义

端子	定　义	端子	定　义	端子	定　义
A1	SWC1	B2	右后扬声器	C4	CAN_HS_L
A2	GND	B3	右前扬声器	C7	倒车摄像头＋
A3	SWC2	B4	右前扬声器	C8	倒车摄像头－
A4	ACC	B5	左前扬声器	C12	POWER KEY
A5	ANTI POWER	B6	左前扬声器	C18	GND
A6	ILL 照明	B7	左后扬声器	C19	麦克风2－
A7	BAT＋	B8	左后扬声器	C20	麦克风2＋
A8	GND	C1	CAN_HS_H		
B1	右后扬声器	C2	倒车信号		

15.2.7 熔丝与继电器信息

15.2.7.1 前机舱（带 PEPS）

前机舱配电盒如图 15-12 所示，熔丝信息见表 15-22，继电器信息见表 15-23。

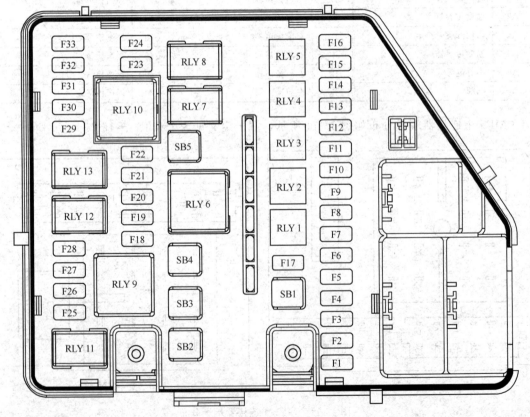

图 15-12　前机舱配电盒

表 15-22 前机舱熔丝信息

熔丝	用途	熔丝	用途	熔丝	用途
F1	车载充电机 B+	F14	左前远光	F28	P 挡控制器
F2	BCM	F15	IGN 线圈	F29	座舱 IGN
F3	电池包 B+	F16	前雾灯	F30	整车控制器
F4	预留保险回路	F17	BCM	F31	电池包
F5	音响	F18	冷却风扇线圈	F32	压缩机
F6	前雨刮	F19	预留保险回路	F33	车载充电机
F7	BCM	F20	MCU B+	SB1	启动开关
F8	喇叭	F21	真空泵	SB2	ABS
F9	左前位置灯	F22	ABS	SB3	ABS
F10	右前位置灯	F23	电子水泵	SB4	EPB
F11	右前近光	F25	预留保险回路	SB5	电动车窗
F12	左前近光	F26	预留保险回路		
F13	右前远光	F27	P 挡控制器		

表 15-23 前机舱继电器信息

继电器	用途	继电器	用途	继电器	用途
RLY1	喇叭	RLY6	电动车窗	RLY11	预留
RLY2	位置灯	RLY7	电子水泵	RLY12	预留
RLY3	近光灯	RLY8	预留	RLY13	真空泵
RLY4	远光灯	RLY9	P 挡控制器		
RLY5	前雾灯	RLY10	IGN		

15.2.7.2 乘客舱配电盒（带 PEPS）

乘客舱配电盒如图 15-13 所示，熔丝信息见表 15-24。

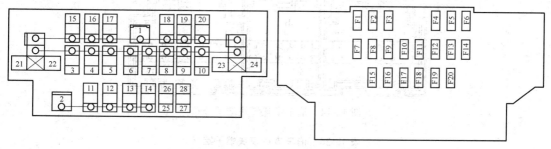

图 15-13 乘客舱配电盒

表 15-24 乘客舱熔丝信息

熔丝	端子	用途	熔丝	端子	用途
F1	20	后视镜开关/音响/BCM/组合仪表	F11	6	PEPS
F2	19	点烟器	F12	5	转向灯
F3	18	出租车	F13	4	PEPS
F4	17	鼓风机电机/调速模块	F14	3	VCU/后灯继电器
F5	16	自动空调单元/BCM	F14	3	后灯继电器
F6	15	鼓风机电机/调速模块	F15	27,28	预留
F7	10	组合仪表/诊断仪/防盗天线/空调 ECU/I-KEY 蜂鸣器	F16	25,26	MCU/VCU
			F17	14	组合开关/清洗泵
F8	9	PEPS/出租车	F18	13	组合开关/BCM/制动灯开关/环视 ECU
F8	9	PEPS/出租车	F19	12	EPS 控制单元/空调/诊断仪/混合门电机/模式门电机/I-KEY ECU
F9	8	PEPS			
F10	7	门锁	F20	11	安全气囊控制单元

15.2.8 保养用油液规格与用量

油液规格与用量见表 15-25。

表 15-25 油液规格与用量

部 位	油 液	规 格	用 量
电机(DFM7000G1F3PBEV)	驱动电机冷却液	DF-3	(5.3±0.3)L
减速器(DFM7000G1F3PBEV)	减速器润滑油	BOT130M/75W-90	(1.1±0.05)L
制动储液罐	合成制动液	CTE 4606/DOT4	(0.7±0.1)L
风窗洗涤器	风窗玻璃清洗液	金玻 002	(3.3±0.3)L
空调	制冷剂	R134a	0.54kg
	冷却液	DF-3	(2.5±0.1)L
高压电池	冷却液	DF-3	(5.0±0.3)L

15.3 东风风行 T5/T5L（2019 年款）

15.3.1 ABS 电脑端子定义

参考本书 15.2.4 小节。

15.3.2 前后泊车雷达模块端子定义

前后泊车雷达模块端子分布如图 15-14 所示，端子定义见表 15-26。

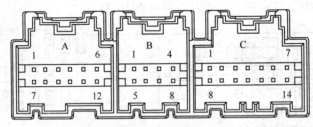

图 15-14 泊车雷达模块端子分布

表 15-26 泊车雷达模块端子定义

端子	名 称	定 义
A1	IGN	系统电源
A3	UPALED	UPA 前系统工作指示灯
A5	HSCAN high	CAN 信号高
A7	SYS_Ground	系统地
A8	UPASwitch	UPA 前系统开关
A11	HSCANLow	CAN 信号低
B1	Rear Left Corner UPA Sensor Signal	后左角 UPA 传感器信号
B3	Rear Left Middle UPA Sensor Signal	后左中 UPA 传感器信号
B4	Rear Sensor Power	后传感器电源
B5	Rear Right Corner UPA Sensor Signal	后右角 UPA 传感器信号
B7	Rear Right Middle UPA Sensor Signal	后右中 UPA 传感器信号
B8	Rear Sensor Ground	后传感器地
C1	Front Sensor Power	前传感器电源
C4	Front Left Corner UPA Sensor Signal	前左角 UPA 传感器信号
C5	Front Left Middle Sensor Signal	前左中 UPA 传感器信号
C8	Front Sensor Ground	前传感器地
C11	Front Right Corner UPA Sensor Signal	前右角 UPA 传感器信号
C12	Front Right Middle Sensor Signal	前右中 UPA 传感器信号

15.3.3 PEPS 控制模块端子定义

PEPS 控制模块端子分布如图 15-15 所示,端子定义见表 15-27。

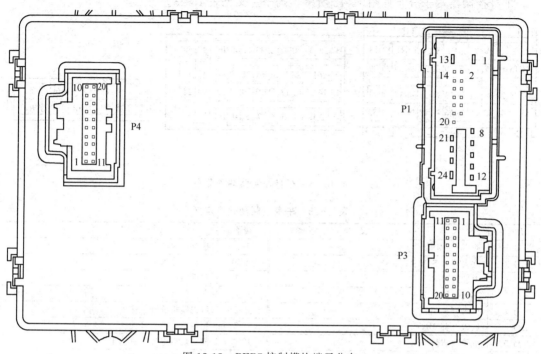

图 15-15　PEPS 控制模块端子分布

表 15-27　PEPS 控制模块端子定义

端子	定义	端子	定义
P1-1	ESCL 供电电源输入	P3-4	挡位开关
P1-2	启动请求	P3-5	启动按钮开关 2
P1-3	离合器缸顶信号	P3-6	离合器缸底信号 2
P1-4	制动信号高	P3-8	启动按钮绿色 LED 控制
P1-5	离合器缸底信号 1	P3-9	启动按钮琥珀色 LED 控制
P1-6	启动按钮开关 1	P3-10	启动按钮 LED 供电
P1-7	空挡开关供电+离合器供电	P3-11	启动按钮开关地
P1-8	蓄电池电源	P3-12	启动反馈
P1-11	行李厢开关采集	P3-13	防盗指示灯地
P1-13	ESCL 供电电源输出	P3-20	蓄电池地
P1-14	ESCL 反馈	P4-1	车内天线 3 正(左后轮)
P1-15	ESCL LIN	P4-9	左前微动开关
P1-16	CAN 高	P4-10	行李厢天线正
P1-17	CAN 低	P4-11	车内天线 3 负(左后轮)
P1-18	IG1 供电反馈	P4-12	车内天线 1 负(车内前部)
P1-19	IG2 供电反馈	P4-13	车内天线 1 正(车内前部)
P1-20	ACC 供电反馈	P4-14	车内天线 4 负(右后轮)
P1-21	IG1 继电器控制	P4-15	车内天线 4 正(右后轮)
P1-22	IG2 继电器控制	P4-16	左前门天线负
P1-23	ACC 继电器控制	P4-17	左前门天线正
P1-24	蓄电池地	P4-18	车内天线 2 负(车内中部)
P3-1	蓄电池电源	P4-19	车内天线 2 正(车内中部)
P3-3	轮速信号	P4-20	行李厢天线负

15.3.4　车身控制器端子定义

车身控制器端子分布如图 15-16 所示，端子定义见表 15-28。

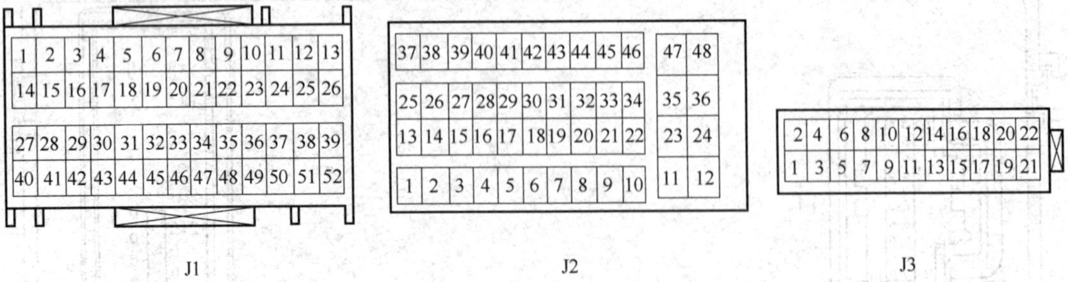

图 15-16　车身控制器端子分布

表 15-28　车身控制器端子定义

端子	定义	端子	定义
J1-1	动力 CAN 低	J1-49	超车灯输入
J1-2	点火开关 START_SW	J1-50	前雾灯输入
J1-3	中控解锁	J2-1	左后门状态
J1-5	左转向灯开关	J2-2	右后门状态
J1-7	点火开关 ACC	J2-3	后视镜折叠开关输入
J1-8	点火开关 ON	J2-5	尾门电动开启开关
J1-9	危险警告灯开关	J2-6	前雾灯继电器控制输出
J1-10	后雨刮慢速开关	J2-7	左前门锁反馈输入
J1-11	ESCL 使能信号	J2-11	后雾灯输出
J1-13	前雨刮高速开关	J2-12	厢灯 DOOR 挡控制
J1-14	动力 CAN 高	J2-13	制动灯开关输入
J1-16	前雨刮低速开关	J2-14	左前雾灯继电器控制输出
J1-18	车道保持开关	J2-15	右前雾灯继电器控制输出
J1-19	前舱盖开关	J2-16	后视镜展开输出控制
J1-21	前雨刮间歇/auto 开关	J2-18	远光灯继电器输出
J1-23	中控闭锁	J2-19	行李厢（背门）微动开关
J1-24	前洗涤开关	J2-21	前雨刮归位信号输入
J1-26	后除霜开关	J2-22	左前 LED 转向灯反馈信号
J1-27	后视镜迎宾灯	J2-23	位置灯、牌照灯输出
J1-29	前雨刮间歇时间调节地	J2-24	左转向灯输出
J1-30	近光灯开关	J2-25	高位制动灯输出
J1-31	小灯开关	J2-27	右前门状态
J1-32	灯光 auto 开关	J2-28	后除霜继电器控制输出
J1-33	后雾灯开关	J2-29	后视镜折叠输出控制
J1-34	右转向灯开关	J2-33	右前 LED 转向灯反馈信号
J1-35	防盗指示灯输出	J2-34	防盗线圈 LIN 通信端口
J1-36	（预留）LIN3 通信端口	J2-35	右转向灯输出
J1-37	后洗涤开关	J2-39	左前门状态
J1-41	车身 CAN 低	J2-40	行李厢（背门）状态
J1-42	车身 CAN 高	J2-41	近光灯继电器控制输出
J1-45	前雨刮间歇时间调节输入	J2-42	喇叭继电器控制输出
J1-46	自动点灯传感器输入	J2-43	升窗使能信号输出
J1-47	远光灯开关	J2-44	后雨刮归位信号输入
J1-48	钥匙孔照明灯输出	J2-45	后雨刮间歇挡开关

续表

端子	定 义	端子	定 义
J2-46	LIN2 通信端口	J3-10	后雨刮慢速电源输出
J2-47	厢灯节电保护电源	J3-12	后洗涤喷水输出
J2-48	制动灯输出	J3-14	锁电源输入
J3-1	厢灯电源输入	J3-15	前雨刮高速电源输出
J3-2	洗涤电机电源输入	J3-16	行李厢（背门）解锁电源输出
J3-3	外部灯电源输入	J3-17	前雨刮电源输入
J3-4	前洗涤喷水输出	J3-18	前四门闭锁器闭锁电源输出
J3-5	日间行车灯输出	J3-19	前雨刮地
J3-6	后雨刮电源输入	J3-20	前四门闭锁器解锁电源输出
J3-7	信号地 1	J3-21	前雨刮低速电源输出
J3-8	雨刮地	J3-22	电源地
J3-9	信号地 2		

15.3.5 熔丝与继电器信息

15.3.5.1 前机舱配电盒

前机舱配电盒如图 15-17 所示，熔丝信息见表 15-29，继电器信息见表 15-30。

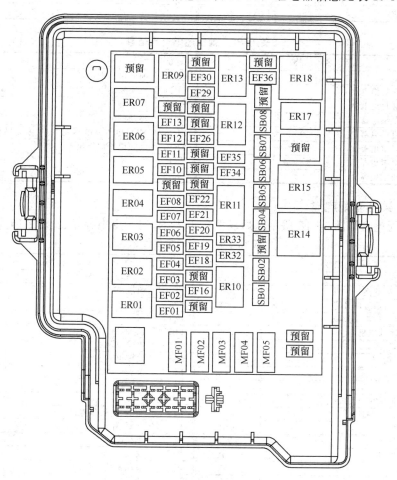

图 15-17 前机舱配电盒

表 15-29 前机舱熔丝信息

编号	保护电路	额定电流	编号	保护电路	额定电流
MF01	蓄电池正极	125A	EF10	制动开关	5A
MF02	电动助力	60A	EF11	EMS 与 VLC IGN	10A
MF03	电子扇控制	50A/60A/80A	EF12	倒挡开关/TCU	7.5A
MF04	仪表	50A	EF13	鼓风机线圈电源	5A
MF05	仪表	50A	EF16	ECU B+	10A
SB01	ESP/ABS MTR B+	40A	EF18	B+ 电源	5A
SB02	前鼓风机	40A	EF19	TCU B+	20A/25A
SB04	VLC	40A	EF20	TCU B+	25A
SB05	高速风扇	30A/40A	EF21	真空泵配 1.5T 或 1.8T 发动机车型	25A
SB06	ESP/ABS SOL B+	40A			
SB07	启动	25A	EF22	继电器线圈	5A
SB08	低速风扇	30A	EF26	喇叭	15A
EF01	电喷继电器	7.5A	EF29	制动灯	7.5A
EF02	点火线圈	15A	EF30	压缩机	10A
EF03	电喷执行器	15A	EF32	左近光灯	7.5A
EF04	电喷传感器	10A	EF33	右近光灯	7.5A
EF05	VLC 配 1.6T 发动机车型	15A	EF34	左远光灯	7.5A
EF06	右前雾灯	7.5A	EF35	右远光灯	7.5A
EF07	左前雾灯	7.5A	EF36	启动反馈	5A
EF08	燃油泵	15A			

表 15-30 前机舱继电器信息

编号	名称	编号	名称
ER01	主继电器	ER10	前鼓风机继电器
ER02	右前雾灯继电器	ER11	真空泵继电器配 1.5T 发动机车型
ER03	左前雾灯继电器	ER12	启动链继电器
ER04	燃油泵继电器	ER13	传动链继电器
ER05	近光灯继电器	ER14	VLC 电机继电器配 1.6T 发动机车型
ER06	远光灯继电器	ER15	高速电子扇继电器
ER07	倒车灯继电器	ER17	喇叭继电器
ER09	压缩机继电器	ER18	低速电子扇继电器

15.3.5.2 乘客舱配电盒

乘客舱配电盒如图 15-18 所示，熔丝信息见表 15-31，继电器信息见表 15-32。

表 15-31 乘客舱熔丝信息

编号	保护电路	额定电流	编号	保护电路	额定电流
SB01	点火开关	30A	FS11	空调与后视镜开关	10A
SB02	门锁、后洗涤	20A	FS12	前洗涤	10A
SB03	左前、右后玻璃升降	30A	FS13	安全气囊	10A
SB04	右前、左后玻璃升降	30A	FS14	雷达	7.5A
SB05	电动座椅电机	25A	FS15	仪表/BCM	7.5A
SB06	后除霜	25A	FS16	机舱 IGN1	15A
SB07	前、后雨刮	20A	FS17	顶棚 IGN2	5A
FS01	PEPS	10A	FS18	仪表 IGN2	5A
FS02	ESCL	10A	FS22	背光灯	5A
FS03	行驶记录仪与无线充电	7.5A	FS23	右前、左后位置灯	5A
FS04	诊断、行李厢灯	10A	FS24	左前、右后位置灯	5A
FS05	室外灯	20A	FS26	点烟器	15A
FS06	组合仪表	5A	SF27	车载电源	15A
FS07	室内顶灯	10A	FS28	仪表 ACC	7.5A
FS08	天窗	20A	FS29	鼓风机信号反馈	5A
FS09	座椅加热	20A	FS30	全景影像	5A
FS10	音响主机	15A	FS31	后视镜加热	7.5A

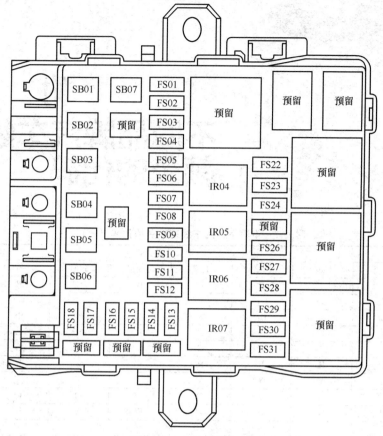

图 15-18 乘客舱配电盒

表 15-32 乘客舱继电器信息

编号	名 称	编号	名 称
IR04	后除霜继电器	IR06	IGN2 继电器
IR05	ACC 继电器	IR07	IGN1 继电器

15.3.6 车轮定位数据

车轮定位数据见表 15-33。

表 15-33 车轮定位数据

项 目		数 值
前轮	前轮外倾(空载)	$-0.21°±0.5°$(左右差在 0.55°内)
	前轮前束(空载)	$0.08°±0.04°$(左右差值不作判定)
	主销内倾(空载)	$10.45°±0.5°$(左右差值不作判定)
	主销后倾(空载)	$5.63°±0.5°$(左右差在 0.55°内)
后轮	后轮外倾(空载)	$-0.33°±0.5°$
	后轮前束(空载)	$0.06°±0.08°$

附 录
不同品牌汽车线束颜色的代码

附表1 不同品牌汽车线束颜色的代码（一）

线色	品牌代码							
	吉利	长安	长城	上汽	比亚迪	奇瑞	一汽	东风
黑色	B	B	B	B	B	B	B	B
灰色	Gr	S	Gr	S	Gr	Gr	Gr	Gr
棕色	Br	Br	Br	N	Br	Br	Br	Br
蓝色	L	L	Bl	U	L	L	L	L
绿色	G	G	G	G	G	G	G	G
红色	R	R	R	R	R	R	R	R
黄色	Y	Y	Y	Y	Y	Y	Y	Y
橙色	O	O	Or	O	O	O	O	O
白色	W	W	W	W	W	W	W	W
紫色	V	V	V	P	V	V	V	V
粉色	P	P	P	K	P	P	P	P
褐色				T				
浅绿色	Lg	Lg	Lg	LG	Lg	Lg	Lg	Lg
深绿色				DG				
浅蓝色	Lb			LU				
深蓝色				DU				
透明色	Na							

附表2 不同品牌汽车线束颜色的代码（二）

线色	品牌代码					
	大众	通用	丰田	本田	日产	猎豹
黑色	sw	BK	B	BLK	B	B
灰色	gr	GY	GR	GRY	GR/GY	Gr
棕色	br	BN	BR	BRN	BR	Br
蓝色	bl	BU	L	BLU	L	L
绿色	gn	GN	G	GRN	G	G
红色	ro/rt	RD	R	RED	R	R
黄色	ge	YE	Y	YEL	Y	Y
橙色	or	OG	O	ORN	O/OR	O
白色	ws	WH	W	WHT	W	W
紫色		PU	V	PUR	V/PU	V
粉色	rs	PK	P	PNK	P	P
琥珀色		AM				
透明色		CL				

续表

线色	品 牌 代 码					
	大众	通用	丰田	本田	日产	猎豹
浅绿色			LG	LT GRN	LG	
深绿色					DG	
深灰色			DG			
天蓝色			SB		SB	
米黄色			BE		BG/BE	
淡紫色	li/vi		LA		LA	
深棕色					CH	
浅褐色		BG				
咖喱色		CU				
奶油色		CR				
金黄色		GD				
铁锈色		RU				
银白色		SR				
水鸭色		TL				
黄褐色		TN				T
青绿色		TQ				
本色		NA				
裸线		BARE				

  对于双色线的说明：第一个字母为导线底色，第二个字母为条纹色，中间用"/"或"-"分隔。